Oh Yeah !

Souvenirs 1944-1974

DU MÊME AUTEUR :

Chez le même éditeur

Globe-flotteur, 1977, rééd. 1997.
Bord à bord, 1979, rééd. 1997.
Solitaire et compagnie, 1981, rééd. 1997.
Cocotiers, 1981, épuisé.
Voyage aux Amériques, 1986, rééd. 2004.
1965, 1987, épuisé.

Ouvrage pratique :

Mettre les voiles avec Antoine, Arthaud, 1983, rééd. 2001.

Albums photos

Aux éditions Gallimard :

Îles... était une fois, 1989, rééd. 2003.
Amoureux de la Terre, 1991.
Sur trois océans, 1993.
Fêtes... la cuisine de la mer et des îles, 1995, rééd. 2003.
Collection *Merveilleuses îles d'Antoine* (8 volumes) 1997 à 2000.

Aux éditions La Martinière :

La Plus Belle Île du monde, 2003.

Aux éditions Hermé :

D'île en île, 2005.

Publications pour enfants aux éditions Hatier :

Album *Le Président sur la lune*, ill. Philippe Lorin, 1969, épuisé.
Album-disque *Le Président autour de la Terre*, ill. Philippe Lorin, 1970, épuisé.

Antoine est également l'auteur-réalisateur de 16 films documentaires, la série Îles... était une fois, parue en VHS puis en DVD chez Warner Home Video.

... et d'un CD-ROM *1 000 astuces et conseils pour mettre les voiles*, réédité en DVD-ROM en 2006.

Vous trouverez en fin de volume une discographie partielle d'Antoine de 1965 à 1974.

Pour en savoir plus sur ces divers ouvrages et sur les voyages et l'actualité d'Antoine, rendez-vous sur le site :

www.antoine.tv

Antoine

Oh Yeah !

Souvenirs 1944-1974

ARTHAUD

Note de l'éditeur

Les copyrights des chansons citées dans l'ouvrage, ainsi que les copyrights des photos du hors-texte se trouvent référencés en fin d'ouvrage pp. 473 à 478

87, quai Panhard-et-Levassor
75647 Paris Cedex 13
Réalisation du hors-texte : Gwenaël Lecossec

ISBN : 978-2-7003-9616-4

Préface

Des chansons joyeuses montaient d'un groupe de garçons et de filles installés au bord de la plage, autour d'un feu. Je me suis avancé sur le vieux ponton de bois blanchi par le sel et le vent. Hors l'avenue étincelante que la lune jetait sur les eaux, le lagon était noir, d'un noir dense et profond comme le tunnel du temps... Je me suis assis tout au bout, les pieds pendant dans l'obscurité, et j'ai jeté à l'eau ma ligne de pêche. L'hameçon n'avait pas eu le temps d'atteindre le fond, quand j'ai senti une touche... Lentement, j'ai ramené à la surface, et, dès que je l'ai tiré de l'eau, vu scintiller dans les lueurs de la lune et du feu sur la plage un souvenir frétillant.

Souvenir d'enfance, les lueurs que dessinaient sur les murs de notre chambre les voitures qui grouillaient sur Times Square, à New York, les vagues de l'Océan vues du bord d'un des transatlantiques qui m'emportaient enfant, les douces collines de Saint-Pierre-et-Miquelon, couvertes de bleuets à la belle saison, ou les marigots du Cameroun.

Une autre fois, ce furent les montagnes de Corse ou des Alpes, les reflets du vinyle des premiers microsillons de musique folk que des jeunes amis américains me faisaient découvrir, mes interrogations lorsque mes études me conduisirent à Paris, ou le visage ourlé d'or d'une jolie Suédoise rencontrée sur la route de mes vagabondages...

Ou les cris de la foule, joyeuse ou hostile, lors de la « guerre des idoles », l'exubérance des publics italien ou brésilien, les entreprises hasardeuses, spectacles où je marchais sur une corde raide à quatre mètres du sol ou dansais, chantais, riais ; ou encore la chaleur d'une rencontre inattendue : Dalí, Jagger, Johnny, Warhol, Dalida, Claude François, Brigitte Bardot...

Et le froissement de l'eau devant l'étrave de mon premier voilier de contreplaqué, presque une épave, nommé *Kiva*... et qui changea ma vie...

Assis au bout du ponton, j'ai observé chacune de mes prises sous tous les angles, je l'ai photographiée avec mon petit appareil numérique, et je l'ai vite remise à l'eau. Pas question de la tuer, de l'emporter, de la consommer : elle pourrait, pourquoi pas, resservir dans le futur, à moi ou à quelqu'un d'autre que ça amuserait de savoir comment je m'étais retrouvé là, au bord de ce lagon, comment et pourquoi le petit garçon pas très futé, devenu élève brillant, puis, contre toute attente, vedette de la chanson, avait un jour vu s'ouvrir devant lui l'immensité de l'océan...

Et comment, puisque la vie est courte, j'ai choisi de vivre au large.

Il y avait longtemps que j'avais envie d'écrire ces pages. Pour éviter que quelqu'un d'autre ne les écrive à ma place et ne se trompe. Ou pour parer au cas, plus ennuyeux encore, où personne n'aurait l'idée de les écrire !

Je préfère avertir tout de suite ceux qui ne se délectent que des malheurs et des déceptions d'autrui, aucun grand drame ne guette au détour d'une de ces pages : le succès m'a assez souvent souri pour que, même des échecs, je n'aie su retenir que le pittoresque et l'émouvant, et l'effet salutaire qu'ils eurent parfois sur ma vie. Ne soyez pas surpris non plus si j'aborde dans ce livre des souvenirs parfois plus... personnels que ceux que l'on trouve généralement dans les mémoires des voyageurs, explorateurs ou sportifs, que l'on a souvent tendance à percevoir comme de grands boy-scouts... Moi, j'ai pris le parti de mordre la vie à pleines dents, l'époque s'y est bien prêtée, et si je vous raconte parfois les plaisirs qu'elle m'a apportés, ce n'est pas pour me vanter de mes bonnes fortunes (ni pour me lamenter, d'ailleurs, des râteaux que j'ai aussi ramassés) : si je me tiens parfois, dans ces pages, nu devant vous, ce n'est pas par goût de l'exhibition, mais parce que j'ai la sensation que chaque détail, chaque émotion, chaque instant de l'enfance, de l'adolescence ou de l'âge adulte a son importance pour comprendre pourquoi, et surtout comment, on choisit un jour de prendre un chemin plutôt qu'un autre.

J'ai eu, je ne le cache pas, beaucoup de joie à rédiger ces souvenirs, sans nostalgie excessive pourtant : je n'ai de regret poignant pour aucune des périodes que j'aborde dans ce livre, j'ai eu la chance de vivre, tout au long de ces années, des instants plus passionnants que les précédents, de m'embarquer – et c'est encore le cas aujourd'hui – dans des aventures toujours plus exaltantes. Mais pourquoi se refuser le plaisir de se pencher un instant sur le passé ? Et si ces anecdotes, le récit de mes trente premières années, de mes premiers émois ou de mes démêlés avec le show-business vous amusent, le plaisir sera partagé !

1

Madagascar, Amérique du Nord, Cameroun : Premières traversées

Je suis né Pierre Antoine Muraccioli le quatre juin mille neuf cent quarante-quatre à Tamatave, une ville de la côte orientale de Madagascar, le plus grand port de l'île, où mon père, ingénieur, était employé aux Travaux publics et à la voirie. On m'a raconté, bien plus tard, lorsque j'ai atteint Madagascar à la voile, en solitaire, à trente-cinq ans, que c'était mon père qui avait planté au long des avenues de Tamatave les alignements de flamboyants et de jacarandas, deux grands arbres d'ornement qui se couvrent, les premiers de fleurs rouges, les seconds de fleurs mauves. Je n'ai aucune certitude à ce sujet, mais l'idée me plaît bien.

La totalité des « souvenirs », d'ailleurs, que je pourrais avoir de mes premières années à Madagascar sont, forcément, des faux souvenirs, des événements, des sensations, des émotions que l'on m'a rapportés par la suite, car je n'avais que deux ans lorsque ma famille a quitté l'île, au terme d'un séjour qui avait certainement été plus long que prévu : mon père était en poste à Madagascar quand la Seconde Guerre mondiale a éclaté, et même si lui et ma mère avaient souhaité regagner la métropole, cela aurait sans doute été rendu impossible par l'absence de navires, ceux qui assuraient le transport des passagers et des marchandises étant pour la plupart réquisitionnés pour les opérations militaires.

Il fallait d'ailleurs avoir une forte dose d'optimisme (ou une forte carence de contraception) pour mettre en route, en 1941, mon frère, puis, en 1943, moi : en 1942, Madagascar, sous les ordres de Vichy, avait été prise par les Britanniques, qui craignaient que le Japon ne s'en empare. En 1943, ils avaient remis le gouvernement de l'île aux autorités de la France libre... après tout, c'est peut-être pour fêter ça que mes parents m'ont conçu ! Il faut dire que, dès le lendemain de ma naissance, cette grande nouvelle était annoncée sur les ondes de Radio Londres par un message codé : « Les carottes sont cuites », qui déclenchait, le matin suivant, le débarquement que l'on sait... les Alliés et la Résistance faisant au petit bébé qui venait de naître sous le tropique du Capricorne un présent extraordinaire : le privilège, jamais vu dans l'Histoire, de vivre pour au moins soixante ans – et je l'espère, plus encore – dans un pays sans guerre, du moins sans aucune guerre sur son territoire métropolitain.

Tous les souvenirs, donc, que je pourrais avoir de Madagascar tiennent en quelques mots, ces mots malgaches que notre famille a emportés avec elle, et qu'elle utilisait encore vingt ans plus tard. Bébé, j'ai passé de longues journées « à *babène* », sur le dos de ma « *nènène* » (que mes amis *malagasy* me pardonnent de franciser la prononciation des mots malgaches !). J'ai été nourri de bon *rounoune* ; quand j'étais malade, j'avais le droit à un *fanafoude* ; si je n'étais pas sage, j'avais le droit à une tape sur le *voud'*. Alors que l'Occupation engendrait en métropole une grande pénurie et le marché noir, notre sort était certainement meilleur dans une grande île comme Madagascar, qui offre, en raison de la variété de ses latitudes et de ses altitudes, une telle diversité de climats qu'il y pousse aussi bien des végétaux tropicaux que des fruits et légumes des pays tempérés ; quant à la viande, on n'en manquait sans doute pas, tant le culte du zébu est enraciné dans les traditions malgaches. Et puis il y avait le riz, que l'île produisait alors en si grande quantité. Étant né à Madagascar, devenue plus tard indépendante, j'aurais pu, à ma majorité, choisir la nationalité malgache. C'est du moins ce qu'affirmait mon père, qui ajoutait : « Mais comme tu serais malgache, au service militaire, tu aurais droit au riz à la place du pain. »

Tamatave était une grande ville sans relief, bâtie sur une plaine tout au bord de l'océan Indien, et très exposée aux cyclones, qui l'ont souvent frappée. Je suis retourné plusieurs fois voir notre maison ; elle a abrité successivement un club de culturisme, puis un haut fonctionnaire du *fivondrony*, la mairie de Tamatave. Si j'en avais le moindre souvenir, elle m'apparaîtrait sans doute immense, alors qu'elle était bien modeste, un couloir central reliant la façade et l'arrière de la maison, une pièce de chaque côté, au sol de ciment teinté de rouge à l'aide de cette cire odorante que l'on passait avec des tampons de papier journal froissé, et qui mettait des mois à sécher : quand on cessait enfin de se retrouver avec les pieds tout rouges, c'est qu'il serait bientôt temps d'en repasser une couche.

Tamatave a de tout temps été la ville des pousse-pousse, et c'est certainement dans un pousse-pousse que j'ai été ramené de l'hôpital de la ville à la maison.

Mon père, Toussaint Muraccioli, né en 1905 dans un petit village des montagnes du centre de la Corse, avait sans doute, par ses bonnes notes, attiré l'attention de l'instituteur du village, qui avait incité ses parents – ma grand-mère Antoinette, née Filippi, mon grand-père, que je n'ai pas connu (ne s'appelait-il pas Joseph ?) – à le laisser pousser plus loin ses études. En cela il s'était sorti, par sa ténacité, du destin peu brillant qui attendait les natifs de ces hameaux, oubliés au cœur de l'île, dans ces régions où la châtaigne remplaçait généralement le blé dans l'alimentation traditionnelle. Des années durant, que nous vivions à Saint-Pierre-et-Miquelon, au Cameroun, ou en métropole, nous recevions à chaque Noël un colis de farine de châtaignes envoyé par des cousins corses : c'était pour mon père un peu de son île natale qui nous parvenait au bout du monde.

Toussaint avait donc fini par entrer dans une petite école d'ingénieurs parisienne, puis avait choisi la voie qui s'ouvrait devant beaucoup de Corses : l'Administration, qui les envoyait représenter la France aux quatre coins de ce qui s'appela successivement les colonies françaises, l'Union française, la France d'outre-mer, la Communauté. C'est sans doute au cours de l'un de ses congés passés en France qu'il avait rencontré celle qui fut sa première femme. Je ne sais pas son nom, seulement qu'elle lui avait donné une première fille, Suzy. Puis ils avaient divorcé, et c'est à la fin des années 1930, à l'âge de trente-cinq ans, qu'il avait rencontré ma mère, Marthe, née Moya, lyonnaise, fille d'une mère allemande et d'un père espagnol que je n'ai pas connu non plus : j'ai donc dans les veines un quart de sang allemand, un quart de sang espagnol, et une bonne moitié de sang corse, donc sans doute des ancêtres génois, et quelques maures par-ci par-là !

Ma mère avait également été mariée, à un monsieur Mercier, belge, je crois. Elle avait eu elle aussi une fille, Claude, puis son mari était mort. Quand elle rencontra mon père et qu'il lui proposa de l'épouser, un problème se posa tout de suite : ma mère était une catholique pratiquante ; elle pouvait se remarier parce qu'elle était veuve, mais le divorce n'existait pas dans son univers. Heureusement, mon père n'avait jamais été marié à l'église, c'était comme si son premier mariage n'avait jamais existé. En fait, Toussaint n'était même pas baptisé ! Ma mère exigea donc qu'il se fasse baptiser : et d'ailleurs, qu'est-ce que c'était que ce prénom, qu'aucun bon catholique ne portait en France (pourtant, s'il y a bien un prénom qui sonne chrétien !). Elle exigea qu'il change de prénom, en prenne un plus... catholique, et voici comment mon père devint Jean-Toussaint.

Un autre curieux déséquilibre frappa tout de suite cette union : car si mon père adopta immédiatement la petite Claude, qui fut élevée exactement sur le même pied que mon frère et moi, Suzy, élevée par sa mère à elle, fut tenue à l'écart de notre famille ; une seule fois, à Marseille, je devais avoir six à huit ans, elle vint passer une journée avec nous. Je me rappelle que cela déplut à ma mère et déclencha une scène de ménage qui fait partie de mes plus anciens souvenirs.

Et voilà comment la famille Muraccioli – Jean-Toussaint, Marthe Marie née Moya épouse Mercier puis Muraccioli (mon père l'appelait parfois « Madame 5 M »), Claude, José (né en 1942 à Tananarive) – m'accueillit à Tamatave, en 1944.

La guerre bientôt terminée, la période noire de l'épuration surmontée, l'économie internationale reprit petit à petit son bonhomme de chemin ; les fonctionnaires oubliés dans leurs îles lointaines guettèrent les premiers navires qui, ayant survécu aux sous-marins et aux torpilles allemandes lorsqu'ils assuraient les transports de troupes, reprenaient du service dans la marine marchande . C'était le cas du *Banfora* : capturé en 1942 par un navire britannique, il avait servi comme transport de troupes ; rendu en 1946 à la compagnie Fabre, il ramena en France, au mois d'août de cette même année, ma famille au complet. C'est ainsi qu'à deux ans et deux mois, je fis ma première grande traversée océanique : l'océan Indien, le golfe d'Aden, la mer Rouge et le canal de Suez, la Méditerranée dans toute sa longueur. Je n'ai naturellement aucun souvenir des escales que nous avons faites, mais j'y ai songé souvent quand bien des années plus tard j'ai parcouru le même chemin sur mon premier voilier, la goélette *Om*.

Dans nos bagages, nous emportions un petit carnet, où mes parents noteraient au fil des années les événements marquants concernant nos santés respectives. Parmi leurs amis à Madagascar, l'un se disait « voyant ». S'étant penché sur mon avenir, il avait proféré des déclarations que mes parents avaient soigneusement relevées sur le carnet : « Le petit Pierre Antoine est peu robuste, il ne faudra pas lui en demander trop, il n'ira sans doute pas très loin... » Quel genre de cadeau était-ce faire à un petit enfant, aussi fragile puisse-t-il être, à l'aube de sa vie ?

Comme tous les grands voyageurs, mon père avait une base à terre, un port d'attache en métropole, où nous ramenaient ses périodes de congés : le rythme, à l'époque, était bien établi : un fonctionnaire de la France d'outre-mer était affecté trois ans dans un territoire lointain ; puis il rentrait avec sa famille pour une période de congés de six mois, avant un nouveau départ. Ça ne posait pas de problème de scolarité jusqu'au collège et au lycée, ce n'est donc qu'une dizaine d'années plus tard que nous eûmes à rentrer, parfois avant mon père, pour commencer une année scolaire à la date officielle.

Le port d'attache de ma famille en France, très vite, ce fut la famille de mon père, qui vivait à Marseille. Quant à ma grand-mère maternelle, c'était une dame fort sérieuse, plutôt stricte, qui nous recevait parfois un jour ou deux dans l'appartement qu'elle occupait à Lyon, du côté du parc de la Tête d'or, où elle nous emmenait voir les lions et les girafes. La seule fois où je l'ai vue rire, je crois que c'est le jour où elle découvrit que des petits parapluies à manche télescopique et baleines repliables, fabriqués dans son Allemagne natale, étaient vendus sous la marque Knirps, un mot qui, paraît-il, voulait dire « petit bonhomme ». Je me demandais pourquoi, mais cela la mettait totalement en joie. Le seul autre souvenir qui me revienne de nos courts séjours dans son appartement, c'est que tard, une nuit, bien avant ma puberté, dans la chambre où je dormais, j'avais été attiré par un miroir, et j'y avais regardé, plein d'interrogations, mon corps nu, le sentant parcouru de sensations que j'étais encore incapable d'expliquer.

Non, la base terrestre de ma famille, c'était, à Marseille, la pittoresque maison du 339, La Corniche. En ce mois de septembre 1946, nous y avons été accueillis par Madeleine, sœur de mon père, qui était aussi ma marraine. Femme de bon sens, robuste Corse parfaitement adaptée au continent et à la grande métropole méditerranéenne, elle avait épousé un autre Corse, Louis Faggianelli, qui deviendrait bientôt préfet de police de Marseille. Leur progéniture était nombreuse : il y avait les « grands », Tony et Henri, qui avaient déjà des occupations d'adultes quand nous n'étions que des enfants ; Josette, encore nettement plus âgée que mon frère et moi, et Jean-Claude, un an de plus que moi. La forte personnalité de tante Madeleine écrasait un peu ma grand-mère, Antoinette, aussi ridée que la petite bonne, Marie, qui devait mesurer un mètre vingt, et qui ressemblait à une pomme reinette toute fripée. Parente pauvre issue d'une branche lointaine de la famille, elle avait ce statut curieux, assez courant à l'époque, de bonne à tout faire sans salaire, de membre naturel de la cellule familiale.

Il y avait toujours, en plus, dans cette maison du bon Dieu, des cousins, des amis, des relations : chaque jour, au déjeuner, la grande table sous les figuiers et les kakis voyait s'attabler au moins une dizaine de personnes ; une forme d'animation qui réjouissait mon frère, mais qui, moi, me dérangeait plutôt... Tout au long de ma vie, j'ai généralement tenté de fuir ces tablées, les repas interminables, les conversations animées par le vin... La table de tante Madeleine était toujours bien garnie, même si ce n'était que de pâtes, malgré la pénurie des années qui suivirent la fin de la guerre.

Mais là, bien sûr, dans ma troisième année, je ne percevais pas encore grand-chose de tout cela. On m'a raconté à loisir que j'étais un enfant plutôt chiant, que rien de ce qu'on mettait dans mon assiette ne me plaisait, sauf la purée de pommes de terre ; à l'époque, on n'imaginait pas une seconde que cette chose-là puisse un jour se faire avec des flocons en boîte ! Non, le presse-purée faisait partie du patrimoine familial, et avait sa place d'honneur dans le buffet de cuisine, à la forme caractéristique. « Marie, tu m'as fait ma purée ? » : c'était, m'a-t-on dit, le cri que je poussais largement avant l'heure de chaque repas.

Le nombre des produits, alimentaires ou d'usage domestique, qui entraient jadis dans une maison comme celle-là – objets, conserves, boissons, yaourts, etc. – devait être bien restreint comparé à la débauche de produits, de marques, de variétés proposés aujourd'hui. J'ai cité les yaourts : à l'époque, il y avait un modèle de yaourt, point final ! D'ailleurs, le yaourt, chez tante Madeleine comme chez nous, on le faisait nous-mêmes, avec la célèbre yaourtière Yalacta et ses pots de verre hexagonaux, avec du ferment que nous nous faisions expédier jusque dans nos pays lointains, ou en gardant précieusement un des yaourts de la production précédente : il y avait une espèce de leçon de sagesse dans la nécessité de ne pas consommer tout notre bien, d'en conserver la part qui donnerait naissance au lot du lendemain.

Le pain, lui aussi, était une chose bien simple, quand on le compare aux créations, à l'imagination délirante, de bien des pseudo-boulangers d'aujourd'hui. En cet été 1947, où mon père reçut confirmation de sa nouvelle affectation, le pain que l'on trouvait en France, au sortir de la guerre, devait être bien rustique et grossier, car lorsque nous nous sommes embarqués, au Havre, sur un paquebot, on m'a raconté que mon frère et moi refusions de croire que c'était du pain que l'on nous servait : l'Amérique n'avait pratiquement – sauf à Pearl Harbor – pas connu les hostilités sur son territoire, ni les privations qu'avait endurées l'Europe ; elle avait continué de parcourir son chemin vers l'opulence, et le pain de mie qui était son quotidien, nous étions absolument certains que c'était du gâteau, pas du pain.

Car après Madagascar et les tropiques, c'était dans un pays froid que mon père était affecté. De Saint-Pierre-et-Miquelon, nous ne savions rien de rien ; sans doute, comme trois Français sur quatre, pensions-nous que ces îles se trouvaient aux Antilles, la célébrité de la ville de Saint-Pierre de la Martinique pouvant prêter à confusion. Mais c'est vers des latitudes moins ensoleillées que se dirigeait le paquebot qui nous emportait. Les transports aériens étaient sans doute déjà développés, mais mon père et ma mère refusaient de prendre l'avion pour rejoindre leur poste, pour deux raisons : d'abord, la frayeur qu'inspirait, je crois, l'aviation à ma mère ; mais surtout parce que mon père avait découvert que le temps que durait le voyage n'était pas, dans les pratiques d'alors de l'Administration, déduit du temps des congés, mais du temps de l'affectation : prolonger ces transferts – dans la limite raisonnable –, c'était en quelque sorte prolonger les congés... et dans quel luxe : la totalité du voyage se faisait alors en première classe, sur les bateaux, dans les trains, dans les hôtels ; et l'itinéraire qui nous menait à Saint-Pierre-et-Miquelon représentait, pour nous, enfants, une grande aventure, un véritable rêve.

Le voyage commençait en train, de Marseille à Paris, puis de Paris au Havre. Arrivés au pied de la muraille gigantesque que constituait le paquebot à quai, venait un moment de doute : les bagages que l'on avait trimballés au travers du pays, veillant à ne pas les égarer ni les oublier dans les filets d'un compartiment, on les abandonnait soudain au milieu d'un effroyable magma d'autres bagages, depuis les valises de luxe des voyageurs élégants, couvertes d'étiquettes gommées, ovales, rappelant les nombreux palaces et trains de luxe que leurs propriétaires avaient fréquentés, jusqu'aux valises aux serrures éclatées, aux cartons mal ficelés des émigrants Nos bagages montaient à bord séparément, et, quelques heures plus tard, c'était déjà une aventure que de les repérer dans le même genre de désordre, sur un des ponts du navire cette fois-ci, et de les véhiculer, avec l'aide de porteurs, vers nos cabines.

La traversée de l'océan Atlantique était comme une parenthèse hors du temps. Les paquebots que nous avons pris ne battaient sans doute pas les records de la traversée (le fameux *Ruban bleu* que convoitaient tous les transatlantiques de ces années-là), et, sur le premier qui nous emporta, le confort devait encore être fort sommaire. Il s'agissait sans doute de l'*Oregon*, le premier navire sur lequel fut essayé un radar. Mais chacune des trois traversées suivantes nous amena à prendre des navires de plus en plus luxueux, le *De Grasse*, puis l'*Île-de-France*, enfin le *Liberté* ; aujourd'hui, après une période difficile, qui vit entre autres la marine marchande française perdre son plus beau fleuron, le *France*, si bien – et si tristement – chanté par Sardou, les paquebots connaissent un succès extraordinaire, et certaines îles tropicales reçoivent chaque jour la visite de dix ou vingt énormes paquebots... Mais ces navires ne vous embarquent plus que quelques jours pour une croisière en boucle fermée, quelques jours au cours desquels vous jouez à faire semblant d'être en voyage, ou d'être les acteurs d'une bête série télévisée à succès. Les paquebots des années 1950 avaient une tout autre fonction : ils emmenaient d'un point à un autre des gens qui avaient besoin de se déplacer, ils emportaient avec eux vers des séjours prolongés, ou vers de nouvelles vies, des familles entières. On y trouvait même un chenil où les animaux domestiques étaient mis en pension pour la durée du voyage, et le maître pouvait à certaines heures venir sortir son chien sur un pont réservé à leur promenade : on y avait même élevé un réverbère parisien et une borne d'incendie typiquement américaine pour que les chiens des deux origines ne soient pas déroutés dans leurs fonctions incontournables.

Les passagers étaient rangés en véritables castes, liées à la classe dans laquelle ils naviguaient. Il y avait au moins trois classes différentes, sans doute même quatre ou cinq, depuis la plus basse, réservée traditionnellement aux émigrants désargentés : on les faisait autrefois voyager dans la partie la plus inconfortable du navire, à proximité du système de gouverne. Cette classe portait en anglais le nom de *steerage*, et c'est ainsi qu'avait voyagé Stevenson au XIXe siècle quand il avait quitté l'Écosse pour les États-Unis. Les paquebots du milieu du XXe siècle n'avaient sans doute plus de classe aussi rustique, mais les clivages entre classes étaient bien réels : nous autres, enfants gâtés, fils de fonctionnaires que l'Administration française faisait voyager dans les meilleures cabines, celles des ponts supérieurs, qui possédaient non pas des hublots, mais de véritables fenêtres, nous avions, si nous le souhaitions, accès à la totalité du navire : plus généralement, les passagers de chaque classe avaient accès à l'ensemble des classes inférieures, mais pas à celles supérieures à la leur ; ainsi, s'il nous arrivait de « descendre » vers la seconde ou la troisième classe (où nous nous aventurions rarement, et jamais plus bas), si nous nous y faisions des amis, il n'était pas question que ceux-ci nous accompagnent sur notre pont supérieur !

D'ailleurs, les loisirs des enfants des passagers étaient parfaitement bien encadrés, car les transatlantiques comportaient, outre des piscines – qui m'apparaissaient immenses du haut de mes quelques années –, des jardins d'enfants, des *Kids Clubs* comme il n'en existait pas dans la France d'après-guerre, ni évidemment à Madagascar. Jeux, goûters, repas agrémentés de superbes menus multicolores spécialement destinés aux enfants, animations, fêtes costumées, tout était fait pour que les enfants gardent de leurs traversées des souvenirs inoubliables, et qu'ils laissent leurs parents participer librement à la vie du bord ; les plus beaux paquebots avaient de magnifiques salles de spectacle, de cinéma. Des bals, des visites guidées du navire jusqu'en ses entrailles les plus profondes, des jeux bon enfant : les croisiéristes modernes jouent-ils encore au traditionnel palet, rondelles de bois verni que l'on propulsait à l'aide de sortes de crosses ? Mais, bien sûr, les voyageurs passaient une grande partie de la traversée allongés sur des chaises longues rembourrées de coussins bleu marine, les fameux *transats* ; à l'heure du thé, des stewards faisaient la tournée des ponts avec de grands pots de thé et de larges plateaux d'argenterie sur lesquels on avait disposé au cordeau des alignements de petits-beurre, de biscuits chocolatés ou de gaufrettes. J'avais, pour ma part, la chance de ne pas être victime du mal de mer, qui terrassait parfois la plupart des passagers, quand une perturbation traversant l'Atlantique nord nous envoyait une période de gros temps.

Au fil des années, tandis que les transatlantiques que nous empruntions devenaient de plus en plus confortables, la traversée se faisait de plus en plus rapide, passant de quinze jours à cinq ou six. Bientôt montaient à l'horizon les côtes de Long Island, le navire s'avançait sur le cours de l'Hudson, et mon père, sa haute silhouette campée à la rambarde, le peu de cheveux qui lui restaient volant au vent qui balayait les Narrows, nous racontait que c'était une expédition française commandée par Jean de Verrazane, un Italien, qui avait été la première en 1524, à pénétrer sur le cours de l'Hudson. Le gigantesque pont qui porte le nom de Verrazano n'était pas encore construit (il date de 1964, et ce n'est que lors de ma dernière traversée de l'Atlantique sur un paquebot, le *France*, et bien des années plus tard, lorsque j'ai atteint New York à la voile, que je suis passé sous son immense traverse de près de trois cents mètres de long). Lorsque nous approchions du confluent de l'Hudson et de l'East River, nous passions la statue de la Liberté, qui faisait fantasmer les immigrants : jusqu'en 1954 (la quatrième transatlantique de mon enfance remonte à 1953), c'était sur la petite Ellis Island que les immigrants passaient une période de quarantaine : près de vingt millions d'entre eux sont entrés aux États-Unis en transitant par cet îlot, devenu aujourd'hui un musée.

Il suffisait, ce qui était fréquent, qu'il y ait à bord, incognito ou non, une vedette, acteur de cinéma ou homme politique, pour que l'accueillent sur les flots de l'Hudson des bateaux-pompes faisant jaillir de grands jets d'eau étincelants, sortes de feux d'artifice diurnes. Puis le navire s'amarrait, aidé par une nuée de petits remorqueurs qui nous paraissaient être des créatures vivantes : pas étonnant que, des années durant, un de mes livres préférés ait été l'histoire illustrée d'un petit remorqueur, que le dessinateur avait muni de grands yeux songeurs.

Bientôt reprenait l'affaire du débarquement des bagages, que nous retrouvions un peu plus tard, sur le quai, et un taxi nous emmenait, mon père, ma mère, mon frère, ma sœur et moi, jusqu'à l'hôtel où nous passerions quelques jours, en attendant le train de Montréal ; la vision de Times Square nous laissait sans voix : il y avait de grandes enseignes lumineuses, chose pratiquement inconnue de nous à ce jour, la gigantesque silhouette d'un cow-boy qui émettait à intervalles réguliers un immense rond de fumée... Là aussi, ce qu'était Times Square au début des années 1950 nous ferait sourire si nous le comparions aux débauches de néons de bien des villes d'aujourd'hui ; mais nous étions vraiment fascinés. Et dans notre chambre d'hôtel, lorsque le soir nos parents nous laissaient seuls pour aller voir un spectacle sur Broadway, nous regardions, hypnotisés, les taches de lumières que les phares des milliers de voitures défilant au pied de l'hôtel projetaient au travers des fentes des stores ou des rideaux, faisant courir sur les murs de la chambre une infinité de trains, wagons de lumière tourbillonnant tout autour de nous.

L'hôtel où nous descendions appartenait à la chaîne Paramount, propriété sans doute de la compagnie de production de films qui avait invité Maurice Chevalier et Marlene Dietrich, et qui, à cette époque, produisait les premiers films d'un duo encore inconnu, Dean Martin et Jerry Lewis. L'hôtel offrait un confort, un luxe comme nous n'avions jamais imaginé qu'il puisse en exister. Lorsque nous donnions notre linge à laver, il était emporté vers une grande laverie centralisée. Pour s'y retrouver, les lingères de l'hôtel cousaient à l'intérieur de chaque vêtement une étiquette portant l'abréviation du nom de l'hôtel et celle du nom du propriétaire : l'hôtel s'appelant Paramount et nous Muraccioli, cela mettait mon père en joie, des mois plus tard, que tous nos vêtements portent la mention « Pa mur ».

Nous ne manquions pas, évidemment, à chacun de nos passages, de gravir les cent deux étages de l'Empire State, en ascenseur, naturellement, mais notre père nous racontait que, chaque année, une course était disputée entre des sportifs assez fous pour escalader la tour à pied.

Ayant ainsi touché du doigt le rêve américain, nous reprenions bientôt la direction de notre petite île. Ce n'était pas si simple : arrivés à Montréal, nous retrouvions pour quelques jours la langue française, avec un parfum étrange. C'était l'occasion pour nous d'aller voir de vrais Indiens, dans la réserve de Caughnawaga, sur les bords du Saint-Laurent. Longtemps, je retrouverais l'odeur de cuir, d'écorce de bouleau et de moisissure des petits objets d'artisanat, reproductions de tipis et de canoës, que nous en ramenions, et qui trônèrent des années sur une étagère de nos maisons successives.

Sans atteindre les sommets de New York, Montréal, c'était tout de même l'Amérique, son opulence, son modernisme ; à deux reprises, mes parents durent avoir recours pour moi à la médecine canadienne, lorsque je fus pris de violentes crises d'asthme, ou lorsqu'ils durent me faire enlever les amygdales... Je revois l'instant où je m'éveillai, la gorge en feu, de l'anesthésie, sortant d'un rêve où une farandole de lutins tourbillonnait dans le ciel au-dessus d'une rivière de conte de fées, chantant « Rigarde la couleur di l'eau... »... Je me penchai par-dessus la margelle du pont où je me trouvais... et m'éveillai face au peu ragoûtant spectacle d'une cuvette d'eau rougie de mon sang !

Le Canada atteint, nous n'étions pas pour autant au terme du voyage : il fallait reprendre un autre train à destination d'Halifax, en Nouvelle-Écosse. Les trains nord-américains, à cette époque, étaient une autre forme de légende ; ils avaient des wagons-restaurants où l'on offrait également aux enfants de superbes menus colorés, découpés en forme d'ourson ou de lion. Un wagon entier était consacré à la toilette des passagers, et les hommes s'y enduisaient le menton de mousse, le temps de se raser avec d'effrayants rasoirs à main. Le jour, les wagons de première classe étaient composés de sièges confortables ; quand venait le soir, des employés en casquette des Chemins de fer – généralement noirs, pour nous de vrais « oncles Tom » – arrivaient, munis de grandes clefs de fer, et transformaient comme par magie le wagon tout entier en une série de lits superposés, disposés de part et d'autre du couloir central – comme on le voit dans nombre de films d'Hollywood, tels que *Certains l'aiment chaud* –, chaque lit isolé par des rideaux à mi-hauteur derrière lesquels chacun s'installait pour la nuit. Je me rappelle qu'une nuit, ne dormant pas, je m'étais relevé sur mes genoux, et, après avoir scruté le couloir désert, je m'étais avancé jusqu'au rideau me séparant du lit voisin : j'y avais découvert le spectacle inimaginable pour moi d'une femme allongée, poitrine nue, et la frôlant de ses mains... Chose totalement inconcevable dans ma famille, bien catholique, des années 1940, où la nudité n'existait pas, même pas comme concept, où jamais les parents n'auraient été vus nus par les enfants, et où dormir sans un pyjama ou une chemise de nuit était hors de question. Une autre grande personne, d'un lit voisin, m'avait vite rappelé à l'ordre et renvoyé à mon sommeil, bercé par les bogies du train.

À Halifax, nous logions encore dans un grand hôtel, le Nova Scotia, et nous admirions les navires qui jetaient l'ancre sous nos fenêtres, le *Forrestal* ou peut-être l'*Enterprise*, de grands porte-avions de légende. Pour rejoindre le petit port d'où partait le bateau qui desservait Saint-Pierre, il fallait encore parcourir près de quatre cents kilomètres en taxi : le chauffeur, M. Goorah, nous retrouvait fidèlement à chaque voyage, et nous emmenait tout au long de cette magnifique province maritime, franchissant le détroit de Canso pour atteindre l'île du Cap-Breton en longeant les lacs Bras d'or.

Enfin, sur les quais de North Sydney, nous embarquions pour le trajet final, longeant la côte sud de Terre-Neuve, jusqu'à Saint-Pierre. La première fois que nous avons fait ce parcours, m'a-t-on raconté, la ligne était encore assurée par un voilier, certainement le moyen de transport adéquat pour atteindre le petit archipel, un petit morceau de France aux portes de la géante Amérique du Nord, quelques collines pelées, des anses rocheuses, quelques falaises modestes et, par-dessus tout ça, les grands vents d'ouest qui balaient le paysage.

Quand on demandait à mon père où se trouvait Saint-Pierre-et-Miquelon, il répondait toujours « À la latitude des Sables-d'Olonne », et que New York se trouvait, elle, à la latitude de Naples. Pourquoi donc ce froid, cette neige épaisse dont témoignent toutes les photos de l'archipel ? Simplement à cause d'un courant marin glacé, venu de l'Arctique, le courant du Labrador, qui amène chaque hiver des glaces jusqu'aux parages de Saint-Pierre ; et à cause de l'immense masse continentale du Canada, qui entraîne des variations de température beaucoup plus grandes qu'en Europe, où la présence modératrice de l'Atlantique est importante : il fait, en hiver, beaucoup plus froid à New York qu'à Naples – mais aussi parfois, en été, beaucoup plus chaud –, et Saint-Pierre-et-Miquelon, baignée d'eaux glacées la plus grande partie de l'année, se trouve au cœur du pays du brouillard ; la vie, c'est sûr, n'y est pas idyllique... Rien à voir avec les Antilles !

Pour accéder au port de Saint-Pierre, le Barachois, les navires se glissent entre l'île principale et la petite Île-aux-Marins. Les quais donnent directement sur la place centrale du village, qu'entourent la poste et les quelques magasins qui vendent aussi bien des articles de pêche que les aliments importés pour la plupart du Canada, de la Nouvelle-Écosse ou de Terre-Neuve, toute proche. De la place, quelques rues rectilignes s'étirent jusqu'au pied des petites collines qui surplombent le village, bordées de maisons caractéristiques, à un étage, construites de planches horizontales à recouvrement, un peu comme des bateaux bordés à clins. À vrai dire, la mer n'est jamais loin, et tout à Saint-Pierre est maritime : la population de l'île, d'ailleurs, descend de marins-pêcheurs normands, bretons ou basques, et a gardé le souvenir de ses origines ; à Saint-Pierre, par exemple, on ne se couche pas, on « embarque dans son lit ».

À deux pas de la place du port, un petit square constitue, du moins pour nous, l'autre centre vital du bourg : autour du jardin se dressent la gendarmerie, le bâtiment de Radio Saint-Pierre, celui des Travaux publics, où mon père a son bureau, et le *Palais royal* : dans ce village où toutes les maisons sont de bois, l'idée de construire, pour y loger des fonctionnaires venus de métropole, une maison en dur, certainement plus coûteuse, a évidemment fait jaser la population locale, et ce nom de Palais royal a été attribué, par dérision, à une maison pas particulièrement grande ni luxueuse, par les Saint-Pierrais de souche, qui donnent aux métropolitains venus dans l'archipel le nom de *maillous* : comme dans tous les territoires lointains où les métropolitains, avec leur aisance relative et leurs pouvoirs administratifs, font parfois grincer les dents des autochtones, le terme peut avoir une connotation sympathique, ou plutôt méprisante : c'est le cas des *z'oreilles* ou *zozos*, en Nouvelle-Calédonie, des *Popaa* en Polynésie. Ici, sans véritable animosité, il y a tout de même un clivage qui se fait entre les véritables Saint-Pierrais et les maillous.

De l'univers de notre père, nous connaîtrons peu de chose, bien que son lieu de travail ne se trouve qu'à cinquante mètres de chez nous. Parfois, il nous invite dans son bureau pour nous faire admirer, et nous bavons d'envie sans pouvoir y toucher, les magnifiques modèles réduits d'engins de travaux publics qui trônent dans une vitrine de son bureau. Quelquefois, nous sommes amenés à aller chercher à la scierie ou à la menuiserie quelque accessoire, planche ou petit meuble qui manquait dans notre logement et qu'il a fait réaliser par les ateliers de l'Administration.

Derrière le square, après une jetée qui porte un phare que mon père, peintre du dimanche, entreprend parfois d'immortaliser sur une de ses toiles, s'élance la route de la Pointe-aux-Canons, qui contourne une partie abrupte de l'île. Ce qui frappe tout de suite dans le paysage, c'est l'absence quasi totale d'arbres : le vent est si fort, si constant, qu'aucun arbre ne peut pousser, seuls quelques-uns parviennent à s'étendre à l'horizontale, en particulier dans l'une des anses que suit cette route ; le reste de l'île n'est couvert que de buissons ras, de bruyères, de genévriers, on se croirait un peu sur l'île d'Ouessant.

Au bout de cette route se dressera bientôt ce qui constituera pour mon père le grand œuvre de son affectation à Saint-Pierre : une usine frigorifique dont la nécessité se fait sentir, car, à cette époque, la plupart des pêcheurs viennent de France, pêchent toute une saison, comme on le faisait déjà aux temps anciens, sur les grands bancs de Terre-Neuve, et regagnent l'Europe avec leur pêche. Pour aider l'économie de la petite île, susciter des emplois, il faut créer de toutes pièces cette usine, et ce sera la fierté de mon père que de mener l'opération à son terme : quelques années plus tard, avant de quitter l'archipel, notre père nous emmènera visiter le « Frigorifique », où des Saint-Pierraises en blouse rose et gants protecteurs détachent à l'aide de couteaux effroyablement aiguisés les filets des morues et des flétans que les pêcheurs livrent chaque jour au quai de l'usine.

Notre monde à nous (mon frère et moi : notre sœur, Claude, plus âgée que nous, est une personne étonnamment contemplative, je ne crois pas l'avoir jamais vue s'amuser avec nous ni avec personne d'autre. Elle restera ainsi toute sa vie, vivant avec nous mais presque sans le moindre point commun, trouvera, plus tard, un petit emploi dans une banque, le gardera jusqu'à sa mort. Après tout, il doit y avoir des gens qui trouvent leur bonheur à une vie simple, presque végétale...), notre univers, ce sont les petites rues qui découpent en blocs carrés le village ; à notre séjour suivant, nous n'habiterons plus le « Palais royal », mais une maison bien saint-pierraise, de bois peint en vert, la « maison Tillard ». On accède à l'intérieur des maisons locales en traversant un *tambour*, sorte de kiosque de bois qui sert de sas entre le froid, le vent, la tempête de la rue et la chaleur douillette des maisons.

Un peu à l'écart de la mer, entourée de maisons de bois, une esplanade porte le fronton de pelote basque, une activité importée ici par les marins basques. Avec ou sans chistera, tout le monde, à un moment ou à un autre de la journée, vient ici pour faire rebondir des balles, ou juste pour se rencontrer. Et puis, au bout de la place, tinte à toute heure du jour la cloche de l'église...

Car, comme dans toutes les petites colonies lointaines, l'influence de l'église, de ses prêtres, des frères et des religieuses, est prépondérante à Saint-Pierre. L'école où nous commencerons notre scolarité est, bien sûr, tenue par des frères, on y prie presque autant qu'on y apprend. Et nous sommes immédiatement associés aux activités de la petite communauté. Mon frère sera souvent enfant de chœur, moi, trop petit ou trop dissipé, je ne le serai qu'à l'occasion des grandes processions de la Fête-Dieu ou de la Bénédiction des marins : une semaine avant ces jours-là, les préparatifs commencent, on vérifie les costumes d'enfant de chœur, les chasubles, les calottes (est-ce que ça n'avait pas un autre nom ?), on fait des répétitions générales, des manœuvres presque militaires, génuflexions, mouvements d'ensemble rythmés par les claquements des mains du prêtre ; on révise les noms : ostensoir, ciboire, calice, reposoir : les reposoirs, ce sont des espèces d'arches construites en bois et en branchages, édifiées aux points où la procession fera halte, pour quelques prières de plus. La veille du grand jour, une grande razzia est faite dans les jardins de l'île, pour cueillir toutes les fleurs disponibles : leurs pétales, mis dans des paniers que nous transportons sur notre ventre, nous serviront à tapisser, d'un geste auguste et coloré, le chemin du prêtre.

Le jour de la Bénédiction des marins, l'affaire se complique d'un ballet nautique, et toutes les embarcations de l'archipel, les chalutiers qui vont affronter régulièrement les tempêtes des bancs de Terre-Neuve aussi bien que les barcasses – ici, on les appelle des *doris* – qui naviguent dans les eaux calmes du Barachois, s'approchent une par une du quai pour recevoir la bénédiction du prêtre.

Et puis la religion reprend son train-train ; outre les prières de l'école, il y a les messes du dimanche (les plus assidus y vont aussi plusieurs fois dans la semaine), les cours de catéchisme, les « retraites » préparatoires à la communion, les dizaines de chapelet, et, au moins une fois par semaine, la sainte confession : dans l'atmosphère feutrée, qui nous paraît un peu magique, de l'église, nous faisons notre examen de conscience, une liste précise du nombre de fois où nous avons été gourmands, désobéissants ou coléreux. Je ne me rappelle plus ce qu'il pouvait y avoir comme séances de cinéma à Saint-Pierre, sans doute rien de glorieux, mais les frères, eux, étaient très high-tech ! Ils disposaient d'un projecteur, et faisaient défiler sur un écran des images pieuses destinées à encourager notre foi. Je me souviens de deux images, illustrant la confession : la première montrait le dessin d'un cœur couvert de souillures, comme un immonde eczéma compliqué de croûtes et de boue, ou comme la coque d'un voilier ayant stationné deux ans dans un port des tropiques, et qui s'est couvert d'algues glauques et de coquillages. C'était à ça, disaient les frères, que ressemblait notre âme avant la confession. L'image suivante représentait un cœur lisse et radieux, d'un rose céleste, aussi propre qu'une peau de nourrisson ou que la coque d'un voilier sortant du carénage... La prière serait-elle à l'âme ce que l'antifouling est aux œuvres vives d'un navire ?

Dans la liste de péchés que propose notre missel, une phrase que nous ânonnons sans rien y comprendre : « Ai-je commis des actions impures, seul ou avec d'autres ? »... Des actions impures ? Qu'est-ce que ça peut bien être ? Un truc comme le métal qui est plus ou moins pur ? Ou le lait, enfin, tout ce qui peut avoir des impuretés ? Rien ni personne n'est là pour nous renseigner... Il y a aussi un des dix commandements, que nous apprenons mécaniquement « Œuvre de chair ne commettras qu'en mariage seulement »... Œuvre de chair, qu'est-ce que c'est que c'est que ça ? Ça a un rapport avec le poulet ou la viande ? Si on le demande à un frère instructeur, il nous dit qu'on comprendra plus tard... C'est une des forces perverses de l'éducation religieuse, elle vous implante dans l'esprit des choses que vous ne comprenez pas, et quand l'occasion se présentera de les aborder, au lieu de vous livrer à un raisonnement sain et logique, vous serez empêtré de ces préceptes abscons plantés dans votre esprit comme autant de barres de fer...

Des actions impures ? Je n'imagine pas que ça puisse avoir le moindre rapport avec ce que pratique un ami de mon frère, qui est venu loger chez nous quelques jours : le soir, au moment de dormir, son lit est agité de sortes de frottements, comme s'il se grattait... Moi, sale gosse, je menace de le cafter à mes parents, s'il n'arrête pas ; il me dit qu'il va s'arrêter, mais qu'il a encore besoin de quelques secondes... je ne pige vraiment pas pourquoi !

C'est vrai, moi, je suis plutôt le chouchou à sa maman, élevé dans du coton (la célèbre fragilité diagnostiquée par le voyant de Madagascar !). Quarante ans plus tard, tournant un documentaire sur le port de Saint-Pierre, je rencontre la première bonne que mes parents avaient engagée, et le chef opérateur lui demande en riant : « Il était comment, Antoine, quand il était petit ? »... Et la vieille Thérèse le Bars de répondre : « Il était *djeulard.* » J'ai mis un instant à comprendre ! Pourtant, c'était mon frère que mon père surnommait affectueusement « tête de lard ». Moi, mon petit surnom, c'était « bille de clown ».

Il y avait aussi toutes les activités normales de l'enfance, les goûters d'anniversaire qui sont presque seuls à laisser des traces dans les albums photographiques ; les représentations exceptionnelles de pièces de théâtre – toujours de Molière – avec un de nos instituteurs dans le rôle du Bourgeois gentilhomme ; et de temps en temps une fête costumée ; j'y allais généralement déguisé en Pierrot (d'où le surnom de bille de clown), mon frère en garde-champêtre... sauf le jour où mon père avait eu l'idée de le déguiser en guerrier malgache, à l'aide d'un pagne de raphia, un des objets qui, dans notre famille, rappelaient à mes parents leurs séjours dans des pays au climat plus clément. Mon père avait entrepris de teinter la figure, le torse et les jambes de mon frère avec un bouchon noirci au feu, et, armé d'une authentique sagaie sakalava, mon frère avait fière allure... Mais il eut tellement honte quand il se vit tout noir qu'il refusa obstinément d'aller à la fête !

Notre vie, à Saint-Pierre, était forcément très simple, les magasins n'offraient pas grand-chose pour vous tenter, le nombre d'articles qui entraient dans la composition de nos menus, par exemple, était très limité. On recevait du Canada de grandes plaques de beurre salé sur lesquelles étaient gravés des dessins. Les fruits, la plupart des légumes étaient en conserve, et l'arrivée d'un ananas ou d'un pamplemousse nous faisait écarquiller les yeux. Le matériel scolaire, papeterie, etc., tout cela manquait de variété et de charme... Un jour, un des plus grands commerçants locaux, Marcel Dagort, avec qui mes parents s'étaient liés d'amitié, avait reçu des États-Unis du matériel publicitaire, cahiers, gommes, règles, crayons : oh, rien de bien spectaculaire, mais assez pour me fasciner totalement, comme s'il s'était agi du trésor d'Ali Baba. Il en avait donné une bonne quantité à mon père, qui l'avait répartie entre nous trois... Ces quelques bricoles m'hypnotisaient au plus haut point, et je ne pus me retenir : le jour même, je pris mon courage à deux mains, allai voir le grand commerçant dans son magasin, et, du haut de mes quatre ou cinq ans, lui affirmai effrontément que mon père avait demandé qu'il me remette quelques articles de plus... Bien sûr, quand le pot aux roses avait été découvert, je m'étais fait copieusement enguirlander, mais ça avait plutôt fait rire tout le monde.

Les maisons, à Saint-Pierre, avaient le confort moderne, nous étions plutôt à l'heure américaine qu'à l'heure française, et la marque Frigidaire était déjà devenue chez nous un nom commun, alors que bien des familles en France n'avaient encore que de vagues glacières. De même, alors que, chez ma marraine par exemple, on se contentait de batteur à œufs à manivelle et de presse-purée à main, nous avions déjà un appareil magique, dont la marque, Mix-master, était aussi devenue chez nous un nom générique : c'était un robot de cuisine aux allures de science-fiction.

Il nous arrivait parfois, pourtant, d'aller chercher de l'eau à une pompe, dans la cour de la gendarmerie toute proche, et j'étais intrigué par le principe de cette vieille pompe de fer, qu'il fallait « amorcer » en y versant de l'eau qu'il fallait apporter avec soi... J'ai repensé à cette pompe, des années plus tard, une nuit où je me suis retrouvé embarqué sur la houle du Pacifique, à bord d'un antique voilier de bois qui prenait l'eau à vive allure, menaçant de nous envoyer tous par le fond, et dont l'unique, antique, pompe était du même modèle ; il fallait l'amorcer en versant des seaux d'eau de mer dans le coude d'un tuyau pratiquement inaccessible : les trois quarts de l'eau rataient l'ouverture, se déversaient dans les fonds, on avait plus l'impression de contribuer à remplir d'eau les cales que de les assécher.

Quand nous étions malades, l'éloignement de Saint-Pierre-et-Miquelon nous forçait à nous contenter d'une pharmacopée limitée et pittoresque ; je crois sentir encore l'odeur des cataplasmes de farine de lin, ou la brûlure de la « ouate Thermogène » (l'emballage de carton représentait un diable qui crache du feu) qui nous faisait si peur. Lorsque nous manquions de force, notre père sortait une étrange presse et extrayait de morceaux de viande de bœuf du sang, baptisé « jus de viande », qu'il nous fallait boire sans grimacer. Mais, ma plus grande frayeur c'était quand, pour soigner toute une gamme d'affections, mon père avait recours aux grands moyens : les ventouses. Lui seul avait le privilège de nous appliquer dans le dos ces espèces de pots à yaourt de verre dans chacun desquels il glissait un bout de coton hydrophile enflammé, juste avant de renverser la ventouse et de nous la plaquer sur le dos. La combustion de l'oxygène contenu dans la ventouse produisait une forte succion, notre peau en conserverait quelques heures une marque rouge parfaitement ronde... L'idée qu'on puisse me poser sur le dos des bouts de coton en flamme me terrifiait, naturellement.

L'événement le plus spectaculaire de la vie saint-pierraise, c'était l'arrivée de l'hiver, aussi spectaculaire qu'au Québec voisin, avec, en plus, la présence de la mer, qui était prise par les glaces plusieurs mois par an : il faudrait attendre le dégel pour le prochain navire de ravitaillement. C'est en hiver que les tambours qui ornaient les portes des maisons trouvaient leur plein emploi, pour éviter que les tourmentes de neige ne pénètrent dans les habitations. Certaines tempêtes empilaient tant de neige contre les façades que les congères montaient jusqu'aux fenêtres du premier étage, et qu'il fallait régulièrement creuser un tunnel à la pelle pour sortir de chez soi et aller au travail ou à l'école. Lorsqu'une trêve dans le mauvais temps nous permettait de savourer quelques heures de soleil, nous en profitions pour sortir nos « traînes » (c'est ainsi qu'on appelle là-bas une luge), que nous attelions parfois derrière un des bons gros chiens terre-neuve de l'île, ou nous nous creusions des sortes de cavernes pour nous abriter du vent.

Au rez-de-chaussée de la maison Tillard, outre les chambres des enfants, nous avions une salle de jeux qui était le cadre de toutes nos aventures. Ce n'est que quelques années plus tard, juste avant de rentrer en France, que nous avons eu notre premier projecteur de cinéma. Mais nous possédions déjà quelques articles magiques témoignant de l'amour de mon père pour l'image, la photographie, le cinéma : en portent témoignage les nombreux albums de photos noir et blanc qu'il réalisait. Nous avions acheté aux États-Unis un View-Master, un stéréoscope, dans lequel on glissait des disques portant une douzaine de photos en relief aux couleurs éclatantes, à couper le souffle ; je me perdais des heures dans la beauté de ces images de sites où l'on avait l'impression de se trouver réellement : rouges éclatants des feuillages de l'automne nord-américain, verts de la végétation, bleus des mers et des lacs ; je crois encore entendre le déclic, et ressentir le mouvement du levier qui permettait de passer d'une vue à la suivante, plus enthousiasmante que la précédente... Trente ans plus tard, quand je me suis mis à faire des photos et à réaliser des films, c'est un peu les couleurs et la beauté de ces images de mon enfance que j'ai cherché à retrouver.

Nous n'avions pas encore de projecteur de cinéma, mais un étrange appareil nommé Ciné-Sélic dans lequel on faisait défiler des bandes de carton portant, comme les cartes du stéréoscope, deux déclinaisons de chaque image, mais qui représentaient un temps différent d'un mouvement, par exemple un bonhomme marchant, la jambe droite en avant, puis la jambe gauche. Comme l'ensemble défilait de droite à gauche avec le mouvement de la carte, on avait vaguement l'impression que le bonhomme marchait... Il faut reconnaître que c'était sommaire ! Certains jours, mon père consentait à sortir d'un placard où il le tenait à l'abri des chocs un véritable objet de collection, un ancêtre du cinéma datant sans doute du XIXe siècle, un *praxinoscope* : une sorte de boîte cylindrique ronde sans couvercle, tournant autour de son centre sur un pied ; sur la paroi intérieure verticale de la boîte, on plaquait une bande de papier portant, dessinées, les étapes successives d'un mouvement ; en faisant tourner l'appareil, on voyait se refléter sur les miroirs disposés en son centre le mouvement, joliment reconstitué, d'une fillette sautant à la corde, d'un pierrot faisant des cabrioles ou d'un chien bondissant après sa balle.

Comme tous les enfants, nous attendions Noël ; ici, il avait deux noms : *Simpson* et *Eaton*. C'étaient les deux grandes sociétés de vente par correspondance américaines, équivalant à la Manufacture d'armes et de cycles de Saint-Étienne en France ; nous nous plongions des heures dans leurs épais catalogues. Les bateaux venant rarement, et plus du tout en hiver, nos parents passaient commande bien à l'avance, et recevaient dès l'automne nos cadeaux, qu'ils dissimulaient dans une malle au grenier... Nous n'étions bien sûr pas dupes, et nous découvrions nos présents bien avant Noël, garage avec parking en étage et ascenseur pour voitures, ferme avec tous ses animaux, Monopoly, soldats au complet avec leur caserne, et nous les tournions et retournions entre nos mains, sans pour autant oser ouvrir les emballages. Notre mère, catholique pratiquante, refusait le concept païen de Père Noël, mais ne trouvait pas mieux que de nous expliquer que c'était Jésus lui-même qui apportait les cadeaux : le soir du 24 décembre, nous étions exilés une heure de la maison, et à notre retour, le pied de l'arbre de Noël était entouré de cadeaux, que Jésus en personne était censé avoir apportés discrètement !

Parfois, le climat rude de Saint-Pierre avait raison de ma faible constitution, et je devais m'aliter... J'en abusais un peu, c'était si bon de se faire dorloter. Être malade, pour moi, cela voulait dire « découpages » ! Je ne sais si les enfants d'aujourd'hui ressentent des plaisirs aussi profonds que ceux que nous éprouvions à construire de nos doigts, et de nos ciseaux à bouts ronds, des navires, des châteaux moyenâgeux ou des palais de Versailles, avec ces feuilles de carton minces et bariolées qui n'étaient, à l'époque, même pas prédécoupées. Je faisais aussi de la peinture, reproduisant à la gouache un objet que mes parents avaient acheté lors d'un passage à New York, un plateau rectangulaire illustré de petits carrés représentant des fruits, légumes, aliments divers, avec leur teneur en calories... Ces motifs multicolores me fascinaient, et je les ai reproduits sous toutes les formes : j'avais même mes périodes broderie, où je brodais ces dessins sur des napperons ou des porte-serviettes.

Un jour où j'étais malade, mon père a rapporté à la maison un album de bandes dessinées où un amusant personnage barbu recevait sur le crâne une tête de vache qui se décrochait du mur... Les tintinophiles auront reconnu le capitaine Haddock : à peine la parution d'un nouvel épisode s'achevait-elle dans le *Journal de Tintin* où nous l'avions suivi avec passion, à peine l'album paraissait-il, que nous le commandions... Il mettait plusieurs mois à nous parvenir, mais quelle excitation était la nôtre quand arrivait, avec un des rares bateaux qui faisaient escale à Saint-Pierre, le courrier. Je me revois, un après-midi où il avait été annoncé que le courrier serait distribué à quatre heures, harcelant notre bonne, qui repassait, lui demandant toutes les trente secondes, comme les enfants savent si bien le faire, s'il était déjà quatre heures...

Quand le beau temps revenait, la vie reprenait son cours ; certaines fins de semaine, ou pour les vacances, nous allions à la campagne... Il n'y avait pas à aller bien loin, dans une île qui mesure à peu près quatre kilomètres sur six, mais le simple fait de quitter le bourg nous excitait au plus haut point. Nous chargions dans la voiture bagages et ravitaillement, et nous roulions à peu près trois kilomètres, jusqu'à une minuscule maisonnette construite en bordure de la piste d'atterrissage, et qui abritait l'émetteur du gonio qui aidait les rares avions venant à Saint-Pierre à trouver l'île dans le brouillard. C'était une petite cabane dans laquelle mon père avait fait gréer des couchettes superposées, mais pour nous c'était une véritable résidence secondaire, entourée d'un paysage qui semblait appartenir à une autre planète. La lande rase de cette partie de l'île, plantée de petits buissons de genévriers, se fendillait, se craquelait comme si des créatures extraterrestres allaient en surgir, se fragmentait en minuscules îlots séparés par des étendues de vase ou de petits étangs où nous faisions voguer des maquettes de bateaux. Bien qu'ayant passé presque toute mon enfance au bord de la mer, ces maquettes étaient sans doute la chose la plus proche de la navigation que j'aie connue dans mon enfance : aucun de mes parents n'avait d'attirance pour la mer, et rien ne paraissait me prédestiner à une vie maritime ! Ne connaissant rien à la voile ni aux voiliers, mes embarcations n'avaient qu'une voile rectangulaire qui, déployée perpendiculairement au vent, ne permettait à mes bateaux que de se faire pousser par lui ; je regardais avec la plus grande suspicion les voiles des bateaux que mon frère construisait, tendues à l'oblique, et qui leur permettaient, chose improbable, de naviguer contre le vent !

Lorsque l'été s'avançait, nous partions enfin aux *graines* et aux *bleuets*... Les bleuets, c'est le nom que l'on donne, à Saint-Pierre comme au Québec, aux myrtilles. Quant aux graines, on les appelle en Europe airelles. Parfois, nous allions à la plage... C'est vrai qu'à l'autre bout de l'île il y avait une belle plage, qui portait encore les traces d'une « queue de cyclone » qui avait assailli l'île quelques années plus tôt. Mais la température n'était pas très propice au bain, alors on se contentait de regarder la mer... L'été, nous prenions la petite vedette qui desservait les deux autres îles de l'archipel, Miquelon et Langlade, et c'était comme si nous changions de pays. Langlade, plus étendue que Saint-Pierre, avait assez de forêts et de champs pour qu'on y trouve un petit cours d'eau, la Belle Rivière, et des animaux de ferme. Mon père ramait sur la rivière, nous allions cueillir les fraises sauvages qui poussaient dans les dunes de l'étroit isthme de sable qui relie Langlade et Miquelon, où des petits chevaux vivaient libres, ou bien nous nous amusions à « courser les oies » de la ferme. Si, à Saint-Pierre, le lait était généralement concentré, en boîte ou en poudre, à Langlade, on revenait de la ferme avec des bouteilles de lait frais ou de crème ; je me souviens de mon désespoir le jour où, faisant, comme d'habitude, l'intéressant, j'avais laissé tomber par terre et cassé une bouteille de cette précieuse crème...

Si l'on prenait la route qui longeait l'isthme – il s'était, dit-on, édifié sur les épaves des navires d'autrefois qui s'étaient perdus, trompés par le brouillard, dans la zone de hauts-fonds qui séparaient jadis Langlade et Miquelon –, on passait le Grand Barachois, une vaste baie qui sert d'abri en hiver à de nombreux phoques, puis on atteignait le petit port de pêche de Miquelon, très actif à cette époque.

Une ou deux fois par an, aussi, nous faisions un voyage international : la vedette nous amenait à la petite ville de Fortune, à Terre-Neuve, île canadienne située à vingt-cinq milles à peine du port de Saint-Pierre. L'aventure nous excitait presque autant que d'aller à New York, et la richesse des marchandises proposées par les magasins nous semblait fabuleuse comparée à ce qu'on trouvait dans les boutiques de Saint-Pierre, comme ces nombreuses variétés de céréales que nous avions pris l'habitude, dix ou vingt ans avant les petits Français, de manger au petit déjeuner.

Ainsi passèrent, paisibles et sans tracas majeur, quelques-unes de mes premières années. Et puis un jour, mon père revint de l'atelier de menuiserie des Travaux publics avec de nombreuses caisses en bois, et se mit en quête de la collection familiale de pochoirs, qui avaient dormi dans un tiroir toutes ces années. Pour moi, ces objets-là étaient, eux aussi, fascinants : on en posait un sur une planche, on passait un coup de pinceau, et lorsqu'on soulevait le pochoir, une lettre était inscrite, bien lisible, sur la caisse. J'étais particulièrement intrigué par les lettres dotées d'une ouverture intérieure, comme le O ou le A, et je trouvais suprêmement astucieux d'avoir conservé des petites pattes de métal qui ne gênaient pas vraiment la lisibilité du texte, mais tenaient en place la partie intérieure à ne pas peindre. Bientôt toutes les caisses furent clairement marquées à l'adresse de ma marraine, au 339, La Corniche à Marseille, et nous entreprîmes d'y entasser toute notre vie. Adieu Saint-Pierre, adieu la brume et la morue : séchée et salée, celle-ci était à la fois la ressource et l'aliment de base à Saint-Pierre, et on voyait couramment des morues séchées, tombées d'un camion, traîner sur les routes de l'île ou dans les rues du village. Adieu l'église et l'école des frères, adieu les bleuets et les graines, les tambours et les traînes, à l'âge de huit ans pour moi, c'est déjà une page qui se tourne...

Nous avons entassé les caisses sur un cargo, et nous avons repris, avec nos bagages accompagnés, la longue boucle passant par North Sydney, Halifax, les bords du Saint-Laurent. À New York, mes parents firent l'emplette de quelques disques microsillons vingt-cinq centimètres, parmi les premiers publiés : il y avait *Oklahoma*, qu'ils étaient allés voir sur Broadway, et une autre comédie musicale, *Rose Marie*, une histoire d'Indiens dont la chanson la plus célèbre faisait « Cet appel si doux, ou-ou-ou, ou-ou-ou... ». Il y avait la chanteuse Yma Sumac, dont la voix s'étendait sur trois ou quatre octaves, et les ballades des crooners comme Frankie Laine ou Frank Sinatra : cela nous changeait de la programmation musicale de Radio Saint-Pierre, la seule station dont les programmes nous parvenaient dans l'île. Nous avions un jour récupéré dans les modestes locaux de cette radio les disques sur lesquels figuraient les programmes envoyés de métropole aux stations d'outre-mer, de curieux disques où l'on posait le bras du pick-up au centre : il s'écartait vers l'extérieur, au lieu du contraire. La discothèque de mes parents avait, à ce jour, consisté en deux lourds classeurs dans lesquels étaient soigneusement rangés quelques disques soixante-dix-huit tours, des succès français (Édith Piaf et les Compagnons de la chanson, *Le Prisonnier de la tour* ou *Les Cavaliers du ciel* – Yipiyahii, Yipiyahoo... – ; Les Frères Jacques, *La Gavotte des bâtons blancs* ; les sketches de Robert Lamoureux : « Et le mardi matin, le canard était toujours vivant »), ou des scies américaines (*I Want to Be Near You*, version anglaise d'*Auprès de ma blonde* ; *Tell Me a Story*, ou *Istanbul, Was Constantinople*). Lors de l'un de nos passages à New York, nous avions acheté un magnifique poste de radio Zenith, d'un modèle dit « portable », mais fort volumineux ; lorsque nous demandions à notre père comment il fonctionnait et pourquoi il en sortait de la musique, il nous montrait l'antenne télescopique, et nous expliquait que de minuscules musiciens arrivaient par là, descendaient le long de l'antenne, et se mettaient à jouer à l'intérieur de la grande boîte noire !

Avant de quitter New York, nous sommes allés applaudir les ballets des Rockettes, au Radio City Music Hall, qui combinait une revue à grand spectacle et la projection d'un film à succès... Aurais-je jamais imaginé que, vingt ans plus tard, je serais le protagoniste d'une tentative, hélas vouée à l'échec, de ressusciter à Paris un établissement semblable, le Gaumont Palace ?

Et puis nous avons repris le paquebot ; le luxe, sur le *Liberté*, nous laissait sans voix. La salle de cinéma, en particulier, nous semblait gigantesque, et l'on y projetait les films les plus récemment sortis à Paris ou aux États-Unis (alors que les rares films qui nous parvenaient à Saint-Pierre dataient encore presque de l'ère du cinéma muet). Ce jour-là, on donnait *La Belle et la Bête*, de Jean Cocteau, avec Jean Marais... À l'instant où Marais apparaît soudain sous les traits de la bête, je suis sorti en hurlant de peur du cinéma, et je suis allé cacher mes huit ans terrifiés dans les bras de ma mère !

Au terme d'une petite semaine, après une escale de quelques heures à Southampton, le paquebot, toutes sirènes beuglantes, pénétrait dans le port du Havre. Dans quelques mois, une nouvelle affectation de mon père nous emporterait vers un autre archipel ou un autre continent, mais, pour l'instant, un monde entier s'ouvrait à nous, la métropole, qui faisait tant rêver les petits expatriés que nous étions, exilés six ans au bout du monde.

Un train nous conduisait à Paris, où nous logions chez un ami de mes parents. Puis nous prenions la route de Marseille. Cette année-là, ce n'était pas si simple, car nous étions arrivés en pleine grève générale, et les trains, soudain, ne partaient plus. Des autocars de remplacement avaient pris d'assaut l'esplanade des Invalides, devenue un beau capharnaüm ! Des bagages empilés partout, des autocars dans tous les sens, des voyageurs cherchant leur car, des parents cherchant leurs enfants... Enfin, nous avons « embarqué » dans un car à destination de Marseille, un voyage qui, bien avant les autoroutes, était interminable. On m'a raconté que lors d'une halte du côté d'Avignon, à quatre heures du matin, j'avais insisté pour boire un pastis... et qu'on me l'avait servi !

C'est dans la lumière de ces années-là que je revois la merveilleuse maison du 339, La Corniche. Tante Madeleine, ma grand-mère, mes cousins et cousines, la bonne Marie, le chien Pompon, blanc tacheté de noir bleuté (oncle Louis affirmait que c'était un bleu d'Auvergne). La Corniche, à l'époque, c'était presque la campagne, même si le tramway, moyen de transport éminemment urbain, la parcourait. La maison se dressait face à la petite anse du Prophète (je n'ai jamais su de quel prophète il s'agissait), et nous nous baignions assez fréquemment sur la petite plage qui s'étendait au pied de l'anse, protégée par un brise-lames de rochers et de blocs de béton. Des chemins escarpés menant aux hauteurs du Roucas blanc encadraient la porte du jardin, qui semblait s'ouvrir dans la falaise, car la propriété, au niveau de la route, était très étroite : dès la porte franchie, c'était comme si on était à la cave, il fallait prendre un escalier qui montait vers la succession de terrasses qui constituaient le jardin.

Sur la première se dressait un abri dont les vastes fenêtres s'ouvraient sur le panorama de l'anse, avec, au loin, le château d'If et les îles du Frioul. Oncle Louis et mes cousins, qui se piquaient tous de peinture à l'huile, en avaient fait leur atelier. Les suivantes, dans mes souvenirs du moins – et les souvenirs d'enfance, on le sait, sont trompeurs en matière de dimension –, constituaient un simple mais superbe jardin provençal, planté de grands mûriers, de platanes, d'agaves, et de *Pittosporum*, plante méditerranéenne, aux feuilles lisses et bombées, et aux petits fruits ronds et verts dont l'odeur était si caractéristique. C'est sur l'une de ces terrasses que nous avons établi, un jour, la scène de notre théâtre de plein air, pour y donner en représentation unique, pour un maigre parterre de cousins, cousines et parents bienveillants, la *tirade du nez*, de *Cyrano de Bergerac*.

Passant l'ombre des mûriers, au tronc noueux d'où jaillissaient soudain de frêles branches toutes droites dont nous pelions l'écorce pour en tresser des cordages, on atteignait la maison proprement dite. Classique maison provençale, elle avait pourtant un petit côté Facteur Cheval, du moins dans son aile droite, qui nous était dévolue, et qui reposait sur une espèce de construction tortueuse de ciment, que nous appelions la grotte. Un propriétaire précédent y avait donné libre cours à son goût pour les formes sinueuses, et les piliers sur lesquels reposait notre logement, torturés et fantasmagoriques, délimitaient des niches, des couloirs, des recoins obscurs qui étaient notre terrain de jeu préféré.

La maison, rectangulaire, était ceinturée d'un étroit balcon, et sa face arrière donnait sur une vaste cour surplombée d'un grand kaki, celui qui donnait son ombre aux grandes tablées familiales. Il ne s'agissait, bien sûr, que de membres de ma famille paternelle, car entre celle-ci et la famille de ma mère, il y avait comme une cloison étanche. Notre compagnon de jeux quotidien, c'était Jean-Claude. Il ne me fallut pas longtemps pour réaliser, d'ailleurs, que trois était le plus mauvais nombre pour des enfants qui jouent ensemble, car il y en a toujours deux qui se liguent contre le troisième, et moi, petit dernier, j'étais généralement le troisième. Nous ne lisions pas que les classiques du théâtre, à l'époque, mais des bandes dessinées, et, chaque semaine, *Tintin*, pour « Corentin » ou « Alix », *Spirou* pour « Buck Danny », « Lucky Luke », ou pour « Johan et Pirlouit » (personnages aujourd'hui oubliés, mais aux côtés desquels naquirent les Schtroumpfs). Ma mère n'aimait pas beaucoup que nous lisions les aventures de Pif le chien, car elles étaient diffusées par le quotidien communiste de Marseille. Pourtant, nous avions appris le langage étrange inventé par l'auteur de ces dessins : le petit chien qui disait « glop » quand il était content, et « pas glop » quand quelque chose ne lui plaisait pas. Et la créature dont j'ai oublié l'aspect, et dont l'exclamation la plus courante était « Ongre, Varlope[1] ! »

À force de lire ces magazines, il nous était venu l'idée d'éditer notre propre journal ; nous ne disposions pas à cette époque des merveilleuses possibilités qu'offrent aux enfants créatifs (j'espère en être resté un !) les imprimantes, logiciels de mise en page et appareils photo numériques. Notre journal était entièrement créé sur la vieille machine à écrire cliquetante de la maison, avec des feuilles de carbone pour en produire deux ou trois exemplaires à la fois, tirage qui suffisait bien, vu la rareté de nos acheteurs, oncles ou tantes de passage que nous parvenions à apitoyer : nous n'en tirions pas de quoi bien améliorer notre argent de poche ! (À Saint-Pierre, quelques années plus tôt, nos parents avaient décidé de nous allouer une somme mensuelle d'argent de poche, disons cent francs... mais nous nous étions fait rouler car il était entendu dans le marché que nous devions sur cet argent payer

1. Ça valait bien, quelques années en avance, les cris de guerre du Concombre masqué de Mandryka : « Glutamate, glutamate » ou « Bretzel liquide ! ».

notre visite mensuelle au coiffeur... qui en coûtait quatre-vingt-dix ! Et pas question de sauter ce rituel un mois sur deux !)

Nous n'avions d'ailleurs pas de grands besoins, et les plus grosses dépenses auxquelles nous nous livrions étaient généralement l'achat d'un bonbon, spirale de réglisse noire, petite boîte métallique remplie de poudre dite de coco, ou gomme à claquer, au petit kiosque qui se dressait en équilibre précaire au bord de la corniche, à l'arrêt du tramway. À cet arrêt, il n'était pas rare de nous voir à quatre pattes par terre au bord de la route, collant notre oreille aux rails pour guetter, tel un Indien plaqué au sol du désert de l'Arizona pour déceler le galop de chevaux lointains, l'approche du tram. Mes souvenirs sont pleins de bruits que j'aimerais retrouver, comme celui de la machine de métal gainée de cuir que portait sur le ventre le contrôleur du tramway, et dans laquelle il glissait nos deux tickets avant d'actionner la manivelle.

Le « village » le plus proche de notre maison, c'était, à un kilomètre à peine, le Vallon de l'Oriol, et ses petits magasins où ma marraine faisait parfois ses courses. C'est là que nous allions chaque semaine chercher notre *Tintin* ou notre *Spirou*. J'avais dû, à notre séjour précédent à Marseille, y être inscrit quelque temps dans une école maternelle. Mais là, à l'âge de neuf ans, c'était à la grande école que j'allais, et l'entrée en sixième était au bout de l'année. On m'avait donc inscrit à une école qui existe encore, une institutrice m'a récemment envoyé un message par Internet, l'école de la Roseraie, à Endoume. Du Prophète, on partait vers le nord, passant le Vallon de l'Oriol, et, à l'entrée d'Endoume, un bâtiment qui nous semblait d'un luxe inaccessible, Le Ruhl (était-ce déjà un hôtel ?), où je n'aurais jamais imaginé que bien des années plus tard, dans une autre vie, je logerais. On descendait du tram juste devant le chemin de la Roseraie, où ma rentrée scolaire n'avait pas été un chemin de roses, car, petit enfant surprotégé, n'ayant connu que les bourrades sans méchanceté des enfants de Saint-Pierre – où les frères tenaient bien leur monde –, je me retrouvais soudain en butte aux grandes gueules de garnements marseillais. Enfin, on s'habitue à tout, et je garde, au fond, un bon souvenir de cette école.

Le soir, j'étais parfois dispensé de prendre le tram, quand mon cousin Tony, qui était déjà étudiant, passait me prendre sur sa

Vespa, et j'étais fier comme un p'tit banc de monter derrière lui sur cet engin, à l'époque tellement mythique : c'est cette année-là qu'une jeune actrice débutante, Audrey Hepburn, reçut un Oscar pour son rôle dans le film de Wyler, *Vacances romaines*, sur l'affiche duquel elle chevauchait, derrière Gregory Peck, un de ces scooters.

Lorsqu'il s'agissait de faire ses courses, dans ces années-là, on n'avait pas beaucoup de choix : pas de supermarchés, à l'époque ; à Marseille comme ailleurs, il y avait les petites boutiques du quartier, et puis aussi le marché. Une fois par semaine, tante Madeleine nous enrôlait, pourvu que nous fussions assez hauts pour porter un cabas sans le faire traîner par terre, et nous embarquait dans le tramway qui allait dans l'autre sens, vers le Prado ; une correspondance nous emmenait vers le magnifique marché en plein air qui se tenait, si ma mémoire est fidèle, du côté de la rue Saint-Ferréol et de la rue Paradis. L'affaire durait plusieurs heures, tante Madeleine ne se laissant pas fourguer des légumes flétris par le premier marchand venu : elle choisissait avec soin, au contraire, les poireaux, les côtes de bettes, les betteraves et les carottes qui figureraient aux menus de la semaine à venir ; un poulet qu'il faudrait plumer, un gigot ou un rôti pour la grande table du dimanche, du raisin muscat – comme j'aimais son parfum ! Nos cabas pleins à craquer, tante Madeleine nous abandonnait un instant à la terrasse d'un café, à l'arrêt du tram ou du bus, devant un verre de menthe à l'eau, récompense suprême, chèrement gagnée par nos efforts de la matinée, tandis qu'elle s'en allait acquérir quelque marchandise spécialisée, joint pour un robinet à la quincaillerie de la rue Paradis, ou potion, intrait de marron d'Inde, aubier de tilleul ou un tube de l'excellent baume du docteur Bengué, à la pharmacie de la rue de Rome. Et puis toute la smala, lourdement chargée, prenait d'assaut le prochain tram, direction le 339, où il fallait encore hisser les cabas au long des terrasses du jardin, jusqu'à la vaste cuisine donnant sur la cour.

C'est cette année-là aussi que nous sommes allés passer quelque temps dans le village natal de mon père. La traversée sur le ferry nous paraissait bien courte, à nous qui étions un peu blasés, habitués à des traversées d'une semaine et plus ; bientôt le navire nous déposait dans le port d'Ajaccio, sous le soleil, au pied des palmiers, devant les barques multicolores du port de pêche. Une famille amie – ou parente, en Corse, on est tous un peu parents – nous accueillait quelques jours dans sa maison aux murs ocre, et la présence de l'Empereur était si tangible dans les rues de la ville, dans les maisons que son ombre avait effleurées, dans les anecdotes que nous racontait mon père, que nous avions l'impression que Napoléon était, lui aussi, de notre famille.

Puis nous montions dans la micheline... Quel joli nom ! il n'y a plus beaucoup d'endroits, aujourd'hui, où on prenne des michelines ; quel dommage ! Elle s'élançait sur les rails de la ligne de chemin de fer qui traversait l'île, ne faisant qu'une bouchée de la plaine d'Ajaccio, se déhalant joliment à l'assaut des premières collines, et les choses devenaient sérieuses (qui a dit « se corsaient ? ») quand on attaquait les pentes de Bocognano, en direction de Vizzavona, de Tattone, puis de Vivario.

À Vivario, pendant quelques semaines, nous étions au paradis ; ce petit village ne devait pas avoir beaucoup changé depuis deux ou trois siècles ; nous allions toujours chercher notre eau à la fontaine de Diane, sur la place, et nous hissions broc ou seau jusqu'à l'appartement de ma grand-mère, dans un de ces immeubles accrochés à la pente, si caractéristiques des villages de Corse, de vrais nids d'aigles. Pour toute salle d'eau, nous avions cuvette et broc, et les toilettes étaient une affaire très sommaire perchée au bout du balcon donnant sur la vallée. La cloche de l'église noyée au milieu de grands châtaigniers résonnait souvent. Grand-mère nous nourrissait de bonne soupe aux légumes et à la tomate, lestée de haricots qui nous semblaient énormes, complétée de tranches de *coppa*, de *lonzo*, ou de tronçons de cette délicieuse saucisse, qu'on appelle *figatelli*. Notre gourmandise, c'étaient les *canistrelli* : biscuits parfumés à l'anis, durs comme la pierre, ils sortaient certains jours du four du boulanger, qui nous fascinait par son emploi du temps : levé vers minuit, il travaillait jusqu'au jour pour que les étagères de la boulangerie soient bien garnies, puis il allait se coucher à l'heure où tout le village se réveillait.

En ce début d'année scolaire, notre mère nous avait inscrits pour quelques semaines à la petite école de Vivario, où j'avais une préférence pour cette discipline aujourd'hui disparue qui portait le magnifique nom de « leçon de choses »... Les sujets d'étude étaient faciles à trouver, c'était généralement « la châtaigne » ou « la feuille de chêne », et nous n'avions qu'à nous baisser, sur le chemin de l'école, pour ramasser le sujet choisi pour la leçon du jour.

Si les racines de mon père étaient, sans conteste, toutes en Corse, celles de ma mère étaient moins claires : de l'Allemagne, de l'Espagne d'où venaient ses deux parents, nous ne connûmes jamais rien ; mais elle avait une patrie de cœur : les Alpes, où elle avait, dans sa jeunesse, fait des randonnées et un peu d'escalade, et où elle rêvait de nous installer, plutôt qu'à Marseille – où elle devait se sentir un peu étrangère à la famille si chaleureuse de tante Madeleine –, lorsque notre père cesserait de nous emmener au bout du monde. En attendant, elle décida de me faire découvrir les joies du ski. Quand je revois ces années où j'étais souvent avec ma mère, sans mon père ni mon frère, cela me confirme ce que me confia mon père beaucoup plus tard, après la mort de ma mère : que lui et elle ne s'entendaient déjà plus très bien depuis longtemps, qu'il avait été à deux doigts de la quitter pour la femme d'un collègue, dont il était tombé amoureux fou, mais qu'il y avait renoncé pour nous. Cette mésentente était sans doute la cause de ces nombreuses séparations... qui pour ma part ne me gênaient guère.

Quand vint l'hiver 1954, je suivis donc ma mère sur les lieux de ses exploits de jeunesse, le petit village de Morzine. Pardonnez-moi si j'ai tendance à comparer ce qui était à ce qui est aujourd'hui, à vous paraître un peu passéiste... N'y voyez pas de mal, j'aime beaucoup de choses du monde moderne, mais j'ai une grande nostalgie pour la simplicité qui régnait à l'époque, dans tous les domaines... À Morzine, station très cotée dans les années 1950, on n'aurait jamais pu imaginer ce que deviendrait en cinquante ans une station de ski, ces gigantesques ensembles immobiliers, ces foules, ces files d'attente interminables.

Les quelques hôtels qui se dressaient dans la vallée de Morzine étaient de gros chalets pompeux, qui portaient le nom de Splendid Chablais ou d'Edelweiss. L'atmosphère y était à peu près la même que celle des hôtels des stations thermales comme Vittel ou Contrexéville. La location d'une paire de skis n'était pas une chose aussi technique et rapide qu'aujourd'hui, on choisissait avec amour ses skis de bois laqué de jaune, rêvant d'avoir un jour des Hickory marqués de deux bandes parallèles de bois plus sombre. Il y avait le rituel, aujourd'hui disparu, du fartage, et j'ai encore dans les narines l'odeur des farts variés appliqués sous la semelle des skis à l'aide d'un fer à repasser. La question que se posaient les skieurs, traditionnellement, c'était : « Tu fartes à quoi, ce matin ? – Oh ! la neige est collante, je mets du *silver.* » Pas de fixation de sécurité ; juste, en avant du pied, un levier que l'on abaissait vers l'avant, serrant une sorte de ressort autour du talon.

Et puis on allait s'inscrire à l'École de ski français. Pour les débutants, il y avait une remontée mécanique que je n'ai plus jamais revue nulle part : le Téléluge. Pour grimper la très douce pente sur laquelle se donnaient les toutes premières leçons, les skieurs s'alignaient tous, skis aux pieds, en travers de la pente, sur une grande luge de bois qu'un treuil asthmatique hissait lentement sur cent ou deux cents mètres, pour une dénivelée de quelques mètres ; puis tout le monde descendait de la luge, et commençaient les premières gamelles, l'apprentissage douloureux des premiers chasse-neige, prise de carres, montée en ciseaux, et ce sommet de l'art du ski qu'était la *conversion.*

À Morzine, il y avait les petites remontées pour les débutants, et, pour les plus forts, les longues pistes qui descendaient du Plenay, que l'on atteignait en prenant un beau téléphérique laqué rouge. Bien sûr, à moi, petit débutant, élevé dans du coton par ma mère, Le Plenay apparaissait comme un rêve interdit... Pourtant je progressai vite, passai rapidement mes deux premières étoiles, et le moniteur annonça un jour à ma mère effrayée qu'il emmènerait le lendemain la classe, et moi avec, « faire » la piste B – la plus facile, certes, mais qui partait tout de même du Plenay ! Toute la nuit, j'eus du mal à dormir : *descendre la B* me paraissait le plus grand challenge et le plus grand bonheur qu'il me soit jamais donné de vivre.

Cet hiver-là, la radio martelait *La P'tite Marie*, une chanson populaire particulièrement niaise dont le couplet disait « Elle n'avait jamais connu l'amour, mais je l'ai vue rôder aux alentours » et le refrain « Oh la jolie p'tite Marie, l'était tell'ment tell'ment jolie... ». C'est cette nuit-là que j'écrivis mes premières paroles de chanson, sur la musique de *La P'tite Marie*. Je ne résiste pas à l'envie de vous donner un extrait de cette œuvre édifiante :

Elle n'avait jamais descendu la B
Mais je l'ai vue la redescendre à pied
C'est parce qu'elle était montée au Plenay
Et qu'elle avait oublié de payer... l'télé (là, j'avais été obligé de rajouter deux pieds)
Alors on lui a dit comme ça
Non mam'zelle on vous r'prend pas
Z'avez qu'à rester au Plenay
ou bien à redescendre la B... à pied (là, il en manquait deux, de pieds)...

De retour à Marseille, à la Roseraie, l'année scolaire reprit son cours. Tous les ans, à la saison des cerises, à chaque récréation, la cour tout entière devenait une vraie fête foraine, des dizaines d'élèves découpaient dans des couvercles de boîtes à chaussures des trous de dimensions diverses, et les autres, tour à tour, campés à quelques mètres de ces cibles, cherchaient à faire pénétrer dans les ouvertures des noyaux de cerises que chacun rapportait de chez lui ; les plus adroits repartaient le soir avec une immense richesse, un sac bourré des noyaux qu'ils avaient gagnés !

Et ce fut bientôt le moment de mon premier examen un peu sérieux : l'examen d'entrée en sixième. La prochaine affectation de mon père ne prendrait effet qu'au mois de décembre suivant. Nous commencerions donc l'année scolaire au lycée de Marseilleveyre, que l'on disait être l'un des premiers « lycées pilotes » de France. C'est vrai que le site du lycée, où j'allai passer l'examen – qui ne fut qu'une simple formalité pour l'assez bon élève que j'étais, en avance d'un an – était véritablement exceptionnel. Les salles de classe n'étaient pas entassées dans de tristes immeubles rectangulaires, mais dispersées dans de jolis corps de bâtiments éparpillés dans la garrigue et les bosquets d'une grande propriété, juchée sur les hauteurs du massif de Marseilleveyre, qui surplombait le sud de l'agglomération marseillaise. Épris de l'Amérique comme nous l'étions, nous avions un peu l'impression qu'il s'agissait d'un de ces campus d'étudiants comme on en trouve là-bas. Je me souviens qu'entre deux épreuves, à la pause de midi, j'étais allé me promener seul dans les champs qui cernaient le lycée, rêveur comme un poète en quête d'inspiration ; la campagne était tachée de l'écarlate des coquelicots... j'en avais cueilli un et je l'avais porté à mes lèvres, très romantique et tout... avant de réaliser que la tige d'un coquelicot a un goût très amer, vraiment dégueulasse. Pouah !

Mon entrée en sixième confirmée, nous avons quitté pour quelques semaines Marseille pour la Haute-Savoie chère à ma mère, et nous nous sommes installés dans un petit chalet. Morzine, en été, n'était plus qu'un modeste village de montagne tranquille, et le seul endroit un peu actif était une sorte de salle de jeux qui nous faisait rêver, avec ses billards électriques, ses loteries, et cet ancêtre de tous les jeux vidéo : un ours mécanique qui se mouvait devant un paysage de forêt, se levant parfois sur ses pattes de derrière en émettant un rugissement ; il avait sur les flancs et sur le ventre des cellules photoélectriques, et le jeu consistait à lui tirer dessus avec une carabine qui envoyait un rayon lumineux... Quand on compare ça aux milliers de créatures en tout genre que descendent quotidiennement ceux qui jouent à *Doom, Silent Hill, Half Life* et autres sanguinaires jeux de console !

La vie familiale était bien paisible dans notre petit chalet ; ma mère n'était pas quelqu'un de très gai. Je me souviens d'un jour où une lampe torche que nous utilisions était tombée en panne. J'entends mon père dire : « C'est le pas de vis qui a foiré. » Qu'est-ce qu'il n'avait pas dit là ! Pour ma mère, c'était un horrible gros mot (si elle avait entendu, quelques décennies plus tard, Coluche et les Enfoirés des Restaurants du cœur !) et l'affaire avait entraîné une autre scène.

Ma mère avait une amie nommée Thérèse, avec qui elle correspondait par lettres et cartes postales quand nous étions au bout du monde. L'écriture de ladite Thérèse était si particulière que, lisant un jour sa signature au bas d'une carte postale, j'avais lu « Mémère »... ce qui avait fait rire la famille, et le surnom était resté. Une nuit, à Morzine – les dix ans bien sages, bien attardés que je venais de fêter, finissaient-ils un peu par me travailler ? –, je rêvai que ladite Mémère m'apparaissait nue... Et voilà que le lendemain, sans s'être annoncée, l'amie Thérèse nous rendait visite au chalet, vêtue d'un short qui descendait sans doute jusqu'aux genoux, mais qui, en cet été 1954, nous parut un total attentat à la pudeur... Cette apparition en short blanc a sans doute entraîné un des premiers émois... sensuels de ma jeunesse !

Et puis vint le 14 Juillet. La petite bourgade était en fête, et, je ne sais pas comment la chose se fit, mais je me retrouvai l'après-midi sur le kiosque à musique de la place, pour y chanter, d'une voix tremblante, ma version morzinoise de *La P'tite Marie...*

La rentrée nous a ramenés à Marseille, au 339, La Corniche, mais, au lieu de prendre le tram vers Endoume, nous le prenions dorénavant vers le sud, en direction de Marseilleveyre. Il paraît que maintenant, le lycée, c'est à partir de la seconde, et qu'avant, c'est le collège. Le mot lycée, simplement, nous semblait empreint de modernisme ; c'est vrai que les études, les horaires, les systèmes de notation, les activités parascolaires étaient, à Marseilleveyre, révolutionnaires. En classe de musique, par exemple, on essayait de faire participer les élèves, on les poussait à se perfectionner s'ils jouaient d'un instrument. Qu'ils étaient barbants, au contraire, tous les cours de musique qui me furent assénés, des années durant, dans d'autres lycées et collèges, étude d'une histoire de la musique dont nous n'avions rien à cirer, mélodies ânonnées au rythme d'un guide-chant lamentable... À Marseilleveyre, un jour, le professeur de musique demanda si l'un de nous avait écrit une chanson ; jamais le dernier à me faire remarquer, je levai la main en trépignant, affirmant que j'avais écrit des paroles sur une musique existante. Elle m'invita à la chanter pour la classe, coupant court à mes laborieuses explications, destinées à éclairer mon auditoire : pour quelqu'un qui ne connaissait ni Morzine, ni Le Plenay, ni la piste B, ma chanson commençait par « Elle n'avait jamais descendu l'abbé » ! Le succès fut mitigé, et pour toute appréciation de la verve que j'avais mise à écrire ces paroles, je reçus le commentaire du professeur : « En cours de musique, j'aurais préféré que vous me chantiez une chanson dont vous auriez écrit la musique. »

Pendant ce temps-là, fébriles, mes parents remettaient dans les fameuses caisses marquées au pochoir nos biens, livres, literie, vaisselle : le navire mixte qui desservait les possessions françaises de l'Océanie devait nous conduire, au début de décembre, jusqu'à Tahiti, et mes parents s'en délectaient d'avance, car les images qui nous parvenaient de ces îles lointaines ressemblaient bougrement au paradis. À Morzine, l'été, quelques prestidigitateurs, musiciens ou conférenciers venaient égayer, dans les salons de l'hôtel Edelweiss, l'ennui des vacanciers ; mon père nous avait emmenés assister à une conférence donnée par un M. Alphonse Hollande, qui projetait un film, *Si Tahiti m'était conté*... L'exemplaire du livre que le conférencier avait dédicacé ce jour-là à mon père, et sur lequel nous rêvions de longues heures, est encore en ma possession.

Un matin de décembre, donc, nous avons dit adieu à nos camarades de classe, nous partions pour Tahiti ! Rentrés à la maison, nous avons trouvé notre mère en larmes, notre père, lui que je n'avais jamais connu que d'humeur égale et toujours souriant (les Malgaches l'avaient surnommé d'un mot qui signifiait « l'homme qui montre toujours les dents »), était lui aussi totalement dépité : l'administration des Travaux publics lui avait joué un mauvais tour, et, à quelques heures de notre embarquement pour le Pacifique, le poste avait été donné à un collègue... et nous n'allions plus à Tahiti ! Nous devions embarquer sur le *Général Mangin* à destination du Cameroun. Mes parents, ma mère surtout, que l'Afrique ne faisait pas du tout rêver, ne se remirent jamais vraiment de ce sale coup. Mon père, pourtant, tentait de faire contre mauvaise fortune bon cœur : après tout, avant de connaître ma mère, il avait été en poste en Afrique, en Algérie, à Djibouti.

Quelques mois plus tard, croyant bien faire, mon frère et moi avons offert à mon père, pour son anniversaire, un microsillon vingt-cinq centimètres de musique polynésienne... On voyait sur la couverture une belle vahiné tahitienne aux seins nus enfouie dans une végétation luxuriante, les grandes feuilles vernissées du taro dissimulant à peine sa poitrine... Nous n'avons pas compris que notre père fasse une grimace pareille lorsqu'il reçut ce cadeau Ce n'est que des années plus tard qu'il nous avoua qu'il l'avait reçu comme un coup de poignard, lui faisant regretter plus encore ce merveilleux rendez-vous perdu !

Notre départ étant retardé de quelques jours, comme il n'est pas question pour nous de retourner au lycée après y avoir fait nos adieux, mes parents en profitent pour nous équiper pour l'Afrique. Il y avait à l'époque à Marseille, où s'embarquaient la plupart des fonctionnaires partant occuper des postes en Afrique, des magasins spécialisés en tenues tropicales... Et nous sommes bientôt munis de casques coloniaux, de sahariennes et de shorts à l'anglaise, des vrais explorateurs de légende... Arrivés là-bas, il ne nous faudra pas longtemps pour réaliser que plus personne ne s'accoutre comme ça depuis Stanley et Livingstone, et, devant les moqueries immédiates de tous, les casques coloniaux seront vite oubliés.

Rentrant du magasin de tenues tropicales, notre père convoque une réunion de famille de la plus haute importance. « Depuis toujours, pour nous autres, commence-t-il, les habitants de l'Afrique, ce sont les nègres, comme celui que l'on voit sur la boîte de Banania qui figure à notre petit déjeuner chaque matin. » Ce mot, « nègre », ne nous apparaît aucunement comme péjoratif, c'est simplement le nom qui est donné naturellement (du latin, *niger*, « noir », nous explique-t-il), aux gens qui ont la peau de cette couleur-là : ce qui, pour les habitants de l'Afrique, est indéniable. « Mais, continue-t-il, les temps sont en train de changer, et, ce qui est bien compréhensible, les Africains aspirent de plus en plus à sortir de l'état de domination dans lequel ils sont maintenus depuis des siècles par la colonisation. » Nous avons bien lu *Tom Sawyer* et *Huckleberry Finn*, mais nous n'en avons pas tiré beaucoup de leçons, et, si l'Amérique que nous avons parcourue à plusieurs reprises est totalement ségrégationniste, cet état de choses n'a pas beaucoup frappé les enfants que nous étions. « Aussi, ajoute notre père, à partir d'aujourd'hui, nous n'utiliserons plus jamais le mot "nègre", qui a hélas été chargé d'un certain racisme, aussi bien par des Blancs indélicats que par des Noirs enflammés... »

Ainsi disparut de notre langage, comme il a été banni par la suite de la langue française, un mot dont je n'ai jamais réellement perçu la connotation raciste : un mot plutôt sympathique, mais ramené au niveau des vocables plus péjoratifs comme « négro » (sans même mentionner les synonymes vraiment racistes) ou, comme en Amérique « *nigger* ». La disparition, ou le jet d'un anathème sur un mot que j'avais toujours, pour ma part, perçu comme amical et chaleureux, m'a toujours paru regrettable... C'est d'ailleurs avec plaisir que j'ai pu constater, des années plus tard, que pour les Antillais, entre eux tout au moins, la version locale du mot, « neg' » reste parfaitement admise, et employée quotidiennement dans des phrases comme « Nèg', c'est nèg », dans la droite ligne du combat d'Aimé Césaire et de Léopold Sédar Senghor pour chanter et exalter la « négritude ».

Et nous nous embarquâmes une fois de plus, oh ! sur un navire beaucoup moins prestigieux et luxueux que ceux qui nous avaient ramenés d'Amérique. Le *Général Mangin* transportait aussi bien des familles de colons ou de fonctionnaires de l'administration coloniale rejoignant leurs postes, personnages parfois suffisants et prétentieux, fiers de leurs prérogatives, que des Africains qui voyageaient en pontée, leurs nattes étalées sur un des ponts inférieurs. Nous autres, enfants, nous franchissions allègrement, une fois encore, les strates sociales, en aventurant nos parties de cache-cache jusqu'aux coursives les plus enfouies dans la masse du navire... Mais il est vrai que la cloison étanche entre races était infranchissable, et je ne crois pas que nos jeux, nos conversations à la sortie des classes ou nos distractions, durant les quatre années qui suivirent, aient jamais inclus plus de quelques secondes des Africains : non, nous nous embarquions, famille blanche foncièrement dépourvue, je crois, de racisme, mais prise dans un système bien établi. C'était comme ça, et les années à venir verraient de grands bouleversements en Afrique avant que la situation ne change.

L'itinéraire du navire, d'ailleurs, semblait vouloir nous donner une image très variée, presque exhaustive, de l'Afrique à cette époque. Après une première escale dans le port de Palma de Majorque (où nos parents nous emmenèrent voir la Chartreuse de Valldemosa, y cherchant les traces de George Sand et de Chopin, dont nous ignorions tout, car les rares disques de musique classique de mes parents étaient, il faut le dire, plus rarement joués que ceux des Frères Jacques ou de Robert Lamoureux), le bateau atteignit sa première étape africaine : Alger, Alger la Blanche, qui serait bientôt tachée de sang, et pour longtemps. Les premières actions terroristes avaient été commises quelques semaines plus tôt à peine, c'était la première « Toussaint rouge », et Ahmed Ben Bella venait de fonder le FLN... Durant neuf ans, ce malheureux pays serait déchiré par ce qu'on a longtemps appelé « des opérations de maintien de l'ordre », et à quoi, triste hommage, on n'a reconnu le nom de « guerre d'Algérie » que plus de cinquante ans plus tard... Nous, accoudés aux rambardes de notre confortable – et sûr – navire, nous ne voyions que les jolies maisons d'une blancheur éclatante, les palmiers, et nous essayions de deviner, derrière tout cela, les collines, les déserts, les oasis et les chameaux de nos livres d'enfants...

Après Alger, le paquebot franchit le détroit de Gibraltar, et la houle de l'Atlantique renvoie directement dans leur cabine ceux que le mal de mer anéantit... Bientôt, nous pénétrons dans le vaste port de Casablanca, au Maroc. Ici aussi l'histoire est en marche, mais les choses se passeront infiniment mieux que pour la pauvre Algérie voisine : si l'administration coloniale a tenté de faire destituer, l'année précédente, le sultan, celui-ci s'est révélé tellement populaire que le gouvernement a finalement préféré le faire revenir – il sera follement acclamé dans quelques mois – et accorder au Maroc son indépendance. Lorsque je ferai escale, vingt ans plus tard, sur ma goélette *Om*, à Tanger puis à Casablanca, c'est encore le même sultan, devenu le roi Mohammed V, qui régnera.

Dégringolant les latitudes, suivant le méridien, nous avons découvert l'Afrique noire à Dakar, en contournant l'île de Gorée, d'où partirent tant d'esclaves emportés vers le Nouveau Monde, dont la richesse avait été souvent bâtie sur le sang et la sueur de ces Africains déracinés. Ici aussi, l'évolution en marche se fera sans grands heurts : dans deux ans à peine, le Sénégal sera autonome, puis indépendant en 1960. Nos prochaines escales sont Conakry, puis Abidjan. De l'une de ces escales me reste une photographie sur laquelle j'arbore la ridicule tenue du parfait colon que mes parents m'avaient achetée à Marseille... le décor qui m'entoure semble vraiment dater d'un autre siècle... ! C'est ça, l'Afrique que nous pensons trouver, celle sans doute que mon père a connue dix ans plus tôt, et qui entre dans une ère de profonds bouleversements... d'où elle ne ressortira pas en bon état... Quelques mois plus tard, de Yaoundé, j'envoyai cette photo au *Journal de Mickey*, avec mon inscription au Club Mickey... elle fut publiée : c'est la première de moi à être parue dans la presse.

À Lomé, à Cotonou, les navires ne disposent pas de quai pour s'y amarrer : ils restent à l'ancre au large, dans la houle du golfe de Guinée, et marchandises et passagers sont descendus dans de vastes paniers jusqu'à des barges qui les emmènent à terre. Drôle de façon d'atteindre l'Afrique que ces paniers tressés, cette espèce de montgolfière sans ballon, qui nous fait penser un instant à l'aérostat de *Cinq Semaines en ballon*, de Jules Verne, survolant ce continent.

Le *Général Mangin* a fini par nous déposer à Douala, port principal du Cameroun... Cette région du monde, au fond du golfe de Guinée, est souvent appelée le « pot de chambre de l'Afrique » : il y pleut deux jours sur trois, et Douala reçoit plus de quatre mètres de pluie par an, ce qui ne permet pas d'envisager une bien grande vocation touristique pour cette partie des côtes d'Afrique.

Nous avons gagné au plus vite la petite ville de N'kongsamba, terminus d'une courte ligne de chemin de fer construite par les Allemands quand ils dirigeaient le Cameroun, au début du XXe siècle. La ville, construite au pied du massif du Manengouba et de l'Adamaoua, ne devait pas ressembler à grand-chose, car si je me souviens de Saint-Pierre-et-Miquelon, si je me rappelle très bien Yaoundé, où nous nous installerons une année plus tard, je ne parviens pas à me remémorer un seul détail de cette ville : je ne revois aucun magasin, aucun restaurant, aucune place publique ; je n'ai aucun souvenir de l'église de N'kongsamba, où nous devions pourtant bien aller chaque dimanche, ni du moindre équipement de loisirs, comme un cinéma. Non, de près d'une année passée dans cette ville, je ne revois que le lieu où nous habitions, une médiocre maison rectangulaire plantée parmi d'autres, alignées en tristes rangées dans une sorte de terrain vague. Là, les mauvaises herbes disputaient l'espace à la croûte stérile de la latérite, dont la teinte rouge nous collait presque autant aux pieds que l'incontournable cire teintée dont on enduisait les sols de ciment de notre maison, construite au milieu d'un de ces tristes lotissements où l'administration coloniale logeait les gendarmes et autres fonctionnaires expatriés.

Le privilège majeur dont bénéficiaient les « expatriés », c'était la possibilité, vu le bas niveau des salaires locaux, d'avoir du personnel domestique, un luxe qui était déjà devenu inaccessible en métropole. Ainsi, un petit ménage pouvait s'offrir un cuisinier, un boy, même un chauffeur, pour des sommes ridicules. Si, un instant, il vous venait une sorte de honte de payer si peu cher le temps et le travail de ces employés, il était totalement impossible de leur offrir des salaires plus élevés, ce qui vous aurait tout de suite mis au ban de la petite société expatriée locale... et d'ailleurs, s'il avait fallu payer des salaires honnêtes (en termes métropolitains), les expatriés n'auraient pas eu les moyens de le faire, et se seraient donc, comme en métropole, passés d'employés... Somme toute, pour l'emploi local, il valait mieux des emplois peu payés que pas d'emplois du tout...

Nous avions donc un boy, et un cuisinier, qui était généralement chargé de faire les courses ; les listes de commissions qu'il rapportait étaient assez pittoresques par l'élasticité de leurs additions et les vocables approximatifs : je me souviens d'une *labwat macarot'* dont il ressortit au terme d'une enquête approfondie qu'il s'agissait d'un paquet de macaronis. Un jour, ce *cook* nous amena un garçon d'une quinzaine d'années, son cousin disait-il, qui n'avait pas d'emploi, et dont les jambes présentaient de nombreuses blessures, victimes de cette complication qui les aggrave souvent sous les tropiques : pour des raisons peu claires, même une toute petite écorchure peut y refuser de cicatriser, et au contraire se creuser de plus en plus ; en Afrique, on appelait cela un « crocro », et pour certains Européens, le seul traitement est de quitter les régions tropicales [1]. En général, ce phénomène, que les

1. Éric Tabarly racontait qu'alors qu'il séjournait à Tahiti, une toute petite écorchure qu'il s'était faite au pied en manipulant une chaîne de mouillage s'était aggravée de façon si catastrophique qu'il avait fini par devoir rentrer en

médecins appellent « plaies atones », disparaît rapidement dès le départ des tropiques. Toute la famille, se sentant soudain une vocation de bon Samaritain, décide de l'engager comme boy, et s'empresse, le conduit sous la douche (dans notre maison de N'kongsamba, la douche, c'était un grand seau d'eau au fond muni d'une ouverture : le boy faisait chauffer l'eau sur un réchaud à gaz, pendait le seau à un crochet du mur de la salle de bains, et adaptait à l'orifice un pommeau de douche). On nettoie, désinfecte et saupoudre ses blessures de sulfamides, et le garçon nous promet de nous vouer une reconnaissance éternelle ; il sera le plus fidèle des boys, on se croirait dans *La Case de l'oncle Tom*. Le lendemain, il a demandé s'il pourrait avoir un mois d'avance sur son salaire, ce que mes parents ont accepté, et bien sûr, le troisième jour, tous pansements oubliés, il avait disparu : il avait dû, aux dires de notre cuisinier, aller toutes affaires cessantes enterrer sa grand-mère aux confins de l'Adamaoua... Il ne reparut que trois mois plus tard, venu plein de bonnes intentions reprendre sa place de boy, et, à propos, pourrait-on lui avancer un peu de son salaire ?...

Outre cette triste habitation, bien éloignée de la case au bord du lagon de Tahiti que mes parents avaient déjà imaginée, je ne revois de N'kongsamba que les bâtiments, guère plus gais, du collège, perché sur une colline proche ; au moins le collège était-il noyé dans la végétation tropicale. Il ne nous fallut pas longtemps pour faire un état des lieux : chaque classe accueillait une trentaine d'élèves, parmi lesquels cinq ou six Européens, dont les notes – sauf accident, cas d'un cancre irréductible – avoisinaient seize à dix-huit sur vingt, et deux douzaines de Camerounais dont les notes, même si les professeurs cherchaient à faire preuve de compréhension, tournaient autour de cinq ou six. Non pas que les élèves camerounais fussent moins intelligents, mais le contexte était décisif : nous autres, petits Européens, nous avions le privilège de grandir dans des familles éduquées, d'être incités en permanence à apprendre, d'avoir des points de repère tout au long

France : ce retour avait été l'élément déclencheur de la construction d'un de ses bateaux.

de notre enfance... Les petits Camerounais, eux, venaient généralement de familles incultes ou analphabètes ; rien ne les incitait vraiment à apprendre... C'était le drame de la colonisation de ne pas avoir réussi à amener ces enfants, qui, dans quelques années, seraient les acteurs principaux de l'indépendance de leur pays, au niveau de connaissance qu'ils méritaient.

Le collège était si proche de notre lotissement que nous y allions à pied chaque jour, grimpant le chemin abrupt jusqu'au sommet des collines. Il y avait dans ma classe une fille un peu plus âgée que moi, fille d'un autre fonctionnaire habitant le même quartier, et dont j'ai oublié le nom et le visage. Il nous arrivait de parcourir ensemble ce chemin, et d'arriver ensemble dans le périmètre du collège, ce qui n'échappait pas aux grands couillons d'élèves camerounais, les plus brillants spécimens qui redoublaient leur troisième sixième, et qui vu leur âge, et vu la conception africaine des relations entre hommes et femmes, ne manquaient pas de se moquer de nous ! Moi, petit gringalet de dix ans et demi, issu d'une famille catholique où ces sujets-là n'étaient jamais, au grand jamais abordés, qu'aurais-je pu comprendre quand ces grands dadais me prenaient à partie, me harcelant d'interrogations, avec leur accent africain trop facile à caricaturer : « Où est ta mise ? » Qu'est-ce que ça pouvait bien vouloir dire ? « Est-ce que tu vas lui mettre dans ? » Ils avaient un jour dessiné au tableau noir d'une salle de classe un couple qui était censé représenter la fillette et moi, nus, collés l'un à l'autre... Moi, j'avais bien fini par apprendre que les petits garçons ne naissaient pas dans les choux ni les filles dans les roses (ce qu'on m'avait fait croire jusqu'à un âge avancé), mais dans le ventre de leur mère, pourtant je n'avais pas la moindre notion que cela puisse être le résultat d'un quelconque contact physique entre un homme et une femme : je ne voyais absolument pas de quoi ils voulaient parler. Et notre père, à qui nous demandions s'il comprenait ce qu'ils voulaient dire par « mettre dans », nous avait répondu très évasivement et très courageusement que « mettre dans » était peut-être une façon locale de dire « en mettre plein la vue ».

Les enfants d'aujourd'hui, soumis par la télévision à une diarrhée quotidienne d'informations contradictoires, nouvelles essentielles oubliées le lendemain et enseignements tronqués, décousus, en savent infiniment plus à quatre ans que je n'en savais à onze, mais ils manquent de vrais points de repère, d'informations claires et précises dépouillées du fatras des tabous et des interdits des religions... Lorsqu'à l'un de mes fils de quinze ans je demandai ce qu'il savait de tout ça, il m'affirma évidemment tout savoir, tout connaître, mais quand je lui demandai pourquoi les gens font l'amour, il me répondit « pour faire des enfants »... « C'est tout, pour faire des enfants ? Seulement ? – Ben oui... »... oubliant tout simplement la raison essentielle pour laquelle les gens le font – et ils ont bien raison – : pour le plaisir !

L'année nous parut-elle éternelle, ou passa-t-elle vite dans l'espèce de purgatoire que constituait pour mon père cette affectation temporaire à un petit poste subalterne, un net revers à sa carrière administrative, en attendant que le poste auquel il avait droit, à Yaoundé, la capitale, se libère ? Nous, nous vivions une vie tranquille d'enfants de coloniaux : pas de télé, naturellement, mais nous avions acheté un projecteur de cinéma 9,5 millimètres, dont il fallait tourner la manivelle, aussi régulièrement que possible, pour voir de vrais films, des dessins animés (Donald aux prises avec une chaise longue ensorcelée, *Le Rat des villes et le Rat des champs* revu par Walt Disney), ou des films saccadés de Laurel et Hardy et de Charlot, que nous, petits américanisés que nous étions, n'appelions que « Charlie Chaplin ». Mais notre passe-temps principal, c'était la lecture, ces collections pour enfants dont nous alignions les volumes sur les étagères de notre chambre : ceux de la Bibliothèque verte (des versions raccourcies d'Hemingway – *Le Vieil Homme et la mer* – ou de Saint-Exupéry – *Vol de nuit*), ou des collections « Rouge et Or », ou « Contes et légendes », sans oublier la collection « Signe de piste », avec les aventures émouvantes du prince Éric.

Guère d'autres distractions, sinon la lecture aussi de quelques magazines qui nous parvenaient trois mois après leur parution. Les premières et dernières pages de *France Dimanche*, à l'époque, n'étaient pas consacrées à des potins et ragots sur les célébrités, mais à des dessins humoristiques créés par des dessinateurs qui atteignaient un vrai statut de vedette : Dubout, Bellus, Jacques Faizant. Comme nous aimions beaucoup ces dessins, notre père nous avait suggéré d'écrire à leurs auteurs en joignant un petit rectangle de papier Canson, et de leur demander de nous faire et de nous dédicacer un petit dessin. C'est ainsi que tout au bout de l'Afrique, nous reçûmes des dessins de Faizant, de Bellus et d'Aldebert.

Il était bien rare qu'un voyageur vienne nous rendre visite dans ce bout du monde qu'était N'kongsamba. Un jour, mon père, qui était très actif dans les rangs du Lions Club local, nous annonça la venue d'un haut représentant américain de cette organisation ; il dormirait dans la chambre d'amis de notre maison. Déjà nostalgiques de nos passages en Amérique, épris de tout ce qui était américain, nous mîmes un point d'honneur à l'accueillir ; mon frère et moi décorâmes de jolis dessins une pancarte portant en anglais l'inscription « Vive l'Amérique » pour la mettre dans sa chambre... seulement voilà, « Vive... » n'est pas le genre d'expression qui se laisse facilement traduire en anglais : en cherchant dans le dictionnaire, nous avions trouvé : « Vive : *Weever* » ; et c'est ainsi que notre auguste visiteur trouva dans sa chambre l'inscription « *Weever America* »... *Weever*, c'est la vive, le poisson ! C'était un peu comme si nous avions écrit « Dorade l'Amérique » ou « Anchois l'Amérique » !

L'extérieur, c'était l'Afrique, que nous connaissions à peine ; comme tous les enfants, nous rêvions de camper, mais le pourtour de notre maison devait, selon ma mère, grouiller d'insectes sournois et de serpents mortels : nos campements se faisaient donc généralement sous une table de notre chambre ou du salon, que nous couvrions d'une nappe tombant jusqu'au sol, et nous nous imaginions dressant notre tente dans les Alpes ou la montagne corse... Tout ce que nous pouvions rêver un jour de posséder était en vente par correspondance dans le catalogue de la Manufacture d'armes et de cycles de Saint-Étienne, qui devint bientôt Manufrance et disparut avec la faillite de l'usine de cycles et d'armes proprement dite. Combien d'heures et de jours ai-je passés à fantasmer sur la première page de la section « camping » de cet épais catalogue, rêvant de pouvoir acheter un jour la tente à deux places, *canadienne à abside avec tapis de sol cousu et double-toit* que j'emporterais au bout du monde...

Notre presque unique contact avec l'Afrique, c'était la visite que nous rendait parfois, à l'heure du déjeuner, un marchand haoussa ; tandis que nous déjeunions en famille sur la terrasse de notre bungalow, il déballait silencieusement les objets artisanaux qu'il avait apportés dans deux ou trois baluchons ; il alignait méticuleusement les statuettes de cuivre, les têtes d'ébène ou les vierges d'ivoire sculpté, les nappes brodées de petites scènes de la vie d'un village d'Afrique. Notre repas terminé, mes parents se penchaient délicatement sur ces alignements de petites merveilles, et il était rare qu'ils n'achètent pas, mon père une pipe de cuivre ou une statuette d'ivoire élancée, ma mère un ensemble de serviettes de table ou de repose-couteaux d'ivoire.

Parfois, lorsque mon père devait effectuer une visite en brousse, sur un chantier ou à un poste avancé des Travaux publics, il essayait de faire coïncider cette obligation avec une période de vacances, et nous nous embarquions tous dans la Land Rover extrêmement rustique qui lui servait de voiture de fonction. Aucun rapport avec les 4 x 4 ultrapolluants que la tendance actuelle au gigantisme fait rouler dans les villes [1]. Non, notre petite Land Rover était le modèle le plus basique de la marque, mon père, ma mère et ma sœur se serraient sur les sièges avant, et mon frère et moi nous accrochions tant bien que mal, ballottés entre les ornières et les nids-de-poule de la piste, aux deux banquettes de fer longitudinales, sous la bâche arrière.

Nous prenions ainsi la route de Foumban, de Dschang, de Garoua ou de Maroua, tentant d'apercevoir lions et éléphants, rêvant un jour de pousser jusqu'au lac Tchad, tout au nord du Cameroun. Nous nous arrêtions parfois pour visiter les ateliers artisanaux où l'on fondait le cuivre dans des moules à cire perdue, qui ne servaient qu'une fois. Nous dormions le soir dans les cases de passage de l'Administration, prenant nos repas chez les collègues de mon père établis dans ces postes de brousse. Un jour, à la fin d'un déjeuner chez l'un d'eux, marié et père d'un bébé, nous eûmes la surprise de voir la pulpeuse épouse du collègue déboutonner son corsage, en extraire un sein volumineux, gonflé

1. Comme disait un auditeur d'une émission de radio consacrée à ce problème : « 4 x 4 de ville, pollution imbécile ».

de lait, et le donner à téter sous nos yeux au bébé ; ce geste pourtant parfaitement naturel semblait absolument inimaginable à des enfants comme nous : la nudité, même partielle, dans notre famille, était si impensable ! Mon frère et moi n'en menions pas large, et de ce début d'après-midi, de la vue de ce sein dont j'avais jusqu'à ce jour ignoré jusqu'à la forme, ces choses-là n'apparaissant jamais ni dans les magazines ni dans la vie réelle à cette époque, de ce jour-là doit dater un autre de mes tout premiers émois.

Enfin, mon père fut muté à la capitale, Yaoundé, et cette ville nous fit, comparée à N'kongsamba, l'effet d'une vaste métropole : on se serait presque cru à Marseille ou à New York. Nous nous sommes installés dans une belle villa, ceinte d'un joli jardin cerné de murs, du « plateau Bastos ». C'était un quartier résidentiel surplombé par l'usine du même nom, qui fournissait en cigarettes le Cameroun tout entier et quelques pays environnants. L'usine constituait d'ailleurs un but de visite, et nous admirions les machines qui hachaient les feuilles de tabac, les enroulaient d'une très longue feuille de papier, produisant des cigarettes longues de dizaines de mètres, dont nous emportions quelques échantillons d'un mètre de long...

Yaoundé était une vraie ville, avec son quartier commercial, son marché très animé, ses épiceries, sa librairie où j'adorais passer des heures, son magasin de disques – chacun de ces deux magasins aurait bientôt son influence sur mon avenir – et sa boulangerie-pâtisserie où, rituel incontournable, chacun de nous choisissait les deux gâteaux, éclairs, religieuses, babas ou choux, qui constitueraient le dessert dominical, à la sortie de la cathédrale où nous ne manquions jamais la grand-messe. Il y avait même un cinéma, où la séance du dimanche après-midi, particulièrement bon marché, devint vite pour nous une habitude : on y voyait, avec un an ou deux seulement de retard sur la France, les grands succès d'Hollywood : *Un pitre au pensionnat*, avec Jerry Lewis et Dean Martin, *Vingt Mille Lieues sous les mers* (Ah ! le combat de Kirk Douglas avec la pieuvre géante !), *L'Odyssée de Charles Lindbergh*, avec James Stewart. Il y avait aussi des films français, comme *Les*

Lettres de mon moulin, trois contes adaptés de Daudet par Marcel Pagnol, sans oublier les aventures successives de *Don Camillo.*

Un jour, une grande nouveauté : le cinéma de Yaoundé s'est équipé d'un hypergonar, un objectif anamorphoseur inventé par le professeur Chrétien ; ce procédé, déjà utilisé en 1926 par Claude Autant-Lara pour réaliser un court métrage adapté d'une nouvelle de Jack London, *Construire un feu,* a mis un quart de siècle pour atteindre Hollywood et donner naissance au cinémascope. Le premier film qui l'utilise, *La Tunique,* révolutionne à jamais le cinéma. Quand on pense que, le marché de la télévision étant si stupide et peu réactif, plus d'un demi-siècle plus tard, l'essentiel des téléviseurs du monde entier (et particulièrement ceux des États-Unis, pourtant patrie d'Hollywood !) restent fidèles au médiocre format 4/3 ! Peut-être le format plus panoramique de la haute définition va-t-il finir par améliorer ça !

Notre maison était agréable : elle disposait d'une grande terrasse donnant sur un vaste jardin décoré d'une rocaille et de nombreux cactus ; dans un recoin du jardin nous construisions des cabanes de roseaux, dans un autre nous faisions pousser quelques légumes ou élevions des poules. C'est dans ce jardin que j'ai réalisé avec mon frère le premier film de ma vie, et de fiction s'il vous plaît : mon père avait acheté une caméra 8 millimètres (c'était du film, naturellement, la vidéo 8 millimètres ne serait inventée que trente ans plus tard !), et nous avions tourné un petit film dont les acteurs étaient... nos mains, les doigts repliés pour former des petits bonshommes (le majeur enroulé, bloqué contre la face intérieure du pouce, l'index et l'annulaire, de part et d'autre, figurant les jambes, et l'auriculaire replié en dessous) ou des chevaux (le majeur figurant le cou du cheval, les quatre autres doigts de la main, solidement posés sur le sol, les quatre pattes de l'animal). Il y avait là tout ce qu'il fallait pour réaliser un court métrage de cape et d'épée, inspiré d'un film à succès sur Lancelot et le roi Arthur. Bien sûr, il fallait envoyer les bobines à développer en métropole, et il nous fallut attendre des mois avant d'admirer notre chef-d'œuvre !

Plus immédiats étaient les plaisirs que nous tirions de la photographie, une passion que nous partagions avec un de nos boys ;

nous nous enfermions souvent avec lui dans un réduit, sous la terrasse, pour y développer nos pellicules noir et blanc et en réaliser des tirages d'une façon totalement artisanale, posant le négatif contre une feuille de papier sensible – le tout à la seule lumière d'une ampoule que nous avions peinte en rouge – dans un de ces « cadres » où l'on met d'habitude les photos pour les poser sur une cheminée ; on sortait un instant exposer le tout au soleil, et on rentrait révéler l'image puis la fixer, dans des bains aux senteurs inoubliables.

La photographie était d'ailleurs un des petits métiers qui fleurissaient dans les quartiers populaires de Yaoundé : des dizaines d'artisans utilisaient la même méthode que nous, ajoutant sur le négatif des motifs de papier découpé, des encadrements rococo ou d'un modernisme de bazar, donnant naissance à des tirages qui définissaient un style proprement africain. La même esthétique se retrouvait chez d'autres artisans – en nombre beaucoup plus élevé encore –, les coiffeurs : une paire de ciseaux, une tondeuse, une serviette et un tabouret, c'était tout ce qu'il fallait à un Camerounais pour installer son salon de coiffure dans une petite case de poto-poto, ornée de peintures naïves des magnifiques créations qu'il proposait à ses clients. La masse d'une chevelure crépue permettait de sculpter des cylindres, des cônes, des formes tarabiscotées, et ces coiffures étaient très à la mode. Elles ont parfois reparu ces dernières années dans le monde de l'esthétique « black ».

Ici comme à N'kongsamba, et malgré l'approche de l'indépendance – que le Cameroun allait acquérir en 1960 sous la gouverne d'Ahmadou Ahidjo, sans que le pays ait à subir de troubles majeurs –, il persiste un fossé culturel considérable entre les Camerounais et les expatriés. Il est particulièrement notable dans la musique : les familles de colons et de fonctionnaires expatriés écoutent la radio nationale, ancêtre de RFO, qui diffuse des nouvelles politiquement correctes et les succès de la chanson française, de Trenet à Brassens en passant par Édith Piaf et les Compagnons de la chanson. Une heure par jour seulement, l'antenne est laissée à des Camerounais, qui programment les succès de la musique locale : elle n'est encore disponible qu'en soixante-dix-huit tours... et elle nous ravit, mon frère et moi : ancêtre du *soukouss*, du *makossa*, parente du *zouk* et de la *cadence* des Antilles, elle est pourtant totalement proscrite des premières surprises-parties des Blancs, et plus généralement de leur paysage musical. Je me rappelle avoir longtemps cherché une chanson qui m'avait enchanté (elle s'appelait *Joséphine*, et devait être aussi joyeuse que le *Cé-Cé-Cé-Célimène* de David Martial) : même à la station de radio, personne ne savait de quoi il s'agissait.

Notre loisir principal, à Yaoundé, c'est la piscine Bastos, créée au départ pour les familles des employés expatriés de l'usine de cigarettes. Les épouses de fonctionnaires désœuvrées y conduisent leurs enfants et y passent souvent la journée ; c'est là que j'ai définitivement appris à nager... par la manière forte, le jour où un grand couillon d'au moins quinze ans a trouvé malin de s'approcher subrepticement de la chambre à air sur laquelle je me laissais flotter mollement, et l'a prestement retournée, me balançant à l'eau et ne me laissant d'autre option que de regagner le bord de la piscine à la nage... Et ça a marché : de ce jour-là je savais nager ; à douze ans, il était temps tout de même ! C'est vrai qu'à Saint-Pierre-et-Miquelon, nous n'avions guère l'occasion de nous mettre à l'eau ! C'est autour de cette piscine que je découvris un jour, dans un numéro de *Paris Match* apporté par la mère d'un copain, un couple occupé à se contorsionner sur une piste de danse, à côté de la photographie d'un saxophoniste dans une position à peu près aussi acrobatique : le rock'n roll venait de naître aux États-Unis, et le succès de Bill Haley *Rock Around the Clock*, enregistré pour le film de Richard Brooks *Graine de violence*, était son acte de naissance. Le petit disquaire local (je crois qu'il s'appelait joliment L'Âne rouge) mit évidemment plusieurs mois à recevoir ce quarante-cinq tours, aussi j'achetai, en attendant, le disque d'un inconnu, Henry Cording, qui chantait sur des musiques de rock des paroles complètement folles, *Rock Hoquet*, *Va t'faire cuire un œuf, man* ou *Rock and Roll Mops...* Ce n'est que plus tard que je découvris qu'il s'agissait d'Henri Salvador (un demi-siècle avant le *Jardin d'hiver* !) et que les paroles avaient été écrites par un certain Boris Vian, dont j'ignorerais encore longtemps aussi bien ses démêlés avec la justice française pour son livre *J'irai cracher sur vos tombes*, ou pour sa chanson *Le Déserteur* (la version qu'en chantait l'année précédente Mouloudji avait été interdite : elle avait été créée le jour même de la chute de Diên Biên Phu, qui signait la défaite française dans la guerre d'Indochine) que la beauté des romans qu'il publiait à l'époque, *L'Écume des jours*, *L'Arrache-Cœur* ou *L'Herbe rouge*.

Côté sensualité, j'étais toujours aussi candide ; je prenais totalement pour argent comptant les principes de nos curés et confesseurs : le destin de tout garçon, de tout futur jeune homme, c'était d'un jour épouser une femme ; et dès qu'ils seraient mariés, Dieu le saurait et ferait automatiquement croître dans le ventre de la femme le premier d'une longue série d'enfants... Ce n'étaient pas mes lectures bien-pensantes qui auraient pu me renseigner ; quant aux copains, à mon grand frère, ils avaient des idées à peine plus précises que moi. Ils utilisaient bien sûr pour fanfaronner quelques mots grossiers comme « putain », et je demandai un jour à mon frère ce que cela voulait dire. « C'est une femme qui va avec plusieurs hommes », me répondit-il... Or je m'étais hasardé le même jour à parcourir un instant un livre de la bibliothèque de mes parents, un livre qui ne nous était pas destiné : c'était *En cas de malheur*, de Georges Simenon, que Claude Autant-Lara allait adapter bientôt, avec Brigitte Bardot. Au long de ce roman, le héros avait des relations (fort peu explicitées) avec plusieurs personnages féminins... j'en avais donc déduit que c'était « un putain » !

Et pourtant, à force de saisir de-ci de-là des petites bribes d'information, j'en arrivais à me douter de quelque chose, et j'avais fini par comprendre que pour faire un enfant, il fallait que l'homme mette une certaine partie de son corps dans une partie du corps de la femme... Dans mes plus hardies supputations, j'imaginais qu'il s'agissait peut-être pour l'homme de glisser son nez entre les seins de la femme !... C'est vers cette époque que mon frère (contre paiement de vingt francs CFA, l'enfoiré !) me révéla ce que les hommes mettaient dans quoi... Je trouvai la chose absolument dégueulasse et j'eus un mal fou à le croire !

Nos journées à Yaoundé tournaient autour du lycée, le prestigieux lycée Leclerc, lui aussi en pleine nature, au sommet d'une colline ; le chauffeur des Travaux publics, dans la vieille Citroën 11 CV traction avant noire, nous déposait le matin devant ses grands bâtiments ocre, aux galeries ouvertes ; lorsque nous arrivions en avance, ou avant de rentrer à la maison, nous passions généralement quelques instants sur les pelouses entourant le lycée, à frimer, parader, bavarder, toutes ces activités propres aux lycéens de tous les pays. Je me rappelle avoir remarqué que lorsque des petits groupes se formaient ainsi, il y avait toujours dans chaque groupe un ou deux élèves, garçons ou filles, qui monopolisaient l'attention des autres, et vers qui se tournaient tous les regards, pour leur charme, leur conversation, je ne sais quel atout secret qu'ils possédaient... et que je n'avais pas.

À chaque récréation, à l'époque, pas de barres chocolatées ni de ces boissons hypersucrées qui, sûrement, transforment l'espèce humaine en ramassis d'obèses : dans la cour venaient s'aligner une douzaine de mammas, qui, assises sur le sol, ouvraient devant elles une grosse touque de cacahuètes épluchées ; la mesure officielle, c'était une petite boîte de concentré de tomates (cinq francs CFA), et les élèves, tout au long de la récréation, ne cessaient de faire la queue devant ces étals basiques.

Sous les fenêtres du lycée, s'étendait une piste de course en forme de stade, où avaient lieu les cours de gymnastique. Un jour qu'il tombait une de ces averses torrentielles propres aux orages tropicaux, un grand couillon d'élève avait trouvé malin de parier avec moi que je n'étais pas capable d'aller faire un tour de piste sous ce déluge... Piqué au vif, je m'élançai, courus tout autour de la piste avec l'impression de progresser au travers d'un mur liquide, et revins trempé jusqu'aux os à la galerie où m'attendaient les grands, moqueurs... car le gars n'avait évidemment pas l'intention d'honorer le pari qu'il avait perdu ! J'étais d'autant plus stupide de m'être laissé berner de la sorte que le sport, déjà, n'était vraiment pas ma grande passion ; c'est cette année-là, sur cette piste, que se déroula un événement qui eut des conséquences importantes sur la suite de ma vie : durant un cours de gymnastique, je l'avais sans doute mérité par ma façon assez constante de chercher à faire l'intéressant, le professeur m'avait filé une baffe ! Je rentrai chez moi dépité, et obtins de ma mère qu'à l'aide d'un certificat médical elle me fasse dispenser de gymnastique pour le reste de l'année. Ce fut un tel soulagement d'être débarrassé de cette activité qui m'avait toujours déplu et toujours semblé inutile que je me suis battu, tout au long de ma scolarité, jusqu'à l'École centrale, pour que cette dispense se prolonge ! La gifle reçue ce jour-là m'a débarrassé pour ma vie entière du sport, de tous les sports, qui m'indiffèrent autant en tant que participant qu'en tant que spectateur.

Tant que j'en suis aux souvenirs d'échecs et de bides, un joli : un ami m'avait communiqué sa passion pour les modèles réduits d'avion, ces modèles en balsa que l'on fabriquait sur plans à partir de feuilles et de baguettes de ce bois si léger ; j'avais commandé à une maison spécialisée tout le matériel nécessaire, y compris le bloc de balsa qui constituerait le nez de notre avion. Il avait fallu attendre près de deux mois, mais enfin un bateau était arrivé à Douala, et mon colis devait nous parvenir d'un jour à l'autre. Or voilà que quelques jours plus tôt, un surveillant, j'ai oublié pour quelle raison, m'avait collé une retenue du jeudi, une chose qui ne m'était jamais arrivée, à moi qui étais un excellent élève, toujours dans les tout premiers de la classe ! J'étais donc venu en retenue ce jour-là. À un moment de l'après-midi, l'attention des élèves en retenue fut attirée par une quelconque action, sportive ou autre, qui se déroulait sur la piste de course ; pour mieux la voir, je m'étais assis un instant sur le pupitre situé derrière mon banc... Le proviseur du lycée était passé sous la galerie juste à ce moment-là... et m'avait collé derechef en retenue pour le jeudi suivant ! Une colle, c'était déjà beaucoup pour moi, une deuxième, je ne savais absolument pas comment l'annoncer à mes parents ! Je rentrai en larmes à la maison... où mon merveilleux colis, tant attendu, venait d'arriver... Je n'eus même pas le cœur d'y jeter un coup d'œil, j'allai me coucher... et ne me relevai pas de quinze jours, victime d'une violente jaunisse due à l'émotion ! Et quand, deux semaines plus tard, je retournai au lycée... eh bien ma colle m'attendait pour le jeudi suivant, le proviseur y avait veillé personnellement !

La première affectation de trois ans de mon père aux Travaux publics camerounais se termine cette année. Nos études au lycée offrant moins de flexibilité que l'école primaire, mes parents conviennent que nous rentrerons en métropole avec notre mère quelques mois plus tôt. Cela ne dérange pas mon père et ma mère, vu leur mésentente ; d'ailleurs, quelques troubles ayant éclaté dans le pays, il semble plus prudent que mon père reste seul, prêt à tout instant à se replier, en cas d'aggravation comparable à ce qui se passe à l'époque dans d'autres colonies françaises accédant à l'indépendance.

Il a même été convenu que je partirais quelques semaines avant les autres, pour aller passer l'été chez ma grand-mère, en Corse. J'ai fini par la commander, la fameuse tente canadienne deux places à abside, tapis de sol cousu et double-toit ! Elle m'attendra à Marseille avec le sac à dos, la popote encastrable en aluminium, les trois couverts repliables dans la trousse en cuir vert foncé, la gourde en alu : toute la panoplie du petit campeur...

Et, pour la première fois de ma vie, en même temps que je sors de l'enfance[1], je rentre en France... en avion ! Malgré les frayeurs ataviques, les réticences insurmontables que ma famille éprouve pour ce moyen de transport. Pour moi, le vol, sur un des Super Constellation qui relient le Cameroun à la métropole, se passera à merveille, sans inquiétude ni mal de l'air : je serai tellement ravi de ce voyage que je me promettrai, dans le futur, de faire aussi souvent que je le pourrai des voyages en avion...

Un bref séjour à Marseille (je crois me rappeler que venait juste de paraître le millième numéro de *Spirou*, que je continuais à lire chaque semaine avidement), et me voici à Vivario, en compagnie de ma grand-mère, qui compte bien sur moi pour lui tenir compagnie dans le grand appartement vide... Moi, je brûle d'envie d'aller essayer ma tente canadienne deux places, etc., pour de vrai, dans les environs du village. J'ai fait la connaissance d'un garçon plus âgé que moi de deux ou trois ans, beaucoup plus costaud et déluré, et qui ne m'aurait certainement pas accordé la moindre attention s'il avait trouvé dans le village des copains de son âge.

---

1. Puisque je passe, le 4 juin 1957, une barrière symbolique : à treize ans, moi qui ne jure que par l'Amérique, je deviens un « teen-ager ». Ce terme s'applique à tous les âges compris entre treize – *thirteen* – et dix-neuf ans – *nineteen* – ; à douze ans – *twelve* – on n'est pas encore un teen-ager, à vingt ans – *twenty* – on ne l'est plus.

Mais Vivario, en ce début de vacances, est encore pratiquement vide ; il me propose de m'accompagner pour aller camper ; ma grand-mère finit par accepter, à condition que nous allions nous installer à la sortie du village, sur l'une des terrasses du jardin familial, jadis cultivé mais depuis des années en friche, qui grimpe à l'assaut d'une colline surplombant Vivario.

À peine avons-nous planté notre tente qu'une gamine de douze ans monte du village nous rendre visite, au grand déplaisir de mon copain, qui ne veut pas voir cette petite morveuse. Voilà que sous mes yeux ébahis, pour la chasser, il sort de sa braguette une chose dont je n'imaginais pas qu'elle puisse exister, un membre d'une taille inouïe (au moins quinze centimètres ! Moi, en fait de quéquette, je n'avais jamais vu que la mienne, au repos bien moins grande que ça !), et apparemment victime d'un phénomène curieux qui la rend rigide comme du bois ! La gamine ne demande pas son reste, regagne prudemment le village. « On ne va pas les laisser nous emmerder, hein ! » déclare mon copain en remballant l'objet du délit... qu'il ressortira fréquemment au cours de notre séjour, pour se livrer à une activité dont j'ignore tout, et qu'il appelle poétiquement « se branler la sègue ». Il essaiera de me convertir à ce passe-temps qui, affirme-t-il, donne beaucoup de plaisir ; un gamin de onze ans à peine, venu nous rejoindre quelques jours plus tard, suivra ses conseils, exhibant, lui, un tout petit appendice raide comme un radis... Pour moi, je ne suis pas très intéressé par la chose.

Ils en ont de la chance, les gens qui font du camping aujourd'hui, d'avoir des tentes légères comme des plumes à transporter, des merveilles de tentes qui se montent toutes seules en quelques secondes, et qui sont imperméables comme du verre : les tentes de cette époque, avec leur épais tapis de sol caoutchouté, leurs mâts en aluminium et leurs piquets en fer galvanisé, pèsent le poids d'un âne mort ! Les monter est un vrai puzzle, et si l'on s'y réfugie quand il pleut, il faut faire très attention de ne pas effleurer la toile : partout où on la touche, l'eau s'infiltre aussitôt et vous dégouline dans le cou. Heureusement qu'en été, en Corse, il ne pleut ni beaucoup, ni souvent ! Et l'aventure ne me laissera que des bons souvenirs, d'autant que, finissant par en arracher l'autorisation à ma grand-mère, nous sommes allés planter notre tente quelques kilomètres plus haut, en un endroit où l'on a un point de vue extraordinaire sur la vallée, le village de Muracciole, les forêts de Tattone et de Vizzavona.

Un jour, le facteur de Vivario met dans la boîte une lettre de ma mère, adressée à Pierre Antoine Muraccioli. Vous ai-je dit que depuis toujours je suis Pierre, et plus généralement Pierrot ? C'est mon premier prénom. Le second, mon père a dû avoir du mal à obtenir de le faire rajouter à mon état civil, il paraissait sans doute bien trop corse à ma mère ; et voilà que cette fois-ci, peut-être parce qu'elle m'envoyait cette lettre en Corse, elle a rajouté ce second prénom... Antoine... un prénom que je déteste... et je m'empresse de jeter l'enveloppe au feu !

Mon copain dévergondé a fini par aller retrouver d'autres garçons de son âge, et a disparu de mon univers, remplacé par mon cousin Jean-Claude, qui vient d'arriver de Marseille. Nos activités redeviennent des jeux d'enfants, comme la construction de reproductions d'avions ou de bateaux : je nous revois mettant la dernière main à la maquette d'un canot automobile muni d'une espèce de réacteur qui se vendait à l'époque dans les magasins de matériaux pour modèles réduits : un tube d'aluminium rempli d'une substance qui émettait, lorsqu'on l'enflammait, un jet puissant et propulsait la maquette comme un bolide ; nous l'avons essayée dans le grand bac du lavoir qui s'étendait en contrebas de la place où se dressait la statue de Diane... et le canot, parti comme la foudre, est allé exploser en mille morceaux contre la margelle opposée, à six mètres de là.

Pour nous remettre de notre émotion, nous sommes allés consacrer les quelques francs que nous possédions à la consommation d'un cornet de glace : la grande nouveauté, dans le village, c'était l'arrivée dans la petite épicerie qui faisait aussi bistrot du premier dépôt de glaces industrielles... et je me serais damné pour un cornet à quinze francs (anciens) citron-fraise... Dans ce domaine aussi, la mode du gigantisme a généralisé aujourd'hui des esquimaux et cornets pour obèses !

Et mes vacances en Corse se sont achevées comme cela, campant au bord des champs de blé, apprenant par cœur les chansons de Georges Brassens : notre grand tube, cette année-là, c'était *Corne d'aurochs*. J'étais arrivé à prolonger ce séjour bien au-delà du temps prévu, mais il fallait bien finir par rejoindre ma famille, qui venait de rentrer à son tour du Cameroun et de s'installer à Thonon-les-Bains, première tentative de ma mère, que tous ces voyages n'emballaient en fait pas vraiment, pour nous faire prendre racine dans les Alpes.

Dans cette jolie petite ville de Haute-Savoie, nous avons emménagé au troisième étage d'un immeuble spectaculaire baptisé « la Résidence », qui dominait toute la plaine et le lac... C'était un bel appartement, mais c'était un appartement quand même, le premier d'une série d'appartements que nous habiterons par la suite, et la liberté que nous avions, dans nos maisons, d'ouvrir portes et fenêtres, de sortir en un instant à l'air libre sans traverser des espaces communs lourds de conventions et d'obligations, me manquera vite.

L'été s'est achevé en excursions en montagne – je me revois descendre d'une balade à la Dent d'Oche, quelque part au-dessus d'Évian, glissant, comme faisant du ski, sur les amas de cailloux qui tapissent les pentes. Parfois, nous prenons le bateau qui traverse le lac Léman, pour aller jusqu'à Lausanne, juste en face ; nous en ramenons du chocolat blanc (une curiosité à l'époque inconnue en France) ; quand Noël approchera, nous irons quelquefois à Genève, tout proche, pour choisir des jouets dans le grand magasin qui nous fait rêver : Weber (prononcer Vèbre) : il nous rappelle un peu le fabuleux magasin de jouets de New York, Schwartz.

Et voici la rentrée, en troisième, au collège de garçons de Thonon-les-Bains... car en revenant en métropole, nous avons reculé d'un siècle dans l'évolution des mœurs : après les lycées mixtes, presque à l'américaine, du Cameroun, revoici l'ambiance malsaine des collèges de garçons ! Sur la photo de ma classe de cette année-là (troisième classique-moderne 1 ! qu'est-ce que ça signifiait ?), j'ai l'air d'avoir trois ou quatre ans de moins que la plupart des autres élèves, sur les visages desquels j'aurais bien du mal à placer un nom ; pourtant, tout solitaire que je suis, je me suis fait un petit groupe d'amis, qui se reconnaissent sur la photo... à leur Marsupilami ! Il y a déjà quelques années que les lecteurs de *Spirou* ont découvert cet animal imaginaire mais qui semble si réel, avec sa queue de huit mètres de long, préhensile, dont il peut faire ce qu'il veut, y compris en nouer l'extrémité en forme de poing pour le mettre dans la figure de l'animal ou de l'homme qui l'ennuie. Quand le *Journal de Spirou* avait proposé aux lecteurs d'acheter par correspondance un Marsupilami en latex, complet avec sa queue armée d'un fil de fer et couverte de plastique jaune tacheté de noir, je l'avais commandé : le paquet avait mis trois mois lui aussi à me parvenir à Yaoundé, mais quelle émotion ce fut de trouver ce personnage aimé : je garde le souvenir de l'odeur très caractéristique de la mousse de latex qui le composait. Et voilà qu'en ce début d'année scolaire un magasin propose des bébés Marsupilami en latex, mignons, rondouillards, des jaunes tachetés et des noirs (car ceux qui connaissent bien les mœurs du Marsupilami savent bien qu'il naît de temps en temps un Marsupilami noir !). La petite effigie nous a séduits, mes trois copains et moi, et ceux-là, qui portent autour du cou sur la photo un bébé Marsupilami, je les reconnais. Il y a Anton, fils d'un immigré d'Europe centrale ; Anton essaiera quelque temps de me convaincre de faire du cross (c'est comme ça que ça s'appelle, courir dans la nature ?), mais j'abandonnerai très vite... J'aurai juste appris que quand on court longtemps, il faut inspirer un temps sur quatre ; Vuillez, lui, sera mon plus proche copain dans les années à venir, et j'irai souvent faire mes devoirs ou jouer avec lui dans la belle maison de ville de sa famille ; il y a aussi Joubert, qui a l'air déjà d'un jeune homme élégant. Comme moi, il arbore autour du cou non pas un mais deux Marsupilami...

Cette fantaisie vestimentaire ne gênait pas outre mesure nos professeurs, d'ailleurs, à commencer par le professeur de français qui figure au centre de la photo, M. Sartori, si je ne me trompe. Je lui dois une fière chandelle : je rentrais d'Afrique couronné de prix et d'accessits, et voilà que dans une classe normale, métropolitaine, je découvrais que j'avais été, au Cameroun, un borgne roi au pays des aveugles. Mes premières notes sont catastrophiques, dans toutes les matières, et particulièrement en latin, où ma première composition trimestrielle atteint le sixième dessous ! Piqué au vif, je demande à ma mère de me payer des leçons particulières ; et ce professeur prendra en main toute l'opération, me faisant faire en quelques mois des progrès en latin, mais aussi dans les autres matières... À la fin de l'année, j'avais rattrapé mon retard, et malgré la note désastreuse du premier trimestre, eh bien j'étais arrivé à décrocher le premier prix de latin, et quelques autres !

Un jour, la chaîne de radio nationale, qui deviendra dans quelques années France Inter, annonce qu'une émission que j'écoutais régulièrement, *Le Jeu des cent mille francs* (qui changera bientôt de nom avec l'instauration du nouveau franc par Antoine Pinay), se déroulera le lendemain à Thonon, et qu'il faut pour y participer trouver un objet caché dans un lieu qu'une énigme historique permet de découvrir ; ni une ni deux, je résous l'énigme, gagne l'endroit en question, y découvre un papier marqué « Jeu des cent mille francs », et me mets en quête d'un « renfort » pour répondre aux questions dont j'ignorerais la réponse... je choisis aussitôt mon professeur, qui accepte... Lorsque nous nous sommes pointés au lieu où se déroulerait l'émission, on nous a appris que le papier que j'avais trouvé était un faux, placé là par un plaisantin...

Cette même année, la naissance d'Europe 1 vient de révolutionner la radio : et nous nous retrouvons chaque soir à 19 h 25 chez Vuillez pour rire aux exploits de Furax (« Que tu es beau, Furax » « – C'est pour ça que tu m'aimes, Malvina »), de l'ignoble Klakmuf, des inspecteurs Black et White, dans l'inoubliable feuilleton *Signé Furax* de Pierre Dac et Francis Blanche. Et nous chantons à tue-tête :

« *Tout le monde y pue, y sent la charogne*
Y'a qu'le grand Babu, qui sent l'eau d'Cologne »

... et de qui est la mise en ondes ? Mais de Pierre-Arnaud de Chassis-Poulet, bien sûr !

Thonon-les-Bains, petite ville endormie, ne s'éveillait qu'une fois par an, à l'occasion de la *Matagasse*, une sorte de carnaval local, où la ville soudain grouillait de monde, et où défilaient des grosses têtes un peu semblables à celles du carnaval de Nice, tandis que tous sautaient et dansaient en chantant, sur l'air de *Bon voyage monsieur Dumollet*, « C'est la Matagasse à Thonon ». Ces jours-là, le centre de la ville était enclos de barrières, et il fallait payer pour accéder à la grande place... Mais nous avions découvert que, des deux entrées de la maison de mon copain Vuillez, l'une donnait sur la grande place : nous allions et venions ainsi sans bourse délier.

Puis la vie reprenait son morne cours, l'ennui des journées au collège, où j'allais à pied, au long d'une rue commerçante, puis d'une belle avenue qui longeait le parc thermal ; on y trouvait la librairie où j'achetais mes magazines pleins de Marsupilami, un électricien pour nous vendre des fils électriques de toutes les couleurs quand arriva la folie des scoubidous, et deux cinémas ; l'un d'eux s'abritait dans un joli pavillon, il fallait traverser un jardin pour y entrer ; j'y vis un film dans lequel Gilbert Bécaud était acteur et chanteur, *Le pays d'où je viens*... qui n'a pas laissé de traces dans l'histoire du cinéma, mais qui m'enchanta. C'est dans ce même cinéma que, deux ans plus tard, j'aurai une des plus grandes frayeurs de ma vie...

Le problème algérien n'avait cessé de s'aggraver tout au long de cette année. Il se cristallisa dans la crise du 13 mai, qui allait ramener le général de Gaulle aux commandes de la France. En juin, il clamera « Je vous ai compris », et les Français qui vivent en Algérie depuis plusieurs générations (ils sont un million et demi) croiront qu'il s'adresse à eux ... En fait, il conduira bientôt l'Algérie vers l'indépendance, et tous les pieds-noirs, dans les trois ou quatre années à venir, devront faire leurs valises. C'est dans ce climat troublé que notre séjour en France se termine, et que nous nous embarquons à nouveau pour le Cameroun.

À Yaoundé, peu de choses ont changé ; nous n'habitons plus la belle maison du plateau Bastos, mais une autre, beaucoup plus modeste, qui domine un lac sur lequel on peut faire de l'aviron ; mon père a fait débrousser un chemin qui descend tout droit jusqu'au club, dans l'espoir que nous nous prendrons de passion pour cette activité sportive... Son espoir sera vite déçu !

Je suis retourné au lycée Leclerc et, fort de mes brillants résultats scolaires de l'an passé, c'est vraiment l'année où je deviens un excellent élève, un tantinet « polarisé », comme on disait alors. Rentrant en seconde, je découvre de nouvelles disciplines qui me fascinent, comme la physique (moins la chimie, à laquelle je n'ai jamais vraiment accroché). J'y suis aidé par la découverte, à la librairie du centre-ville, d'un manuel scolaire infiniment plus séduisant que ceux, réglementaires, qu'on nous distribue à chaque rentrée, mornes, noir et blanc, peu illustrés ; celui que j'ai acheté est une merveille, bourré d'illustrations en couleurs, d'encadrés, de digressions qui dévoilent les étroites relations entre ces choses très virtuelles que l'on nous enseigne et la vie de tous les jours. Bien vite nous nous retrouverons, les trois meilleurs élèves de la classe, engagés dans une course effrénée aux meilleures notes, aux premières places et aux prix de fin d'année ; le classement reposant totalement, à l'époque, sur les notes de quelques « compositions » réalisées au lycée au cours de l'année, j'ai même développé une formule, un genre d'abaque qui me révèle instantanément ce que sera ma moyenne, à la seconde de l'énoncé de la prochaine note... À la fin de l'année, j'ai le prix d'excellence et plusieurs autres prix.

Dans la maison au-dessus du lac, j'ai enfin ma propre chambre, mon frère a la sienne, dans une sorte d'annexe, d'appentis qui se dresse dans le jardin. S'il m'arrive une fois par semaine d'aller jouer ou faire mes devoirs chez un de mes copains, tous bons élèves – Hervouet, fils de gendarme, ou Aquistapace, fils de professeur –, je suis cependant un adolescent solitaire, et généralement heureux de l'être. Avant de quitter la France, je me suis acheté avec mon argent de poche un petit poste de radio (à lampes, bien sûr, le transistor ne révolutionnera la radio et la vie en général que dans un an ou deux). Quand vient le jeudi (c'était à l'époque, le jour de repos des lycéens) ou le samedi après-midi, je ferme à clef la porte de ma chambre, laissant la fenêtre ouverte sur les senteurs entêtantes des dizaines de rosiers qui fleurissent toute l'année autour de la maison, j'écoute de la musique à la radio, je profite de la douceur, de la tranquillité de ces heures volées au travail scolaire incessant... et je me livre enfin sans problème à l'activité toute simple que mon copain corse me vantait, me demandant vraiment pourquoi la religion la bannit, affirmant que ça rend sourd, malade ou impuissant. La première fois que, dans la cabine du paquebot qui nous ramenait vers le Cameroun, me hasardant à cette pratique, je l'ai menée à son terme, la sensation éprouvée m'avait fait très peur, l'impression d'avoir cassé quelque chose ; et le réflexe bien docile, bien catholique, avait été de me morigéner : « Si tu as cassé quelque chose, et que tu ne peux pas avoir d'enfants, c'est bien fait pour toi ! » Personne ne parlait de ces choses-là, à l'époque, il faudrait de longues années avant qu'une personne publique comme mon excellente camarade Lio écrive dans son beau livre de souvenirs : « La masturbation est une activité saine et hygiénique à laquelle j'ai fréquemment recours et que je recommande chaleureusement. » Après tout, le corps a ses fonctions naturelles, quand on a faim, on mange, quand on a soif, on boit, quand on a envie d'aller aux toilettes, personne ne songerait à vous l'interdire... Alors, pourquoi n'en serait-il pas de même dans ce domaine-là ? J'avais beau chercher à comprendre, je ne voyais pas pourquoi la plupart des religions condamnaient cet acte...

Si mes résultats scolaires étaient excellents, il n'en allait pas de même pour mon frère : à seize ans, il entrait dans une crise d'adolescence qui n'allait pas s'arranger ; il s'était lié d'amitié avec une bande de jeunes délurés, marqués par le film qui avait révélé James Dean, *La Fureur de vivre*, au titre anglais plus explicatif : *Rebel Without a Cause* : « Rebelle sans cause ». Oh ! C'étaient de bien modestes voyous, leur plus grand méfait avait dû consister, je crois, à rapporter à la maison, où mes parents la découvrirent un jour, une plaque de stationnement interdit qu'ils avaient dévissée quelque part en ville. Mes parents ne surent pas gérer le fossé qui se creusa entre ces deux générations. Un jour, un copain de mon frère, pour effrayer ses parents, avait déboulé dans leur chambre avec une hache à la main, et sous leurs yeux, s'était aux trois quarts sectionné un doigt...

Mon adolescence à moi était plus paisible ; les premières surprises-parties chez les copains et les copines m'attirèrent, mais j'y souffrais d'un handicap rédhibitoire : on y dansait surtout ce qu'on appelait le « rock » (alors que le rock, c'est une musique, pas une danse : la danse, ça s'appelait le bop, ou le jitterbug en

Amérique) ; et moi, j'étais tout petit ! Jusqu'à dix-huit ans à peu près, j'étais extrêmement petit, un vrai nabot, mesurant moins d'un mètre cinquante ; et manque de pot, la première fille dont je m'étais entiché – elle s'appelait Emmanuelle, mais on la surnommait Pussy – mesurait bien vingt-cinq centimètres de plus que moi, et nos passes de « rock » étaient parfaitement ridicules : il aurait presque fallu que je monte sur un tabouret pour qu'elle puisse passer sous mon bras... et notre histoire d'amour n'alla pas bien loin ! Je n'avais guère plus de succès sur les slows, comme l'inoubliable *When* des Kalin Twins, dansé avec une autre jeune fille en jolie robe de velours rouge avec qui je rêvais – en vain, bien sûr – de faire plus que lui tenir la main.

Si j'étais d'ores et déjà un « scientifique », il y eut cependant un professeur, cette année-là, qui eut sur moi une influence importante, me faisant découvrir le plaisir de lire, un plaisir que j'ai gardé jusqu'à ce jour : nous faisant sortir des répertoires bien-pensants des « collections pour la jeunesse », ce professeur de français avait demandé à tous les élèves de la classe dont la famille avait les moyens de le faire de se cotiser en apportant le prix d'achat d'un livre ; avec la somme ainsi réunie, elle avait établi une liste de livres, que nous avions achetés ensemble, que nous avions soigneusement recouverts de feuilles de plastique, et que nous lisions à tour de rôle. Le but était clairement défini : nous étions invités, tous, à lire au cours de l'année les vingt livres de notre sélection ; il y avait, sur le nombre, des œuvres classiques comme *Le Rouge et le Noir*, d'autres plus récentes comme *Le Rocher de Brighton*, de Graham Greene, et un livre qui me fit sacrément réfléchir, *Le Meilleur des mondes* d'Aldous Huxley. En dehors des considérations écologiques ou sociales sur lesquelles repose le livre, je fus interloqué par cette civilisation future où la liberté sexuelle était quasi totale...

2

Haute-Savoie, Grenoble : Adolescence alpine

Et la fin de l'année approcha ; comme deux ans plus tôt, il était convenu que je rentrerais le premier, en avion, pour aller passer les vacances, cette fois-ci en Haute-Savoie, chez un copain de l'année précédente. Nos dernières semaines africaines voyaient arriver, même dans cette petite ville du bout du monde, les signes avant-coureurs de ce qui allait devenir la « société de consommation », avec ses modes, ses musiques, ses rituels : un éditeur tentait de lancer un « magazine sonore » qui comportait, au milieu des pages imprimées, plusieurs disques trente-trois tours en plastique souple. Une campagne publicitaire pour le chewing-gum Hollywood mettait sur nos lèvres deux ou trois tubes écrits pour cette campagne ; et, comme un raz-de-marée, déferlait la mode du hula-hoop... Combien d'heures nous avons passées, dans le jardin de la maison du lac, une expression de satisfaction bovine sur notre visage, à faire tourner autour de nos hanches ce cerceau de plastique de couleur vive, tentant de battre le record de deux cents, cinq cents, trois mille tours établi par un copain.

Juste avant notre départ, je m'étais trouvé embarqué dans une petite aventure : la radio locale avait lancé un concours de citations de la littérature française ; on en proposait deux ou trois chaque semaine, il fallait tâcher d'en découvrir les auteurs ; chaque bonne réponse donnait un point, et le premier à atteindre dix points gagnerait la somme colossale de dix mille francs CFA... Mes connaissances livresques n'auraient pas suffi, mais je les complétai d'un dictionnaire de citations que j'avais trouvé à la librairie... Et je me retrouvai bientôt en tête du classement, avec huit points, lorsque je dus prendre l'avion pour la France... Radio Cameroun ne portant pas jusqu'en Haute-Savoie, allais-je abandonner dans la dernière ligne droite ? Non, il fut décidé que ma mère, après mon départ, tenterait d'obtenir les deux points qui me manquaient. Il y eut d'ailleurs un petit scandale, car la station de radio, la semaine suivante, commit l'erreur de ne proposer que deux citations : moi seul, donc, pouvais gagner, et pas mon challenger, un Camerounais à qui manquaient trois points... Et divers auditeurs de crier au racisme ; mais cette semaine-là, ma mère n'avait trouvé qu'une des deux citations ; et la semaine suivante, elle découvrit par chance la dixième citation dans un roman camerounais qu'elle avait déniché à la librairie... et je reçus à Thonon-les-Bains un mandat de dix mille francs CFA : vingt mille anciens francs de l'époque, juste de quoi réaliser mon rêve. Deux ans plus tôt, mon rêve, c'était une tente ; cette fois-ci, c'était d'acheter un magnifique électrophone Teppaz !

À partir de ce jour, écouter de la musique, des chansons, les nouveaux rythmes qui commencent à arriver des États-Unis, devient une affaire personnelle : jusque-là, il fallait utiliser l'imposant meuble familial qui trônait dans le salon, sorte de buffet de bois clair dont la moitié inférieure était un gros haut-parleur gainé de tissu beige, et dont la partie supérieure était partagée entre la radio (on « syntonisait » des stations aux noms extrêmement exotiques, comme Beromunster, Hilversum ou Sottens) et le tourne-disque, placé au fond d'un bac : on fichait au centre de la platine tournante un axe articulé de métal chromé, et l'on y empilait en un équilibre apparemment précaire les soixante-dix-huit tours que nous possédions encore, ou les microsillons qui les remplaçaient rapidement. Notre appareil avait sa petite histoire : mon père, président régional du Lions Club, était souvent mis à contribution pour organiser les soirées de bienfaisance du club de Yaoundé ; il avait un jour mis sur pied une tombola, avait acheté plein de billets pour aider à la vente... et le tirage au sort nous avait désignés comme gagnants de ce gros appareil, que nous avions accepté sans trop de scrupules déontologiques !

Enfin, maintenant, j'allais pouvoir écouter dans ma chambre mes disques, ces objets précieux que j'achetais au compte-gouttes : mais devant les étals des disquaires, je rêvais d'un jour y entrer et d'acheter cinquante disques...

Les chansons que nous écoutions en France étaient encore des chansons bien françaises, il y avait Édith Piaf, Colette Renard, Colette Deréal, Gilbert Bécaud ; Sacha Distel lança une expression... et involontairement, une mode, celle des scoubidous, et j'adorais son disque ; les tubes du moment étaient de gentillettes histoires d'amour, avec des textes anodins comme *Chaud chaud les marrons*[1], ou « J'ai rêvé, cette nuit mê-ê-me, que tu me disais je t'aime. » Sans oublier Dalida, devenue superstar avec son *Bambino*, avec « Gondolier, t'en souviens-tu ?... » Mais déjà j'avais commencé à découvrir Presley, le *King*, qui venait de partir à l'armée, et d'autres allaient bientôt suivre.

Quant à la radio, elle subissait, elle aussi, une vraie révolution ; jusqu'à cette époque, la radiodiffusion était un monopole exclusif de l'État, les seuls programmes émis depuis la France étaient éminemment nationaux et franchouillards. Radio Luxembourg avait découvert une faille dans le système, et émettait depuis le territoire luxembourgeois, donc à l'abri de la législation française ; mais ses programmes me semblaient bien anodins, familiaux et niais : les grands moments de la journée, c'étaient *La Famille Duraton*, un feuilleton cucu qui passait en début de soirée, ou les jeux du type *Quitte ou double*, ou *Cent Francs par seconde*, présenté par Zappy Max : c'était une sorte d'*Intervilles* avant la lettre, où les participants recevaient des tartes à la crème ou des plaques d'œufs pourris véhiculés sur un tapis roulant s'ils ne répondaient pas assez vite aux questions, et autres amusements du même niveau. Il y avait une émission hebdomadaire patronnée par les parfums Bourjois (« avec un J, comme Joie ») dont l'acteur principal était chaque semaine une vedette de la chanson ; je me rappelle un épisode dont la vedette était Dalida : dans le scénario, elle changeait de sexe... et devenait son propre frère, Orlando, dont on essayait de faire également une vedette.

Et voilà qu'apparaît, avec quelques difficultés au début, une nouvelle façon de concevoir la radio : Europe 1, qui émet depuis la Sarre ; ses prétentions européennes seront de courte durée, elle deviendra une radio bien française, mais qui révolutionnera la

---

1. « Un petit marron dans le creux de ta main, ta main par-dessus et le tout dans ma poche » – l'image, tout de même, était hardie et me faisait rêver !

façon de rapporter l'actualité (les flashes), et surtout le paysage musical. Pour l'instant, elle a encore une programmation traditionnelle, mais il ne faudra attendre qu'un an pour que tout change dans le monde de la chanson. Radios indépendantes, Luxembourg et Europe 1 tirent leurs revenus de la publicité, qui n'existe pas sur les chaînes d'État. Un jour, Pierre Bellemare (déjà !) lance le *Tiercé de la chanson* ou quelque chose comme ça : pas encore de numéros de téléphone surtaxés pour répondre : on envoie une carte postale. L'émission est patronnée par le fromage Bonbel, une sorte de Port-Salut industriel, et comme preuve d'achat, il faut coller sur la carte postale une étiquette de fromage... J'ai eu beau m'appliquer, je ne suis pas arrivé à décoller l'étiquette de la croûte... J'ai donc envoyé ma réponse avec une croûte de fromage collée sur la carte... Si nous étions nombreux dans ce cas, j'imagine l'odeur des sacs postaux arrivant au siège parisien de la station, rue François-Ier !

Nous avons retrouvé Thonon-les-Bains, où nous habitons un autre bâtiment fort pittoresque, le Parc, situé dans le parc thermal : station thermale, Thonon n'a pas connu le succès d'Évian ou de Vittel, et seuls quelques curistes âgés s'intéressent encore à l'eau sans grandes particularités qui s'écoule de la petite fontaine, au cœur du vaste parc...

Nous avons repris aussi le chemin du collège de garçons : je suis entré en première. À nouveau, pas une fille sur les bancs de mes longues journées de bachotage. Le fossé entre mes parents et mon frère s'est creusé, ma mère en particulier n'a pas apprécié ce jour de la fin des vacances d'été où, rentrant à la maison, elle a trouvé mon frère au lit avec une fille... ce qui est, en 1959, totalement impensable pour elle ! Mon pauvre frère sera donc mis en pension au même collège... quelle erreur ! Comme il a raté son bac à Yaoundé, et qu'il redouble, le voici dans la même classe que moi, lui au fond de la classe, moi récoltant toutes les bonnes notes ; et quand la journée se termine, il reste prisonnier d'un détestable internat, tandis que je rentre à pied retrouver la chaleur de l'appartement familial... Mes parents avaient sérieusement manqué de psychologie ! Quelques mois, sinon quelques semaines plus tard, mon frère, s'étant mis à écrire des poèmes désespérés, quittait le collège pour n'y plus jamais revenir ; lorsque mon père arriva enfin du Cameroun, il parvint à le faire engager comme correspondant local dans le quotidien régional, mais cela ne se passa pas bien non plus ; bientôt, il n'eut plus d'autre ressource que de devancer l'appel, et de partir pour l'Algérie, où il participa aux opérations de « maintien de l'ordre ». Il devait heureusement rencontrer au cours d'une permission une jeune femme qui lui apporta beaucoup, il acquit à son retour d'Algérie une formation commerciale, et retrouva la stabilité dans le bel environnement des monts du Lyonnais. Vous avez certainement déduit de la lecture de ces pages que j'ai eu, au cours de mon enfance, assez peu de points communs, de passions communes avec mon frère : j'étais déjà plutôt solitaire, et je le devins plus encore à compter de cette année-là.

Né en 1944, j'avais, déjà, eu l'immense faveur d'une enfance dans un pays sans guerre sur son propre territoire ; j'ai aussi eu un privilège inestimable : celui de naître et de grandir avant que la télévision ne devienne la drogue effrayante qu'elle est de nos jours, volant systématiquement chaque jour trois, quatre, cinq heures et plus du temps libre des gens de tous âges qui l'ont laissée entrer dans tous les aspects de leur vie. Sans être totalement d'accord avec un de mes amis qui affirme de façon péremptoire « La télévision, la boîte qui rend con », je suis atterré de ce qu'est devenu ce moyen de communication qui pourrait faire accéder le monde entier à la connaissance la plus riche – et la plus sympathique et divertissante à la fois – et qui, menée par les lois du profit, vise aux instincts les plus bas, les plus bêtes, dans la majeure partie de ses programmes, surtout ceux des heures de plus grande écoute. J'ai eu la chance, dans mon enfance, de ne découvrir la télévision qu'à petites doses ; mes parents ont toujours refusé d'en avoir une chez nous : alors que nous entrons dans les années 1960, il n'y a encore qu'une chaîne, bien-pensante, bien correcte, où le général de Gaulle fait fréquemment de longues allocutions. Mais comme notre immeuble se trouve juste en face de la maison des jeunes de Thonon, je suis quand même autorisé une ou deux fois par semaine, mes devoirs terminés, à aller y voir un film (suivi d'un débat) ou une émission un peu culturelle, comme le jeu *La tête et les jambes*. J'apprécie en particulier les talents d'un présentateur nommé Georges de Caunes. Un soir de décembre, il anime en direct une émission, quand on lui communique soudain la nouvelle terrifiante de la rupture du barrage de Malpasset, qui a rasé une partie de la ville de Fréjus, tuant plus de quatre cents personnes, faisant des milliers de sinistrés... Instantanément, il transforme l'émission en un appel à la solidarité, précédant de loin les appels modernes à l'aide internationale : le sien, au moins, sur une chaîne qui ne tirait ses ressources que du service public, sans publicité, et avant que le roi *audimat* ne prenne le pouvoir, était purement désintéressé [1].

En 1959 j'ai quinze ans et demi, et en parais douze ! Sur la photo de classe, tous les autres élèves de première ont l'air déjà de jeunes hommes... Moi, on dirait que je suis un petit d'une classe bien inférieure qui s'est glissé dans le coin en bas à gauche de la photo. Un jour, les copains ont échafaudé un plan qui me met dans l'embarras... Un des deux cinémas qui se font face sur la route du collège donne *Le Cauchemar de Dracula*, et ils ont comploté d'aller le voir en groupe, malgré l'interdiction générale de nos parents concernant ce genre de film. L'autre cinéma donne, lui, le même soir, un film « convenable », l'histoire d'un héros de l'aviation britannique, et mes copains ont inventé un alibi : chacun dira à ses parents que c'est le professeur d'anglais qui

1. On ne pourrait en dire autant d'appels récemment hypermédiatisés : ils se justifient, certes, par l'ampleur des catastrophes ou des attentats... mais je ne peux m'empêcher de penser que l'utilisation à outrance du voyeurisme et de la sensibilité du public... sert à vendre des spots publicitaires à l'audience ainsi accrue. Sans compter que ladite médiatisation sert, à cent pour cent, si l'acte est d'origine humaine, le but des terroristes – terroriser. Diffuser en boucle les images d'un attentat particulièrement spectaculaire, c'est faire sans cesse le jeu des terroristes ! Pour moi, la seule réplique à opposer à l'attentat du World Trade Center, c'était, après avoir rendu hommage aux victimes, évidemment, de dire : « Des tours ? Où ça ? Il y avait des tours ici ? De toute façon on va en reconstruire de plus belles. » Et cette médiatisation a d'autres effets pervers quand il s'agit d'une catastrophe naturelle : ainsi, des millions de personnes qu'avait totalement épargnées le tsunami de décembre 2004 ont été ruinées par la deuxième vague, la vague médiatique, qui a si complaisamment étalé l'horreur que même l'industrie touristique des régions non touchées en a longtemps souffert.

demande avec insistance, qui exige presque que nous allions voir ce film, qui apportera beaucoup à notre connaissance de l'Angleterre et de l'anglais... Et je suis mis au défi de me joindre à eux... Je répercute le bobard à ma mère, tout à fait opposée à me laisser aller voir n'importe quel film en soirée... Enfin, à force de persuasion, pour que je ne perde pas mon excellent rang en classe d'anglais, elle finit par accepter...

Le film était interdit aux moins de seize ans, mais, coincé entre les carrures plus imposantes de mes copains, je suis passé sans problème... Et comme je l'ai regretté ! Car ce que j'ai vu pendant une heure trente sur cet écran, j'ai mis des années à m'en remettre... Bien sûr, à la télévision comme dans les jeux vidéo, un enfant de quatre ans d'aujourd'hui a vu des choses beaucoup plus atroces que les maigres effets spéciaux de ce film des années 1950 ! Mais à cette époque, nous n'avions vraiment jamais rien vu, en tout cas, moi, rien de ce genre, et les pieux enfoncés dans les poitrines, la transformation du vampire en cadavre, à vue, lorsque la lumière du soleil l'atteint, toutes ces scènes me terrifièrent... Et la séance finie, mes copains repartis en rigolant, il me reste à traverser, seul, le parc thermal obscur pour rentrer chez moi... Quelle frayeur ! J'avais la certitude qu'un vampire me guettait derrière chaque arbre ! J'avais ramassé sur le sol deux bouts de bois, prêt à les brandir en croix devant moi pour éloigner le vampire qui allait surgir d'une seconde à l'autre des ténèbres. À la maison, je me jetai dans mon lit, remontai les draps jusqu'au-dessus de ma tête, et ne dormis pas de la nuit. Le lendemain, je me suis fait une croix en scoubidous, et je l'ai gardée sur moi, et la nuit dans mon lit, au moins une année !

À me voir avec une croix pendue au cou, ma mère a dû penser que je traversais une crise mystique. En fait, quelques mois plus tôt, je m'étais un instant tourné vers la religion, comme cela arrive parfois à cet âge ; et puis j'avais réalisé soudain que les petits moments de plaisir sans conséquence que je m'offrais parfois l'après-midi dans l'intimité de ma chambre tombaient exactement sous le coup de la célèbre phrase qui, enfants, nous intriguait tant : « Mon Père, je m'accuse... d'avoir commis des actions impures, seul ou avec d'autres »... Je décidai d'en parler au confesseur, qui accueillit la confidence sans animosité, mais me confirma que, pour l'Église, cette chose-là, c'était un « no, no ! », et me conseilla, lorsque le « démon » me visiterait, de quitter ma chambre, d'aller me promener, de retrouver des copains... En fait, c'était bien compliquer une chose si simple... Ce fut la dernière fois que j'allai me confesser, d'ailleurs ma récente passion pour la foi s'était rapidement dissoute dans le temps. Ce n'est que très longtemps plus tard que j'ai compris clairement la position de l'Église catholique, comme celle des autres religions...

Un joli démon, d'ailleurs, était passé, quelques mois plus tôt, vraiment tentateur : le soir de Noël 1959, avant de nous rendre à la messe de minuit, nos parents nous avaient emmenés – c'était devenu un peu une tradition chez nous – voir le film à succès du moment, *Certains l'aiment chaud*... Ils ne se doutaient pas que la vision des seins de Marilyn Monroe, parfaitement moulés dans une des robes les plus sexy de l'histoire du cinéma, suffirait à enflammer mon imagination ! *Nobody's perfect !*

Le bac n'a été pour moi qu'une formalité, je le passe avec mention bien, et, pour me récompenser, mes parents m'offrent un séjour en Angleterre. Après mes départs solitaires, pour la Corse trois ans plus tôt, pour la Haute-Savoie l'été dernier, je prends vivement goût à ces voyages hors du cadre familial. Arrivé à Londres, je monte dans un de ces trains curieux composés à l'époque de compartiments entièrement séparés les uns des autres, auxquels on n'accédait que par les portes extérieures : impossible d'aller d'un compartiment à l'autre en marche ; et me voilà à Worthing, Sussex, dans la pension de famille de la bonne Mrs Paynes, qui n'a pas son pareil pour préparer les plats les plus typiques de la cuisine anglaise : l'agneau bouilli à la menthe, et les groseilles à maquereau à la *custard*. Dans ces conditions, la durée des repas inclus dans ma pension, et pris dans la petite salle à manger, parfaitement britannique, de la villa, se réduit rapidement à moins de dix minutes, et j'ai le reste de la journée à ma disposition pour explorer, solitaire, l'univers qui m'entoure.

Dans cette petite ville, je suis à peu près le seul Français en vacances, alors qu'à faible distance la ville, plus grande, de Brighton, est devenue un haut lieu de l'invasion gauloise estivale, si dense que les Français n'y ont pratiquement plus l'occasion de pratiquer l'anglais, ce pour quoi ils sont tout de même censés être venus ! Moi, j'ai vite fait le tour des distractions de la ville endormie : m'attabler pour manger des *fish and chips* enveloppés dans du papier journal, ou un *welsh rarebit* (sorte de croque-monsieur britannique) dans un des bistrots du bord de mer, m'aventurer dans les ruelles pour y dégotter un restaurant indien où les *pappadum* sont particulièrement croquants, ou aller perdre quelques sous à l'*Arcade* du *Pier* : sur la jetée, pittoresque, très *modern style*, qui s'avance en mer devant la plage, un bâtiment abrite des loteries, des tirs et des jeux d'adresse guère plus brillants que ceux auxquels nous jouions à Morzine cinq ans plus tôt. Lorsque je suis lassé de ces jeux, j'ai trouvé la meilleure façon de meubler ma solitude et d'apprendre rapidement l'anglais en même temps : le cinéma ; quand j'ai vu tous les films de la semaine au cinéma de Worthing, je prends le bus – ou le train, je ne sais plus – pour Brighton, pour aller voir tous ceux qui s'y donnent. Je me mets aussi à meubler les longues heures de solitude par la lecture de livres de science-fiction introuvables en France, car non traduits, et dont j'ai pris l'habitude de me délecter en anglais : Bradbury, Lovecraft, Asimov, Van Vogt. Bien que passionné par toute la littérature fantastique, je prends cependant bien garde de n'emprunter à la bibliothèque ni d'acheter chez le libraire aucun livre parlant, de près ou de loin, de vampires : pas encore remis de ma frayeur d'il y a quelques mois, je me balade encore avec dans la poche mon crucifix de scoubidous, et je le serre nerveusement lorsque je dois rentrer seul le soir à la pension, dans un décor qui est exactement celui d'une bonne partie du film qui m'a fait si peur.

Parfois, ma plaisante solitude s'interrompt un instant ; un étudiant indien partage un temps ma chambre à la pension ; il a dans ses bagages un petit électrophone, et tente de me faire partager sa passion absolue pour le nouveau « single » d'Elvis Presley, *It's Now or Never*, une ballade sirupeuse adaptée du grand air classique napolitain *O Sole Mio*. Enregistrée à l'occasion d'une permission d'Elvis, au milieu de son service militaire en Allemagne, cette chanson ne me convainc pas vraiment ; j'attends plus du grand Elvis, qui nous a tellement secoués deux ou trois ans plus tôt avec *Heartbreak Hotel* ou *Jailhouse Rock*. J'attends plus de lui, j'attends beaucoup plus du rock'n roll... celui-ci nous en donnera bientôt infiniment plus.

Un autre jour, je me lie d'amitié avec une jolie jeune fille au pair autrichienne qui loge aussi à la pension. Un soir, je l'invite à partager un *chicken vindaloo* ou un *rogan josh* dans l'un des modestes restaurants indiens de Worthing. C'est sans doute là ma première soirée d'adulte, invitant une fille à un dîner en tête à tête. Notre relation, bien sûr, restera totalement amicale, j'ai seize ans et, si j'ai une année d'avance dans mes études, j'ai sur le plan de la maturité un retard de plusieurs années. Je la raccompagne à la pension et nous nous faisons une bise bien chaste sur les joues avant de rejoindre chacun notre chambre... Je serai surpris quand, une semaine plus tard, elle sera victime d'une grosse crise de larmes, et que notre logeuse, jouant les bons offices, me révélera que le chagrin de mon amie autrichienne vient de ce que j'ai passé deux journées de suite, et une ou deux soirées, avec une autre jeune fille venue en visite à la pension... Ben alors, Pierrot, candide et niais comme tu l'es à seize ans, voilà que tu fais pleurer une fille !

Car un matin j'ai rencontré Nadine, jeune Française fille de Russes blancs qui est en vacances avec plusieurs amis français ; il y a déjà six semaines que je pratique assidûment mon anglais, je peux m'offrir quelques jours de francophonie ; avec Nadine et ses copains, mes balades dans les rues et sur le bord de mer de Worthing prennent des couleurs nouvelles, et le *welsh rarebit* une saveur moins... britannique. Un soir, nous dansons joyeusement sur la plage au son du tube de cet été-là, une chanson qui porte le nom improbable de *Itsy Bitsy Teenie Weenie Yellow Polka Dot Bikini*, et qui sera reprise en France, dans les semaines qui suivent, par Dalida, Richard Anthony... et par le garçon qui commence à nous fasciner sur les antennes d'Europe 1, Johnny Hallyday. Nadine, âgée d'un ou deux ans de plus que moi, est infiniment plus mûre, plus sage, sa conversation me semble sortir d'un livre sérieux, et j'aurai l'occasion à plusieurs reprises, dans les années à venir, de ressentir cette sagesse.

Septembre est arrivé, et me voici de nouveau en Haute-Savoie ; le grand changement survenu dans notre situation familiale, c'est que mon père achève son dernier séjour dans l'Administration et les Travaux publics – c'est cette année-là, il me le révéla bien après, qu'il avait failli quitter ma mère. Sa carrière dans l'Administration ayant récemment souffert plusieurs revers, il a décidé de chercher un emploi dans le privé, et vient d'être engagé par un promoteur immobilier qui projette l'édification d'une véritable cité dans une belle région champêtre voisine d'Annecy, à proximité d'un tranquille petit village nommé Seynod.

Ceux qui connaissent la région ont dû frémir à la lecture de la phrase ci-dessus : je suis, par hasard, retourné voir l'endroit une trentaine d'années plus tard, je n'en ai pas cru mes yeux. Là où, en 1960, nous emménageons dans un petit immeuble de deux étages qui se dresse au bord d'un champ immense, de douces prairies qui se déroulent, espaces infiniment libres, jusqu'aux rives du lac d'Annecy, en contrebas, sur les eaux duquel se mire la basilique de la Visitation ; là où, en cette année où naissent les futures fameuses « sixties », quelques vaches paissent tranquillement dans des prairies plantées de saules et de peupliers, je découvre un endroit devenu, en trente ans à peine, parfaitement méconnaissable, un gigantesque amas, édifié sans la moindre considération d'urbanisme ni d'esthétique, de zones industrielles, de centres commerciaux, de ZAC, de ZUP, de ZAD, de marchands de canapés ou de matériaux de bricolage, l'effroyable spectacle qui entoure la plupart des villes de province aujourd'hui...

Cette année à Annecy sera pour moi l'une des plus désolées de ma vie ; je suis inscrit au lycée Berthollet, encore un établissement pour garçons seulement – rentrant du Cameroun, j'avais été stupéfait de cette inimaginable ségrégation, du caractère malsain que revêtaient les relations entre les garçons en l'absence totale d'éléments féminins... Quand je pense qu'il y a des gens qui, en 2007, proposent de créer à nouveau des établissements scolaires non mixtes, quel retour à l'obscurantisme ! Chaque matin, c'est sur mon Solex que je gagne le lycée, où je suis plus « polar » que jamais, et cela malgré l'allergie incoercible dont je souffre depuis quelque temps, qui me donne des rhumes permanents, et qui durera plusieurs années, m'obligeant à assister aux cours avec une pile de mouchoirs ou, lorsque l'invention se généralisera, une boîte de Kleenex. Les devoirs de mathématiques, en particulier, me passionnent : je fais de chacun de ceux que je rends au professeur une véritable œuvre : je trace les schémas géométriques sur des feuilles de Canson que je joins à mon exposé, décoré, enjolivé de couleurs vives ; je ne me contente pas de répondre à toutes les questions du problème, envisageant tous les cas de figure, j'en rajoute même quelques-unes non prévues par le professeur : « On aurait pu se demander en outre s'il est possible de démontrer que les deux triangles... » Un jour, le professeur de mathématiques me prendra à part, et me dira qu'il faut que j'en fasse un peu moins ! À la fin de l'année, je recevrai d'ailleurs un prix décerné par la ville d'Annecy, le prix Sommeiller, remis au meilleur élève de mathématiques et de physique du département !

Un jour, rentrant du lycée sur mon Solex, je m'arrête au pied d'une affiche collée au mur, annonçant un spectacle qui a eu lieu récemment : malgré mon obsession pour les études, les chansons m'intéressent de plus en plus. Je vérifie autour de moi que personne ne me regarde, et je décolle subrepticement du mur l'affiche, qui vient avec une dizaine de couches de vieilles affiches sous-jacentes ; rentré à la maison, je mets le tout à tremper dans la baignoire, au grand déplaisir de ma mère, et finis par peler l'affiche qui m'intéresse, que je fais sécher et peux enfin accrocher au mur de ma chambre : celle de Johnny Hallyday... Car le paysage musical, en moins d'un an, vient de changer du tout au tout... Les premiers succès du rock, venus d'outre-Atlantique, n'étaient jusque-là que de petites anecdotes, au milieu d'un vaste univers de chansons bien françaises ; les radios, y compris Europe 1, jouaient essentiellement ces « tubes » : cette année-là, Bourvil et Annie Cordy se partageaient le succès de *Salade de fruits*, Dalida et Melina Mercouri celui des *Enfants du Pirée*, chanson du film *Jamais le dimanche*, de Jules Dassin, dont le fils deviendra célèbre dans quelques années ; les Compagnons de la chanson entonnent *Le Marchand de bonheur*, et, en pleine guerre d'Algérie, un certain Bob Azzam a le culot de chanter *Mustapha* ou *Fais-moi du couscous chérie*. Au cours de ces années, seuls sont parvenus à franchir ce mur de l'Atlantique une poignée de succès américains comme *Only You*, des Platters, *Diana* de Paul Anka.

Et voici qu'au cours de cet été 1960, un nouvel univers vient de s'ouvrir, dont le porte-parole est un adolescent de mon âge, pour lequel je m'enflamme tout de suite. Vêtu d'étranges chemises de dentelle et de pantalons moulants, il se roule par terre et chante des chansons qui me semblent concentrer toute une révolte qui n'est pas mienne, mais que je comprends profondément. S'il s'est fourvoyé, comme plusieurs artistes de l'époque, à reprendre un succès populaire comme *Itsy Bitsy...*, il me fascine tout d'un coup avec *Laisse les filles*, *Je cherche une fille* ou *Depuis qu'ma môme est partie* : le rock français est né et il nous passionnera quelques années, et tant pis s'il doit nous apparaître plus tard comme une pâle copie de l'original américain. De ce jour, le mouvement va prendre de l'ampleur, et beaucoup de chanteurs français traditionnels seront comme balayés par une vague de fond ; seuls la surmonteront des géants comme Brel ou Édith Piaf, ou ceux qui sauront se convertir et surfer toutes les vagues successives, comme Dalida. Même le grand Bécaud, Monsieur 100 000 volts, dont une chanson a pourtant donné son titre à l'émission qui nous tient en haleine chaque jour de dix-sept à dix-neuf heures au retour du lycée, *Salut les Copains*, même Bécaud disparaîtra vite de la programmation de l'émission de Daniel Filipacchi qui catalysera pour bien des années toute l'ère des « yé-yé ».

Les distractions sont rares à Annecy cette année-là ; ma passion pour le cinéma est sérieusement handicapée par mes faibles moyens : mon argent de poche me permet d'assister exactement à deux séances par semaine. Et chaque fois, je me fais avoir : dès que j'ai un après-midi libre, je vais voir un film (Ah, Brigitte Bardot agitant son derrière sous un drap sur le rythme de *Tengo una muñeca* dans *La Vérité*, de Clouzot !), en me réjouissant d'avance de pouvoir me payer un autre film dans deux ou trois jours... et chaque fois, je me fais avoir : arrive l'entracte, et une publicité, sur la musique du *Casse-Noisette* de Tchaïkovski : l'animation, aujourd'hui, nous paraîtrait bien sommaire, mais je suis à chaque fois fasciné par ce ballet de casse-noix chromés se mouvant comme des danseuses classiques, et plus encore par l'arrivée des noix, de la crème, du caramel qui se déversent sur l'écran, reconstituant une barre chocolatée Nuts... (Tiens, voilà un objet qui me semble, en cinquante ans, n'avoir changé ni d'aspect, ni de composition, ni d'emballage, ni surtout – bravo pour cela – de dimension !)... évidemment, je ne peux résister, et j'en achète une... Pas de deuxième séance de cinéma cette semaine !

Alors, je vais traîner à la fête foraine qui se tient une bonne partie de l'année sur une grande place du centre-ville. Mais la solitude m'y pèse atrocement ; il y a bien les machines d'acier inoxydable dont les bras articulés malaxent de grandes écharpes de guimauve ; il y a les tirs à la carabine (« Et le militaire gagne un magnifique carillon ! »), et les baraques qui exhibent des serpents, des araignées, ou la plus grosse femme du monde[1]. Il y a aussi une attraction qui défraye la chronique à cette époque. On peut voir Antoine Doisnel s'y adonner dans *Les Quatre Cents Coups* de Truffaut, sorti l'année précédente : c'est un cylindre à axe vertical, mesurant plusieurs mètres de diamètre et de hauteur, et qui tourne à toute vitesse autour de son axe ; les téméraires qui y sont entrés (avant que ça ne tourne !) sont progressivement plaqués contre la paroi intérieure par la force centrifuge, et les plus hardis se mettent à genoux, voire debout, à l'horizontale. Moi, courageux mais pas téméraire, je me contente de regarder la chose depuis la plate-forme qui domine le cylindre.

Il y a aussi les autotamponneuses, mais, qu'est-ce qu'on s'ennuie dans ces petits engins, quand on n'a pas le moindre copain à télescoper ! Ce séjour annecien restera sans doute le plus solitaire de ma jeunesse. Je crois que durant les huit ou neuf mois qu'il a duré, je n'ai pas une fois adressé la parole à une fille ! Au lycée, les petits couillons comme moi sont en permanence la cible des vannes des grands crétins ; un gars plus costaud que moi, mais d'une gentillesse qu'on peut prendre pour de la niaiserie, s'appelant Grange, les grandes gueules de la classe ont créé un cri de guerre, qu'ils poussent à tout bout de champ, en pleine classe : « Grange, tu bandes ! » Tout ce qui est plus ou moins proche de la région génitale, chez ces andouilles, est bien sûr l'objet de risée...

1. J'ai un copain qui envisage de faire fortune en exposant le plus grand nain du monde, deux mètres trente.

Approcher les toilettes du lycée – une rangée d'urinoirs douteux – c'est être sûr, si on tarde dix secondes à pisser, de se faire harceler : « Alors, tu te touches ? » ou « Change pas de main » ; bien des années plus tard j'hésiterai encore à fréquenter ce genre d'appareil, préférant la privauté des cabinets qui ferment.

Quelques-uns des élèves de ma classe ont imaginé un canular pour se moquer de notre professeur de philosophie, une grosse femme dont le physique plus qu'ingrat lui a valu le surnom de Vénus : ils ont inventé un auteur de traités de philosophie, un certain Alphonse Addam (« Enfonce ça d'dans »), lui ont prêté de nombreuses citations, et en émaillent leurs dissertations, imaginant la tête du professeur découvrant dans plusieurs copies des pensées d'un auteur dont elle n'a jamais entendu parler ! L'imposture durera plusieurs mois... La philosophie m'intéresse fort peu, mais je me laisse convaincre et j'incorpore à l'une de mes « disserts », rendue juste avant Noël, la magnifique citation « Un bel avion ne vole pas parce qu'il est beau, mais parce qu'il a des ailes (Alphonse Addam) ». Au retour des vacances, un des grands crétins me prend à part et m'annonce que le professeur a découvert le complot, et que tous ceux qui ont cité Alphonse Addam vont être virés... Mon sang se glace : moi, je crois à tout ce qu'on me dit ! J'ai eu la première partie du bac avec mention bien, je compte bien renouveler la chose à la fin de l'année scolaire... À l'idée d'être renvoyé, je ne dors plus, ou je fais des cauchemars, imaginant devoir annoncer cela à ma mère... la jaunisse de mes colles camerounaises n'est pas loin... N'y tenant plus, je demande un rendez-vous à la prof, pour lui présenter mes excuses, et devant elle je fonds en larmes... Elle me regarde stupéfaite, n'y comprenant rien, elle trouvait en fait tout le truc plutôt amusant et culotté ! À la suite de l'affaire, Vénus fut mutée, remplacée par un autre prof beaucoup plus con, et la philosophie resta toujours pour moi une inconnue !

La fin de l'année scolaire n'est plus très loin, et mes journées entières sont consacrées aux révisions, au bachotage. Et soudain, l'écrit passé, en attendant les résultats ou l'oral, l'été approchant j'ai de longues journées de liberté devant moi. Je les passe souvent à la « plage », une partie du rivage du lac d'Annecy qui a été aménagée, avec pelouses, locations de plates, de périssoires et de pédalos ; j'y reste des heures, enduit d'ambre solaire, à préparer l'oral. Quand une jolie fille vêtue d'un maillot de bain réduit passe, mon regard s'attarde sur elle... et... il vaut mieux que je reste allongé sur le ventre un moment ! Il a failli m'arriver une drôle de chose, en ce mois de juin 1961, où je viens d'avoir dix-sept ans : je me suis finalement lié d'amitié avec un autre garçon de ma classe, un excellent élève, Jean-Michel. Quelques journées de suite, voulant fuir la « plage » trop peuplée à notre goût, nous louons une barque à rames, et nous nous éloignons du rivage, emportant notre ambre solaire et un poste à transistor qui joue les tout récents succès de l'émission Salut les Copains, *Hit the Road Jack*, de Ray Charles, ou *You Talk too Much*, de Joe Jones. Le soleil est chaud, sa caresse est douce à notre peau. L'un comme l'autre, nous roulons progressivement notre maillot de bain pour mieux bronzer, et puis, au terme de cette pénible année dans un lycée de garçons, de tous ces mois dont toute présence féminine était bannie, nous sommes peu à peu émus chacun par le corps de l'autre, nous nous aidons mutuellement à nous enduire de crème, finissons par ôter notre maillot de bain, peut être même, chacun à son extrémité de la barque, à caresser un peu l'envie que la douceur du soleil a érigée... Nous n'irons pas plus loin. Des années plus tard, Jean-Michel, rencontré par hasard, me dit en riant : « Cette année-là, on a bien failli devenir pédés ! » Je dirais plutôt que dans ce contexte où toute douceur féminine nous était interdite, nous aurions pu nous croire homosexuels : j'imagine que bien des garçons le sont devenus ou ont cru l'être parce que, dans cet univers non mixte, les seuls corps humains éventuellement accessibles étaient ceux du même sexe. Je n'ai aucune animosité, du reste, envers les homosexuels, mais les rares occasions, limitées d'ailleurs, où j'aurais pu, au cours des années qui suivirent, « virer de bord », ne m'ont guère séduit, et m'ont en fait donné l'impression que les relations entre deux personnes du même sexe sont largement aussi complexes et fragiles qu'entre deux personnes de sexe opposé.

Le second bac n'a, lui aussi, été qu'une formalité. Une fois encore, mon père change de direction ; le projet de lotissement qu'il était censé piloter à Seynod est retardé, et son contrat n'est pas reconduit. Il retournera travailler pour l'Administration, engagé par le rectorat de Grenoble pour coordonner la construction d'un immense domaine universitaire, un véritable « campus » à l'américaine, à Saint-Martin-d'Hères, à quelques kilomètres de la plus grande ville du Dauphiné : lorsque nous nous installons à Grenoble, le site de la future université n'est encore qu'une vaste étendue de prairies et de bouquets d'arbres ; quand mes parents déménageront de Grenoble, une dizaine d'années plus tard, le Domaine universitaire sera l'un des plus imposants d'Europe.

À l'instant de quitter la grise Annecy, un mignon petit rayon de soleil : chez Jean-Michel, nous avons fêté notre bac par un goûter, avec deux ou trois amis, dont une jeune et jolie Anglaise au pair ; gentille et douce, a-t-elle perçu le désert affectif dans lequel m'avait tenu cette année scolaire sans la moindre présence féminine ? À l'instant où je pars de la maison de Jean-Michel, elle vient vers moi, m'embrasse, oh ! bien chastement, sur la joue et dans le cou, mais avec plus de tendresse, et bien plus longtemps qu'il ne convient à une simple bise amicale... C'est peu de chose, mais je garderai longtemps sur la peau le souvenir de la douceur de ce baiser inattendu.

Et nous voici à Grenoble, nous installant dans un immeuble fort triste, un de ces immeubles modernes composés de F3, F4, F5 et autres vocables dissimulant des étagères mal isolées donnant sur des avenues encombrées d'automobiles et des cours glauques. Le bac m'ayant retenu quelques semaines à Annecy, j'arrive en retard, cette année-là, pour la première de trois parenthèses de ma vie qui contribueront à la changer, bientôt, du tout au tout : des parenthèses qui portent le nom anglais d'Experiment in International Living, des instants bénis que je souhaite à mes enfants et à tous les adolescents.

Il ne s'agit pas à proprement parler d'« échanges » scolaires ou familiaux. Non, l'Experiment, organisation très américaine, propose un échange différent : une dizaine de garçons et de filles de mon âge, venus des USA, sont accueillis par autant de familles d'une même ville d'un pays étranger, des familles comportant chacune au moins un adolescent d'âge semblable. Durant près d'un mois, le premier mois des vacances, ces dix familles organisent à tour de rôle réunions, excursions, visites, surprises-parties, et le mois tout entier n'est qu'une fête pour le groupe d'une vingtaine d'adolescents bilingues qui est ainsi formé. Puis l'Experiment offre à l'ensemble du groupe, Américains et Français, une grande balade en train, autocar et surtout à vélo, à travers la Provence. Ces deux périodes successives de chacun de mes trois étés à venir, loin de mes parents, dans la chaleur d'une bande d'amis et d'amies comme je n'imaginais pas, dans les tristes collèges et lycées de garçons, qu'elles puissent exister, restent pour moi inoubliables, et j'en suis ressorti transformé.

Car les jeunes Américains, issus de tous les États de leur grande nation, qu'à l'époque j'admire et envie profondément, ces jeunes gens et jeunes filles apportent dans leurs bagages un cadeau fabuleux : la musique américaine, qu'on appelle déjà là-bas le *folksong*, et qui ne fera son apparition en France que dans quelques années : un peu plus tôt, c'est dans les bases militaires américaines qu'Eddy Mitchell, Johnny et tant d'autres découvraient le rock'n roll. Le rock me passionne autant qu'eux, mais je suis attiré aussi par une autre musique, dont je ne perçois pas encore que ce sont les textes qui l'accompagnent qui comptent le plus.

Richard Foster, pensionnaire de ma famille pour cet été-là, m'a offert, lui, un disque de jazz, l'album *Time Out* de Dave Brubeck. Je l'écouterai avec plaisir, mais je m'apercevrai vite que ces prouesses musicales, ces musiques à la métrique expérimentale, à cinq ou sept temps, me touchent peu. Un autre jeune Américain, par contre, Jim, a dès le premier jour sorti la guitare qu'il a apportée, et c'est lui le premier qui m'indiquera où poser les doigts sur les cordes de cet instrument qui m'accompagnera fidèlement pour de nombreuses années. Les chansons du répertoire de Jim sont, pour l'instant, des chansons populaires dont certaines datent de plus d'un siècle, comme *Michael Row the Boat Ashore*, les chansons de Woody Guthrie ou de Pete Seeger, ou le *Day O* qu'Harry Belafonte a popularisé ; mais déjà se dessinent dans le paysage musical américain des personnages comme Peter, Paul and Mary, et Bob Dylan fait ses premières armes dans les clubs de folksong du Greenwich Village. Il y a aussi les classiques du gospel, comme *Oh ! When the Saints*, ou *John Brown's Body* (« *Glory, glory ! Hallelujah* ») que nous reprendrons autour du feu de camp durant notre balade provençale.

Pour cette première année, nos relations restent bien chastes, comme il sied à des adolescents du tout début des années 1960, et malgré sa mixité, notre équipe ressemble encore beaucoup à la *Patrouille des Castors*[1] : ce n'est que l'année prochaine – j'aurai dix-huit ans – que commenceront les flirts et les (petits) chagrins d'amour.

Le séjour à Grenoble des dix Américains s'est achevé par une surprise-partie de plus, puis nous avons pris le train pour Orange ; du Vaucluse aux Pyrénées, durant trois semaines, nous pédalerons en douceur au long des routes bordées de platanes, campant chaque soir dans un lieu plus magique que la veille : la propriété d'un viticulteur de la région de Tavel, au bord du Petit Rhône, dans les environs d'Arles ou parmi les dunes, à cette époque désertes et sauvages, proches du Grau-du-Roi. Une nuit au pied des Antiques de Saint-Rémy-de-Provence, alors que nous sommes rassemblés autour du feu de camp, une silhouette chevelue et barbue s'approche de nous, impressionnante à la lueur des flammes ; c'est un ermite qui porte le nom remarquable de Thoret Mont Blanc, et cette rencontre marquera aussi ma vie : figure de la navigation aérienne, il a longtemps volé dans le massif du Mont-Blanc, d'où son surnom. Il a même réalisé un film, et se qualifie lui-même de « professeur des tempêtes alpines » ; depuis plusieurs années, il vit en pleine nature aux alentours de Saint-Rémy, dans une de ces grottes qu'a laissées depuis l'époque romaine l'extraction de blocs de calcaire pour la construction d'arènes ou du pont du Gard. Sans trop bien m'en rendre compte, j'effleure là un destin qui m'inspirera, bien plus tard, dans mes propres choix... Sortant de sa retraite, il est venu s'asseoir au coin de notre feu, puis il a invité quelques-uns d'entre nous à le suivre, dans la nuit noire, pour découvrir son antre ; nous l'avons suivi sur des chemins escarpés, inquiets de ses avertissements : « Attention, à deux mètres sur votre gauche, il y a un à-pic de trente

1. Boy-scouts héros d'une bande dessinée du *Journal de Spirou*.

mètres. » La retraite où il vivait depuis la Seconde Guerre mondiale, au cœur de ce paysage fantastique, non loin des Baux-de-Provence, m'a sans doute inspiré des idées de retraite, de solitude, de retour à la nature...

Ai-je rêvé de solitude aussi, en suivant avec passion les aventures de Georges de Caunes, futur père d'un célèbre Antoine ? À Europe 1, il anime une émission à sensation intitulée *CQFD*, dans laquelle une personne est transplantée dans un lieu inattendu, pour observer en direct la façon dont elle réagit : un homme se réveille ainsi au fond d'un gouffre obscur, où il restera des semaines, sans montre, perdant le rythme des jours et des nuits ; une femme est isolée dans un village perdu, où on fait petit à petit courir le bruit qu'elle pourrait être une empoisonneuse... Il a fallu la sauver *in extremis* de la colère populaire ; un homme a été envoyé sur une île déserte, l'aride Eiao, aux Marquises, mais l'expérience a été un échec... Georges de Caunes, ancien grand reporter, qui a voyagé avec Paul-Émile Victor, décide soudain, sur un coup de tête, d'arrêter ses émissions, et d'aller reprendre la place du concurrent malheureux sur cette île déserte... L'expérience ne sera pas beaucoup plus heureuse, l'île étant vraiment mal choisie, et Georges de Caunes mettra longtemps à se remettre, physiquement et moralement, de cette expérience de survie en autarcie complète sur une île plus qu'ingrate. Mais son aventure, d'une façon ou d'une autre, m'a certainement marqué, comme cette rencontre, aujourd'hui, dans les Alpilles, avec Thoret Mont Blanc.

La même semaine, nous avons dressé notre camp, pour deux ou trois nuits, au milieu des empilements de rochers aux formes extraordinaires du val d'Enfer ; partis explorer les environs du camp – à cette époque heureuse, on pouvait camper en pleine nature, et nous évitions soigneusement les « terrains de camping » – nous nous sommes retrouvés au pied d'une des « montagnes » qui dominent le val, une sorte de sculpture naturelle, géante, tarabiscotée, qui paraît inaccessible ; aiguillonnés par la curiosité, nous l'avons contournée, et nous avons découvert un endroit où la forte déclivité qui entourait sa base permettait l'accès ; il fallait ensuite se faufiler entre des buissons, enjamber des falaises en miniature, se glisser dans une succession de grottes à flanc de montagne, se déplacer latéralement collé à une paroi presque verticale, enfin se hisser au long d'une gorge étroite en cherchant précautionneusement une anfractuosité pour chaque main et chaque pied ; oh ! une bien petite et facile escalade, mais assez complexe pour décourager la plupart des gens de tenter d'atteindre l'étroite plate-forme du sommet. C'est ce jour-là que j'ai découvert ce qui restera toujours ma petite *roche de Solutré* : chacun des étés suivants, et tout au long de ma vie, quand le hasard me ramènera dans la région des Baux-de-Provence, je l'escaladerai, qu'il fasse jour ou qu'il fasse nuit. Il m'est arrivé plus d'une fois d'y amener la femme de ma vie du moment, l'invitant à me suivre dans cette petite aventure... Les résultats étaient parfois surprenants, telle femme réputée vivre proche de la nature et avoir traversé à pied tous les déserts de la planète se figeant, incapable de dépasser la première déclivité, aussi malhabile qu'une blonde ayant cassé un de ses talons aiguilles... Telle autre, au contraire, pourtant tout à fait citadine, se tirant parfaitement bien de la petite épreuve, et se montrant ravie d'accéder avec moi à la petite plate-forme ensoleillée et d'y passer quelques heures à faire du bronzage intégral : l'endroit est pratiquement invisible du reste de la planète !

Nous avons cherché le souvenir des toréadors et de Carmen dans les arènes d'Arles, nous nous sommes baignés à minuit au pied des dunes du cap d'Agde... Les journaux de l'époque vantaient d'immenses projets immobiliers, des structures géantes s'étendant sur des dizaines de kilomètres, la Marina Baie des Anges ou les plus laids immeubles de La Grande-Motte à la puissance dix, un urbanisme effrayant, mais avec, au moins, un peu de recherche et d'unité... Tous ces projets, depuis, ont fait long feu, mais la côte n'en a pas moins été entièrement vendue à des réalisations sans la moindre dose de réflexion ou de concertation... Dans cette région, plus que partout ailleurs, s'il nous était donné aujourd'hui de voir à quoi elle ressemblait il y a cinquante ans, je crois qu'on pleurerait !

Nous avons atteint Narbonne, Perpignan, et puis, les vélos de nouveau embarqués, nous sommes rentrés à Grenoble, et, après une dernière « party » chez l'un ou l'autre des membres français du groupe Experiment, nos amis américains sont retournés à Princeton, Boston ou Chicago, nous faisant promettre de leur rendre visite bientôt, ce que je ferais très certainement.

Les vacances se terminent ; mes parents, en ces derniers jours d'août, sont, eux aussi, partis camper dans les Hautes-Alpes. Je les rejoins quelques jours, mais pour eux, le camping, c'est une grande tente rectangulaire confortable dans un terrain aménagé... Rien qui me tente, moi, après notre aventure libre... Aussi je préfère rentrer à Grenoble, et m'installer dans l'appartement familial vide pour quelques jours encore... Et j'y découvre le bonheur d'être seul, de me lever et me coucher à l'heure qui me plaît, de me faire à manger ce que mon imagination me souffle, de pratiquer dans la privauté de l'appartement un naturisme qui me semble de plus en plus naturel, de m'occuper de moi, de puiser dans la richesse inattendue de cette sensation nouvelle de solitude heureuse des forces pour la difficile année scolaire qui pointe son nez au tournant...

Car il est temps de gagner le lycée Champollion : si la plupart des bacheliers s'inscrivent en faculté, où la présence aux cours n'est plus obligatoire, où l'on devient un peu plus responsable de ses actes, moi, je rentre en classe préparatoire aux grandes écoles, je serai donc, pour encore deux ou trois ans, un lycéen... Quand je compare le look de mes copains à celui qu'ils avaient en terminale, je ne vois pas de grande différence, blouses grises, tenues de collégien, et docilité assortie.

Les cours de notre première journée de math sup sont à peine terminés que le professeur de physique quitte discrètement la salle, et qu'une bande d'anciens pénètrent, tonitruants, dans la classe et nous intiment l'ordre de demeurer sur place : c'est ainsi que commencent deux ou trois semaines d'un bizutage qui nous inquiète un peu, mais qui gardera des proportions raisonnables. Jusqu'à notre « baptême », nous sommes à la merci des lubies des *trois demis* (élèves de math spé) et des *cinq demis* (élèves redoublant cette deuxième année de classes préparatoires aux grandes écoles). Ils manquent un peu d'imagination, et leurs exigences les plus notables consistent à nous faire faire des pompes en criant bien haut « C'est la vie de château, virgule » (en poussant sur les bras), « Pourvu que ça dure, point » (en redescendant vers le sol), ou tourner en rond dans la cour en battant des bras et en criant toutes les trois secondes « Je suis plus con qu'un moulin à vent ». Tout l'ensemble, d'ailleurs, a une nette coloration militaire : on nous contraint même à acheter un calot de bidasse et à y épingler les insignes de notre classe.

Ledit bizutage se prolonge, quelques jours plus tard, par une série de monômes au travers des rues de Grenoble, avec le classique déversement de paquets de lessive dans la fontaine des Trois Dauphins, que nous encerclons en faisant une chenille, et en chantant, étendant alternativement une jambe, « Poum taxi (jambe à droite) Poum taxi (jambe à gauche), Poum taxi taxi taxi (jambe à droite, à gauche à droite, en avançant de deux pas) : après tout, Yannick Noah n'a rien inventé avec sa *Saga Africa* !

Et la cérémonie se termine en apothéose par un baptême qui consiste à escalader (toujours en tenant le prédécesseur ou la prédécesseuse[1]) la colline du Rabot, qui domine le cours du Drac, à s'introduire dans quelques cavernes, où nous sommes badigeonnés de bleu, vert ou jaune, où l'on nous introduit dans la bouche une pomme de terre bouillie colorée au bleu de méthylène, où l'on nous contraint encore à quelques simagrées avant de nous déclarer bons pour le service et de nous accueillir dans la grande confrérie des *taupins* et *hypotaupins*...

Aussitôt les choses sérieuses commencent, des programmes de mathématiques denses et copieux, des disciplines que nous ignorions jusque-là – et dont certaines ont totalement disparu à ce jour, comme la « géométrie descriptive », qui consistait à représenter par deux projections, verticale et horizontale, une surface ou un solide quelconque, déterminant ses intersections avec d'autres surfaces ; les « épures » obtenues sur de grandes feuilles de papier Canson sont des merveilles bicolores, rouge et noir, dessinées au tire-ligne et à l'encre de Chine : nous sommes en 1961, ce n'est que dans deux ans que la société Pentel révolutionnera l'écriture en mettant sur le marché les premiers stylos-feutres. Pour l'heure,

1. *Damned*, voilà un mot qui manque à la langue française ! À croire qu'aucune femme n'a jamais rien précédé !

l'objet qui nous fait fantasmer, c'est le stylo-bille à quatre couleurs, chromé ou doré : je me damnerais pour en avoir un. Mais la fierté de tout taupin réside dans l'objet qu'on lui a fait acheter dès le début de l'année, un objet dont on peut presque douter aujourd'hui qu'il ait même existé : une règle à calcul, article précieux qui semble fait d'ivoire, et que l'on glisse soigneusement après usage dans son étui de carton à l'intérieur velouté. Quelle magie extraordinaire émane de cet objet, que nous utilisons à toute heure, en particulier pour les heures de « cul nu » (calcul numérique). Comme pour tous les élèves, ma règle à calcul sera l'article le plus précieux de ma lourde sacoche pleine des épais volumes d'arithmétique, d'algèbre, de physique, de chimie qui occupent le plus clair de nos journées...

Et pourtant, tout en travaillant autant que les élèves les plus polarisés, j'ai une autre passion, qui alourdit plus encore mon sac... Je ne me déplace pratiquement plus sans un petit classeur de disques quarante-cinq tours, dans lequel je glisse ceux que j'achète à mesure que mon argent de poche me le permet. On y trouve naturellement les premiers quarante-cinq tours de Johnny, qui vient tout d'un coup de franchir un échelon : le petit jeune homme en chemise de dentelle qui se roulait par terre au Golf Drouot, puis, déclenchant l'hilarité et la colère d'Henri Salvador, passait en première partie de Raymond Devos à l'Alhambra, est soudain, en quelques mois, devenu un grand monsieur : il a quitté les disques Vogue pour signer chez Philips, et c'est en smoking qu'il chante en vedette à l'Olympia, entouré d'une poignée de jolies danseuses, contribuant à faire connaître en France la danse que mes amis américains avaient apportée dans leurs bagages, le twist.

Mon premier spectacle de rock'n roll, c'est bien sagement, en famille, que je m'y rendrai : un petit groupe de rock nommé les *Five Rocks* a signé un contrat chez Eddie Barclay, qui, sans même leur en parler, a par ailleurs passé un accord avec les chaussettes *Stemm* qui cherchent à lancer la mode des chaussettes noires : Claude Moine (dit Eddy Mitchell) et ses copains découvrent soudain en écoutant la radio que le nom de leur groupe a changé, est devenu les Chaussettes noires ; le succès est plus que foudroyant, en particulier avec *Daniela*. Et la tournée des Chaussettes noires, cet automne-là, passe par Grenoble. Mes parents m'y emmènent, et la bousculade qui se produira à l'entrée du théâtre les laissera sans voix. Moi, c'est la coiffure d'Eddy Mitchell qui me frappera le plus ; avec du recul, j'imagine que ses cheveux devaient mesurer quelques centimètres à peine de plus que la norme, mais, blonds ou décolorés, ils m'apparurent comme une véritable crinière de lion ! Évidemment, les quarante-cinq tours des Chaussettes noires trouvent une place dans mon classeur... même celui qu'ils enregistreront bientôt en duo – si l'on peut dire – avec Maurice Chevalier, le *Twist du canotier*.

Car le twist est devenu bien plus qu'une danse, un vrai phénomène de société. Il en existe d'ailleurs bientôt plusieurs parfums, des joyeuses et enthousiastes rotations des hanches, à vrai dire un peu parentes du hula-hoop qui les a précédées, jusqu'aux dandinements snob, mimiques de caniche offusqué que je découvre le soir où, au terme d'une soirée du Lions Club – une des rares occasions où mes parents sortent et m'emmènent avec eux –, la fête se poursuit dans la boîte de nuit vedette de Grenoble, le Whisky à Gogo ! Après les succès de Chubby Checker (*The Twist*, *Let's Twist Again*) voici le formidable *Loco-motion* de Little Eva, et bientôt les versions françaises de tous ces titres par Johnny, Richard Anthony, et Claude François, qui chante *Belles, Belles, Belles*, puis *Marche tout droit* et *Si j'avais un marteau*, adaptations de deux succès américains précurseurs du folksong : *Walk Right In*, écrite dans les années 1930 par un musicien noir né à Memphis, et *If I Had a Hammer*, de Pete Seeger. Vite devenu fan de Cloclo, je m'essaierai cette année-là à copier sa coiffure ! Le « yé-yé », en une année à peine, est devenu un énorme business ; si les plus gros succès de l'année 1961 restent *Non, je ne regrette rien*, d'Édith Piaf, *Et maintenant*, de Gilbert Bécaud, et même *Les Fiancés d'Auvergne*, de l'accordéoniste André Verchuren, les yé-yé (souvent des artistes créés par les professionnels du show-business de façon presque aussi artificielle que les éphémères chanteurs de karaoké des grandes émissions dites de « télé-réalité » d'aujourd'hui) ont déjà commencé à squatter les hit-parades, et la vague deviendra un raz-de-marée avec la publication, en 1962, du magazine lié à notre émission de radio préférée, Salut les Copains.

En dehors de ces premières passions musicales, ma vie à Grenoble continue, dans le triste appartement du boulevard Maréchal-Joffre. Quand je relève la tête de mon travail scolaire, bien plus dense, plus dévorant encore en *taupe* que dans le secondaire, et quand, pris d'une crise de romantisme, je regarde par la fenêtre de ma chambre, tout ce que j'aperçois, c'est un univers totalement bouché, une cour cernée des mêmes balcons déprimants que le nôtre, avec du linge qui sèche. En bas, dans la cour, l'alignement des garages où je range mon Solex, partout du béton... quel ennui ! Je lève parfois le nez vers le ciel et ses étoiles... Avec un an de retard sur l'URSS et Youri Gagarine, les États-Unis viennent d'envoyer John Glenn dans l'espace. Moi je célèbre l'événement en assemblant des maquettes en matière plastique des plus belles fusées de la NASA. Mais certains soirs, quand je regarde le ciel, ce n'est pas à l'infinie solitude des espaces intergalactiques que je songe, mais à ma petite solitude à moi, difficile à supporter dans cette grande ville... Il me faudra de nombreuses années pour réaliser que le sentiment désagréable qui accompagne la solitude vient d'une espèce de vibration qui vous entoure, partout où de nombreuses personnes, une activité fébrile, vous cernent, et qu'il suffit de tenir les deux ou trois jours nécessaires pour que cette vibration s'apaise, pour découvrir, lorsqu'on s'éloigne de tout le truc, que la solitude a aussi une infinité de bons côtés...

Un soir, romantique, j'écris à mon amie Nadine, dont j'avais apprécié la maturité, deux étés plus tôt, à Worthing, et je lui déclare plus ou moins que je l'aime. Elle fait preuve encore une fois de sagesse, me répond que ce genre de déclaration naît parfois sous votre stylo un soir de grande solitude, quand on a trop regardé les étoiles... à croire qu'elle m'avait vu rêver sur mon balcon ! J'imagine que des milliers de personnes, suivant l'impulsion d'un instant particulièrement solitaire et romantique, reçoivent une réponse moins intelligente... et s'embarquent dans des affaires censées durer pour la vie et qui n'ont pas forcément beaucoup d'avenir...

Les distractions sont rares à Grenoble, et lorsque je vais au lycée ou en reviens, le long d'une belle avenue plantée d'arbres, la seule tentation qui s'offre à moi, c'est un bistrot dans lequel brille de tous ses feux un *Liberty Belle,* un modèle de billard électrique devenu légendaire, orné d'une magnifique pin-up dont le maillot de bain reprend les motifs du drapeau américain. Sans devenir un drogué ni un virtuose de cette machine, elle me tiendra souvent compagnie, dans la solitude des bistrots grenoblois, ou, plus tard, lorsque je serai monté étudier à Paris.

En dehors de ça, sur le plan sentimental – et plus encore sensuel –, c'est le désert total. Nos classes de taupe sont mixtes, mais la poignée de filles qui, à cette époque, sont arrivées à surmonter la barrière sexiste, ont dû tellement travailler pour cela que ce sont plutôt des polardes boutonneuses que des pin-up : aucune d'elles ne m'inspire, et d'ailleurs toute idée de flirt leur est bien étrangère... Moi qui écoute quotidiennement des chansons qui parlent presque toutes d'amour, moi qui me prétends nettement plus affranchi parce que je connais des musiques dont les camarades de classe ignorent tout, j'ai, candide, la sensation d'appartenir à un autre monde qu'eux, j'ai l'impression, déjà, de vivre plus intensément que la plupart d'entre eux ; j'ai envie de dire à une fille « Tu vois, tous ces idiots, ils ne savent même pas ce que c'est que flirter, ce que c'est qu'embrasser une fille. » Et pourtant, c'est bien de moi qu'on pourrait le dire, car je ne vis encore ces choses-là que par chansons interposées ! Je me déteste pour tout ce que j'ai de commun avec eux, le fait de ne penser qu'au travail, de ne rien connaître d'autre... La fin de l'année approchant, les élèves ont organisé une fête, et j'y danse longtemps avec une fille, même pas jolie, grosse, on danse longtemps, collés, mais je suis tellement timide que je ne fais rien, rien du tout, je ne l'embrasse même pas ; et rien non plus le lendemain, où elle m'a invité à déjeuner seul avec elle dans le studio où elle habite ! Il y a aussi la fille d'amis de mes parents, qui habitent une belle maison sur les hauteurs qui dominent Grenoble ; je passe chez elle quelques après-midi, mais, bien sûr, ce que je me demande c'est : « Est-ce elle que j'épouserai un jour ? » : bien conditionné par mon éducation, c'est tout ce que j'envisage pour le futur, un petit couple bien traditionnel...

L'année scolaire se termine, et, moi qui déteste la philosophie, et qui ne m'intéresse aucunement à cette discipline, je passe le bac *philo* ! Aux concours de certaines grandes écoles, on bénéficie de points en plus si, outre le bac math élém, évidemment indispensable (et avec mention), on a aussi le bac philo ; comme il suffit de passer l'épreuve de philo, je tente ma chance, me disant que j'arriverai bien à raconter quelque chose, au moins en choisissant le sujet « général » (la vie et l'œuvre des grands philosophes m'ont totalement échappé). Les autres candidats sont paralysés de trac, puisqu'ils commencent aujourd'hui une série épuisante d'examens portant sur toutes les matières du programme ; moi, je n'ai qu'à passer la première ; au bout de deux heures, j'ai raconté tout ce que j'ai pu improviser sur le sujet choisi, et je demande joyeusement à quitter la salle, ce qui est interdit... Je réclame donc au surveillant une pile de feuilles de papier brouillon, et je finirai la session en alignant devant moi sur le pupitre des cocottes en papier !

À dix-huit ans, en plus d'être bien niais, je suis aussi, encore, tout petit et frêle... je suis de loin le plus chétif du groupe franco-américain qui se forme à nouveau pour l'été dans nos familles grenobloises. Les surprises-parties et les excursions ont repris de plus belle, on y danse plus que jamais le twist... et le slow. Un soir, chez deux sœurs, dans une jolie maison perdue dans les campagnes du Vercors, l'aînée est déjà en excellents termes avec Andy, jeune Américain, roi du twist et du *shimmy*. Soudain la cadette, dix-sept ans, me fait les yeux doux ; jouez violons, les petits fours, les jardins, les alcools (consommés avec modération, mais pas trop), et je ne sais plus comment, mais j'ai soudain surmonté ma timidité, et je suis en train de l'embrasser, de caresser ses petits seins, oh ! par-dessus la robe, bien sûr ! On est un peu ivres, on se met chacun dans la bouche un petit éclair, au chocolat pour elle, au café pour moi, et on essaie d'échanger les saveurs. Il y a une grande pelouse en pente sous les arbres, on s'y roule, on dégringole tout au bas, et elle atterrit dans mes bras.

Malheureusement, malgré l'approche de notre nouveau départ en balade à travers la Provence – et la petite est du voyage ! –, notre aventure n'ira pas bien loin. Je me réjouis de l'avoir toute à moi au long des trois semaines de voyage... Tu parles ! Arrivés en Avignon, nous nous installons pour camper dans une grande propriété à la campagne. La nuit venue, je vais la rejoindre sous la tente, et je m'enhardis à tenter de la caresser, mais pas question même d'arriver à lui toucher la poitrine ! Depuis le temps que je m'interroge, que je me demande ce que font les amants pendant des heures dans ce qu'on appelle les « nuits d'amour », censées durer des heures, la nuit entière, je me dis que si la femme résiste toujours autant, s'il faut une heure pour progresser de deux centimètres sur sa peau, il y a de quoi s'occuper longtemps ! Elle refusera toute la nuit, je rentrerai dormir sous ma tente, et la jolie histoire s'arrêtera là...

Qu'importe, le voyage est une expérience (en anglais *experiment*) si passionnante qu'il comble sans difficulté le vide affectif... Quels moments de bonheur que ces balades à vélo ! Notre troupe s'étire en fonction des capacités physiques de chacun d'entre nous, on se retrouve roulant paisiblement, seul ou à deux ou trois, à l'ombre des platanes. Quel plaisir intense que le verre de menthe à l'eau que notre budget nous permet de nous offrir une fois par jour à la terrasse d'un bistrot, à Fontvieille ou au Grau-du-Roi ! Aux haltes, on visite, on s'organise à tour de rôle pour la tambouille : on a cinq nouveaux francs par personne et par repas, il faut faire les courses, cuisiner, etc. Les plus débrouillards, dont je suis, trouvent quand c'est leur tour un restaurant qui prend tout le monde à ce prix-là. Je me souviens d'un jour, en Arles, lendemain de corrida, où le restaurateur nous avait servi de la gardiane, préparée, disait-il, avec la viande d'un taureau tué la veille dans les arènes... de quoi impressionner nos copains américains !

Il y a aussi de jolies soirées sur la plage, des nuits à la belle étoile ; comme dans tout groupe, il y a quelques amorces de mutinerie, des petits accidents sans gravité, mais c'est au total une belle aventure, encore presque complètement planifiée par nos parents, mais ça commence un peu à sortir de leur domaine.

Nos amis américains repartis, je me retrouve seul dans l'appartement grenoblois, savourant à nouveau la solitude ; je suis bien allé passer deux ou trois jours avec mes parents dans leur camping, mais je m'y ennuie toujours autant. Un soir, dans leur voiture garée près de la tente, j'écoute sur Europe 1 l'émission d'Hubert ; il a eu, comme tous les auditeurs de la station, un coup de foudre absolu pour la nouvelle chanson de Richard Anthony *J'entends siffler le train*... Il décide, cette nuit-là, de ne passer que cette chanson, en boucle, tant que le nombre des appels téléphoniques d'auditeurs d'accord dépassera celui des appels « contre »... Toute la nuit retentiront, au milieu du camping, les couplets de cette chanson, dont une version en anglais, *500 miles*, a été enregistrée quelques mois plus tôt par Peter, Paul and Mary. L'ayant beaucoup chantée en anglais, je commence déjà à avoir une préférence pour la version authentique, qui dit la nostalgie d'une personne loin de chez elle, et qui entend le train siffler jusqu'à cinq cents miles. L'adaptateur français en a fait une chanson d'amour un peu couillonne, mais qu'est-ce qu'on a dansé, tout de même, sur cette version-là ! Cet été-là, dans le petit village des Hautes-Alpes, je rencontre une jolie jeune fille brune, et, au cours d'un spectacle auquel nous assistons, assis à sa gauche, je tente ma chance, effleurant timidement son corps du mien... quand je réalise que mon frère, qui est rentré d'Algérie pour sa première permission, et qui est assis à sa droite, a nettement pris de l'avance... À la permission suivante, il l'épousera !

Un peu avant la rentrée, je suis invité dans une autre famille, également membre de l'Experiment, à Saint-Martin-d'Uriage, au-dessus de la vallée d'Allevard. Une famille qui compte cinq jolies filles, plus âgées que moi, sauf la petite Agnès, dix-sept ans aussi... Nos activités sont bien enfantines, jeux de société en famille, balades dans les beaux paysages de montagne. Et puis la petite Agnès et moi sommes attirés l'un vers l'autre, mon pied trouve le sien sous la table où nous jouons au Monopoly, à la crapette ou aux Mille Bornes... Dans ma petite chambre, je rêve de lui prendre la main lors d'une de nos balades dans la campagne, ou même de lui rendre visite dans sa chambre... mais toute la famille veille, et deux jours plus tard, on me fait gentiment comprendre que ce serait peut-être bien que je retourne à Grenoble ! Je rêverai à Agnès une bonne partie de l'hiver, et passerai toujours en frémissant sous sa fenêtre ; un dimanche, même, ayant appris qu'elle va à la messe à l'église proche de la place Grenette, j'y vais moi aussi, moi qui n'ai plus mis les pieds dans une église depuis longtemps ! Je la cherche du regard dans l'assistance, ne la trouve pas, et je pense l'attendre à la sortie quand, horreur, je découvre, au milieu des choristes, en position idéale pour tout surveiller... son père, avec ses cheveux en brosse et ses idées strictes de père de cinq filles ! Je suis rentré chez moi bien tristement !

Derniers jours de ces vacances d'été 1962, j'ai dix-huit ans, je vais rentrer à Grenoble en seconde année de prépa. Je fais un petit voyage, encore bien planifié par ma famille, pour retourner passer deux jours à Thonon-les-Bains, quitté depuis deux ans déjà, mais où j'ai gardé le contact avec mon copain Vuillez, avec qui j'étais au collège de garçons, puis je reprends le train pour Grenoble. Il y a un changement à Annecy, avec quelques heures d'attente. Je décide d'aller faire un tour, pour revoir cette ville où je me suis tant ennuyé pendant un an. Mon regard est attiré par l'affiche d'un cinéma proche, qui joue *Le Repos du guerrier*, de Vadim, avec Brigitte Bardot et Robert Hossein, d'après un roman de Christiane Rochefort... Chouette, je vais aller le voir, je prendrai le dernier train pour Grenoble, il y en a un à minuit. C'est une de mes premières décisions individuelles dans l'organisation de mes voyages (décision solitaire, bonne décision !).

J'ai vu le film. C'était beau, il y avait Brigitte Bardot qui passait l'aspirateur toute nue, et je ne comprenais rien du tout quand Robert Hossein allait voir la prostituée ; mais c'était tellement chouette quand ils se retrouvaient à la fin dans les ruines de la cathédrale !

Seulement voilà, j'avais mal lu les horaires affichés, il n'y avait pas de train à minuit ; et je n'avais pas d'argent pour aller à l'hôtel, d'ailleurs, je n'y aurais pas pensé. Malgré une année entière passée à Annecy, je n'y avais aucun ami, personne que j'aie connu d'assez près pour aller lui demander de m'héberger. Alors, je cherche un bistrot ouvert, je m'installe, je tire de mon sac l'édition en livre de poche des *Thibault* que j'ai achetée cet après-midi avant d'aller au cinéma, je commande un Coca, bien décidé à le faire durer plusieurs heures, et je lis. Il me semble me rappeler qu'à cette époque je m'étais mis à fumer la pipe, pour faire plus vieux que je n'étais, et j'ai posé près de moi le paquet d'Amsterdamer. Dieu merci, c'est une habitude que j'ai vite perdue, quand j'ai réalisé que j'adore l'odeur du tabac, particulièrement de ce tabac au parfum de pain d'épices... tant qu'on ne lui a pas mis le feu...

Vers une ou deux heures du matin entre un groupe, deux ou trois garçons, autant de filles, qui s'installent à la table voisine de la mienne, discutent, blaguent, m'adressent la parole, m'invitent à leur table. Lorsque je leur raconte mon histoire de train manqué, ils m'invitent à dormir chez eux, dans l'appartement d'une des filles et d'un autre couple. Lorsqu'on y arrive, il y a un second couple, couché dans un lit. Ils viennent sans doute de faire l'amour, car ils vont droit à la cuisine, ouvrent le Frigidaire et mangent en disant : « Après l'effort, le réconfort. » Puis ils partent, et nous nous retrouvons, l'autre couple dormant sur une moitié du lit, la fille et moi allongés sur la place qui reste, moi, couché avec la tête sur ses genoux. Elle n'a pas sommeil, me dit-elle, et moi non plus... J'en déduis donc... que je peux lire ! Quel couillon, non, mais quel couillon ! En lisant, je passe ma main sur sa jambe, c'est une des premières fois que je sens la douceur et en même temps la fermeté d'un bas Nylon... et je remonte, je remonte... mais n'aurai pas le courage de monter bien haut... Elle a dû me trouver vraiment timide... Et tout ça en lisant les *Thibault*, un livre qui avait fait un peu scandale parce qu'il commence par une amitié entre garçons.

Et la nuit se passe comme ça, je l'embrasse, peut-être, c'est tout ! Je n'ai même pas osé lui demander de se déshabiller ! À sept heures, je l'embrasse encore, et puis, traversant Annecy à pied, je vais prendre mon train...

Ma deuxième année scolaire à Grenoble commence, avec pas mal de changements. J'ai été reconnu bon pour le service militaire : comme j'ai l'intention de présenter, parmi d'autres concours de grandes écoles, le concours d'entrée à Polytechnique, j'ai passé les tests d'aptitude nécessaires, au cours d'une journée dans une caserne du côté de La Tronche[1] : à un moment de la journée, on nous a demandé de pisser dans un verre, pour une analyse d'urine... À ce moment-là, je n'avais pas envie de pisser, et j'ai

1. Un officier à la retraite, plus de quarante ans plus tard, m'a envoyé le laissez-passer d'entrée à la caserne qui m'avait été remis ce jour-là !

demandé à mon voisin de verser un peu de son verre dans le mien... et ce couillon-là avait de l'albumine ! Et c'est de justesse que j'ai été déclaré apte. C'est bien la seule période de ma vie où j'ai tout fait pour être reconnu bon pour le service !

Mais pourquoi vouloir entrer à Polytechnique ou à Centrale ? Vocation ? Oh ! non, c'était, dans ma situation, une chose normale, comme pour moi, passant le bac, d'essayer de l'avoir, si possible avec mention. J'étais sur les rails où m'avaient placé mes parents, il m'était normal de viser le plus haut possible. Une vocation, il ne me semble pas en avoir jamais eu une. Tout petit, j'ai dû rêver d'être pilote d'avion, comme tout le monde, ou chirurgien. Et puis, suite à divers concours de circonstances, j'avais eu aux bons moments de bons professeurs, une bonne ambiance alors que j'étais réceptif. Devenu excellent en maths, en physique, il était logique que j'aille vers les écoles d'ingénieur, et, dans cette direction, aussi loin que je le pourrais.

Mais il y a de grands changements, cette année. Le plus important, c'est que je ne vois presque plus mes parents. Un jour que ma mère était fatiguée, elle a accepté que j'aille prendre quelques repas au restaurant universitaire qui se dresse à cent mètres à peine de notre immeuble... et c'est une révélation ! Pas la valeur gastronomique de l'endroit, mais parce que je m'y fais une poignée d'amis, la sœur d'un élève de math spé, Chantal, un étudiant en sciences à la fac, Robert, à l'humour lourdingue mais inépuisable... De ce jour-là, je ne prendrai pratiquement plus un repas en famille, préférant largement la convivialité de ces repas au resto U ! Avec mon petit clan, on est toujours ensemble, on déconne, c'est gag sur gag. Les pots de yaourt explosent à la figure des gens d'en face quand un jeu de mots particulièrement mauvais nous fait rire. Notre humour n'est pas vraiment apprécié de tous... d'ailleurs, un an plus tard, je n'arriverai plus à supporter celui de Robert.

L'avantage numéro un de Grenoble, c'est que les sorties de ski sont ici une possibilité quotidienne : une heure d'autocar et nous atteignons les stations proches de la ville ; c'est au Collet d'Allevard que je passe pratiquement toutes mes vacances d'hiver. Si le ski a occupé l'essentiel de mes loisirs... je m'y ennuyais un peu...

Mon maigre budget ne me permettait pas de faire les nombreuses descentes que j'aurais voulu effectuer. Mes skis étaient extrêmement médiocres, mes chaussures aussi. Je rêvais de loger ailleurs que dans l'inconfortable dortoir où mes parents m'envoyaient, à la cure des Gets... oui, chez le curé qui, pour compléter les revenus des troncs et quêtes de son église, transformait, de Noël à Pâques, la cure en gîte de montagne. Ces séjours étaient bien paisibles : une fois en quinze jours, une soirée était organisée, où nous dansions chastement, sous l'œil du curé et de quelques parents, sur l'inévitable *Only You* des Platters.

Moi, je m'intéresse de plus en plus à la musique, celle qu'on entend à Salut les Copains, et, bientôt, sur les radios anglaises. Je suis allé voir Claude François et Johnny au Théâtre municipal ; il y avait toujours des premières parties extraordinaires très variées, pleines de gens qu'on entendait souvent à SLC, les Gams, le Petit Prince, des artistes à la carrière souvent éphémère, mais parmi lesquels apparaissent quand même Claude Nougaro, Leny Escudero, ou un jeune garçon nommé Michel Berger. Claude François est arrivé avec près de deux heures de retard, et presque complètement aphone : « Si je ne peux pas chanter, a-t-il déclaré, je peux au moins danser », et il s'est démené, comme sur des ressorts, pendant une heure. En sortant, avec Robert, on imitait ses pas, bondissant en balançant les bras comme lui, au travers des ruelles de Grenoble.

Quant à Johnny, c'est cette année-là qu'il enregistre *L'Idole des jeunes* ; sa nouvelle affiche le montre vêtu d'un jean et d'une chemise Lacoste rouge, souriant, le doigt tendu vers moi : c'est ce que ressent chaque fan de Johnny ; j'ai décollé cette photo d'un mur de Grenoble et je l'ai accrochée dans ma chambre, à côté de l'ancienne. Je suis allé voir son spectacle, et puis je l'ai attendu longtemps à l'entrée des artistes, pour lui demander un autographe... Enfin, il est descendu, et j'ai été un des premiers à recueillir sa signature, que j'ai épinglée au mur de ma chambre, sur son affiche... Mais à l'attendre dans les courants d'air des bords du fleuve, j'avais attrapé une bronchite, et j'ai passé dix jours au lit avec une forte fièvre. Quand je me suis relevé, j'avais pris une dizaine de centimètres... grâce à Johnny ! Son œuvre a d'ailleurs été parachevée quelques mois plus tard, quand on a dû m'opérer d'urgence de l'appendicite, malgré la proximité des examens d'entrée dans les grandes écoles : dix jours de plus au lit, et j'ai encore grandi d'autant : mesurant un an plus tôt à peine plus d'un mètre soixante, je dépassais soudain un mètre quatre-vingts. Quand mon frère revint d'Algérie en permission, il fut surpris, lui qui me traitait volontiers de nabot, de me retrouver plus grand que lui !

En cette année 1963, le déferlement yé-yé est à son apogée. Il est le produit conjugué de la soif, soudain révélée, des jeunes du « baby-boom[1] » d'affirmer leur individualité, de posséder leurs propres critères, d'idolâtrer leurs propres dieux, mais aussi le produit de l'habileté commerciale d'une poignée de marchands, Daniel Filipacchi, Claude Carrère (Sheila), Johnny Stark, Lucien Morisse (Europe 1), Eddie Barclay, (et je ne cite ici que les plus respectueux envers les artistes), qui surfent puissamment sur cette vague d'envie de consommation. Si l'essentiel de ces aspirations et de ces musiques vient d'Amérique – où la consommation, sinon la libération des esprits, a pris de l'avance –, le yé-yé (d'ailleurs, le terme est purement français, il reste inconnu en Amérique) passe avant tout par une adaptation de tous les succès d'outre-Atlantique : en 1963 encore, si quelques titres étrangers parviennent à se trouver une place timide dans les hit-parades, tel *Louie Louie*, des Kingsmen, *Devil in Disguise* d'Elvis, ou *Telstar*, des Tornadoes, sortes de guitaristes extraterrestres, la quasi-totalité des grands succès sont des adaptations françaises, par Sheila, Lucky Blondo, Richard Anthony ou les Chaussettes noires[2].

1. Ceux qui ont été conçus en grand nombre quand leurs parents, débarrassés enfin du fardeau de la Seconde Guerre mondiale, ont pu se jeter allégrement – et sans contraception – dans les bras l'un de l'autre.

2. Un fait semble expliquer en partie cette « francisation » : à cette époque, lorsqu'un adaptateur français traduit une chanson étrangère, il perçoit un douzième des droits d'exploitation de la version qu'il a créée... mais également un douzième des droits de diffusion de la version originale en France : ainsi, si quelqu'un a signé l'adaptation française de *Satisfaction*, et qu'un artiste français l'a enregistrée, même sans succès, l'adaptateur touche des droits sur tous les passages en France de la version des Stones... Quelques adaptateurs vedettes squattaient ainsi allégrement ce domaine extrêmement juteux. Cette règle a été modifiée par la suite.

Et moi, si je suis fan de Johnny et Cloclo, je commence déjà à ressentir les premiers signes de ras-le-bol, à me demander si on ne se fout pas de ma gueule avec ces adaptations médiocres ! Et je découvre soudain, dans le secret de ma chambre, sur les ondes que m'ouvre mon vieux poste de radio Philips, une station que les Français ne connaissent pas, « *Two Ow Eight Wrêdiou Leuxèmbeurgh, the Steychun of the Stars* » : en Angleterre comme en France, la radio est un monopole d'État, et les premières stations qui cherchent à se débarrasser de ce carcan sont tenues d'émettre de l'extérieur du pays. La légendaire Radio Caroline ne commencera ses émissions que l'année suivante, mais la version anglophone de Radio Luxembourg, sur deux cent huit mètres en ondes moyennes, a tout pour me ravir : on y entend jour et nuit les versions originales des chansons que les radios françaises ne diffusent que dans leurs adaptations françaises, mal traduites et souvent mal chantées, le son des studios américains me paraissant vite bien supérieur à celui des yé-yé français.

Un soir, je remarque une chanson dont le refrain semble répéter quelque chose comme *« They do run run »*... Elle passe plusieurs fois de suite, et je finis par réaliser que, là où je cherchais une phrase en anglais, il n'y a qu'une onomatopée, *Da Doo Ron Ron*. Le reste du texte est particulièrement niais, même dans la version originale : « Je l'ai rencontré un lundi et mon cœur s'est arrêté, quelqu'un m'a dit qu'il s'appelait Bill »... plus minimaliste, même Alain Souchon n'oserait pas ! Mais la mélodie, la rythmique, l'ambiance musicale, créées par ce magicien de Phil Spector, font de cette œuvre simplette un moment inoubliable ; et même les adaptations de Johnny ou de Frank Alamo seront agréables à écouter.

Totalement séduit par la musique anglophone, j'ai d'ailleurs profité de petites vacances d'hiver pour aller de nouveau passer quelques jours en Angleterre ; j'en rapporte quelques quarante-cinq tours – à petit trou, comme on les fait là-bas et sans pochette imprimée, alors que les quarante-cinq tours français sont en général des EP, *extended play* à quatre titres avec une pochette cartonnée en couleurs et un grand trou central qui exige l'utilisation d'un « centreur » qu'on perd tout le temps, ou d'un chargeur automatique, gros cylindre de plastique articulé. C'est cette année que les Beatles naissent avec *Love Me Do* et *Please Please Me*. Pourtant, les Anglais n'ont pas senti venir le raz-de-marée que le groupe de Liverpool déclenchera, et se penchent plutôt sur le renouveau d'un jazz traditionnel bon enfant qui a donné d'énormes succès comme *Stranger on the Shore* de Mr Acker Bilk (l'année prochaine, les Américains s'y mettront quand les Village Stompers joueront *Washington Square)*. À Londres, le film musical à sensation *It's Trad, Dad*[1] est consacré à cette musique... et à l'arrivée du rock de Liverpool qui la balaiera bientôt. Je rapporte aussi de Londres ma gourmandise préférée, des *liquorice allsorts*, bonbons aux couleurs et aux formes improbables composés de réglisse, de pâte rose ou jaune et de noix de coco râpée, ainsi qu'une passion pour un jeu bien anglais : une panoplie de petites pièces en matière plastique aux couleurs vives, permettant de réaliser de jolis jardins, avec rosiers, lupins, roses trémières et saule pleureur : dans notre triste appartement de Grenoble, très citadin malgré la proximité des montagnes, j'ai besoin de cultiver des plantes... même minuscules et en plastique !

Arrive la saison des examens ; beaucoup d'élèves de prépa redoublent la seconde année, moi je n'y tiens pas, mon autonomie récemment déclarée s'arrangerait bien d'une sortie définitive de la cellule familiale... Non que j'éprouve la moindre animosité envers mes parents, j'ai toujours eu d'excellentes relations avec eux, en particulier avec mon père ; je le revois avec sa casquette, ses gants de cuir au volant de la Panhard PL17 (fidèle à la marque, il achètera bientôt le modèle suivant, la CT24), et vêtu, avec deux ou trois longueurs d'avance sur moi, de chemises multicolores, qu'il avait fait couper par un petit tailleur camerounais, dans des métrages de tissu à boubou d'inspiration indéniablement africaine. Mais ma soif d'indépendance est attisée par le séjour à Paris que nécessitent les oraux des deux écoles dont j'ai réussi l'examen écrit : Polytechnique et Centrale. J'ai présenté aussi l'école des Ponts et Chaussées, l'école d'où est sorti Guy Béart, dont les chansons à succès, comme *L'Eau vive*, m'ont enchanté quelques années plus tôt, mais je n'ai pas été admissible à l'oral.

---

1. Réalisé par Richard Lester, qui bientôt s'illustrera en mettant en scène les Beatles dans leurs deux plus grands films.

À Paris, je n'ai pas le temps de voir grand-chose, car le temps qui s'écoule entre deux examens successifs est entièrement occupé à réviser le prochain. Je loge dans une chambre de la maison des Arts et Métiers, à la cité universitaire, juste à l'entrée de l'autoroute du Sud. Pour atteindre ma chambre, il faut prendre le bus ou le métro (ligne de Sceaux), tout un univers exotique pour moi, petit provincial qui allais en Solex au lycée. Je traverse ensuite à pied le parc, si beau, avec ses bâtiments – la fondation Rockefeller – dont je reconnaîtrai le style, plus tard, aux États-Unis, dans les universités de la Ivy League, Harvard, Princeton.

L'examen de Centrale se passe bien. C'est sans illusion, par contre, que je me présente au « petit oral » de l'X : je sais bien que je ne maîtrise pas suffisamment les mathématiques pointues dont cette école est friande... et ça ne rate pas, l'examinateur m'interroge sur un secteur de cette science dont je ne connais absolument rien, dont je n'ai même jamais entendu parler, malgré les petits livres orange que, fidèle à mes habitudes, j'ai achetés pour compléter les manuels officiels de taupe. Quelle fière chandelle je dois à cet examinateur, imaginez un peu ce qu'aurait donné la soudaine déclaration d'indépendance que je proclamerai, dans deux ans à peine, si j'avais été admis dans le carcan militariste de cette école ! Pour Centrale, ça va ; les notes arrivent, les moyennes, il faut patienter jusqu'en septembre pour avoir confirmation de mon admission : un grand nombre de ceux qui choisiront Polytechnique, les petits et grands génies, ont aussi réussi Centrale, et il faut attendre qu'ils se désistent, ce qu'ils feront généralement pour entrer à l'X. Entre-temps, je regagne Grenoble, où le troisième été Experiment est déjà commencé ; arrivé en retard, je me sens un peu comme une pièce rapportée dans ce troisième groupe franco-américain, malgré la gentillesse du garçon qui loge chez nous cette année, Hal, et qui file déjà, à mon arrivée, le parfait amour avec une jolie fille du groupe, Natalie... J'aurais bien tenté ma chance, sinon...

Après le twist des années précédentes, voici que les Américains apportent le *surf*, mouvements des hanches vaguement imités d'un sport qui commence à faire fureur sur les vagues du Pacifique. Un groupe vient de naître en Californie, les Beach Boys, à peu près à la même époque où les Beatles entreprennent de révolutionner le monde de la musique des deux côtés de l'Atlantique. Et parallèlement, le folk gagne du terrain, Peter, Paul and Mary enregistrent *Puff, the Magic Dragon* et *Blowing in the Wind*, une chanson de Bob Dylan, qui reste encore peu connu.

Il ne m'arrivera pas grand-chose de plus, cet été-là ; une partie du voyage se fait en bus, la magie des randonnées à vélo me manque. Une nuit, au pied, de nouveau, des empilements calcaires fantasmagoriques du val d'Enfer, je me retrouve sous la tente à côté d'une petite Américaine, Nancy, je crois, pas bien jolie, avec qui j'ai un peu flirté quelques jours plus tôt... Jeux plus ou moins innocents, entre filles et garçons, nous nous faisions souvent des massages du dos, cela depuis deux ans, dans ces groupes américains ; ce soir-là, c'est la première fois que j'aventurerai ma main timide sous les vêtements d'une femme, que je toucherai ses seins et son sexe... mais je n'aurai pas le cran d'aller plus loin, ni l'envie d'ailleurs, car la petite Nancy n'était vraiment pas bien jolie, et je ne me voyais pas m'engager en aucune façon avec elle... Le lendemain, nous avons fait comme si rien ne s'était passé... et voilà pour un autre été de collégien !

3

Trois années de Centrale

La guerre d'Algérie s'achève, les pieds-noirs sont presque tous rentrés en France, et Enrico Macias, après avoir chanté *Adieu mon pays*, appelle à la réconciliation avec *Enfants de tous pays*, qui dispute la première place des hit-parades à la version de *Da Doo Ron Ron* de Johnny. Moi, j'effectue une autre migration, moins dramatique, mais tout aussi irréversible : en ce mois de septembre 1963, je quitte le foyer familial pour m'installer à Paris, à la Maison des élèves de l'École centrale, qui sera, au 4, rue de Cîteaux, dans le douzième arrondissement, mon seul foyer pour plus de deux ans : ma mère pense que ce n'est que provisoire, que je profiterai de chaque période de vacances trimestrielles, voire de nombreuses fins de semaine pour regagner le giron familial... Moi, sans hostilité envers mes parents, je sais que je ne reviendrai pratiquement plus en arrière... Je ne me rappelle pas être retourné à Grenoble plus de deux ou trois fois au cours de mes années à Centrale... Évidemment, je n'ai pas encore d'indépendance économique, et j'attendrai mon mandat à chaque fin de mois...

Une chambre m'a été réservée. Je la partage avec un autre Grenoblois : malgré une année entière de cohabitation, je ne crois pas avoir eu le moindre intérêt commun avec lui. Cîteaux, c'est ainsi que l'on nomme l'imposante résidence de brique rouge style années 1930 où je m'installe, est à elle seule une vraie aventure. On dirait une sorte de paquebot immobile ancré au long du boulevard Diderot, à mi-chemin entre la gare de Lyon et la Nation. Le bâtiment comporte plusieurs ailes, encadrant des salles couvertes de béton éclairées par des pavés de verre. Un toit en terrasse goudronné, une double porte vitrée à l'entrée, avec un gardien, qui est censé noter les noms de tous ceux qui rentrent tard la nuit. Il fermera généralement les yeux.

Avec du recul, j'ai beaucoup aimé Cîteaux, qui m'a apporté une indépendance qui me faisait défaut à Grenoble, et où j'ai fait, sans en être empêché outre mesure par des règlements plutôt décontractés, mes premiers pas vers un monde moins lourd de conventions...

Notre chambre était petite, au sixième étage, dernière étape d'un ascenseur préhistorique. Chaque chambre n'avait qu'un lavabo, et les élèves se succédaient à la douche sommaire qui se trouvait à une extrémité du couloir... Il fallait attendre son tour, et ne pas s'attarder... C'est là que j'ai pris l'habitude de me doucher en quarante-cinq secondes, une habitude que j'ai toujours gardée : je me demande ce que peuvent bien faire les gens qui restent un quart d'heure ou plus sous le jet d'eau ! L'état des chambres laissait à désirer, mais une affichette accrochée dans le hall signalait que les élèves souhaitant rénover leur chambre se verraient ouvrir un compte pour l'achat de la peinture et des fournitures nécessaires chez le petit droguiste de la rue de Charenton... Je me suis promis de rapidement repeindre la nôtre.

Une grande salle au sous-sol hébergeait un restaurant universitaire qui servait une cuisine particulièrement dégueulasse, dont le plat principal consistait deux fois sur trois en espèces de côtelettes de chèvre importées sans doute d'un pays très aride et escarpé. On se servait sur un plateau d'aluminium qui semblait avoir fait la guerre, sous l'œil perpétuellement courroucé d'une grosse matrone poilue qui faisait office de chef. Très vite, je me suis désintéressé de ce restaurant, où la seule chose parfois mangeable était quelque énorme bassine de « rab » de chou-fleur ou gratin de pâtes... Moins d'un mois après le début de l'année scolaire, j'avais non seulement repeint ma chambre – en vert pistache –, mais j'y avais adapté une surface de travail où la partie bureau était encadrée à droite par mon électrophone Teppaz encastré, et à gauche par un réchaud à gaz et le lavabo. J'avais en plus posé au-dessus de mon lit un philodendron courant le long du mur : mon « cothurne » me regardait d'un œil curieux m'installer de façon si personnelle, lui qui défaisait à peine sa valise et regagnait le domicile familial grenoblois au moindre jour de congé.

Ma singularité n'était pourtant encore que bien limitée comparée à celle d'un élève de troisième année, qui occupait lui aussi une chambre du septième étage : il s'appelait Pfister, et c'est le premier avec qui je me sois un instant lié d'amitié ; il était original, mais sans dépasser l'originalité que peut avoir un étudiant un peu déconneur : il avait peint, lui, sa chambre en rouge, et y avait installé un mannequin de femme, grandeur nature, pour faire peur à la femme de ménage. Il était grand et costaud, mais sa gentillesse un peu naïve faisait de lui la cible de pas mal de farces, comme le jour où il retrouva sa petite Volkswagen dans le hall de Cîteaux, des élèves l'ayant rentrée dans la nuit, parvenant Dieu sait comment à lui faire grimper les marches du hall d'entrée ; ou la nuit où des élèves avaient muré, avec parpaings et ciment, le couloir qui menait à sa chambre ! À l'école, on parlait d'un élève qui avait, lui, fait preuve d'une bien plus grande singularité, une vingtaine d'années plus tôt : Boris Vian...

Des quelque trois cents élèves qui constituent la nouvelle promotion de Centrale, la moitié peut-être a ses pénates à Cîteaux : ce sont pratiquement tous des élèves obsédés par leurs études, et qui n'ont pas beaucoup d'autres centres d'intérêt que les cours qui nous pleuvent dessus dès la rentrée. L'École centrale, elle-même, est encore située dans un imposant bâtiment ancien, rue Montgolfier, dans le troisième arrondissement. Ces deux lieux, intimement connectés par le métro, avec changement à Châtelet, seront pour la plupart des élèves la totalité de leur univers durant trois années d'étude... Chaque matin, je descends m'acheter une baguette et une bouteille de lait rue de Charenton : le lait à l'époque n'est vendu qu'en grande bouteille de verre, qu'il faut impérativement laver avant de la rendre, car elle est consignée. Je remonte faire mon petit déjeuner sur mon réchaud, évitant d'arroser de lait mes cours ou le projet à rendre. Puis je rejoins le troupeau migrateur qui s'engouffre dans la gueule du métro, gare de Lyon, et j'attends la rame, avec des milliers d'autres personnes ; changement à Châtelet, et nous voici à Arts et Métiers. Bientôt, c'est dans le bistrot qui fait face à l'entrée de l'école que j'installerai mon quartier général ; il a lui aussi un Liberty Belle, et c'est de là que je suivrai le succès grandissant des Beatles. L'imposante porte de fer qui donne accès à la cour de l'école ferme à huit heures moins cinq :

si on arrive en retard, il faut contourner le bâtiment, entrer par l'entrée de l'administration, ou attendre huit heures cinq, qu'ils rouvrent la grande porte, et on a raté l'amphi, et perdu un demi de nos précieux points d'assiduité : car la présence aux cours, à cette époque, est obligatoire.

Dès que l'on avait tourné à gauche, dans la cour, on rencontrait un petit guichet où l'on achetait les cahiers et les *bandoirs*. Les cahiers, c'étaient de magnifiques objets en papier à carreaux d'un centimètre de côté, reliés sous une belle couverture verte tachetée, de vraies pièces de collection, j'en ai conservé un seul. Les bandoirs, c'étaient les manuels qui reprenaient plus ou moins les cours que nous recevions en amphithéâtre. Au premier étage, on entrait dans le couloir des « thurnes », des petites salles où chaque élève avait sa table de travail, avec casier et tiroir fermant à clef. C'était un peu le foyer de chacun d'entre nous, et le lien entre élèves de la même thurne, les « cothurnes », était étroit, sans doute pour préparer les futurs ingénieurs à œuvrer en équipes de travail ; c'est dans la thurne que nous attendions l'heure des amphis, que nous préparions nos projets et révisions nos cours ; c'est dans la thurne que nous étions même parfois enfermés quelques heures à clef pour réaliser un projet comptant pour notre moyenne de l'année. Nous finissions par bien nous connaître. Deux de mes cothurnes, en particulier, m'ont laissé un souvenir précis. Campistron, grand brun mince, natif du Sud-Ouest, toujours vêtu d'une longue blouse grise, travaillait avec application à tous les projets que l'emploi du temps de l'école nous imposait, mais tout en faisant résonner la thurne de sa joie de vivre, reprenant sans cesse à tue-tête les chansons de Boby Lapointe qui, sans squatter les hit-parades, étaient souvent diffusées sur l'antenne d'Europe 1. *Avanie et Framboise, Aragon et Castille, La Peinture à l'hawaïle*, étaient ses plus grands succès. Un autre de mes cothurnes, Jean-Claude Barc, devint vite un de mes meilleurs camarades, nous découvrîmes rapidement ensemble la richesse des expériences possibles à Paris, et c'est lui qui un jour glissa vers moi, sur notre pupitre à l'amphi, un livre qui devait changer ma façon de voir la vie, *L'Écume des jours*, de Boris Vian.

Quand sonnait l'heure du cours magistral, les trois cents élèves de notre promotion se pressaient à l'entrée du grand amphithéâtre, et chacun d'entre nous remettait à l'entrée à un surveillant connu sous le nom de « mérovée » une fiche à son nom, attestant notre présence au cours, obligatoire. Nous rêvions bien un peu au sort des élèves des facultés, dont la présence aux cours en amphi était, nous le savions, facultative, mais, élèves sérieux d'une grande école d'ingénieurs, nous savions bien que ce caractère d'obligation nous donnerait une instruction bien plus efficace et appréciée que les diplômes, à nos yeux fort légers, des universités. Il arrivait bien à quelques-uns d'entre nous, de temps en temps, pour sécher un amphi, de demander à un copain de glisser une carte de plus, en même temps que la sienne, entre les doigts du mérovée, mais le risque était gros...

Nous prenions place sur des sortes d'étagères, pour y recevoir un enseignement qui avait tout un rituel, tout un vocabulaire. Un « cours », c'était toute la durée de l'enseignement d'une discipline donnée par un professeur donné, cela pouvait durer un mois, ou deux, ou six. Quand un élève, pour une raison ou une autre, avec ou sans autorisation, quittait l'amphi, on disait qu'il « dévissait », et tout l'amphi de le cafter en sifflant *in petto* « dévissss... » ; si le professeur oubliait la fin du cours, il y avait toujours un cri « yeueueueure ! » qui jaillissait d'on ne sait où. Quand quelque chose, une démonstration brillante, une phrase, une affirmation d'un de nos professeurs suscitait l'admiration des élèves, on n'applaudissait pas, on ne sifflait pas d'admiration, on « pchitait », toute l'assemblée émettant un sonore « pchhhhhh ! » d'approbation ; si un comportement nous déplaisait, on « bzittait », le pchh remplacé par un « bzzzzzzz ! » méprisant ; le summum du mécontentement était, lui, manifesté par un retentissant « à poil », jaillissant lui aussi de nulle part – à croire que la promotion entière était composée de ventriloques – et qui n'était aucunement une incitation pour l'individu à se déshabiller, mais juste une sonore et imparable critique... Les mérovées étaient souvent la cible de ce cri, parfois chanté sur l'air des *Anges dans nos campagnes* : « À poil, à poil, à poil mérovée... »

Il y avait sous l'amphi un espace perdu, fermé, sombre, encombré des piliers de soutènement des gradins, qu'on appelait le sous-amphi ; on pouvait y accéder en secret, en plein cours, par des trappes d'aération qui s'ouvraient sous les bancs... Quand il m'arriva, plus tard, de passer des nuits blanches, j'eus parfois l'occasion d'aller, suivant l'exemple de quelques anciens, y faire une petite sieste pendant que le ronronnement du cours me parvenait au travers des planchers. D'ailleurs, un professeur faisait rarement une remarque à un élève s'il lui advenait de s'endormir, appuyé au pupitre, en plein cours, pourvu que ça ne gêne pas les autres, cela m'arriva aussi quelquefois : en cela l'école était assez libre...

Alors, je pris l'habitude de suivre les cours qui m'intéressaient, et de rattraper mon sommeil en retard pendant les autres, quitte à regagner le terrain perdu en potassant les bandoirs polycopiés, qui étaient bien faits pour ça, deux ou trois jours avant l'examen ; c'est ainsi, je dois l'avouer, que je passai complètement à côté de certaines disciplines, dont les polycopiés étaient mauvais ou inexistants, et dus avoir recours, avec une fortune variable, à l'art que, tout bien pesé, nous apprenions à maîtriser à Centrale : celui d'en apprendre assez en quelques heures d'étude sur un tel ou tel sujet pour pouvoir donner l'impression que nous le maîtrisions correctement. En fait, en trois années de Centrale, j'ai surtout « appris à apprendre », c'est-à-dire appris à acquérir en me plongeant un temps très court dans un énorme manuel la quintessence, les notions basiques suffisantes pour pouvoir approfondir chaque partie de telle ou telle matière à mesure que j'en rencontrerais les obstacles : j'ai fait ample usage de cette pratique plus tard, aussi bien dans l'étude de la navigation que dans celle des divers logiciels informatiques que j'utilise couramment, pour le montage de mes films, pour l'écriture, le traitement des photos, etc. L'informatique elle-même, en tant que discipline, était, curieusement, totalement absente de notre enseignement à Centrale de 1963 à 1966.

Sortant de l'amphi, nous regagnions notre thurne, où nous reprenions les projets en cours, qu'il faudrait bientôt rendre ; certains après-midi, nous avions des travaux pratiques qui se déroulaient aux quatre coins de Paris, dans des ateliers, des laboratoires, des usines, et qui étaient censés nous donner une expérience des lieux où nous serions appelés à travailler ; nous devions y faire des quantités de mesures sur des cadrans qui semblaient sortir tout droit d'un roman de Jules Verne, et en tirer des conclusions, des courbes, des statistiques, auxquelles nous ne comprenions pas grand-chose, car il y avait un grand décalage dans le temps entre les cours et les travaux pratiques. Le restaurant universitaire de l'école était nettement moins dégueulasse que celui de Cîteaux, et nous en sortions souvent repus, ce qui ne facilitait pas notre attention durant les TP de l'après-midi ; que d'heures j'ai passées à lutter contre un sommeil invincible, tandis que des professeurs Tournesol peu charismatiques tentaient de nous intéresser à la composition des jets de vapeur ou à l'architecture des rouages complexes qu'ils agitaient devant nos paupières lourdes.

La plupart des élèves restaient bien sagement à l'école travailler à leurs projets dans les thurnes conçues dans ce but, comme de bons lycéens bien sages ; mais je sentis déjà un besoin d'indépendance, et le travail en groupe commença vite à me lasser ; je m'installai donc du mieux que je pus pour travailler dans ma petite chambre aménagée, qui devint un peu mon royaume.

Arrivant à Centrale, j'appréhendais les cérémonies du bizutage, celles des grandes écoles étaient réputées agressives ; je n'envisageais pas avec plaisir de devoir un jour me retrouver à poil devant mes camarades, ce qui arrivait obligatoirement, disait-on, à un moment ou un autre, au cours de ces cérémonies : comme la plupart des garçons de mon âge, à l'époque – et sans doute comme la plupart des garçons d'aujourd'hui, aux repères complètement faussés par les mensurations des acteurs de films porno, que même les plus jeunes enfants ont parfois l'occasion de voir –, j'étais persuadé d'avoir une quéquette bien plus petite que la moyenne, et je me promettais de ne jamais la laisser voir à une fille que lorsque l'excitation lui aurait donné une taille moins risible... et bien sûr je n'avais absolument aucune envie de la montrer à tous mes copains : bizutage et service militaire m'apparaissaient comme deux échéances redoutables, peur d'être ridicule, peur aussi de bander de manière incontrôlable au mauvais moment ; on racontait que les sergents recruteurs de l'armée filaient des coups de règle sur les quéquettes des conscrits pris dans cet état !

Si le moment redouté de la nudité se produisit bien au cours du bizutage de l'entrée à Centrale, je retirai plutôt de l'ensemble de ces bébêtes cérémonies une expérience positive. À Centrale, le baptême des nouveaux se faisait en deux temps : à la maison de Cîteaux, tout d'abord, les bruits les plus flous et les plus effrayants circulaient quelques jours, et soudain, une nuit, branle-bas de combat : une poignée d'anciens, soudain mutés en kapo, vident tous les bizuths de leurs lits, mettent à sac toutes les chambres, nous rassemblent au sous-sol, dans la salle du restaurant et nous obligent à nous déshabiller – ce qui finalement ne me posa aucun problème, comme quoi on se fait un monde de choses sans importance : tout bien considéré, tous les autres avaient la même quéquette que moi, petite et molle dans son état naturel, aucun rapport avec les illustrations parfois entrevues et qui me complexaient ! Peints de couleurs vives, nourris comme à Grenoble de pommes de terre au bleu de méthylène (ils ont l'air d'avoir un truc avec le bleu de méthylène, ces anciens, je n'ai toujours pas compris le symbole, s'il y en avait un !), nous sommes forcés de nous livrer à toutes sortes de petits jeux extrêmement raffinés : j'ai même gagné une épreuve qui consistait pour moi à serrer entre les fesses une bougie allumée et à m'en servir pour allumer une bougie qu'un des autres bizuths tenait entre ses fesses à lui... Quand je vous disais que c'était raffiné ! Au bout de quelques heures de ces intéressantes évolutions, on vous passe au jet d'eau pour enlever le plus gros de la peinture, et vous pouvez regagner votre chambre, et vous coucher, encore à moitié peinturluré : vous n'êtes plus bizuth.

Enfin, si, à l'école, vous êtes encore bizuth, mais le bizutage à Centrale, totalement dépourvu de ces brimades grotesques, était une cérémonie infiniment plus intelligente, et qui m'a beaucoup apporté : en gros, il s'agit d'une immense chasse au trésor qui culminera en un après-midi de fête dans la vaste cour de l'école, encadrée d'imposantes galeries à l'architecture napoléonienne ; chaque thurne est priée de rapporter le plus grand nombre possible d'articles d'une liste qui nous est remise quinze jours à l'avance, et qui inclut des éléments aussi disparates que « la plus grande tour Eiffel », « le plus grand nombre possible de ballons plus légers que l'air », « une vedette de la chanson » ou « une danseuse nue ». Mon copain Barc, Parisien débrouillard, très au fait des infinies ressources à la portée de gars imaginatifs dans une ville comme Paris, me propose de nous associer pour notre quête ; pour notre plus grande tour Eiffel, nous ne nous fatiguerons pas beaucoup, nous la dessinerons sur toute la hauteur de trois rouleaux de papier hygiénique collés bout à bout et tenus à la verticale par quelques ballons gonflés à l'hydrogène : elle rivalisera presque de hauteur avec la vraie. Pour ce qui est des ballons, nous avons commencé à faire la tournée des marchands de chaussures, glanant de-ci de-là quelques dizaines de ballons marqués Bata ou André. Soudain, Barc a l'idée de génie : « Et si on allait voir la direction commerciale des chaussures Bata ? » C'est fou ce que la carte de visite « Nous sommes élèves à Centrale » peut ouvrir comme portes ! Nous sommes reçus à la direction de Bata, dans le huitième, et nous repartons avec plusieurs cartons, des milliers de ballons ; reste à trouver quelque chose pour les remplir. On raconte qu'un certain M. Bardot, père, semble-t-il, de la merveilleuse Brigitte, serait un des directeurs d'Air Liquide, et un ancien de Centrale... Ni une ni deux, nous nous présentons au siège de la compagnie, et obtiendrons la veille de la fête deux grandes bouteilles d'hydrogène azoté : nous passerons près de vingt-quatre heures dans la thurne, puis dans les couloirs de l'école, à gonfler tous nos ballons : ils constitueront une grappe gigantesque qui planera au-dessus de la cour de l'école avant de s'envoler dans le ciel parisien. Comme vedette de la chanson, je ne sais plus du tout comment je me suis débrouillé pour trouver l'adresse d'une chanteuse « rive gauche », que l'on entend dans le film de Jacques Baratier qui vient de sortir, *Dragées au poivre*, avec Guy Bedos, Sophie Daumier, Monica Vitti et Jean-Paul Belmondo ; ce n'est pas vraiment le genre de chanteuse que je suis de près, moi qui préfère mille fois Françoise Hardy ou Sylvie Vartan, mais elle acceptera pourtant gentiment de faire une courte visite dans notre foire désordonnée.

Reste à pourvoir le poste « danseuse nue »... Là, c'est un gag, cet article figure depuis des années à l'inventaire de notre course au trésor, sans que personne n'en ait jamais ramené une. Barc et moi décidons de faire preuve de classe, et nous demandons un rendez-vous au directeur des Folies-Bergère. À l'époque – où la nudité est totalement absente de tous les médias (la speakerine Noëlle Noblecourt sera renvoyée de la télévision l'année suivante parce qu'elle a eu le culot d'annoncer les programmes de la soirée dans une robe si courte que l'on pouvait apercevoir ses genoux !), où seuls les strip-teases louches de Pigalle et les Folies-Bergère permettent d'apercevoir des seins et des cuisses de femmes –, le music-hall de la rue Bergère connaît un grand succès ; nous sommes reçus par le directeur, très amusé par notre requête, et qui promet de nous envoyer le soir qui nous conviendra une de ses danseuses : une soirée spéciale sera organisée à la maison de Cîteaux. Ce soir-là, même les élèves qui n'y logent pas s'y regroupent, et une pulpeuse danseuse viendra se produire sur une scène improvisée, laissant tomber un à un ses sept voiles sous les regards fascinés de centaines de centraliens boutonneux, sortant d'années de collèges de garçons...

Pour moi, petit provincial venant d'un univers où rien n'est possible, où celui des gens célèbres, des artistes, de la télé et de la radio n'avait aucun point commun avec notre vie quotidienne, cette chasse au trésor a été une révélation : j'ai réalisé que si l'on s'en donnait la peine, si on ne se laissait pas intimider, on pouvait atteindre des tas de buts *a priori* inaccessibles : j'ai souvent, depuis ces jours-là, mis en pratique les enseignements retirés de ces journées qui paraissaient un peu folles au candide que j'étais.

Quelques jours plus tard, d'ailleurs, une autre aventure commence : le bal annuel de l'École centrale est programmé pour le mois de décembre, et les élèves les plus débrouillards sont invités à apporter leur aide. La direction de l'école les autorise à transformer pour une nuit l'école entière en une série de salles de danse et de bars, décorant chaque salle dans un style différent, à condition de ne rien enfoncer dans les murs, de ne pas les repeindre, de ne laisser aucune trace ; nos astucieux anciens (n'oublions pas que le plus glorieux d'entre eux s'appelait Gustave Eiffel) ont eu l'idée de doubler complètement les murs de chaque thurne en élevant des échafaudages de tubes à dix centimètres des parois, et en plaquant la décoration à cette structure démontable : chaque thurne revêtira un décor différent, l'une devient une caverne, une autre un saloon du Far West, une troisième une plage sous les tropiques. Moi, je me charge d'une autre mission : avec un copain polytechnicien originaire de Grenoble, nous avons appelé la direction d'Europe 1, et nous avons obtenu la permission d'aller enregistrer tout ce que nous voulons dans la discothèque de la station pour réaliser les bandes qui seront diffusées pendant les soirées de nos deux écoles (on est encore loin des DJ de la fin du siècle !) ; c'est la première fois de ma vie que je mettrai les pieds dans cette institution du 26, rue François-Ier, où je suis retourné mille fois depuis... Je n'imaginais pas, ce jour de la fin de l'année 1963, que dans moins de deux ans j'y serais invité en tant que chanteur ! J'ai aussi consacré pas mal de mes nuits à coller des affiches pour la manifestation, dans les rues du Quartier latin, avec colle et balai ; c'est ainsi que je gagnais des entrées gratuites au bal pour les distribuer à mes copains. Je l'avoue, je me souviens infiniment moins du bal proprement dit, où il n'a rien dû m'arriver d'intéressant !

Bon, il n'y a pas que des fêtes, à Centrale, il y a aussi les études ; une grande partie du temps que nous passons à étudier est consacrée à des projets individuels : architecture, tracé de routes, études de chaudières, la gamme des plaisirs est variée. Chaque élève reçoit des données particulières qui font que le projet de l'un d'entre nous ne peut pas être rendu par un autre, les mesures du terrain, ou les données physiques, par exemple, étant différentes pour chacun de nous ; pour un gars débrouillard, par contre, il est assez facile, un projet étant réalisé, de l'adapter aux données particulières d'autres élèves : mes revenus étant limités, j'ai vite découvert que certains élèves paresseux ne voient pas d'inconvénient à ce qu'on fasse leur projet pour eux... C'est comme ça que je gagnerai une bonne partie de mon argent de poche, en complément des revenus des leçons particulières de maths et de physique que je donne aux quatre coins de Paris à des élèves de première ou de terminale... Là aussi, j'ai passé bien des heures à lutter contre l'assoupissement, tandis que des élèves essayaient en vain de trouver la solution à l'exercice que je leur avais proposé... Avant de donner ces leçons, je croyais qu'on pouvait faire comprendre à tout le monde ce qu'on avait bien compris soi-même... J'ai dû déchanter, et me convaincre qu'il y avait des gens qui ne pouvaient simplement pas apprendre !

Sans rouler sur l'or, je complète donc sans mal la petite mensualité que mes parents m'envoient de Grenoble, et la maigre bourse que je reçois... du Commissariat à l'énergie atomique : j'ai trouvé un matin au tableau d'affichage de l'école un message où cette institution offrait des bourses d'études aux jeunes centraliens, sans aucune obligation : on leur proposerait simplement – Ô temps bénis des années 1960 ! – des emplois dès l'obtention du diplôme. J'avais donc assez de rentrées pour manger ailleurs qu'au triste resto U de Cîteaux et pour m'offrir de temps en temps un vêtement à la mode Salut les Copains : j'avais acheté l'année précédente à Grenoble la veste en velours noir à côtes et col rond que l'on connaissait sous le nom de veste Beatles ; cette année, je m'offris un blouson blanc avec des rayures blanches et rouges aux poignets et au col qu'on avait vu porté par Frank Alamo, et je rêvais de pouvoir me payer la veste qu'arboraient alors les minets, si cintrée qu'elle vous obligeait à tenir les épaules en arrière. J'avais aussi acheté un pantalon « ligne cigarette » que je repassais soigneusement avec une pattemouille dans ma chambre de Cîteaux avant de sortir le soir. Je me souviens parfaitement qu'un soir, le 22 novembre de cette année 1963, je repassais mon unique pantalon en écoutant *Dans le vent* sur Europe 1, quand on annonça que John Fitzgerald Kennedy venait d'être assassiné à Dallas.

Il ne m'avait pas fallu longtemps pour découvrir que les études, à Paris, ne constitueraient qu'une partie de mes activités ; il y avait d'abord eu les matinées organisées chaque dimanche à la Maison des anciens de Centrale, rue Jean-Goujon, près du rond-point des Champs-Élysées. Les élèves étaient invités à s'y rendre (si possible revêtus de la veste réglementaire, verte avec une abeille dorée à la boutonnière) pour y danser au son d'un orchestre bien conventionnel. Le but avoué de ces réunions était d'amener à se rencontrer des jeunes élèves de Centrale, à l'avenir prometteur, et les filles des anciens de l'école : ce qui donnerait naissance à de beaux mariages très centraliens et à de beaux enfants, futurs élèves de l'école. Tout de suite, je me démarquai des autres par mon style vestimentaire différent, et par la connaissance que j'acquis vite de chacune des danses qui déferlaient sur les ondes pour disparaître quelques semaines plus tard : twist, surf, madison, hully gully. J'étais devenu le professeur de danse des centraliens, leur enseignant ce qui deviendrait plus tard les « danses en ligne », et qui s'apparentait parfois à des exercices militaires... Je buvais du jus d'orange ou du Martini (!), grignotais les olives du buffet. Mais aucune des filles présentes ne m'inspirait le moindre sentiment, même s'il me semblait que certaines d'entre elles se seraient volontiers laissé séduire, se disant sans doute que mon originalité n'était qu'un accès de jeunesse, et que je saurais vite retrouver le droit chemin du Travail, de la Famille et du Rendement.

Vers vingt heures, lorsque la matinée dansante se terminait, le saxophoniste du petit groupe entonnait un morceau particulièrement sirupeux – l'indicatif du groupe –, et je partais avec quelques amis déguster un couscous dans un restaurant du quartier des Grands Boulevards, ou nous prolongions la fête dans une des boîtes que je fus vite amené à fréquenter...

Mais en dehors de ces moments de loisir bien cadrés, bien « piston » (le mot familièrement employé pour tout ce qui était centralien), mes loisirs, au début de cette année scolaire, restaient bien limités. Le cinéma parfois, traîner en ville, rarement. La solitude me pesait. Où rencontrer des gens ? Si on partait seul de Cîteaux, on rentrait seul. Si on partait avec un camarade d'école, on rentrait avec le même camarade d'école. Il y avait une race – d'étalons ou de menteurs –, les « baiseurs », qui affirmaient *mordicus* qu'ils se faisaient une fille différente à chacune de leurs sorties... Je ne les croyais guère. Et la plupart des élèves paraissaient se contenter parfaitement de leur vie larvaire : ils pensaient peut-être que l'obtention du diplôme serait une éclosion, l'accession à la vraie vie... les pauvres !

Parfois, une soirée dansante moins guindée que chez « Nanar » (le surnom que nous donnions à la maison des centraux de la rue Jean-Goujon) était organisée dans les salons du sous-sol de Cîteaux. Ces « surprises-parties » étaient moins sophistiquées, et fournissaient aussi des histoires d'amour sans lendemain à certains élèves ; une partie des jeunes filles invitées étaient des étudiantes, certaines étrangères, venant par exemple de l'Alliance française : les gens étaient là pour se rencontrer, pas pour se marier. C'est ainsi que je rencontrai Ingrid, une jolie Autrichienne ; je me suis jeté à l'eau, je l'ai draguée... et ça a marché ! L'histoire n'est pas allée très loin, mais c'était assez joli, et ça a duré quelques semaines. Elle était au pair dans une famille, près du Bon Marché, et nous nous donnions rendez-vous au Sip Babylone, où nous mangions des glaces (j'y repense toujours quand je passe par là). Nous allions généralement dans une boîte, la Question, et là, dans la pénombre, je passais des heures à l'embrasser et à lui caresser la poitrine dans son corsage, sans jamais oser aller plus loin ! Un jour, notre histoire s'est envolée en fumée, sous la pluie sur les quais, près de la Concorde, face aux grandes horloges de la gare d'Orsay abandonnée. Promise pour bientôt à la démolition, personne n'imaginait qu'elle deviendrait plus tard un des plus beaux musées de Paris ! Il pleuvait sur la place déserte, et nous ne trouvions pas les mots pour faire revivre notre aventure défaillante, alors je suis parti « comme un con, place de la Concorde », comme le chantait deux ou trois ans plus tôt, dès la naissance de Salut les Copains, Claude Nougaro.

Comment avais-je connu le Tabou ? Je n'en sais rien. J'ignorais totalement le passé glorieux de la boîte, les fêtes cachées dans cette cave de Saint-Germain-des-Prés durant la Seconde Guerre mondiale, l'exubérance retrouvée à la Libération, la *trompinette* de Boris Vian, Juliette Gréco, l'élection de Miss Poubelle... Pour moi, ce n'était qu'une boîte de nuit, où il ne se passait pas grand-chose. Je commençai à y aller le soir, essayant tout pour arriver à draguer – arrivant tôt parce que les filles ne seraient pas encore « en main », arrivant tard en espérant que ça me donnerait l'air plus mystérieux, rêvant chaque fois, toute la nuit, que j'allais enfin la faire, cette rencontre... Et je me retrouvais à attendre le premier métro, toujours seul, ou avec quelques copains qui me donnaient l'impression de résider sur une autre planète. Je buvais, de toute la nuit, un Coca-citron à cinq francs (le whisky-Coca aurait coûté huit francs, au-dessus de mes moyens !), et lorsque je voyais une fille seule, j'attendais désespérément que revienne une série de slows pour aller l'inviter. Comme, en général, je ne me décidais pas assez vite, c'était presque toujours râpé. Les minets et minettes dansaient le bop d'une façon belle et sophistiquée, longues arabesques, très calmes, très enchaînées, sans se regarder, la main devant la hanche, sans marquer un seul instant le rythme avec le corps, comme si les danseurs glissaient sur le sol : aucun rapport avec ces grotesques dandinements, ces gloussements pour faire croire que l'on s'amuse des fausses manœuvres, ces piétinements ridicules des gens qui insistent dans les soirées pour « danser le rock ». Et puis il y avait ces danses en ligne, que je dansais à perdre haleine, je pris même des cours au Tabou certains après-midi.

Je me mêlai quelque temps à une petite bande de garçons et de filles rencontrés au Tabou, et qui me firent découvrir une autre boîte, du côté de la porte des Ternes, où l'on ne dansait que les danses en ligne. Lorsqu'ils m'avaient demandé mon prénom, je ne sais pas trop pourquoi, j'avais répondu « Pierre-Antoine », rajoutant à mon premier prénom le second, mon prénom corse que j'avais tant détesté jusque-là, car je le trouvais risible. Pourquoi Pierre-Antoine ? Sans doute pour faire comme cette petite bande de jeunes assez snob, et tous pourvus de prénoms compliqués.

La Question... Encore un endroit important de ma vie[1] ! Cette belle boîte proche du quai de Montebello n'arrivait pas à trouver le succès que connaissaient d'autres clubs plus célèbres : il n'y avait presque personne en semaine, un peu de monde le vendredi et le samedi (alors que ces soirs-là, le Tabou était infréquentable), et le patron ne gagnait de l'argent que le dimanche en matinée, avec les minets snobinards sous l'influence desquels je devins Pierre-Antoine, et grâce à quelques fêtes comme celle qu'organisait chaque mois, pour fêter le « bouclage » du magazine, toute l'équipe de *Hara-Kiri*, le professeur Choron, Cavanna, Wolinski, Topor et les autres. C'étaient des fêtes un peu folles,

---

1. Auquel j'ai songé bien des années plus tard lorsque j'ai retrouvé sur les bords du fleuve Sénégal, où il était devenu capitaine du *Bou el Mogdad*, un petit paquebot de croisière, l'ancien patron de cette boîte, Georges Console !

très alcoolisées, où l'un ou l'autre des collaborateurs – généralement Choron – et quelques-unes des femmes qu'ils avaient invitées montaient parfois danser en tenue légère sur les tables de la boîte de nuit, abritée comme le Tabou dans de vénérables caves voûtées datant de plusieurs siècles.

Seule autre distraction des centraliens : le salon de télévision de Cîteaux, où je regardais les rares émissions de variétés que distillait l'unique chaîne de télévision nationale, encore en noir et blanc, bien sûr. Mes collègues de l'école s'étonnaient du fait que je sois déjà au courant de tout, que je connaisse tous ces artistes, Françoise Hardy, Claude François (qui bondit toujours plus haut, cette année-là, sur *Une petite mèche de tes cheveux)*, bientôt Joe Dassin. Installé au premier rang, sur une chaise à l'envers, accoudé au dossier, je me régalais particulièrement devant les émissions de Jean-Christophe Averty, comme les *Raisins verts*... Il ne me serait jamais venu à l'idée que j'y serais, moi, sur cet écran, moins de deux années plus tard ! L'émission terminée, je passais quelques coups de téléphone dans l'unique cabine de Cîteaux, tout près du salon de télévision, essayant en vain d'avoir un rendez-vous avec une fille ou une autre, et j'attrapais mal au ventre à attendre le bon vouloir des centraux téléphoniques, alors encore manuels et toujours débordés... Aujourd'hui tout le monde a son portable, même les enfants, quand il fallait à l'époque plusieurs années pour avoir une ligne téléphonique chez soi, et presque aussi longtemps pour obtenir la moindre communication...

Et puis je m'élançais à nouveau dans ce Paris nocturne qui m'hypnotisait si fort : j'avais établi un accord tacite avec le concierge de Cîteaux, à vrai dire très bienveillant, et il fermait les yeux sur mes retours tardifs.

Mes revenus me permettaient aussi d'assister, parfois, à un spectacle à l'Olympia, où les grands noms français se succédaient, Gilbert Bécaud, Claude François, mais où des soirées exceptionnelles, qui se déroulaient chaque mardi, m'attiraient plus encore ; je prenais ma place – parmi les moins chères, tout en haut du balcon –, et j'assistais aux brefs passages à Paris de groupes anglais comme les Kinks ou les Yardbirds : si les vedettes françaises remplissaient la salle plusieurs semaines de suite, les groupes étrangers, moins connus, ne se produisaient que dans ces éphémères Musicorama aux plateaux disparates : je me souviens d'y avoir vu Boby Lapointe, dont une des chansons, intitulée *Saucisson de cheval*, l'avait fait entrer au hit-parade d'Europe 1... Face à un public de rockers venus s'exciter en écoutant la musique d'un groupe anglais, le pauvre Boby avait pris un grand bide. Au même spectacle, une jeune chanteuse, dont une ou deux chansons figuraient au hit-parade de SLC, était aussi programmée ; sa prestation hésitante commençait à soulever quelques murmures de déplaisir. J'en ai toujours eu un peu honte, mais soudain j'ai poussé de tous mes poumons le cri de désapprobation dont nous étions coutumiers à Centrale : « À Poil ! » Encore une fois, il ne s'agissait pas d'inciter qui que ce soit à se déshabiller... Mais le cri tomba dans un silence relatif, toute la salle l'entendit, et la pauvre petite, tout à fait désarçonnée, balbutia : « Vous êtes vraiment pas polis » et quitta la scène ; on n'entendit plus beaucoup parler d'elle... Plus tard, j'ai longtemps regretté cet instant quand j'ai ressenti moi-même la méchanceté des cris de certaines grandes gueules du public, et que j'ai dû m'y aguerrir et me blinder.

Vinrent les premières vacances de Noël, et je repris le train de Grenoble. Oh ! non, pas pour les passer au domicile familial, qui me semblait désormais se trouver sur une autre planète, mais pour rejoindre au ski mes copains des années précédentes, dans une petite pension de famille du Collet d'Allevard où une association d'étudiants de Grenoble organisait des séjours. Grands adolescents que nous étions, nous attendions autant de plaisir de nos journées de descentes frénétiques que des soirées, où nous rivalisions de charme, Pierre, mon copain grenoblois rentré à Polytechnique, Robert, mon vieux pote, le roi du mauvais calembour, et moi, pour nous attacher les charmes d'une gentille oie blanche, ravie d'être courtisée par trois aussi prometteurs bipèdes, mais qui, avec persistance, n'accordait la moindre faveur à aucun de nous trois...

Le dernier jour, je trouve ça un peu énervant, et me dis qu'il est temps de passer à des jeux de grande personne, de leur montrer un peu à tous ces collégiens (et provinciaux, en plus, moi, je suis devenu parisien !) ce que c'est qu'un homme ! Il y a dans la bande une Anglaise un peu enveloppée, pas bien jolie, à laquelle personne n'accorde la moindre attention. Je commence à la draguer ; le lendemain, on va en groupe voir un film dans le petit cinéma du village enneigé ; tout le long du film, on se caresse à travers nos vêtements, et puis on rentre à l'hôtel, dans sa chambre, sur le lit... Attention, ça va être le grand moment, sonnez trompettes, je l'ai déshabillée, je me déboutonne, je l'approche, ça va être le moment...

Tu parles, il y a dix-neuf ans et demi que j'attends cet instant, et avant même que j'aie pu rien tenter, le train est parti en avance, me laissant pas très content de moi... Et la direction de la petite pension qui avait épinglé une affiche dans chaque chambre – leur clientèle était surtout composée d'adolescents, ils savaient à quoi s'attendre – : « Défense de tacher les draps » ! Le lendemain, un peu honteux de m'être commis (oh ! bien légèrement) avec une fille si différente de celle dont je rêve, je fais comme si rien ne s'était passé, malgré les avances que tente l'Anglaise dans le car qui nous ramène au bas des pistes... je fais semblant de dormir... ce qui ne m'empêchera pas de fanfaronner devant mes copains, qui courent toujours en vain après l'oie blanche, et de leur raconter que l'exercice m'a donné des jambes en coton...

Retour à Paris, début de l'année 1964, où m'attend bientôt une soirée exceptionnelle... Il y a quelques mois déjà que Bruno Coquatrix, directeur de l'Olympia, a signé un contrat avec un petit groupe anglais pour quarante représentations à huit cents francs par jour, pas en vedette, mais en deuxième ou troisième sur une affiche qui reste à préciser. Coquatrix engage ensuite un chanteur américain qui vient de faire de très gros succès en reprenant avec un rythme très personnel et très dansant le classique du folk *If I Had a Hammer* ou la chanson de *West Side Story*, *America*. Il complète le programme avec la gentille Sylvie Vartan, révélée dans un petit duo avec Frankie Jordan, *Panne d'essence*, et qui a fait un tube de *J'écoute la pluie*, mignonne adaptation de l'extraordinaire *Rythm of the Rain*, des Cascades, que j'ai si souvent entendu sur « Radio Luxemmburgh ». Seulement voilà qu'approche la date du spectacle, et qu'en quelques mois le petit groupe anglais est devenu la plus grande sensation du monde entier – et bientôt de toute l'histoire de la musique moderne –, les Beatles. Ce sera un événement unique dans la carrière de ce groupe mythique : jouer quarante fois de suite dans la même salle, où ils ont bien vite été programmés tout en haut de l'affiche... même si leur nom, au fronton de l'Olympia, n'est pas plus gros que celui de Sylvie ou que celui de Trini Lopez.

Moi, il y a un bon moment que je suis ce groupe avec passion ; j'ai déjà acheté les deux albums parus en 1963, et notre thurne de Centrale résonne souvent des couplets de *I Saw Her Standing There* hurlés par mon copain Campistron ou par moi ; quant au juke-box du café qui se trouve à deux pas de la maison de Cîteaux, comme celui du café de la rue Montgolfier, juste en face du portail de l'école, il résonne de la frénésie de *Roll Over Beethoven* qui tourne en boucle pendant que nous malmenons le Liberty Belle à la limite du tilt. J'ai trouvé dans une boutique du côté de Saint-Lazare, où je rôde parfois, une prétendue « perruque Beatles », effroyable objet composé de poils de Crylor noir plantés dans une espèce de bonnet en jersey de laine... Je l'ai achetée, et je suis arrivé à la faire coiffer de façon à peu près satisfaisante par un petit coiffeur très efféminé du quartier... À l'époque, seuls les coiffeurs pour dames sont réputés homosexuels, ceux pour hommes sont plutôt des barbiers, sinon des machos à demi militaires qui ne cherchent qu'à vous tondre ou, du moins, à vous dégager largement à la tondeuse le « tour d'oreille ». Et c'est ainsi attifé que je me présente à l'Olympia avec un ou deux copains. Grand succès, je me rappelle même que la dame du vestiaire m'a demandé en blaguant si je voulais lui laisser ma perruque en garde.

La soirée a été inoubliable ; même Sylvie, que nous autres avons tendance à mépriser un peu parce qu'elle n'est qu'une adaptation pâlotte des œuvres américaines, même Sylvie fait un succès ; Trini Lopez nous échauffe de sa guitare endiablée, et puis le grand moment arrive : la bonne humeur de Ringo derrière sa batterie un peu bricolée, le sérieux de Georges, et surtout l'élégance, l'humour, la joie de vivre de John et de Paul – Paul est gaucher, ça tombe très bien, leurs deux silhouettes à la guitare et à la basse sont parfaitement symétriques ; et je regagnerai Cîteaux en chantant à tue-tête *Please Please Me* ou *I Want to Hold your Hand*, avec toujours sur la tête l'affreuse « perruque Beatles » en bataille.

J'ai dû porter une autre fois cette perruque, pour aller à Dijon, où l'oie blanche de notre séjour de ski, ravie à l'idée de se faire courtiser à nouveau – toujours en vain – par ses trois chevaliers servants, avait organisé une fête. À la gare de Lyon, dans le train, dans les rues de Dijon, j'avais eu un certain succès avec ma coiffure. À la soirée, j'ai bien sûr été remarqué, j'affectais d'être un peu au-dessus de tout ça, mais j'étais assez populaire parce qu'assez marrant – du moins je l'imaginais. Et comme prévu, il ne s'est rien passé, et je me suis retrouvé dans le train du retour... Ces voyages en solitaire, dans des trains surtout, m'ont toujours marqué, au point que plus tard, lorsque j'allais faire un spectacle ou une émission de télévision quelque part en France ou en Italie par exemple, j'insistais toujours pour voyager seul.

L'année à Centrale s'est poursuivie sans grandes péripéties. Je m'étais acheté une 4 CV Renault, une vieille guimbarde en mauvais état, mais qui me ramenait fidèlement à Cîteaux à toute heure de la nuit, sans dépendre du dernier ni du premier métro. Je l'utilisais parfois aussi pour aller de Cîteaux à l'école, et c'est sur le chemin de retour que je fis une constatation qui m'apporta beaucoup dans ma vie : les élèves qui avaient une voiture empruntaient systématiquement l'itinéraire le plus logique, le plus évident, au départ de la rue Montgolfier, passant par la Bastille puis la rue de Lyon ; la circulation parisienne était moins dense que celle d'aujourd'hui, mais la rue de Lyon était toujours bouchée, on y perdait généralement une demi-heure. Un jour, il me vint l'idée d'essayer un itinéraire détourné, oh ! de très peu, et j'empruntai désormais la rue de Charenton, à l'époque toujours vide... j'arrivais ainsi un bon quart d'heure avant les autres, mais, surtout, je découvrais sur mon chemin des lieux, des cafés, des personnages qui avaient échappé au troupeau qui, docilement, suivait les chemins tracés pour eux par l'habitude... C'était un bien petit détour, mais il me révéla l'existence de chemins de traverse, que je choisirais toute ma vie d'emprunter, où la vie était plus douce ! Je pris de même l'habitude, lorsque je gagnais l'école en métro – la 4 CV était souvent en panne ! – de tenter de nouveaux itinéraires... et l'aventure était au rendez-vous lorsque je remontais à la lumière, sortant de stations où je n'avais en principe rien à foutre. C'est ainsi que je fréquentai quelque temps un bistrot du carrefour Faidherbe-Chaligny, où je m'étais lié avec une bande de rockers dont faisait partie un petit gars nommé Moustique, gentil rocker maudit : ses chansons passaient à Salut les Copains sans qu'il parvienne à trouver un véritable succès populaire.

Je m'arrangeais tout de même pour suivre les cours obligatoires de Centrale, même si, ayant attendu le premier métro, je finissais de temps en temps ma nuit écroulé sur le pupitre de l'amphi ou allongé sur le sol. Je potassais juste assez chaque cours pour obtenir la moyenne requise et passer en deuxième année. Mais je trouvais plus intéressantes d'autres manifestations folkloriques propres à l'école. Il y avait les « enterrements » : quand arrivait le dernier cours de l'enseignement, étalé sur quelques semaines ou quelques mois, de tel ou tel professeur, celui-ci, traditionnellement, laissait les vingt dernières minutes du cours aux élèves afin qu'ils procèdent à son enterrement : un élève, plus ou moins grimé, jouait le rôle du prof, moquant gentiment les travers, les tics de celui-ci, dans une petite saynète laissant place à l'improvisation. Je choisis de jouer le rôle du professeur de mécanique, très populaire auprès des élèves. Un oreiller sur le ventre, coiffé comme lui, je donnai un cours magistral qui reprenait l'étude de la stabilité d'une échelle appuyée sur un mur : à partir de quel angle glisserait-elle ? À un moment du cours, une équation proposant deux solutions, le professeur en éliminait toujours une en constatant simplement qu'« on n'a jamais vu une échelle remonter toute seule le long du mur », une réplique avec laquelle il faisait toujours un franc succès. Ce jour-là, dans ma parodie, je résumai cette démonstration, affirmant haut et clair : « On n'a jamais vu une échelle remonter », en appuyant solennellement sur le bouton de relevage du vaste tableau noir, double et sophistiqué, devant lequel les profs donnaient leurs cours ; j'avais pris soin auparavant d'y attacher le sommet de l'échelle qui leur servait à écrire en haut de ce tableau... et voici l'échelle qui remonte, contrairement aux lois de la mécanique... Autre franc succès !

Bien des années plus tard, l'administration des Impôts m'a un jour demandé de lui communiquer la liste de mes comptes en banque : je me suis exécuté sans problème, et pourtant j'ai reçu une sommation de m'expliquer sur un compte que je n'avais pas déclaré, dans un quartier de Paris que je n'avais jamais fréquenté ; j'ai fait une petite enquête... c'était le bureau où finissent les livrets de caisse d'épargne inutilisés depuis plus de vingt ans... et le compte qui chiffonnait tant l'inspecteur des impôts était le petit livret, vide depuis toutes ces années, que j'avais ouvert à la poste du boulevard Diderot lors de mon arrivée à Paris, à dix-neuf ans ! Je m'évertuais à y mettre de côté une partie de mes revenus pour le grand projet que je comptais bien réaliser dès cet été : me payer un voyage aux États-Unis pour rendre visite aux nombreux copains américains rencontrés au cours de mes trois étés Experiment, et plus généralement pour retrouver tout ce qui était américain : à l'époque, musique, mode, luxe et avenir radieux, l'Amérique nous paraissait le paradis terrestre... Les charters naissaient à peine, en cette année 1964, et l'école avait rassemblé une vingtaine d'élèves dans mon cas pour obtenir un tarif intéressant. C'est tout excité de retrouver l'est des USA que je m'embarquai, à la fin de juin, pour le Nouveau Monde. De l'aéroport de La Guardia, un car me conduisit à New York, où m'attendait Hal, notre hôte de l'été 1963, chez qui j'allais passer les premiers jours de mon séjour, à Princeton, dans le New Jersey, siège d'une très fameuse université.

Quel voyage extraordinaire, six semaines passionnantes, un gars tout seul, plein d'incertitudes, voyageant seul, cherchant il ne savait pas quoi, à travers les États, essayant un peu tout. À Princeton, je visite le merveilleux campus américain, tellement plus fascinant que notre vénérable école. Je songe à m'inscrire ici pour y passer un PHD (l'équivalent de notre thèse de doctorat) à la fin de mes études à Centrale, et j'y découvre un des premiers ordinateurs : il occupe quatre étages d'un immeuble, mais sa capacité totale de calcul doit être le dixième de celle de la moindre calculette de bazar à un euro d'aujourd'hui ! La vie américaine, dans la famille de Hal, m'enchante, l'alimentation, le confort, le rapport aux loisirs, à la musique. J'ai apporté à ma famille d'accueil un disque d'Hugues Aufray, qui a un beau succès en France avec *Santiano*, *Stewball* (classique du folk américain), *N'y pense plus, tout est bien* (de Dylan, qu'il a découvert bien avant tout le monde) ou *Dès que le printemps revient* ; mais la voix cassée d'Hugues ne trouve pas grâce à leurs oreilles, habituées aux bluesmen, aux crooners et aux chanteurs folk traditionnels aux riches tessitures.

À la piscine du club, je suis étonné de voir les hommes se mettre nus dans le même vestiaire : plus petit, au Cameroun, à la piscine Bastos, même dans le vestiaire des garçons, on gardait une serviette autour de la taille le temps de passer du short au maillot de bain. Autre constatation surprenante à l'arrivée aux USA · les toilettes publiques où chaque WC n'était entouré que d'une frêle cloison s'arrêtant à trente ou quarante centimètres au-dessus du sol, l'impression de devoir faire en public ce que nous étions, en France, habitués à ne faire que dans des WC étriqués, fermés à clef, parfaitement étanches...

Un jeune Américain, ami de Hal, entame une tournée de visite d'une demi-douzaine d'universités de l'est des USA : c'est une pratique courante dans ce pays, le futur étudiant choisit ainsi celle où il ira étudier. Je m'embarque avec lui dans une de ces énormes voitures américaines, classiques à l'époque : depuis, la mode des « compacts » a fait disparaître la plupart de ces vastes navires, bas sur roues, qui « croisaient » à moins de cent kilomètres à l'heure sur les *highways* et *freeways*. Nous visitons ainsi des collèges splendides, des universités belles à en rêver, de Harvard à Chicago ; deux jeunes garçons dans cette voiture, banale là-bas, mais qui me semble d'un luxe inouï, nous roulons vitres ouvertes, main sortie par la portière, faisant des vagues dans l'air sous l'effet de la portance du vent. Nous nous arrêtons dans des relais quand nous voyons depuis l'autoroute (les autoroutes sont alors presque inexistantes en Europe) écrit en lettres énormes « EAT ». On mange dans des *Howard Johnson's*, on boit de la *root beer* qui sent fortement la cannelle, comme le Coca et les pâtisseries de là-bas, d'ailleurs, et on consomme de gros *Ice Cream Sundaes*... quel bonheur de retrouver toutes ces *goodies* dont je gardais le souvenir.

Seulement voilà, mon copain américain est sympathique, mais c'est sa voiture, son pays, un voyage à la recherche de son université, il est donc devenu logiquement le chef de notre petit groupe de deux personnes, et c'est lui qui prend la plupart des décisions, ce qui ne me plaît pas beaucoup ; alors, dès que nous sommes de retour à Princeton, je pars seul à l'aventure. Je prends un billet pour les bus Greyhound qui me permet, pour cinq cents francs, d'aller où je veux pendant un mois, et je commence par me diriger vers le sud, tout au sud. Ambiance des salles d'attente américaines, gens américains, odeurs américaines, lectures américaines. Pendant que les bus avalent les *miles*, moi, je dévore, comme en Angleterre trois ans plus tôt, des romans de science-fiction introuvables en France ; mais j'ai également acheté un livre d'éducation sexuelle, je travaille aussi, sur un cahier, à essayer de mettre sur pied une sorte de langage international sans tous ces problèmes d'accords, de conjugaisons, de déclinaisons, une langue dans laquelle le même son s'écrirait toujours de la même façon... [1] J'aime ces longs voyages en autocar, où on roule vite sur les *highways*, plus lentement dans la traversée de chaque ville étape. On écoute la radio dans ces bus, et je suis le hit-parade de chaque station régionale ; partout où j'arrive, une chanson triomphe : *House of the Rising Sun*, par les Animals. C'est une interprétation formidable d'une chanson traditionnelle dont les racines dans le folklore anglais et américain remontent au XVIIe siècle, qui a été déjà enregistrée de nombreuses fois, par des bluesmen noirs comme Texas Alexander ou Roy Acuff, et, en 1941, par les Almanac Singers, un groupe dont font partie deux chanteurs qui ont marqué la musique folklorique jusqu'à ce jour, Pete Seeger et Woody Guthrie. Elle figure même sur le premier album de Dylan, paru en 1962. Le soleil levant a toujours été le symbole des bordels dans la tradition folklorique chantée, et la version anglaise

1. J'égarerai un jour ce cahier, ma langue internationale restera un vœu pieux, et on continuera à écrire, par exemple le son « é » d'un nombre imbécile de façons différentes, par exemple *e, é, è, et, est, er, es, ef, ai, ait, ais, aie, aies, haie*, et même *aient*... jusqu'au jour où les gamins prendront le pouvoir et écriront dans leurs SMS *kc* pour *cassé*, *gc* pour *j'essaie*, et *wazo* plutôt que la graphie *oiseaux*, dans laquelle aucune des sept lettres utilisées n'est prononcée comme elle s'écrit !

chante les malheurs d'une pauvre fille qui a ruiné sa vie dans une « maison » de La Nouvelle-Orléans. Quelques mois plus tard, Johnny enregistrera une version française écrite par Hugues Aufray... Mais le yé-yé, sans l'alibi des racines anglophones, est si totalement asexué que, dans l'adaptation, le concept de bordel sera totalement oublié, remplacé par un pénitencier !

Plus au sud, le gros succès, c'est *Everybody Loves Somebody Sometimes*, une ballade entraînante chantée par Dean Martin ; Chuck Berry chante d'une autre façon La Nouvelle-Orléans francophone : *C'est la vie, say the old folks, it goes to show you never can tell*. Et les Beatles sont partout, avec deux ou trois chansons dans chaque hit-parade.

Une nuit, je suis assis à côté d'une jolie jeune fille noire, sympathique et souriante ; je la drague un peu, mais je n'insiste pas trop. Au matin, arrêt pour le petit déjeuner, je l'invite à le prendre avec moi, mais cela pose un problème insoluble : il y a une cafétéria pour les Blancs et une pour les Noirs, comme dans tous les États du Sud ; d'ailleurs, dans cette région, les Noirs doivent aller s'asseoir au fond du bus...

J'arrive tout au sud de la côte atlantique, pas moyen d'aller plus loin, j'ai atteint Key West, où je n'ai rien à foutre, où il n'y a rien à foutre, c'est le bout du monde, tout au bout d'une étroite presqu'île de terres sans rien... Mais quelle sensation, quel plaisir de se retrouver tout au bout de l'Amérique. Qui pourrait imaginer que cet endroit va devenir, vingt ans plus tard, un endroit très branché du tourisme américain ? Sur la route du retour, je m'arrête chez des amis de mes parents qui ont une maison à Miami : vie à l'américaine dans cette région de marinas, air conditionné qui m'enrhume aussitôt que je mets les pieds dans un de ces grands supermarchés, qui me font rêver parce que j'y retrouve tous ces produits courants dans mon enfance, inconnus dans la France des années 1950 et 1960 : les céréales, le *Jell-o* (dessert de gélatine aux couleurs éclatantes), le *butterscotch*, des préparations instantanées pour crèmes-desserts appelées Instant Whip... J'en expédie un carton vers la France !

À Atlanta, je glande tout l'après-midi, attendant l'heure d'aller voir le nouveau film d'Hitchcock, qui vient de sortir, *Marnie* : un an après *Les Oiseaux*, et avec la même Tippi Hedren. Mangeant un hamburger dans un café, je lie conversation avec une fille rondelette, pas trop jolie ; on se balade, on parle de toutes sortes de choses intéressantes, et puis tout d'un coup je préfère aller au cinéma seul, je me fais raccompagner à mon hôtel, fais semblant de rentrer, ressors cinq minutes après pour aller voir le film.

Retour en Greyhound, et toujours la musique, la musique. J'ai acheté quelques albums, dont *Chuck Berry is on Top,* ainsi qu'un disque du bluesman noir Bo Diddley, et surtout les deux premiers albums de Dylan : *Bob Dylan,* et *The Freewheelin'.*

J'ai plein de gens à rencontrer en Amérique, tous mes copains de mes trois années d'Experiment. Je n'en verrai pas la moitié. À Baltimore, je vais passer huit jours dans la famille d'une des filles du groupe de la troisième année. Vie américaine toujours, drive-in, hamburgers mangés dans les voitures. Dans quelques mois, les États-Unis éliront un nouveau président, et je m'enrôle avec mes copains dans une équipe qui visite les banlieues noires de la ville pour inciter leurs habitants à s'inscrire sur les listes électorales : il y a juste un an, non loin d'ici, sur les marches du Lincoln Memorial, Martin Luther King Jr prononçait son inoubliable discours « *I had a dream...* »

Un soir, un événement considérable : les Beatles, en chair et en os, viennent chanter à Baltimore. On ne parle que de ça, et nous sommes arrivés à avoir des places. Dans la journée, je ne le fais pas exprès mais je suis comme ça, je me balade dans un centre commercial de Baltimore avec mes cheveux longs... tiens ? Mes cheveux sont longs ? C'est vrai, il y a déjà trois mois que je ne les ai pas soumis au rite déplaisant du « tour d'oreille », et simplement, naturellement, sans l'avoir décidé délibérément, ils ont poussé, après tout, c'est la nature, pourquoi la contrarier ? J'ai aussi un imperméable en plastique noir, qu'on a vu porter par Paul McCartney sur certaines photos, et plein de gens se retournent sur moi, se demandant si... Des minettes stupéfaites m'abordent, me demandent d'où je viens... Moi, je laisse planer le mystère, répondant que je viens d'Europe. Le soir, la ville est en état de siège, le lieu du spectacle, une sorte de stade, est entouré de policiers, de chiens, de gardes à cheval. Une foule énorme se presse. La première partie, composée d'artistes locaux dont j'ignore tout, m'ennuie profondément, et je me promène dans les couloirs du stade : partout où je passe, une émeute se déclenche, des filles croyant que c'est un des *Fabulous Four* qui se pointe là. À un moment, même, un flic me court après, et je n'ai d'autre ressource que de me planquer dans la foule, assis sur mon imperméable pour le dissimuler, ma frange de cheveux rapidement coiffée en arrière. À la sortie du spectacle, alors que nous traversons la foule pour regagner la voiture, un gros *pig* de flic américain qui joue avec son bâton, clame en me voyant passer « *This guy is looking to be mobbed* » « Ce type cherche à se faire écharper »... il y aurait bien contribué lui-même avec son assommoir !

Avec mes amis, nous allons passer quelques jours dans une belle maison au bord de la mer en Nouvelle-Angleterre. Entre jeunes, sans parents, on se fait la cuisine, on va acheter les homards dans un grand vivier proche, on les plonge tout vivants dans un faitout rempli d'eau de mer, et, la table couverte de papier journal, on se régale, des serviettes autour du cou, avec des petits maillets de bois pour casser les carapaces. Mais je n'arrive pas à me sentir parfaitement à l'aise, j'ai si peu de points communs avec ces gens pourtant si accueillants.

1964, c'est l'année de l'Exposition universelle de New York ; j'y passe une journée entière, seul, à visiter les nombreux pavillons ; en plein air, un artiste crayonne en quelques minutes le portrait des passants, il m'interpelle, me propose de faire gratuitement le mien, parce qu'il trouve intéressante ma coiffure, quand tous les hommes d'Amérique portent encore la *crew cut*, la coiffure en brosse chère aux marines et aux GI. Et puis l'avion, avec une escale à l'aéroport de Reykjavik, en Islande, me ramène à Paris, pour une deuxième année de Centrale.

J'ai changé de chambre et heureusement de cothurne : j'ai fait la connaissance de François, je crois, dans les surprises-parties organisées dans les salons du sous-sol de la Maison des élèves, parce qu'il y jouait du piano. Oh ! pas vraiment la musique qui m'intéresse, mais du jazz, plus ou moins traditionnel, plus ou moins moderne, le jazz que j'avais cru me mettre à aimer quand on m'avait offert *Time Out* de Dave Brubeck, et auquel j'ai réalisé qu'en fait je n'entendais rien, ce jazz qui m'indiffère le soir dans les émissions de Frank Ténot *Pour ceux qui aiment le jazz* : non, la musique que j'aime, elle est plus simple que ces improvisations décousues où jamais deux mesures de suite ne suivent le même dessin rythmique, sans qu'aucune mélodie soit reconnaissable : je vous laisse tout le jazz de la terre (à part, bien sûr, le jazz bon enfant de La Nouvelle-Orléans) pour un classique du rock, du rythm and blues ou du folk. Mais je m'entends bien avec François, il m'aidera à améliorer ma mince connaissance de la musique. Nous emménageons dans une nouvelle chambre, qui sera blanche, cette année, sans beaucoup d'aménagements : on nous en a promis une bien meilleure pour la troisième année.

Et les cours reprennent. Je suis mal dans ma peau. Cet été aux États-Unis a contribué à me faire réfléchir, je ne suis pas sûr de vouloir suivre aveuglément les rails tout tracés de la carrière d'ingénieur... mais je n'ai pas encore trouvé d'autres clefs... Je continue à fréquenter les boîtes de nuit, mais je me demande parfois ce que j'y fais. Je vais à la cinémathèque de Paris, souvent, pour y voir les films de Roger Corman, parfois inspirés de l'œuvre fantastique de Lovecraft, goules et démons, réalisations à petits moyens : les mêmes plans sont réutilisés dans les scènes d'incendie qui clôturent généralement chacun des films. Je vais parfois à La Pagode, aussi, et des films comme *The Knack* me feront réfléchir pas mal, cette année, dans des registres différents du mien, attisant mon attirance pour l'Angleterre de ces années-là... Un film d'Alain Jessua, *La Vie à l'envers*, avec Charles Denner, me marquera beaucoup aussi : c'est l'histoire d'un homme qui, de l'instant où il va se marier, fait progressivement marche arrière, remet en question tout ce que les autres appellent le bonheur et se replie de plus en plus sur lui-même... un film qui n'a eu qu'un succès modéré, la plupart des spectateurs se demandant, mal à l'aise, s'il fallait rire ou pleurer...

Mais c'est une autre aventure qui me fera sortir bientôt de l'adolescence, me propulsera, d'un violent coup de pied au cul, dans la pleine lumière d'un âge moins insouciant.

Une soirée a été organisée dans les salons de la Maison des anciens élèves, rue Jean-Goujon – une soirée, pas les matinées du dimanche habituelles –, et nous avons été dispensés de l'orchestre de bal à la musique sirupeuse qui n'a jamais entendu parler de rock'n roll... Ce soir, quelques élèves ont apporté leurs disques, et c'est un électrophone qui fait danser. J'ai apporté les Chuck Berry et Dylan que j'ai ramenés d'Amérique, mais je suis largement dépassé par un élève qui vient de rentrer en première année, Jean-Jacques, qui pose l'un après l'autre sur le plateau du tourne-disque de magnifiques albums de blues et de folk puisant leur inspiration dans les racines les plus profondes ; outre Peter, Paul and Mary, Pete Seeger, et Dylan bien sûr, il me fait découvrir Dave Van Ronk, Eric Andersen, Eric von Schmidt, Ramblin' Jack Elliott... Jean-Jacques m'en apprendra plus sur la musique folk américaine que toutes les stations de radio ou tous les magazines. Nous irons ensemble voir Pete Seeger à Pleyel, ainsi que la tournée American Folk Blues, un riche programme où figure entre autres John Lee Hooker, qui faisait danser si élégamment le « bop » au Tabou. Il m'emmènera voir Barbara, aussi : elle chante sans doute, même si sa musique à mes oreilles paraît surannée, ce qui ressemble le plus en France aux textes des chansons folk vers lesquelles je me tourne de plus en plus.

Ce soir-là, Jean-Jacques avait amené sa jeune sœur, Joëlle, une mignonne blonde aux yeux de poisson-chat ; cheveux en baguettes de tambour, joues rondes, robe blanche, elle se fait un peu draguer par François, on parle de se revoir au bal de l'école, qui se tiendra la semaine prochaine ; c'est tout pour aujourd'hui.

Les bals des grandes écoles... Ils ont dû bien changer, en quarante ans ; en ce temps-là, les jeunes filles de bonne famille allaient en robe longue à des soirées curieusement appelées « rallyes »... Ces soirées dansantes avaient-elles le moindre lien avec des « rallyes » automobiles bon enfant qui consistaient en courses au trésor au travers de l'Île-de-France ou de la Sologne ? En tout cas, cela semblait être les soirées initiatiques d'un certain nombre de jeunes filles, que l'on voyait au pied de leurs immeubles cossus du huitième ou du seizième arrondissement attendre leur taxi ou leur chevalier servant : la robe longue était indispensable, mais la plupart n'allaient pas jusqu'à acheter aussi un manteau long ; nous les trouvions donc plutôt ridicules et radines avec leur manteau court et leur robe descendant jusqu'au sol, comme des doubles rideaux. Le bal de Centrale avait son plein de robes longues, mais d'autres filles s'habillaient plus décontracté. Joëlle y est venue en jean ou dans une petite robe toute simple, je ne sais plus, et nous ne nous sommes pas quittés de la soirée... et soudain, clac, Cupidon est passé par là, et, c'est aussi simple que ça, j'aime, les copains !

Il paraît que je ne lui déplais pas non plus. Quelques jours après, les Animals passent à l'Olympia ; Jean-Jacques organise ça ; je le retrouve avec une copine et sa sœur au Paris-Rome, un bistrot près de la gare Saint-Lazare, et on va à l'Olympia ; merveilleux après-midi, j'étais vraiment amoureux, j'aurais pleuré quand ils ont enfin joué *House of the Rising Sun*...

Et dans ces villages que la passion crée dans Paris – ce n'est pas de moi, mais de Françoise Sagan, je crois –, je retrouve souvent Joëlle : promenades au marché aux fleurs sur l'île de la Cité, ou du côté des boutiques de la rue de la Chaussée-d'Antin ; on s'embrasse sous les portes cochères, j'ose à peine mettre une main sur ses seins ; longues heures dans les cafés, « À quoi tu penses ? », tout le truc, l'amour, quoi.

Mais soudain, juste avant Noël, crac ! Elle n'est pas venue à un rendez-vous avec la bande, elle savait pourtant que j'y serais. J'ai cru à un empêchement, je lui ai écrit, une lettre vraiment amoureuse, et elle m'a répondu.

« Antoine... » (Ça y est, j'avais laissé tomber Pierre, ou j'étais en train de le laisser tomber : Antoine, tout simplement, finalement, ça me plaisait, ça avait un côté romantique, tous les romans, les pièces de théâtre, à l'époque, avaient un Antoine.)

« Ta lettre m'a beaucoup touchée, et je te demande pardon pour le mal que je t'ai fait, mais je te demande d'oublier tout ce qu'il y a entre nous ; je ne peux pas te donner de raison, simplement te dire que c'est pour un autre bonheur qui me fait aussi souffrir. Adieu, Joëlle... »

Ou quelque chose qui revenait à ça.

Elle avait retrouvé un ancien fiancé à elle, c'est tout

Et moi, j'étais fou de rage

Grande claque

Grand coup de poing dans ma gueule

Un chagrin d'amour

D'amours enfantines

Et paf, j'étais comme un poisson tiré hors de l'eau

Ah mais !

On allait voir ça

Qu'est-ce que c'est ?

D'abord, j'allais être autre chose

Percé à mort

Romantique

Dandy

Je trouve dans un éditorial de magazine (*Elle* !) la définition du dandysme

Je serai dandy

Je prends le métro avec une rose à la main, les gens me regardent stupéfaits

Et je ne suis plus le même

Même si je vais encore dans les boîtes de nuit où l'on danse, où les couples se forment et tiennent, eux !

Même si je rentre un matin de la Question avec une petite brune, à moitié cinglée, avec qui j'essaie de faire l'amour sans parvenir à rentrer véritablement en elle, non qu'elle ne veuille pas, mais simplement, ça ne rentre pas... Vierge ?

Même si elle me file, ô ironie de cette première presque-relation, une chaude-pisse qui me contraindra à faire analyses et piqûres !

Et dire que, pour arriver à la sauter, j'avais dû passer une heure à convaincre François d'aller finir sa nuit dans une autre chambre, et de me laisser la nôtre... Il n'a pas tellement aimé ça...

Et que le lendemain, à sept heures, alors que je voulais sécher l'amphi et rester au lit avec elle, voilà que le service de désinsectisation vient frapper à la porte de la chambre, m'obligeant à faire déguerpir en vitesse ma jolie conquête...

Je serai romantique, je serai dandy, je me jetterai dans les chansons que j'écoute. Avec ma petite brune, on va voir Manfred Mann, qui chante *Do Wah Diddy* et une chanson de Dylan que celui-ci n'a pas enregistrée : *If You Gotta Go, Go Now*. Curieusement, ils ne passent pas à l'Olympia, dans un Musicorama, mais au théâtre du Châtelet, plutôt dédié, à l'époque, à des opérettes du genre du *Chanteur de Mexico*, avec Luis Mariano ou *Valses de Vienne*, avec Marcel Merkès et Paulette Merval. Les fauteuils de bois inconfortables nous éreintent, et puis je n'entends plus parler de la brune. Peut-être que j'aurai deux ou trois aventures d'un soir ou deux, mais je reste le cœur blessé par Joëlle – amer et solitaire.

À l'instant précis où elle avait mis fin, d'une façon claire, presque chirurgicale, à notre pourtant bien légère histoire – mais j'avais imaginé tant de choses, en quelques jours, j'avais entrevu tant de douceurs par des portes qui s'étaient entrouvertes et qu'elle avait refermées violemment, me coinçant les doigts dans l'embrasure ! – je m'étais dit, eh bien tant pis, ces vacances de Noël, je ne les passerai pas à Paris, j'irai plutôt retrouver mes copains de Grenoble, je retourne au ski... Et j'avais détesté ça, je n'avais plus aucun point commun avec Robert, ni avec nos anciennes copines, étudiantes provinciales lourdaudes, et le ski que je pratiquai cet hiver-là ne m'apporta aucun plaisir... Au cours d'une descente, j'ai fait une faute, j'ai dégringolé jusqu'en bas de la piste dans un grand « soleil », accompagné d'un bruit de craquement plus qu'inquiétant... Renseignement pris, ce n'était pas ma jambe, mais un de mes skis qui avait lâché, se brisant net en avant de ma chaussure... j'ai pris cet événement comme un signe du ciel, j'ai planté mes skis dans un tas de neige, j'ai rejoint à pied le bas de la station, j'ai repris le train pour Paris... et je ne suis plus retourné au ski avant longtemps...

À Paris, les études ont repris, mais il y a quelque chose qui ne tourne pas rond chez moi, mais pas rond du tout. Un jour, mon copain Barc m'a glissé, sur le pupitre de l'amphi, *L'Écume des jours*, de Boris Vian, et ça a été une révélation ; depuis, j'ai acheté *L'Automne à Pékin*, et, à mesure que l'on réédite les livres, dédaignés de son vivant, écrits par mon illustre prédécesseur à Centrale, *L'Herbe rouge*, *L'Arrache-cœur*, sans oublier les recueils de poésie comme *Je voudrais pas crever*, je me précipite dessus, et je me reconnais cent fois plus dans les livres de Vian que dans ceux de Camus ou de Malraux.

Je sens confusément au fond de moi qu'il faut trouver quelque chose, être quelque chose.

Je les vois tous, les centraliens, fierté de leurs parents, de leur future épouse, de la France. Ils ont devant les yeux, depuis toujours, la carotte de l'examen qui vient, du passage en classe supérieure, du classement, des moyennes. Ils n'ont pas de vie, ils croient qu'ils en auront une après l'école, mais je vois bien que ce n'est pas vrai : après, ils auront une carotte plus grosse encore derrière laquelle courir : le succès professionnel, l'argent pour la famille, le mirage de vie qu'ils convoitent. D'ailleurs, il y a des centraliens sortis de l'école qui mènent une vie si médiocre, malgré leur beau diplôme, qu'on les voit revenir dîner dans l'immonde resto U de Cîteaux parce que ce n'est pas cher... Lorsqu'il m'arrive d'y mettre les pieds, je fais sensation avec mes tenues insensées et ma rose !

Je ne suis pas seul pour chercher. Je me suis lié avec un élève de première année, venu de Tunis, Patrick. Lorsque nous en avons marre de bosser sur l'examen du lendemain (on passe à peu près un examen par semaine à Centrale), on se retrouve, on part se balader en pleine nuit, on remplace les repas au resto U par un sandwich au steak frites acheté aux Halles, où on nous connaît : on nous y fait même des prix ! On cherche, on tourne autour de nous-mêmes, on sent bien que la vie n'est pas le chemin qui a été tout tracé pour nous.

Je découvre un livre, *Bradfer et l'Éternel*, l'histoire d'un homme extraordinaire qui a fait fortune six fois, s'est ruiné six fois, vit une espèce de rêve perpétuel, où il fait l'amour avec des duchesses, des fleuristes, change de nom, s'envole, perd ses papiers, assiste aux jeux d'eaux de Neptune réincarné en arroseur municipal, à des combats homériques de tartes à la crème giclant jusqu'au sommet de la tour Eiffel, et accompagne son ami Sisyphe roulant son rocher d'or sur la butte Montmartre. Cent mille aventures irracontables... Lisez ce livre !

C'est un deuxième coup de pied au cul pour moi ; la vie, c'est ça, c'est être, exister, changer, ressentir, connaître, découvrir, chercher, se demander, trouver, reperdre, n'être jamais sûr de rien...

Avec Patrick, nous allons parfois au cinéma ; j'ai vu, et adoré, un film au titre improbable, *James Bond 007 contre Dr No,* ainsi que le deuxième film de la série, *Bons Baisers de Russie.* Le personnage de 007, campé par Sean Connery, m'a tout de suite séduit, par sa manière décontractée d'aborder la vie, les femmes. J'apprécie beaucoup, aussi, depuis que je les ai découverts à Grenoble, les « San Antonio » : pas pour le côté « policier » ou « espionnage », qui me laisse indifférent, mais pour le langage de Frédéric Dard, la fabuleuse liberté qu'il prend avec les mots, et surtout pour ce qu'il appelle ses « délirades » ; des digressions interminables auxquelles il se livre à tout instant, fustigeant la société, tournant en dérision les habitudes, la sottise... James Bond, c'est différent, mais quelle classe, quelle élégance ! Un soir, sur les Champs-Élysées, sort le troisième James Bond, *Goldfinger* ; nous nous apprêtons à faire la queue pour entrer au cinéma qui le joue, quand nous constatons que c'est une « première », une projection privée sur invitation... que nous n'avons pas. Mais nous découvrons que la « galerie » voisine du cinéma permet de contourner le barrage, et nous nous retrouvons au milieu du Tout-Paris, assistant gratuitement à la projection de ce film qui me plaît autant que les premiers.

Un autre soir, nous allons voir le nouveau film de Philippe de Broca, qui a réalisé l'année précédente *L'Homme de Rio* (un film qui, curieusement, n'a pas eu une grande importance pour moi). Ce nouveau film, au contraire, *Un monsieur de compagnie,* sera de ceux qui me marqueront le plus dans ma vie. Jean-Pierre Cassel y joue le rôle d'un jeune homme de famille riche, soudain ruiné, et qui prend la route les mains vides ; il vivra à Montmartre chez une jolie fille, posera nu dans un atelier de peinture à Rome, séduira toutes les filles – et l'épouse – d'un riche bourgeois italien ou grec, publiera un best-seller entièrement composé de pages blanches, et sa vie entière sera un vrai hymne à la paresse. Jusqu'au jour où il s'éprendra d'une jeune femme (Catherine Deneuve) : pour l'épouser, il se fera ouvrier, travaillant dans les pires des conditions... Heureusement, ce n'est qu'un mauvais rêve, il se réveille au bord de l'eau, en train de pêcher à la ligne près de son oncle : « Mon oncle, j'ai fait un cauchemar, j'ai rêvé que je travaillais »... Ce n'est pas tellement la paresse, mais la vie aventureuse du héros qui me frappe, toutes ces portes qui semblent totalement fermées, et qui s'ouvrent devant lui avec un peu de bonne volonté et de charme...

Tiens je brûle les étapes, pour une fois, mais je vais raconter ici la suite de mes rapports avec ce film, de peur de l'oublier plus tard... Je l'ai revu plusieurs fois lors de sa sortie, mais *Un monsieur de compagnie* n'a sans doute pas été un grand succès pour De Broca, car il n'a pas été souvent rejoué sur les écrans... Un mardi soir, des années plus tard, en 1971 ou 1972, alors que je suis devenu célèbre, passant vers dix heures du soir sur les Champs-Élysées, je constate qu'un petit cinéma, face à l'avenue George-V, joue ce film ; je me gare où je peux, et je me pointe au cinéma, cinq minutes après le début de la séance de dix heures... et la caissière me répond, revêche, qu'elle a déjà fermé sa caisse, que je ne peux pas entrer ; je plaide, tente de faire du charme, supplie : nous sommes un mardi, dix heures du soir, demain la programmation de la salle change, c'est ma dernière chance de voir ce film dont les « galettes » retourneront demain se faire oublier dans ces limbes flous[1] où stagnent les films que l'on ne projette pas... Rien n'y fait, la femme m'a bien reconnu, je suis chaque jour à la télévision cette année-là, dans une émission très populaire, mais elle ne veut rien savoir...

Je finis par lui faire un grand sourire... et par passer quand même, pour aller m'asseoir dans la salle... La caissière, furieuse, vient dans la salle me sommer de ressortir ; je refuse gentiment... Ne voilà-t-il pas qu'elle appelle les flics, et qu'un quart d'heure plus tard, un car de police arrive, que des flics viennent me chercher dans la salle... Évidemment, ils me reconnaissent, sont bien emmerdés, je leur explique l'importance que ce film revêt pour moi, que c'est la dernière séance avant longtemps... Ils prennent ma défense, parviennent à convaincre la caissière d'appeler le directeur du cinéma, qui, réveillé, lui dit : « Naturellement, laissez-le entrer, il n'aura qu'à passer demain payer sa place »... Alors les flics sont retournés chez eux, et j'ai pu voir en paix la fin de mon film culte...

1. J'ai vérifié, c'est masculin !

Des années plus tard, encore, rencontrant Jean-Pierre Cassel, je lui demande si le film est sorti en vidéo, s'il est parfois projeté lors de rétrospectives... Jean-Pierre a fait des recherches, demandé au réalisateur d'en faire... Il semble que personne n'ait gardé la moindre copie de ce film, qui n'a jamais été publié en cassette ni en DVD ; des années plus tard encore, j'ai fouillé en vain tous les sites Internet mentionnant ce film... Si jamais un lecteur a vent de l'existence, sous quelque forme que ce soit, même sous celle de ces deux lourdes galettes de film que l'on projette dans les salles commerciales, qu'il me le fasse savoir !

Et puis, bien sûr, il y a la musique, celle que j'écoute, celle que je joue. Il faut bien admettre une chose : en cette année 1964, le rock, en France, ce phénomène prometteur né avec Johnny, les petits groupes, et avec Salut les Copains, le rock a accouché de... pas grand-chose ! Les tubes du hit-parade, les chansons les plus vendues, les plus diffusées, même sur Europe 1, même sur SLC, sont les succès d'Adamo, *Tombe la neige*, *Vous permettez monsieur*... J'aime bien Salvatore, mais ses succès de l'époque ne sont pas très rock ! Il y a aussi Sheila, Sylvie Vartan, France Gall, des personnes que je connaîtrai plus tard, et pour lesquelles j'aurai une certaine admiration en tant qu'êtres humains, mais on leur fait à cette époque produire des disques formatés pour un public populaire et qui n'ont plus le moindre rapport avec ce que l'arrivée tonitruante du rock quelques années plus tôt nous avait promis ; même Johnny, notre grand Johnny, il se fourvoie, à l'image d'Elvis, dans des niaiseries comme *Mon anneau d'or*... Alors, ne vous étonnez pas si, ayant découvert par la voie des ondes et par mes voyages ce qui vient d'Amérique et maintenant d'Angleterre, c'est dans ces répertoires que je trouve ce qui alimente ma passion : les groupes anglais se succèdent sur la scène des Musicorama : Beatles, Kinks, Them, et évidemment les Rolling Stones... Un jour, j'ai acheté au rayon disques des Galeries Lafayette un des premiers quarante-cinq tours des Stones parus en France, *Not Fade Away*, je crois. J'en suis resté estomaqué... Ils me semblaient dans ces trois minutes prendre le contre-pied absolu de la musique « gentille » qu'on entend partout... Bien vite, je me suis passionné pour eux... en me posant une question : dans ce monde où tout est « duel », c'est-à-dire ramené à une alternative, on a déjà inventé une lutte des « bien élevés » contre les « mal élevés », des *mods* contre les *rockers* en Angleterre, des Beatles, révolutionnaires mais policés, contre les Stones, agressifs et débraillés... Et chacun est censé choisir son camp ; en France, l'alternative est autre : les élèves sages de Centrale ou les gens de la bonne société aiment Brel, Ferrat, Brassens, le jazz ou la musique classique ; moi je me sens plus près de ceux qui ont aimé le rock de Presley, celui des Stones... Je suis donc fan inconditionnel des Stones dès leur naissance.

Pourtant, je perçois bien que les textes du rock pèchent par leur faiblesse ; en Amérique, une autre dualité, une nouvelle « guerre des Anciens et des Modernes » vient de naître : il y a ceux qui aiment le rock et les succès populaires, textes débiles, historiettes d'amour niaises et commerciales, contre ceux qui aiment la folk music, qui puise ses racines dans la société tout entière, qui se rit des règles commerciales : le peuple écoute du rock, les étudiants avisés n'écoutent que Pete Seeger, Joan Baez, Peter, Paul and Mary... Moi j'ai un problème : j'aime les deux genres, et je rêve d'une musique qui saurait réconcilier ces deux univers... Ne t'inquiète pas Antoine, il y a en ce moment un kamikaze qui prépare sans trop le savoir lui-même une action téméraire qui révolutionnera la musique populaire, c'est ce Bob Dylan que les jeunes Américains bien-pensants encensent lorsqu'il chante *Blowing in the Wind*, devenue un des hymnes des mouvements revendicateurs outre-Atlantique, comme *We Shall Overcome*, ou les chansons de Joan Baez... J'aime les textes de ces chanteurs... Mais alors, faut-il donc jeter au feu, pour absence de conscience politique, absence de réflexion, déficience de texte, le rock enthousiaste et tonitruant, celui de Jerry Lee Lewis, celui de Presley et de Johnny à leurs débuts ? Dylan, pourtant, a déjà donné les premiers signes de sa proche rébellion : à la suite de ses trois premiers albums, dont deux très « contestataires », le deuxième avec *Blowing in the Wind* et *Masters of War*, le troisième avec *The Times They Are A-changing* et *With God on our Side*, il vient soudain de montrer une « autre face de Bob Dylan », *Another Side of Bob Dylan*. C'est le nom de son nouvel album, qui tourne en boucle sur mon électrophone : il tente d'expliquer ce qu'il veut réellement faire dans *All I Really Want to Do*, *I Shall Be Free* ou *It Ain't Me Babe*. Il clame même qu'il était tellement plus vieux quand il chantait ses chansons « engagées », qu'il est « tellement plus jeune » « *I was so much older then, I'm younger than that now...* ». Il est prêt pour la formidable surprise qu'il nous donnera dans quelques mois.

J'ai acheté plusieurs albums de partitions de chansons folk, dont celles de Dylan, et je me suis enfin mis à jouer chaque jour de la guitare que mes parents m'ont offerte lors de l'un de mes étés « Experiment » ; il m'a fallu quelques années avant de m'y mettre pour de bon, la détestable éducation musicale du lycée m'ayant quelque peu vacciné contre toute forme de musique... Depuis deux ou trois ans, je me suis arraché les doigts sur les cordes, j'ai ânonné durant des mois les notes de *Freight Train*, la première chanson sur laquelle je ferai du *picking*, jeu de la mélodie, d'arpèges ou de dessins rythmiques avec les doigts qui pincent les cordes plutôt que de les frapper ou de les balayer avec un médiator. Je me suis même attaqué aussi à l'harmonica, essayant d'accompagner un disque des Yardbirds ou une chanson de Dylan... Ça ne marche jamais, impossible d'obtenir quoi que ce soit, jusqu'au moment où François me révèle que les harmonicas des joueurs de blues sont des instruments qui ne jouent que dans une seule tonalité – en fait, dans deux tonalités, pour l'harmonica – et qu'il faut impérativement avoir pour chaque tonalité de la base orchestre un harmonica différent... et que pour compliquer le tout, si l'orchestre joue en *mi*, il faut un harmonica en *la*... Mes fausses notes résonnent de longues heures aux oreilles indulgentes de François et des occupants des chambres voisines, mais je progresse petit à petit...

Aux vacances de Pâques 1965, avec Patrick, nous avons décidé d'aller passer deux semaines en Angleterre : il semble décidément que ce soit là-bas que les choses bougent. D'où avons-nous sorti le troisième larron qui nous accompagne, je n'en sais fichtre rien ; c'est un jeune garçon de bonne famille, enfant gâté et tout et tout, lourd et un peu niais, qu'on se trimballera pendant quinze jours. Nous atterrissons en Angleterre, prenons un bus pour Londres, pour l'aventure : au contraire de tous les voyages que j'ai pu faire jusqu'à ce jour, nous n'avons aucune réservation, pas les moyens de loger à l'hôtel plus d'une nuit, nous sommes ouverts à toute suggestion. Après une nuit dans un *bed and breakfast*, nous allons rendre visite à un étudiant, ami d'un ami d'un ami de l'ex-fiancé d'une de nos amies, ou quelque chose comme ça ! Il ne s'effraie pas en voyant débarquer ces trois escogriffes dans son petit studio ; nous y logeons une nuit, je crois même que nous avons un peu vidé son Frigidaire. Au matin, nous repartons à travers Londres, et nous découvrons un de cafés les plus « in » de cette ville qui bouge, le Café des artistes... En quelques heures, nous faisons la connaissance de deux filles qui nous proposent bientôt de nous emmener... au paradis.

Il y a des endroits dans la vie où les choses se passent, on ne sait pas pourquoi, tout d'un coup, vous les découvrez, et plus rien n'est pareil ; le 24, Finborough Road, c'est un peu pour moi la « maison bleue accrochée à la colline », que chantera dans quelques années Maxime Le Forestier. Cinq jeunes Anglaises se partageaient le loyer de cette jolie petite maison victorienne, comme on en trouve des milliers, identiques, en rang d'oignons, dans les rues calmes de la capitale anglaise. Des canapés profonds dans le salon, une moquette moelleuse sur le sol, où nous avons parfois dormi. Mais il y avait aussi, souvent, le lit que nous ouvrait l'une ou l'autre des cinq jeunes filles, toutes employées de bureau, quand elles n'avaient pas de « fiancé » en titre ou quand celui-ci était parti en voyage pour quelques jours ou quelques semaines. Je ne prétendrai pas qu'elles avaient atteint un degré de complète liberté sexuelle, mais la légèreté de nos relations, ces caresses et tendresses sans lendemain, me stupéfiaient... et me charmaient. La vie est douce au « twenty four », on boit du café, on se fait réchauffer des *baked beans*, on écoute toute la journée la musique formidable de Radio London...

Jusqu'en 1964, les Britanniques amateurs de musique n'avaient pas d'autre option que d'écouter la BBC, plus antique et poussiéreuse encore que son équivalent français, la monopolistique RTF. La BBC ne passait que quelques heures de musique enregistrée par semaine, parce qu'en diffuser plus aurait nui aux syndicats de musiciens britanniques. Radio Luxembourg, que l'on recevait mal en Angleterre, avait montré la voie de la radio « offshore », et quelques hommes d'affaires américains, enrôlant des DJ givrés prêts à passer des mois sur des vieilles carcasses de navires ancrés hors des eaux territoriales anglaises, avaient créé Radio Caroline, puis Radio London. La loi britannique, deux ans plus tard, réussirait à faire interdire et fermer ces radios, mais cette année 1965 était le début des années dorées des premières radios libres... C'est difficile à imaginer aujourd'hui où la bande FM fourmille de centaines de stations s'adressant au choix à toutes les minorités, Antillais, amateurs de rock, gays, Portugais, beurs, extrême droite, ados, cathos, fans des sixties, de R'n'B ou de jazz...

Évidemment, c'était aussi l'entrée de la publicité à la radio : ces stations, comme Europe 1 ou Luxembourg, avaient été créées par des hommes d'affaires, pour faire gagner aux investisseurs les profits qui étaient courants depuis longtemps déjà dans les radios commerciales des États-Unis, et que le monopole d'État des radios de France et d'Angleterre ne permettait pas... Notre copain Daniel Filipacchi, créateur de l'émission qui nous avait donné en France une sensation de liberté... est depuis devenu le propriétaire d'un des plus grands groupes de presse mondial... Mais quel formidable souffle nouveau apportaient ces radios ! Nous étions prêts en compensation à accepter les publicités, peu nombreuses à cette époque... Comment le public peut-il supporter sans se rebeller les interminables tunnels de publicités des programmes de radio et de télé d'aujourd'hui ? Encore, les marchands ne sont-ils pas arrivés à imposer au public français l'effroyable saucissonnage des films en bouts de cinq minutes que subissent les téléspectateurs américains !

Lors de ce premier séjour, Patrick a dormi avec la jolie blonde, Penny, moi j'ai dormi un peu sur le tapis, un peu dans le lit d'une autre fille. Souvent, nous partions écumer les endroits de Londres où ça bougeait, tout autour de Finborough Road ; outre le Café des artistes, il y avait le Troubadour, où on mangeait un *beef casserole* en écoutant chanter des chanteurs folk. La Poubelle était la boîte française de Londres, elle ne nous attirait pas tellement, on y est allés quand même l'avant-dernier jour, on y a rencontré deux filles, et dormi chez elles, sans que ma compagne, véritablement, ne me laisse lui faire l'amour... Ah là là ! j'ai vingt et un ans dans trois mois et je suis encore, techniquement et mentalement, puceau... et romantique, en plus. Mais ce voyage en Angleterre qui s'achève m'a confirmé une chose, révélé qu'on pouvait vivre la vie comme l'oiseau sur la branche, que les situations décrites dans mon livre de chevet *Bradfer et l'Éternel*, ou celles vécues par Antoine (c'est le prénom de Jean-Pierre Cassel dans *Un monsieur de compagnie*) ne sont pas simplement le fruit de l'imagination de romanciers, de cinéastes, mais qu'on peut les vivre pour de vrai... De retour à Paris, je me promets de repartir vite pour Londres, ce que je fais quelques semaines plus tard, avec ma vieille 4 CV, pour retrouver la mignonne petite Française dont j'ai fait la connaissance à la Poubelle.

Mon week-end à Londres s'annonce très bien, la petite a enfin accepté de m'inviter dans son lit ; nous passons la soirée dans une boîte, et puis nous prenons la route de son studio... quand soudain ma vétuste 4 CV tombe en panne dans un faubourg de Londres... La nuit que je devais passer chez la petite blonde, je la consacrerai à pousser la voiture jusqu'à un garage, à trouver aux petites heures d'un dimanche londonien des pièces détachées pour une vieille Renault (je les ai trouvées, c'est tout à la gloire du SAV de chez Renault !) : il fallait absolument que je sois de retour à Paris le soir même pour un examen.

Ma 4 CV m'a encore rendu quelques bons et loyaux services. Avec Patrick, nous la prenons pour partir, de temps en temps, préparer nos examens à la campagne ; nous aimons particulièrement le village des Andelys, sur les bords de la Seine, du côté de Rouen, et nous nous installons dans une petite pension de famille, faisant alterner les heures de bachotage et les balades le long de la Seine jusqu'au Château-Gaillard. Une autre fois, nous partons, avec un troisième larron, un autre juif tunisien, membre (malgré son physique peu amène) de la secte des « baiseurs » ! Nous avons mis le cap tout droit sur la mer du Nord, et nous garons la voiture, au petit matin, au sommet d'une falaise, face à l'immensité qui s'éclaire lentement... Nous dormons là un instant, et le troisième larron peste parce que ma guitare tient trop de place sur la banquette arrière... j'ai pris pour habitude de l'emporter avec moi, cette guitare, et d'en jouer chaque fois que je le peux. Et pour aggraver son cas, voici que le troisième a convaincu Patrick que nous devrions aller finir le week-end à Deauville, pas très loin d'ici, où il y aura des fêtes à faire, des gonzesses à tirer... Moi, je suis en colère intérieurement, j'ai envie de leur dire : « Vous ne voyez pas qu'on forme un système fermé, c'est à nous de nous interroger, de chercher une raison à tout ça, pas le moment d'aller perdre du temps à essayer de draguer des petites connes qui ne voudront sans doute pas : vous ne voyez pas que, leur courir après, c'est faire complètement le jeu du système, être des pantins, des gogos, comme tout le monde... »

Alors, j'ai continué ma quête tout seul ; pourtant, j'ai de beaux souvenirs avec Patrick, nos balades aux Halles, nos sorties au cinéma, nos promenades autour des Andelys... Mais je commence à aller trop loin, il ne suit pas, à un certain moment, on est bien obligé de laisser derrière soi les gens qui ne suivent pas, sinon on ne va nulle part...

Et moi, je ne sais pas où je vais, mais j'y vais sûrement.

À Londres, dans une cave du côté de Notting Hill Gate, j'ai vu un petit groupe encore inconnu défoncer un ampli à coups de guitare électrique, en clamant « *My-my-my... my Generation...* » : ce sont les débuts des Who. J'ai passé des heures dans un magasin de disques proche de Leicester Square où je continue à rêver d'acheter un jour cinquante albums... J'en ai acheté une demi-douzaine, plus quelques « singles », dont celui que Jean-Jacques m'a demandé de lui rapporter, le premier disque de Donovan ; séduit, j'en ai pris aussi un exemplaire pour moi, et les chansons, le jeu de guitare et d'harmonica, le look de ce garçon m'influenceront beaucoup durant les mois qui vont suivre... J'achèterai même la tenue tout en jean, pantalon, blouson, jusqu'à la casquette, qu'il porte souvent. Elle me semble venir tout droit des grandes routes de l'Ouest américain.

Deux mois plus tôt, j'étais encore en petit costume bien propre, bien « Pierre-Antoine ». Une nuit, à la Question, j'avais remarqué une fille à cheveux très courts ; sa sœur, une jeune fille de bonne famille que je connaissais un peu, m'avait dit qu'elle était un peu cinglée, qu'elle voulait « prendre la route », qu'elle allait partir pour l'Angleterre. Moi, j'avais parlé avec elle longtemps, je trouvais ses idées plutôt ridicules, qu'est-ce qu'elle avait à dire du mal de cette société ? Après tout, le « système » n'était pas si moche que ça !

Que j'ai changé en quelques semaines ! Ce soir, je suis au cinéma, et je regarde les « Actualités » – tiens, encore un truc qui a disparu, tué par les journaux télévisés. En noir et blanc, bien sûr, les actualités parlent cette semaine des *beatniks*, ces vagabonds qui essaient de créer une nouvelle façon de vivre, et qui traînent dans la crasse sur les quais du Vert-Galant, dans l'île de la Cité, bien contents de trouver une soupe populaire gratuite à l'abbaye de Cluny voisine. Gros plan sur les beatniks affamés, qui reçoivent leur soupe. Un garçon, une fille, un garçon... ah non, là, c'est une fille à cheveux courts, presque rasés...

Nom de Dieu, c'est elle, la fille de la boîte de l'autre fois ! Là aussi, je vois qu'il n'y a pas si loin des légendes (cinéma ou livres) à la réalité... Ainsi donc, elle l'a fait ; elle l'a prise, la route... y a-t-elle trouvé quelque chose ?

Bientôt, l'été approche. Une nuit, j'assiste à une soirée mondaine, et j'y retrouve Nadine, ma copine d'il y a cinq ans, Nadine qui, horreur, sort avec le garçon, le benêt, le bellâtre, l'enfant gâté insupportable qui nous avait accompagnés en Angleterre aux vacances de Pâques. La soirée finie, on va chez lui, il habite un appartement cossu de la rue de Châteaudun. La 4 CV roule rue de Rivoli, je viens de faire le plein à la station qui était curieusement nichée dans des immeubles anciens, près du Châtelet.

Paf, un pneu crevé. On rigole, on change la roue, on repart. Il fait bon, on fait un petit détour, on passe par la Madeleine. Tiens, là, c'est le carrefour où j'ai eu ma première contravention, le jour où j'ai acheté ma voiture, pour avoir brûlé un feu rouge que je n'avais pas vu. Soudain, paf ! Un autre pneu crevé. Deux fois dans la nuit ! Il y a un destin qui nous est tracé, certainement. Un taxi nous emmène chez le gars, la voiture attendra bien...

Mon auto m'attend...

Et me voilà, va savoir pourquoi, chez le gars, à attendre comme un con, seul dans le salon, dans le noir. J'ai éteint la lumière et je regarde la rue. Dans la chambre à côté, il y a ma copine d'adolescence, à qui j'avais écrit « Je t'aime », et qui avait eu l'intelligence de me faire comprendre que ce n'était pas vrai, ma copine si clairvoyante, tellement plus sensée que moi, qui est en train de se faire sauter par un gars détestable, le petit con parfait, enfant gâté, fils de bourgeois riche, imbu de lui-même, et tout et tout. Mais qu'est-ce que c'est que cet univers de cinglés ? Y a-t-il un moyen d'en sortir, est-ce que ce sera toujours aussi inepte ?

Je ne dors pas de la nuit, rentre par le premier métro, m'endors dans la chambre de Cîteaux, me réveille à midi. Il faut aller rechercher la voiture. Il fait beau, c'est le printemps. Je vais faire ce que les autres ne font pas, je vais dédaigner le métro, y aller à pied ; de la gare de Lyon à la Madeleine, il y a une trotte. Je longe la Seine, on y voit des badauds, des pêcheurs, des chalands qui passent bien que ce soit dimanche. Et je longe l'île Saint-Louis, l'île de la Cité... J'ai toute la journée devant moi, si j'allais y faire un tour ?

Quand j'ai quitté les quais du Vert-Galant, ce soir-là, je n'étais plus le même. Dire que je passais presque chaque jour à quelques centaines de mètres d'ici, sans me douter qu'il s'y trouvait tout un monde de voyageurs, de vagabonds, auto-stoppeurs, guitaristes, poètes, des simples d'esprit, des cinglés, mais aussi des génies, des gens sensés, des esprits éveillés, des gens qui ne savaient pas où ils allaient, mais qui avaient pourtant pris la route, tout simplement parce que la petite case où on les avait rangés ne leur suffisait plus. Tout l'après-midi, je les avais écoutés jouer de la guitare, reprenant les mêmes chansons de Dylan, de Donovan que moi, ou leurs équivalents suédois, allemands ou italiens.

Des chansons qui, bien sûr, parlaient parfois d'amour, mais qui ne parlaient pas *que* de ça, comme toutes les autres, des goualantes de Piaf et de Brel, qui ne m'avaient jamais fait vibrer, jusqu'aux serments d'amours éternels et aux sentiments niveau littérature de gare des tubes de la pop et du rock américains. Même les Rolling Stones, quand ils chantaient *Time Is on My Side*, la chanson que j'avais prise pour moi quand Joëlle m'avait largué, me réconfortant de « *You'll come running back to me* », même les Beatles, qui chantaient *Girl*, tous débitaient des variations autour d'un unique thème : faire tenir encore et encore une union de plus entre un homme et une femme... au risque de perdre tout intérêt pour d'autres choses. Les chansons du Vert-Galant parlaient de paix entre tous les hommes, pas seulement entre un gars et une fille, elles parlaient de routes et de pays lointains, de liberté sans entraves ni frontières, elles dévoilaient des horizons tellement plus larges, trois cent soixante degrés sinon sept cent vingt ou mille quatre cent quarante, que l'étroit angle de vision que nous laissent les œillères posées sur nos yeux par la société, l'éducation, la carrière, la religion...

Donovan... Il chantait les heures et les minutes glaciales de l'incertitude, il rêvait de chercher à attraper le vent, quand la rosée du matin a accroché des larmes aux feuilles. Dylan, lui, avait chanté plusieurs années les préoccupations sociales, ce qui s'appelait en Amérique le *protest song*... et puis ces œillères-là non plus ne lui avaient plus suffi, et le disque qu'il venait de publier nous avait laissés pantois, et m'avait, moi, séduit aussitôt : intégrant d'une part la poésie, la réflexion, le surréalisme, des raisonnements d'adultes (à l'opposé des infantiles obsessions pour des amourettes des autres chansons) et d'autre part les musiques nées du rock et du blues qui nous plaisaient tant, il venait, avec *Subterranean Homesick Blues*, de réinventer la musique, de faire tomber un pan entier de la muraille qui séparait les genres... Nous ne nous doutions pas encore de l'ampleur des conséquences de son action, mais on sentait bien qu'il se passait quelque chose... Ce nouveau visage de Dylan, je l'ai découvert encore une fois lors d'un bref séjour à Londres, où j'étais allé dormir à Finborough Road, dans le lit de la brune Angelica... Caresses et tout et tout, mais elle ne m'avait pas laissé aller plus loin, la contraception, en ce printemps de 1965, est encore une chose très peu répandue, faire l'amour, c'est risquer de mettre la fille enceinte : elle ne veut donc rien savoir, elle me satisfait de sa main maladroite, mais prend peur devant le résultat... On savait si peu de choses sur le sexe qu'on imaginait que les spermatozoïdes perdus dans les draps pouvaient trouver leur chemin jusqu'à leur cible officielle... Alors ma copine se lève précipitamment en me laissant le lit... et je suis toujours puceau !

L'été n'est plus très loin, je suis souvent au Vert-Galant. J'ai délaissé tous mes autres quartiers : le Tabou, depuis longtemps, la Question, j'y retourne rarement. La Contrescarpe, où j'allais manger des spaghettis bolognaises chez Félix à trois heures du matin. J'avais bien tenté de retrouver ma copine, celle avec qui j'étais allé voir Manfred Mann, mais elle avait totalement disparu. Une autre avait fait un bref passage dans ma vie, j'ai oublié son nom, elle était en fuite de chez elle... On avait passé l'après-midi à Cîteaux, à se caresser un peu, et puis on était allés à une des *Hootenannies*, ces extraordinaires soirées folk du Centre culturel américain du boulevard Raspail... Mais elle était à moitié cinglée, elle avait failli tomber par la portière de la 4 CV en plein carrefour de la Bastille, je l'avais rattrapée de justesse...

Je continuais mes études, tout de même. J'essayais parfois de me rapprocher successivement de tous les sous-groupes qui fleurissaient parmi les élèves de ma promotion, ceux qui semblaient avoir trouvé une direction, mais ni les « calotins », ni les « sociologues », ni les « battants » fous de réussite professionnelle, ni les « baiseurs » pour qui la vie, la réussite, l'argent n'étaient que des prétextes pour tirer le plus grand nombre de filles possible, ni les syndicalistes enflammés, ni les extrémistes de gauche – un de mes copains de promo, Jean-Pierre Le Dantec, s'illustrera sur les barricades de mai 68 – ni les « polars », ni les « classiques », littéraires, latinistes ou hellénistes – eh oui, il y en avait même à Centrale –, aucun groupe, aucun idéal ne me paraissait capable d'apporter un début de réponse aux questions confuses que je me posais.

Mes notes se ressentaient de tout cela, mais j'avais de l'avance, le travail n'était pas épuisant si l'on savait s'organiser, et, quoi qu'il puisse arriver, je trouvais normal de continuer, de liquider mes études, même si ça ne menait pas à ce que je cherchais – et qu'est-ce que je cherchais d'ailleurs ? Il me restait à peine plus d'un an à tirer... mais surtout, après, ne pas se faire piéger !

En tout cas, malgré la place de plus en plus grande que prenaient les chansons dans mon univers, je n'aurais jamais eu l'idée de faire une carrière dans la musique : je jouais de la guitare, et je chantais maintenant, mais pour moi seul, pour m'amuser.

Au Quartier latin, du côté de la rue de la Huchette, les beatniks venus de toute l'Europe se rassemblaient dans quelques lieux mythiques comme le petit café Chez Popoff ; ils y passaient de longues soirées à refaire le monde ; leur présence un peu trop visible avait déjà commencé à énerver les forces de l'ordre qui faisaient de temps en temps une descente dans le quartier pour des « vérifications d'identité » parfois musclées. Au soir d'une belle et chaude journée de juin, je m'étais assis, vers vingt heures, une heure fort raisonnable, sur un des bancs du petit square de la Huchette, en face de la merveilleuse librairie joliment nommée Shakespeare and Co créée par une Américaine qui avait été l'amie d'Hemingway et de tant d'autres vagabonds venus jadis chercher l'inspiration littéraire à Paris. La nuit tombait doucement, et j'écoutais distraitement deux musiciens croiser leurs douces harmonies sur un banc voisin ; ni eux ni moi n'aurions fait de mal à une mouche. Soudain, dans un grand coup de frein accompagné de claquements de portières, voilà un car de flics qui déverse ses occupants dans le petit square ; qu'est-ce que je fais de mal, assis sur un banc de square à Paris, à huit heures du soir ? Rien. Mais j'ai les cheveux longs et je suis vêtu d'un blouson et d'un pantalon de jean... alors je suis embarqué, comme les guitaristes, sans ménagements, dans le panier à salade. À l'avant, et au commissariat quelques minutes plus tard, les flics ricanent, nous rigolent au nez ; sûr que je suis étranger, l'un d'eux, un jeune con content de lui, me répète dans ce qu'il croit être un excellent anglais « *You look a woman* ». Et nous nous retrouvons parqués derrière des grillages, à attendre le bon vouloir d'un de ces crétins... Quand est-ce qu'ils ont l'intention de se décider à « vérifier notre identité » ? Au bout de deux heures, voyant qu'il ne se passe rien, je finis par obtenir de m'adresser à un commissaire, à qui je révèle, comme un joker, que je suis un brillant et studieux élève de l'École centrale, l'avenir radieux de la France de demain, que j'ai des cours ou un examen partiel tout à l'heure, et que ça commence à bien faire... Il m'engueulera quand même avant de me relâcher... comme s'il y avait quelque chose de répréhensible à être assis sur un banc dans un jardin public par une belle soirée du début de l'été.

J'étais resté à Paris au début de juillet pour gagner l'argent de poche de l'été à venir en faisant un petit boulot de guide interprète pour un congrès de la soudure (!) qui se déroulerait dans les bâtiments de l'école. Traînant du côté du Vert-Galant, j'ai fait la connaissance de Boz, un Américain longiligne, aux cheveux en baguettes de tambour, qui chantait d'une étonnante voix de tête, faisant alterner les chansons folk avec des chansons plus « pop » de sa composition. Désargenté, il avait décidé, malgré les difficultés que la police parisienne faisait aux chanteurs des rues, de s'installer un moment pour faire la manche en jouant ses chansons sous le porche d'un magasin fermé de la place Saint-André-des-Arts. Nous formons un petit groupe, Boz l'Américain, un couple de Suédois, Sven et Inge, et moi. Avec Sven, nous décidons d'accompagner Boz de nos voix harmonisées, tandis que Inge fait passer autour de nous un chapeau, récoltant quelques pièces... Tout semble rose, la situation financière de Boz s'améliore d'instant en instant, quand retentit soudain la sirène d'une voiture de police... et nous voilà galopant comme des dératés au travers de la place, poursuivis par les flics... Nous parvenons à les semer en descendant vers les quais et en nous planquant dans un recoin : nous reprendrons une autre fois nos œuvres musicales. Boz, Inge et Sven viennent d'arriver de Suède, ne connaissent personne à Paris ; nous passons la soirée ensemble, et je leur propose de venir dormir à Cîteaux ; ils dormiront, l'un dans le lit que mon cothurne François a laissé libre pour rentrer sagement passer les vacances dans sa famille, les deux autres par terre.

Au matin, ils sont morts de rire quand ils me voient tenter en vain de coiffer mes cheveux longs pour « présenter bien » au fameux congrès. À l'heure dite, je me pointe au café, devant la porte de l'école, rue Montgolfier, dont les locaux abritent cette semaine le congrès ; nous sommes une poignée d'élèves, garçons et filles, qu'un « responsable », un jeune cadre chic et propre sur lui vient briefer sur leur tâche : accueillir les visiteurs venus du monde entier et les guider au travers des bâtiments de l'école. Avant d'entamer son exposé, il se tourne vers moi : « Vous, ça ne sera pas la peine... » Mes cheveux longs feraient sans doute mauvais effet devant les prestigieux visiteurs internationaux, et je suis cordialement invité à rentrer chez moi.

Bien des fois dans ma vie un petit – ou grand – coup de pied au cul m'aura amené à faire des choix décisifs, dont j'aurai la plupart du temps à me louer. Ce jour de début d'été, je me retrouve soudain sans occupation : mes parents attendaient de moi que je rentre à Grenoble un peu plus tard, dès la fin du congrès... Et me voici libéré quelques jours plus tôt que prévu, démuni il est vrai du petit pécule que je devais gagner en une semaine ; mais qu'importe, j'ai vu hier mon pote Boz financer sans trop de mal, en grattant sa guitare, son vagabondage ; bien que mon répertoire soit nettement plus limité que le sien, je pourrais sans doute en faire autant si le besoin s'en faisait sentir... et ma décision est prise, soudain, je ne rejoindrai pas ma famille à Grenoble, mais je prendrai la route, vers la Suède, dont mes nouveaux amis m'ont tant vanté les charmes, avec un petit détour par Londres pour voir si les lits (ou les tapis !) du 24, Finborough Road sont toujours aussi moelleux, et les bars de Chelsea aussi animés.

4

Sur la route

Je m'assieds à une table du café proche de Cîteaux pour y rédiger une lettre à mes parents, leur expliquant que je ressens profondément le besoin d'aller vagabonder quelques mois sur les routes d'Europe, que je reprendrai, bien sûr, mes études, ma dernière année à Centrale à la mi-septembre, mais qu'en attendant ils ne comptent pas sur ma venue à Grenoble... J'ai vingt et un ans, il est vrai, mais à cette époque, à vingt et un ans, on est encore un gamin (et moi surtout !). Ma mère, qui n'a pas l'esprit très large et qui s'inquiète pour un oui ou pour un non, aura du mal à encaisser cette décision, mon père, lui, aura un peu l'impression que je souhaite effleurer une aventure qu'il aurait bien aimé vivre, qu'il a lui-même un peu goûtée quand, plus jeune, il a choisi de partir travailler en Algérie, en Afrique, au bout du monde.

Dans la littérature « beatnik », dans les livres de Kerouac, que des amis voyageurs m'avaient fait découvrir, les vagabonds américains traversaient les plaines de l'Ouest sur le toit ou sur les bogies des trains de marchandises. Cette façon de se faire transporter à titre gratuit ne semble pas possible en France ; d'autres se faisaient engager aux halles pour décharger un camion, en échange d'un transport vers une autre ville ; je me suis dit que ça pourrait peut-être marcher à Paris, et, ayant rangé dans un placard de Cîteaux mes maigres effets personnels, ayant enfourné dans un sac de toile kaki acheté quelques jours plus tôt aux Puces en même temps qu'une solide paire de *boots* de cuir, deux slips et deux paires de chaussettes de rechange, un livre et une brosse à dents, ayant rendu au concierge la clef de ma chambre qui serait aussitôt louée pour l'été à un étudiant de passage, je me suis pointé aux

Halles, cherchant un emploi... je n'y ai récolté que des quolibets à propos de mes cheveux qui, décidément, étaient déjà nettement plus longs que ce que la France moyenne des commissariats et des lieux populaires était prête à tolérer...

Tard dans la nuit, bredouille, je renonce, décide de partir en auto-stop dès qu'il fera jour, et, en attendant, puisque je ne peux retourner à Cîteaux, d'aller dormir un peu sur les pavés du Vert-Galant... Je suis à peine sur la route que je cherche déjà la protection indéfinissable qu'apporte une île !

Au petit jour, un agent de police vient vérifier les identités de la poignée de beatniks de toutes nationalités qui dorment, comme moi, à deux pas des flots de la Seine ; ce flic, pour une fois, se montre poli et respectueux... Il faut dire qu'il est seul et qu'il y a un bon nombre de beatniks, certains costauds...

Je prends la route du nord, boulevard de Sébastopol, porte de la Chapelle, et je continue à marcher d'un bon pas au travers de Saint-Denis, jusqu'à un endroit propice où m'installer, au bord d'une nationale conduisant vers Calais ou Dunkerque, pour faire du stop. Je n'ai pas à attendre bien longtemps, moins d'une heure plus tard, un Anglais seul au volant de sa Ford Anglia jaune m'invite à monter ; il rentre de vacances dans le Sud. Avec tout ça, je n'ai pas pris de petit déjeuner, et, lors de la traversée d'un village, je lui demande de m'arrêter un instant devant une épicerie, pour y trouver quelque chose à me mettre sous la dent ; je remonte dans la voiture en mangeant la banane que je viens d'acheter, quand je vois mon Anglais regarder fixement la banane et rougir : « Vous ne trouvez pas que cette banane est phallique ? » me dit-il. J'ai mis un moment à comprendre le mot anglais... Bref, il apparaît vite qu'il est homosexuel, et que me voir manger cette banane lui donne des idées très précises ; je lui réponds gentiment mais fermement que je ne suis pas intéressé ; il insistera encore un peu, un moment : dans notre conversation, un peu plus tôt, il m'avait demandé si j'avais une fille, ou des filles, dans ma vie, une façon comme une autre de prêcher le faux pour savoir ce qu'il espérait être le vrai, pour savoir si je n'étais pas du même bord que lui. Comme, je ne sais pas comment c'est venu, je lui ai dit à un moment de la conversation que la masturbation ne m'est pas inconnue, le voilà qui voudrait que je m'y livre devant lui, derrière un buisson, sur le bord de la route ; devant mon refus courtois, il finira par renoncer avec une certaine élégance, et c'est dans un climat tout à fait amical qu'il me conduira jusqu'au ferry, me paiera un casse-croûte à bord, et me déposera quelques heures plus tard aux portes de Londres.

J'arrive à Londres avec cent francs en poche, et l'intention de m'acheter quand même un sac de couchage et des harmonicas, des Echo Super Vamper diatoniques, les seuls tolérés par les vrais musiciens de blues et de folk. Je loge à Finborough Road, c'est toujours aussi magique, et on a découvert un pub du côté de Charing Cross, plein de gens qui jouent du blues... C'est bien, Trafalgar Square, les pigeons sous le soleil. Mais je suis de passage, je veux aller plus loin.

Sven, le copain de Inge et de Boz, m'avait donné son adresse à Stockholm, m'invitait à loger chez lui pendant qu'il serait sur la Côte d'Azur. Et si j'allais à Stockholm ? Je prends un ferry pour Ostende, et là, je marche longtemps, avec moins de chance qu'au départ de Paris : personne ne s'arrête. Je me couche dans un fossé sur le bord de la route. Au matin, une espèce de dragon me réveille, les flammes d'une raffinerie voisine qui vient de se mettre en route, à ma grande frayeur. Et l'auto-stop, le vrai, commence. Je traverse la Belgique, ma guitare appuyée bien en évidence contre mon sac semble amadouer les conducteurs. J'atteins vite Aix-la-Chapelle, après m'être fait jeter de l'autoroute par les flics belges, et je passe la frontière. Auto-stop sur les autoroutes allemandes. Un pied-noir me fait faire une partie de la route, me laisse même dormir dans sa voiture pendant qu'il passe la nuit dans un hôtel. On s'arrête sur les aires, les *raststätte*, pour manger des hot dogs. Et dans la nuit, j'arrive au ferry qui mène au Danemark. Le gars qui me transporte accepte de me prêter les cent francs que je suis censé avoir sur moi pour pouvoir passer la frontière des pays nordiques, qui ne veulent pas de va-nu-pieds, et bientôt c'est Copenhague, je ne m'y arrête pas, re-ferry pour la Suède. J'atteins Llungby, en plein centre du pays, où je reste huit heures sur place à attendre en vain, et puis je vais me coucher dans une meule de foin, quelle nuit merveilleuse, quel calme ! Le lendemain, je reprends la route, de camionnette en voiture, par courtes étapes, avec un peu de tourisme en route, j'atteins, au soir, un lieu situé à trente kilomètres de Stockholm. Là, plus aucune voiture ne s'arrête... ça ne fait rien, j'irai à pied... Plus tard, en revivant ces instants j'écrirai le texte d'une de mes premières chansons :

Le soir tombe sur cette route, en passant vous souriez
Vous vous étonnez sans doute, de ce que je suis à pied
Cela vous semble inutile, il doit être simple ou fou
Et vous regagnez vos villes, je suis très bien partout

Bien sûr, je pourrais ce soir, être bien plus loin là-bas
Mais quand votre ciel devenait noir, l'horizon m'a tendu les bras
Toutes vos automobiles, qui s'arrêteraient pour moi
M'ont soudain paru futiles, je suis très bien comme ça

Le soleil derrière les arbres, commence à ramper déjà
La route se change en marbre, je suis très bien comme ça...

Je marche dix ou quinze kilomètres, la nuit est tombée, quand, sans que je lui fasse signe, simplement, une camionnette s'arrête, le gars m'invite à monter, à dormir par terre chez lui ; c'est un Finlandais qui travaille à Stockholm.

Le lendemain, à l'aube, Stockholm, me voici ! Je vais sonner à l'adresse de Sven. Celui qui partage avec lui l'appartement, un photographe, m'accueille gentiment. On déjeune de corn flakes et de *filmjolk*, un délicieux lait caillé, et puis d'œufs mollets cuits quatre minutes, dépouillés de leur coquille, nature avec sel, poivre et une noisette de beurre, quel bonheur ! Stockholm, tu es belle, j'aime tes îles, tes rues, tes places, les modernes comme les anciennes. J'aime par-dessus tout la grande place de Kungstradgarden, avec ses lions de bronze, où les voyageurs font halte quelques heures ou quelques jours.

Seulement voilà, je n'ai plus un sou, même pas de quoi reprendre le bac pour repartir. Et mon alimentation se réduit vite aux corn flakes du photographe et à un *varm korv* (saucisse chaude) par-ci par-là. Je songe bien un peu à me mettre à gagner de l'argent avec ma guitare, mais je ne suis pas encore assez sûr de moi, ni des quelques chansons anglaises que je sais jouer, pour m'y risquer dans un pays où tout le monde parle anglais et connaît la musique américaine. D'ailleurs, les policiers suédois font une chasse effrénée à tous les vagabonds qui essaient de faire la manche. Aubaine inespérée, la petite amie du photographe me donne dix couronnes (dix-huit francs !)... Gentillesse, ou bien une façon de se débarrasser de moi, elle devait trouver que je m'incrustais un peu trop dans l'appartement de son jules ! Je peux donc reprendre le bac, direction Grenoble, où je pense dire bonjour au passage à mes parents, histoire de leur montrer qu'on peut être sur la route et penser à la famille quand même.

Adieu, non, au revoir Stockholm, les lions de Kungstradgarden, je reviendrai vous voir avant l'automne. La route est à moi, je peux aller partout où je veux, partir, revenir, la vie est belle. J'ai passé un dernier après-midi au pied des lions à discuter avec une petite Suédoise blonde coiffée d'un grand chapeau, j'ai mangé les derniers corn flakes de l'appartement, j'ai pris le métro tout neuf, et me voici sur la route du sud.

Seulement ça ne marche pas fort. En trois « lifts », j'ai fait quatre-vingts kilomètres, il est huit heures du soir et plus personne ne s'arrête. Alors je décide de chercher un coin de verdure tranquille pour dormir et je marche le long de la route, n'essayant plus d'arrêter les voitures. Le soir tombe, tout est calme, je suis un peu fatigué...

Tiens, une voiture qui venait de me doubler s'arrête, certainement pas pour moi, c'est une de ces voitures pleines d'enfants et de bagages, jusqu'au ras des vitres, de ces voitures de gens qui partent en vacances ou en reviennent, et qui ne prennent jamais un seul auto-stoppeur, trop préoccupés qu'ils sont de leur petit bonheur, de leur petite famille, de leurs petites vacances...

Curieux, la voiture se met à reculer vers moi (nous sommes en Suède, à cette époque, les voitures roulent encore à gauche). C'est à moi qu'ils en veulent ; ils arrivent à ma hauteur, le père et conducteur ouvre la portière, m'invite, en anglais, à monter... Bizarre, bizarre, d'où vient cette générosité soudaine. « Bonjour, comment ça va ? » toujours en anglais, une voix de fille vient de la banquette arrière : ça y est, j'ai compris, c'est la fille avec qui j'ai passé l'après-midi, hier à Kungstradgarden, elle part en vacances avec ses parents, elle m'a reconnu sur le bord de la route, et leur a demandé de me prendre à bord.

C'est exactement ça, sauf que ce ne sont pas ses parents, mais son oncle et sa tante. Cinq ou six enfants d'âge varié dans la voiture, et tout l'attirail de vacances. Je monte sur le siège arrière, près de Mia. C'est Mia, son prénom, elle a à peine plus de seize ans, blonde, les cheveux raides, la parfaite petite Suédoise. Elle me tient le bras. La voiture repart, on parle, mes voyages, où je vais, ce que je cherche, d'où je viens. Eux ? Ils vont passer les vacances dans la grande maison de bois de l'oncle en pleine nature, seule au bord d'un des nombreux lacs du centre de la Suède. Ça me fait progresser d'au moins cent kilomètres, quelle aubaine ! Et puis : « Qu'est-ce que vous faites ce soir, ne continuez pas, restez donc dîner et dormir à la maison, demain vous verrez bien si vous voulez rester quelques jours. » Je n'en crois pas mes oreilles... ce n'est pas que les gens ne soient pas hospitaliers, en général : souvent, ceux qui me prennent en stop m'offrent boissons, petits déjeuners, casse-croûte sur l'autoroute. Mais, là, c'est vraiment trop beau ! On atteint bientôt la maison, mieux que tout ce que je pouvais imaginer. La forêt déserte, les grands arbres qui se mirent dans le lac sombre, avec une île au milieu. La belle maison, tout en bois, une salle de séjour immense avec une vaste cheminée, des canapés et plein de chambres.

On descend de la voiture. Mia n'a pas cessé de me tenir le bras. Pendant que tout le monde s'affaire à décharger la voiture, elle est là, adossée à la portière ouverte, je suis appuyé contre elle, et puis je l'embrasse, mes mains effleurent doucement ses petits seins. Le reste de la famille fait semblant de ne rien voir, mais ils sourient tous... on est en Suède !

Bien vite, toute la famille est à table. Dîner improvisé à la suédoise, avec des pains croquants et du *filmjolk*, plein de trucs scandinaves, meilleurs les uns que les autres. Quelle belle famille, les enfants de huit à seize ans, une autre fille du même âge que Mia, les parents sympas. Vers la fin du repas : « Bon, voyons comment on va se répartir dans les chambres, dit la tante, toi et toi, la chambre du premier, en haut du petit escalier. Toi, avec ta sœur, dans telle autre chambre. Toi, ici, toi, là. Mia, tu dors sur ce canapé, ici, près du feu. Dites-moi (c'est à moi qu'elle parle, et ses yeux pétillent), est-ce que ça se fait, en France, de faire dormir un jeune homme avec une jeune fille ? » Je ne sais pas quoi répondre. « Vous dormez là aussi »... elle me montre le canapé tout proche de celui de Mia... et tout ça semble très naturel, toute la famille sourit, tout le monde a l'air complice.

On a fait du feu dans la cheminée, ça sentait bon, il y avait des grandes lueurs rouges jusqu'en haut de l'escalier, de bois lui aussi, où nous nous étions assis pour discuter. On a parlé des vacances, de l'île qu'il fallait aller visiter, du beau temps, du lac, des rochers, et puis tout le monde est allé se coucher, et Mia et moi aussi, ensemble, naturellement. Elle était toute nue, toute frêle contre moi, et je l'ai caressée, et nous avons presque fait l'amour. Je dis presque, parce que tout était trop doux, trop tendre, je ne voulais rien forcer, et je crois qu'elle était vierge. Je ne suis pas vraiment entré en elle, j'ignore toujours ce que c'est vraiment.

Avant le lever du jour, nous étions dehors, tous les deux, tout nus, assis sur un gros rocher à regarder le lac, à rêver à ce que nous pourrions trouver sur l'île. Le matin se levait sur l'eau calme, et je ne pouvais rien rêver de mieux.

L'après-midi, nous avons fait un tour en voiture dans un petit village voisin, acheté des chewing-gums dans des distributeurs automatiques, tout près de distributeurs de préservatifs : en France, en 1965, ces trucs-là ne s'achètent qu'en cachette, dans les pharmacies, ici, on les trouve déjà partout, même les garçons de dix-sept ans en ont dans leur poche... et s'en servent.

Ensuite, nous sommes rentrés à la maison de bois, au coin du feu encore, et une autre nuit, tout aussi douce, tout aussi irréelle.

Mais le lendemain matin, je savais que c'était trop beau, qu'il ne fallait pas tout abîmer en insistant. Je ne le comprenais pas encore, mais je ressentais déjà qu'une belle chose est aussi belle dans le souvenir que dans la réalité, et que l'abîmer est plus grave que de la perdre. Déjà, je sentais qu'il fallait continuer, aller plus loin, chercher je ne sais quoi, mais chercher encore. Là, j'aurais pu passer l'été dans cette maison, aller enfin découvrir l'île : « Mais tu ne veux donc pas aller explorer l'île ? » m'a demandé Mia quand je lui ai dit que j'allais partir cet après-midi. J'aurais pu vivre en Suède, quel beau pays, j'y avais tout ce dont on pouvait rêver... mais je savais qu'il fallait continuer.

Ils m'ont offert un bon gros déjeuner, qui me calerait l'estomac jusqu'au bac Danemark-Allemagne, où pour neuf francs on peut manger autant qu'on veut d'un buffet extraordinaire (du moins quand on le regarde ! Parce que, quand on y goûte, les trois quarts des plats sont dégueulasses, pleins de mayonnaise sucrée !). Et quand il a été temps de partir, il pleuvait à torrents, mais ma décision était prise. Ils ne savaient pas quoi faire pour me faire plaisir, ils étaient tout malheureux, ils m'ont conduit en voiture jusqu'à la nationale, m'ont aidé à chercher un endroit où faire du stop. La pluie redoublait : « Vous êtes sûr que vous ne voulez pas rester jusqu'à demain, il fera meilleur ? – Mais non, il faut que je parte (ici, raisons bidon, inventées par politesse), d'ailleurs, regardez, laissez-moi dans ce parking, il y a une voiture avec des plaques françaises, ils vont sûrement me prendre. » Et je descends vite de la voiture, mercis et au revoir, abrégés par les trombes d'eau.

M'abritant comme je peux, je les regarde s'éloigner, et je me dirige vers la voiture française qui est arrêtée ; le conducteur et sa femme sont sortis, pour fixer quelque chose qui se détachait, peut-être, de leur galerie. Quelle chance de tomber sur des compatriotes avec une pluie pareille, et leur voiture n'est pas très pleine.

« Bonjour, je suis français, comme vous, je n'arrive pas à trouver une voiture pour l'embarcadère, vous voulez bien m'emmener jusque-là, si c'est votre route ? – On y va, mais on ne prend jamais personne, foutez le camp ! »

Bravo et merci, vive la France, et allez vous faire voir. Je dégringole de mes deux jours de paradis, droit dans l'égoïsme de ces deux connards ! Et me voilà sous les trombes d'eau, le pouce en l'air sur le bord de la route, faisant des bonds en arrière pour éviter les gerbes d'eau envoyées par les roues des camions. Le stop sous la pluie, ça a des avantages et des inconvénients : ça mouille, ça ne donne pas envie aux gens de vous prendre à bord, parce que vous allez dégueulasser leurs beaux coussins, mais en revanche, s'il y en a un d'un peu généreux, il vous prend en pitié plus facilement. Un jeune homme en Volkswagen s'est arrêté, et j'ai atteint le bac avant les deux connards de Français qui, à la réflexion, devaient être en panne, c'est du moins ce que je leur souhaite !

Copenhague, je l'ai traversée quatre fois, cet été-là, je n'ai eu aucune envie d'y faire halte. Il y a des boulevards circulaires numérotés qui en font le tour, il ne faut pas se tromper de numéro. De nuit, c'est désert, les voitures ne s'y arrêtent pas volontiers. Une d'elles m'embarque enfin. Un gars jeune, la trentaine, l'air sympathique. On parle de voyages, et puis, très poliment, il me dit « Voulez-vous me faire une faveur ? – Quelle sorte de faveur ? – Cette sorte de faveur », ajoute-t-il en posant la main sur mon genou. « Je ne suis pas intéressé – Vraiment ? – Je vous assure. – Dans ce cas, tant pis, n'y pensez plus », et la conversation continue normalement. C'est formidable qu'il existe des pays où les gens savent assumer leur sexualité quelle qu'elle soit, exposer sans complexes leurs désirs, quitte à se tromper de porte, poliment, aimablement. Le pédé latin m'aurait sans doute dit : « Dans ce cas, descendez, vous finirez la route à pied... » Moi, j'ai simplement eu à répondre poliment que je n'étais pas intéressé, le macho latin se serait senti insulté, aurait réagi violemment. Voilà une chose qui m'a toujours surpris dans le personnage de Frédéric Dard/San Antonio, dont j'apprécie la grande liberté d'esprit dans tous les domaines, à commencer par la sexualité : lui, si un homo fait mine de lui faire une proposition, il se croit obligé de lui foutre son poing dans la gueule... C'est sans doute que le macho n'est pas si sûr que ça de sa virilité, et que ça le fout en rage qu'on puisse la mettre en doute : alors il a aussitôt recours à la bête force.

À l'époque, quand une voiture passait à grande vitesse près de moi sur le bord de la route, il y avait un mot que je savais lire de loin, en une fraction de seconde, sur les lèvres des passagers étonnés par mes cheveux longs : « Beatles ». Je n'imaginais pas que, moins d'un an plus tard, un beatnik français me raconterait que le mot qu'il lisait sur les lèvres des passagers et conducteurs des voitures qui passaient à grande vitesse près de lui, c'était

« Antoine ». Et il en passait, des voitures, surtout sur les autoroutes. Comme il était interdit de faire du stop, on se débrouillait, se faisant arrêter à une aire de services plutôt qu'à la sortie – peut-être dépourvue d'entrée – où allait sortir le conducteur qui vous avait pris... Il fallait bien parfois finir par se résigner à faire du stop sur l'autoroute, espérant qu'un des bolides passant près de vous, certains à près de deux cents à l'heure – pas de limitation à cette époque –, voudrait bien vous embarquer avant qu'une voiture de flics ne vous repère... Une fois, j'ai dû me jeter dans les fourrés pour échapper à une patrouille, on se serait cru au temps de la Gestapo : « *Raus, Schnell* » criaient les policiers teutons !

Le soir, je dormais parfois dans un champ, ou dans le chantier d'une maison en construction s'il pleuvait ; un soir, je débarque dans un bar, j'y fais la connaissance d'un groupe d'ouvriers agricoles allemands ; le plus jeune rêve quand je lui raconte mon voyage, il a envie de tenter l'aventure dans quelques jours, quand son contrat sera terminé.

Arrivé à la frontière suisse, problème : il serait bien plus rapide pour moi, afin d'atteindre Grenoble, de traverser la Suisse de Bâle à Genève, mais un douanier me repère, me demande combien j'ai d'argent sur moi. « Cinq francs », je réponds. Je ne les avais même pas. La frontière étant, à cet endroit, commune à l'Allemagne, à la Suisse et à la France, il m'a fait reconduire à la frontière française, m'obligeant à faire le tour par Mulhouse, Besançon, Lons-le-Saunier et Bourg-en-Bresse, sur des petites routes, avec de longues heures d'attente et de longues marches pour traverser chaque ville. À Belfort, j'attends au bord de la route, quand un garçon d'une quinzaine d'années passe à Mobylette ; il me dévisage, et me lance : « Ah là là, tu as vu la gueule de con que tu as ? »... Putain, qu'est-ce qu'ils ont, ces gens, je ne lui demande rien, à ce crétin, si ça se trouve, dans un an, il aura troqué sa nuque rasée et son faciès porcin contre des cheveux longs, parce que ce sera la mode, juste pour faire comme tout le monde.

À Lons-le-Saunier ou à Montbéliard, un soir, personne ne s'est arrêté ; je marche, je marche vers la sortie de la ville, plus une voiture. Je décide de passer la nuit sur l'herbe, dans une prairie, le long d'un canal ou d'une rivière. Au milieu de la nuit, la pluie me réveille, j'essaie en vain de m'abriter contre un mur, et je finis par aller me réfugier sous un pont, une sorte de tunnel sous lequel passe le canal. Au matin, je m'apercevrai qu'il y a un vieux clochard qui dort à côté de moi... Est-ce que je finirai comme ça moi aussi, vagabond à vie ?

Un combi Volkswagen plein d'Espagnols qui travaillent en Allemagne et rentrent en Espagne pour les vacances s'est arrêté pour me prendre, ils ont été attirés par ma guitare. Tout en roulant sur les nationales, ils voudraient qu'on en joue, mais leur répertoire est si différent du mien que ça ne donne pas grand-chose.

À Bourg-en-Bresse, j'ai utilisé mes dernières pièces de monnaie pour acheter un petit pain et une pêche, et puis j'ai tout de même fini par arriver à Grenoble. Mes parents n'étaient pas là, ils faisaient du camping dans les Hautes-Alpes, je ne suis resté que quelques heures dans l'appartement, à vider le frigo, à faire rejouer en boucle les disques que je n'avais pas emportés à Paris, l'album des Journeymen qu'on m'avait apporté des États-Unis, et qui a été le déclencheur, il y a quelques années, de ma passion pour le folksong, en particulier le classique *Make Me a Pallet on your Floor* (très bien traduit depuis par Hugues Aufray, sous le titre *Fais-moi un lit dans ton grenier*), ou le quarante-cinq tours de Petula Clark, *Chariot*. C'est si facile, de traverser l'Europe en auto-stop : j'ai refermé la porte de l'appartement de mes parents, et puis voilà... Que sont trois cents ou quatre cents kilomètres quand il y a tant de voitures qui acceptent de te faire faire un bout de chemin. J'ai pris la route du Midi, avec l'idée imprécise de retrouver Boz, Sven et Inge du côté de Cannes, où ils m'ont dit qu'ils passeraient le mois d'août. Mais je décide de faire un détour par Marseille. Tante Madeleine, ma marraine, et mon oncle Louis y habitent toujours, mais plus sur la Corniche. D'ailleurs, je les aime bien, mais ce n'est pas chez eux que je compte séjourner : j'irai où logent les vagabonds, les beatniks attirés par le climat agréable de la ville. Leur point de rendez-vous, ce sont les quais du Vieux-Port, de la Canebière au fort Saint-Jean, à deux pas des « ferry-boîtes » qui font leurs allées et venues et des restaurants qui servent leur bouillabaisse aux touristes.

Sur le quai à droite, il y a des chevelus qui « font des craies » par terre, illustrant des sujets champêtres ou religieux ; d'autres jouent de la guitare, d'autres ne font rien. Cet après-midi-là, je ne fais rien non plus. Il y a tout au bout du Vieux-Port, dans une ruelle proche de la rue de la République, un petit café dont la patronne est la providence des voyageurs ; elle fait crédit, parfois à fonds perdu, elle accueille tout le monde à bras ouverts. Son fils l'aide, un grand Marseillais baraqué, sympa, qui met l'ambiance ; c'est une vraie famille, chaleureuse, pour nous autres les oiseaux de passage. C'est là que je dîne ce soir, et je vais dormir avec eux tous, dans le petit nid que les voyageurs trouvent dans chaque ville : ici, ce sont les wagons de marchandises garés au pied des murailles du fort Saint-Jean. Il y fait noir, il s'y passe parfois des drames, des désespoirs d'amour, des crises de déprime, des tentatives de suicide ou des problèmes de drogue, mais on y est bien, on y est libres. Les flics n'emmerdent pas. Un seul risque : au matin, le wagon où on a dormi s'ébranle parfois, et prend la route de Strasbourg ou de Brest, et on a intérêt à vite descendre.

De temps en temps, un des vagabonds allume un joint, ou, plus rarement, utilise des substances plus nocives, dont je ne connais pas grand-chose. Pour moi, la drogue, c'est l'infâme haschich des *Trafiquants de la mer Rouge*, une aventure de Buck Danny, héros d'une BD politiquement correcte de mon enfance. J'ai bien sûr entendu parler de la marijuana que fument les musiciens de jazz et les artistes de Saint-Germain-des-Prés, mais cela ne m'a vraiment jamais intéressé ; j'aurai la chance, tout au long de ma vie, de passer au travers des filets tendus par les salauds, maffieux et autres, qui ruinent le destin de leurs clients ; je fumerai bien de temps en temps quelques joints, mais c'est vraiment une chose qui ne m'a jamais intéressé, il y a tellement de choses plus belles à faire sur cette terre que de se défoncer, avec des substances légales ou illégales, d'ailleurs [1].

1. Ce qui ne m'empêche pas de trouver stupide l'attitude prohibitionniste de la France et de trop de pays vis-à-vis du cannabis, et lamentable que des gamins puissent être mis en prison parce qu'ils ont fumé quelques pétards, moins chargés en toxines et plutôt moins nocifs que la plupart des boissons alcoolisées ! Ceux qui sont tentés par cela devraient pouvoir trouver des lieux où ils puissent y avoir recours légalement, en sécurité, encadrés de gens aptes à les empêcher d'en abuser. Il me semble que ça fonctionne bien dans les *coffee-shops* hollandais.

Tout près des wagons, il y a une boulangerie où on achète des croissants, et un petit café où on prend notre chocolat... Je suis arrivé à Marseille sans un sou en poche, et, dix jours plus tard, j'en repartirai avec une garde-robe renouvelée, et à la tête d'une vraie fortune, deux cents francs ! Comment ça ? Eh bien, voilà, c'est tout simple, j'ai commencé à CHANTER.

Ça venait doucement, mais je ne me décidais pas. Et puis là, je m'y suis mis, je n'avais vraiment pas un sou, il fallait quand même que je finisse par payer le petit restaurant, alors je me suis entraîné avec le copain allemand que j'avais rencontré sur l'autoroute, du côté de Hambourg, et qui avait lui aussi pris la route : un après-midi, on l'avait vu débarquer sur le Vieux-Port, avec ses culottes courtes. Il jouait à peu près les mêmes airs que moi. Oh ! on n'a pas eu un bien grand répertoire, au départ, quelques chansons de Dylan, *Mr Tambourine Man* ou *Blowing in the Wind*, des classiques comme *Oh ! When the Saints* ou *John Brown's Body*. Mais aussi les chansons du chanteur country Roger Miller : *Dang Me...* – Hugues Aufray en a fait une adaptation, *Pends-moi*, qui m'inspirera plus tard de façon importante – et cette année, *King of the Road*, devenue en français *On est les rois*.

On a passé des heures à répéter, et puis on a fini par prendre notre courage à quatre mains, une copine s'est proposée pour faire la manche en faisant passer le chapeau de l'Allemand, on s'est risqués à chanter deux ou trois chansons près de la place de la Bourse... et les gens nous ont écoutés. Quelle témérité quand j'y pense, il fallait vraiment avoir perdu le sens des réalités pour imaginer qu'on allait pouvoir faire comme tous les musiciens qu'on écoutait et admirait... qu'on allait chanter, arriver à capter et retenir l'attention des passants, au point de les convaincre de nous donner une pièce...

Et ça a marché ; on a récolté quelques francs, et puis, très vite, on a connu les bons coins, les cafés qui voulaient bien de nous à leur terrasse... Sur la place de la Bourse, on se reposait dans un petit square, un Américain nous a interpellés, il a voulu qu'on joue pour lui et sa femme, à chaque chanson il nous donnait dix francs, mille anciens francs ! Nous poussions jusqu'à la rue Thubaneau, alors célèbre à Marseille pour ses putes ; ces dames nous écoutaient sur le pas de leur porte et certaines faisaient même la manche pour nous à l'intérieur de la boîte...

Après, on faisait des petits tas des pièces dorées, argentées, on défroissait les rares billets, et on partageait en trois. Et trois jours plus tard, j'ai fait un tour dans un surplus américain, rue Sainte-Barbe, une petite boutique bleue perchée au sommet de quatre ou cinq marches, et j'ai acheté de quoi me constituer un nouveau look : mon ensemble en jean, blouson, pantalon et casquette, inspiré de celui de Donovan, était fonctionnel, mais il inquiétait par son côté un peu loubard une partie des gens qui pourraient me prendre en stop ; un pantalon clair, une chemise à rayures multicolores me donneraient un aspect bien plus rassurant, et je me déplacerais plus librement encore !

Chanter, qu'est-ce que cela représentait pour moi ? Une profession ? Certainement pas, plutôt un passe-temps agréable, une manière de me rapprocher de la musique que j'aimais, et, en plus, ça pouvait m'aider à vivre... alors, que demander de plus ?

Un après-midi, on se balade, guitares à la main, du côté du quai de Rive-Neuve, quand un garçon en chemise madras nous aborde : « Salut, je suis le secrétaire de Claude François. Vous jouez dans le coin ? » Peut-être nous a-t-il pris pour des musiciens professionnels, accompagnant un artiste en tournée dans la région. « Oui, on joue dans les rues, par là – Ah oui, je vois ce que c'est. Moi, je suis le secrétaire de Claude François. » C'est le premier spécimen de « gens du métier » que je rencontrerai. Il n'a peut-être pas de boulot précis, juste ses entrées chez telle ou telle vedette, et il clame partout « je suis le secrétaire de Claude François ». Après tout, pourquoi pas. « Vous allez voir Hugues ce soir ? » C'est vrai, il y a un spectacle avec Hugues Aufray en vedette, ce soir, dans le beau théâtre en plein air installé dans les jardins du Pharo, de l'autre côté de l'entrée du Vieux-Port. Ce n'est pas l'envie qui me manque d'aller voir chanter Hugues, que j'ai déjà applaudi à l'Olympia un an ou deux plus tôt, et qui, par le choix des chansons qui figurent sur ses disques les plus récents, est devenu, bien avant que le terme ne soit à la mode, le porte-parole des routards : *N'y pense plus, tout est bien* de Dylan, où un homme quitte la femme qu'il aime sans autre raison précise que le fait que la route l'appelle ; et puis les chansons de Roger Miller, surtout *On est les rois,* devenue un véritable hymne pour ceux qui rêvent de prendre la route : « On couche n'importe où, dans des chambres à cent sous... » Mais le prix des entrées au spectacle est largement au-dessus de nos moyens. « Ça ne fait rien, vous n'avez qu'à me demander à l'entrée. »

Le soir, je me pointe à l'entrée des artistes, une des grilles donnant accès au parc du Pharo, j'y vais seul, Hans ne connaît pas Hugues Aufray. Mais j'ai oublié de demander le nom du « secrétaire de Claude François ». Tant pis, je tente le tout pour le tout : j'ai ma guitare attachée dans le dos et, autour du cou, mon harnais pour harmonica[1]. J'ai remarqué dans la vie que si tu te pointes quelque part avec l'air de savoir parfaitement où tu vas, l'évidence écrite sur ton visage radieux qu'il est absolument normal qu'on te laisse passer, genre « Salut, ça va, rien à signaler ? »... eh bien ça marche la plupart du temps... Là, on me laisse entrer dans le parc, où je suis retourné souvent depuis, en tournée. Je contourne la zone réservée au public, la scène, et je me dirige vers les loges des vedettes. Je passe le temps de la première partie dans le couloir, à deux pas de la loge d'Hugues Aufray : des fans essaient d'ouvrir une porte, alors un gars passe la tête dans l'ouverture, et me demande – pourquoi à moi ? – de garder la porte, de veiller à ce qu'on ne les dérange pas. Pendant plus d'une heure, j'ai fait le cerbère, très content de mes nouvelles attributions... Après un coup comme ça, je pourrais sans doute raconter que je suis le « secrétaire d'Hugues Aufray » !

Bientôt Hugues sort de la loge, monte sur scène, et je vais écouter son tour de chant.

Quand il a fini de chanter, je suis revenu vers le couloir des loges, il allait se changer dans la plus grande des loges, la sienne, il a dit aux fans qui l'y avaient suivi : « Sortez, maintenant, je vais me mettre tout nu. » Il y a bien eu une fille pour s'exclamer « chic ! » mais elle est sortie aussitôt, toute rouge ; et puis, à l'instant où Hugues allait monter dans sa voiture, une Mustang, pour

1. J'ai eu la chance de tomber sur le bon modèle, exactement le même que Dylan, Donovan et les autres folk-singers : léger, solide, juste la bonne largeur pour les Echo Super Vamper, pas ces gros machins immondes au système de blocage foireux assez larges pour tenir un harmonica chromatique, ce qui ne sert à rien parce qu'on ne peut pas jouer sans les mains d'un harmonica chromatique.

retourner à son hôtel, j'ai pu lui parler une minute : « Tu n'as pas un moment, demain, je voudrais te demander quelques conseils ? – Tu sais, il m'a répondu, dans ce métier, d'abord, ça ne marche pas, et tu as tout ton temps (longtemps, Hugues avait chanté dans les bistrots, les boîtes de la côte, je crois). Et ensuite, quand ça marche, tu n'as plus une seconde à toi. [1] »

Le lendemain midi, je me présente à la réception de l'hôtel le plus chic de Marseille, le Noailles ; l'hôtellerie n'avait pas encore été révolutionnée par deux de mes camarades centraliens, créateurs du groupe Accor, il y avait encore des portiers devant les hôtels, des employés qui semblaient dater d'un autre siècle ; on me conduit à Hugues, qui déjeune en vitesse au bar de l'hôtel avant de reprendre la route pour la prochaine ville de sa tournée. Il m'accueille gentiment, et nous parlerons quelques minutes ; les conseils que j'espérais recueillir auprès de lui se réduiront à : « Il y a plein de boîtes de nuit sur la côte méditerranéenne, tu pourrais y chanter, plusieurs fois chaque soir » – c'est ce que font les artistes, chanteurs ou humoristes qui passent dans les cabarets parisiens : ils se produisent souvent dans deux ou trois petits clubs la même nuit – « Tu devrais t'acheter une moto pour faire pareil, mais sur la côte »... Moi, acheter une moto ! Quand c'est si facile et agréable de se balader à travers l'Europe avec toutes ces voitures prêtes à t'emmener où tu veux, et en rencontrant des gens intéressants, en plus. Hugues me propose de venir le voir à Paris à la rentrée, il appose sa signature sur la caisse de ma guitare, et il s'envole dans sa Mustang.

Je suis encore resté quelques jours à Marseille ; je m'entendais bien avec une jolie Française qui travaillait dans le petit restaurant... Mais, je ne sais pas pourquoi, cette amitié a tout d'un coup énervé le fils de la patronne, sympa, authentique, mais peut-être un peu déséquilibré... Un jour, le voilà qui me prend à partie, et me poursuit, un couteau de cuisine à la main... Juste à ce moment-là, la fille passe devant le restaurant à Mobylette, je saute sur son

1. Roger Miller racontera la même chose de façon plus frappante : « Le jour où *Dang Me* est sorti, je jouais dans un petit club pour soixante-quinze dollars. J'ai eu quatre spectateurs et un chèque en bois. Mais dans la semaine qui a suivi, mon téléphone s'est mis à sonner, à sonner, on me demandait de faire ceci, cela... Après ça ? Eh bien, je ne sais pas ce qu'il est advenu de moi après ça ! »

porte-bagages, et elle m'emmène hors de portée du gentil déséquilibré... Il paraît que ce sont des crises qui lui prennent parfois...

D'ailleurs, ça tombe bien, j'ai envie de reprendre la route ; ce que j'ai me suffit, un pantalon et une chemise neufs, et assez d'argent de poche pour pouvoir reprendre mon chemin, passer encore quelques semaines à sillonner l'Europe. Je me paie même le luxe, pour ne pas avoir à traverser Marseille à pied avant de trouver un endroit où faire du stop, de prendre le train pour Cannes, où je pense retrouver mes amis de l'été.

La plage de Cannes est presque entièrement concédée à des plagistes qui louent à prix d'or chaises longues et parasols, mais l'invasion mercantile a épargné un étroit bout de littoral, la « plage publique ». Il est donc facile d'y retrouver les gens que l'on cherche, si ce sont des vagabonds au budget limité comme moi et mes copains ; je n'y suis pas depuis une demi-heure que j'ai déjà rencontré deux ou trois gars qui connaissent bien Boz, l'Américain, et le couple scandinave, Sven et Inge. Il semble même que l'un d'eux soit très apprécié des vagabonds de la plage, car il les fournit en herbe à fumer que tous trouvent de bonne qualité ; moi, ce ne sont pas mes oignons, après tout : les gars que je vois fumer des joints me paraissent plutôt plus cool, moins nocifs, que ceux qui picolent.

Mes amis arrivent ; Sven fait la tournée de quelques-uns des vagabonds qui paressent au soleil, leur glisse discrètement dans la main une petite boîte d'allumettes. Boz et Inge me racontent leur voyage, ils se sont installés dans une grande maison, sur la route de Valbonne, chez des amis d'amis, et je suis le bienvenu, il suffit de s'installer à un des premiers feux rouges des faubourgs, de demander aux automobilistes s'ils prennent cette route-là, et en quelques minutes, j'y serai.

J'ai passé la journée au soleil, j'ai découvert un délice méridional dont j'avais ignoré l'existence tout au long de mon enfance ; pourtant, de Marseille, nous venions assez souvent à Cannes, où mon père avait un cousin avocat : on le disait « bâtonnier »... enfant, je me demandais de quel bâton il s'agissait ! Je découvre, donc, un délice, le pan-bagnat, gros pain rond à la croûte dorée et croustillante, ouvert en deux et rempli de bonnes choses, une sorte de salade niçoise pleine d'anchois et de piment qui vous emporte la bouche.

J'espère que les Méridionaux d'aujourd'hui célèbrent encore le culte du pan-bagnat, qu'il n'a pas été totalement remplacé par sa molle caricature, le hamburger des fast-foods !

Un an plus tard, quand la célébrité m'aura emporté dans son tourbillon, que la presse publiera de moi des photos de toutes sortes, posées, volées, récupérées dans les albums de mes parents, un hebdomadaire à sensation (on ne dit pas encore *people*) publiera, à ma grande surprise, une photo de moi prise ce jour-là, sur cette plage, avec ma chemise à rayures neuve... Apparemment, un photographe qui traînait par là a été intéressé par la physionomie de l'inconnu à cheveux mi-longs que j'étais, et a dû découvrir quelques mois plus tard qu'il avait ainsi pris, par hasard, une des premières photos de celui qui était devenu la sensation de la presse.

J'ai pris la route de Valbonne, et atteint la grande maison que l'on m'avait décrite... Ma douleur ! Quel clapier ! La villa, vaste, entourée d'un grand jardin, devait être somptueuse quelques semaines plus tôt quand les personnes indéterminées qui l'avaient louée y ont invité des gens qui en ont invité d'autres, et ainsi de suite... on ne sait même pas qui paie le loyer, si quelqu'un en paye un ; personne n'entretient rien, la maison entière est dans un état de crasse insensé ; l'immense quantité de vaisselle des placards de la location prestigieuse est empilée, immonde, dans un évier bouché dont les robinets ne fonctionnent plus ; les canapés sont défoncés, les meubles rayés, les pieds des tables cassés ; un téléphone trône au centre du capharnaüm, et tout le monde appelle sans compter l'étranger, passant des heures en ligne avec les États-Unis, l'Espagne ou l'Angleterre. Qui paiera la note, tout le monde s'en fiche ! Un jour, j'essaierai de nettoyer un peu le salon, où s'empilent des détritus de toutes sortes, mais au bout d'une journée de travail, on ne voit même pas la différence. Je me suis trouvé une chambre inoccupée, à l'étage, je décide d'y rester quelques jours, et de profiter, pour remonter en Scandinavie, de la voiture que Sven est sur le point de s'acheter, avec les bénéfices de son petit commerce... finalement tout à fait légal, puisque l'herbe qu'il vend à ses clients, c'est tout simplement... du thé, du thé noir de la marque Typhoo (en anglais « typhon »), dont il a trouvé un grand nombre de boîtes dans la cuisine sinistrée de la villa... Qui pourrait lui faire grief de vendre du thé ? Et ses clients semblent ravis, ils reviennent le lendemain lui dire qu'ils ont plané comme des dingues, et lui en redemandent... Sven aura bientôt rassemblé assez d'argent pour racheter à deux Suédois désargentés une vieille Volvo, qui est actuellement à la fourrière de Cannes.

Malgré l'effroyable bordel ambiant, on était bien dans cette maison, jusqu'à ce qu'une employée de l'agence qui l'avait louée vienne et découvre l'ampleur des dégâts... On y passait des matinées agréables, avant de descendre jusqu'à la plage, parfois sur un vieux Solex qui faillit tuer un des Américains dans la descente, à l'entrée de Cannes. On remontait en stop, ou par le car, les bras chargés de pans-bagnats achetés à la petite cabane en bois près de la gare... Je me souviens de ces cabanes : dans mon enfance, à Marseille, elles proposaient une « cure uvale », à base de jus de raisins pressés devant vous. Revenus dans la maison, nous y passions des soirées heureuses, discutant, buvant du mauvais vin ou de la bière, refaisant le monde.

Bientôt, le torchon s'est mis à brûler entre les deux Suédois, Sven et Inge. Lui costaud, barbu, grande gueule, le gars qui sait tout mieux que les autres ; elle, une sorte de Joan Baez blonde, droite et un peu austère, mince et jolie, une parfaite Suédoise. Un peu cinglée comme on l'était à l'époque à cet âge ; elle change d'avis comme de chemise, elle est un peu masochiste, un peu girl-scout, donne parfois l'impression d'avoir dix ans d'âge mental, et deux minutes plus tard elle vous sort des raisonnements imparables. Moi, de ma chambre à l'étage, j'entends les conversations, les disputes qui s'élèvent un peu plus chaque soir entre les deux, qui commencent à se déchirer. Le ton monte, monte, parfois il y a des coups, moi je reste dans mon repaire, ils finissent par se calmer. Une nuit, la dispute s'envenime plus que de coutume, j'entends des bruits de lutte, je finis par me lever, j'entends Inge sangloter, je me pointe en haut de l'escalier... Elle est en pleurs, et l'autre lui a rasé le crâne ! Il a une grande marque de griffure en travers de la figure, il brandit une paire de ciseaux, et les beaux cheveux de Inge, déchiquetés, jonchent le sol...

Soudain, je me réveille, tiré de mon sommeil agité par un plus fort bruit de dispute... ce n'était qu'un cauchemar. Mais les engueulades continuent ; le jour, Inge essaie parfois de m'attirer à elle, de me mettre de son côté, de se faire plaindre, elle m'explique qu'il la rend malheureuse, qu'il la bat... Que puis-je y faire, il lui suffirait de se barrer, ou de l'envoyer paître une bonne fois pour toutes, mais elle ne sait pas ce qu'elle veut, elle retourne toujours près de son Sven, et la danse reprend.

Enfin, ça semble se calmer, d'ailleurs, il est temps de reprendre la route, l'agence immobilière a vidé tout le monde avec pertes et fracas, et Sven a assez d'argent pour aller payer la fourrière de Cannes ; on récupère le véhicule, répare un pneu crevé, fait recharger la batterie ; puis on entasse dans le coffre nos maigres possessions, et on prend la route du nord, Sven, Inge et moi. Peu ou pas d'autoroutes en 1965. Il ne nous faut pas longtemps pour découvrir, à la tombée de la nuit, que les phares de la vieille Volvo ne fonctionnent pas... Je suggère de rester là jusqu'à ce qu'il fasse jour, mais Sven râle, déclare qu'on l'attend déjà à Stockholm, et décide de continuer à la lumière de la lune et des étoiles. À peine plus loin, dès le début de la longue descente sur Castellane, on constate que les freins, eux aussi, manquent à l'appel : on a redescendu toute la côte en utilisant le frein moteur. On arrive à Castellane à minuit, à l'heure où les gens sortent du cinéma. Pas moyen bien sûr de trouver un garage ouvert à cette heure-là. On décide de passer la nuit dans la voiture à la sortie de la ville, dans un champ. Sven et Inge ont recommencé à se disputer, ça a duré le reste de la nuit, alors je suis allé dormir sur l'herbe.

Au matin, on redescend à Castellane, et, en guise de garagiste, nous tombons sur les flics qui nous demandent nos papiers ; il s'avère que pour tout acte de vente et papiers d'immatriculation, Sven a obtenu de ses deux compatriotes un vague certificat de vente manuscrit... Les flics nous accusent d'avoir volé tout ce qu'on a, à commencer par la voiture, et nous sommes bouclés toute la journée au poste de police. Au dixième interrogatoire, je leur dis : « Mais enfin, cette voiture, elle est bien à nous, on l'a sortie de la fourrière de Cannes hier ! » Ça leur paraît soudain une preuve valable, ils téléphonent à la fourrière pour vérifier, et finissent par être convaincus. Comme Sven menace de faire appeler son consulat, ils acceptent de nous relâcher, à cinq heures du soir, mais pas question de reprendre la voiture, d'ailleurs elle est vraiment un danger public, on ira plus vite en stop ! On signe un papier comme quoi on abandonne l'épave... je pense que la voiture doit encore être à Castellane !

C'est comme cela qu'ayant parcouru cent kilomètres à peine de notre route (deux mille kilomètres pour Stockholm), nous nous retrouvons à nouveau sur le bord de la route à faire du stop. Seul, c'est parfois dur, à trois, c'est beaucoup plus dur. Bientôt, une voiture s'arrête, qui va jusqu'à Grenoble, mais le conducteur ne veut prendre que deux personnes. Sven fait mine d'y monter avec Inge, mais voilà qu'ils recommencent à s'engueuler. « Vas-y, toi, me dit Inge, on prendra la prochaine voiture, rendez-vous chez toi à Grenoble ! » Je monte ; à la seconde où la voiture démarre, elle bondit à côté de moi, claque la porte au nez de Sven qui reste seul sur le bord de la route. Tiens, elle se décide enfin à le larguer ?

On arrive à Grenoble sans peine. Elle pense qu'elle est débarrassée de Sven, qu'il aura compris, qu'il ne va pas venir. L'appartement de mes parents est encore vide. Avec Inge, on s'installe, on écoute mes disques, et puis on se retrouve dans les bras l'un de l'autre, on est déshabillés, on va faire l'amour...

Nom de Dieu, je suis tombé sur la seule Suédoise puritaine ! Parce qu'elle est puritaine en plus d'être à moitié cinglée. Gentille et jolie, mais puritaine et à moitié folle. Caresses, elle veut bien, mais pas faire l'amour...

Alors... devinez les copains ? Eh bien le lendemain matin, je suis encore puceau !

En plus, soudain, on frappe à la porte. C'est Sven qui a fini par atteindre Grenoble ; il demande pardon, il est inexcusable, il a honte de lui. Et les disputes reprennent, elle ne veut plus de lui, le ton monte encore. Je suis dans une autre pièce de l'appartement quand un grand cri retentit. Je me précipite, il y a du sang partout, et cette fois-ci ce n'est pas un rêve : il a voulu l'impressionner, il s'est planté dans la poitrine une des lames des ciseaux de ma mère. La lame s'est enfoncée d'au moins cinq centimètres, il a raté le cœur, mais il y a du sang dans toute la pièce. Ah là là, les mecs, mais ils sont fous, la vie est belle, qu'est-ce que vous foutez pour une histoire de cœur – ou de cul ? Et on n'a pas un sou. J'emmène Sven chez le docteur qui me soignait quand j'habitais Grenoble, et qui voit ça d'un œil effaré. Sven n'a rien de grave, mais pas question pour lui de reprendre la route dans cet état... Que faire ? J'appelle mon frère, qui vit de nouveau à Grenoble, et je lui demande de nous prêter de quoi acheter un billet de train pour Stockholm ; on met Sven dans le train, tout honteux, tout calme maintenant avec son gros pansement.

Il nous a suffi de trois jours, à Inge et à moi, pour atteindre Stockholm. Pourtant, je ne me suis jamais caché sur le bord de la route pour qu'un automobiliste, attiré par une fille qu'il croit seule, s'arrête. Peut-être que, trompés par mes cheveux longs, certains ont cru que nous étions deux filles, et, s'apercevant de leur méprise, n'ont pas osé nous refuser de monter... sauf un : quand il a entendu ma voix, il s'est écrié « Descendez tout de suite ! » À Bâle, une Volkswagen qui transportait déjà quatre Espagnols, plein de bagages et une quantité de pastèques – je n'invente rien – nous a embarqués, et amenés jusqu'à Hambourg, avec quelques haltes pour dormir. Comme le conducteur, pour cela, était mieux sur le siège arrière que sur le siège avant, il nous faisait passer devant, je m'asseyais sur le siège du conducteur, Inge sur mes genoux. Pendant que les Espagnols dormaient, je caressais un peu Inge, mais elle ne voulait plus rien savoir : « Comme je ne veux pas faire l'amour, disait-elle, je serais vache avec toi de te caresser », disait-elle.

Le dernier jour, nous avons attendu des heures au bord de la route, les gros Allemands, seuls au volant de leurs Mercedes, en bras de chemise, ne s'arrêtaient pas. Elle a fini par venir vers moi, elle s'est blottie dans mes bras, elle m'a embrassé. Elle savait que le lendemain on serait à Stockholm, et que ses problèmes allaient reprendre, Sven, la vie en général...

À Stockholm, la situation était moins rose que quelques semaines plus tôt. Il y avait plein de types dans l'appartement, Sven avait décidé de faire payer une pension aux mecs qui y couchaient. J'y suis resté deux ou trois nuits, mais il y avait vraiment une faune bizarre, dont un Américain qui faisait des recherches sur les champignons hallucinogènes, préparait des mixtures étranges, les avalait, et avait bientôt des visions ; un jour il croit me voir pousser une carotte sur le nez, il veut l'attraper ou la couper. Moi, c'est à Stockholm que je suis tombé au fin fond du vice : j'ai fumé une cigarette de haschich ! Je ne suis pas devenu, pour autant, une bête sanguinaire (le mot « assassin », paraît-il, viendrait de *haschichin*), ni un obsédé sexuel, je n'ai ni tué, ni violé, je ne suis pas devenu un « accro », prêt à se prostituer pour un peu de sa drogue. J'ai juste constaté que cette herbe faisait un effet légèrement enivrant, un peu comme un verre de vin, sans le bon goût ni la gueule de bois, et qu'elle n'a jamais rendu quelqu'un dangereux ni violent. Un matin, nous venions de partager un joint, nous nous promenions dans le parc de Kungstradgarden, tout était beau, *man*, on aimait tout le monde, on était bien. Plus tard, je me désintéresserai rapidement de la chose, il y a dans la vie des plaisirs plus agréables, des activités plus passionnantes, et légales...

Et les disputes entre Inge et Sven avaient recommencé. Sven essayait de me prendre pour allié, de me demander du secours, mais j'avais mon propre problème, la petite Mia. Elle m'avait écrit pendant que j'étais dans le Midi, j'avais trouvé sa lettre à Grenoble : elle avait compris que j'étais le prince charmant qu'elle attendait depuis si longtemps : elle ne pouvait plus vivre sans moi, je lui avais appris ce qu'était la vie ! Toutes ces phrases, tous ces clichés des livres que l'on fait lire aux petites filles. Moi je l'aimais bien, Mia, c'était un si beau souvenir, beau comme les couplets d'une ballade folk, il ne fallait pas le gâcher par des salades du genre Sven-Inge. Un soir, elle est venue me relancer, me supplier, moi j'avais honte d'elle, de moi...

Mia, j'espère que tu ne m'en veux plus, que tu l'as trouvé, ton vrai prince charmant, qu'il t'a emmenée sur son blanc palefroi et que vous êtes allés ensemble voir ce qu'il y avait dans l'île, sur le lac ; peut-être même qu'il t'a construit une maison de bois avec un grand feu, sur l'île, justement, ou plutôt au bord d'un autre lac, avec une autre île : les îles désertes doivent rester désertes. J'espère qu'il t'a fait de beaux enfants, aussi beaux que toi et tes cousins, aussi beaux que ces deux jours dans la grande maison de bois, et que tu n'en veux plus à cet escogriffe de Français qui ne voyait pas que le bonheur était là juste sous son nez. Mia, j'ai fait une chanson pour toi, une ballade qui a même inspiré, entre autres, deux garçons qui sont devenus deux de nos plus grands chanteurs français... tu ne la connais certainement pas !

Un pour qui les choses ont changé, c'est Boz : remonté du Midi quelques semaines plus tôt, il a enregistré quelques-unes de ses chansons, on entend déjà le disque à la radio, il deviendra un tube dans quelques semaines. Sven, l'irascible Sven, fera, lui, un beau succès, l'année suivante, en publiant en Suède un disque de chansons folk... Et Boz, quelques années plus tard, sous son nom complet, Boz Scaggs, atteindra le sommet des hit-parades américains !

La rentrée approche, je reprends, sans péripéties majeures, la route de Londres, où je passe encore une semaine ou deux au 24, Finborough Road : qu'êtes-vous devenues, vous toutes, les filles du 24, qui accueilliez si merveilleusement les oiseaux de passage fatigués de leur longue route ? Quarante ans plus tard, dans une émission prétendument décontractée, un animateur censé n'avoir pas froid aux yeux me faisait raconter cette aventure... j'ai dû mal la raconter, ou les hommes n'ont toujours rien compris, parce qu'il en avait déduit que ça devait être un bordel... Pour bien des gens, aujourd'hui encore, une fille libre de son corps est une pute ! Eh bien non, je n'ai rien contre les bordels, mais là, c'étaient des filles qui se cherchaient, qui voulaient être libres de leurs rencontres et de leurs corps, il n'y avait rien de vénal dans leur accueil, c'étaient plutôt elles qui ouvraient sans compter leur garde-manger aux vagabonds en escale.

Mais dans cette Angleterre qui a du mal à sortir de l'ère victorienne, et malgré les minijupes de Mary Quant, les bars et les boîtes de nuit, le rock'n roll et sa frénésie, faire l'amour, aller jusqu'au bout, c'est toujours risqué pour la fille. Alors, cette fois-ci, c'est dans les bras de la jolie Penny que je passe quelques jours, et, vous l'avez deviné, elle m'invite dans son lit, mais, encore une fois, m'y prodigue mille douceurs, me fait, de ses mains habiles et caressantes, jouir quatre, cinq fois par jour sans jamais me laisser au moins lui rendre le même service ! J'ai beau lui dire que je me sens gêné, que je lui suis redevable, que nous en sommes au moins à vingt à zéro (quel match !), rien n'y fait !

Que la vie est douce à Finborough Road, on boit beaucoup de café, on fume un peu du haschich rapporté par un des vagabonds, revenu du Maroc ; moi, je n'ai besoin d'aucun excitant artificiel pour m'enflammer pour deux chansons qui débarquent, en cette fin d'été, dans notre univers sonore, deux chansons après lesquelles plus rien ne sera comme avant...

Je vous ai déjà décrit l'infranchissable fossé qui séparait la chanson folk, bien-pensante, acoustique et un peu chiante, d'une part, et le rock, commercial, paroles niaises et rythmes endiablés : c'était, comme dans les autres aspects de la vie, la dualité absolue : le diable du rock contre le bon dieu du folk. Mais soudain le plus célèbre chanteur folk du monde, Bob Dylan, a, en quelques semaines, fait écrouler cette barrière... une vraie chute du mur de Berlin ! Après *Subterranean Homesick Blues*, Radio London joue sans fin le fabuleux *Like a Rolling Stone*, une chanson qui, pour moi, offre plus de richesses que tous les livres à côté desquels je suis passé durant mon adolescence : un déferlement d'images, de *Napoléon en lambeaux* au *diplomate sur son cheval de chrome*, une écriture surréaliste qui nous ravit tous... Ce n'est que bien plus tard que je réaliserai à quel point, pour Dylan, cette re-naissance a été douloureuse : quand il a pris pour la première fois une guitare électrique devant le parterre du festival de folk de Newport, il s'est fait copieusement huer, et il se fera huer grossièrement des années encore par une minorité de gens à l'esprit étroit qui considéreront que Dylan a trahi la musique folk.

Et surtout, un après-midi, le mariage entre le rock et les textes, la musique et le sens, est consommé lorsque l'émission quotidienne de variétés de la BBC, *Ready, Steady, Go*, ou *Top of the Pops*, je ne sais plus, dévoile la nouvelle chanson des Rolling Stones.

Les Stones, on les appréciait déjà beaucoup, mais ils restaient un groupe de rock parmi d'autres, ils reprenaient des chansons de Chuck Berry ou de vieux bluesmen américains ; leurs textes étaient encore, comme ceux du yé-yé et de la chanson populaire, des histoires d'amour banales et candides... Cet après-midi-là, en une seule chanson, en un riff[1] qu'aucun guitariste ne saura jamais égaler, les Stones sont devenus, pour quarante ans et sans doute plus, le plus grand groupe de rock du monde ; dès le premier riff, on s'en est aperçus : Ta-taah, ta-de-taahh ta-de-ta-de-ta tah-taah ta-de-taah... Quand Mick Jagger s'est mis à danser comme un fou, quand nous nous sommes rendu compte que les paroles des couplets de *Satisfaction* n'auraient pas déparé dans la bouche de Dylan, quand Mick a giflé l'air, devant la caméra, semblant gifler l'*establishment* tout entier, la société, les conventions, sur le break de batterie qui suivait « *Oh ! no, no no !...* », on a bien compris

1. Un motif instrumental repris en boucle, mais qui ne constitue pas la mélodie de la chanson.

qu'il venait de se passer quelque chose d'inoubliable, et, pour couronner le tout, nous avions la sensation que c'était spécialement pour nous, la poignée de vagabonds qui se reposaient à Finborough Road de leur long voyage, qu'avaient été écrites ces deux œuvres enlacées, où les « Pierres qui roulent », d'une part fustigeaient la radio traditionnelle lénifiante, ou truffaient de doubles sens des phrases comme « *come back next week, cause you know I'm on a losing streak* »... et où, de l'autre côté, Dylan chantait les vagabonds « *with no direction home... like a rolling stone* ». Il faudrait au moins vingt ou trente ans pour que les Stones enregistrent en public une fabuleuse version de *Like a Rolling Stone*, et je suis à peu près sûr que Dylan a dû chanter plus d'une fois *Satisfaction* sur scène, lui qui chante toujours des chansons différentes à chacun de ses spectacles, mais à jamais pour moi, ces deux chansons sont restées indissociables. Le rock est né avec *Rock Around the Clock*, le folk est né quelque part dans le passé américain ou celte... mais ils ont atteint l'âge adulte lors de leur mariage, ce jour-là, à la fin de l'été 1965.

Le fiancé officiel de Penny était rentré de vacances, j'ai donc passé les dernières nuits de mon séjour à Finborough Road sur le canapé du salon, avant de reprendre la route du continent ; l'été s'achevait, il faisait déjà froid à Calais lorsque je suis descendu du ferry ; j'ai eu du mal à trouver un transport, il m'a fallu faire un large détour par Rouen et Orléans parce que les camions dans la cabine desquels je m'abritais du froid n'allaient pas dans la direction souhaitée, mais j'ai fini par me retrouver à Paris, dans ma chambre de Cîteaux, comme s'il ne s'était rien passé, comme si ces mois sur la route n'avaient été rien de plus que les traditionnelles vacances familiales...

Pourtant, plus rien pour moi ne serait comme avant, à commencer par cette année scolaire : pas question, bien sûr, de renoncer à finir mes études, j'avais parcouru tant de chemin pour en arriver là, je n'avais aucune raison de décevoir mon père, mes professeurs, qui me voyaient déjà muni du beau diplôme... Mais je savais au fond de moi que la route toute tracée, la carrière sans doute brillante que garantissait presque toujours, alors, l'obtention du diplôme, je m'en détournerais d'une façon ou d'une autre... sans me douter le moins du monde que ce chemin de traverse que je cherchais, ce serait, pour commencer, la chanson qui me l'ouvrirait.

5

Chanter ?

Je continue donc mes études, je fais le strict minimum pour conserver la moyenne requise, je me débrouille pour en savoir juste assez pour réussir les examens partiels, dans des matières qui m'indiffèrent totalement, chimie, thermodynamique, que sais-je encore... On m'a souvent demandé par la suite comment la très conservatrice École centrale avait pris mon comportement, mon allure en particulier : avec mes cheveux longs et mon *battle-dress*, avec mes pantalons marins aux jambes évasées, et qui se boutonnent curieusement tout autour d'un pan rectangulaire de tissu devant le bassin, ou le jean que j'ai rapiécé, cet été en Angleterre, à l'aide d'un bout de tissu à fleurs roses. Curieusement, tout cela n'a jamais posé le moindre problème auprès de la direction de l'école, habituée à la présence dans chaque promotion d'un ou deux originaux... le plus célèbre, sorti de l'école une vingtaine d'années plus tôt, fut, rappelons-le, Boris Vian. Plus tard, quand éclatèrent ma célébrité et les polémiques, on dit qu'un ancien centralien vint un jour reprocher à la direction de l'école de laisser cet énergumène aux cheveux longs déshonorer la prestigieuse institution. On raconte que le directeur lui prit fraternellement le bras, et le conduisit, au long de la galerie d'honneur ornée des bustes des anciens, jusqu'à ceux des savants qui avaient au dix-neuvième siècle fondé l'école... et qui avaient les cheveux aussi longs que moi !

Je suis, je l'avoue, plus souvent dans les bistrots à refaire le monde avec des amis d'un jour que devant la planche à dessin de ma thurne à Centrale. Un des lieux que je fréquente le plus, c'est un petit café nommé l'Écureuil, près de la faculté des sciences, où la patronne, la gentille Adèle, nous fait volontiers crédit. Une bande de copains s'y retrouvent, jouent de la guitare, chantent : par moments, je me croirais encore sur la route, comme cet été, quand un Américain, par exemple, égrène l'interminable et irrésistible litanie mi-parlée, mi-chantée, de *Rock Island Line*, une désopilante ballade folklorique qui se joue sur un seul accord, sauf au moment du refrain, où l'apparition soudaine d'un second accord semble complètement saugrenue. À l'Écureuil, on boit des grogs ou des Coca, on se nourrit de sandwichs camembert-beurre, on refait le monde, on parle d'avenir ; 1968 est encore loin, le mot « hippie » est encore inconnu, mais quelques-uns songent déjà à partir se mettre au vert dans les Cévennes, parlent de devenir bergers, de créer une communauté.

Chez Adèle, tous les jours à midi, je retrouve Joëlle ! Eh oui, elle est réapparue dans mon univers, et nous sommes copains maintenant, même si elle a rompu avec son fiancé de l'été, celui pour qui elle m'avait largué.

Entendons-nous, Joëlle, je l'aime, et je l'aimerai toujours. C'était vraiment l'amour de ma vie, mais, puisqu'elle le veut bien, j'ai décidé d'être comme Cyrano de Bergerac : son ami, son confident, celui qui l'aime en secret toute sa vie sans jamais le lui dire, par délicatesse, par pudeur, jusqu'au moment où, juste avant sa mort, comme dans la pièce, le héros dévoile malgré lui, trop tard, l'intensité de son amour secret !

Je me suis mis en quête d'une boîte où je pourrais chanter : pas question de le faire aux terrasses des cafés, l'hiver, à Paris. À cette époque, on n'y trouve aucun des nombreux cafés-théâtres d'aujourd'hui, où les artistes débutants peuvent se produire : il n'existe encore qu'une poignée de « cabarets » décadents, plutôt consacrés à la chanson rive gauche ou aux chansonniers. Mes recherches restent vaines. Je me balade souvent dans Paris, rêvant d'être le héros de mon livre culte, *Bradfer et l'Éternel*. Un jour que, venant de faire un petit pèlerinage au Vert-Galant, je passe par la rue de la Huchette, le baron Lima m'interpelle ; figure énigmatique, emblématique de Saint-Germain-des-Prés, c'est un *clochard céleste*, maigre, aux cheveux extrêmement longs, au port aristocratique ; il s'appuie sur une canne à pommeau d'argent sculpté, il porte de lourds colliers, et, aux doigts, des bijoux de taille disproportionnée (il a paraît-il, inventé le « bijou-fourchette » !). Il m'invite à jouer aux échecs avec lui. Nous nous asseyons à même le trottoir de la rue de la Huchette, les pieds dans le caniveau, et entamons la partie ; quelques personnes s'arrêtent pour nous regarder, un gars se présente : « Tu me reconnais ? Je suis un des musiciens d'Hugues Aufray, on s'est vus à Marseille cet été ; tu as revu Hugues ? – Non, pas depuis ce jour-là. » On discute un moment, je lui raconte que je continue à jouer de la musique et que je cherche une boîte où chanter pour me faire un peu d'argent de poche, comme cet été. « Pourquoi tu n'appelles pas Hugues ? Il en connaît peut-être une, lui », et il me donne son numéro de téléphone.

« Allô, Hugues, tu te souviens peut-être de moi, j'étais venu te voir au Noailles, sur la Canebière – Oui, bien sûr, qu'est-ce que tu deviens ? – J'ai entendu dire que tu allais enregistrer un album de traductions de Dylan : si ça t'intéresse, je t'envoie des adaptations que j'ai faites, je t'en fais cadeau, tu t'en sers ou pas, c'est pas grave. » Et je lui recopie mes traductions de douze chansons de Dylan, pas les plus célèbres, mais les plus belles. Il y a évidemment *Like a Rolling Stone*, mais aussi *Gates of Eden* et d'autres moins connues. Quelques jours plus tard, Hugues me renvoie mes textes, sans avoir ouvert l'enveloppe : il m'explique que l'éditeur des chansons a un contrat avec Pierre Delanoë, qu'il ne peut donc pas utiliser mes textes ; il préfère donc me les retourner sans les avoir lus pour qu'il n'y ait pas de problème. Moi, je n'y connaissais rien, à ces histoires d'adaptation, de droits d'auteurs et d'éditeurs. Je ne savais pas que l'adaptateur, ni même l'auteur gagnaient de l'argent à chaque diffusion d'une chanson, je n'y avais jamais songé. Mes adaptations ne seront donc jamais chantées par Hugues ni personne d'autre... Dans les désordres qui devaient bientôt suivre, j'ai perdu toute trace de ces textes... Que valaient-ils ? Je n'en sais rien !

Dans sa lettre, Hugues me propose de lui téléphoner à nouveau ; et là, il me donne un seul conseil, le bon : « Antoine, écris tes propres chansons ; adapter les chansons des autres, c'est toujours des complications, et ta personnalité se trouvera renforcée si tu chantes tes propres compositions, quelque chose qui te soit personnel. »

Le conseil a tout de suite atteint la cible ; j'ai reposé le combiné de la cabine téléphonique crasseuse du bistrot proche de Cîteaux, je suis remonté dans ma chambre – on en avait une nouvelle, François et moi, où trônait son magnétophone, sur lequel nous avions enregistré en boucle les albums de Dylan et des autres folk-singers que nous écoutions toute la journée. « François, Hugues Aufray me conseille d'écrire mes propres chansons ; tu as plus d'expérience en musique que moi, te sens-tu capable de m'aider à composer des chansons ? » Et nous nous sommes mis au travail, nous partageant l'écriture des musiques, tandis que j'écrivais les paroles.

La première chanson que j'aie composée, c'était une ballade inspirée de celles de Donovan, comme *Catch the Wind* ; j'essayais d'y faire revivre la magie de l'instant où Inge était venue m'embrasser au bord d'une route allemande, alors que nous avions dormi à la belle étoile, au bord d'un champ de blé. Plus tard, Fugain chantera « C'est un beau roman, c'est une belle histoire », et sa chanson me fera à son tour revivre cet instant. J'écris quatre couplets, une mélodie simple sur quatre accords basiques, j'enregistre ma première œuvre, voix, guitare et harmonica sur le magnétophone de François, et je m'écoute chanter avec curiosité. Un jour, je demande à mon copain Patrick ce qu'il en pense. Avec son pote Bismuth, ils écoutent la bande, l'air songeur... Patrick ne dit rien, l'autre, sans ambages, déclare : « Tu sais, Antoine, il y a des gens qui peuvent réussir dans la chanson, et d'autres pas »... Manifestement, pour lui, je fais partie des seconds.

François, lui, connaît bien mieux la musique que moi, et ses suites harmoniques, en souvenir des « grilles » que lui et ses copains suivent quand ils jouent du jazz aux soirées de Cîteaux, sont un peu plus complexes. Sur une de ses mélodies, j'entreprends de raconter ce moment magique où, aucune voiture ne me prenant plus, approchant de Stockholm, j'avais décidé de m'en moquer et de savourer la beauté du soir. Écrite sur un rythme lent et romantique, la chanson prend soudain un tour plus dynamique quand François suggère d'y ajouter un riff d'harmonica un peu comparable à celui de *I Should Have Known Better*, des Beatles. Pour mettre une chose au point, lorsqu'on écrit une chanson, on a forcément des racines, des ambiances existantes dont on part pour créer quelque chose de généralement tout à fait différent ; tout le monde pratique un jour ou l'autre ainsi, même les Stones partent de classiques du blues pour arriver à leurs créations totalement personnelles. Il s'agit d'inspirations, d'influences, qui sous-tendent en un réseau complexe toutes les mélodies, toutes les paroles, pas de plagiats !

C'est une chanson américaine qui a du succès cet automne, *Eve of Destruction*, qui me donne envie d'écrire sur une autre mélodie, lente et répétitive, une sorte d'hymne pessimiste dénonçant les erreurs, la guerre qui vient d'éclater entre Indiens et Pakistanais malgré les années d'enseignements pacifiques du Mahatma Gandhi ; les fusées à lunette qui abattent les chefs d'État les plus prometteurs (J. F. Kennedy), les forêts qu'on arrache pour installer des camps militaires (le Larzac), le Vietnam où les Américains s'enferrent, Cuba où l'affaire des fusées a failli déclencher une guerre mondiale...

Enfin, je compose un blues un peu surréaliste, inspiré par tout ce qui me passe par la tête ou devant les yeux, les barques rouillées viennent d'un tableau marin que François a accroché au mur... quant aux armées d'artificiers et autres créatures inexplicables de la chanson, elles débarquent de cet univers imprévisible où naissent toutes les surprises des écritures automatiques.

Deux ou trois autres chansons de plus prennent forme sous nos mains, et bientôt nous nous sentons prêts à en essayer quelques-unes en public. Nous n'attendrons pas longtemps : à force de nous entendre – au travers de la porte de la chambre lorsqu'ils passent dans le couloir – gratter les guitares, souffler dans les harmonicas et tester nos paroles, des élèves de l'école nous proposent de chanter lors d'une soirée mixte qu'ils organisent en coopération avec l'école HEC de jeunes filles, au Cercle militaire, proche de la place Saint-Augustin. Nous y interpréterons trois chansons, deux de nos créations, plus, je crois, une de Dylan : la première fois que je chanterai mon hymne pacifiste, *La Guerre*, ce sera donc... dans un cercle militaire ! C'est la première fois que je chante sur une scène, François accompagne des contre-chants de sa guitare la rythmique basique et les simples arpèges que je joue, je souffle avec foi dans mon harmonica, j'aspire, plutôt : dans le blues et le folk, on utilise des harmonicas dans une tonalité deux tons et demi au-dessus de celle de la chanson, pour aspirer plus souvent qu'on ne souffle : on maîtrise mieux ces petits harmonicas, en « tordant » les notes, quand on aspire que quand on souffle.

La soirée se passe plutôt bien, mais notre prestation est gratuite. Aucun café ne semble convenir au but que je cherche : financer ma dernière année d'études en grattant la guitare de temps en temps. Comme il me l'avait proposé, je me décide donc à aller présenter mes chansons à Hugues : il a parlé de me faire faire un disque... et pourquoi pas ?

Je suis arrivé au rendez-vous bien en avance, j'ai patienté au pied de la belle maison bourgeoise où Hugues Aufray habitait ; puis il m'a reçu, a écouté gentiment mes chansons, m'a donné quelques conseils, celui de mettre plus de conviction dans mon interprétation, de m'acheter une meilleure guitare : c'est vrai que j'ai toujours la médiocre petite guitare espagnole à manche « classique », plus large que les manches « folk », offerte par mes parents pour mon bac, et que les mois passés sur la route n'ont pas arrangée... et je rêve de m'acheter une de ces guitares folk mythiques, une Martin ou une Gibson, celles dont jouent Dylan, Donovan, Eric Andersen, Peter, Paul and Mary, Buffy Sainte-Marie et tous les autres. Il me propose ensuite d'appeler Norbert Saada, le directeur de la Compagnie, la maison de disques qu'il vient de créer pour enregistrer des artistes qu'il apprécie...

Une semaine plus tard, je me pointe, en avance comme toujours, au rendez-vous que Norbert Saada m'a donné, avenue de Neuilly. Pendant que j'attends, devant l'immeuble des disques Barclay se gare une grosse voiture américaine blanche, et je vois en sortir un jeune chanteur qui connaissait un succès certain à l'époque à Salut les Copains, Monty. Le luxe de sa voiture me surprend : je n'avais pas songé une seconde que l'on puisse gagner assez d'argent en chantant pour s'acheter une voiture pareille... pour moi, la chanson, ce sont les ballades folk chantées pour quelques sous ou pour le plaisir, je ne cherche rien de plus. D'ailleurs, si « Salut les Copains » (l'émission et le magazine ont leur propre programmation, leurs propres artistes, qui passent peu durant les autres tranches horaires des stations de radio, alors que les chanteurs plus classiques, comme Brel ou Brassens, sont totalement bannis de SLC : même Gilbert Bécaud, dont une chanson a pourtant donné son titre à l'émission) si « Salut les Copains » fait de ses jeunes vedettes des superstars, des « Idoles » comme un journaliste les a surnommées à la suite d'une chanson adaptée par Johnny, on ne les présente pas comme des richards, et la presse, surtout celle du type *Salut les Copains*, ignore complètement le ton méprisant qu'adoptera dans le futur la presse « people », comme pour se venger, jalouse, du succès des stars !

Norbert Saada me reçoit gentiment lui aussi, écoute mes chansons d'une oreille indulgente, me promet de réfléchir à mon cas, me demande de le rappeler une semaine plus tard.

À la date prévue, je le rappelle, une secrétaire me dit qu'il n'est pas là, me demande de me laisser mon numéro de téléphone (celui de la cabine téléphonique de la Maison des élèves de Cîteaux ?)... et ne rappellera pas... Des années plus tard, chaque fois que je rencontrerai Hugues Aufray, un quart de siècle plus tard, même, lorsqu'il sera un des invités surprises[1] de mon émission *Avis de recherche*, il me rappellera à quel point son collaborateur a mal fait son travail ce jour-là...

Car entre-temps, le destin m'a donné un autre coup de pouce, et je n'attendrai pas cet hypothétique appel : dans un magasin d'instruments de musique proche de la Bastille, les légendaires établissements Paul Beuscher, où je vais couramment acheter mes harmonicas (ils s'usent très vite quand on « tord » les notes), j'ai lié conversation avec deux grands jumeaux chevelus, des musiciens qui ont un petit succès dans les cercles de purs rockers sous le nom de Tom et Jerry ; je leur raconte que je cherche une boîte où chanter, que j'attends une réponse de la Compagnie, quand ils me suggèrent d'appeler le tout jeune directeur artistique qui vient de se faire engager dans une des plus grandes maisons de

1. J'ai un problème ; j'ai écrit « un des invités surprises », et le correcteur automatique de Microsoft Word me propose de choisir entre « un de l'invité surpris » et « un des invités surprendre »... j'hésite !

disques de Paris, les disques Vogue ; il est, paraît-il, à la recherche de gens dans mon style.

J'ai téléphoné chez Vogue, demandé à passer une audition, obtenu sans mal un rendez-vous avec ce directeur artistique prometteur, qui s'appelle Christian Fechner. J'ai rendez-vous à dix heures et demie un matin, je sèche le cours en amphi, et j'attends patiemment dans le petit hall sans prétention de Vogue, rue d'Hauteville. À onze heures, à midi, à treize heures, personne ; je finis par apitoyer la gentille standardiste, qui prend sur elle d'appeler le directeur artistique chez lui, et le réveille ; elle lui rappelle qu'il a un rendez-vous... Il est à deux doigts de me faire dire de revenir un autre jour, genre de fin de non-recevoir, quand il se ravise, et demande à la standardiste de me décrire : « Il a des cheveux longs, un *battle-dress*, un jean rapiécé avec du tissu à fleurs, une guitare et un machin en fer avec un harmonica autour du cou... – Qu'il ne parte surtout pas, j'arrive ! »

Ça, on ne peut pas dire que Christian ait été long à la détente ! Il a déboulé dans les locaux de Vogue, il avait un an de moins que moi, le visage fin, un profil d'oiseau, l'air un peu maladif et étriqué ; on s'est mis en quête d'un magnétophone pour écouter les bandes, les ébauches de chansons que je lui avais apportées. Aucune des imposantes machines de Vogue ne lisait les bandes enregistrées sur le magnéto quatre pistes de François ; il a écouté quelques-uns de mes couplets à la guitare, m'a tout de suite proposé d'enregistrer des maquettes au nouveau studio de Vogue, à Villetaneuse : quelques jours plus tard, on y a réalisé une maquette détestable, j'avais le trac, je me suis planté dix fois, on n'avait pas le temps de refaire l'enregistrement. Christian m'a donné la maquette... Ça m'a fait drôle de m'entendre, gravé sur ce disque, alors connu sous le nom de « disque souple », noir avec du métal à l'intérieur. Le lendemain, je rencontrais mon copain Jean-Jacques, le passionné de folksong, devant Bobino où nous allions voir le spectacle de Barbara, et je lui ai fait écouter l'enregistrement sur un électrophone à piles qu'il transportait toujours dans le coffre de sa voiture... Il brûlait d'écouter cette maquette dont j'avais plutôt honte !

Fechner ne s'est pas démonté, il n'a même pas fait écouter la maquette à Léon Cabat, le dictatorial patron de Vogue. Il lui a juste annoncé qu'il tenait une star en puissance. C'est d'ailleurs ainsi qu'il venait de se faire engager dans la maison : petit prestidigitateur donnant des spectacles dans son Sud-Ouest natal, il avait, à peine dégagé des obligations militaires, adressé au directeur de Vogue une lettre où il disait en substance « Vos vedettes sont dépassées, votre maison n'est plus ce qu'elle était, je me fais fort de vous créer en un an cinq grandes vedettes »... et Léon Cabat, curieux, l'avait engagé, pour un tout petit salaire. Christian avait déjà mis sur pied un groupe de rock, les Problèmes, inspiré des Byrds, qui avaient triomphé en Amérique avec leur version de *Mr Tambourine Man*, de Dylan, ou de *Turn, Turn, Turn*, de Pete Seeger. Il cherchait un duo dans le genre de Sonny and Cher, et, bien sûr, un Bob Dylan français... Moi, je n'avais aucunement la prétention d'être le Bob Dylan français, j'avais juste envie de chanter quelques chansons où je dirais ce que j'avais sur le cœur, je ne croyais pas qu'il soit possible de changer le monde avec des chansons, mais je ressentais le besoin d'aborder des sujets qui étaient bannis de la chanson à l'époque.

Christian a donc annoncé à Cabat qu'il tenait le gars qu'il cherchait, le chanteur français de la nouvelle génération, le grand tournant, et plein d'épithètes du même genre : « Il faut lui faire faire un disque ! » Cabat a objecté « Mais la maquette ?... » Fechner lui a dit : « Faites-moi confiance. »

Dans son idée, ça a tout de suite été clair : si les chansons que je lui apportais ne suffisaient pas, il me ferait faire du « matériel » par des collaborateurs à lui. Ce qu'il lui fallait avant tout, c'était mon personnage ; mon timbre de voix était pour le moins hésitant, qu'importe, il avait aussi un copain, roi du chant, qui m'aiderait en quelques leçons à placer ma voix...

Et le jour où j'ai retéléphoné à Christian, il m'a annoncé qu'il avait eu l'accord de Cabat, que j'enregistrerais le 25 novembre, que je devais passer signer mon contrat.

Dans l'une de ses premières chansons, Dylan raconte, avec l'humour qui le caractérisait à ses débuts et que son succès excessif lui a fait perdre plus tard, qu'à son arrivée à New York, il avait compris ce que c'était que d'être « *robbed with a fountain pen* », de se faire « braquer avec un stylo »... C'est à ça que servent les contrats, en tout cas à ça qu'ils servaient à cette époque assez rock'n roll du show-business... Et moi j'arrivais là-dedans avec toute ma candeur : il paraît qu'aujourd'hui, quand le moindre groupe débutant de quatre rappeurs signe un contrat, chacun des quatre se fait accompagner d'un ou deux avocats... moi, Christian m'a dit de signer là, j'ai signé là !

Et sans entrer dans les détails, qu'est-ce qu'il s'est fait entuber, le jeune et prometteur élève ingénieur qui s'aventurait, naïf, surtout par plaisir, dans le monde de la chanson : en un quart d'heure, j'acceptais un des contrats lamentables que Vogue consentait aux artistes débutants, quatre pour cent du prix de vente, divisés par deux en cas de vente dans une série « économique » ou à l'étranger... Depuis quarante ans, lorsque mes chansons de cette année-là, y compris les *Élucubrations*, sont rééditées, je touche deux pour cent alors que n'importe quel contrat d'artiste à peu près équitable atteint au minimum le quadruple. Bien des années plus tard, la maison Vogue a été revendue, rachetée, revendue, a fini comme toutes les maisons de disques, dans le giron de grandes multinationales, BMG, puis Sony... Quand j'ai rencontré le directeur du *back catalogue*, je lui ai gentiment demandé s'il ne trouvait pas un peu injuste que cette chanson, qui est entrée à sa façon dans la mémoire collective des Français, et dont les frais d'enregistrement ont été amortis deux cent mille fois, ne me rapporte toujours qu'un pourcentage aussi ridicule... il m'a gentiment répondu que j'avais signé, et qu'il n'était pas dans leur politique de réajuster les contrats anciens !

Le même jour, dans la foulée, Vogue me soumet à une pratique scandaleuse alors très répandue dans les maisons de disques : elles ont créé des « maisons d'édition » qui la plupart du temps ne font rien que percevoir la moitié des droits d'auteur qui reviennent aux auteurs interprètes... C'est un vrai chantage : « Si tu veux enregistrer, tu donnes la moitié de tes droits... » Et pour couronner le tout, Christian, qui a entendu parler des accords qui lient, par exemple, Elvis Presley à son mythique manager le colonel Parker, ou les Beatles à leur mentor Brian Epstein, me présente comme tout à fait normal le contrat qu'il me fait signer avec lui personnellement, et par lequel je m'engage à lui remettre cinquante pour cent de tous les gains que je pourrais réaliser dans tous les domaines artistiques, pour ma vie entière ! Sacré Christian, ce n'est pas qu'il ait eu les dents beaucoup plus longues que tous les autres ténors du show-business[1] : dans le « métier » de l'époque, quelques « Pygmalion » font signer à leurs « découvertes » des contrats aussi hallucinants.

Enfin, bon, j'ai signé, les « royalties » et les « droits d'auteur », c'était le cadet de mes soucis... J'ignorais même l'existence de ces droits d'auteur versés par la SACEM aux auteurs et aux compositeurs de chansons, jusqu'au jour où un des Problèmes, dans la voiture qui nous conduisait aux studios, m'avait demandé : « C'est toi qui écris tes chansons ? – Oui, pour la plupart – C'est bien, parce que si jamais tu vends cent mille quarante-cinq tours (l'optimiste !), tu gagnes un million de plus »... Gagner un million d'anciens francs en écrivant des chansons, qu'allait-il imaginer !

Christian m'a invité à assister à la séance d'enregistrement des Problèmes, le groupe de rock dont il espère faire les Byrds, voire les Beatles français. C'est la première fois que j'assiste à une séance, dans l'imposant studio Davout, une ancienne vaste salle de cinéma vidée de ses fauteuils et de son écran et divisée par des cloisons mobiles en petits espaces où se nichent batterie, amplis, orgue et piano ; ce soir, les Problèmes font des « rerecordings », prononcer en abrégé « reu-reu », c'est-à-dire qu'ils enregistrent des voix et des claquements de main sur la seconde piste, libre, de la bande sur laquelle ils ont, la semaine précédente, enregistré la base orchestre, le play-back. Enfermés dans une cage de verre, entourés d'énormes magnétophones dont il faut lancer et freiner à la main les énormes galettes de bande large d'un pouce, Christian et le preneur de son règlent le volume, le son des différents micros. À la fin de la bonne prise, tout le monde s'entasse dans la cabine pour écouter, acquiesçant, ou inquiet dans l'attente du moment où le batteur ou le bassiste a mis un « pain » (c'est-à-dire une fausse note ou un coup de caisse à côté du tempo).

La date de ma propre séance d'enregistrement approche ; Christian me présente – pour m'apprendre en quelques heures à

1. Un peu quand même ! ☺

« placer ma voix » – un des membres de l'inépuisable « clan » de copains, datant de sa jeunesse dans le Sud-Ouest, auxquels il fournira des emplois dans le futur. Germinal Tenas, qui doit me donner ces leçons, est un méridional basané, au cheveu crépu, à l'humour délirant, qui dissimule sa courte stature sous une énorme pelisse aussi hirsute que sa coiffure… Malheureusement, il ne viendra jamais à aucun des rendez-vous pris pour ces fameux cours de chant, en général parce qu'il ne se sera pas réveillé… Et je continuerai à chanter comme j'ai appris à le faire spontanément en écoutant les folk-singers, d'une voix nasale qui ne me permettrait pas de « tenir » des notes, comme un chanteur d'opéra, un crooner ou comme Tom Jones, mais qui correspond beaucoup plus à la voix de raconteur, plutôt que de chanteur, de Jagger, de Dylan et de tous ceux que j'écoute : les belles voix harmonieuses, y compris celles qu'on fait prendre à tous les chanteurs des comédies musicales des années 2000 comme aux candidats des concours de chants de la télé-réalité, m'indiffèrent profondément.

Christian a aussi prévu que nous répéterions à fond les chansons avec les Problèmes, puisqu'il leur a demandé de m'accompagner dans ce disque : moi, chanteur folk dans l'âme, je pensais enregistrer pratiquement seul à la guitare, comme Donovan. Mais Christian m'a fait remarquer que le changement intervenu cet été dans les disques de Dylan – qui s'est mis à utiliser tous les instruments du rock – fait tache d'huile, et que tous les musiciens folk se sont « électrifiés » : même Simon et Garfunkel, dont Jean-Jacques m'avait fait découvrir, sur leur premier album, une merveilleuse ballade acoustique qui n'avait eu aucun succès, se sont décidés à la publier à nouveau, accompagnée d'instruments électriques, et *The Sounds of Silence* a bondi tout d'un coup au sommet des hit-parades. Mes chansons seront donc accompagnées d'une rythmique « rock ». Seulement voilà, on est dans les années 1960, tout est très rock'n roll, les rendez-vous sont pris, annulés, déplacés, repris, et on fera en tout deux répétitions : une chez un ami de Luis Rego, le guitariste rythmique, un Portugais qui vit à Montmartre dans une sorte de loft avec un groupe d'artistes ; et une deuxième, très approximative, réalisée… dans ma chambre de Cîteaux : on ne branche pas, bien sûr, les guitares électriques, et

de 1944 à 1974

Madagascar, Saint-Pierre-et-Miquelon, Marseille,
Cameroun, Thonon-les-Bains, Annecy, Grenoble, Paris, USA,
Brésil, Italie, Allemagne, Espagne, Argentine, Grèce...

Sous le soleil équatorial
et les cactus du Cameroun,
à Yaoundé, vers 1956,
je n'imaginais pas qu'un jour
je me retrouverais sous les feux
des projecteurs (1966).

Mon père, né Toussaint, puis devenu Jean-Toussaint Muraccioli pour faire plaisir à ma mère, a planté de nombreux arbres au fil de ses affectations aux Travaux publics de la « France d'outre-mer ».

Jean Toussaint et Marthe Marie Moya, veuve Mercier, épouse Muraccioli, à Madagascar vers 1940.

Avec mon frère José,
dans nos déguisements préférés, garde-champêtre et Pierrot.

Mon père a posé un instant les avirons et m'a photographié aux côtés de ma mère, sur la Belle Rivière, à Langlade (Saint-Pierre-et-Miquelon), vers 1950.

En escale à Conakry ou à Abidjan, en route vers le Cameroun, à la fin de 1954 : c'est la première photo de moi parue dans la presse, dans le *Journal de Mickey*.

Au cours d'un de mes nombreux séjours de ski en Haute-Savoie ou dans l'Isère.

Classe de troisième classique-moderne, en 1958, à Thonon-les-Bains… l'année des Marsupilami.

Avec mon père, ma mère
et ma sœur Claude,
excursion dans les Alpes,
vers 1960.

Passage d'un de mes derniers examens
à l'***École centrale, en 1966*** ;
le profil entraperçu à l'extrême
gauche (position logique pour lui !)
est celui de Jean-Pierre Le Dantec,
qui se distinguera bientôt
sur les barricades de mai 68.

Avec la maquette de mon projet final,
devant l'école, au printemps 1966...
pour l'occasion, j'ai mis une cravate.

Eté 1965, je ne suis encore
qu'un beatnik inconnu,
mais un photographe, sans doute
intéressé par mon style,
me prend en photo sur la croisette,
à Cannes.

prenant ses références chez les Folksingers américains, une nouvelle vague d'auteurs-compositeurs-interprètes semble devoir prendre la relève du « style yé-yé »...

1966 sera-t-elle l'année de "LA CHANSON ENGAGÉE?"

ANTOINE

Pour **ma première séance photo** chez Vogue,
j'avais demandé à poser devant des wagons
de marchandises, emblématiques
des vagabondages des folk-singers.

ANTOINE

(SUITE DE LA PAGE 7)

sons. Mais cela n'a presque rien changé dans sa vie. « L'argent, je n'étais pas plus malheureux quand je n'en avais pas. De toute façon, je ne me laisserai pas pourrir par lui. Je peux m'en passer et ce qui compte c'est d'être à l'aise dans sa peau ! »

Que fait-il avec tout cet argent ? Antoine répond sans agacement mais avec lassitude. Il ne veut pas convertir ses cachets en maison de campagne ou en voiture.

Avant, il dépensait 25 F pour acheter une veste au Marché aux Puces. Aujourd'hui il met jusqu'à 300 F chez un tailleur. Il a loué un studio à Montmartre et encore c'est son imprésario qui l'a entraîné là-bas de force.

Il ne voulait pas quitter la chambre d'étudiant sans chauffage, avec l'eau sur le palier qu'il occupait près de la République. Il a toutefois posé une condition : pas de meubles, pas de rideaux. Il y a juste une moquette rouge vif, un sommier à deux places, sur lequel est jetée une couverture, faite de peaux de chèvres, un téléphone qui repose sur six annuaires et des tas de coussins multicolores.

Sur la moquette il y a aussi une lampe à bronzer, des journaux, un électrophone et des disques.

Antoine s'est également acheté aux Puces un petit compagnon, un chat de trois mois qu'il appelle Paf, et il partage avec lui le sandwich qu'il est allé acheter au bar voisin comme autrefois.

IL RÊVE DE HAUTE COUTURE

Avec ses cachets actuels Antoine rembourse aussi l'argent qu'on lui avait prêté. Ainsi la recette du premier soir de l'Olympia est allée aux œuvres sociales de Centrale.

« L'année dernière, alors que je n'avais pas de quoi manger, la caisse de secours m'avait avancé 500 F. » Le reste, il le met de côté. Avec, il montera peut-être une maison de haute couture.

« Pour l'instant, mon seul modèle c'est moi, mais dès que j'en aurai les moyens je dessinerai une vraie collection. »

Antoine dit peut-être ce qu'il veut, mais ce qui est sûr, il ne dit que ce qu'il veut. Il n'aime pas parler de lui et esquive gentiment les questions trop précises. « C'est ma vie privée, ça n'a rien à voir avec la chanson. »

Interviewé par une revue d'érotisme et d'humour, il répondit : « Les femmes ? A condition d'en avoir plusieurs. Référez-vous à mes chansons, déclare-t-il, vous trouverez là la réponse. La fidélité et moi, croyez-moi ça fait deux. Une nouvelle fille chaque soir et le matin je lui dis adieu. »

Pourtant, depuis quelque temps, on voit toujours Antoine en compagnie des deux mêmes jeunes filles. Toutes deux ont de longs cheveux, beaucoup plus longs que ceux d'Antoine, leur tenue préférée est le tailleur-pantalon.

Joelle ? Antoine la connaît depuis deux ans. Elle a dix-huit ans, fait des études de sciences naturelles. Il l'a rencontrée au bal annuel de Centrale. Un de ses camarades était venu avec sa sœur. Il la lui présenta. Joelle aimait beaucoup danser. Mais, ce soir-là, elle ne dansa pas. Elle écouta Antoine parler de tout, de la guerre, des chanteurs : « C'est un type passionnant », devait-elle déclarer à son frère.

KARINE LUI ÉVITE LA PRISON

Par la suite Antoine et Joelle se revirent. Quand Antoine se laissa pousser les cheveux, Joelle le soutint. Elle croit en lui et sait que son étrange apparence n'est pas un canular. Ils ne se sont jamais dit qu'ils s'aimaient, mais pourquoi le dire ? Mardi dernier, Antoine était à Londres pour acheter des harmonicas. Joelle était à ses côtés.

Oui, mais voilà, il y a également Karine, que l'on voit très souvent avec Antoine. Karine est beaucoup plus blonde que Joelle et elle est Suédoise. Antoine l'a rencontrée l'année dernière alors qu'il voyageait en Suède. C'est grâce à Karine, qui l'entraîna dans un dédale de petits escaliers, qu'il put échapper à une rafle. Quelques mois plus tard, Karine débarquait à Paris. Depuis ce jour-là, il paraît que si l'on arrive tôt chez Antoine, on croise Karine. Maintenant Karine chante et elle passe d'ailleurs en même temps qu'Antoine, à l'Olympia.

Qui est la véritable fiancée d'Antoine ? Joelle ? Karine ? Pourquoi pas Joelle et Karine. Avec Antoine on peut s'attendre à tout !

LE MÊME JOUR : PREMIÈRE ET EXAMEN

Le jour de la première à l'Olympia il a également passé un examen à Centrale, mais oui ! Vous vous demandez comment il a réussi à concilier des études prétendues sérieuses et ses activités poétiques ?

En fait, il n'avait pas mis les pieds à Centrale depuis un mois et demi. En troisième année, on doit obligatoirement faire un stage dans une entreprise industrielle. Astucieusement, Antoine a choisi de se documenter sur l'électronique dans les propres studios de sa maison de disques. Ainsi, après avoir étudié le matériel, il pouvait enregistrer un disque !

Pour le moment, Antoine ne sait toujours pas ce qu'il fera dans les mois prochains. Sera-t-il ingénieur, sera-t-il chanteur, ou ingénieur et chanteur ? La réponse vous appartient. C'est vous qui déciderez si Antoine a de l'avenir dans la chanson !

Edith PASCAL.

PARTOUT, DES POLICIERS LE PROTÈGENT

Maintenant, partout où passe Antoine, il y a des haies de policiers pour le protéger contre l'enthousiasme trop accaparant de ses fans. Chaque soir, des jeunes filles l'assiègent. Toutes veulent toucher ses cheveux ; certaines essayent d'en arracher une mèche.

SON COIFFEUR : LE FRÈRE DE FRANÇOIS DE CLOSETS

Le coiffeur d'Antoine, de ses musiciens et de tous les beatniks de Paris, c'est Jacques de Closets, le frère du spécialiste scientifique de la TV. Il manie le fer à friser, la brosse et parfois les ciseaux, au sous-sol de « Chez Régis », rue Taitbout. C'est là d'ailleurs que se fait également coiffer François de Closets. Jacques aimerait bien lui faire une coiffure floue mais il a peur des réactions des téléspectateurs.

DES BÉSICLES ET UN SAC A MAIN

Pour prouver sa haine des conventions, Antoine ne se contente plus de ses longs cheveux et de ses chemises fleuries. Maintenant, il se promène sans complexe avec un immense sac à main en cuir et porte de minuscules bésicles carrées. Il paraît qu'il a également ramené de Londres une casquette à fleurs !

9

Salle Vallier, à Marseille, au cours de la tournée où je chantais en première partie des Rolling Stones.

Sous le peigne soufflant de mon copain Jacques de Closets, le coiffeur des rockers !

Avec Joëlle, dans le magazine *Nous les garçons et les filles*.

FOLK SONG

— Il y a quatre ou cinq ans, je me plaisais à écouter les chansons des autres, particulièrement le folk-song. J'ai passé des étés en Amérique, j'avais beaucoup d'amis là-bas. Un jour j'ai connu un gars qui jouait de la guitare. Ses chansons parlaient de problèmes qui m'intéressaient. Et puis à force d'aimer les chansons des autres, l'envie m'a pris d'en composer moi-même. Je chantais sur les routes, en faisant de l'auto-stop. Mais il n'existe pas de renaissance de la chanson, je chante des choses qui m'intéressent et me concernent. C'est tout.

— Fais-tu le procès d'une société ?

— Non. Je ne juge pas. Je constate. [...]

Quand des jeunes se rencontrent, il existe autre chose que ce qui est établi. Dans cette société nous manquons totalement de liberté et c'est nous-mêmes qui nous en privons.

Les voyages m'ont permis de voir que les gens sont exactement pareils partout. C'est trop facile de cataloguer les Américains comme des racistes, les Allemands comme des fascistes, etc. En fait dans n'importe quel pays les hommes se révèlent les mêmes dans les mêmes circonstances. Les frontières, c'est imbécile.

— Le fait d'avoir ce style et d'être devenu chanteur ne crée-t-il pas des différends avec tes professeurs à l'Ecole Centrale ?

— Pour rester à l'Ecole Centrale, il suffit d'être assez intelligent et courageux et d'assister normalement aux cours. Les professeurs ne me demandent rien de plus. Il y en a même un qui m'a dit l'autre jour, qu'à notre époque il valait mieux avoir deux métiers.

Je n'ai pas accepté mes études, mes parents me les ont imposées mais ce serait bête d'abandonner maintenant. Si l'entêtement est bête, la persévérance est une qualité. Je ne persévérerai pas à être ingénieur si ça ne me plaît pas. Dans la chanson non plus d'ailleurs. Actuellement ce qui fait le plus de mal, c'est la chanson inintelligente. Elle date depuis toujours, de Piaf à Hallyday.

Mon but n'est pas de chanter pour gagner de l'argent. Ça m'intéresse de toucher les gens, le plus de gens possible. Et pourtant pour être dit « désintéressé », il faut avoir une faible audience. Encore une convention...

(recueilli par monique régnault

Savoir vivre avec les choses

Sur les routes on ne te demande pas ce que tu faisais on t'offre l'amitié

41

À l'Olympia, avril-mai 1966 : c'est Christian Fechner qui a eu l'idée de jucher les Problèmes sur des échelles.

Une photo légendaire
parue sur la couverture
du *Salut les Copains* de mai 1966
(qui inclut aussi la fameuse photo
de quarante-trois chanteurs
de l'époque, de Johnny à Gainsbourg),
et le « making of », à l'instant
où Jean-Marie Périer, ayant installé
son décor sur les Champs Élysées,
s'apprête à me photographier.

Avec Dominique, engagée comme secrétaire, et occupée à répondre joyeusement au courrier des fans !

PARIS JOUR

MERCREDI 25 MAI 1966

ET VOUS, LES JEUNES, QUE VOULEZ-VOUS

ANTOINE ?

... OU TABARLY ?

Pour la première fois en France, on s'intéresse vraiment aux jeunes. En cherchant d'abord à les connaître, c'est-à-dire à les comprendre. Le ministre de la Jeunesse et des Sports, M. Missoffe, lance un grand référendum sur le thème : « Jeunes, qui êtes-vous et que voulez-vous ? »

« PARIS-JOUR » a décidé de s'associer à cette opération. Jeunes, vous qui avez moins de 25 ans, écrivez-nous dès aujourd'hui pour nous dire ce qui va ou ne va pas en France...

...ET CE QU'IL FAUT FAIRE SELON VOUS POUR LES JEUNES ET POUR QUE CELA CHANGE (VOIR PAGE 9)

... Le rêve fou-fou-fou d'ERIC TABARLY, le vainqueur de l'Atlantique. Un Tabarly qui vient de rééditer son exploit sans tambour ni trompette : à bord du « Pen Duick II », il est arrivé hier à Oyster Bay, près de New York, après trente jours de navigation solitaire.

La une de *Paris Jour*, qui m'opposait gentiment à Éric Tabarly.

Rencontre inoubliable avec **Salvador Dalí**, chez lui à Port Lligat ; Jean-Christophe Averty m'avait invité à figurer dans le « portrait mou » qu'il réalisait sur le divin Dalí.

Jean-Marie Périer nous avait rejoints en hélicoptère pour prendre la photo des Problèmes disposés en étoile sur le sol à côté de moi. Le lendemain, sur la route de Grenoble, en pleine période de tension entre Christian Fechner et moi, il me photographiait au sortir d'un nuage de fumée.

Deux images du remarquable Scopitone des *Élucubrations*, produit par Mme Davis-Boyer et réalisé par Alain Brunet, au printemps 1966.

S. G. Biamonte **INCONTRI SENZA TELECAMERE**

DONOVAN DELLA VITA FACILE E F

Roma, maggio

Anche Donovan, come i Beatles, ha rinunciato al diploma di maestro di meditazione trascendentale, e ha piantato a metà i corsi del Maharishi Mahesh Yogi. Ma, mentre i Beatles hanno ammesso d'aver provato una grande nostalgia per le bistecche di casa e per la frutta fresca, lui dice semplicemente che il soggiorno in India è stata un'esperienza « non essenziale » nella sua vita. « Non credo », aggiunge, « di essere cambiato molto, anche perché il Maharishi lo conoscevo già, ero stato con lui in America, e gli devo molto. Mi ha insegnato lui a non guardare più le cose con pessimismo. Il Maharishi dice che io sono il suo menestrello ».

Forse è per questo che Donovan porta uno strano costume tutto bianco, che è una via di mezzo tra il guru e la divisa di un lottatore di judò. Seduto su un divano nella sua camera d'albergo, aveva l'aria vagamente preoccupata. La conversazione procedeva piuttosto stentatamente, come del resto avviene quasi sempre con questi giovani campioni della musica « pop », che non si capisce bene se riflettano intensamente o se non abbiano nulla da dire. Era arrivato a Roma con ventiquattr'ore di ritardo sul previsto (la scusa ufficiale era che aveva perduto l'aereo ad Atene, ma pare che si sia voluto fermare un giorno di più in Grecia, quando ha saputo che gli era stato riservato un appartamento in un albergo romano « troppo moderno »).

Una nota patetica

Doveva cantare in serata al Palazzo dello Sport, al Festival della musi-

En Italie commence pour moi une nouvelle vie : j'y retrouve Donovan ; la presse me voit, à San Remo, descendre comme au tir forain les « vieilles gloires » de la canzone, et je m'amuse, malgré les règlements du festival, à un pas de deux avec une jolie danseuse.

DOMENICA DEL CORRIER

Settimanale del CORRIERE DELLA SERA Anno 69 - N 6 - L. 100 - 5 febbraio 1967

Servizio di Vittorio Franchini alle pagine 16-17

GLI IDOLI DEL FESTIVAL E I LORO NEMICI

La *Tramontana* restera sans doute le disque le plus vendu de ma carrière, sans parler des innombrables copies pirates vendues sur tous les marchés d'Italie.

Avec Dalida en Italie, lors du Cantagiro, au cours de l'été 1968.

Je n'ai pas l'air totalement ravi d'avoir été costumé en Louis XIV pour chanter *Ramona* dans une émission de Mick Micheyl, *Entente cordiale* (vers 1971).

Nous pensions partir réaliser pour *Salut les Copains* un « Bons baisers de Russie »... et je me retrouve déguisé en Evzone dans une île grecque.

Devenu funambule à l'occasion du Gala de l'union des artistes, je traverse ensuite la Marne sur un fil dans le cadre d'un Télé Dimanche animé avec Denise Fabre.

Avec la délicieuse Corinne Le Poulain lors d'une représentation de *Dédé*, la fameuse opérette de Christiné.

Avec Mick Micheyl, dans une autre Entente cordiale (vers 1971).

Avec Michèle Frascoli et une petite partie de la troupe (cent personnes sur scène) du spectacle du Gaumont Palace (1970).

Propriété de Marcel Dassault, le magazine *Jours de France*, aujourd'hui disparu, m'était toujours resté fidèle : en 1969, il me montrait avec Johnny (venu me saluer dans ma loge de l'Olympia) et avec Michel Polnareff (dans sa loge, en compagnie de ma copine Catherine et de son amie Georgia, qui lui inspira une de ses chansons).

ANTOINE : IL EST DEVENU ROMANTIQUE

En ce soir de première à l'Olympia, il est apparu vêtu d'un impeccable smoking, les cheveux soigneusement coiffés, un joli sourire aux lèvres. On était loin de l'Antoine farfelu des « Elucubrations », avec ses cheveux longs et ses chemises bariolées. Et devant le public d'abord mais

reux, il a chanté, s'accompagnant de sa guitare, des refrains certes originaux, mais sans outrance, poétiques, comme « La Neige tombait » et le « Casatschok hawaïen ». Puis ce fut duo avec

Michel Polnareff et Georgia (à dr.), qu'il aime

d'agressivité à leur encontre, du moins de méfiance. Il faut alors laisser aux uns et aux autres le temps de sentir naître les atomes crochus.

Avec Danièle Gilbert, qui fut longtemps ma complice – à *Midi Magazine*, à *la Tête de l'Art* –, en compagnie des inénarrables Frères ennemis, et en tournée dans toute la France.

Avec Maurice Chevalier, qui avait rédigé la préface du programme de mon passage à l'Olympia, en 1969. Je lui ai souvent rendu visite dans sa maison de Marne-la-Coquette.

Avec le grand comédien américain Bob Hope, à l'aéroport d'Orly, vers 1970.

L'Antoine des villes et l'Antoine des champs : avec le colley Colis, dans ma ferme d'Auvergne devant nos quatre premières vaches – France, Paris, Ici et Dimanche ; devant ma voiture de chef d'État.

Mes débuts nautiques : l'instant où j'ai hissé pour la première fois la voile d'un petit dériveur, le *Kiva*.

Tirant sur la plage (quelle musculature !) un dériveur un peu plus sérieux.

La couverture de l'hebdomadaire à sensation qui me déclarait perdu en mer ; et l'instant où je découpe la première tôle du voilier d'acier qui bientôt m'emportera vers une autre vie, sur *Om*.

Donald, le batteur, se contente de taper sur une feuille de carton, on ne veut pas effrayer le reste de la Maison des élèves !

Le jour de cette deuxième répétition, à midi, chez Adèle, où je revois presque chaque jour Joëlle, celle-ci m'a demandé, à l'instant où j'allais quitter le café : « Est-ce qu'on pourrait se voir cet après-midi ? Je voudrais te dire quelque chose. » Ça semble important, mais ça tombe assez mal pour moi, je ne peux pas déplacer la répétition, tout au plus décider de l'écourter, et j'ai donné rendez-vous à Joëlle dans un café de la place du Châtelet à six heures ; à cinq heures et demie, nos chansons, couplets et refrains, intros, parties instrumentales ou finales (ça s'appelle la « coda ») grossièrement mises en place, je mets fin à la répétition et je prends le métro. Joëlle m'attend depuis un moment dans un coin du café, qu'est-ce qu'elle me veut ? Un problème, une affaire de famille ? Je n'en ai pas la moindre idée... elle me sourit, mystérieuse... et elle va droit au but :

« Voilà, je voulais te dire que je me suis mal conduite avec toi l'année dernière, que je m'en veux, et que si tu veux bien me le pardonner, je voudrais qu'on recommence là où on en était l'année dernière, et je voudrais... » – elle prend sa respiration – « ... dormir avec toi. »

Quand j'ai reproduit ces mots dans une première ébauche de mes souvenirs de cette année-là, vingt ans plus tard, dans un récit romancé[1], la directrice des éditions, une dame d'âge mûr, m'a dit, incrédule : « Enfin, elle ne vous a pas dit ça comme ça, elle vous a parlé de faire l'amour, vous n'étiez pas nunuche à ce point-là ? » Eh bien si... plus romantique tu meurs... mais on vivait une époque où il n'était même pas envisageable de prononcer les mots « faire l'amour » en public, même Jean Ferrat semblait très hardi quand il chantait « Nous dormirons ensemble » !

Et moi, à ces simples mots, j'exulte. Sonnez trompettes, jouez violons, l'enfant prodigue est de retour, Joëlle m'aime, mon long calvaire n'aura pas été vain... J'étais là, modeste et secret, et elle m'aime... Elle me le dit de façon plus romantique encore dans la lettre qu'elle m'a écrite cet après-midi en m'attendant, la première

1. *1965*, Arthaud (épuisé).

d'une longue série de missives que nous nous remettrons chaque jour chez Adèle. Dans cette première lettre, elle reprend une image que nous utilisions souvent : confusément à la recherche de quelque chose dont j'ignorais la nature, je lui disais me sentir comme un « i qui cherche son point »... et elle me dit avoir envie d'être ce point, et qu'elle voudrait « dormir avec son i »...

C'était simple, il fallait que ce soit pour de vrai ; les longs moments de silence dans les cafés (« À quoi tu penses ? »), les baisers et les caresses timides dans les coins sombres, il fallait les remplacer par l'amour, le vrai, sans majuscule, celui que l'on fait... et elle m'aimerait.

Le lendemain après-midi, nous sommes allés à Cîteaux ensemble ; j'avais demandé à François de me laisser place libre pour quelques heures ; rideaux fermés, il régnait dans la chambre une pénombre acceptable, faisant oublier l'édredon douteux, le lit de fer grinçant : nous nous sommes embrassés pour de bon, longtemps...

... et voilà que ta robe bleue tombe à tes pieds...

Et il n'y a plus eu le moindre problème, je l'ai caressée, elle m'a caressé, je suis entré en elle, et c'était bien, et puis j'ai joui, elle aussi, peut-être, je ne savais pas...

Ça y est, je n'étais plus puceau, et j'aimais Joëlle, et Joëlle m'aimait. J'étais bien avec elle, on était tout entremêlés dans le lit étroit, on transpirait, elle était toute dorée, et je me sentais fondre comme un bonbon en sucre dans la bouche. Il y avait un rai de lumière au-dessus de la porte, on entendait vaguement passer dans le couloir les pauvres centraliens, parlant du cours de maths ou de l'examen partiel du lendemain. Moi, j'étais dans Joëlle, je me sentais couler tout en miel, tout en sucre roux, tout en guimauve, en berlingot fondant. Elle m'embrassait, je la regardais, nue dans mes bras...

Et la deuxième fois ça a été encore meilleur, et puis on s'est levés, on s'est encore embrassés ; François est revenu, on a passé la soirée à jouer de la guitare, on a bu un ou deux verres, on a même fumé un peu, et, allongés côte à côte sur le sol, les chansons de Dylan enveloppaient notre bonheur d'une musique digne de lui.

Joëlle, ça a duré six mois comme ça, six mois avant que la chanson ne brouille nos cartes...

Nous sommes fauchés, mais ce n'est pas la vache enragée, simplement la bohème. Je reçois toujours ma mensualité du Commissariat à l'énergie atomique, deux cent soixante-dix francs que nous claquons en deux jours en gourmandises dont Joëlle raffole autant que moi : chorizos, barquettes de chou rouge, pots de confiture de poire, des pots de grès à l'ancienne ; le reste du mois, je me débrouille, c'est en général un sandwich par jour. De temps en temps, mon père monte passer la journée à Paris pour son travail, pour une rencontre au ministère, et il m'invite à un copieux déjeuner à Saint-Germain-des-Prés. Parfois, c'est Christian qui m'invite, mais son petit salaire chez Vogue et la faiblesse des « notes de frais » auxquelles il a droit nous permettent rarement de dépasser les sandwichs du bistrot en face des studios de la rue d'Hauteville.

Joëlle et moi nous voyons le plus possible ; mais elle habite encore chez ses parents, dans un triste pavillon de banlieue à Colombes, et moi toujours la Maison des élèves : Joëlle peut m'y rejoindre de temps en temps, le concierge ferme généralement les yeux, mais il ne faut pas exagérer. Notre grand moment quotidien, ce sont nos rencontres chez Adèle ; nous y restons un instant, écoutant les guitaristes ou les conversations enflammées des étudiants qui veulent refaire le monde, et puis nous sortons nous asseoir sur un banc du Jardin des Plantes, tout proche. Et nous échangeons les lettres que nous avons pris l'habitude de nous écrire chaque soir, elle dans le calme de la villa de Colombes, moi dans ma chambre de Cîteaux ; ce sont plus que des lettres d'amour, des interrogations sur la vie, sur ce qui nous lie, sur l'avenir, sur le système, les erreurs dans lesquelles on voudrait tellement ne pas tomber ; chacune de nos lettres prend une forme différente : ce sera tantôt un poème, une dissertation, un texte de chanson, mais aussi bien une démonstration mathématique, une pièce de théâtre en deux ou trois actes, un scénario de film, une fable retrouvée de La Fontaine ou d'Ésope, des alexandrins ou une poésie lettriste ; nous y passons des heures chaque nuit et nous nous délectons, à midi, de voir l'autre savourer sous nos yeux le fruit de nos... élucubrations... Nous y mettons toutes nos interrogations, nos réflexions : on voyait bien que ce monde ne ressemblait à rien de sensé, qu'il fallait chercher, chercher, construire quelque chose, qu'on ne serait pas trop de deux. Les Cévennes ? N'était-ce pas une autre image, un peu trop belle. Mes chansons ? Était-ce vraiment un moyen de m'exprimer, est-ce que je ne voulais pas plutôt le faire par d'autres écrits ? On cherchait, on s'aimait...

Un soir, je déborde de questions folles sur notre relation, sur l'amour, sur le plaisir... Cet après-midi, un truc a commencé à me tracasser : nous avions profité d'une brève absence de François pour faire l'amour dans la chambre de Cîteaux ; à un certain moment, Joëlle m'avait regardé, et poussant un soupir de bonheur, elle m'avait dit : « J'ai d'autant plus de plaisir que je vois que tu en as... » La phrase m'avait travaillé, parce qu'à cet instant précis je n'avais pas à proprement parler de « plaisir » ; du bien-être, de la tendresse, seulement... Et je m'étais mis à gamberger, et j'y avais songé tout l'après-midi : nos mots d'amour, nos attitudes, n'était-ce pas seulement une façon de nous conformer aux conventions, aux lieux communs comme « Regarde-moi dans les yeux »... est-ce qu'on lisait vraiment quelque chose dans le regard de quelqu'un, est-ce que, disant nos mots d'amour, nous n'étions pas en train de singer simplement les amours de la littérature, n'existait-il rien de plus profond sous ces comportements quasi automatiques ? Le soir, je n'en pouvais plus de tourner cette idée dans ma pauvre tête... J'ai ressenti le besoin de quelque chose qui attiserait mes neurones, les faisant passer à une vitesse supérieure pour chercher à y voir clair ; une substance qui décuplerait un instant mes perceptions, ce n'est pas un joint qui y aurait suffi. La seule substance facilement accessible, et légale en plus, c'était l'alcool ; j'ai abordé la chose d'une façon presque clinique, médicale : je suis descendu au bistrot proche de Cîteaux, j'ai commandé et aligné devant moi sur le comptoir sept petits blancs secs, je les ai bus cul sec l'un après l'autre, et j'ai regagné ma chambre en vitesse, avant que le vin ne fasse son effet. Je me suis installé sur le sol, avec une pile de feuilles de papier, et je me suis mis à écrire tandis que ma tête se mettait à tourner... J'écrivais, j'écrivais tout ce que je tournais dans ma tête, tout ce qui jaillissait de ma plume, comme une éjaculation irrépressible... ma vue se brouillait de plus en plus, et j'écrivais, j'écrivais... Rentrant quelques heures plus tard, François m'a trouvé allongé dans un demi-coma, écroulé sur le sol en travers des papiers que j'avais noircis, écrivant d'abord en lignes droites, puis de plus en plus obliques, traversant la feuille en tous sens, jusqu'à la dernière page écrite en une interminable et chancelante spirale... Soudain, j'avais eu la sensation d'y voir clair... Le lendemain, je guettai attentivement la réaction de Joëlle à la lecture d'une lettre folle, surréaliste et profondément sincère à la fois, où je décortiquais notre relation, une lettre qui se terminait de façon absolument logique par les mots « Je ne t'aime pas », voulant dire par là que je voulais que notre amour soit autre chose que les « je t'aime » mécaniques et conventionnels de tous les Roméo et Juliette, que je voulais l'aimer d'un amour supérieur, qu'il y ait entre nous une harmonie sans aucune commune mesure avec les émois de la littérature de gare... Joëlle a tiqué un peu à la lecture de ma dernière phrase, et puis elle a parfaitement compris, elle m'a souri, et notre amour a déployé des ailes immenses, toutes neuves.

Des années plus tard, alors que notre bel amour magique, notre quête effrénée s'étaient depuis longtemps dissous dans la tourmente qui nous emporterait dans quelques mois, j'ai retrouvé toutes les lettres que nous avions échangées, les siennes comme les miennes ; elles étaient enveloppées dans une grande feuille de papier à dessin où Joëlle, qui avait étudié aux Beaux-Arts, avait dessiné aux fusains nos deux corps, nus et enlacés... Je me promettais de relire ces lettres, de tenter d'y retrouver le souvenir de nos recherches, de nos incertitudes, de nos trouvailles fulgurantes... Hélas, une femme avec qui j'ai vécu quelque temps, trouvant ce rouleau dans une penderie, n'y a vu, la sotte, que le souvenir d'un amour passé qui risquait de faire ombrage à celui qu'elle entendait que je lui porte... et elle a tout brûlé... On ne devrait jamais avoir de cheminée dans une maison ! En leur mettant le feu, ce n'est pas le souvenir de Joëlle qu'elle brûlait, mais celui du garçon que j'étais à ces instants bénis de Cîteaux, de chez Adèle et du Jardin des Plantes, et tout ce que j'avais essayé au prix de tant d'effort de sortir de ma pauvre tête malmenée par l'éducation, les idées reçues et les pièges dans lesquels on nous fait tomber, les œillères que le monde nous pose sur les yeux, et dont nous essayons frénétiquement, maladroitement, de nous affranchir.

Pendant ce temps, la chanson, bien sûr, prend une place de plus en plus grande dans ma vie ; voici venir la date de l'enregistrement. Quand je pense au temps que les artistes, les groupes de rock en particulier, se sont mis par la suite à consacrer à l'enregistrement de leurs albums ! Pour mon premier quarante-cinq tours de quatre titres, nous disposons en tout et pour tout d'une séance de trois heures, un soir à neuf heures. Christian a décidé d'adjoindre aux Problèmes un organiste et un pianiste professionnels, et l'enregistrement des quatre « bases » ou « play-back » se fait en moins de deux heures ; et soudain me voilà au pied du mur : il ne me reste plus qu'à chanter ! Avec mes faibles moyens vocaux, qu'est-ce que ça va donner ? Eh bien ça se passe plutôt bien ; moi je pensais chanter quelques tons plus bas, un peu plus tranquille, Christian, après divers tests, a estimé que je devais plutôt chanter en haut de ma voix... où j'ai parfois du mal à me tenir sans déraper ; mais les titres sont rapidement mis en boîte, le « mixage » ne prendra qu'une heure de plus, et, somme toute, à la satisfaction de Christian qui s'est bien avancé auprès de Cabat, avec un peu d'écho sur ma voix, en refaisant certains passages, le résultat n'est pas plus mauvais, vocalement, que la plupart des chanteurs du moment... et nous nous séparons à une heure du matin, Christian emporte sous son bras l'épaisse galette de la bande un pouce dont il compte bien tirer le premier quarante-cinq tours d'une carrière à succès !

Lorsque le lendemain, avec Jean-Jacques, on écoute le « souple » que je suis passé prendre chez Vogue, eh bien... ça se tient. Assis sur le linoléum d'un bureau vide, je me sens tout drôle à l'écoute de ma voix, enveloppée de ces guitares électriques saturées, de ces rythmes, d'une espèce de « mur » sonore comme on n'en trouvait pas dans les disques des yé-yé français... Je n'arrivais pas à y croire, c'était moi, là-dedans, entouré de toute la musique que j'aimais...

Un jour, Germinal Tenas, qui traîne souvent dans les parages de chez Vogue, annonce à Christian qu'on lui a demandé d'amener des artistes maison se produire sur un stand du Salon de l'enfance... Nous y allons, et je chante sur le podium de l'ORTF, qui a remplacé l'an dernier la RTF. C'est une des premières fois que je chante dans une sono, seul avec ma guitare et mon harmonica : une chanson traditionnelle américaine, mythique, *Baby Please Don't Go*[1] ; le public qui entoure le podium ne connaît ni la chanson, ni moi, mais ma seule allure, cheveux longs, *battle-dress*, blue-jean avec pièce de tissu à fleurs, harmonica autour du cou, me vaut un beau succès.

Qu'est-ce que je cherchais dans la chanson ? À faire fortune ? Non, je n'y avais pas pensé. Devenir vedette ? Je n'avais rien prévu de tout ça. Non, je voulais juste gagner un peu ma vie, comme l'été dernier à Marseille, être tranquille, faire durer un peu plus longtemps les agapes que Joëlle et moi nous offrions au début de chaque mois. Et puis on m'a proposé plus, et bientôt beaucoup plus, et ça venait très vite, mais très naturellement, et je ne vois pas à quel moment j'aurais pu refuser, ça n'aurait servi à rien, ça aurait même ennuyé plein de gens, les Problèmes, Fechner... Et, somme toute, ça me plaisait, ça construisait quelque chose. Je n'y croyais pas plus que ça, mais j'étais sûr de ce que je faisais. Un jour, je signale à Christian que j'ai entendu à SLC une version française de la chanson de Donovan *Colours*, qui tournait dans ma tête tout l'été lorsque je m'éveillais au cœur du vert d'un champ de blé ou sous le bleu du ciel, une version interprétée par Dick Rivers, ancien chanteur d'un petit groupe de rock français, les Chats sauvages. Christian me réplique que Dick est trop marqué « yé-yé », que le public attend un artiste nouveau, qui mette dans ses chansons les questions que tous les jeunes se posent, en ces années 1960. Lui pense que je pourrais être celui-là, et qu'il fera tout pour ça : à la sortie de la séance d'enregistrement, il m'a

1. Écrite peut-être par le révérend Gary Davis et Blind Boy Fuller, revue par Dave Van Ronk et Eric von Schmidt, et chantée par Dylan sur son premier album.

d'ailleurs annoncé que si notre disque est bien accueilli en radio, il compte demander à Léon Cabat de me faire enregistrer un album, dix nouvelles chansons : qu'il est déjà temps de me mettre à en écrire d'autres, et de m'acheter une meilleure guitare.

C'est vers la même époque que Christian nous annonce qu'il est devenu le directeur artistique d'un cabaret du Marais ; ce titre pompeux cache un minuscule local, appelé le Petit Marais, rue Pastourelle. C'est un bar étriqué, où sont serrées quatre tables alignées, impossible d'y rester en vue des quatre tables à la fois. Tous les poulains de Christian y chantent pour une bouchée de pain, pour un repas seulement, d'ailleurs, en général, ou pour le plaisir d'être ensemble : il y a tous les artistes dont Christian veut faire des vedettes, le chanteur romantique, Bernard Laféraud ; le comique, Nano. Les Problèmes ne jouent pas au Petit Marais : avec leurs amplis et leur batterie, ils suffiraient à remplir le local ! J'y joue presque chaque soir, pour les copains ou pour les rares clients ; quand on a faim, on mange ce qu'on trouve dans la petite cuisine, tout au fond.

Un après-midi, je suis au Petit Marais en train de discuter avec le patron. La radio est allumée en fond sonore, c'est l'heure de Salut les Copains. Une introduction musicale qui me rappelle quelque chose vient de démarrer, mais je ne la reconnais pas tout de suite ; comme par réflexe, je songe « Tiens, c'est sympa, cette intro, je connais, qu'est-ce que c'est déjà ? »... Putain, ça, c'était moi ! Dans la radio ! Mais oui M'sieurs-dames, la rédaction de SLC était un peu partagée sur mon cas, certains trouvaient que ça faisait « Dylan de banlieue », d'autres pensaient que ça allait marcher, et puis ils ont décidé de passer ma chanson *Autoroute européenne numéro 4*... et tout le monde dans le bistrot me tape sur l'épaule.

Motivé par Christian – dont je découvrirai petit à petit qu'il est l'homme le plus convaincant de la terre : si vous portez une chemise rouge et qu'il a soudain envie de vous convaincre que votre chemise est verte, il y parviendra... c'est sans doute ce pouvoir de persuasion qui l'a aidé par la suite à devenir un des plus grands producteurs de cinéma de France –, Cabat a sommé son service de presse de faire parler de moi. L'attaché de presse qui s'occupe de la télévision – il n'y a qu'une chaîne, à l'époque, guère de choix – revient un jour avec la grande nouvelle : l'ORTF organise pour la nuit des élections du 19 décembre – deuxième tour des élections présidentielles, où de Gaulle sera réélu avec cinquante-cinq pour cent des voix – une « nuit des résultats », où alterneront communication des résultats des quatre coins de France et des chansons. La partie « variétés » a été confiée à Jean-Christophe Averty... et ils ont obtenu que j'y chante une chanson ! Dans une réalisation de cet Averty que je ne rate jamais depuis des années ! Comment pourrais-je dire non ? Averty avait choisi *La Guerre*, mais la direction lui a objecté « Ça ne va pas, non, chanter la guerre un soir d'élections ! » Alors Averty a décidé que je chanterais *Autoroute européenne numéro 4*...

Dès que l'annonce de ce passage à la télé est confirmée, les journaux s'intéressent à mon cas ; Georgieff, l'attaché de presse, m'emmène voir un journaliste du quotidien aujourd'hui défunt *Paris Jour* : Alain Spiraux titrera « 1 m 85, 52 kilos, c'est le yé-yé social » ; Philippe Bouvard, lui, au-dessus de deux photos anthropométriques de moi, de face et de profil, et d'empreintes digitales, titre « Il marquera peut-être la chanson de son empreinte »... Les deux articles sont un peu moqueurs, mais accueillent de façon plutôt sympathique mon apparition. Et pour me montrer dès le départ l'incroyable puissance de la presse, le jour même où le premier article sur moi paraît dans *Paris Jour*, je revois précisément, sur le pont Sully, un facteur se retourner sur moi dans la rue, et dire : « Tiens, c'est Antoine ! » Un facteur, pourquoi ? Parce que je suis un chanteur à messages ?

Premiers articles dans les journaux, premières émissions de radio : José Artur m'a invité au *Pop Club*, l'émission qu'il anime toujours, quarante ans plus tard. Il ne m'a consacré que quelques minutes, mais il a été si marqué par ma connaissance poussée des musiciens de folk et de blues américains – il m'avait fait demander d'apporter deux ou trois disques de folk que j'aimais – qu'il m'invite à revenir la semaine suivante avec une brassée de mes albums folk, et à animer avec lui une émission tout entière ; ça en bouche un coin à mes copains centraliens : le Pop Club est une des rares émissions que les étudiants sérieux écoutent religieusement, et m'y entendre une soirée entière les impressionne bougrement !

L'ORTF est en état de siège, le soir des élections, seuls les artistes ont le droit de pénétrer dans les studios, même Christian n'a pas eu de laissez-passer ; il m'a fait d'interminables recommandations le matin, tandis que je répétais mon play-back : « Arrange-toi pour qu'on voie bien ta silhouette, ta guitare, tes vêtements, ton personnage... » En fait Jean-Christophe Averty, qui fait ce qu'il veut, choisit de me filmer en très gros plan, à côté d'un portemanteau, et on ne verra rien du tout de ma silhouette ! Mais cette première incursion dans les studios de la télévision me laissera un bon souvenir, surtout grâce à l'accueil sympathique de l'animateur de la soirée, Georges de Caunes, et malgré le fait qu'il ait annoncé ma chanson comme parlant de construction, de travaux publics, plutôt que de voyages. Pourtant, il ne sait pas que je suis à Centrale.

Le fait que je sois à Centrale, je ne le dis pas, on ne me le demande pas, ça ne me semble pas important ; Christian aurait sans doute préféré que sa « révélation » soit sortie de nulle part, sans cette étiquette d'élève ingénieur, un peu incompatible avec l'image qu'il prône d'un vagabond surgi des routes embrumées de l'Europe, et disparu à nouveau dès la séance terminée. Christian trouve d'ailleurs aussi utile, dans la petite biographie que le service de presse de Vogue distribue aux journalistes, de mentir sur mon âge, de me rajeunir de deux ans... Oh ! ce ne sont pas des mensonges bien graves : Dylan lui-même, quand il a commencé à chanter au Greenwich Village à New York, au début des années 1960, s'inventait toutes sortes d'aventures passées sur la route, des fugues imaginaires... et Christian tient à « construire le personnage » de ce qu'il voudrait que je sois. C'est ainsi que, souhaitant placer au dos de la pochette du premier quarante-cinq tours un texte campant le personnage et précisant les racines de mon inspiration, mais se sentant incapable d'écrire lui-même ces notes, ou n'en trouvant pas le temps, il me demande de les rédiger moi... Voilà pourquoi, au verso de mes premiers disques, figurent des textes en vers libres signés Christian Fechner, mais entièrement écrits par votre serviteur, en suivant docilement les consignes de Christian, si convaincant :

Vingt fois la séance d'enregistrement a été décommandée
Vingt fois les musiciens sont rentrés chez eux
Vingt fois, parce qu'on l'attendait et qu'il n'est pas venu
Et puis ce jour-là
J'ai cru entendre l'écho des sirènes des bateaux sur la Manche
du vacarme des camions sur les autoroutes allemandes
Des gémissements des mouettes sur le port de Copenhague
Et puis il est arrivé avec aux pieds la poussière des wagons de marchandises
Qui dorment devant le fort Saint-Jean
Dans les yeux les derniers rayons du soleil de minuit
le vol des pigeons
de Trafalgar Square
Et il m'a dit :
« Alors, on le fait, ce disque ? »

... suit un bref résumé de l'histoire du folksong, depuis l'homme des cavernes jusqu'à Dylan, et jusqu'à mes aventures au pied des lions de Kungstradgarden.

Tout cela, ce ne sont que des petits mensonges sans gravité, le quotidien dans le domaine des relations publiques, mais des mensonges quand même, et inutiles.

Plus grave est, sans que je m'en rende compte encore, ce que m'a dit Christian à la suite de mon premier passage en direct à l'émission culte Salut les Copains : ils m'ont invité quelques minutes sur leur antenne parce que ma chanson y était programmée, et moi, ravi de découvrir en chair et en os une équipe que je suis attentivement depuis la naissance de l'émission, j'y suis allé avec Joëlle. Le lendemain, l'attaché de presse reçoit un appel de l'équipe de SLC, qui m'invite à revenir à l'émission la semaine suivante, et Daniel Filipacchi demande personnellement que j'amène la jeune fille blonde qui était avec moi... Pour moi, pas de mystère, nous formons, Joëlle et moi, un si beau couple, si différent du couple moyen de l'époque, presque aussi beau que celui que forment Dylan et Suze Rotolo sur la pochette de l'album *The Freewheeling Bob Dylan*, que Daniel a envie de nous présenter tous les deux dans l'émission. Mais Christian s'y oppose

« Antoine, tu es sur le point de devenir une grande star, et les vedettes comme les Beatles doivent apparaîtrent à leurs "fans" comme tout à fait disponibles, pour que les fillettes puissent fantasmer et rêver d'un jour se marier avec eux, comme elles le font pour Paul McCartney ou les autres. Il ne faut surtout pas que tu apparaisses en couple dans la presse... Et d'ailleurs, invente-t-il sans doute pour achever de me convaincre, je te signale que Daniel Filipacchi est un chaud lapin, et qu'il fait venir les filles qui accompagnent les chanteurs et les musiciens invités à l'émission pour les sauter ! »... Et moi, comme un con, j'ai fermé ma gueule, j'ai dit « Oui Christian, tu as raison », j'aurais dû hurler, crier « Ça va pas, non ? » et n'en faire qu'à ma tête. Mais, ne vous ai-je pas dit que Christian était terriblement convaincant ? Alors je suis retourné seul à Salut les Copains.

Pourtant, Joëlle, qu'est-ce que je t'aimais...

Ce soir, Donovan chante à l'Olympia, dans un de ces Musicorama que je continue à suivre avec passion. Et Donovan est distribué en France par Vogue. À la demande de Christian, Cabat m'a donné pour mission de l'escorter tout au long de sa journée parisienne, de servir de cicérone à Donovan et à son manager. Pour Christian, ça fera une bonne impression sur les gens du métier qu'on rencontrera. Pour moi, et je ne vois pas plus loin, c'est l'occasion de passer une journée entière avec quelqu'un que j'admire.

Seulement, moi, candide, je ne suis pas trop au courant des pratiques de ce métier ; Donovan est déjà une grande vedette, mais je n'aurais pas été étonné outre mesure qu'il vienne à Paris en auto-stop pour chanter à l'Olympia ! Je vais les chercher à l'aéroport, et je les conduis en taxi jusqu'à l'hôtel que Vogue a choisi pour eux, du côté de la rue Fontaine : il semble ne pas les ravir. Don me demande pourquoi on les a logés ici, n'y avait-il plus de place à l'hôtel « Saint Georges » ? Il y a effectivement un quartier Saint-Georges non loin de là, peut-être parlent-ils d'un autre hôtel du coin, qui ne doit pas avoir grand-chose de plus que le leur... Il me faudra longtemps avant de réaliser qu'il parle du George V, le célèbre palace : grande vedette depuis huit mois, Donovan a déjà pris des habitudes de luxe, et le snack-bar self-service de la place Blanche, dans lequel je les emmène déjeuner à midi, ne le séduit pas non plus... S'ils attendaient le George V, ils voulaient sans doute aussi Lasserre ou Prunier !

Alors ils n'apprécient pas outre mesure mes services comme accompagnateur, et l'attaché de presse de Vogue non plus n'est pas en odeur de sainteté. L'après-midi, Don tourne une émission de télévision à la Maison de la radio. À la fin du tournage, un autre réalisateur demande à Donovan de participer à une deuxième émission ; le manager, qui connaît son métier, s'interpose, et je dois traduire : « D'accord, mais parlons cachet »... et j'assiste aux âpres négociations – elles dureront deux heures – entre l'ORTF et un pugnace manager anglais... J'apprendrai bien vite que la télé française d'État ne paie pas grand-chose... en tout cas pas de quoi s'offrir le George V et Lasserre...

Je ne dirai pas que j'ai été déçu par Donovan, non, je l'admire trop pour lui reprocher quoi que ce soit. Simplement, j'ai constaté que le succès crée, malgré eux, des barrières autour des gens qui l'obtiennent, et qu'il faut être très délicat avec eux, prendre des précautions exceptionnelles pour établir le contact ; je l'ai ressenti quelquefois, plus tard, lorsque j'ai été amené à rencontrer diverses très grandes vedettes... j'y ai songé aussi parfois lorsque je me suis retrouvé dans la situation inverse, et que la grande star, c'était moi...

On est retournés à l'hôtel, il y avait là Zouzou la twisteuse, la reine des groupies de Paris, et, jusqu'à l'heure du spectacle, Don est resté dans la chambre, à boire et à fumer, en nous dévoilant ce qu'il pensait être le sens secret des longs couplets de la chanson de Dylan *Desolation Row*. Comme la plupart des musiciens anglais passant à Paris, ce qui l'a détruit, ce n'est pas le haschich ou les alcools forts, auxquels ils sont généralement accoutumés, mais le vin, le beaujolais qu'ils n'ont pas l'habitude de boire à table, comme de l'eau, en grandes quantités : à l'heure de son tour de chant (j'étais impressionné d'avoir pour la première fois accès avec lui aux loges et aux coulisses de l'Olympia), il n'était plus très frais, il est entré sur scène au radar, a passé une éternité à s'accorder, et a eu du mal à faire son tour de chant... Soudain, à sa surprise, le public lui a réclamé *Hey Gyp*, une chanson qui était un succès en France, mais qui ne devait pas figurer au répertoire de ses spectacles... Il a essayé de la jouer, s'est planté dans la rythmique très particulière de ce morceau, s'y est repris deux ou trois fois, et a fini par quitter la scène un peu n'importe comment !

Après le spectacle, tout le monde s'est retrouvé chez Castel ; Zouzou la twisteuse et ses copains « dans le vent » bénéficiaient auprès de Don et de son manager d'une faveur bien plus grande que moi, bien maladroit cicérone... Je me rappelle que l'herbe fumée au cours de l'après-midi avait soudain donné à mon visage une belle couleur verte que Zouzou tentait de camoufler à l'aide de son pinceau de *blush on*...

Tard dans la nuit, j'ai atterri seul à la brasserie Fleur, que je fréquentais parfois, tout contre la gare Saint-Lazare, et là, en attendant l'heure du premier train qui me conduirait à Colombes, où, ses parents étant aujourd'hui absents, j'allais passer la matinée avec Joëlle, j'ai écrit, dans les vapeurs de l'herbe et du vin qui s'estompaient lentement, une sorte de grand poème surréaliste qui figurerait un an plus tard sur la jaquette d'un de mes albums. Avec quelques années de recul, à la relecture de certaines phrases telles que « Les ypsètes catérifuges s'ignissent dans la stéradirité », je me demande bien ce que j'avais voulu dire [1] !

C'est ce matin-là, dans le pavillon de banlieue de ses parents, que Joëlle nous avait dessinés, nus, enlacés, ce dessin qui devait quelques années plus tard partir en flammes avec toutes nos folles lettres.

Mon premier disque, donc, rencontre un petit succès d'estime ; un soir, avec Christian, nous allons au Bus Palladium, bien plus qu'une « boîte à la mode », un lieu mythique de la nuit parisienne. Christian connaît un peu le disquaire, il obtient qu'il fasse passer mon disque, pour voir comment les danseurs réagissent... Le résultat n'est pas très brillant, à peine l'intro a-t-elle démarré que tout le monde va s'asseoir et que la piste se vide ! Et pourtant, deux mois plus tard, je verrai toute la clientèle hyperbranchée de chez Castel danser sur mes chansons, va comprendre ça !

Dans une autre de ces boîtes, Les Écuries du Lion d'argent, on me demande de participer à l'élection d'une Miss Beatnik ; parmi

1. Le correcteur automatique de Microsoft Word aussi, d'ailleurs !

les jurés, un autre chanteur débutant, Éric Charden, siffle très fort une des candidates, une petite blonde qu'on rencontre souvent dans les boîtes vêtue d'une minijupe et d'un blouson orné du drapeau anglais ; comme elle est coiffée comme Brian Jones, tout le monde l'appelle « Stone », et c'est ce jour-là qu'Éric Charden fait la connaissance de celle qu'il épousera.

La fin de l'année approche ; en ce soir de Noël, je chante au Petit Marais, où pour la première fois je touche un cachet : trente francs ! Nous partons aussitôt, Joëlle et moi, dépenser cette fortune dans un petit restaurant de Saint-Germain-des-Prés ; il neige doucement sur Paris, juste quelques flocons qui tombent... Au moment où nous passons au pied d'un immeuble qui se révèle abriter la rédaction de *France Soir*, un journaliste en sort, découvre notre couple qui marche, enlacé, sur le tapis blanc, virginal, la neige qui recouvre ce quartier de Paris déserté en cette nuit de Noël... Là, on ressemble tout à fait au couple Dylan-Rotolo dans la neige du Greenwich Village... Le journaliste nous interpelle : « Quel dommage que je n'aie pas un photographe sous la main, vous êtes si beaux, je vous aurais mis en première page du journal, *Les Amoureux de Noël* »... Et moi, comme un con, je trouve que ça vaut mieux, je pense à ce que Christian m'a demandé, de ne pas me faire photographier avec Joëlle... Quel idiot je suis, quelle photo ça aurait fait !

Le lendemain, j'ai un autre gala ! Un tenancier de bistrot, dans une petite maison d'un village proche de Mantes-la-Jolie organise des matinées rock avec des groupes ; l'atmosphère reste très familiale, je répète quelques chansons dans la cuisine avec des musiciens qui se trouvent là, je chante quelques « sets » de trois ou quatre chansons, des miennes et du folk, devant un public chaleureux et ami ; sortant de temps en temps dans le jardin, je savoure le calme du village... L'année 1965 vit ses derniers jours, moi, je vis sans le savoir mes derniers jours de calme : ce qui m'attend, au tournant de 1966, je n'en imaginerais jamais l'ampleur, la violence, et l'irréversibilité !

J'ai dîné avec la famille du tenancier, dans leur cuisine, ils m'ont dit « Super, tes chansons, tu reviens quand tu veux »... et je suis rentré à Paris avec mon premier cachet sérieux, cent francs !

Le lendemain je retrouve Joëlle, lui raconte le spectacle, l'accueil, l'invitation à revenir... Il y a le jour de l'an dans une semaine, si j'y retournais ? Je rappelle le tenancier, mais il a déjà engagé un autre artiste... J'aurais pu, en vingt-quatre heures, tirer un enseignement essentiel : le succès, c'est beau, mais il ne faut pas y revenir, ne jamais considérer, quoi que l'on te dise, quelque chose comme acquis...

Alors nous disposons de quelques jours de vacances avant la rentrée ; puisque je ne peux pas rendre visite à Joëlle dans la villa de ses parents, qui sont là toute la semaine, je lui propose soudain de dépenser mes gains en allant nous installer dans l'appartement de mes parents à Grenoble : ils l'ont laissé libre jusqu'au début de janvier ; nous prenons le train, et, au pied des Alpes, nous dédaignons les pistes de ski, et passons la semaine presque entière dans le grand lit de la chambre de mes parents... Même si, mauvais timing, les cousins anglais de Joëlle ont débarqué juste au moment où pour la première fois nous pouvons, durant des jours et des nuits, faire l'amour à loisir : au moins ça règle en partie le problème de la contraception, qui commence à me préoccuper sérieusement. Nous ne sortons de l'appartement qu'une fois de temps en temps, pour acheter des barquettes de chou rouge et du chorizo au Monoprix du boulevard...

Un jour, nos regards sont attirés par un corsage pour femme bariolé, petites fleurs roses et vertes sur fond rouge, et je l'achète : on ne parlera des *hippies* et du *flower power* que dans un an ou deux, mais... je suis en avance de deux ou trois longueurs : un an plus tôt, quand j'étais encore Pierre-Antoine, j'avais acheté une cravate à fleurs, et cet été sur la route j'avais cousu une pièce de tissu à fleurs à mon jean élimé.

Nous sommes rentrés à Paris, et pendant que le train roulait, face à Joëlle qui serrait dans ses doigts une rose semblable à celle que j'arborais dans le métro l'année précédente, quand elle m'avait laissé seul, j'ai écrit les textes de deux chansons inspirées par les images qui défilaient sous les fenêtres du train ou par nos lectures, Vian, *Bradfer*...

Car Christian a obtenu de la direction de Vogue de me faire enregistrer un album, chose rarement consentie à un artiste débutant, à cette époque. Mon père a accepté de m'aider dans l'achat d'une nouvelle guitare, en m'envoyant un mandat de mille francs, j'ai complété la somme en revendant la 4 CV, et j'ai trouvé un musicien américain, une sorte de cow-boy urbain, qui renonce à faire carrière en France, regagne les États-Unis et revend sa magnifique guitare Gibson, d'un légendaire modèle, Dove ou Hummingbird, avec un oiseau de nacre inséré dans le bois de la caisse.

Et je me suis attelé à la tâche d'écrire mes chansons, à toute heure, en tout lieu, même sur les bancs de l'amphithéâtre de Centrale pendant les cours, parfois soporifiques, donnés par les professeurs qui s'y succèdent : c'est ainsi que je passerai totalement à côté de l'enseignement d'un prof d'économie, un gentil nounours rondouillard nommé Raymond Barre. Les feuilles que je noircis l'une après l'autre tombent sur la tête des élèves du rang en dessous du mien, et le cahier où je recopie la version plus ou moins définitive de mes textes se remplit petit à petit. Depuis le temps que je me demande « Qu'est-ce qui ne tourne pas rond chez moi », et pourquoi je ne crois à rien, pas même à ce que je vois de mes yeux, j'en fais une chanson – la face B du succès de cet automne *Eve of Destruction* s'appelle *What's Exactly the Matter With Me*, je me suis sans doute inspiré du titre sans bien savoir de quoi la chanson américaine parle. Une autre chanson sera consacrée à la loi de 1920, cette loi qui a été créée à la fin de la Première Guerre mondiale, une vraie boucherie, qui avait tué des millions de Français : il fallait repeupler le pays, et on avait interdit toute forme de contraception, et surtout interdit d'en parler, même de la mentionner... et voilà pourquoi nous ne savions pas comment nous y prendre pour ne pas nous retrouver immédiatement parents d'enfants que nous n'aurions pas désirés. Écrire cette chanson était hardi – et il était hardi de la part de Vogue d'accepter de la publier –, car elle enfreignait totalement la loi alors en vigueur. Et les maisons de disques n'étaient pas très courageuses à l'époque ; je me rappelle que, quelques années plus tard, on m'a refusé, parce qu'on y entr'apercevait le quart du bout de la pointe d'un sein d'une danseuse, la photo que j'avais choisie pour une pochette de quarante-cinq tours : « Tu veux que j'aille en prison ? » avait tonné Léon Cabat !

Dans une autre chanson, plus romantique, je tentais de retrouver la magie des instants passés avec la petite Mia, au pied des statues de bronze de Stockholm ou au bord du lac ; j'essayais d'expliquer pourquoi j'étais parti malgré le bonheur qui s'offrait tout entier... la chanson *Petite fille ne crois pas* devait, des années plus tard, inspirer, du propre aveu de leurs auteurs, certaines des premières chansons de Francis Cabrel et de Renaud.

Dans deux autres chansons, *Métamorphoses exceptionnelles* et *Ne t'en fais pas pour ceux-là, ils rêvent*, j'essayais avec une maladresse de chien fou de dénoncer le système, les conventions, tout ce qu'on nous interdisait de faire, la carotte derrière laquelle on voulait nous faire courir au long de nos études, de notre carrière, de notre vie entière, j'y jetais pêle-mêle une quantité d'images, Boris Vian qui était allé mourir au cinéma, le vieillard dormant sur le trottoir du pont Sully, les poissons qui nageaient dans les gazomètres de *Bradfer et l'Éternel*, le lion en peluche aux immenses yeux verts que nous allions voir presque chaque jour, Joëlle et moi, dans la vitrine de Noël des Galeries Lafayette...

Depuis quelques jours, je n'habitais plus Cîteaux ; le gentil Auvergnat, le patron du Petit Marais, avait bien constaté que mes chansons avaient de plus en plus de succès ; pour m'attacher à son établissement, il m'avait offert de m'installer dans un grand duplex vide qu'il possédait dans l'immeuble : je paierais mon loyer en chantant chaque soir dans son petit bouiboui... la bohème, je vous dis ! Le studio n'a pas de chauffage, et j'ai rapporté dans mes bras depuis le Bazar de l'Hôtel de Ville, assez proche, un radiateur à gaz. L'hiver était particulièrement froid, l'eau d'une tuyauterie éclatée gelait sur les tomettes de l'escalier de l'immeuble ; nous avions, avec Joëlle et une de ses amies, peint le studio en blanc, et j'avais écrit à la peinture noire un immense poème sur la totalité d'un des murs du duplex.

Un matin, je suis réveillé au son de l'accordéon par la radio que j'ai laissée allumée : c'est une émission matinale genre *Les rois de l'accordéon*, et la grande Yvette Horner y interprète *Perles de cristal*... J'éteins la radio et je me retourne vers le mur en marmonnant « Ton accordéon me fatigue, Yvette... » Et voilà qu'au lieu de m'endormir je me mets à chercher des rimes... Soudain, je me redresse d'un bond, empoigne ma guitare, qui traîne toujours près de moi, et je compose un couplet tout simple :

L'autre jour j'écoute la radio en me réveillant
C'était Yvette Horner qui jouait d'l'accordéon
Ton accordéon me fatigue Yvette
Si tu jouais plutôt de la clarinette...

Dans la foulée, quelques autres couplets me viennent à l'esprit, ma mère qui voulait toujours que je me fasse couper les cheveux, moi qui les gardais, non pour me faire remarquer, ni même parce que je trouvais ça beau, mais tout simplement parce que ça me plaisait de les avoir longs. Mon petit cousin – imaginaire – qui à dix ans préférait, à l'émission de télévision *Bonne nuit les petits* dans laquelle Gros Nounours endormait chaque jour les enfants sages, aller danser le jerk au Bus Palladium... Des images de chaque jour que je mettais en musique sur un de ces récitatifs propres au *talking blues* des musiciens folk américains, souvent pratiqué par Dylan, dans *Talking New York*, ou dans *I Shall Be Free*.

Quelques minutes plus tard, ayant jeté une demi-douzaine de couplets sur du papier, je repose la guitare, je me tourne vers le mur, et je me rendors, sans imaginer une seconde que je viens de bouleverser ma vie, que ces couplets feront prendre à mon succès naissant une dimension inimaginable, que je les chérirai et les détesterai tour à tour dans les décennies à venir, et que plus de quarante ans plus tard, dans les émissions les plus populaires comme dans les interviews les plus branchées, on me parlera et reparlera toujours de ces quelques couplets...

Christian, lui, comptait sur *Qu'est-ce qui ne tourne pas rond chez moi* pour être le titre à succès de mon « trente centimètres ». Le jour où je lui ai chanté ce que j'avais baptisé mes *Élucubrations* – un mot que mon père employait couramment quand il voulait se moquer d'une bêtise que nous, mon frère et moi, aurions faite : « Qu'est-ce que c'est que ces élucubrations ? » demandait-il... –, Christian a réalisé tout de suite que LA chanson de l'album, ce serait celle-là. Ce n'était pas l'avis d'Alain Boublil, le jeune directeur des éditions musicales Vogue International, la société, appartenant à Léon Cabat, à laquelle j'avais été sommé d'abandonner la moitié des droits d'auteur. Alain n'apprécie pas du tout, il demande « Tu veux être le porte-parole de la jeunesse – ça, c'est le grand mot de Christian – ou tu veux chanter l'almanach Vermot ? » Il faudra un moment à Christian pour le convaincre de me laisser enregistrer cette chanson...

Il y a quand même une phrase qui leur est restée en travers de la gorge : dans le dernier couplet :

J'ai reçu une lettre de la présidence
me demandant Antoine, vous avez du bon sens,
comment faire pour enrichir le pays[1] ?

moi, je répondais « *Mettez le haschich en vente dans les Monoprix* ». Ce n'est pas que j'étais bien intéressé par le hasch, mais la phrase m'avait amusé. Pour Vogue, il n'était pas question de parler de « drogue » dans une chanson, ce qui la ferait, dans cette France bien tranquille de 1966, immédiatement interdire. Nous avions donc réfléchi avec Christian, et j'avais pensé soudain à la contraception, qui me préoccupait bien plus sincèrement à l'époque, et j'avais remplacé le haschich par la pilule...

Et c'était tout de même très courageux de la part de Vogue d'enfreindre ainsi une seconde fois la loi de 1920 : le fait de parler si librement de ce problème infiniment grave, sur le ton léger d'une chanson, a peut-être aidé ladite pilule à entrer plus vite dans les mœurs !

Ces *Élucubrations*, je les chanterai pour la première fois sur scène le 15 janvier, dans une autre boîte légendaire de l'époque, la Locomotive, en première partie du spectacle d'un groupe rock appelé les Sorrows ; et, bien qu'encore inédite, elle fait un tel succès que la maison de disques n'a vite plus le moindre doute...

1. Un couplet inspiré bien sûr de Dylan : au gouvernement qui lui aurait demandé « *What do we need do to make the country grow* ? » il répondait « Brigitte Bardot, Sofia Loren, Anita Ekberg ! ».

Bientôt, je tiens mes dix chansons ; François Renoult a composé la musique d'environ la moitié d'entre elles, en particulier une jolie ballade qui, sous une apparence enfantine, tente de dénoncer le cercle vicieux qui fait naître les guerres : *Pourquoi, pourquoi, ces canons ?* Pour faire la guerre mon enfant !

Dès le premier quarante-cinq tours, il avait fallu déclarer nos chansons à la SACEM ; comme la plupart des musiciens, j'aurais sans doute négligé de le faire, mais les éditeurs y veillaient soigneusement, pour être sûrs de toucher les cinquante pour cent. Nous avions rencontré un petit problème : ni François ni moi n'étions inscrits à la vénérable SACEM, société dont il n'était pas, à l'époque, très facile de devenir membre à part entière, et le statut de « stagiaires » auquel nous fûmes admis ne nous permettait pas de cosigner des œuvres ; comme, de plus, Christian, parmi ses idées préconçues, estimait qu'il valait mieux que j'apparaisse comme seul auteur et compositeur de la totalité des chansons (À quoi bon ?... mais il était si convaincant !), il avait demandé à François de ne pas apparaître comme compositeur : il serait plus simple que je lui reverse le quart de ce que je percevrais (éventuellement : tout cela nous paraissait si hypothétique, et, en fait, nous intéressait peu). Cette formule devait fonctionner à peu près, mais m'occasionnerait, trente ans plus tard, quelques tracas.

La séance a été à l'exemple de ce qu'était un enregistrement à cette époque très « rock'n roll » : en une journée seulement, sur un magnétophone à quatre pistes, nous avons enregistré les dix chansons, base rythmique, voix, harmonicas. La chose a été si précipitée que sur certaines chansons, n'ayant pas eu le temps de trouver les harmonicas dans les bonnes tonalités, je me débrouillais avec plusieurs harmonicas en soufflant une note sur l'un, une note sur l'autre. Plus étonnant encore est le fait qu'à l'enregistrement des *Élucubrations*, le preneur de son a simplement oublié de monter le volume de la guitare soliste dans les deux couplets instrumentaux : cette chanson, jouée en radio un nombre infini de fois depuis sa création, s'orne ainsi de deux solos successifs de... rien, deux longues plages de bouillie sonore où on devine vaguement la guitare soliste de Phil dans le lointain...

Il y eut encore quelques petites séances additionnelles, pour l'une ou l'autre des voix, et puis le disque a suivi son chemin logique : il fallait quelques jours pour qu'il soit pressé – dans l'usine de Vogue, à Villetaneuse – et qu'il apparaisse dans les bacs des magasins.

Il y eut aussi la séance de photos prévue pour l'illustration de la pochette ; pour mon premier quarante-cinq tours, Christian avait suivi mon inspiration, et le photographe de Vogue m'avait fait poser à côté d'un wagon de marchandises, le long d'une voie ferrée : c'était pour moi le souvenir des wagons où nous nous abritions au pied du fort Saint-Jean, le mythe des *hoboes*, ces vagabonds américains qui traversaient les États-Unis en bondissant en marche dans des trains de marchandises. Pour mon album, Christian a choisi de me faire photographier en studio, avec ma guitare. Il m'a demandé d'apporter le jour de la séance la première « chemise à fleurs », le corsage pour femme que j'avais acheté à Grenoble : après tout, je la mentionnais dans la chanson, et Christian tenait vraiment à « construire mon personnage ».

Et puis Christian m'a emmené voir le Grand Imprésario. J'avais un peu l'impression d'être un cheval que le maquignon conduit au marché quand Christian m'a présenté à Georges Leroux qui avait révélé Johnny Hallyday, Petula Clark et, à l'entendre, tous les plus grands noms de la chanson française. Il avait eu, il est vrai, dans son écurie de nombreux artistes, mais tous l'avaient quitté dès qu'ils avaient connu le succès. Georges, à qui j'ai vite accordé, et pour longtemps, toute ma sympathie et ma confiance, ressemblait parfaitement à la caricature d'un imprésario, cigare et chapeau de cow-boy, grosse voiture américaine blanche décapotable. Il a écouté d'une oreille distraite le « souple » de l'album, puis l'éloge dithyrambique de Christian, et il ne lui a fallu que quelques jours pour rappeler : « Venez à mon bureau, je peux faire passer Antoine en première partie dans une grande tournée en France, avec Chuck Berry en vedette. »

Une tournée avec Chuck Berry, dont j'avais acheté les albums à Atlanta ou à Baltimore, et dont les Beatles et les Stones reprenaient les chansons ! Comment aurais-je pu refuser ? Il y avait bien le problème des amphis obligatoires de Centrale, mais en utilisant tous les « points d'assiduité » qui me restaient, en demandant une petite dispense supplémentaire, en rentrant à Paris dès que la tournée aurait un jour ou deux de relâche, l'affaire était jouable. Et nous avons commencé les répétitions ; pour Christian, les Problèmes allaient connaître un destin séparé du mien, devenir le plus grand groupe de rock de France, il me fallait d'autres musiciens. Il avait donc organisé quelques répétitions avec un autre groupe, les Sounders, qui seraient chargés de m'accompagner ; elles avaient eu lieu au Bilboquet, une autre boîte à la mode, très sélective, où j'étais parvenu à entrer une fois, un an plus tôt, et où je me rappelais avoir dansé un slow avec le mannequin qui était sur la couverture de *Elle* cette semaine-là. Et puis voilà que l'organisateur de la tournée en décide autrement, et que c'est un troisième groupe, les Lionceaux – qui adaptent en français, avec pas mal de succès, des chansons des Beatles, et qui figurent au programme de la première partie du spectacle – qui va m'accompagner ; toute la première partie se retrouve un après-midi à la Locomotive, au pied du Moulin-Rouge, le célèbre et suranné cabaret de la place Blanche. En moins d'une demi-heure, mes chansons sont répétées, rendez-vous sur scène, à Lille, dans quelques jours !

Entre-temps, un grand changement pour Joëlle et moi : je la retrouve toujours chez Adèle, ou elle vient me rejoindre dans le studio du Marais. Un soir, on s'y trouve si bien dans le lit étroit, il fait si froid dehors, qu'elle en oublie de rentrer chez ses parents, et qu'elle n'arrive chez elle qu'à sept heures le lendemain matin, par le premier train de Saint-Lazare. Deux heures plus tard, je la vois revenir : il y a eu un drame, un scandale chez elle, ses parents lui interdisent désormais de sortir le soir, le seul moyen pour qu'on puisse continuer à se voir, c'est que je vienne dire quelque chose, n'importe quoi, à ses parents, elle s'en remet à moi...

Qu'est-ce que je vais bien pouvoir leur raconter ? Ils sont gentils, je les aime bien, mais comment voulez-vous essayer de leur ouvrir si peu que ce soit l'esprit, ça me semble impossible. Je vais quand même à Colombes, et là, au terme d'un déjeuner du dimanche qui se déroule dans une atmosphère tendue – petits pois en boîte et poulet, le menu type qui, dans ma famille, signifiait « C'est dimanche, il y a des invités »... qu'est-ce que je détestais ça ! – le père de Joëlle se tourne soudain vers moi, les pieds de sa chaise grinçant solennellement sur le carrelage de la cuisine du petit pavillon : « Et dites-moi, quand avez-vous pris cette grande décision ? »

Oh ! là, doucement, quel vélo ? De quoi s'agit-il ? Ils ont préparé leur coup, le papa et la maman, c'est pour ça qu'ils voulaient que je vienne : ils me voyaient déjà piégé, épousé, enfanté, endimanché pour manger le poulet aux petits pois dans la villa des beaux-parents. Et ce que nous souhaitons, Joëlle et moi, ça ne compte pas, non ? Vous ne voyez pas que votre mariage, c'est la mort du couple et des individus qui le composent, c'est fait pour qu'ils soient si bien coincés que la notion même d'ouverture, de construction, leur sorte à jamais de l'esprit. Pour les emmailloter d'un tissu de contingences, responsabilités, paperasseries qui ne sont là que pour enrégimenter tout le monde et empêcher toute liberté. Non, je veux autre chose que ça pour Joëlle, et Joëlle veut la même chose que moi. Oh ! l'immonde piège ! Ils savent que je suis un garçon gentil, je ne vais pas avoir le front de les envoyer chier, un élève de Centrale, pensez-vous, regardez notre fils, centralien lui aussi, il est bien élevé, et il est déjà fiancé !

Ah non, je ne vais pas oser ? Croyez-vous ? On m'assène un coup bas, je m'esquive :

« Je n'ai pris aucune décision, sauf celle de vivre dorénavant avec Joëlle ; mais surtout sans nous marier. »

Oh ! le scandale que mes mots ont déclenché ! Ils ont crié, invoqué Jésus, Marie, Joseph, ou plutôt Staline, Lénine, Marx (ai-je dit qu'ils sont communistes ?) ; ils me menacent de m'envoyer les flics, les avocats, détournement de mineure et tout et tout. Parce qu'ils ont conçu Joëlle (peut-être sans le faire exprès d'ailleurs), parce qu'ils lui ont donné depuis dix-huit ans le gîte, le couvert, ils estiment avoir le droit de lui refuser la chose la plus importante, la vie, la liberté ; ils n'envisagent de la laisser sortir de l'étroitesse de leur cellule familiale que pour l'enfermer dans une autre cellule tout aussi étroite ; ils lui refusent la vie, parce qu'eux, ils n'ont pas vécu...

Alors, je ne dis plus rien ; si, à Joëlle : « Ce n'est vraiment pas la peine de discuter, reste là, je rentre à Paris, je me renseigne sur toutes ces menaces que tes parents brandissent, et je t'appelle demain... » Et je quitte le pavillon de banlieue sous le regard effaré des parents.

Le lendemain, je téléphone à l'avocat qui s'était chargé de régulariser les contrats avec Vogue et Fechner : je n'avais pas du tout envie de tremper dans des histoires de papiers, d'hommes de loi... mais là, on m'attaquait de front, et moi je tenais à Joëlle. L'avocat m'a expliqué qu'à cette époque (où l'âge de la majorité reste encore fixé à vingt et un ans), il n'y a plus de détournement de mineur après dix-huit ans. Je téléphone à Joëlle, lui explique la situation... et deux heures plus tard, elle a fait sa valise, quitté le pavillon de ses parents, et est venue s'installer avec moi dans le studio de la rue Pastourelle. Eh oui, je n'ai pas encore les idées très claires dans ce domaine, mais je suis sûr que deux êtres adultes devraient pouvoir unir leurs destins, leurs esprits ou leurs corps, s'ils le décident, sans avoir besoin de la bénédiction d'une institution moyenâgeuse qui montre bien ses limites : en 2007, en France, plus de la moitié des mariages finissent par un échec, souvent dans les affres et les blessures inutiles d'un divorce hérissé d'avocats et de plaidoiries haineuses. Ne vous méprenez pas : je respecte ceux qui choisissent le mariage en connaissance de cause, j'admire ceux qui réussissent à le faire durer... mais je trouve stupide de vouloir l'imposer sans autre option à deux personnes qui se connaissent à peine, de condamner à la cohabitation à vie deux êtres aussi profondément différents qu'un homme et une femme, qui risquent de s'apercevoir vite qu'ils ont beaucoup moins d'intérêts communs qu'ils ne le pensaient.

Le jour du départ de la tournée, tout le monde s'est donné rendez-vous dans le bureau de l'imprésario, et nous nous préparions à prendre la route, quand on a sonné à la porte : c'était Benjamin, un des photographes vedettes du magazine *Salut les Copains*, qui venait me chercher pour une séance de photos. Après m'avoir un peu boudé à mes tout débuts, SLC avait soudain décidé de miser sur moi, et me consacrerait quatre pages dans le prochain numéro.

Christian et moi sommes allés emprunter la R 8 de l'un des « tourneurs », qui nous la prêtait pour les trois semaines que durerait l'aventure : mon cachet se montait à cent francs par soir, et toute économie était bonne à prendre. Christian semblant avoir du mal à manœuvrer pour quitter le parking, j'ai pris le volant un instant... et j'ai dû conduire jusqu'à la fin de la tournée !

À Lille, gros problème, les Lionceaux manquaient à l'appel ; on a attendu jusqu'à la dernière minute, et puis je me suis jeté seul dans la fosse aux lions : avec ma guitare sommairement accordée, j'ai chanté en solo mes quatre ou cinq chansons, et seul le micro voix était branché ; le public de rockers n'a pas beaucoup apprécié cet escogriffe à la voix approximative qui chantait sans accompagnement audible des chansons qu'ils ne connaissaient pas ; découvrir les *Élucubrations* les a bien fait sourire un instant, mais je suis sorti de scène dans une indifférence complète, et les « gens du métier » qui attendaient Christian et moi au tournant ricanaient ostensiblement : « C'est ça votre révélation ? »

Il en a été tout différemment le lendemain, où la tournée passait à Amiens, dans une sorte de théâtre en rond. Les Lionceaux avaient fini par rejoindre la troupe, les micros étaient enfin branchés, et Georges Leroux s'est livré à un de ses plus beaux numéros, « chauffant » la salle, promettant au public que j'étais celui qui allait être le porte-parole de la jeunesse, faisant scander mon nom à la foule plus habituée à marteler le riff favori des rockers, celui de *Let's Go* ; et mon tour de chant a été comme un rêve, un succès parfait, chaque chanson applaudie, les *Élucubrations* un triomphe, et j'ai quitté la scène sous les cris de joie et les rappels prolongés.

Dans la voiture, nous nous sommes congratulés, Georges, Christian et moi ; nous nous étions jetés dès la sortie de scène dans la Buick de l'imprésario parce que, pour mon deuxième jour de carrière, on n'était pas arrivés à se dépêtrer d'un engagement pris par Christian le même jour pour une grande soirée du rock à la salle de la Mutualité, à Paris, en première partie des Moody Blues et des Yardbirds ! Là, à une heure du matin, le succès se renouvelle ; nous terminons la nuit au Pied de cochon, le célèbre restaurant du quartier des Halles, ouvert toute la nuit, et nous reprenons la route pour la suite de la tournée.

Moi, je me serais presque déplacé en auto-stop de ville en ville ; en tout cas, j'aurais logé dans des petits hôtels, à la mesure de mon faible cachet. Mais Christian en décide autrement : je vais devenir une grande vedette, il en est certain, et il décide d'impressionner le « métier » et les journalistes qui ne manqueront pas de suivre la tournée en descendant dans l'hôtel de luxe de chaque ville, là où logent les vedettes ; les chaînes hôtelières modernes n'existent pas encore, en 1966, et chaque ville est en général dotée d'un « Grand Hôtel » pompeux et suranné. Christian a obtenu un peu d'argent de Vogue pour les notes de frais, et nous dépensons chaque jour bien plus que mon petit salaire ! J'ai un peu l'impression que c'est surtout, pour Christian, une façon de se venger de je ne sais quelles années de vache enragée... Mais son plan porte ses fruits : à mesure que nous parcourons la France de ville en ville, le quarante-cinq tours des *Élucubrations* est distribué aux radios, son ascension est incroyablement rapide, et l'ambiance s'en ressent dans les salles et dans les articles des journaux : au début de la tournée, mon nom figure en tout petit en bas des articles, après ceux des vedettes du programme, Chuck Berry, bien sûr, mais aussi Ronnie Bird, qui a déjà connu quelques succès sur Salut les Copains, et le pianiste de blues Memphis Slim... Et petit à petit mon nom grossit, au point qu'à Marseille un journal l'affiche en plus grosses lettres que celui de la vedette du spectacle ! À Strasbourg, même, une des dernières villes de la tournée, où, pour m'accompagner, il est prévu que les Lionceaux, engagés ailleurs, soient exceptionnellement remplacés par les Problèmes, ceux-ci arrivent très en retard, et la direction n'a pas d'autre ressource que de me faire chanter après Chuck Berry... Une chose absolument impensable dans quelque spectacle que ce soit : chanter après la vedette ! Eh bien, tout le public reste, et montre autant d'enthousiasme pour moi que pour Chuck Berry ! Quel changement depuis mon « bide » du premier soir à Lille !

Le 12 février, à Marseille, nous étions évidemment descendus à l'hôtel Noailles, sur la Canebière, là où j'étais allé demander des conseils à Hugues Aufray. Quel changement, en à peine plus de six mois. C'est ce jour-là que le directeur commercial de Vogue, descendu spécialement de Paris, nous a apporté les premiers exemplaires de l'album, qui vient de paraître ; quelle émotion, pour moi qui passe tant de temps à retourner en tous sens les pochettes des « trente centimètres » des chanteurs que j'aime, que de tenir dans mes mains cet objet incroyable, ma photo partout, en couleurs vives, la guitare, les cheveux longs, la chemise à fleurs ; Christian a visé très haut, il a fait inclure dans la pochette un grand portrait détachable, et toute une série de photos de ce qu'il appelle le « clan Antoine » : éditeur, arrangeur, directeur artistique, musiciens, coiffeur même (Jacques de Closets, le frère du célèbre journaliste, et connu comme le « coiffeur des rockers »)... En réalité, c'est plutôt le « clan Christian Fechner », mais qu'importe presque tous les éléments de cette équipe de jeunes débutants connaîtront dans le futur des succès impressionnants.

De temps en temps, c'est sûr, je me pose des questions : ai-je bien voulu tout ça ? Le succès n'est-il pas en train de prendre des proportions excessives... À Nice, quelques beatniks étaient venus me rendre visite dans la loge du théâtre, comme j'avais rendu visite à Hugues au Pharo l'été précédent ; on avait parlé un moment avant et après mon passage sur scène, et déjà, une barrière semblait s'élever entre eux – c'est-à-dire celui que j'étais alors – et celui que j'étais maintenant... Décidément, j'en parlerais à Christian dès la fin de la tournée, dans quelques jours, au retour à Paris, je ne voulais pas aller trop loin, que le succès bouleverse ma vie...

Le dernier spectacle de la tournée Chuck Berry a eu lieu au palais d'Hiver, à Lyon. Souvent, je retrouverais ce music-hall mythique de l'agglomération lyonnaise, son attachant directeur, Jacques Lamour, Mario, le photographe italien qui ne manquait aucun spectacle, et avec lesquels on allait toujours dans une pizzeria proche du Palais. Sur cette scène étrangement surélevée par rapport au niveau de la salle, j'ai chanté, le dernier soir de cette tournée heureuse, ignorant que j'y passerais à nouveau quelques semaines plus tard à peine... et en quelle compagnie !

Mes points d'assiduité avaient pris fin, il était impératif que je sois dès le lendemain matin sur les bancs de l'amphi de l'École centrale. Fatigué d'avoir conduit la R 8 tout au long de la tournée, je demande à Christian de ramener la voiture à Paris, et je prends avec Joëlle le train de nuit... J'ai gardé de mon enfance voyageuse une grande passion pour les voyages en train, et je dépense les derniers francs économisés pendant la tournée pour prendre un wagon-lit, à bord duquel nous passerons la nuit, enlacés, heureux, Joëlle et moi, de cette extraordinaire aventure que nous venons de vivre.

Quand je suis sorti de cours, le lendemain à midi, un message m'attendait au bar du Petit Marais : sur la route du retour, au volant de la R 8 où avait aussi pris place l'organiste qui m'avait accompagné au cours de la tournée, le gentil Malgache connu sous le nom de Rako, alors qu'il doublait une file de voitures au sommet d'une des côtes qui se succèdent au long de la nationale, dans les parages de Cosne-sur-Loire, Christian a vu arriver en face une autre voiture, il l'a heurtée de plein fouet, et il est à l'hôpital de Cosne avec de nombreuses fractures et l'abdomen perforé par le volant de l'auto. Il est bien soigné, mais il lui faudra quelques semaines pour se remettre ; dans ces conditions, je retarde le moment de m'ouvrir à lui des doutes qui me travaillent, de lui dire que je n'ai jamais cherché à obtenir un succès si violent... Christian blessé, je renonce à l'embêter avec ça pour l'instant... Quand il sortira de l'hôpital, il sera trop tard, le raz-de-marée nous aura tous emportés...

Deux ou trois jours plus tard, depuis son lit, Christian m'annonce que les gens de Vogue sont emballés, que l'accueil fait aux *Élucubrations* et à l'album est excellent partout. La presse s'intéresse à moi, tout le monde veut en savoir plus. « Il ne faut surtout pas, dit Christian, que les journalistes puissent te trouver dans un boui-boui minable chantant pour trois ronds, il faut que tu quittes le Petit Marais. – Eh, Christian, il n'y a pas deux mois, tu m'avais présenté l'endroit comme le merveilleux cabaret où allaient naître les vedettes de demain... Et comment faire, c'est là que j'habite ? – Ça ne fait rien, j'ai tout réglé avec Niko, le patron de la Locomotive, il te prête un studio en attendant que tu puisses t'installer plus sérieusement. »

Niko, c'était une espèce de truand sympathique, un des associés qui avaient produit la tournée. Nous voilà donc, tôt un matin, avant qu'il n'arrive qui que ce soit au Petit Marais, en train de déménager, avec l'aide de la 4 CV de François, en douce, « à la cloche de bois », emportant nos maigres affaires, l'électrophone Teppaz et les albums de folk-singers, abandonnant sur place, bien sûr, l'immense poème peint sur le mur, et sans même pouvoir dire au revoir au gentil patron du Petit Marais ; et nous nous installons dans la garçonnière feutrée de Niko, rue Bayen, dans le dix-septième arrondissement, une vraie caverne d'Ali Baba nichée au rez-de-chaussée d'un petit immeuble anonyme, une bonbonnière de toute évidence conçue pour des rendez-vous galants, moquette, profond canapé, grand lit moelleux, stéréo, lumière tamisée, imposante pile de disques, kitchenette, bar abondamment fourni en alcools. Il y a même un bidet à jet rotatif qui nous amuse beaucoup...

Nous habiterons quelques jours dans ce havre de paix, en attendant que Christian revienne. Ce sont comme des jours hors du temps, je quitte parfois le studio pour assister au minimum de cours réglementaires à l'école ; le reste du temps, nous nous y reposons, lisant, écoutant les disques du propriétaire – les premiers disques de deux chanteurs débutants y figurent : celui d'Éric Charden qui, dans ces premières chansons, chante avec l'accent provençal, et celui d'un inconnu nommé Michel Sardou. Nous nous servons – avec modération – dans le bar de l'appartement, et puis nous faisons l'amour...

Il y a d'ailleurs, dans ce domaine, un problème qui commence à sérieusement me préoccuper : chaque mois, c'est l'angoisse, en attendant la venue des règles de Joëlle. Cinq jours de tension nerveuse perpétuelle, courant après le vieux gynécologue du quartier pour trouver un comprimé qui accélère la venue des dites règles... En 1966, en France, la contraception reste au niveau zéro. Le préservatif, laidement appelé « capote anglaise », passe encore pour un truc dégueulasse réservé aux bidasses dans les bordels militaires de campagne ; la pilule, on en a entendu parler, mais aucun journal n'a le droit de publier la moindre information sur elle ni sur quelque autre forme de contraception : les forces conservatrices qui détiennent le pouvoir et qui font les lois rêvent d'une France de cent millions d'habitants, et la fameuse loi qui m'a inspiré une chanson est toujours en vigueur. Pour moi, qui n'imagine pas un instant d'avoir un enfant dans les conditions totalement précaires où nous nous trouvons, la situation commence à devenir insupportable. Si insupportable que je songe parfois à renoncer à faire l'amour ! On nous avait révélé l'existence du planning familial, mais nous ne savions pas trop ce que c'était ; Joëlle pensait qu'ils pouvaient peut-être nous conseiller ; on y est allés ensemble, c'était un petit bureau dans la rue Vivienne. Nous y avons été reçus par une dame qui nous a expliqué qu'effectivement ils pouvaient aider Joëlle à acquérir la pilule, un diaphragme, ou un stérilet si elle avait déjà été enceinte. Joëlle a préféré le diaphragme ; un médecin prendrait la mesure nécessaire, on commanderait l'objet en Angleterre, où la loi était moins répressive ; Joëlle étant encore mineure, il faudrait certes une lettre de ses parents, mais ça ne poserait aucun problème si Joëlle la rédigeait et la signait elle-même : ils préféraient donner la pilule ou un diaphragme à des mineures plutôt que de les voir rappliquer enceintes !

Moi, je n'en revenais pas ! Alors, dans ce pays, c'est interdit, il y a des milliers de cas d'avortements, à cause de cette stupide loi de 1920, j'ai même fait une chanson parce que cette loi me faisait chier, et ici, en plein Paris, à deux pas du cinéma où on joue le bien populaire et franchouillard *Gendarme à New York*, il y a des gens qui ont le front de te dire, au nez de la loi : « Bien sûr, voilà comment avoir la pilule, ou un diaphragme. » Nous étions fous de joie, et j'ai éclaté d'un grand rire dans la cabine, devant la doctoresse, qui avait déjà entendu parler de la chanson où je suggérais que l'on mette la pilule en vente dans les Monoprix, et qui trouvait notre situation aussi drôle que moi.

Et Joëlle a reçu son diaphragme, et ce problème a été à peu près réglé, je dis bien à peu près, parce qu'un diaphragme, comme truc à la con, c'est un truc à la con, et qu'il y a des moments où il ne devrait pas y avoir de trucs à la con à mettre quand on va faire l'amour, surtout quand, bientôt, des pressions insidieuses vont tout mettre en œuvre pour nous séparer.

Un soir, le téléphone sonne dans la garçonnière de la rue Bayen ; c'est Christian, tout excité, qui me demande : « Tu écoutes la radio ? – La radio ? Qu'est-ce que c'est ? – Fais pas le con, Tonio. » (Christian, et tout le clan qui se formera bientôt autour de lui, et qu'il baptisera pour la presse « la bande à Tonio », me donneront ce surnom, qui ne m'enchante pas vraiment.) « Fais pas le con, mets plutôt Europe 1, ils ont proposé ta chanson au hit-parade de *Dans le vent*, l'émission d'Hubert. » Et il ajoute : « Passe-leur quelques coups de téléphone pour voter pour ta chanson – Comment ça, tu veux que moi, je téléphone pour voter pour ma chanson ? – Ben oui, Tonio, tout le monde fait ça, dans toutes les maisons de disques, toutes les boîtes de production, les jours de hit-parade radio, les secrétaires, les attachés de presse, les éditeurs et même les artistes se relaient au téléphone pour faire grimper dans la classification les poulains de la maison. »

Eh, c'est un petit truquage marrant, une gentille escroquerie ; mais après tout, si tout le monde le fait ! Je passe deux ou trois appels, qui aideront peut-être ma chanson à se classer : en tout cas, en cette première semaine où elles entrent au hit-parade, les *Élucubrations* grimpent d'un seul coup à la troisième place, derrière la *Mèche de cheveux* du gentil Salvatore Adamo et les interrogations métaphysiques, faut-il *Mourir ou vivre*, d'Hervé Vilard...

Et une semaine plus tard, ce n'était plus la peine de téléphoner pour donner un coup de pouce, car dès le début du hit-parade de Dans le vent, *Les Élucubrations d'Antoine* grimpaient immédiatement droit à la première place.

Quand un chef de gouvernement est élu, il bénéficie d'un « état de grâce » : une période plus ou moins brève – on parle souvent de « cent jours » – durant laquelle tout le monde le trouve beau, tout le monde l'aime, ou tout le monde, du moins, lui laisse une chance de réussir : c'est le moment pour lui d'entreprendre des réformes qu'il ne pourra plus évoquer dans quelques mois, l'état de grâce terminé. Pour moi, l'état de grâce a duré six semaines, six semaines impressionnantes, haletantes, passionnantes... et puis...

Le succès foudroyant de ma chanson, qui se place en tête de tous les hit-parades, le quarante-cinq tours – dont la couverture reprend, elle, une des photos faites deux mois plus tôt le long d'une voie ferrée – et l'album qui se vendent comme des petits pains font vite de moi la cible de la curiosité du public ; dix jours plus tard à peine, les 14 et 15 mars, Europe 1 me demande de figurer, non pas à un des Musicorama de l'Olympia, mais à deux de suite : un lundi soir, à minuit, en « vedette américaine » – c'est-à-dire second en importance – dans le spectacle de James Brown : devant un public composé en grande partie de « gens du métier », revenus de tout et peu faciles à convaincre, je m'en tire modérément bien ; et puis le lendemain dans le Musicorama des Animals, devant le public plus authentique et sincère de ces spectacles. Quelques heures plus tôt à SLC, Daniel Filipacchi a été enthousiaste à l'égard de ma prestation de la veille, passant sur les chansons mal répétées et les instruments mal accordés : Christian, parce que les Problèmes étaient partis en tournée au Portugal, le pays d'origine de leur guitariste, Luis Rego, avait assemblé à la dernière minute un autre groupe pour m'accompagner. L'ex-batteur des Chats sauvages, Willy Lewis, avait ainsi été sollicité au dernier moment. Ce jour-là, tout est bien mieux répété, et le public des Animals me fait un succès incroyable, refuse de me laisser partir, de laisser chanter le groupe suivant... Moi qui étais venu voir les Animals dans cette même salle de l'Olympia un an plus tôt à peine !

Pendant que nous répétions, un des nombreux « copains d'enfance » qui gravitent déjà autour de Christian s'est installé dans un fauteuil de l'Olympia vide, quand un membre du personnel tente de le faire partir. Christian prend sa défense : « Tu ne l'as pas reconnu, mais c'est Mike Shannon, le chanteur qui avait succédé à Dick Rivers dans les Chats sauvages ; il est passé un jour en vedette sur cette scène, et par conséquent, même s'il a aujourd'hui moins de succès, sur la scène de l'Olympia, il sera toujours un peu chez lui. » J'avoue avoir été touché par cette vision de Christian, lui qui dans d'autres domaines faisait parfois preuve de cynisme : ce respect pour une vedette un peu oubliée l'honorait. Je ne sais pas si la télévision d'aujourd'hui use de semblables égards envers les jeunes chanteurs jetables qu'elle crée lors des émissions-réalité pour les rejeter quelques semaines plus tard.

Suite au succès des Musicorama, voilà qu'on me propose d'être, deux semaines plus tard, à l'affiche, et en vedette américaine s'il vous plaît, de la courte tournée que les Rolling Stones font en France ! Comment pourrais-je dire non ? Les Stones, pour qui j'ai une admiration sans bornes ! Pourtant, ce n'est pas dans la poche, le public des Stones, les rockers, ne sont pas du genre à s'en laisser conter, et les artistes qui s'aventurent en première partie de leurs spectacles se font en général jeter. Moi ? Je n'ai peur de rien ; sans m'en rendre compte, je suis au cœur de mon « état de grâce », la courte période où personne n'écrit rien de mal sur vous, où tout le monde est prêt à vous pardonner vos défauts. C'est donc sans la moindre hésitation que j'accepte cet engagement.

Le jour du spectacle, nous prenons l'avion pour Marseille, Joëlle et moi ; l'organisateur nous accueille à Marignane, nous conduit à notre chambre à l'hôtel Ruhl... Durant mon enfance, cet endroit était pour moi synonyme de luxe... et voilà qu'on nous y a réservé une belle chambre avec une terrasse donnant sur la mer. Nos valises à peine posées au sol, nous sortons tous deux sur la terrasse, et, enlacés, nous admirons quelques minutes la beauté de la vue, les îles du Frioul, le château d'If tout proche... Lorsque nous nous retournons, un des Rolling Stones, il me semble que c'était Keith Richards, est allongé sur notre lit ! Nous avions laissé la porte ouverte, il a vu la chambre, l'a trouvée plus belle que celle que l'organisateur lui avait attribuée... et il la prend tout simplement... Et moi, qu'est-ce que je peux faire ? M'opposer à un des Rolling Stones, mes idoles absolues ? Nous avons souri, repris nos bagages, et nous sommes allés dormir dans un autre hôtel, quelconque, du centre-ville... Dites-moi, à combien de personnes est-il arrivé de retrouver un Rolling Stone dans son lit ?

Et le spectacle, salle Vallier, est un triomphe, un succès extraordinaire ; des années plus tard, Mick Jagger s'en souvenait encore : dans l'histoire des artistes qui avaient eu le front de se pointer sur scène quelques instants avant eux, j'avais été le seul à connaître un succès pareil, comparable au leur ; j'avais chanté les *Élucubrations* à la télévision dans l'émission de Guy Lux, *Le Palmarès de la chanson* la semaine précédente ; la salle Vallier était bondée, une escouade de gardes mobiles assuraient la sécurité, parqués dans une sorte d'enclos de barrières galvanisées, entre scène et public ; j'avais joué facile, j'avais pris le public à témoin : « C'est drôle, aujourd'hui, ce sont les flics qui sont enfermés ! » Le public avait rugi de plaisir, mais Christian m'avait réprimandé à la fin de mon tour de chant : « Ne t'en prends jamais aux flics qui te protègent dans un spectacle aussi agité, Tonio, s'il leur venait l'envie de ne plus te protéger, tu serais dans la merde ! »

C'est vrai que l'ambiance était survoltée, et que, chantant mes chansons, je dansais sur un nuage ; les Problèmes et moi, on s'était accordés en coulisse sur le même ampli que les Stones, dont nous partagions pratiquement la loge : c'étaient les années 1960, les coulisses des spectacles de rock n'étaient pas encore les espaces surprotégés qu'elles sont devenues aujourd'hui, avec badges obligatoires et sécurité sans pitié. J'avais chanté, et puis je m'étais dégotté un coin tranquille pour regarder, de profil, à quelques mètres de moi à peine, Jagger faire ses mimiques et ses petits pas de danse inimitables. Soudain, la catastrophe ; un fan un peu trop échauffé, sans penser à mal, arrache un fauteuil du sol, le balance sur scène, et un accoudoir frappe Mick à l'arcade sourcilière... Un flot de sang jaillit sur l'espèce de chasuble blanche que Mick portait sur scène ce soir-là. Le spectacle s'arrête, on soigne Mick... Il terminera la tournée, donnera les deux spectacles suivants, à Lyon, en chantant avec une énorme paire de lunettes de soleil aux verres rectangulaires entourés d'une épaisse monture de plastique rouge. Dans l'exposition que Jean-Marie Périer a consacrée bien plus tard, à l'Hôtel de Ville de Paris, à ses années 1960, figurait une photo prise dans le compartiment du train qui ce jour-là amenait les Stones de Marseille à Lyon, Mick y porte ces lunettes... Quelques jours plus tard, d'ailleurs, passant par hasard devant les vitrines d'un magasin de vêtements très chic de la rue Tronchet, je découvre des lunettes semblables, aux larges montures de plastique rouge, jaune ou blanc, j'en achète, pour le plaisir, une paire : Christian en tirera l'idée d'en faire porter de semblables aux Problèmes dans nos spectacles...

Mais n'allons pas si vite, savourons encore un peu l'état de grâce ; les deux spectacles avec les Stones au palais d'Hiver de Lyon ont été un enchantement ; toute l'équipe de Salut les Copains était là, en coulisse, pour me féliciter, m'offrant de me consacrer un article de plusieurs pages dans le prochain numéro du magazine : Jean-Marie Périer, le photographe vedette de SLC, propose même de faire une série de huit ou dix pages de portraits de moi. On danse en coulisse pendant que Mick chante, son œil au beurre noir planqué derrière ses lunettes ; on admire son professionnalisme quand, soudain, la sono tombe en panne : plusieurs minutes, Jagger tiendra son public en haleine en dansant, sans micro, au son de la seule batterie de Charlie Watts... J'apprendrai vite, moi aussi, à me débrouiller en pareille circonstance...

À peine rentré de Marseille, voici qu'on m'invite à une émission spéciale de *Ready Steady, Go*, l'émission légendaire de la télévision anglaise, celle que nous ne manquions jamais à Finborough Road ; le tournage a lieu à la Locomotive, et j'y chante au même programme que les plus grands groupes anglais, ceux que j'admire... Que demander de plus ?

Mon succès à Marseille a été tel, d'ailleurs, qu'une petite boîte de nuit qui se spécialise dans les spectacles de rock, dans un sous-sol proche de la Canebière, m'engage pour un soir, quelques jours plus tard, au début d'avril ; je reprends l'avion pour Marseille, seul cette fois-ci, je fais juste l'aller et retour pour la soirée... Elle sera merveilleuse, je chante une dizaine de chansons dans une ambiance chaleureuse, je me lie d'amitié avec des musiciens, avec des gens du public : aucune barrière ne se dresse encore entre le public et la « star », ils sont emballés par ce que je suis en train de réussir, devenir célèbre en chantant ce que beaucoup d'eux ont dans la tête ; je suis aussi proche d'eux que je l'étais des vagabonds que je croisais sur la route l'été dernier. Je me suis particulièrement lié d'amitié avec le barman : il est un des premiers à porter une chemise à fleurs, et, mon dernier passage terminé, je fais l'échange avec lui : sa chemise à fleurs orange contre la mienne, la rouge, celle qui figure sur la couverture de l'album... Et voilà comment a disparu à jamais cette chemise fameuse !

La nuit s'achève, je regagne ma chambre au Noailles ; à la réception, on m'accueille gentiment : « Il y a votre copain qui est là », me dit le concierge. « Mon copain ? – Oui, Johnny Hallyday, il est dans la boîte de nuit de l'hôtel. » Pour moi, pas la moindre hésitation, la phrase où je mets gentiment en boîte celui dont j'ai toujours été un grand fan, c'est plutôt une sorte d'hommage, je n'ai pas imaginé un instant qu'il puisse la prendre mal... Je pénètre dans la boîte, on me conduit directement à sa table... où il m'accueille très gentiment, m'invite à m'asseoir, me dit en riant : « Tu sais, Antoine, j'adore ta chanson, d'ailleurs, regarde ! » Et il me montre qu'il porte une chemise à fleurs.

Nous sommes au début d'avril ; comment pourrais-je imaginer qu'une incroyable et stupide guéguerre va éclater entre Johnny et moi dans quelques semaines à peine... Non, l'ambiance est excellente, cette rencontre, son appréciation constituent un parfait point d'orgue final à ma journée à Marseille, à ce spectacle magique à tous égards.

Au matin, je reprends l'avion, retourne suivre un cours à Centrale, et je me pointe à midi au bureau de l'imprésario qui, tous frais payés, me donne mon cachet de la soirée à Marseille, l'incroyable somme de mille deux cents francs... mille deux cents francs ! Je n'imaginais pas une seconde qu'on puisse gagner une somme pareille en chantant un soir : à cette époque, un jeune ingénieur sortant de Centrale gagne deux mille francs par mois. Cette somme pharamineuse gagnée grâce à la musique, je décide de la consacrer à la musique, de réaliser le rêve que je caresse depuis des années : aller chez un disquaire et m'acheter vingt albums dont j'ai envie. Je me pointe dans un célèbre magasin de disques de Richelieu-Drouot : dans mon esprit, c'est dans ce magasin mythique, situé à faible distance du légendaire Golf Drouot, qu'on voit le héros du film *Les Quatre Cents Coups*, Antoine Doisnel (encore un Antoine !), voler un quarante-cinq tours. Un peu ivre de joie, c'est la première fois que je peux m'offrir une fête pareille, je m'approche des bacs où s'alignent les albums tant convoités, et je sors l'un après l'autre, les empilant amoureusement dans mes bras, les albums que j'ai l'intention d'acheter ; soudain une vendeuse m'interpelle, revêche : « Non mais ça va pas, non ? C'est défendu de sortir les albums des bacs, remettez ça en place tout de suite ou vous allez avoir affaire à moi... »

Et moi, pauvre couillon, je ne connaissais pas encore la barrière infranchissable que la célébrité élève entre les gens ; je ne savais pas que la même personne pourra vous adorer, vous faire mille compliments, jurer qu'elle n'aime que vous... ou vous agresser sauvagement si elle a l'impression que vous l'avez dédaignée, que vous lui avez manqué de respect... C'est la toute première fois que je me heurte à cette situation... Moi, je suis tout neuf là-dedans, je n'ai pas encore saisi que l'on quitte dans ces instants le domaine du rationnel, et que la seule façon de vivre en paix, c'est d'être le plus doux possible, de répondre à l'agression par la gentillesse – les hippies du *flower power* diront bientôt qu'ils *zappent* les coléreux avec de l'amour : « *Zap them with ultra-love...* » J'ignore encore tout cela, je me rebiffe un peu : au lieu de répondre humblement « Excusez-moi, madame, je sors ces disques de leurs bacs parce que je viens d'avoir la chance inouïe de gagner de quoi me les acheter », je laisse bêtement apparaître un peu d'agacement : « Ça ne vous viendrait pas à l'idée que je les sortais pour les acheter ? » Le temps que je dise cette phrase inutile, qu'elle commence à me répondre avec encore plus de hargne, soudain, la vendeuse m'avait reconnu, elle m'avait déjà vu à la télévision... Et j'ai lu le cheminement de sa pensée sur son visage ; deux, trois secondes plus tôt, elle aurait changé du tout au tout, elle aurait souri, se serait déclarée ravie d'avoir dans son magasin quelqu'un dont elle vendait les disques en grand nombre... Mais c'était trop tard, elle s'était engagée dans le mauvais chemin, elle ne pouvait plus faire machine arrière sans perdre la face devant ses collègues, devant les clients, devant elle-même... alors elle a redoublé de rage, m'a ordonné de reposer les pochettes : « Et vos élucubrations, vous n'avez qu'à aller les faire ailleurs ! » Comment, en quelques secondes, les relations entre deux êtres humains peuvent-elles s'envenimer à ce point ?

Je suis allé ailleurs, dans un magasin plus chic des Champs-Élysées, acheter mes vingt albums, un magasin dont le patron était plus commerçant : il me vendrait, au cours des années qui suivront, plusieurs centaines d'albums, pressages français ou éditions originales importées... Mais je garderais toujours au cœur cette blessure, la première due à la célébrité... Bien d'autres blessures, et plus profondes que celle-ci, m'attendaient...

C'est à l'instant précis de cette minime altercation que je situe, déjà, la fin de mon état de grâce.

6

La guerre des idoles

Pourtant, tout commençait bien, et les premiers articles de presse qui m'étaient consacrés m'étaient extraordinairement favorables, de quelque milieu qu'ils proviennent : le « magazine des rockers », *Disco Revue*, avait été, dès le mois de janvier, un des premiers à publier un grand papier, dont l'auteur voyait en moi « le reflet du rocker 66 » ; il est vite suivi par une des revues populaires de l'époque, *Cinémonde*. Henri Chapier, alors journaliste au quotidien *Combat*, saluait dans un article dithyrambique mon apparition : « Un trouvère du pop'age qui balaie vingt ans de niaiserie dans la chanson française » ; il me compare à Apollinaire, envisage déjà un volume chez Seghers : « Un Brassens de vingt ans », dit-il... C'est un « Prévert de vingt ans » que voit, lui, un journaliste de *Jours de France*, un magazine aujourd'hui disparu, qui me gratifiera de longues années de sa fidélité. Le grand *Paris Match*, alors le premier et seul grand magazine d'actualité, me découvre à son tour et me consacre quatre pages. La presse pour la jeunesse est unanime à m'encenser, et, pour *Salut les Copains*, Jean-Marie Périer me photographie aux quatre coins de Paris.

Une autre presse, pénible celle-là, vient vite me solliciter : j'intéresse les journalistes de *Minute*, hebdomadaire de droite, parce qu'ils se servent de moi pour mettre en boîte tout ce qui les énerve, de Gaulle, Mireille Mathieu (qui vient de naître dans l'ombre d'Édith Piaf). *Minute* et ses effroyables journalistes prêts à toutes les mesures d'intimidation : je me souviens d'un gars avec une grande balafre qui avait l'air très méchant et promettait de le devenir vraiment si je n'acceptais pas de poser pour des photos à l'intérieur de l'école. Encore, tous ceux-là s'intéressaient un peu à ce que j'essayais de dire dans mes chansons, dans ma vie, et repartaient avec des articles assez intelligents ; d'autres qui n'avaient pu me trouver, ou ne s'étaient pas donné la peine de me rencontrer, inventaient ce qui leur passait par la tête.

La détestable presse *people* d'aujourd'hui, dont le colossal et lamentable succès donne des doutes sur l'intelligence humaine, n'existait pas encore à l'époque : *France Dimanche* et *Ici Paris* se partageaient la vedette chaque semaine, affichant à la devanture de chaque kiosque les révélations les plus sensationnelles – et les plus bidon. Les quelques émissions de variétés programmées par la chaîne de télévision unique de l'époque m'ont accueilli : *Discorama*, de l'inénarrable Denise Glaser ; *Music Hall de France*, de Michèle Arnaud ; Jean-Christophe Averty, m'ont tous invité à chanter, bien sûr, les *Élucubrations*. Alors la presse à sensation se déchaîne, « Les filles sont folles de lui » affiche en couverture l'un de ces magazines ; leurs journalistes me harcèlent, deviennent menaçants eux aussi si je ne me plie pas à leurs exigences ; l'un d'eux particulièrement odieux, menaçait d'écrire les pires calomnies : journaliste sans scrupule, il a paraît-il été à l'origine d'une dégoûtante rumeur dont une grande chanteuse française, immense vedette populaire, a souffert toute sa vie ; il a fait fortune quelques années plus tard dans la littérature de gare ; pour me protéger de ces attaques, Georges Leroux, le bon imprésario, me convainc de collaborer avec un autre journaliste de cette revue, Jean Noli, et de lui confier en exclusivité mes « vraies élucubrations » : il en sortira quatre articles d'une bêtise inouïe, pures inventions du gars, déformant, caricaturant ce que je lui avais raconté. Mais le record absolu dans ce domaine ne viendra que quelques semaines plus tard : lors d'un gala en province, l'imprésario, encore une fois, me propose de rencontrer une journaliste de *France Dimanche* dont il me garantit l'intégrité : elle ne s'intéresse pas, me jure-t-il, aux conneries habituelles, mais voudrait me parler de ce qui me tient à cœur, des questions que se pose la jeunesse d'aujourd'hui, etc. Je finis par accepter, dîne avec elle juste avant le spectacle ; nous échangeons effectivement des idées sensées tout au long du repas, elle note scrupuleusement ce que je dis : enfin quelqu'un qui ne s'intéresse pas seulement à la longueur de mes cheveux et au nombre de filles en folie qui se jetteraient sur moi ! La conversation se termine, elle me dit : « Merci de m'avoir accordé cette interview, maintenant je vais vous laisser vous préparer pour votre spectacle. – Oh ! vous savez, je ne me prépare pas beaucoup, pas de maquillage, de vocalises ou je ne sais quoi. – Mais peut-être que vous avez besoin de vous coiffer, de vous raser ? – Oh ! pas de problème, je ne me rase qu'une fois de temps en temps, ma barbe pousse encore très lentement. » Qu'est-ce que j'avais dit là ! L'article est paru la semaine suivante. La journaliste si intelligente, qui prétendait vouloir expliquer que j'avais « la main sur le pouls de toute une génération » titrait : « Le drame d'Antoine : il n'a pas de barbe »... et l'article tout entier tournait autour de ce drame qui me déchirait : si je faisais l'imbécile sur scène, c'était parce que j'étais profondément malheureux d'avoir encore peu de barbe, et que mon rêve le plus cher, c'était qu'un jour enfin une femme me dise : « Chéri, tu piques » !

Tout le mois d'avril, le succès des *Élucubrations* ne s'est pas démenti. J'ai été invité un jour à ma première séance de dédicaces, au magasin de disques des établissements Paul Beuscher, auquel j'étais resté fidèle. Quelle sensation étrange que de se retrouver pour la première fois derrière une table, tandis que patientent des centaines de personnes, venues acheter mon disque, et qui ont la sensation qu'il aura pour eux une valeur incomparablement plus grande si j'y appose ma signature, alors que je le fais aussi, sous leurs yeux, pour des centaines d'autres. Eh, je n'irai pas critiquer cette envie des gens, après tout, j'en ai demandé, moi, des autographes, à des sportifs, à des animatrices de télévision, même à mon idole, le grand Johnny... Un jour à Lyon, je suis invité à signer dans un grand magasin... l'affluence est telle qu'une bousculade se produit, qu'il faut interrompre la dédicace, m'évacuer en vitesse dans un panier à salade !

À quoi bon chercher l'erreur ? Essayer de comprendre à quel moment on s'est trompé ? Peut-être l'erreur la plus grave a-t-elle été commise le jour où Bruno Coquatrix, le directeur de l'Olympia, a appelé Christian Fechner : « J'ai deux semaines de libres fin avril, début mai, je programme un spectacle de folk, avec Donovan et un duo scandinave ; je voudrais avoir Antoine en première partie... » Au rendez-vous, stupéfait, j'ai entendu Christian dire à Coquatrix : « Antoine à l'Olympia, d'accord, mais en vedette ! »... et Coquatrix a accepté ! Il voulait tout de même que je partage la vedette avec Donovan, mais Christian s'est fait fort de lui fournir une première partie solide, composée de tous ses poulains, à commencer par les Problèmes, qui m'accompagneraient. Moi, j'ai tenté de prendre la parole : « Mais, monsieur Coquatrix, je ne chante que depuis trois mois, je ne serai jamais prêt dans trois semaines à passer en vedette à l'Olympia ! – Ne vous inquiétez pas, Antoine, si on ne faisait dans ce métier que ce pour quoi on est vraiment prêt, on ne ferait jamais rien. »

Le lendemain, la presse annonçait que la révélation Antoine, le chanteur aux cheveux longs qui avait grimpé en deux mois au sommet des hit-parades, passerait en vedette à l'Olympia dans quelques semaines... et c'est cette nouvelle, je crois, qui a déclenché la folie complète. Pourquoi se poser des questions, après coup, se dire qu'il eût mieux valu, comme l'ont fait plus tard Michel Polnareff et Jacques Dutronc, gravir plus lentement les échelons, passer à l'Olympia une ou deux fois en première partie d'artistes confirmés, pour laisser le public me découvrir petit à petit, pour établir une sorte de fidélité... À quoi bon se demander ce qu'il serait advenu de ma « carrière » si Christian avait été ce jour-là moins mégalo ?

Si j'étais déjà harcelé par les journalistes avant l'annonce de l'Olympia, là c'est devenu complètement insensé ; je ne pense pas qu'aucune célébrité en France (à part peut-être un assassin notoire !) ait jamais été soumise à un déferlement médiatique aussi colossal... [1] Les magazines me consacrent leur couverture ; *Paris Match* me dépêche à nouveau ses « grands reporters » Virginie Merlin et Jean-Claude Deutsch, pour un article qui n'occupera pas moins de dix pages dans le magazine, la semaine de l'Olympia. *Salut les Copains* décide de me consacrer lui aussi sa couverture : la séance de photos imaginée par Jean-Marie Périer restera inoubliable : il lui est venu l'idée de me photographier sur les Champs-Élysées, trônant avec ma guitare en pleine circulation sur

1. Pour trouver un exemple comparable, je crois qu'il faudra attendre longtemps, jusqu'à... Loana, la gentille bimbo d'une émission particulièrement inepte, dont les médias firent la plus grande star qu'on ait jamais eue en France parce qu'elle s'était livrée dans une piscine à des ébats prétendument érotiques que nul ne vit jamais !

un énorme fauteuil ancien, doré et tarabiscoté, avec à mes pieds un lévrier afghan. Moi, je suis tellement en admiration devant Jean-Marie, qui réalise depuis des années les plus belles photos des vedettes que j'aime, que j'accepte sans réfléchir. Plus de trente ans plus tard, rencontrant Jean-Marie, je lui demande ce qui lui était passé par la tête ce jour-là, pourquoi m'avoir installé comme ça sur les Champs-Élysées ? Pour lui, m'a-t-il expliqué, ça voulait dire « Je me mets où je veux et je vous emmerde... ».

Je ne m'en rends pas compte, mais Jean-Marie n'est pas le seul à vouloir me faire dire « merde ». C'est vrai qu'il y a dans ma chanson deux phrases critiques pour deux artistes français très populaires : je suggère que l'on mette Johnny en cage à Médrano, et, à la très grande accordéoniste Yvette Horner, je conseille de jouer plutôt de la clarinette. Mais pour moi, ce sont deux phrases en l'air, suscitées par la rime, et dont l'agressivité ne dépasse pas celle des chansonniers, que l'on entend couramment à la radio balancer des vannes plus méchantes que ça. Mais les attaques des chansonniers, à l'époque, restent cantonnées dans des émissions précises. Les animateurs d'émissions de télévision et de radio n'ont pas encore, comme aujourd'hui, pris l'habitude d'agresser en permanence tous les artistes, s'entourant pour les aider en cela d'une équipe de « chroniqueurs », souvent des clampins lamentables qui n'ont jamais rien fait de leur vie, que recevoir des chèques hebdomadaires des chaînes de radio ou de télévision pour agresser les vrais créateurs qui ont malheureusement besoin de passer dans ces émissions – il n'y a plus qu'elles – pour faire connaître leurs œuvres. Non, en 1960, à la radio en général, et chez les jeunes plus encore, tout le monde est beau, tout le monde est gentil, la presse pour jeunes, en particulier, ne dit jamais que du bien des vedettes, et mes deux petites phrases décalées sont tombées comme des éclairs d'orage dans une belle journée calme...

Côté accordéonistes, Yvette Horner a l'intelligence de ne pas répondre, elle sait bien que ma phrase amusante constitue pour elle une sympathique promotion. D'autres professionnels du « piano à bretelles » la prennent plus mal. Il y a chez Vogue un accordéoniste vedette, Aimable, un gars du Nord, aussi célèbre qu'Yvette Horner et André Verchuren ; c'est un grand type baraqué et sanguin. Le succès d'une chanson qui met en boîte une accordéoniste, et dans sa propre maison de disques par-dessus le marché, ne l'amuse pas du tout : il débarque un jour dans les bureaux de l'éditeur commun de ses œuvres et des miennes, le frêle Alain Boublil, et lui met son poing dans la gueule ! On raconte même qu'il l'a enfermé dans le coffre de sa voiture, parlant d'aller le balancer dans la Seine.

Et mes petites phrases, à la lumière de l'immense, de l'invraisemblable succès que la chanson rencontre, prennent des proportions déraisonnables. Partout où je vais, les journalistes, les gens des médias sont tellement heureux de tenir quelqu'un qui puisse les aider à exprimer les reproches qu'ils font aux chanteurs yé-yé, qui baignent dans un consensus universel malgré la faible valeur artistique de pans entiers de cette culture, qu'ils m'utilisent sans que je m'en rende compte ni que je puisse refuser : de nombreuses émissions de radio réclament ma présence, et quand on a accepté d'aller à Europe 1, comment refuser d'aller aussi à RTL, à France Inter ? Lorsque je suis invité à enregistrer pour SLC une « séquence » quotidienne où l'invité du jour, un des chanteurs souvent programmés dans l'émission, choisit trois disques qu'il aime, moi, on me demande de choisir trois disques que je n'aime pas... Et comment refuser ?

La date de l'Olympia approche, et soudain Christian me demande d'enregistrer un nouveau disque avant la première, sans doute pour avoir de nouveaux passages à la radio et aider à remplir la salle. Aujourd'hui, quand un artiste, Francis Cabrel, Alain Souchon ou autre, publie un album, il attend des années avant d'enregistrer de nouvelles chansons, la maison de disques « travaille » (c'est le terme officiel) en radio et en télé, l'un après l'autre, mois après mois, chaque titre de l'album. Dans les année 1960, au contraire, une grande vedette comme Claude François est tenue de produire au moins trois ou quatre quarante-cinq tours par an. Les *Élucubrations* ont été le succès principal de mon album, éclipsant toutes les autres chansons, qui représentaient pourtant des facettes au moins aussi réelles et sincères de ma personnalité... Voilà qu'il faut déjà, deux mois plus tard à peine, enregistrer un nouveau quarante-cinq tours. Submergé d'interviews, d'émissions de radio et de télévision, prenant fréquemment la route pour des galas où je rode le spectacle de l'Olympia, je n'ai pas eu une seconde à moi pour écrire de nouvelles chansons ; ça ne pose pas de problème à Christian, qui me veut le « porte-parole » de la génération actuelle, et qui résume ma philosophie en une phrase : « Je dis ce que je pense et je vis comme je veux. » Il demande à François d'écrire une musique sur cette phrase, et je me retrouve, pratiquement à la séance, en train d'écrire les paroles au dernier moment, frappant bas, entassant en vrac dans cette chanson les idées de Christian : « Je gagne beaucoup d'argent mais quand j'en avais peu, je n'étais pas plus malheureux » ou : « Je n'aime pas Édith Mathieu » ou encore : « Chaque soir m'amène une fille, chaque matin la voit repartir »...

La séance d'enregistrement de la base orchestre se termine ; les Problèmes ont joué, sans Luis Rego, qui a dû être remplacé par un nouveau guitariste : lorsqu'ils sont arrivés à Lisbonne pour une tournée que Luis leur avait dégottée, il s'est fait arrêter par la police du dictateur Salazar parce qu'il fréquentait à Paris un opposant au régime, et les Problèmes ont été contraints de rentrer sans lui à Paris. Luis ne sera libéré que dans quelques jours, durant notre passage à l'Olympia, où les Problèmes chanteront chaque soir une *Ballade à Luis Rego, prisonnier politique*. La séance orchestre terminée, les musiciens repartis, voici venir le moment d'enregistrer ma voix ; je m'installe dans la cabine, devant le micro, le casque sur les oreilles et, devant moi, le pupitre, toujours bancal, toujours trop petit pour mon mètre quatre-vingt-six, sur lequel reposent les papiers où j'ai griffonné au dernier moment ces paroles approximatives. Je chante, une, deux, trois, cinq fois ma chanson, qui se termine par ce que l'on appelle techniquement un *ad lib*, la répétition d'une phrase musicale sur laquelle j'improvise quelques phrases sur le thème « ce que je pense, je vis comme je veux, je dis ce que je pense, etc. ». L'ingénieur du son baissera au « mixage » voix et musique dans ce qu'on appelle en anglais un *fade out* et en (bon) français un *shunt*. À la huitième ou dixième prise, lassé de répéter cent fois la même chose (j'étais bien sûr déjà arrivé crevé à la séance), tout au bout de cette litanie, à un moment où voix et musique seront « shuntées » depuis longtemps, je cesse de chanter, repose le casque sur le pupitre, en disant « Et merde », signifiant simplement par là à Christian et au preneur de son que j'en ai marre d'enregistrer cette chanson, qu'ils se débrouillent avec ce qu'ils ont mis en boîte. Et là, rentrant dans la cabine de l'ingénieur du son, j'ai la surprise de trouver Christian et Alain Boublil, l'éditeur, faisant des bonds de joie : mon « Et merde », que je n'avais jamais conçu pour qu'on le mette sur le disque, les ravit absolument, ils vont le garder, ça sera génial... et voilà comment je suis devenu le type qui disait merde à la France !

Près de quarante ans plus tard, un jour, dans ma voiture, j'écoute par un pur hasard France Culture, où une émission est consacrée à la prostitution légale dans certains pays du nord de l'Europe. Moi qui suis intimement persuadé que la plus vieille profession du monde devrait être légalisée, réglementée, normalisée, ce qui, entre autres, arracherait des milliers de pauvres femmes des griffes de sinistres maffieux, j'écoute avec émerveillement des professionnelles pleines de sagesse expliquant qu'elles fournissent une prestation comme une autre, comme celles fournies par tous les autres corps de métier, artistes, boulangers, et maçons. Une prestation toute naturelle, qui pourrait être très saine, mais que la société a frappée d'opprobre pour cantonner le plaisir dans le domaine de la procréation familiale, l'interdisant totalement – bien que toute la littérature et toutes les conversations ne cessent de le vanter – à ceux qui ne sont pas assez riches ou assez séduisants pour s'attacher une femme. Ces femmes intelligentes expriment si bien ce que je ressens depuis longtemps que je gare ma voiture et que j'écoute jusqu'au bout l'émission, appréciant la façon dont elles expliquent qu'elles ont choisi de vivre à leur guise, rendant à leur manière service à leurs semblables et s'accommodant du qu'en-dira-t-on et des méchants qui les jugent. L'émission s'achève, ponctuée par une intro musicale que je connais, mais ne replace pas tout de suite... Mais... C'est *Je dis ce que je pense et je vis comme je veux*, choisie par le réalisateur pour souligner les déclarations si sensées de ces femmes ! C'est certainement, si longtemps après sa publication, la seule fois que *Je dis ce que je pense et je vis comme je veux* sera diffusée sur France Culture ! Et la seule fois aussi où j'ai été fier de cette chanson !

Quelques jours avant la première de mon spectacle à l'Olympia, une journée qui fera date dans l'histoire du yé-yé : Jean-Marie Périer a invité quarante-trois chanteurs aimés des lecteurs et des auditeurs de Salut les Copains à se rassembler pour une photo historique : Johnny, Sylvie, Claude François, Mitchell, et tant d'autres y figurent ; seul Frank Alamo, qui fait son service militaire en Allemagne, manque à l'appel[1]. Malgré ma petite phrase mettant en boîte – ou plutôt en cage – le grand Johnny, j'ai été invité, et mes cheveux longs détonnent un peu au milieu de tous ces gentils yé-yé propres sur eux. On remarque pourtant, à côté de Françoise Hardy, un autre chevelu : il y a chez Vogue un directeur artistique plus âgé que Christian, Jacques Wolfsohn, qui a découvert Johnny, Petula Clark, Françoise Hardy. Le succès foudroyant de Christian le laisse sur la touche, et le cynique Cabat, le patron de Vogue, le charrie : « Alors Wolfsohn, vous êtes dépassé, vous n'êtes plus bon à rien ? » Wolfsohn s'est juré de « créer » un artiste pour évincer Christian et moi ; il a d'abord jeté son dévolu sur un certain Benjamin, dont il a exigé la présence sur la photo, sinon, la vedette qu'il manage, Françoise Hardy, ne viendrait pas ! Malgré cela, Benjamin ne connaîtra pas le succès escompté... mais Wolfsohn trouvera bientôt un autre poulain sur lequel miser... et avec quel succès !

La frénésie des interviews, des émissions de radio, de télé, des articles plus ineptes les uns que les autres, atteint son paroxysme à la veille de l'Olympia. Les « grands reporters » de *France Soir* sont même allés, quelques jours plus tôt, photographier mes parents assis en chien de faïence de part et d'autre du poste de radio familial, et ils gardent la photo sous le coude pour la publier le lendemain de la première, prétendant qu'elle représente mes parents en train d'écouter en direct la première à l'Olympia ! C'est ce qu'on appelle dans le jargon du métier un « bidonnage », et ça se pratique tous les jours !

La première est un bon succès, même si le Tout-Paris (ou plutôt, le tout-yé-yé) la boude un peu. Christian, qui a fini par imposer à Coquatrix tout ce qu'il voulait, a entièrement bâti la

1. Cette photo légendaire paraîtra dans le numéro de juin sur la couverture duquel je trône dans un fauteuil sur les Champs-Élysées.

première partie autour de moi : à part quelques artistes, dont un excellent bluesman belge, Ferré Grignard, et un groupe bidon qui connaîtra un énorme mais fugace succès avec une chanson nommée *Juanita Banana* – ils balancent des bananes dans la salle, et s'étonnent de recevoir en retour sur la gueule des peaux de banane ! –, les artistes au programme sont des créations de Fechner, comme les Problèmes, ou la blonde Karine, une Suédoise. Quand la presse à sensation avait commencé à s'intéresser à Joëlle, Christian avait un instant changé d'avis : il avait proposé à Joëlle de lui faire enregistrer un disque, après les Byrds français, le Dylan français, il ferait d'elle la Marianne Faithful française : il voyait sans doute en cela le moyen de tirer bénéfice de la notoriété que la presse voulait donner à Joëlle malgré lui... et malgré elle : car Joëlle ne s'était pas, mais alors pas du tout montrée intéressée par la chanson ni par la célébrité ! Alors Christian m'avait amené un jour cette jeune fille suédoise que je ne connaissais pas, me disant : « Tonio, il faut absolument éviter que les journaux écrivent des articles sur toi et Joëlle , tu es bien d'accord avec moi ? – Oui, Christian. – Alors je te propose de leur donner en pâture une autre histoire d'amour, bidonnée, avec cette Suédoise, Karine, ça aidera à faire d'elle une vedette, et les journalistes ficheront la paix à Joëlle. » Et moi (vous ai-je dit que Christian est très convaincant ?), comme un con, j'ai laissé faire ; et cette idylle bidon, cent pour cent imaginée par Christian, n'a pas amélioré mes relations avec Joëlle...

La première, donc, est un beau succès ; des jeunes brandissent de grandes photos de moi, l'excitation est telle qu'on retrouve par terre au balcon, à la fin du spectacle, quelques soutiens-gorge et quelques culottes... comme si certains voulaient secouer le fardeau de dix ans de yéyé asexué. Si asexué que lorsque je chante *J'ai oublié la nuit*, une autre chanson de l'album – je l'ai composée en pensant à la nuit de l'été 1965 où Joëlle avait tout appris avec un autre que moi – la simple phrase « et voilà que ta robe bleue tombe à tes pieds » suffit à faire monter de la salle de l'Olympia un murmure de plaisir et d'étonnement.

Malgré le succès, la presse « intelligente » se déchaîne contre moi. Je sais bien que je ne suis pas vraiment prêt à porter sur mes épaules un spectacle à l'Olympia tout entier, mais, somme toute, je ne chante pas notablement plus mal ni plus faux que tous les yé-yé qui occupent les premières places depuis plusieurs années, ni que Dylan ou les Stones, mes idoles. Mais les journalistes qui croient avoir à défendre quelque chose ont du mal à supporter l'énormité de mon succès, l'écho extraordinaire qu'il rencontre auprès des jeunes, et se déchaînent dans des critiques sans la moindre pitié.

J'ai essayé, bien plus tard, de comprendre comment un tel succès avait pu entraîner un tel lever de boucliers. Je suis arrivé à la conclusion que mon succès fulgurant dérangeait, faisait peur à un certain système : « Qu'est-ce que c'est que ce type, qui parle dans ses chansons de choses qui n'y ont pas leur place, de la contraception, de la guerre, et qui, subversif, s'en prend violemment aux conventions, au consensus ronronnant d'une France gaullienne et endormie. Qu'est-ce que c'est que ce type qui aborde des sujets sérieux ? Un prophète ? Non, il chante aussi des "élucubrations". Un comique ? Non plus... » Je dérange, on ne sait pas où me classer, de quelle étiquette m'affubler... Et voilà que quelques jours avant la première, un journaliste du *Journal du Dimanche*, peut-être sans se douter de l'impact qu'aura sa petite phrase, pose une question : « Artiste ou canular ? »... Et le mot est lâché : pour certains, soudain, tout s'éclaire : le succès d'Antoine est incompréhensible, ce qu'il fait et proclame dérange... Or il est étudiant, et les étudiants, c'est bien connu, font des canulars... Bon sang, mais c'est bien sûr, tout s'explique, Antoine est en train de faire un canular !

Si vous m'avez lu jusqu'à cette page, est-ce que je vous ai donné une seconde l'impression – où alors je n'ai fait que vous mentir depuis le début – que j'avais cherché à faire un canular ? Mais le mot est lâché, il se répand comme une traînée de poudre, et, à son fils qui lui crie « Papa, tout ton système, le travail, les conventions, l'ordre établi, le mirage derrière lequel tu veux me faire courir, tu vois, Antoine, lui il remet tout en question, il dit qu'on peut vivre différemment, même son diplôme d'ingénieur, il n'en fait rien, il préfère chanter », le père peut répondre : « Mais tu ne vois pas qu'il se fout de toi, Antoine, c'est un canular, un truc pour exploiter la bêtise des gens, un point c'est tout. »

Et quoi que je fasse, il se trouve un journaliste pour m'agresser ; un jeune réalisateur de talent, Alain Brunet, m'a proposé de tourner un Scopitone. Le Scopitone est l'ancêtre du clip : à cette époque, la vidéo n'existe pas, et une société a eu l'idée d'installer dans les cafés des machines imposantes qui diffusent (sous forme de bobines de film trente-cinq millimètres !) des petits films de la durée d'une chanson. Je fais toute confiance au réalisateur, et il me met en scène dans une casse de voitures, avec les Problèmes ; il en sortira un des plus célèbres « scopitones », un classique qui a bien dû passer des centaines de fois à la télévision depuis : on m'y voit chantant à travers un téléviseur cassé, soulevé par une grue ou, à la fin, écrasé dans une machine à concasser les voitures (une fausse manœuvre ce jour-là, et j'aurais pu finir en « compression » de César !). C'est un des premiers clips, avec les moyens de l'époque, j'y joue simplement le rôle imaginé par le réalisateur... et la presse se déchaîne encore, *Le Nouvel Observateur* affirmant sur une page entière que je suis prêt à faire n'importe quoi pour être photographié.

Comment des gens passent-ils tout d'un coup d'une opinion à l'opinion inverse ? Il y aurait de quoi faire des études de psychologie. À l'occasion d'un gala que je fais ce mois-ci à Cabourg, j'ai l'opportunité d'étudier de près, sur un petit « échantillon représentatif », comme disent les statisticiens, ces curieux mouvements d'opinion : arrivé dans l'après-midi, je me suis installé dans une chambre du grand hôtel de la bourgade, où, bien sûr, toute la ville sait que je suis descendu. Quelques dizaines de fans se regroupent bientôt sous la fenêtre de ma chambre, les plus frénétiques crient mon nom : « Antoine, je t'aime ! Antoine, tu es le plus beau, le plus fort, etc. » Comme je ne réponds pas, un gars, sans doute énervé de voir ses copines me courtiser, s'écrie à son tour : « Antoine, montre-toi ! » Comme je ne me vois pas sortir donner ma bénédiction papale, je reste dans ma chambre. « Alors, tu te montres, oui ou non ? », s'écrie un autre, enchérissant ; et par degrés ça devient : « Tu te montres, dégonflé ! » Au bout d'une demi-heure, les cris d'amour sont devenus des défis : « Alors tu sors, pédé ! », « Descends si t'es un homme ! »... sans que j'aie dit le moindre mot.

Bien vite, le haro général gagne le monde du show-business. Un soir que je chante à l'Olympia, dans un bar proche, un jeune chanteur qui connaîtra bientôt un très grand succès mérité, Joe Dassin, dîne avec sa femme et un parolier, Jean-Michel Rivat. Blaguant l'escogriffe qui, à deux pas, révolutionne l'Olympia, ils imaginent tout d'un coup de me mettre en boîte en créant un personnage caricatural : j'ai choisi d'être connu sous un prénom désuet, Antoine, eux en choisissent un encore plus démodé, Édouard. Je porte des cheveux longs jusqu'aux épaules, ceux d'Édouard descendront jusqu'aux genoux ; j'ai des chemises à fleurs, ils l'affubleront de bermudas à fruits, que la femme de Joe Dassin coud elle-même dans du tissu à rideaux ; et Jean-Michel Rivat, déguisé en Édouard, enregistre quatre titres, quatre parodies de mes chansons. Et la nouvelle éclate comme une bombe, Édouard va détrôner Antoine ! Moi je trouve la chose très drôle : être imité, caricaturé, est plutôt flatteur. Seulement voilà, la maison d'édition, qui appartient à Vogue, n'admet pas qu'« Édouard » ait signé de son nom les chansons, qui sont très nettement démarquées des miennes. Cabat et Alain Boublil décident de faire saisir le disque pour plagiat ; je tente de m'y opposer, ils me rétorquent qu'ils ne peuvent pas faire autrement : « Imagine qu'Édouard soit connu avant toi à l'étranger, par exemple » – c'est vous dire la confiance qu'ils avaient en ma valeur artistique !

Et le disque d'Édouard est saisi, et bien sûr c'est moi qui passe pour un enfoiré, et le père dont je parlais tout à l'heure a beau jeu de dire à son fils : « Tu vois, ton Antoine, qui prétend vouloir s'affranchir de la société, dès qu'on se moque de lui, il appelle à son aide les gendarmes. » Et pour couronner l'affaire, le jour même de la saisie, Édouard enregistre et distribue immédiatement aux radios, qui se feront un plaisir de la diffuser aussitôt, une chanson contre laquelle Vogue ne peut rien, puisque sa mélodie n'est aucunement une des miennes, intitulée *N'aie pas peur Antoinette*.

Mais tout cela n'est rien ; le paroxysme de cette « guerre des idoles » sera bientôt atteint. J'ai raconté ma première rencontre avec Johnny, en chemise à fleurs, et comment il m'avait dit adorer ma chanson... Mais en trois ou quatre semaines, les choses ont changé ; les fans de Johnny se sont mis petit à petit à le harceler, lui enjoignant de ne pas se laisser faire, de me répondre ; quelques conseilleurs (dont Carlos, le secrétaire de Sylvie Vartan, encore inconnu du public) le pressent de rétorquer : « Antoine te fait huer tous les soirs à l'Olympia, tu ne peux pas laisser faire ça sans répondre, tu vas passer pour un dégonflé. »

C'est vrai qu'un peu plus tôt, lors de la tournée avec Chuck Berry, j'avais un soir demandé au public, avant d'attaquer les *Élucubrations* : « Vous aimez l'accordéon ? » Évidemment, le public de rockers purs et durs avait répondu d'une seule voix : « Non ! » J'avais demandé ensuite : « Vous aimez Johnny Hallyday ? » et ce public, qui avait sans doute applaudi Johnny un an plus tôt mais qui, comme moi, lui reprochait de s'éloigner du rock pour chanter des chansons sirupeuses, avait là aussi répondu d'une seule voix : « Non ! » À ma sortie de scène, Christian m'avait dit : « C'est bien ce truc, ça fait réagir les gens, tu devrais le garder dans tous tes spectacles. » Je n'y avais pas vu grand mal, et je commençais toujours les *Élucubrations* par ce petit rituel pas bien méchant... Déformé, amplifié, c'était devenu : « Antoine te fait huer tous les soirs à l'Olympia » ; et soudain, un des paroliers de Johnny lui propose, sur une musique très fortement inspirée d'une des chansons du bluesman belge Ferré Grignard, *My Crucified Jesus*, des paroles très agressives : *Cheveux longs, idées courtes*. Johnny se laisse convaincre de l'enregistrer, la chanson sort, la presse s'empare de la polémique, et la guéguerre des idoles fait rage !

Moi, j'aime bien Johnny, je me dis que ça va se tasser, qu'il suffit d'éviter un inutile affrontement face à face ; mais le soir du 25 mai, j'ai été invité à chanter à l'émission d'Albert Raisner ; Raisner, personnage totalement dépassé, dont le jeu d'harmonica chromatique – aucun rapport avec l'harmonica diatonique du blues et du folk – était aussi insupportable à l'oreille des rockers et même des yé-yé que l'accordéon d'Yvette Horner, s'était vu confier par la poussiéreuse ORTF une des seules émissions musicales pour la jeunesse, et il fallait supporter son harmonica désuet et sa présence démodée pour pouvoir voir à la télé Johnny ou Eddy... Dans l'émission précédente, il avait déjà rendu à sa manière hommage aux *Élucubrations*, en utilisant la musique de ma chanson pour son générique final, chanté par quatre grandes vedettes déguisées en Antoine avec perruque, chemise à fleurs, guitare et harmonica : Richard Anthony, Henri Salvador, Claude François et Raisner lui-même... J'ai retrouvé récemment ce document, inénarrable.

L'après-midi, à la répétition, je découvre que Johnny est aussi au programme ; je prends Raisner à part, je lui dis : « Albert, je ne veux pas de face-à-face avec Johnny, cette guéguerre est stupide. – Ne t'inquiète pas, me répond ce fourbe, toi tu chantes là-bas, Johnny est sur les gradins avec moi, il n'y aura pas de problème... » Mais lorsque l'émission démarre (en direct, à l'époque), je m'aperçois que Raisner nous a installés, Johnny à sa gauche, moi à sa droite, sur les gradins...

Et l'altercation que je voulais éviter se produit. Raisner parle de Dylan, qui est arrivé à Paris il y a quelques jours pour un spectacle à l'Olympia ; comme la plus grande partie du public français, qui ne comprend pas un mot aux paroles de Dylan, comme Johnny d'ailleurs, Raisner croit que Dylan est toujours le chanteur folk engagé, l'équivalent masculin de Joan Baez... J'essaie maladroitement d'expliquer que Dylan, ce n'est plus du tout ça, qu'il a depuis longtemps renoncé à ce côté boy-scout, clamant qu'il était « tellement plus vieux » quand il chantait ces choses-là, et qu'il est « tellement plus jeune maintenant ». Ma tentative d'explication tombe à l'eau devant ce public de chanteurs yé-yé, les pairs de Johnny, qui n'attendent qu'une chose, c'est qu'il me remette à ma place ; et Johnny me coupe la parole : « C'est peut-être ça Dylan, mais moi, ce que je regrette, c'est qu'Antoine n'ait pas le talent de Dylan. » Le coup bas est facile, je n'ai jamais prétendu le moins du monde avoir le talent de Dylan, et Johnny, à mon avis, connaît trop peu Dylan pour pourvoir en juger, mais la phrase fait mouche, les chanteurs yé-yé présents, Petula Clark en tête, bondissent de joie et applaudissent leur Idole !

Johnny en profite pour raconter que Dylan, d'ailleurs, ne sait même pas qui est Antoine (ai-je jamais prétendu le contraire ?), et que d'ailleurs, quand il est venu chanter à l'Olympia, c'est chez lui, Johnny, qu'il a logé : c'est vrai qu'un membre de l'entourage de Johnny, se recommandant d'Hugues Aufray, que Dylan a bien connu au Greenwich Village à ses débuts, est allé à Orly accueillir

Dylan, et que celui-ci, un peu paumé, l'a suivi chez Johnny, où il est resté vingt-quatre heures à faire la gueule, sans adresser la parole à personne. Il faut dire que Dylan traversait la plus mauvaise passe de sa carrière : le nouveau style qu'il avait adopté, paroles surréalistes et accompagnement rock, qui devait révolutionner la musique des années à venir, avait décontenancé ceux qui voyaient en lui le chanteur « à message » ; il s'était fait huer au bien-pensant festival folk de Newport, où Pete Seeger, racontait-on, avait tenté de couper d'un coup de hache l'alimentation électrique de ses amplis – et il se faisait conspuer chaque soir de sa tournée en Europe par des gens qui n'avaient rien compris à ce changement et qui voyaient en lui un traître[1]. À Paris, donc, en pleine déprime, il était monté sur scène sous l'emprise de quelque drogue et sans doute, comme ses collèges musiciens anglais mal préparés, d'un abus de vin rouge, et sa prestation, devant un immense drapeau américain qui n'avait pas enchanté le public, avait été plutôt médiocre : l'esprit embrumé, il avait passé plus de la moitié du spectacle à essayer en vain d'accorder sa guitare ! Il ne devait pas aller bien plus loin sur cette route paranoïaque qu'il dégringolait – la *Highway to Hell*, l'« Autoroute de l'enfer », qui longtemps après coûterait la vie au chanteur d'AC/DC : quelques jours plus tard à peine, Dylan était victime d'un accident de moto à Woodstock, s'en tirait sans mal, mais en profitait pour disparaître des médias durant plus d'un an – on l'a même cru mort –, changeant totalement d'attitude, de personnalité, de voix même, pour réapparaître sous un jour tout différent, un troisième Dylan en somme, celui de *John Wesley Harding* et de *Nashville Skyline*.

L'affrontement provoqué par Raisner s'est terminé par des petites vannes idiotes, et la presse a déclaré Johnny « vainqueur par K.-O. ». Quinze jours plus tard, dans une boîte de nuit de Saint-Germain-des-Prés ou de Montparnasse, à l'occasion de je ne sais quel événement auquel j'ai été invité par Hubert, l'animateur d'Europe 1, Johnny est également présent ; Hubert, qui a le cœur sur la main, est très copain avec Johnny, et s'entend très bien avec

1. Ce climat est parfaitement décrit dans le magnifique documentaire – de trois heures quarante ! – que Martin Scorsese a consacré en 2005 à Dylan.

moi ; il nous prend à part l'un après l'autre : « C'est ridicule, votre guéguerre, je veux vous réconcilier. Et il nous enferme tous les deux dans un salon désert à l'étage au-dessus de la boîte, nous disant : « Démerdez-vous, mais quand vous sortirez d'ici, je veux que vous soyez copains. » Loin des caméras, j'ai retrouvé le Johnny qui avait été si sympathique lors de notre rencontre à Marseille, on a discuté une heure en tête à tête de choses et d'autres, on a établi d'un commun accord la liste des choses que ni lui ni moi ne devions plus dire ni faire, et on s'est séparés bons amis... [1]

Dans les années qui ont suivi, nos rencontres ont toujours été chaleureuses, à l'occasion de spectacles, par exemple ; il est venu me voir à l'Olympia quelques années plus tard, je l'ai présenté sur scène dans certains spectacles, il m'a même demandé des conseils la première fois qu'il a songé à s'acheter un bateau, et la « guerre des idoles » a été oubliée, du moins par lui et moi. J'avoue que je suis stupéfait – et un peu agacé – que quarante ans plus tard, même dans les émissions prétendument les plus branchées, genre Ardisson, tout ce dont ces niais me parlent, c'est de ma guéguerre avec Johnny Hallyday ; comme s'il n'y avait eu que ça qui ait compté dans ma vie ! Je dois évidemment reconnaître qu'on parle moins souvent de moi à Johnny qu'on ne me parle de lui !

Et pourtant, deux ans plus tard, alors qu'il chantait à l'Olympia, il y avait eu un drôle d'instant ; on y trouvait, à l'extrémité du balcon côté jardin (c'est-à-dire à gauche en regardant la scène) une petite loge souvent réservée aux artistes célèbres venus applaudir leurs pairs. On y était un peu trop en vue du reste du public, mais à l'Olympia, entre chanteurs, on se sentait en famille, et le public d'alors se montrait respectueux. J'avais pris place dans cette loge pour le tour de chant de Johnny. Quand est venu le moment pour lui de chanter son succès du moment, l'adaptation

1. Curieux comme la mémoire est infidèle : un article de *France Soir* daté de ce jour-là crédite Jean-Marie Périer de cette réconciliation historique, mais Jean-Marie ne s'en souvient plus... À vrai dire, ils seront encore plusieurs, Jacques Chancel en tête, à se vanter, dans les mois à venir, d'avoir réconcilié Johnny et Antoine !

d'une chanson américaine, *Hey Joe*, il s'est produit une drôle de scène : la version française de cette chanson a une teinte très agressive – absente du texte original – et Johnny l'a chantée tout entière tourné vers moi, qui étais bien visible dans la petite loge, me montrant du doigt comme s'il me jetait à la figure des restes de notre guéguerre... Je ne m'en étais pas offusqué peut-être après tout qu'il ne me voyait pas... Carlos était venu à la fin du spectacle me faire des excuses, affirmant que Johnny avait été aveuglé par les projecteurs...

Voici venir le mois de juin... si on mettait sur l'un des plateaux d'une balance les articles de presse qui m'encensent, et sur l'autre, ceux qui me démolissent... eh bien le fléau de la balance plierait sous le poids de l'ensemble. Les interviews se succèdent au rythme de dix par jour, et comment ne pas finir par dire des bêtises quand on vous interroge dix fois par jour ? Et quand les séances de photo, les répétitions, les tournages d'émissions de télévision dévorent tout votre temps. Un grand quotidien dit « sérieux » me propose d'écrire chaque jour un éditorial... J'essaie, et je renonce très vite. Les idées de grandeur de Christian ne s'améliorent pas ; persuadé que nous allons (ou qu'il va) faire fortune cet été, il rencontre d'égal à égal des personnages comme Marcel Bleustein-Blanchet, le patron d'Havas, avec qui il prétend créer, à cinquante-cinquante – sans en avoir encore le premier franc – une chaîne de drugstores à l'enseigne d'Antoine, ou comme Jean Prouvost, maître du plus grand groupe de presse français, incluant *Match* et Radio Luxembourg ; c'est comme cela qu'il revient un jour avec une proposition qu'il a acceptée pour moi : que j'anime – pour un salaire consistant – une émission quotidienne d'une heure sur Luxembourg, pour commenter l'actualité... et cela malgré nos horaires de cinglés et le calendrier qui se remplit à la vitesse grand V de dates de galas aux quatre coins de la France. Impossible de dire non, et je me pointe aux studios sans avoir la moindre idée de ce que je vais mettre dans l'émission... alors, bien sûr, conseillé par les gars de la station, je vise bas, je suis amené à faire une revue de presse sur un ton agressif qui ne plaît pas du tout au public de cette station de radio bien familiale ; je me rappelle qu'un article de journal ayant annoncé qu'un gars était tombé de son balcon et s'était tué la veille de son mariage, j'avais commenté : « Il l'a échappé belle ! » Dieu sait qu'on entend infiniment plus acide toutes les cinq minutes sur les radios d'aujourd'hui, mais là, quelle rage ça a déclenché chez les auditeurs ! Luxembourg a reçu des sacs de lettres de protestation ; choisissant une des lettres, j'avais répondu à la dame courroucée qui l'avait écrite en lui disant qu'elle était sans doute une concierge, et en tout cas une emmerdeuse ! Quelques jours plus tard, Radio Luxembourg et moi-même mettions fin à cette expérience désastreuse... dans quel cul-de-sac l'agressivité qu'on me forçait à adopter m'avait-elle acculé ! Le lendemain de l'annonce de la fin de l'émission, un journal clamait que j'avais été renvoyé par Radio Luxembourg parce que j'avais osé traiter une auditrice d'« enquiquineuse » ! Le coup de grâce avait été l'affaire Jean Yanne-Jacques Martin : animateurs vedettes de Radio Luxembourg, ils avaient à leur tour écrit des parodies hilarantes des *Élucubrations*, *Les Émancipations d'Alphonse*, *Les Pérégrinations d'Anselme*, *Les Préoccupations d'Antime* et *Les Revendications d'Albert*, et avaient publié un quarante-cinq tours. L'affaire Édouard s'était reproduite à la virgule près : je trouvais ces parodies très drôles, mais, sans prendre la peine de me prévenir cette fois-ci, la maison Vogue avait de nouveau fait saisir le disque... Yanne et Martin me l'avaient annoncé à l'antenne alors que je réalisais une de ces stupides émissions par téléphone, un jour où j'étais en tournée.

On ne peut pas parler de provocation, juste de petite farce de potache, dans mon attitude le soir où nous étions invités, avec quelques autres célébrités nées sous le même signe que moi, à fêter les Gémeaux au cours d'une émission diffusée sur France Inter en direct depuis la Question. Un cocktail suivait l'émission, et le public jeune et dynamique qui fréquentait habituellement la boîte avait été remplacé ce soir-là par une assistance de gens chic et compassés, snobs et prétentieux. Le sympathique animateur, Jean Bardin (une sorte de Guy Lux, mais avec encore dix centimètres de moins) et votre serviteur sommes soudain invités à découper le gâteau d'anniversaire, nous plaçant tous deux derrière ce gâteau pour que les photographes saisissent l'instant, sous les

« oh » et les « ah » de l'assistance guindée. Nous n'avons pas eu à nous dire un seul mot, Jean Bardin et moi : le gâteau était en fait une immense tarte à la crème, d'un mètre cinquante par cinquante centimètres, vraiment trop tentant... nous avons discrètement glissé nos doigts sous la tarte, et sans même avoir à compter jusqu'à trois, nos quatre mains ont propulsé le gâteau dans les airs ; atterrissant sur le public, il a déclenché un combat de tartes à la crème homérique, les gens se poursuivant au travers de la boîte pour se flanquer des morceaux de tarte sur la figure ; en fait, tout le monde a trouvé l'histoire très drôle, sauf une dame qui est venue se plaindre que l'affaire avait sali sa robe de grand couturier... Nous lui avons aussitôt proposé de lui rembourser les frais de nettoyage... elle devait quelques jours plus tard nous envoyer une facture de 3 000 francs !

Ce mois-ci, Christian a aussi rencontré Claude Lelouch, qui vient d'obtenir la Palme d'or au festival de Cannes avec *Un homme et une femme*, et il m'annonce que je vais bientôt tourner avec lui ; en fait, cela ne se réalisera jamais. Je n'ai pas très bien compris pourquoi Christian m'avait fait descendre à Cannes durant le festival : pour qu'ostensiblement je n'aille pas au festival, que je le boude, quoi ! J'ai passé quarante-huit heures dans l'appartement de Paul Pacini, grand animateur des nuits de Paris, celles, entre autres, du Milord Mod's, où se déroule chaque soir l'émission vedette d'Hubert, Dans le vent. Un autre jour, je suis invité à y participer. Hubert a l'habitude de demander à ses invités de chanter autre chose que leurs propres chansons, ou de créer une chanson originale. Cet après-midi-là, je tourne avec les Problèmes une émission de télévision à bord d'un bateau-mouche, sur la Seine ; profitant des temps morts pour préparer l'émission du soir, il nous vient l'idée, aux Problèmes et à moi, de pasticher nous-mêmes (après tout, il y a tant de gens qui me pastichent !) *Je dis ce que je pense*. La chanson devient, pour un soir seulement, du moins le croyons-nous, *Je dis n'importe quoi et je fais tout ce qu'on me dit*. Gérard prend un accent berrichon, et nous inventons ensemble la Marie, et les autres personnages qui figurent dans la chanson. Le soir, les Problèmes la chantent dans la boîte de nuit bondée et surchauffée, et tout le monde s'amuse bien ; la soirée est très animée, toute l'assistance réclame sans fin des autographes. Lassés, Hubert et moi avons une idée : pour être tranquilles, nous déclarons soudain que nous ne signerons plus d'autographes que sur des seins... Aussitôt, à notre surprise, un grand nombre de jeunes filles se présentent, faisant jaillir un sein de leur corsage, pour obtenir notre signature... il ne nous reste plus qu'à nous exécuter. Une des premières candidates est une jeune fille bien connue de tous ceux qui fréquentent les boîtes de nuits parisiennes, où elle se met souvent à chanter d'une voix extraordinairement puissante, pour un oui ou pour un non, des classiques du jazz ou du gospel : encore inconnue, elle s'appelle Nicole. Quelques années plus tard, un journaliste de la presse à scandale la menacera, si elle ne se plie pas aux exigences du journal, de publier une photo prise ce jour-là, où l'on me voit dédicacer un sein de Nicoletta... Elle lui a répondu du tac au tac : « Publiez ! »

Un soir, à la fin d'une autre émission avec Hubert, celui-ci nous a invités, Joëlle et moi, en compagnie de deux amies, à monter boire un verre dans son appartement de Saint-Germain-des-Prés. À peine arrivés, voilà qu'Hubert s'installe confortablement dans un fauteuil, et qu'une de ses copines, apparemment habituée à la chose, s'empresse aussitôt de lui prodiguer avec la bouche une caresse bien précise... C'est la première fois que je me trouve face à une scène que je n'aurais jamais imaginée : des gens qui font l'amour à plusieurs ! Joëlle et moi restons un peu intimidés... et entre nous. Mais ce sera quand même la première fois que je trouverai normal de faire l'amour en présence d'autres personnes, sans avoir à se cacher.

Ce sera sans doute, pour Joëlle et moi, un de nos derniers moments d'entente... Car nos relations se détérioraient de jour en jour. J'avais laissé faire cette connerie à propos de Karine ; je voulais surtout qu'on ne parle pas de ma vraie vie privée dans la presse à scandale ; un peu à cause de la théorie de Christian, un peu parce que je pensais qu'il ne fallait pas gâcher une vraie histoire d'amour avec des racontars et des ragots comme cette presse en dilue sans cesse. Alors, ce n'est sans doute pas très agréable de voir dans les journaux la prétendue « fiancée » du gars avec qui vous êtes ; et si, moi, je perdais les pédales, elle les a perdues aussi ; oh ! je sais, les conneries, c'est moi qui les ai toutes faites...

« Et si Antoine perdait ses cheveux ? »
« J'ai touché les cheveux d'Antoine ! »
« Karine révèle : C'est un homme ! »
« Antoine est si tendre avec les femmes ! »
« Les filles sont folles de lui. »
« Il se coiffe comme une femme. »

... autant de gros titres parus dans *France Dimanche* et *Ici Paris* en quelques semaines : ils m'ont traqué partout, en tournée, en ville, en promenade, ils ont posé des ultimatums, menacé. Il a fallu faire le coup Karine parce que sinon ils auraient fait un papier sur Joëlle, et puis ils sont revenus à la charge, et ils ont fait quand même le papier sur Joëlle (plus con que ce papier, tu meurs !)... et je n'étais qu'au début de mes déboires avec eux.

Un jour, avec Joëlle, on a essayé de sauver notre relation, au dernier moment, avant le départ en tournée ; on s'est réfugiés dans un hôtel à la campagne, à l'est de Paris, pour y être tranquilles, j'espérais y écrire aussi quelques chansons sans être bousculé... Tu parles, *France Dimanche* nous a retrouvés, il y avait toujours dix journalistes à table, et je devais tout le temps retourner à Paris, laisser Joëlle seule.

D'ailleurs, ma tête n'avait pas enflé, mais il avait fini par y entrer certaines idées... Je les voyais bien, toutes les filles, aux galas, qui semblaient ne demander qu'à tomber dans mes bras ou dans ceux des musiciens ou des techniciens. Moi, ça m'était interdit, puisque j'étais « en ménage ». Aujourd'hui, si ça se reproduisait, je dirais à Joëlle : « Je suis sans doute idiot, mais il m'est venu l'envie de goûter à ces fruits qui me sont proposés, ça ne change rien à ce que tu es pour moi, c'est autre chose, et tu le sais. » Songeant peut-être à la décontraction, l'étonnante liberté dont avaient fait preuve l'ami Hubert et ses copines, repensant à des lectures comme *Le Meilleur des mondes,* j'avais abordé timidement le sujet avec Joëlle... mais elle m'avait répondu très clairement que si j'avais des relations sexuelles avec une autre qu'elle, je lui semblerais simplement, physiquement, sali par ce contact.

Déjà nous n'étions plus, dans ce domaine, sur la même longueur d'onde ; alors j'ai commencé à demander à Joëlle de ne pas m'accompagner en tournée, je voulais goûter à cette vie de papillon, une fille dans mon lit dans chaque ville... Je pensais que ça ne m'empêcherait pas de revenir à Joëlle, mais elle voyait bien que c'était plus grave, elle répondait par l'inertie, ne voulait rien savoir. J'étais en plein désarroi en ce qui nous concernait quand j'ai retrouvé Jean-Marie Périer.

Un journal à scandale me courait après, comme d'habitude, et Jean-Marie a senti que j'avais un souci. Je m'en suis ouvert à lui, on en a parlé longtemps, il avait un problème semblable, car il était depuis des années le « fiancé » de Françoise Hardy ; nos problèmes étaient différents, mais ses mots trouvaient un écho dans mon cœur... et ses mots essayaient de réparer, mais en même temps sonnaient le glas : « Si c'est râpé, c'est râpé. » Et j'ai vite commencé à craindre que ça ne soit râpé.

Et les racontars ont commencé, ma vie n'était plus que courses dans les embouteillages, en compagnie de gardes du corps, de « secrétaires », des espèces de gros baraqués engagés par Christian, qui les jugeait indispensables (et parfois ils l'étaient). Et d'être tout le temps encadré, ça finit par porter sur le système. Étaient-ils télécommandés par Christian ? Je n'en sais rien, mais ils commençaient à dire : « Joëlle a fait ci, et ça », « Joëlle t'a empêché de faire ci ou ça. » Et le dernier jour de ce bref séjour à l'auberge, j'étais rentré de Paris avec Gros Michel, le garde du corps, et il m'avait encore dit ceci ou cela, et j'étais excédé, et j'ai décidé de me séparer d'elle. Nous avons parlé toute la nuit, la première d'une longue série de discussions inutiles, et puis j'ai claqué la porte, je suis allé seul faire mes galas, à Toulouse où Christian a trouvé deux filles, mais celle qu'il m'avait jetée dans les bras était si quelconque, si ennuyeuse, qu'il ne s'est rien passé.

Et je suis parti seul la semaine suivante faire une série de trois galas où une fameuse crise a été à deux doigts d'éclater...

J'étais quand même arrivé à écrire quatre chansons, à l'auberge, car, pressons, pressons encore le citron, Christian avait déjà programmé un nouvel enregistrement, moins de deux mois après *Je dis ce que je pense*, moins de cinq mois après la sortie des *Élucubrations*. Il avait insisté pour que je fasse un « tube de l'été » où je décrirais ma vie de star, une fille dans chaque ville... L'idée m'avait tant déplu, les méthodes de Christian m'ennuyaient tellement que j'avais finalement enregistré une chanson intitulée *Mais qu'est-ce que je fous ici ?* où je disais carrément :

On m'avait conseillé d'écrire
Une chanson pour un été
...
Je ne sais pas, je ne sais faire que ce que j'aime
je ferai mes chansons moi-même...

Christian m'a écouté la chanter, il a levé les yeux au ciel, et n'a plus rien dit ; c'était une stupide déclaration d'indépendance, mais ça faisait du bien.

Un jour, à l'auberge, un des journalistes de *Salut les Copains* nous avait apporté un exemplaire du nouveau single des Rolling Stones, *Paint It Black*, où les Stones surfaient à leur manière unique sur la vague d'intérêt pour l'orientalisme qui traversait la chanson (les Beatles rencontreraient bientôt le Maharishi Mahesh) ; j'avais été séduit par le côté un peu arabisant du riff de leur chanson, et je m'en étais inspiré pour une chanson qui décrivait une espèce de rêve qui aurait bien pu être psychédélique, mais qui n'était que surréaliste, la seule substance hallucinogène que je consommais à l'époque étant une préparation à base d'herbes que des moines cueillaient... dans les montagnes de la Chartreuse : la chartreuse verte, cette liqueur sirupeuse, verte comme un tube au néon, était le seul remède que j'avais pu trouver pour lubrifier ma voix souvent enrouée, lors de mes galas ou de mes séances d'enregistrement : avant toutes les séances de voix, j'en faisais remplir à ras bord, par le patron du Canari, le bistro en face de chez Vogue, une bouteille de soda vide ; j'en buvais une gorgée avant chaque prise, et, si la séance se prolongeait, je finissais par en boire beaucoup ! J'avais enregistré *Mais qu'est-ce que je fous ici*, et deux autres chansons vite oubliées (c'était le sort généralement de trois chansons sur quatre de ces quarante-cinq tours *EP – extended play* – intitulées *Mais pas pour toi* et *Mais qu'est-ce que ça peut faire de vivre sans maison ?* Quand nous avons fait une pause, traversant la rue pour aller au Canari pour faire remplir ma bouteille... Je tournais encore et encore dans ma tête le refrain de la quatrième chanson, qui faisait « La la la la la la, un éléphant me regarde, j'ai la tête qui bat »... sans parvenir à trouver quoi mettre à la place des « La la la la la »... Il allait bien falloir que je trouve, pourtant, j'enregistrais la chanson dans cinq minutes (on racontait dans les années 1960 que si certains tubes de l'époque avaient des intros musicales interminables, c'est parce que le chanteur n'avait pas fini d'écrire le texte en arrivant à la séance).

Au bistrot, j'avais bavardé avec une espèce de vagabond de passage, barbu et chevelu, nommé Tcheko, qui faisait la route, revenait d'Italie, était vaguement musicien : soudain, tirant sur un vieux mégot collé à ses lèvres, il me dit « Je l'ai, la phrase qui te manque : " La fumée dans les yeux... " » Et moi, comme un con, moi qui ne fumais pas, moi que même les joints sur lesquels les gens branchés estimaient indispensable de tirer pour être « dans le vent » laissaient indifférent, je me suis dit « pourquoi pas ? ». Christian a voulu s'opposer à cette phrase, mais il m'avait tellement exaspéré deux mois plus tôt dans l'affaire du « Et merde ! » de *Je dis ce que je pense* que je me suis entêté, malgré ses protestations : « Avec cette phrase, ta chanson surréaliste devient une chanson sur la drogue, et elle sera automatiquement, inévitablement interdite d'antenne. » Là, il avait raison, mais il était trop tard pour me faire changer d'avis.

Alors que j'enregistrais la chanson, à la fin du dernier couplet, soudain le preneur de son m'arrête : « Eh tu ne crois pas que ça fait un peu réchauffé, cette dernière ligne ? » J'avais écrit :

... Tu prétendais m'aimer
Mais moi je ne t'aime pas
Je veux juste faire l'amour avec toi.

« Et alors, quel est le problème ? avais-je demandé.

— Tu n'as pas entendu la nouvelle chanson de Polnareff ? »

Mes occupations avaient été si dévorantes, ces dernières semaines, que je n'avais même pas eu le temps de découvrir le second disque de ce nouveau chanteur que j'appréciais beaucoup ; je remplaçai donc ma dernière ligne par « Je veux juste m'emmêler avec toi », et Michel Polnareff fut ainsi le premier à introduire dans la chanson française totalement asexuée, je l'ai déjà dit, de l'époque, cette phrase depuis longtemps attendue : « J'aimerais faire l'amour avec toi. » (Les anglophones l'avaient fait depuis quelque temps, avec les Stones et les Beatles entre autres, mais ils avaient beau jeu de le faire, car la phrase *« to make love to you »* peut en anglais être acceptée comme signifiant simplement « flirter avec toi »). J'ai suivi avec passion les progrès de la carrière de ce garçon révélé par *La poupée qui fait non*. On racontait (mais je ne l'ai jamais vérifié) que Christian Fechner, après m'avoir enregistré, et pour que je reste le seul « beatnik » de la chanson française, avait envoyé dans tout Paris ses copains comme « découvreurs de talents » avec pour mission de lui ramener tous les chanteurs qui pourraient risquer de me faire de l'ombre, de leur signer un contrat... et de les garder au Frigidaire, sans enregistrer, le plus longtemps possible ! Polnareff, somme toute, si le bruit était fondé, avait eu de la chance de ne pas tomber sur Christian !

Je n'en pouvais plus, je crois, de rien ni de personne, particulièrement de Christian dont les lubies mégalomanes m'exaspéraient un peu plus chaque jour ; le jour du départ pour cette fameuse série de trois galas, il m'avait annoncé qu'il allait, avec tout notre argent (dont je n'avais encore jamais vu la couleur, étant donné les dépenses qu'il jugeait indispensables) lancer un nouveau magazine qui détrônerait *Salut les Copains* ; et puis, au moment de monter en voiture, il m'avait aussi avisé que le lendemain soir, à Grenoble, on ferait pour *France Dimanche*, avec le même détestable journaliste, à qui il avait donné son accord, un article sur mes parents, que j'avais toujours voulu, pour ma part, laisser à l'écart de toutes ces salades.

Nous avons quitté Paris, très en retard comme d'habitude, dans la Buick blanche décapotable de Georges, et nous avons roulé deux heures ; quelque part en rase campagne, nous avons retrouvé Jean-Marie Périer, venu nous rejoindre... en hélicoptère : Daniel Filipacchi donnait à ses photographes des moyens pratiquement illimités, et Jean-Marie avait eu l'idée de m'installer, allongé sur la banquette arrière de l'énorme voiture américaine décapotée, jouant de la guitare pendant que la voiture filait à cent cinquante à l'heure sur une route nationale, et de nous photographier à la verticale du haut de l'hélicoptère. C'est aussi du haut de l'hélico qu'il nous avait ensuite pris, les Problèmes et moi, allongés dans une prairie, les corps des Problèmes dessinant une étoile. La séance de photos terminée, j'étais tellement excédé par les dernières décisions de Christian que j'ai décidé de continuer la route avec Jean-Marie dans sa petite Ford Mustang qu'un assistant avait amenée au lieu de rendez-vous. Christian a exigé que j'emmène avec moi Gros Michel, qui a calé en maugréant sa carrure encombrante sur la minuscule banquette arrière, et nous avons pris la route de Genève, passant la voiture des Problèmes, une américaine aussi, qui avait rendu l'âme sur le bord de la route : ils durent attendre le car qui véhiculait fort inconfortablement le reste des artistes de la tournée, et ils arrivèrent très en retard au spectacle, à la patinoire de Genève. Ce soir-là, mon tour de chant ne dura que dix minutes, parce que la sécurité insuffisante de la salle fut rapidement débordée par des hordes de fans suisses surexcités, et que nous avons dû promptement, prudemment, battre en retraite. Un deuxième passage était prévu, tard dans la nuit, dans la boîte du casino. Il a eu lieu à deux heures du matin, devant une assistance plus qu'à moitié endormie, et puis un interminable dîner nous a cloués à une table jusqu'au petit jour. Quand je me suis retrouvé dans ma chambre d'hôtel avec la jolie blonde qui m'avait accompagné toute la soirée, voilà soudain qu'il fallait qu'elle rentre chez elle, ou qu'elle avait ses règles, ou je ne sais quoi, toute l'affaire était parfaitement ridicule... Ah ! j'avais l'air fin avec mes envies d'idylles d'une nuit !

Au matin, l'imprésario, Christian, les gardes du corps, tout le monde est allé chez un joaillier s'acheter, sur le budget de la tournée, des montres hors de prix, et nous avons repris la route de Grenoble : à midi, une halte, encore un déjeuner interminable, qu'est-ce que j'étais mal à l'aise devant ces tablées de journalistes, de secrétaires, de parasites ; Christian m'a rappelé que les journalistes de *France Dimanche* me retrouveraient le soir pour aller me photographier avec mes parents, et je suis remonté dans la Mustang de Jean-Marie, seul cette fois : Gros Michel avait déclaré forfait, la banquette arrière était décidément trop inconfortable.

Qu'est-ce que j'aurais dû être heureux ! J'avais un ami, un professionnel que j'admirais depuis si longtemps, Jean-Marie, avec qui je m'entendais bien ; une sympathique voiture décapotée qui nous rapprochait d'une ville où j'avais vécu adolescent, et où un public enthousiaste m'attendait. Mes parents avec qui j'allais passer un moment agréable... Mais je n'en pouvais plus, je broyais du noir, les actes de Christian, le personnage qu'on m'avait fait assumer, la folie complète de tout le truc m'excédaient au plus haut point. Je ne disais plus rien ; un incendie de broussailles envoyait un grand nuage de fumée au travers de la route, Jean-Marie a arrêté la Mustang, m'a photographié marchant, la guitare à la main, sortant de cette fumée étrange, j'avais la mine si sombre qu'on aurait dit un mort vivant. Plus loin, j'ai reconnu la route menant à un endroit que j'aimais bien, presque autant que ma petite montagne du val d'Enfer : la haute falaise du mont Saint-Eynard, qui domine d'un à-pic vertigineux la vallée de l'Isère ; nous y allions chaque année au temps de l'Experiment ; j'ai demandé à Jean-Marie de nous y conduire, je me suis approché tout au bord de la falaise... Non, je ne songeais pas au suicide, mais je n'en pouvais plus, et je me suis confié, au bord des larmes, à mon ami, lui demandant conseil. Ma décision était pratiquement prise : je n'irais pas à Grenoble, ce soir, Christian, l'imprésario, les journalistes à scandale, les milliers de personnes qui commençaient déjà sans doute à se rassembler au Théâtre de Verdure, m'attendraient en vain, je renonçais à toute l'affaire, j'annulerais toutes les dates signées pour cet été...

Christian en a toujours voulu à Jean-Marie, sûr que c'est lui qui m'avait mis des idées hostiles dans la tête... Il se trompe : ce jour-là, c'est Jean-Marie qui m'a convaincu que je ne pouvais pas tout envoyer paître. « Tu n'es pas en situation de faire ça, tu es à bout de nerfs, tu vas avoir des procès gigantesques, tout le métier sur le dos, ils ne te laisseront pas de répit. Non, écoute-moi, prends ta décision, mais garde-la au fond de toi jusqu'à la fin de l'été, serre les poings, et va les faire, ces putains de galas, tu ne peux pas agir autrement. À la rentrée, il sera temps de tout envoyer au diable. »

On est arrivés au Théâtre de Verdure alors que l'entracte s'achevait, Christian, pressentant que je n'allais pas venir, avait déjà, dans sa tête, fait une croix sur tout le truc. Le spectacle a été dantesque, affrontement entre mes fans surexcités et ceux qui étaient venus pour me chahuter, et qui lançaient sur scène toutes sortes de projectiles. Moi, que pouvais-je faire d'autre que jouer les cyniques, ramasser et faire semblant de manger la pomme ou la tomate qui avait atterri sur la scène, en remerciant les hostiles, faisant remarquer, ce qui faisait rugir de plaisir mes partisans, que ceux qui me sifflaient avaient dû payer leur place pour pouvoir le faire.

À la fin du tour de chant, il fallait que je traverse la moitié du Jardin de Ville, en direction du bord du fleuve ; deux cordons de policiers, censés me protéger, ont immédiatement volé en éclats, tandis que je me précipitais vers la porte du jardin, ma seule chance de salut ; je l'atteignais, les deux murailles convergentes de fans surexcités sur les talons, quand un garde pas bien fin a barré la route au grand escogriffe qui avait soudain surgi dans son champ de vision : moi ; un autre de mes gardes du corps, un métis bruxellois prénommé Alex, s'est soudain matérialisé à mon côté, il a balancé dans la foule le garde trop zélé, comme il balancé quelques secondes plus tard dans la foule, à ma demande, le journaliste de *France Dimanche* qui s'était carrément installé dans ma voiture, pour que je l'emmène au dîner privé que j'avais prévu avec mes parents...

La folie a continué dans la ville une bonne partie de la nuit... Toute la troupe logeait à l'hôtel des Trois Dauphins, tout proche du Théâtre de Verdure, et lorsque les anti-Antoine, plus énervés que jamais, ont vu la Buick blanche de Leroux devant l'hôtel, ils ont supposé que c'était la mienne... et ils l'ont retournée : quand Georges est ressorti de l'hôtel, son énorme voiture américaine était renversée, reposant sur ses portières...

Je ne résiste pas au plaisir de vous citer deux articles parus le lendemain dans la presse locale, tant ils résument ce qui m'attend pour tout l'été : le premier, plutôt gentil, plutôt anodin, annonce que « Le public était conquis et la soirée s'acheva dans le délire » :

« Son "truc", à l'Antoine, ça n'est ni les cheveux longs, ni la chemise à fleurs, ni le blue-jean. Non, ce n'est pas ce déjà-vu. Son "truc", c'est l'onomatopée, l'onomatopée subtile et ravageuse dont la diffusion par les microsillons a fait beaucoup plus pour sa célébrité que la pilule, cheval de bataille des partisans du birth control *sans self-control.*

O-yé, ça sonne clair avec un petit parfum britannique, c'est intelligent et pourtant à la portée des foules... »

Tandis que dans le même quotidien, un sympathique plumitif se déchaîne :

« C'est triste ! C'est désolant !

Oui, c'est affligeant qu'il faille avoir une chevelure efféminée, une chemise à fleurs et l'injure à la bouche pour devenir une vedette au cachet quotidien de dix mille francs.

Ce phénomène social est une gifle à notre civilisation, un soufflet à notre rationalisme, un coup de pied à notre culture.

C'est aussi une insulte à tous les grands noms de notre music-hall.

À qui la faute ? À Antoine ? Un peu, mais hier, il nous a surtout fait pitié lorsque, avant d'entrer en scène, il fut victime d'une crise de nerfs.

Il s'est forgé un monde de violence ; il n'est entouré que par des voyous, qui jouent auprès de lui un rôle de "souteneurs".

Au début, ce fut pour lui peut-être un canular, aujourd'hui il est le héros malheureux d'un drame social.

La faute incombe à un public masochiste qui paie pour se faire injurier et surtout à des bandes de jeunes excités qui trouvent là un moyen d'exprimer leur haine et leur violence... »

La racaille, quoi.

Nous sommes rentrés à Paris, avec un autre gala sur la route ; nous sommes évidemment tous arrivés en retard dans la ville d'Auxonne, près de Dijon, juste pour nous apercevoir que le gala ne se faisait pas à Auxonne, mais à Auxon, qui, par chance n'était qu'à deux cents kilomètres de là, près de Troyes. Je vous laisse imaginer à quelle heure je suis sorti de scène, à quelle heure je suis rentré à Paris, pour y trouver, bien sûr, une totale soupe à la grimace, bien méritée d'ailleurs, Joëlle n'ayant pas décoléré durant mon escapade de trois jours ; nous n'avons pas eu le temps d'attaquer le problème d'ailleurs, parce que deux galas de plus m'attendaient le lendemain, l'un à Villejuif, l'autre à Provins, dans le fief d'un homme politique célèbre, Roger Peyrefitte, ministre de De Gaulle puis de Pompidou. Celui-ci, alors Premier ministre, vient de me faire entrer à la Sorbonne : il y a récolté un grand succès en me citant dans un de ses discours ![1]

Je ne sais pas comment j'ai fait mon compte, mais au milieu de toute cette folie, je suis quand même parvenu à mettre un jour un costume et une cravate – là, c'était réellement obligatoire – pour aller soutenir devant un jury le projet final de mes trois années à l'École centrale ; je me suis pointé à l'entrée de la rue Montgolfier avec sous le bras la superbe maquette d'un projet d'ensemble sportif. Soutenir ce projet n'a été qu'une brève formalité, et quelques jours plus tard, grâce à ma moyenne, malgré les péripéties qui avaient, ces derniers mois, rudement handicapé mes études, je me retrouvai diplômé de l'École centrale, sorti dernier ou presque de ma promotion, mais muni d'un beau papier dont je ne pensais pas me servir un jour !

Le lendemain, dans les coulisses de l'un des galas – si l'on peut appeler coulisses des recoins ouverts à tous les vents où il faut se changer en vitesse pendant que le public rugit de bonheur à l'approche du moment où ils vont t'applaudir ou te huer –, deux des Problèmes bavardent avec deux jolies filles, qui suivent la tournée ces jours-ci ; l'une d'elles, une petite aux cheveux châtains, est bien plus qu'une « groupie » ; elle est en fait l'incarnation du personnage de Galia, l'héroïne du récent film de Georges Lautner, d'après un roman de Vahé Katcha, un rôle extraordinaire qui révélera la grande Mireille Darc. Dominique, c'est exactement Galia : une fille libre de sa vie, libre de son corps, qui vit aussi

1. Quelques jours plus tôt, le ministre de la Jeunesse et des Sports, M. Missoffe, avait lancé un grand référendum « Jeunes, qui êtes-vous et que voulez-vous ? » et le quotidien *Paris-Jour* sur toute sa première page enchérissait « Jeunes, à vous de choisir » d'être comme Antoine et ses cheveux fous fous fous, ou Éric Tabarly et son rêve fou fou fou de vaincre sur l'Atlantique. J'aurai l'occasion de rire de bon cœur de ce face-à-face avec Éric, bien des années plus tard, quand nous naviguerons ensemble à Bora-Bora, et nous resterons jusqu'à sa disparition d'excellents amis !

intensément qu'un garçon, qui partage aussi facilement, sans y voir le moindre mal, sa couche avec l'un ou l'autre des musiciens, techniciens ou régisseurs de la tournée, aussi simplement, aussi logiquement qu'on partage d'autres plaisirs, la musique, la conversation. La semaine suivante, alors que je traverse Paris en voiture, je rencontre, près de la place Clichy, Gérard Perrier, le secrétaire des Problèmes, et Dominique est dans sa voiture. Nous discutons un instant au soleil, sur le pont qui enjambe le cimetière et mène à la rue Damrémont ; elle porte un joli chandail couleur abricot, et moi, soudain, j'ai envie de mordre dans ce gentil petit abricot. Nous avons tous rendez-vous ce soir dans une nouvelle boîte de nuit qui s'inaugure à Parly II, et elle s'y rend avec Gérard ; elle est actuellement l'amie d'un (ou de plusieurs) des Problèmes. Nous prenons la route à deux voitures, et nous nous arrêtons un instant au pied de son petit studio, vers la porte de la Chapelle. Sans penser à rien de précis, je l'ai suivie chez elle ; elle s'est changée rapidement, laissant la porte de son petit cabinet de toilette entrouverte, tandis que je l'attendais, assis sur le canapé ; j'ai entrevu, lorsqu'elle a fait glisser le pull abricot, ses jolis petits seins, j'ai pris mon courage à deux mains, moi qui ne sais toujours pas comment aborder ces choses-là, et je lui ai demandé : « Quand est-ce qu'on fait l'amour ensemble, tous les deux ? » Elle m'a répondu gentiment : « Quand tu en as envie. » Ce soir-là, je ne pouvais pas, il y avait le gala, et Joëlle m'y retrouverait, elle avait passé la journée avec des gars de Salut les Copains. Alors on s'est entendus pour se retrouver le lendemain après-midi.

Nous n'avons pas eu à attendre jusque-là : le gala achevé, nous avons commencé, Dominique et moi, à danser comme des fous, en tout bien tout honneur, les jerks enlacés comme on danse le tango ou le slow : il faudrait attendre pas mal d'années pour que le zouk et la biguine ramènent le plaisir de danser « collés serrés », emportés par le rythme joyeux de la musique. Toute la troupe, composée en grande partie de journalistes de SLC, s'est ensuite déplacée jusqu'à une autre boîte de nuit parisienne, où Dominique et moi avons continué à nous amuser comme des gamins... et ce qui devait arriver est arrivé, la nuit s'achevait, j'ai quitté la boîte avec Dominique ; Joëlle, au même moment en partait avec un des rédacteurs de SLC.

Joëlle avait été mon premier amour, romantique et tout, et faire l'amour avec elle était aussi un grand moment romantique... Avec Dominique, ça a tout de suite été tout autre chose ; elle connaissait par cœur des choses dont je n'avais même jamais entendu parler ; rien ne la rebutait, elle savait trouver sur ma peau, aux endroits les plus inattendus de mon corps, les points où ses caresses me donnaient un plaisir que je n'imaginais pas... Sous le petit pull abricot, j'avais trouvé des armes qui ne laissaient aucune chance à Joëlle...

Nous sommes rentrés à peu près à la même heure, Joëlle et moi, dans le petit studio proche de la rue Lepic, à Montmartre, où nous avions emménagé moins de trois mois plus tôt, et où nous n'avions pas eu le temps d'installer autre chose qu'une ridicule moquette à longs poils en acrylique rouge et un chat complètement hystérique qui (ne) répondait (pas) au joli nom de Paf. Nous ne nous sommes rien dit, il y avait longtemps qu'on ne se parlait plus, sauf au long de ces nuits de discussions vaines...

Le lendemain, Christian me téléphonait ; il avait loué le même appartement que le mien, à l'étage juste en dessous, et, ce jour-là, Dominique était dans son lit. « Tonio, j'ai une idée pour toi, il faut que je t'en parle. » Je l'ai retrouvé un peu plus tard. « Tu sais, Tonio, la petite Dominique, elle n'a pas de boulot, c'est exactement le genre de fille qu'il te faut comme secrétaire, la tournée va commencer, tu as déjà entrevu le genre de folie qui nous attend, tu as besoin de quelqu'un comme elle pour s'occuper de tes vêtements, des réservations, t'aider dans la vie de tous les jours, elle est d'accord, elle ne te demande rien de plus. – Oui, mais Joëlle ? – Joëlle, tu vois bien que votre vie est devenue un enfer, elle fait une gueule pas possible si tu ne l'emmènes pas, et une gueule plus longue encore quand tu l'emmènes, elle ruine l'ambiance de la tournée tous les jours. » C'est vrai que Joëlle, sentant bien que ce sera sans doute bientôt râpé, ne fait plus depuis des semaines aucun effort, elle veut me suivre, mais ne participe en rien à mon quotidien, à ce qui est devenu mon activité professionnelle et qu'elle affecte de mépriser totalement, parce qu'elle y est devenue étrangère. « En plus, a ajouté Christian, pragmatique, Dominique elle te fait tout ce dont tu as envie, et elle le fait bien... »

C'est ainsi que j'ai engagé Dominique comme « secrétaire » pour la tournée d'été. Pour parer à toute éventualité, il ne me restait plus qu'à acquérir mon propre véhicule, histoire de ne plus dépendre de Christian, de Georges ou de l'épisodique Mustang de Jean-Marie Périer. Celui-ci, dans la droite ligne de sa photo sur les Champs-Élysées, m'avait proposé de m'adresser à la maison Berliet : « Ils mettent en ce moment des fortunes de publicité dans une marque de camions appelés Stradair. (Où sont donc passés les Stradair, et la maison Berliet d'ailleurs, engloutis dans le tunnel du temps ?) Fais-toi prêter un Stradair, peins-le avec des fleurs partout, et habite dedans, tu y seras mieux que dans des chambres d'hôtel ringardes... » L'idée m'avait amusé, et j'avais étudié un instant la possibilité de suivre son conseil, mais renseignements pris, la plupart des galas de l'été allaient se dérouler dans des arènes, des théâtres de verdure au cœur de villes anciennes du Midi, où il serait impossible de faire accéder un camion. Je m'étais donc reconverti, et j'avais acheté une grosse Chevrolet d'occasion, un break Impala que j'avais fait aménager pour y voyager confortablement, large banquette arrière, presque un lit, glacière, télévision, un des premiers lecteurs de ces cassettes récemment inventées par Philips. Bien sûr, les journaux s'étaient gaussés de cette voiture étonnante, comme ils s'étaient gaussés des photos que Christian m'avait fait faire quelques jours plus tôt en train de manger un sandwich assis sur le pare-choc d'une Rolls-Royce... Pourquoi une Rolls-Royce ? Je n'en rêvais pas une seconde ! Et les journaux avaient raconté que je m'étais acheté une Rolls, alors que je voyais plutôt cette séance de pose avec mon sandwich comme une mise en boîte de cette voiture de luxe, avec tout ce qu'elle représentait. La Chevrolet, pour moi, ce n'était rien de plus qu'un outil de travail, une façon de reprendre un peu de liberté, j'imaginais qu'elle me rendrait mon indépendance, me dispenserait d'avoir à descendre dans les hôtels avec Christian et toute la troupe de parasites, je me voyais dans une certaine mesure reprendre la route. Les journaux ne l'ont pas perçu comme ça.

Deux jours plus tard, nous nous embarquions dans une autre aventure : le professeur Pasteur Vallery-Radot, propriétaire d'un imposant château perdu dans la cambrousse quelque part en

Bourgogne, le château de Maulnes, avait naïvement imaginé qu'un gala avec Antoine donné dans les ruines de son château suffirait à lui rapporter les sommes colossales qu'il voulait engloutir dans la rénovation de son incroyable bâtisse moyenâgeuse. Le gala, sous la pluie, au terme de kilomètres de routes boueuses, a été dantesque, les Problèmes étaient répartis dans les embrasures des fenêtres du château, éclairées pour la circonstance, et le public piétinait dans cinquante centimètres de boue. À la fin du spectacle, j'ai retrouvé Dominique dans la voiture américaine, et alors que les musiciens jouaient encore le riff de ma dernière chanson, tous stores baissés, je me suis jeté dans les bras de Dominique, m'abandonnant aux caresses de ses doigts et de sa bouche si experte. Mme Pasteur Vallery-Radot, venue me remercier d'avoir collaborer à l'œuvre de sauvetage de leur vieux château, trouvant portières et stores clos, n'a pas osé nous déranger, et m'a adressé à Paris une gentille lettre où elle disait être venue me remercier, « mais vous étiez tendrement occupé », ajoutait-elle... La phrase était très jolie, mais Joëlle ne l'a pas trouvée très jolie, quand elle a ouvert la lettre, la semaine suivante, dans notre studio de Montmartre... Il y avait longtemps que je n'avais plus le temps de lire le courrier qu'on m'envoyait, et c'était Joëlle qui l'ouvrait.

Une jeune journaliste était apparue dans notre troupe, à l'occasion de la première de l'Olympia ; jeune et jolie, plutôt sensée, elle s'appelait Élisabeth, elle avait tout de même écrit sur moi ce jour-là un article truffé de sottises... et puis elle avait séduit Christian, et finirait par l'épouser ; quelques jours avant le départ de la tournée proprement dite, des troubles ont éclaté chez les Provos d'Amsterdam, des émeutes qui laissent augurer de ce qui se passera au Quartier latin en 1968. Élisabeth propose à Christian de m'emmener rencontrer officiellement les Provos, puisque, moi aussi, on me disait révolutionnaire ; et voici comment je me suis retrouvé passer deux jours dans le saint des saints de ce mouvement contestataire... mais je n'avais déjà plus les pieds sur terre, et de toute façon, je n'avais jamais – et je n'ai jamais depuis – cru que quelque mouvement que ce soit, politique, social ou violent, puisse détenir la solution aux injustices, à la bêtise et aux errements communs... À chacun de nous de faire sa propre révolution (la seule propre d'ailleurs), à charge pour lui, éventuellement, de servir d'exemple à d'autres personnes qui pourraient avoir l'envie de suivre partiellement ses traces... Commandez, dirigez, régulez, et vous n'êtes plus, de nouveau, qu'un système au moins aussi imparfait que le précédent.

Avant de partir pour la tournée d'été, Christian achevait d'enregistrer une série de morceaux instrumentaux disparates, joués par des musiciens variés, dont Rako, l'organiste malgache, une vraie vedette, qui m'avait accompagné durant la tournée Chuck Berry : les maisons de disques tiraient une source de revenus complémentaire d'enregistrements orchestraux de grands tubes, ou de morceaux instrumentaux qui parfois rencontraient le succès en faisant danser dans les surprises-parties. Il manquait encore à Christian un titre pour compléter un de ces foutus quarante-cinq tours EP, et il lui est venu l'idée, la veille du départ en tournée, de demander aux Problèmes d'enregistrer la parodie de *Je dis ce que je pense* qu'ils avaient chantée à l'émission d'Europe ; c'était vraiment pour boucher un trou, les Problèmes n'avaient rien à voir dans les autres titres, et un nom dérisoire avait été choisi parce qu'il fallait bien donner un nom d'artiste – purement fictif – à cet assemblage hétéroclite de musiciens venus de toutes directions, un nom qui reflétait bien le peu d'intérêt que l'on accordait à leur talent.

Le coup d'envoi de la tournée proprement dite fut donné à la fin du mois de juin. Christian, au prétendu « clan Antoine », avait, outre quelques secrétaires et gorilles de plus, adjoint Josée Estèbe, la fiancée d'Alain Boublil ; elle était en charge des « relations publiques » et avait imaginé d'inviter dans l'hôtel de grand luxe de Biarritz, le Palais, une horde de journalistes, tous frais payés... Je ne vous dirai pas le montant de la note ! Toute cette belle smala s'est installée dans des appartements princiers, et Alain, que Christian avait chargé de ce qu'on appelle aujourd'hui le *merchandising*, a profité de la première conférence de presse pour présenter l'industriel qui apportait le premier échantillon de la « panoplie Antoine ». Aujourd'hui, le merchandising est une chose courante et acceptée par tous les artistes du show-business ; à l'époque, on voyait ça d'un drôle d'œil. Le gars nous exhiba un hideux assemblage composé d'une guitare pourrie, d'une affreuse perruque de filasse, d'un harnais pour harmonica dont un agriculteur n'aurait pas voulu pour retenir ses vaches à la mangeoire, et équipé d'un stupide harmonica chromatique sans le moindre rapport avec celui dont tous les bluesmen, les folk-singers et votre serviteur jouaient... et d'une chemise à fleurs absolument immettable. De toute façon, tout cela arrivait bien trop tard : deux mois plus tôt, Christian avait flairé la bonne affaire : tout le monde parlait de ma chemise à fleurs, quelques garçons en avance de deux ou trois longueurs avaient fait coudre par leur maman une chemise comparable ; et Christian avait chargé Alain, originaire de Tunisie, donc réputé excellent commerçant, de faire mettre sur le marché les chemises à fleurs Antoine, espérant bien, encore une fois, faire fortune.

Là, il faut savoir un peu comment marchent les modes ; des gens sérieux se rencontrent de temps en temps, et décident de concert de ce qui sera à la mode dans dix-huit mois : il faut bien le temps de fabriquer des stocks. Juste après Noël 1964, il avait donc été décidé qu'au cours de l'été 1966, les jeunes porteraient des chemises à fines rayures, dites « Dallas ». Des dizaines de milliers de chemises avaient été coupées et cousues, de nombreuses pages de publicité étaient parues dans *Salut les Copains* et d'autres magazines qui créaient la mode ; et voilà que, surgissant de nulle part, un escogriffe jetait à la figure du monde sa chemise à fleurs, et qu'une bonne partie de la clientèle potentielle dédaignait les chemises à rayures, ne voulait que des chemises à fleurs ! Alain s'était adressé à des fabricants, avait fait faire des modèles, l'affaire avait traîné... Pendant ce temps-là, des dizaines de commerçants du Sentier, plus roublards et plus réactifs, avaient senti le vent. Ils avaient exhumé de leurs caves des rouleaux de tissu à fleurs qui, méprisés, attendaient des jours meilleurs, sans doute d'être transformés en jupes pour femme... et ils avaient débité en continu des milliers et des milliers de chemises à fleurs improvisées... Quelques fortunes se sont créées comme cela en quelques semaines, sans qu'Alain Boublil, ni Christian, ni moi bien sûr, ne touche un centime ! Un jour, quand j'exprimais à Jean-Marie Périer mes doutes sur la gestion bordélique de Christian, Jean-Marie m'avait dit : « Mais enfin, il t'a quand même fait gagner des millions, avec les chemises à fleurs ? » Quand je lui avais révélé qu'elles n'avaient pas rapporté un sou, il s'était bien marré... et moi avec lui : je n'étais pas entré dans ce métier pour me lancer dans la confection !

Et pourtant, c'est aussi au Palais que je dévoilais à une presse dubitative les premiers articles de ce qui devait devenir la « collection Antoine » : lors de mon passage au magasin Vog, où nous avions découvert les lunettes rouges à large monture plastique et les cirés de vinyle de l'Olympia, le patron du magasin m'avait proposé de créer une ligne de vêtements pour lui... Toute ma vie, on m'aura proposé, comme ça, des choses que je n'avais pas prévu de faire, et il m'est arrivé d'accepter : même si aucune ne m'a jamais apporté la fortune, comment refuser l'occasion de goûter, même temporairement, à des projets passionnants, création d'une collection de vêtements, d'un parfum, animation d'une émission de radio ou de télévision... ce ne serait que l'un des vingt-sept métiers que j'ai exercés un jour. Je m'étais amusé, avec l'aide de Joëlle, à dessiner quelques vêtements, le pantalon archimoulant à pattes d'éléphant très larges qui faisait partie de ma tenue de scène, par exemple, et le maillot de bain une pièce que je portais ce jour-là, autour de la piscine du Palais : je dis une pièce, car, n'aimant pas les hideux slips de bain qui moulent laidement les derrières des vacanciers, laissant apparaître leur bedaine ou leur poitrine creuse (la mienne, avec mes cinquante-deux kilos pour un mètre quatre-vingt-six, était particulièrement décharnée !), j'avais créé un maillot qui ressemblait comme deux gouttes d'eau aux combinaisons qu'on a pris l'habitude, quelques années plus tard, de porter, par exemple pour le surf, avec des manches et des jambes courtes, et une fermeture Éclair montant du nombril jusqu'au cou. On n'avait encore jamais rien vu de pareil, et les journalistes se montraient sceptiques ; la scène amusait plutôt une spectatrice, la jolie Mireille Darc, qui se reposait à l'hôtel du succès récent de *Galia*. À la demande des journalistes, elle s'est volontiers prêtée à des photos avec moi, sous le regard de centaines de curieux qui s'étaient hissés au sommet du mur d'enceinte du jardin de l'hôtel pour observer les bêtes curieuses ; soudain, un mouvement de foule se produit, quelques dizaines de fans se laissent tomber dans le jardin, se précipitent sur nous pour toucher ou arracher une mèche de nos cheveux ; nous avons dû, Mireille Darc et moi, comme dans un film, fuyant la horde en folie, courir comme des dératés nous abriter dans les salons de l'hôtel.

J'avais fini par demander à Joëlle de me laisser ma liberté pour l'été. Il se trouvait que François, qui collaborait toujours à certaines de mes chansons, mais voulait garder ses distances avec le monde du show-business et la folie qui nous emportait dans son tourbillon, partait passer l'été en Corse, et Joëlle a décidé de l'accompagner pour deux mois. Nous verrions bien à la rentrée, en septembre, ce qu'il resterait de notre relation. Moi, j'avais embarqué Dominique, et, en ces premiers jours de juillet, tout semblait rose. Bien sûr, malgré ma réconciliation avec Johnny, la guerre était déclarée entre ceux qui voulaient prendre la défense de leur idole et mes partisans ; mais, surtout, les bagarreurs à la recherche du moindre prétexte pour se battre étaient ravis de cette « guerre des idoles » et s'en servaient pour exprimer leur violence.

Quelques jours plus tard, nous jouions à Pau, je crois ; pendant que la première partie affrontait un public modérément houleux, nous avions eu, Christian, Georges Leroux, une poignée de parasites et moi, la mauvaise idée de dîner dans un restaurant réputé qui se trouvait sur la même place que la salle de spectacle, qui n'était d'ailleurs qu'une espèce de halle sommairement aménagée ; c'est quand est arrivée l'heure pour moi de gagner les coulisses que nous avons réalisé la connerie que nous avions faite : si la salle était honnêtement remplie, la place était, elle, noire de monde, des milliers de personnes qui s'étaient rassemblées là pour voir l'animal, le phénomène de foire que j'étais devenu ; et tous savaient parfaitement que j'achevais de dîner dans ce restaurant, on nous avait vus y entrer ; pas question donc d'user de l'effet de surprise que nous utilisions chaque soir pour traverser ces foules houleuses ; elles étaient en général plus bienveillantes qu'hostiles, mais une foule est une foule, on y est vite en danger... Comment faire pour rejoindre le théâtre ? Il a fallu, en dernier ressort, que la gendarmerie locale, complétée de tous les gendarmes de la région appelés en renfort, ouvre un étroit sillon au milieu de la foule, bordé de deux cordons de pandores bras écartés, se tenant par la main ; nous nous sommes engagés, effrayés, dans cet étroit chenal navigable, et l'enfer s'est déchaîné quand les gendarmes, un à un, ont cédé sous la poussée de la foule qui se pressait pour essayer de m'apercevoir, de me toucher ou de m'arracher une mèche de cheveux... Comment avons-nous fait pour atteindre l'abri de la halle, je ne sais pas : les barrages cédaient mètre après mètre, la foule était de plus excitée, mes cheveux ont échappé dix fois, cent fois à des mains qui semblaient sortir du film de Polanski, *Répulsion*, avec Catherine Deneuve, et nous nous sommes enfin retrouvés, haletants, à l'abri de ce qui servait de coulisse dans la salle de spectacle, nous jurant bien de ne plus jamais dîner dans le voisinage du théâtre et de la foule qui l'entourait.

D'habitude, c'est vrai, nous étions plus malins que ça ; souvent, pour donner le change à la foule qui attendait nos grosses voitures américaines, nous en envoyions ostensiblement une, conduite par un chauffeur, vers la mauvaise porte, tandis que les Problèmes un par un et moi-même arrivions, cachés sous des vêtements, planqués entre les banquettes d'une voiture plus discrète : le cinéaste qui avait réalisé le Scopitone des *Élucubrations* était venu tourner un reportage sur notre vie de tournée ; ce document extraordinaire et désuet à la fois a, par chance, été sauvé de la poubelle par Christian qui, vingt ans plus tard, en avait gardé une copie ; on y voit entre autres une anodine Simca 1000, celle d'Alain Boublil, fendre la foule compacte. À l'instant où elle s'arrête devant l'entrée des artistes du casino local, comme une espèce de diable, je jaillis d'un paquet de vêtements jetés sur la banquette arrière et qui me dissimulait, je m'engouffre par une porte, suivi au pas de course par le cameraman, et je me lance précipitamment au travers de couloirs, de jardins, de coulisses, poursuivi par la horde, jusqu'au moment où je me jette dans la gueule béante de la scène et des projecteurs. Ce court métrage avait un final étrangement prémonitoire : sa dernière séquence me montre, poursuivi par une poignée de fans, me précipitant vers le rivage et la mer ; à la dernière image, je me retrouve seul sur une île déserte, pendant qu'une explosion nucléaire dévaste le reste du monde[1]...

Biarritz, Pau, Saint-Malo, Colmar, Toulon ou Marseille encore, nous traversons la France dans tous les sens et nos voitures américaines, pas du tout conçues pour les routes françaises, rendent l'âme une à une. Plus d'une fois, au cours de cet été, les Problèmes ou moi nous sommes retrouvés la voiture emprisonnée dans une foule, une masse humaine pressée tout autour, devant, derrière, une situation où on n'imaginerait même pas qu'il soit possible d'avancer, sous peine de faire rouler sous les pneus de la voiture bras et jambes... Et pourtant, il fallait bien que nous en sortions, des milliers d'autres personnes nous attendaient plus loin ! Alors, les chauffeurs-gardes du corps, sans se laisser impressionner, y parvenaient, avançant tout doucement, inexorables, et on voyait les hommes, les femmes, pressés contre les vitres, s'écouler comme un élément liquide, se recevant sans mal sur le matelas, la masse humaine que nous laissions dans notre sillage... impressionnant et effrayant !

Un jour du début de juillet, nous devons chanter en Corse, dans un petit village de la côte est, Anghione. Comme Joëlle est dans l'île, j'ai demandé à Dominique de m'attendre sur la côte : je suis curieux de voir comment Joëlle se débrouille sans moi ; pour Dominique, pas de problème, elle n'est que ma secrétaire, après tout, d'ailleurs elle est ravie d'aller passer quelques jours à Saint-Tropez, qu'elle connaît bien. Je passe une nuit seul à l'hôtel Noailles avant de prendre l'avion, le lendemain, pour Bastia ; de ma chambre j'appelle Joëlle au téléphone, lui annonce ma venue : « Tu sais, Antoine, tu m'as dit que tu voulais vivre sans moi cet été, alors moi, j'ai décidé de passer l'été autrement, et... je ne suis pas seule... » – c'est d'ailleurs une voix d'homme qui avait répondu au téléphone – « ... et je ne pourrai pas te voir demain ».

Bon, ce n'est pas grave, je n'ai que ce que j'ai cherché ; dépité néanmoins par ce coup de téléphone, tournant en rond dans la

1. Quelques jours plus tard, le même réalisateur, Alain Brunet, pour le Scopitone d'*Un éléphant me regarde*, avait choisi de me filmer dans le zoo d'une ville du Midi, et m'avait fait passer de – très – longs moments dans une cage avec plusieurs lions en pleine santé !

chambre, je décide d'appeler Dominique qui loge à côté de Saint-Tropez... elle vient de rentrer d'une journée et d'une folle nuit dans une boîte très à la mode de ce village si branché, auquel je me sens plutôt étranger ; elle a passé la soirée avec le patron de la boîte, fait l'amour avec lui, dans la luxueuse garçonnière où il reçoit ses conquêtes, et où il lui a fait des tas de choses que je n'imagine même pas, commençant par lui faire prendre un bain de lait et continuant par du champagne qu'il lui versait sur le corps pour le boire... Elle me raconte ça sans aucune complaisance, pas pour me faire souffrir, mais parce que pour elle, si libre, ces choses-là sont tout à fait normales... et moi, tout d'un coup, dans ma chambre ridicule, entouré des atroces fleurs du papier peint délavé, je me trouve cocu deux fois de suite en quelques instants, déchiré de jalousie... et je ne parle pas de la facture astronomique de téléphone !

Nous sommes arrivés en Corse, nous avons pris la route d'Anghione, et nous nous sommes installés dans les bungalows agréables d'un petit club de vacances ; la soirée s'annonçait chaude, mais nous n'imaginions pas à quel point. Quand les Problèmes, qui jouaient quelques morceaux de leur répertoire avant que je n'entre en scène, se sont installés, ils ont vite constaté plusieurs choses : un, que la direction de la boîte avait laissé entrer deux mille personnes dans un local fait pour en contenir quatre cents ; deux, que la sonorisation était une catastrophe, et que personne n'entendrait rien ; et trois, que la salle était si peu prévue pour un spectacle de rock que personne n'y verrait rien, hormis deux ou trois tables disposées tout près de la scène, et où les notables de la ville buvaient du champagne... Les Problèmes ont joué leurs morceaux sans trop de mal, mais, à l'instant où je suis entré, il n'a fallu que quelques dizaines de secondes pour que l'enfer se déchaîne ; les gens qui n'entendaient rien et ne voyaient rien se sont poussés, bousculant les buveurs de champagne ; ceux-ci – on est en Corse – se sont rebiffés, et la foule a commencé à s'agiter ; croyant les calmer, un des gardes du corps, Gros Michel, qui s'était planté devant moi au bord de la scène, a voulu intimer à des types l'ordre de se calmer... en les menaçant d'un pied de micro... Faire ça à des Corses ! Les bouteilles se sont mises à voler d'un bout à l'autre de la salle, les tables ont suivi, la salle se trouvait tout d'un coup partagée entre pro et anti-Antoine, mais surtout, toutes les vieilles vendettas corses, les haines entre familles se sont rallumées : on se serait cru dans un saloon, où la bagarre est toujours le grand moment d'un western, ou dans un dessin animé de Tex Avery. J'essayais d'achever ma première chanson quand Christian a soudain surgi à côté de moi, m'a empoigné et entraîné vers une porte-fenêtre qui s'ouvrait près de la scène, à moins d'un mètre au-dessus du sol du jardin, que nous avons traversé en courant pour nous réfugier dans un bungalow. Pendant ce temps, pour les Problèmes, c'était la Troisième Guerre mondiale, Luis essayait de s'enfuir, un seau à champagne renversé sur la tête pour se protéger des coups qui pleuvaient ; Donald, dont la grosse caisse avait été crevée par un projectile, s'était jeté dans la foule pour punir le coupable... il a reçu immédiatement une bouteille de champagne sur la tête, est tombé dans les pommes, pissant le sang ; Jean Sarrus, le bassiste, a courageusement plongé dans la mêlée pour le récupérer, et ce n'est qu'au bout d'une demi-heure que, les flics du coin étant arrivés à leur tour, la bagarre du saloon a pu se calmer.

Au matin, alors que nous allions repartir pour l'aéroport, les gendarmes sont revenus nous voir : « On nous a signalé qu'une embuscade a été tendue contre vous sur la route de l'aéroport par des gars mécontents de la soirée d'hier ; alors, on va vous embarquer dans le panier à salade, et vous amener au bout de la piste de Bastia Poretta ; comme ça les gens croiront que vous ne prenez pas l'avion... » Empruntant les chemins détournés, en rase campagne, on a atteint la piste, l'avion s'est approché en roulant au sol, la porte s'est ouverte, et on est montés à bord ; l'après-midi même, on jouait à Yvoy-le-Marron, le fief de Jean Prouvost, le patron de *Paris Match* et de Radio Luxembourg, et Guy Lux, qui animait le spectacle, s'étendait complaisamment sur nos malheurs et invitait les Problèmes, qui n'avaient, à la descente de l'avion, même pas eu le temps de passer chez eux se changer, et qui portaient encore les vêtements ensanglantés par la bagarre de la veille, à bien montrer qui son crâne ouvert, qui son bras ou son genou foulés. À la une de tous les quotidiens de France, des gros titres clamaient « Antoine a failli être tondu », « Antoine défenestré » ; des photos truquées me présentaient le crâne rasé : le truquage photographique, à l'époque, n'offrait pas les infinies possibilités données aujourd'hui par Photoshop, mais les journaux y avaient souvent recours, tirant des photos, les découpant et les collant à la colle blanche, rephotographiant le résultat sommaire obtenu ; une photo de moi, quelques semaines plus tôt, avait bien amusé le public : on avait collé la tête du général de Gaulle sur ma silhouette et sous mes cheveux, et, à l'occasion de je ne sais quel revers électoral qu'il venait de subir, de Gaulle s'y plaignait d'avoir dû avaler une « pilule ». À Anghione, les journalistes affirmaient qu'un « commando rasibus » avait surgi, brandissant une paire de ces grosses tondeuses qui servent là-bas à tondre les moutons...

Et puis le bus de la première partie a traversé la France pour la énième fois, pour une série de galas sur la côte. Quelques jours plus tôt, Christian m'avait fait part de la nouvelle idée, brillante, qu'il avait eue : nos séjours dans les hôtels, les palaces dans lesquels il nous faisait descendre, avec tout le « clan », imprésario, éditeur, secrétaires, chauffeurs, se traduisaient par des notes faramineuses qui engloutissaient la recette, pourtant bonne, de chaque gala ; comme nous avions une série de spectacles sur la Côte d'Azur, Christian avait imaginé de louer un bateau, que nous utiliserions pour nous déplacer de ville en ville, et sur lequel nous logerions tous, ce serait autant d'économisé sur les hôtels ! Dominique et Christian étaient allés ensemble la veille inspecter le bateau qui avait été choisi, et j'ai repris l'avion pour Marignane, où Dominique m'attendait avec la Chevrolet, qui commençait à être bien cabossée d'ailleurs ; moi qui n'avais jamais eu de ma vie l'idée de monter sur un « bateau de plaisance », moi qui n'y connaissais rien et ne m'y intéressais absolument pas, j'ai tout de suite posé à Dominique des questions sur le bateau : « Il est grand ce bateau ? – Oh ! moyen, répondit-elle. – Mais on peut se tenir debout dedans, au moins ? – Oh ! oui, je crois... » Elle ne voulait pas m'en dire plus...

Ce soir-là, tout le clan Antoine, sans doute pour se remettre des émotions de la veille en Corse, a fait la fête dans un grand hôtel-restaurant, une sorte de château-hôtel situé dans les environs d'Aix-en-Provence. Ils n'ont pas dû très bien se tenir, d'ailleurs, car au fil des années qui ont suivi, en aucune saison je ne suis arrivé à avoir une réservation dans cet hôtel. Moi, la bringue, je n'y participais pas, car je m'étais isolé dans la Chevrolet avec Dominique, essayant de tirer au clair cette histoire de Saint-Tropez. Je me sentais soudain dévoré d'une jalousie complètement déplacée, et inexplicable ; après tout, Dominique n'était que ma secrétaire, et ce qu'avait pu lui faire un Tropézien dans le vent ne me concernait pas... J'ai fini par comprendre que ce qui me défrisait, c'était qu'il lui ait fait passer un après-midi d'amour brûlant largement au-dessus de ce que j'étais capable, moi, d'offrir, et qu'être jaloux, c'était simplement ne pas être sûr de moi, avoir honte d'avoir moins à offrir qu'un autre... Cette nuit-là, au cœur d'une interminable conversation, j'ai fait un timide pas dans ce que j'estime la bonne direction, j'ai effleuré ce qui est devenu petit à petit « ma vérité ». Mais pour l'instant, j'ai fait fausse route, j'ai cru que ma douloureuse jalousie était une preuve d'amour, et j'ai dit « Je t'aime » à Dominique... Et moi qui rêvais de liberté, de remettre en question toutes les conventions conjugales, la notion d'exclusivité... eh bien je me suis embarqué ce soir-là dans une autre aventure qui a duré quelques années, avec plein de bons côtés, et plus de liberté que la moyenne... mais encore loin de ce que je sentais confusément être la vérité.

Le lendemain matin, notre caravane s'est dirigée vers le port d'Antibes, où le bateau nous attendait. Quand je l'ai découvert, ça a été un choc... Christian n'y était pas allé de main morte : trente mètres de long, huit hommes d'équipage plus une cuisinière, le *Crin bleu* était un vrai yacht de milliardaire ; l'équipage stylé, en uniforme, a embarqué nos bagages, nos guitares, et chacun a pris possession de sa cabine, de vraies chambres, avec moquette, boiseries, téléphone interne...

Ce bateau reste dans mes souvenirs comme le « bateau de la haine ». Tout le monde, imprésario, tourneur local, attachée de presse, éditeur, manager, journalistes, essayait de tirer la couverture à soi, et la couverture, c'était moi. Lorsqu'il y avait des temps morts, l'ennui gagnait Christian, Alain et les autres, qui ne trouvaient rien de plus malin à faire que d'aller emmerder les naturistes de l'île du Levant en faisant passer le bateau au ras des rochers : je me rappelle qu'en colère, une grande fille blonde, nue sur un kayak, était venue les engueuler et menaçait Alain de le frapper de sa pagaie.

Et bien sûr, nous nous sommes vite aperçus qu'en plus ce bateau n'était pas le meilleur moyen de transport pour notre tournée ; les villes où nous chantions n'avaient pas forcément de port, et lorsqu'il y en avait un, le temps en Méditerranée étant imprévisible, on arrivait généralement très en retard aux spectacles.

À partir de là, et pour les quatre ou six semaines que dura la tournée d'été, je n'ai que des souvenirs confus ; je m'étais mis, en quelque sorte, sous pilote automatique, cette folie que je n'avais jamais souhaitée, cette agressivité partout, ces salles explosives, ma conversation avec Jean-Marie au mont Saint-Eynard m'avait convaincu de les accepter, de les supporter jusqu'à la fin du mois d'août ; je savais qu'à l'automne je romprais avec Christian, mettrais fin à ce délire... En attendant, il fallait le supporter. À Nîmes, on chantait dans les arènes, et ce qui servait de loge, c'était les torils où, les autres jours, on enfermait les taureaux vedettes (malgré eux) des « courses de vachettes », des « toro-piscine » ou des corridas avec mise à mort qui animaient généralement ces arènes ; outre les odeurs caractéristiques, à l'instant de m'élancer vers la scène, dressée au centre des arènes, je ressentais souvent l'impression d'être moi-même le taureau qui déboule soudain, aveuglé, au milieu de la foule hurlante, des picadors et autres personnages hostiles.

Depuis quelques années, les chanteurs yé-yé s'étaient habitués à recevoir sur scène, notamment dans le midi de la France, des projectiles divers, tomates en saison, canettes de bière ; la tournée de Sylvie Vartan venait de recevoir quelques boulons ; dans mon cas, c'était généralement l'apocalypse. À Béziers, les projectiles volaient particulièrement bas ; un groupe de crétins s'était installé dans un coin des arènes et balançait force canettes qui venaient éclater aux pieds des Problèmes, réfugiés derrière leurs amplis. Au premier rang des spectateurs, nous avions l'honneur d'accueillir ce soir-là l'équipe de France de natation, qui venait, je crois, de s'illustrer aux jeux Olympiques. L'entracte a apporté un instant de répit, mais on sentait bien que dès que j'entrerais sur scène, les hostiles se déchaîneraient à nouveau. À l'instant où le spectacle allait reprendre, nous avons eu la surprise de voir toute l'équipe sportive se lever, et les champions, connus du public, monter un par un sur la scène avec leurs chaises, s'installer de part et d'autre du micro ; l'un d'eux a pris la parole : « On s'installe là, les mecs, comme ça si vous continuez à balancer des bouteilles et des trucs comme ça, eh bien c'est nous que vous blesserez ! » Et le calme est revenu... merci les gars !

Au milieu de ce tohu-bohu, les moments de détente étaient rares ; un soir, nous avions dîné à l'Oustau de Baumanière, aux Baux-de-Provence. Tard dans la nuit, après le dîner, nous avons repris la route... mais comment aurais-je pu passer aux Baux sans escalader ma petite montagne à moi, au cœur du val d'Enfer. J'ai fait arrêter la grosse voiture américaine dans le parking des caves creusées dans le calcaire, et j'ai demandé à mon chauffeur et à mon garde du corps de m'attendre ; pour eux, il n'en était pas question ; ils m'ont suivi jusqu'au sommet, leurs « boots » de cuir brillant déplacées ayant du mal à s'accrocher aux aspérités de la falaise ; et c'est en sueur qu'ils ont atteint avec moi mon nid d'aigle, pestant en silence contre l'idole qui avait tous les droits, même celui de leur faire faire de l'escalade en pleine nuit au sortir d'un dîner pantagruélique.

Une autre nuit, à Juan-les-Pins, nous étions descendus dans l'hôtel légendaire, le palace de l'endroit, où la note serait une fois encore astronomique. Tiens, une petite anecdote sur cet hôtel, et sur Johnny et sur Cabat, le patron de Vogue. On raconte qu'un jour d'été, quelques années plus tôt, quand Johnny était la grande vedette débutante des disques Vogue, le rocker était soudain tombé malade en pleine nuit, et avait dû être hospitalisé à Antibes ou à Cannes ; la chose s'étant produite soudainement, Johnny était allé à l'hôpital sans pyjama, et Léon Cabat, qui se trouvait en villégiature dans la région, lui en avait apporté un le lendemain matin... Et quelques mois plus tard, quand Cabat avait rendu ses comptes de royalties à Johnny Hallyday... il en avait déduit le prix d'achat du pyjama ! On dit que ce fut une des raisons qui déclenchèrent le départ de Johnny, qui peu de temps plus tard avait quitté Vogue pour Philips !

Moi, dans ce palace, au cours d'un interminable dîner, j'ai soudain eu envie d'aller faire un tour sur le bord de mer, pour fuir un peu l'atmosphère oppressive du « clan ». Christian, bien sûr, a argué que c'était beaucoup trop dangereux pour moi de sortir seul, et il m'a accompagné avec un ou deux gardes du corps. Passant devant un square, nous avons vu des balançoires, et, retombant soudain un instant en enfance, nous nous sommes mis à jouer comme des marmots, en poussant les cris assortis... Les résidents d'un des immeubles qui surplombait le jardin public ont dû téléphoner aux flics, car nous avons vu arriver un panier à salade ; nous n'avions pas de papiers sur nous, mais les flics m'avaient bien reconnu... Ils ont été ravis de nous emmener au poste de police et de nous y garder, « pour vérification d'identité », jusqu'à ce que le commissaire s'amène au petit matin.

Un mois après l'aventure d'Anghione, notre programme de l'été prévoit deux galas en Corse ; nous avons des raisons de nous inquiéter, car la presse y a repris continuellement les rumeurs nées le soir de l'émeute, et l'on annonce que je vais sans doute me faire, dans le meilleur des cas, tondre, et plus vraisemblablement flinguer par quelques Corses scandalisés de la bagarre d'Anghione. La veille même du spectacle, Joëlle, qui est toujours en Corse, me téléphone pour me déconseiller vivement de venir chanter : les Corses sont, traditionnellement, fortement armés, et certains d'entre eux se sont juré de m'abattre si je mets les pieds à Ajaccio... Eh bien, nous y allons quand même, au point où nous en sommes ! De l'aéroport d'Ajaccio jusqu'au centre-ville, à l'endroit où se déroulera le spectacle, la mairie a installé deux cordons de gendarmes continus, on croirait la venue d'un chef d'État ! C'est aussi sous haute protection que nous jouons, non sans nous inquiéter pour certaines fenêtres non gardées qui s'ouvrent dans les immeubles en face de la scène, et d'où un tireur pourrait bien nous prendre pour des pipes en terre de tir forain ! Le même jour, je participe sans encombre à une émission de radio avec Jean Bardin, en présence de Tino Rossi, avec qui je garderai jusqu'à sa mort des relations amicales ; puis nous partons faire un deuxième spectacle, à l'Île-Rousse, traversant des jardins, bondissant de terrasse en terrasse pour atteindre en sécurité la scène, sous la protection, cette fois-ci, des Corses eux-mêmes, fort armés effectivement.

Un jour de la fin de juillet, nous avons reçu une invitation, elle provient de Jean-Christophe Averty, qui réalise à Port Lligat, le petit village de la côte espagnole où habite Salvador Dalí, un « portrait mou » du grand peintre – mou, en hommage aux montres molles et aux paysages qui se liquéfient que Dalí peignait. Averty voudrait que je figure dans le film. Nous prenons donc la route, un matin, avec trois heures de retard comme d'habitude, et nous retrouvons bloqués dans le trafic colossal qui fait du surplace sur plusieurs kilomètres jusqu'à la frontière. Georges Leroux entreprend de doubler la file à cent quarante à l'heure quand des motards nous interceptent ; quelques palabres et, m'ayant reconnu, ils proposent de nous ouvrir la route... C'est en cet équipage, toutes sirènes hurlantes, que nous avons atteint le poste frontière. L'après-midi chez Dalí a été extraordinaire, Averty nous a filmés autour de la piscine de Dalí, curieusement longue et étroite, avec deux petits bassins arrondis... En y regardant de plus près, on constate qu'elle a la forme... d'un énorme pénis. Sur une pelouse proche de la piscine trône un dromadaire grandeur nature en pierre ou en carton-pâte, je ne sais plus, et dont la panse est percée d'un trou à la hauteur de l'œil. Dalí m'invite à y jeter un regard : à l'intérieur de l'animal, un téléviseur est allumé : c'est toute la place que mérite, pour Dalí, la télévision...

Le Maître se prête volontiers à des photographies et aux demandes de Jean-Christophe Averty ; mon intervention terminée, je regarde un instant, pensif, la suite du tournage, et puis je trouve un moment de tranquillité dans l'une des petites maisons qui composent le domaine de Dalí, et passe une heure ou deux à bavarder avec une jeune personne blonde, qui séjourne depuis quelques mois à Port Lligat, en compagnie du couple légendaire Dalí-Gala, et qui s'appelle Amanda Lear.

Dalí, soudain, exprime le désir de me voir sur scène ; nous donnons le soir même un spectacle à Céret, dans l'arrière-pays de

Perpignan (dont la gare, on le sait, est pour Dalí le centre du monde). Nous l'y invitons, proposant de l'accueillir royalement. « Ne vous mettez pas en peine, répond-il, je vais envoyer mon assistant, le capitaine Moore, pour veiller à ce que nous soyons installés discrètement. » Le soir, lorsque je pénètre dans les arènes de Céret, où le public est assis sur des alignements de chaises métalliques de jardin, je découvre la conception dalinienne de la discrétion : son collaborateur a étalé au centre des arènes un tapis rouge, des fauteuils Louis XV, et Dalí y trône, aux côtés de sa femme Gala, avec à leurs pieds un ocelot.

Et la tournée, le train-train, continuent ; à Cannes, c'est une grenade lacrymogène qui atterrit à mes pieds : il a fallu que les Problèmes et moi quittions un instant la scène, tout le monde, artistes et public, en larmes, jusqu'à ce que la fumée se dissipe. Au Canet, petite péripétie plus amusante ; alors que j'en suis à peine à la première chanson de mon tour, la braguette de mon pantalon « pattes d'éléphant », ultracollant, cède ; je finirai la chanson perché sur une jambe, l'autre repliée, tel un échassier, pour cacher l'objet du délit ; à la fin de la chanson, je gagne les coulisses d'un bond pour sauter dans un pantalon de rechange !

À Aix-les-Bains, un fou dangereux dont j'ai oublié le nom a été chargé de réaliser une émission de variétés en direct ; on se croirait dans *Hellzapoppin* : parfois c'est le mauvais play-back qui démarre ; une chanteuse doit, au terme de l'intro de sa chanson, sortir d'un petit local situé sous un phare, au bout d'une jetée. Tout s'est bien passé à la répétition, mais entre-temps quelqu'un a fermé la porte à clef, et l'artiste tambourinera en vain à la porte pendant que son play-back se déroule sur l'image de la porte fermée ; quant à moi, on m'a demandé de chanter *Un éléphant me regarde* à califourchon sur une grosse branche d'arbre ; le final de la chanson reprend des cris qui peuvent passer pour ceux émis lors d'un orgasme un peu vif, un peu comme ceux que poussera dans quelques années John Lennon sur le final de *Cold Turkey*, et le cadrage choisi par le réalisateur, assez serré pour qu'on ne voie que moi et une partie de cette grosse branche qui surgit d'entre mes jambes et à laquelle je m'accroche, donne l'impression d'une titanesque masturbation !

Il se passe une curieuse chose, en plus, à mesure que l'été avance : chaque jour, de plus en plus nombreux, des gens m'annoncent ravis : « On a entendu ta nouvelle chanson, celle qui passe tout le temps à la radio, on l'adore. » Ma nouvelle chanson ? Les radios se seraient-elles décidées à passer *L'Éléphant* qu'elles ont bel et bien boycottée, comme Christian l'avait prédit ? Non, je finis par demander à quelqu'un : « Mais enfin, laquelle de mes chansons ? – Celle avec les Chinois – Les Chinois ? »

Eh oui, je vous ai raconté comment Jacques Wolfsohn, aiguillonné par Cabat, avait juré qu'un Antoine, il pouvait en faire un quand il voudrait. Un soir, il avait rencontré un écrivain, rédacteur en chef du magazine sexy *Lui*, et lui avait demandé de lui écrire des textes à la manière d'Antoine. L'écrivain s'était rapidement exécuté, et Wolfsohn avait fait composer des musiques par un de ses collaborateurs, un gars qui avait fait partie de quelques groupes de rock, qui avait même écrit une chanson pour Françoise Hardy, et qui était chargé chez Wolfsohn d'enregistrer des maquettes ; dans les semaines qui ont suivi, Wolfsohn a essayé de faire chanter ces chansons par plusieurs de ses poulains, leur demandant d'imiter ma façon de chanter, et puis la meilleure version s'est avérée celle du responsable des maquettes... Le disque est sorti sous le nom de ce garçon, Jacques Dutronc, et c'est pourquoi, des années plus tard, des tas de gens croyaient encore que c'était moi qui chantais « Sept cents millions de Chinois, et moi et moi et moi... » Si ses premières tentatives avaient été des échecs, Wolfsohn était tombé ce jour-là sur la perle rare, avec l'avenir brillant que l'on connaît. Un quart de siècle plus tard, à l'occasion d'une grande festivité, genre cinquantième anniversaire de *L'Express*, je suis invité à participer à une émission de radio. À l'instant où je pénètre dans le studio, Jacques Pradel achève une interview de Jacques Lanzmann, qui s'écrie en me voyant : « Oh ! voilà l'homme à qui je dois ma fortune ! », confirmant bien que c'est mon succès qui avait amené Wolfsohn à lui demander d'écrire ces chansons, qui ont dû effectivement lui rapporter au fil des années une somme totale de droits d'auteur pharaonique !

Et pour couronner la série des imitations et parodies, voici que le succès d'une autre chanson éclipse largement celui des miennes, cet été, sur les ondes : la chanson que nous avions bricolée avec les Problèmes pour l'émission d'Hubert sur Europe 1, la parodie de *Je dis ce que je pense* avec un accent berrichon amuse tous les programmateurs, qui la passent sans arrêt... alors que le groupe dont le nom figure, sans photo, sur la pochette, n'existe même pas : bien entendu, puisque chacun des quatre morceaux du disque est joué par des musiciens différents ! Un matin, alors que nous avons joué la veille sur la scène d'un casino de l'est de la France, Christian convoque les Problèmes dans ma chambre d'hôtel. « J'ai reçu un coup de téléphone de Vogue, explique-t-il, ils sont dans la merde, toutes les émissions de télé veulent inviter les Charlots, et les Charlots n'existent pas... Mais c'est vous qui chantez et jouez cette chanson, qui est devenue un vrai tube. (C'est vrai, même l'accordéon était joué par Phil, qui maniait aussi bien le piano à bretelles que la guitare électrique.) Alors, demain, vous devenez les Charlots, vous formez un numéro comique...

— Mais Christian, ont timidement soulevé quelques-uns des musiciens, et le rock'n roll, et les Problèmes ?

— Les Problèmes, vous voyez bien que ça ne marche pas, vous êtes obligés d'accompagner Antoine parce qu'il n'y a pas de boulot pour vous, et vos disques en solo ne marchent pas non plus... »

C'est comme cela que j'ai vu en dix minutes Christian (vous ai-je dit qu'il était convaincant ?) persuader ceux qui deux mois plus tôt étaient, selon ses propres dires, « le groupe de rock le plus prometteur de France » de se transformer en groupe comique, reprenant les clowneries des Brutos, un groupe d'Italiens où figurait Aldo Maccione, et dont l'activité essentielle sur scène n'était pas de jouer de la musique mais de se donner des claques. La carrière des Charlots a connu le succès fulgurant que l'on sait, comme chanteurs populaires, avec *Paulette la reine des paupiettes* ou *Elle a gagné le Yo-Yo en bois du Japon*, puis au cinéma avec le triomphe en France et à l'étranger de la série des *Bidasses*, et Christian a bâti en grande partie sur ces succès sa fortune et sa carrière. Mais chaque fois que, dans les années qui ont suivi, il m'est arrivé de rencontrer l'un d'entre eux, Gérard Rinaldi ou Luis Rego en particulier, il me confiait que le rock leur manquait, et que leur vœu le plus cher était de revenir à des prestations plus... honorables que celles, bien divertissantes au demeurant, des Charlots.

Nous approchons de la fin de l'été, et le gala que nous donnons à Narbonne résumera assez bien l'ambiance de cette tournée extraordinaire, de l'atmosphère de bagarre, dont je sortais généralement vainqueur, mais à quel prix ! On a gardé une trace de ce spectacle, d'ailleurs, puisqu'il se déroulait, ce jour-là, dans le cadre de l'émission de télévision d'une chanteuse reconvertie dans la production de programmes de variétés, Michèle Arnaud : *Music-Hall de France*, et que le spectacle entier a été filmé pour être diffusé à la télévision au début de septembre : il se déroulait à la Maison des jeunes et de la culture de Narbonne, et une partie des membres de la MJC avaient jugé qu'Antoine, ce n'était pas assez « culturel » pour la MJC, et décidé de le faire savoir ; comme ils étaient chez eux, ils avaient libre accès aux cuisines du restaurant de la MJC... et tout au long du spectacle, ils ont fait la noria entre le lieu du spectacle et les réserves de fruits et de légumes, assurant un bombardement permanent de la première partie, redoublant de densité dès mon entrée sur scène. Comme toujours, je suis arrivé, sinon à les retourner, du moins à les faire huer par ceux qui étaient « mes fans », à les ridiculiser avec mon truc habituel : « Ceux qui m'aiment, criez ! – Ouahhh ! » répondent les fans. – Ceux qui ne m'aiment pas, criez ! – Ouahhh ! » hurlent les hostiles. Moi, prenant à témoin les autres : « Vous voyez, ils sont tellement bêtes qu'ils m'obéissent ! – Ouahhh ! », cri général ! L'affaire finissait par se calmer, mais quel tour de chant était-ce là, dans quoi m'étais-je fourré, moi qui, quelques mois plus tôt, rêvais de trouver un petit coin tranquille pour y chanter mes chansons folk ? Et puis est venue la dernière soirée de la tournée, à Annecy ; fidèle à ses goûts de luxe, Christian avait invité toute la troupe, plus une quantité de journalistes parisiens ou locaux, de notables et parasites divers, à dîner dans le plus luxueux restaurant de la région, l'auberge du Père Bise, à Talloires, où nous étions descendus : c'étaient près de cinquante personnes qui s'étaient attablées, et commandaient à notre compte des menus dégustation et des bouteilles de château-pétrus 1929...

Pendant ce temps, c'était un autre combat que je livrais, moi, dans ma chambre, où je m'étais fait servir un pauvre steak frites (chez le Père Bise !). Nous rentrions le lendemain à Paris, et j'avais essayé de convertir Dominique à ce que j'estimais, et estime encore, être la juste image d'un couple : je lui proposais d'habiter à des adresses séparées, chacun vivant sa vie comme il l'entendait, nous retrouvant souvent, lorsque nous en aurions envie tous les deux. « Ce qui nous a tués, Joëlle et moi, c'est d'être ensemble tout le temps ; pour construire quelque chose qui dure, il faut rester soi-même de temps en temps. » Mais voilà, on n'apprend pas ça aux filles, on leur apprend que quand elles ont trouvé l'homme de leur vie, ils vivent heureux ensemble en permanence et jusqu'à la fin des temps ; et nous venions de vivre près de deux mois – et quels mois ! – dans une situation pratiquement conjugale, partageant la même table, le même lit ; et Dominique ne voyait pas les choses autrement, il fallait qu'à Paris nous nous installions en ménage dès le lendemain, et si je ne l'acceptais pas, elle se barrait tout de suite, à trois heures du matin en pleine campagne ; la nuit de discussion autour du steak frites refroidi avait comporté toutes les scènes classiques, engueulades, réconciliations, menaces de sortir par la fenêtre si je ne la laissais pas le faire par la porte pour se barrer à pied à travers la campagne, etc.

Elle n'est pas sortie par la fenêtre, nous sommes rentrés à Paris, je l'ai ramenée à son studio, j'ai regagné le mien, inhabitable comme toujours avec sa moquette rouge ridicule, son sommier posé par terre et rien d'autre ; le chat, je l'avais donné à je ne sais trop qui...

Et je m'y suis enfermé trois jours pour entreprendre le bilan que je m'étais promis de faire dès la fin de la tournée ; côté financier, c'était tout simple : au terme d'une tournée fulgurante, de dizaines de spectacles fort bien payés (certaines salles avaient été moins pleines que prévu, mais d'une façon générale, les recettes avaient été bonnes), il ne me restait pas un sou : pas une seule fois Christian n'avait tenu ni rendu le moindre compte ; il enfournait en général dans sa poche – à l'époque, presque tous les règlements se faisaient en espèces, pour éviter les fréquents chèques en bois – la recette du soir, et le lendemain, il ressortait une poignée de billets pour payer les énormes notes d'hôtel, de restaurant, de réparation de voitures, faisant, si j'étais dans les parages, une mimique significative, les yeux au ciel, genre « Tu te rends compte, Tonio, avec tout ce qu'il y a à payer, je n'ai plus d'argent pour toi... » Oh ! je ne pense pas qu'il détournait l'argent, simplement, il lui brûlait les doigts, et sa gestion était un simple cauchemar... C'était une chose courante dans le show-business de l'époque : Carrère, le producteur de Sheila, ne lui a pas une seule fois, dit-on, rendu des comptes tout au long des années de leur collaboration. Au terme de cette tournée, je regagnais donc mon studio vide sans avoir les deux ou trois mille francs nécessaires pour le faire un peu aménager, le rendre moins invivable...

Il m'est arrivé un drôle de truc, un jour de ce début de septembre. Parti faire je ne sais quelle course ou quel enregistrement en banlieue, je m'arrête, au volant d'une voiture de location, dans une station-service, pour faire le plein ; je sors de la voiture, et le pompiste me reconnaît : « C'est vous Antoine ? Eh bien, je ne veux pas vous servir... » Putain, où en étions-nous parvenus, pour que le nuage d'agressivité qui m'entourait, qu'on m'avait collé sur le dos, alors que je n'étais certainement pas comme ça, en arrive là : qu'on refuse de me servir parce que je suis Antoine ! Est-ce que j'allais devoir toute ma vie vivre dans la parano, me planquer, être honni d'une bonne partie de mes semblables ? Je ne me sentais pas l'étoffe d'un rocker maudit, vivant enfermé, détestant et détesté... Je crois que c'est ce jour-là que j'ai décidé que, dorénavant, je m'appliquerais à rétablir la vérité, à me « remettre bien » avec le public, à essayer d'effacer les dégâts de ces mois de folie.

Dans le petit studio, j'ai pris un cahier vierge (un des beaux cahiers de Centrale) et j'ai fait sur la page de gauche la liste des raisons de me séparer de Christian Fechner, sur la page de droite la liste des raisons de continuer avec lui ; les deux listes se sont étirées sur plusieurs pages, le bougre n'avait pas que des défauts, il l'a prouvé par la suite... Mais au terme de ces deux jours, ma décision était prise, les pages de gauche avaient largement écrasé les pages de droite, et je suis descendu frapper à la porte de Christian... Je lui ai exposé clairement mon intention ; il n'a pas été surpris, il le savait bien depuis le début de l'été, depuis la soirée de Grenoble, et depuis que j'avais chanté « Je ferai mes chansons moi-même ». Il n'a pas essayé de me convaincre, il m'a dit :

« D'accord Tonio, on va se séparer, je te demande juste de finir les trois choses qui sont en cours, déjà signées : la tournée en Italie en octobre, celle au Québec en novembre, et l'enregistrement du quarante-cinq tours qu'on a promis à Vogue, et que j'ai déjà commencé cette semaine. »

J'ai accepté, et nous sommes passés à la première de ces dernières collaborations ; si vous comptez bien, j'avais déjà publié cette année un album entier, un quarante-cinq tours simple avec *Je dis ce que je pense* et les *Contre-élucubrations problématiques* (reprises dans un album intitulé *Antoine rencontre les Problèmes*) et un double quarante-cinq tours avec *L'Éléphant*... et il fallait déjà, deux mois après ce dernier disque, enregistrer quatre nouvelles chansons... C'était comme ça qu'ils procédaient tous, aussi bien Claude François et les yé-yé que les chanteurs plus classiques comme Dalida, même Brel publiait plusieurs disques par an. Au cours de l'été, j'avais écrit quelques belles chansons que j'aimais bien, *Je reprends la route demain* (je songeais véritablement à la reprendre, cette route, pas celle des galas et des galères, mais celle des vagabondages de l'été précédent), *Ma fête foraine*, *Juste quelques flocons qui tombent*, mais Christian avait une idée bien arrêtée ; je ne sais quelles élections, présidentielles je crois, allaient se dérouler durant cette rentrée, il voulait donc que je fasse un grand succès populaire avec un genre de remake des *Élucubrations* sur le thème « Je vous ai compris, votez pour moi »... C'était mon dernier enregistrement pour Christian, après tout si ça lui faisait plaisir. Je me suis pointé au studio, la chanson était déjà pratiquement enregistrée par les Problèmes et François Renoult, il ne me restait plus qu'à enregistrer des paroles que j'ai écrites en deux ou trois heures dans un des bureaux à l'étage, sur une mélodie qu'on venait juste de me faire découvrir, et qui, ça ne pouvait avoir échappé à aucun de nous, ressemblait bougrement à *Yellow Submarine*, des Beatles, disons, pas la mélodie, mais la métrique, le découpage de la chanson. J'en ai parlé à Christian, qui a dit que ce n'était pas grave, que la mélodie était si simple que c'était ce qu'on appelle à la SACEM une mélodie « multiple ». J'ai enregistré, et le disque est sorti quelques jours plus tard, pressé dans un vinyle de couleur rouge ou verte, une première en France[1]. Et bien sûr, ça n'a pas raté, trois jours plus tard, la presse annonçait en première page « Les Beatles font un procès à Antoine » : le sous-éditeur français de Northern Songs, qui éditait toutes les œuvres du groupe, avait assigné Vogue, demandait la saisie du disque, appliquait exactement la stratégie employée trois mois plus tôt par les éditions Vogue en mon nom et malgré moi. Ce matin-là, on m'a demandé d'aller m'expliquer en direct au journal de midi d'Europe 1. Il se trouvait, par hasard, que mon père m'avait rendu visite à Paris, ce qui me faisait toujours plaisir ; je me préparais à aller défendre la théorie de la mélodie « multiple », et l'exposais à mon père, quand celui-ci me répondit : « C'est vrai, ça ressemble à la mélodie de *Yellow Submarine*, mais aussi à un tas d'autres mélodies, comme *Le Petit Chaperon rouge*. » Et il me fredonne une chansonnette que nous reprenions souvent en chœur quand nous étions enfants, bâtie effectivement sur les mêmes harmonies, les plus simplettes, do, fa, sol septième, do...

J'arrive à Europe 1, et, juste avant l'émission, pour étayer ma thèse, je demande que l'on me trouve un enregistrement du *Petit Chaperon rouge* ; on en déniche au dernier moment un dans la discothèque, chanté par une chanteuse très... dépassée. J'entreprends, en direct à l'antenne (à l'époque, il n'y avait que trois stations de radio, passer en direct à Europe 1, c'était avoir à peu près la moitié de la France à l'écoute), d'expliquer que la mélodie que l'on m'accuse d'avoir plagiée est multiple, qu'elle appartient à tout le monde, et je demande pour appuyer mes dires qu'on écoute un instant *Le Petit Chaperon rouge*. Le disque démarre, et chanté par cette dame, tout en roucoulades ultradémodées... ça ne ressemble absolument à rien, et surtout pas à *Votez pour moi* ni à *Yellow Submarine*... Tout le monde dans le studio me regarde avec des yeux ronds ; un journaliste présent me confiera plus tard qu'il a pensé ce jour-là : « Ce type-là est un génie », croyant que je me foutais de leur gueule à tous en faisant diffuser ce disque indiffusable, comme si j'étais Dalí faisant un discours surréaliste... Moi

1. Le tout premier pressage était réalisé dans une pâte marbrée, qui s'est révélée trop complexe ou coûteuse à manier par la suite, et les quarante-cinq tours sortis de ce premier pressage sont devenus des *collectors*.

qui, tout candidement, tout connement, essayais de me disculper (et dire que c'était François qui avait écrit la chanson, et que Christian m'avait mis devant le fait accompli !) en citant une chansonnette de mon enfance, rappelée à mes souvenirs par mon papa, et dont je pensais sincèrement qu'elle ressemblait aux deux chansons mises face à face.

Et le « procès que les Beatles faisaient à Antoine » a duré plusieurs années ; oh ! ne rêvons pas, les Beatles n'ont jamais entendu parler d'Antoine, c'est juste le sous-éditeur français de *Yellow Submarine* qui avait choisi de la déposer, cette plainte, pensant sans doute en retirer beaucoup d'argent si la chanson était un succès comparable aux *Élucubrations...* La chanson n'a pas eu le succès escompté par Christian, mais le procès a continué longtemps son détestable chemin, de plaidoirie en appel, d'attendus en expertises, expertises d'où il sortait en général le jugement peu flatteur que les mélodies concernées étaient effectivement si simplettes, médiocres et linéaires que personne ne pouvait décemment s'en estimer propriétaire. Quatre ans plus tard, désirant enregistrer pour la France une adaptation d'une chanson d'origine allemande, que j'avais entendue à la radio, je me renseigne, découvre que cette chanson est éditée en France par le même éditeur, qui m'invite à déjeuner avec les adaptateurs français. Tous sont ravis que j'enregistre l'œuvre qu'ils représentent ; à un moment du repas je prends la parole : « Je vous rappelle tout de même que nous sommes en procès depuis des années. – Oh ! ça, ce n'est pas grave, un coup de téléphone et ça sera arrangé... » Et je n'ai plus jamais entendu parler du procès ! Cette chanson avait d'ailleurs depuis longtemps déjà disparu dans les oubliettes du temps... Le seul souvenir positif que j'en garde, c'est que j'y avais cité deux personnages de l'actualité que j'aimais bien : San Antonio (que je proposais de nommer ministre de la Justice), et Brigitte Bardot (que l'on aurait dû pouvoir gagner comme gros lot de ma loterie nationale)... Dans les mois qui ont suivi, j'ai eu le plaisir de rencontrer le premier (en la personne de son créateur, Frédéric Dard) et la seconde, et tous deux m'ont confié qu'ils avaient été très amusés d'être cités dans ma chanson.

Parmi les arguments qui avaient été exposés au cours des plaidoiries pour établir l'existence d'un plagiat, un avocat avait déniché sur la pochette du quarante-cinq tours le nom des Beatles, minuscule, sur une illustration que Christian avait commandée... à Joëlle ! Un jour de septembre, Joëlle était rentrée de Corse, et elle était venue me voir dans le studio... Mais nous n'avions pu que constater que, comme l'avait envisagé Jean-Marie, c'était râpé... Quelle tristesse que puisse s'évanouir si complètement la passion qui m'avait secoué tout au long de l'année précédente, qui avait été même une des raisons pour lesquelles j'avais pris mon envol... Mais cette année-ci était passée sur notre amour comme un irrésistible bulldozer. L'embrasement du succès, les influences insidieuses, les tentations que Michel Polnareff appelle joliment dans ses mémoires « les envies d'à côté », et l'incapacité dans laquelle nous avions été de maintenir la communication entre nous avaient eu raison de notre histoire... Joëlle a vécu, depuis, dans la campagne des Alpilles, une vie certainement plus heureuse, plus équilibrée, malgré un grand drame familial, que celle qu'elle aurait vécue avec moi... et je lui demande humblement pardon de n'avoir pas su être plus longuement le i sur lequel elle avait élu d'être le point.

Ayant décidé de voler de mes propres ailes, j'ai demandé à Léon Cabat une avance sur les royalties qu'il ne devait me verser qu'au terme de la première année de contrat, quatre pour cent – moins un pourcentage réservé à la « casse » (le contrat prévoyait de déduire des royalties dix ou quinze pour cent de disques cassés... Qu'ils devaient être maladroits, les magasiniers de Vogue !), moins ceci ou cela, ça faisait moins que ce que l'on pouvait imaginer, d'autant qu'il se produisait toujours, je l'ai vite remarqué, un drôle de phénomène : lorsque le succès approchait, on t'annonçait : « On en a vendu 50 000, 70 000... » Quand le succès était là : « Ça y est, on a passé les 200 000. » Le triomphe arrivé : « Ouais, on a passé les 500 000 », et le super tube : « Hourrah, on est à un million » et puis quelques semaines après, on te confirmait que tu avais vendu 800 000 ; trois mois après : « Hé, on a tout de même passé les 600 000... » Au fur et à mesure qu'approchait le moment où la maison de disques devait te payer, ça diminuait ; un mois avant les comptes annuels c'était : « On a vendu 470 000 » et sur tes feuilles de comptes, en additionnant bien tout, tes ventes se montaient à 276 354 disques ! Où était passé le million de disques claironné ? On n'en saurait jamais rien !

Léon Cabat m'a donc avancé de quoi aménager un peu mon appartement, avec l'aide de l'ami Jacques, le « coiffeur des rockers », qui était aussi très doué pour le bricolage ; deux groupies de passage, émues de mon désordre et du vide de mon studio et de ma vie, m'avaient aidé à choisir deux ou trois meubles dans une grande surface, et j'ai fait un voyage express à Londres pour y acheter quelques posters, statuettes de Batman, torchons représentant le drapeau anglais et autres gadgets caractéristiques de Carnaby Street. J'avais fait aménager ma petite cuisine en suivant les conseils de Jean-Marie Périer, que j'avais retrouvé avec plaisir, pour la première fois depuis Grenoble, au terme de cette folle tournée d'été ; je m'étais, plus encore qu'au printemps, lié d'amitié avec lui, et nous passions souvent la soirée ensemble, dans son bel appartement de la rue du Faubourg-Saint-Honoré, sous les toits. Plus tard, quand notre amitié s'est dissoute dans le temps, je suis souvent passé avec émotion au pied de son immeuble, reconnaissant la grande lampe-champignon Knoll orange, caractéristique, visible à travers une de ses fenêtres depuis la rue.

Il y avait aussi quelques galas déjà signés, comme le festival de Châtelet, en Belgique ; l'organisateur avait engagé divers artistes, dont Johnny Hallyday et moi. Mais Johnny passait par une mauvaise période de sa vie : il est vrai que le succès de sa réponse à ma chanson, *Cheveux longs, idées courtes*, l'avait aidé à regagner les sommets des hit-parades, mais il faut reconnaître aussi qu'il y avait adopté, se sentant obligé de me répondre, un ton plutôt réac, du genre « Ah ! ces petits jeunes à cheveux longs, ce qu'il leur faudrait c'est une bonne guerre » assez incompatible avec l'image qu'il avait eue jusque-là de jeune rebelle ; cette chanson, malgré son succès, ne pouvait guère le ravir. Mais surtout, il avait des problèmes familiaux ; son mariage avait fait, l'année précédente, les couvertures de tous les magazines, à commencer par *Salut les Copains* ; mais voilà que, moins d'une année plus tard, Sylvie, lassée sans doute de sa façon de vivre, le quittait déjà, emmenant avec elle le petit David, qui venait de naître... Et la presse tout entière se rangeait du côté de Sylvie, jugeant très mal Johnny. La veille du spectacle, Johnny tenta de se suicider. Il fut remplacé *in extremis* par Hugues Aufray, ramené par avion spécial du Midi où il chantait le même jour ; à la presse à sensation qui m'interrogeait, j'ai répondu simplement que tout ce que je pourrais faire pour aider Johnny à sortir de cette mauvaise passe, je serais ravi de le faire... et un magazine barra sa première page d'un détestable « Antoine : je ne veux pas finir comme Johnny », qui ne correspondait absolument pas à ma pensée. Malgré les malheurs de Johnny, ce jour-là, Christian, clairvoyant, me dit : « Tu vas voir, le public aime que ses vedettes soient malheureuses, ils vont tous se remettre du côté de Johnny. » Et sa prophétie s'est avérée, Johnny a publié quelques jours plus tard son nouveau disque, *Noir c'est noir*, et sa carrière a de nouveau bondi vers les plus hautes cimes.

Moi, j'avais une autre préoccupation, que ne peuvent pas connaître les jeunes garçons d'aujourd'hui, depuis qu'a disparu de leur proche avenir le détestable et stupide rituel obligatoire qu'était le service militaire. Entre parenthèses, quel privilège colossal avaient les filles – un des rares privilèges dont elles bénéficiaient sur les garçons – de ne pas avoir sur leur chemin ce véritable cauchemar, ces deux ou trois années de sa vie (et que deux ou trois ans semblent longs à vingt ans !) qu'il fallait sacrifier à l'imbécillité guerrière, avant de pouvoir débuter sa vie active, professionnelle, artistique ou familiale. Pourtant même de Gaulle, trente ans plus tôt, prônait l'armée de métier ! Mais non, les hommes au pouvoir, sans doute les mêmes qui rêvaient d'une France de cent millions d'habitants (dont trente millions de soldats, sans doute) exigeaient de chaque garçon ce rituel initiatique, qui était censé faire de vous un homme... Tu parles, faire de vous un matricule, un mouton, un bœuf éduqué à obéir avant de réfléchir, oui ! En 1966, le spectre de la guerre d'Algérie et le risque non négligeable d'aller mourir d'une mort stupide et inutile dans les Aurès s'étaient estompés, mais comme bien des garçons de l'époque, la chose me préoccupait, et j'avais la ferme intention, dans les limites de la légalité, de tout faire pour retarder ou faire disparaître de mon horizon ce lourd nuage noir. Les studieux étudiants, tels les Centraliens, avaient certes droit à un certain favoritisme, quelques cours pris au long de leur scolarité leur permettaient de devenir « élève officier de réserve » et de réduire considérablement le temps qu'ils devraient consacrer à nettoyer des chiottes sous les ordres de sergents obtus, mais même ces cours m'avaient rebuté, et je les avais séchés ; quant aux fameux « trois jours », je les avais passés à l'infirmerie de Mourmelon, à faire constater aux médecins militaires que la dysenterie vraisemblablement amibienne que j'avais ramenée de mon enfance coloniale était peu compatible avec le service de la Nation. Ces antécédents médicaux, plus ma frêle constitution, auraient dû à eux seuls m'assurer une facile réforme ; seulement voilà, j'étais devenu célèbre, et contesté, et aucun conseil de réforme ne m'aurait accordé celle à laquelle j'avais le droit, de peur de se faire insulter par la presse : dès la rentrée de septembre, à l'aide de photos truquées, les journaux signalaient ici ou là mon incorporation.

Pour cette année, la solution était simple : continuer mes études, ce que j'aurais de toute façon fait si le raz-de-marée de la chanson n'avait pas bouleversé ma vie : plus question d'aller passer mon Ph.D. à Princeton, mais m'inscrire en deuxième année de Sciences-Po m'accorderait un sursis... Aimant bien apprendre, je me suis inscrit, en plus, à l'université de Nanterre, pour y préparer une licence de psychologie. Ces études, je l'espérais, me laisseraient tout de même le temps de remplir les contrats déjà signés et de me livrer plus tard, avec la modération que je souhaitais, à diverses activités artistiques, dans la chanson ou ailleurs.

Quelques mois plus tôt, au printemps, un Italien trapu et costaud, Gianpiero Simontacchi, avait fait son apparition dans ma vie. Directeur artistique de la SAAR, la maison de disques qui représentait Vogue en Italie, il s'était spécialisé dans le développement dans son pays de la carrière des artistes français ; il y représentait Françoise Hardy, Claude François, Charles Aznavour, et plusieurs autres. Il avait eu le coup de foudre pour l'album des *Élucubrations* et m'avait envoyé un jeune auteur, adaptateur en italien de nombreuses autres chansons françaises, dont celles de Brel, et qui connaîtrait quelques années plus tard un grand succès populaire en France avec *La Bonne Franquette* et d'autres belles chansons, Herbert Pagani. En quelques séances, Herbert m'avait enseigné les rudiments d'italien nécessaires pour que mes disques ne soient pas proscrits de la radio locale : « Plus que la prononciation m'expliquait-il, c'est la position de l'accent tonique qui est incontournable : si tu mets l'accent tonique là où il ne faut pas, tes chansons ne passeront simplement pas à la RAI (l'équivalent italien de l'ORTF). » L'exemple le plus classique était le mot *casino* : prononcé « Casino », en insistant sur la dernière syllabe, c'est le lieu où on joue à la roulette. Si on se trompe et que l'on dit « Casino », avec l'accent sur le si... c'est un bordel !

Puis Herbert était reparti pour Milan, emportant sous son bras la bande où j'avais enregistré ses adaptations de six ou huit de mes chansons. L'album n'avait eu qu'un succès d'estime, mais les textes d'Herbert m'avaient fourni un excellent « matériel » pour une tournée italienne, des adaptations brillantes, les *Élucubrations* devenues *Le Divagazioni di Antoine*, *Je dis ce que je pense* traduit par *L'Alienazione* (la folie), et *Pourquoi ces canons* très joliment transformée en *La Felicità*. Et Gianpiero Simontacchi avait remué ciel et terre. « Pour qu'un artiste marche dans un pays étranger, disait Christian, il faut qu'il y ait dans ce pays un homme qui se lève chaque matin en se disant " Qu'est-ce que je pourrais faire aujourd'hui pour faire marcher la carrière de mon artiste ? " » C'était exactement le rôle que s'était assigné Gianpiero, et son obstination allait porter ses fruits au-delà de toute espérance ! En ce mois d'octobre, nous avions été invités à faire une petite tournée dans quelques lieux mythiques de la nuit italienne, le Piper de Milan en particulier, et dans un impressionnant palais des sports du quartier de l'Europe, à Rome. Malgré la barrière linguistique, le succès avait été tangible : et là, en Italie, oh ! merveille, des salles enthousiastes... et pas un seul projectile ! Quel changement ! Et lorsque nous avions repris la route de la frontière française, Gianpiero m'avait promis que les choses n'en resteraient pas là. Il ne croyait pas si bien dire.

Après ma campagne d'Italie, ce sera ma dernière collaboration avec les Problèmes et avec Christian, je m'aventure dans les arpents de neige du Québec ; j'ai un excellent souvenir des kilomètres parcourus en grosse voiture américaine au fil des plaines et au travers des montagnes de ce pays magnifique. Nous chantions chaque soir dans une « arena », une patinoire, où le podium sur lequel les Problèmes installaient leurs instruments était généralement construit sur la glace de la patinoire ; au fur et à mesure que l'ambiance de la salle s'échauffait, de la vapeur montait de la glace, dissimulant le podium, et nous semblions marcher sur un nuage tout au long du tour de chant. Trois-Rivières, Rimouski, Chicoutimi, quelle jolie musique que ces noms qui m'ont toujours fait rêver... La tournée s'est achevée à Montréal, au centre Paul Sauvé ; l'enthousiasme du public était si fort, le service d'ordre si mal fait que nous avons dû mettre fin au spectacle dix minutes seulement après mon entrée en scène, les jolies petites Québécoises (et leurs copains aussi, d'ailleurs) se jetant sur scène en trop grand nombre. J'avais pour ma part trouvé une très agréable compagnie, une jolie Québécoise, animatrice de radio et de télévision, qui un soir m'avait invité chez elle... nous y sommes restés trois jours et trois nuits, n'en sortant que pour un spectacle, ou pour aller assister au défilé de mode d'un gentil couturier homosexuel, qui m'avait offert de beaux vêtements très « sixties », pantalon cigarette en velours d'ameublement à très grosses côtes ou ceinture en vinyle laqué argent. Le Québec, sur certains points, était très en avance sur la France : on pouvait par exemple, à toute heure de la nuit, se faire livrer à domicile des pizzas, en les commandant par téléphone ! J'étais ravi aussi de ces téléphones à fréquences vocales, jouant une petite musique au lieu des antiques, interminables cliquetis des téléphones français. Quel bonheur que cette rencontre sans lendemain, ces moments de douce complicité, de caresses et de tendresse, dans le douillet appartement de mon amie québécoise, rencontre de deux adultes qui s'étaient choisis, sans arrière-pensée, sans lendemains lourds... Et pourtant, le Québec revenait de loin, la religion catholique y avait eu jusque-là une influence si pesante... C'est à peu près cette année-là que les Québécois ont soudain secoué ce joug extraordinairement oppressant, et cessé de prendre pour argent comptant ce que leur imposaient depuis si longtemps leurs prêtres.

Avant de regagner la France, nous avons fait un détour par les États-Unis ; depuis bien longtemps, depuis le vrai succès américain de Maurice Chevalier, pratiquement aucun artiste français n'était devenu célèbre aux USA ou dans un autre pays étranger, mais les impresarii de Paris adoraient faire photographier leurs poulains à Londres, Rome ou New York, prétendant qu'ils y avaient reçu un accueil triomphal. Des agents de presse recevaient l'artiste, et convoquaient les correspondants locaux des magazines français. C'est dans cet état d'esprit qu'avait été organisée pour moi une journée new-yorkaise, qui débuta à l'aéroport, où, venant de Montréal, je fus accueilli par un couple que je ne connaissais pas, un type à la peau marquée et aux bizarres cheveux gris clair, et une grande blonde mince aux cheveux raides. Ils me conduisirent à un autobus parisien qui avait été loué pour la circonstance et décoré de grappes de ballons multicolores ; en leur compagnie, nous avons parcouru les quartiers les plus branchés de New York, assistant au défilé de mode d'une jeune créatrice dans le vent, tentant de visiter une exposition d'art érotique (mais la foule y était si dense que l'organisateur, voyant arriver notre groupe, a préféré nous en interdire l'accès), applaudissant dans les boîtes du Greenwich Village les Byrds et les Fugs, un groupe dans la lignée des Mothers of Invention de Frank Zappa. Puis mon cicérone nous a amenés à son atelier, la Factory... Car il s'agissait bel et bien d'Andy Warhol, dont je connaissais peu de chose, sinon qu'un cinéma du Village projetait son dernier film, composé uniquement d'un plan de huit heures de John Lennon en train de dormir. Andy a passé une demi-heure à me filmer occupé à manger des bananes en compagnie de Nico, la future chanteuse du légendaire Velvet Underground, devant un mur orné du célèbre dessin d'une banane qui devait figurer sur la pochette de l'album mythique de ce groupe... Moi, je dois dire que ces activités plutôt branchées m'ennuyaient passablement ; ce n'est que bien plus tard que j'ai réalisé un, qui était Andy Warhol, et deux, que ce jour-là, émoustillé par ma réputation de provocation, qui était arrivée jusque-là, l'agent artistique imaginait que j'allais déclencher je ne sais quel scandale qui assurerait ma popularité aux États-Unis, comme le jour où Dalí se fit connaître de toute l'Amérique en brisant la vitrine du grand magasin Macy's. Pour ma part, j'étais venu à New York pour deux choses : acheter une brassée d'albums chez Tower Records, et, si possible, trouver une jolie compagnie, aussi simple et sans histoire que mon idylle québécoise. Une jolie blonde de la troupe m'ayant plu, et l'attraction ayant été réciproque, nous avons faussé compagnie à la bande de Warhol alors qu'ils mettaient le cap sur je ne sais quels hauts lieux des nuits new-yorkaises, et nous nous sommes offert la brassée de disques dont je rêvais, et la jolie promenade en amoureux sur une calèche autour de Central Park dont j'avais gardé le souvenir depuis mon enfance.

De retour à Paris, les occupations ne manquaient toujours pas ; un contrat avait été signé pour l'Ancienne Belgique, un célèbre music-hall de Bruxelles, et j'ai dû pendant deux semaines prendre chaque matin le premier train Bruxelles-Paris pour faire acte de présence dans les cours par petits groupes de Sciences-Po ; j'arrivais rue Saint-Guillaume encore à moitié endormi, et il n'était pas rare que je me rendorme sous le nez du professeur indulgent.

Avec Christian, nous nous étions séparés de façon relativement amicale... mais il restait bien des contrats en jeu : Christian me rappelait que je m'étais engagé à vie à lui verser la moitié de ce que je gagnerais ; et la gestion inepte de la tournée d'été laissait présager pour moi de gros problèmes avec le fisc : toutes ces sommes gagnées, il aurait fallu en conserver près de soixante pour cent pour payer, huit mois plus tard, les impôts ! Personne ne m'en avait parlé, et je me trouvais soudain seul face à ces problèmes apparemment insurmontables. Cabat, aimant diviser pour régner, et enchanté de voir se dissocier une cellule qui s'était créée à l'intérieur de son entreprise, mit à ma disposition l'avocat de Vogue, qui se plongea dans mes contrats, et éclata de rire quand il eut pris connaissance de celui qui me liait à Christian : « Ce truc-là, hurlait-il de la voix de baryton qui sortait de son imposante personne, est complètement léonin. » C'est ce jour-là que j'ai appris le sens de ce joli adjectif : « léonin », le fait du lion, se dit d'un contrat tellement inégal qu'il n'a aucune valeur, comme la domination du lion sur les autres animaux de la jungle. Selon ce contrat, Christian ne s'engageait à rien, je m'engageais à tout. « Facile, vous dénoncez ce contrat par une lettre recommandée, et vous en serez débarrassé »... et le plus fort, c'est que ça a marché ! Mais ce n'était que l'une des chaînes que je m'étais mises aux pieds en signant inconsidérément tous ces contrats, et l'atmosphère devenait tendue, d'autant que Christian habitait toujours en dessous de chez moi, et qu'il avait entrepris clairement de démontrer que c'était lui qui avait « fait » Antoine, qu'il pouvait en créer un autre quand il voudrait : sous le nom de Sullivan, il avait fait enregistrer un album à Jacky, le gentil guitariste qui avait remplacé un instant Luis Rego au cœur des Problèmes, et le présentait partout comme le nouvel Antoine, balayant l'autre, histoire ancienne... Me séparant de Christian, j'avais délibérément choisi d'avoir un succès, une célébrité moins gigantesques, à dimension plus humaine, mais dans ce choix, je me heurtais forcément chaque jour à la malveillance de gens du métier, par exemple, qui me balançaient gentiment dans la gueule que mon succès n'était plus ce qu'il avait été.

À Noël 1966, agréable diversion à tous ces tracas, je suis invité à chanter à Colomb-Béchar et à Hassi Messaoud pour le dernier Noël des militaires français au Sahara : je trouve plutôt sympathique que ces militaires finissent par quitter un lieu où ils n'ont pas leur place, ça ne me gêne donc aucunement d'aller chanter pour eux, malgré le caractère antimilitariste de mes chansons.

D'ailleurs, je voyais surtout dans cette escapade l'occasion de fuir mes tracas, les avocats, le métier du show-business, Christian et la maison de disques qui redoublaient d'exigences. J'avais engagé pour remplacer les Problèmes un groupe composé de musiciens que j'avais baptisé le Panier de crabes, et dont devaient sortir quelques vedettes de la scène musicale, Hubert Loenhardt qui deviendrait Herbert Léonard, Pierrot Fanen, meilleur guitariste de France, et Jean-Pierre Prévotat, qui formeraient ensemble un autre groupe mythique, Triangle. Ces quelques jours au soleil, dans les dunes du Sahara, m'apparurent comme un instant de bonheur, une brève escapade qui me donnerait bientôt envie de m'évader plus longuement...

Une autre courte évasion devait suivre, moins exotique, mais au bord de la mer... dont je n'imaginais toujours pas une seconde l'importance qu'elle prendrait un jour pour moi. Jean-Daniel Mercier, orchestrateur de mes chansons et ami, m'avait proposé de passer la fin de l'année à l'Aiguille creuse, le petit hôtel appartenant aux parents de sa compagne d'alors, à Étretat. Nous y avions logé deux ou trois jours, mais n'avions guère eu le temps de nous reposer, car nous y avions rencontré, entre autres, Vahé Katcha, l'auteur de *Galia* : la vie plutôt folle qu'il menait avait fini par déteindre sur moi ; je me rappelle deux jolies jumelles anglaises de dix-neuf ans, filles d'un diplomate en poste à Paris, dont l'une, ma compagne d'un soir, affirmait (à raison) tout connaître de l'amour et des caresses, et dont l'autre, ma compagne du deuxième soir, disait au contraire n'en rien savoir et me demandait de tout lui apprendre... comme si j'en savais bien plus qu'elle ! Si l'on ajoute à cela les heures passées à boire et à refaire le monde dans le bar de l'Aiguille creuse, pas étonnant que je sois rentré d'Étretat plus fatigué qu'au départ...

De retour à Paris, j'ai repris les séances d'enregistrement de ce qui serait mon prochain album ; Christian, quelques mois plus tôt, m'avait suggéré d'y reprendre une chanson de Brassens, la *Chanson pour l'Auvergnat*, et j'avais gardé cette idée parce que j'y voyais une façon d'essayer de me réconcilier avec la génération qui s'était tellement sentie agressée. J'avais composé les autres chansons à mon idée ; certaines restaient dans la lignée du rock et du folk, comme *Le Sexe de Dieu*, d'autres étaient plus intimes, de ces ballades folk que j'aimais bien, comme *Juste quelques flocons qui tombent* : c'est sans doute, de toutes les chansons que j'aie jamais enregistrées, celle qui me plaît le plus, musique, paroles, ambiance musicale ; l'idée de l'écrire, curieusement, m'était venue un soir d'août à Saint-Malo !

François m'avait un jour apporté une mélodie, basée sur les harmonies d'un classique du jazz, et je me revois, dans les temps morts de l'enregistrement d'une émission de télévision, tournant dans ma tête les mots que je cherchais à y adapter ; Donovan venait de faire un très grand succès avec *Mellow Yellow*, où il chantait « *I'm just mad about saffron* »... Saffron ? du safran ? qu'est-ce que cette épice venait faire dans une chanson, ce n'est pas un bien joli mot, safran... cannelle, voilà qui est nettement plus mignon, plus féminin ; et soudain est né, dans les tourbillons des accords de la chanson, un personnage totalement imaginaire, Canelle (l'éditeur, en déposant la chanson à la SACEM, a fait la faute d'orthographe, qui est restée depuis) ; et pourtant, des années durant, la presse à sensation, chaque fois qu'elle me photographierait avec une fille, affirmerait que c'était elle la Canelle qui m'avait inspiré la chanson.

Près de quarante ans plus tard, on s'étonne parfois que le texte de la chanson parle d'une jeune fille qui n'a que quinze ans... On m'a quelquefois demandé si une telle phrase pourrait être écrite, de nos jours, après toutes les affaires de pédophilie qui ont défrayé la chronique, à raison ou à tort, comme on l'a vu à Outreau... Je réponds que, bien sûr, abuser d'enfants, de quelque façon que ce soit, et plus encore dans le cas des atroces affaires qui ont meurtri la Belgique, est un crime monstrueux ; mais qu'en France, l'âge légal du mariage pour une fille était, jusqu'en 2005, de quinze ans et trois mois, et que même cet âge est un choix local de notre société : dans de nombreuses cultures, chez les Indiens par exemple, les jeunes filles, dès qu'elles ont leurs premières règles, sont opérationnelles pour le mariage, et se marient souvent bien avant quinze ans ! Quant à l'âge du « consentement à l'acte sexuel », d'un commun accord, sans contrainte, sans tromperie, sans usage d'une position dominante (parent, professeur, célébrité...), il est, dans de nombreux pays dont la France, fixé à quinze ans... et de nos jours, ils ne doivent pas être très nombreux, garçons et filles, à attendre l'âge de la majorité légale pour avoir des relations sexuelles ! Cela dit, je trouve que le Sénat a eu parfaitement raison, deux cents ans après l'instauration du Code Napoléon, de supprimer cette énorme différence entre hommes et femmes, qui aboutissait entre autres, en particulier dans les milieux immigrés, à soumettre bien des filles à des mariages forcés.

Des années plus tard, certains me reprochaient surtout d'avoir, à partir de *Je l'appelle Canelle*, trahi mes débuts « rock'n roll » pour m'orienter vers la variété populaire ; ceux-là, à vrai dire, ceux qui me voulaient « rock'n roll », ils avaient déjà cessé de me suivre, convaincus par la presse et par la stupidité de la caricature qu'on avait faite de moi, que je n'avais été qu'un canular, que la seule chose qui m'avait intéressé c'était d'exploiter la bêtise du public. D'ailleurs, chantant *Canelle*, je n'avais pas l'impression de m'abaisser : les Beatles s'amusaient bien à chanter le sautillant *When I'm Sixty-four*, ils interpréteraient bientôt en queue-de-pie pailletée le délicieux *Your Mother Should Know* dans le film *Magical Mystery Tour*. Quant à Donovan, dont le succès se poursuivait, il introduisait lui aussi des ambiances jazzy dans plusieurs de ses chansons. Non, *Canelle* était une chanson tout à fait estimable, et le rock'n roll pur, si sa conséquence devait être la paranoïa dans laquelle j'avais été amené à vivre depuis près d'un an, je ne voyais pas de mal à m'en écarter un peu. Le journal *Rock and Folk*, qui publiait ses premiers numéros, comprenait ma démarche, et consacra des articles plus que louangeurs à cet album.

Le plus gros échec, et le plus soudain, de ce trente-trois tours, ce fut la version que j'avais enregistrée de la *Chanson pour l'Auvergnat*, de Brassens ; j'avais eu, dans mon enfance, une grande sympathie pour cette chanson, et quelques autres de ses œuvres. Un succès de ce début de 1967, chanté par Jimmy James, avait été enregistré dans un bar de Los Angeles, avec une chaleureuse ambiance de cris, de rires, de verres entrechoqués : j'avais décidé de reconstituer cette ambiance dans le studio Vogue, invitant des dizaines d'amis, récoltés ce soir-là dans diverses boîtes de nuit parisiennes, et rassemblés autour de moi avec tables, verres et bouteilles le temps d'enregistrer la chanson ; le résultat était très réussi, très joyeux. Et voilà qu'un soir on me demande de la chanter dans une émission fort traditionnelle, *Les Amis de trente-six chandelles*, de Jean Nohain, en hommage à Brassens ; moi, croyant bien faire, je demande à la chanter en direct sur le « play-back avec ambiance » enregistré ce soir-là. Je le fais dans la bonne humeur, ravi des cris de joie issus de la bande et que le public ne se fait pas prier pour reprendre... quand je sors de scène, tout joyeux, je constate que tout le monde fait une gueule longue comme ça... Le mixage, en direct, ayant été mal fait, on n'a pratiquement entendu que ma voix et les cris du public... Comme celui-ci, sur les autres chansons du programme, se montrait habituellement calme... il en ressort l'impression qu'il n'a pas cessé de se moquer de moi, qu'il m'a sifflé, hué... En un seul passage en direct à la télévision, mon pauvre *Auvergnat* a été fusillé.

L'enregistrement de l'album se termine, et je n'en peux plus ; depuis un an, je ne dors pas plus de deux ou trois heures par nuit ; je me suis séparé de Fechner, mais l'ambiance dans le métier, chez

Vogue, est pour moi désastreuse ; l'emploi du temps des semaines à venir se remplit de façon aussi folle que celui des mois précédents, je me sens harcelé, désarmé, je ne sais comment faire pour prendre des distances... Le soir où j'enregistre *Juste quelques flocons*, je me suis lié d'une vague amitié fugace avec un journaliste : écrivant dans la presse à sensation, il sait comment s'y prendre pour t'embobiner, te convaincre un instant qu'il a raison, que suivre ses conseils est la meilleure chose que tu puisses faire : « Tu veux qu'on te fiche la paix un moment ? Fais semblant d'avoir une dépression nerveuse, et on te laissera tranquille le temps que tu te remettes... », et ce démon tentateur a fini par me convaincre ; je suis soudain tombé de mon tabouret pendant que je finissais d'enregistrer ma chanson ; le directeur artistique, à moitié dupe, mais compréhensif, m'a pris le pouls, jurant que j'avais une fièvre de cheval, Jean-Daniel m'a emmené chez lui dans sa Triumph décapotable, et j'ai cru que j'allais enfin me reposer. Le lendemain, la presse annonçait ma chute, l'imprésario téléphonait partout pour me retrouver ; comme je lui avais dit que je comptais aller me reposer (pour de bon cette fois-ci !) à Étretat... il m'y avait déjà envoyé des journalistes, qui m'y attendaient avant même que je sois arrivé ! Harcelé encore une fois, j'ai soudain eu l'idée de me présenter à l'hôpital de Fécamp, tout proche, de demander à me faire hospitaliser : là, au moins, je pourrais me reposer ; le directeur de l'hôpital a très bien compris ma requête, m'a interné, toutes visites interdites ; en une semaine, seul un photographe, se déguisant en infirmier, est parvenu jusqu'à moi, et j'ai enfin pu me reposer, reprendre des forces, et envisager l'avenir d'une façon plus claire. Si dans ma vie j'ai fait une fois un canular, ça a été celui-là, cette pseudo-dépression nerveuse ; mais, comme le disait Boris Vian, les gens ne voient jamais un canular si on le leur met sous le nez, mais en imaginent partout là où il n'y en a pas. Petite anecdote piquante, littéralement : au cours de ce séjour à l'hôpital, j'en ai profité pour faire toutes sortes d'analyses et d'examens, et la seule chose que j'aie eu à soigner, c'était... une banale chaude-pisse qui m'avait été gentiment offerte par l'une ou l'autre des deux Anglaises... La candide ? L'experte ? Je n'ai jamais su laquelle !

Le dernier jour de mon séjour à l'hôpital, j'ai reçu un journaliste de *Match*, expliqué que j'entendais dorénavant mener de façon plus personnelle et plus sensée ma carrière, qu'on ne me dirait plus quelles chansons il fallait faire, que je ne voulais plus être une « idole ». Je suis allé à la coopérative des pêcheurs de Fécamp m'acheter une casquette marine que je porterais sur scène dans les mois à venir, ainsi que sur la pochette de l'album : j'avais choisi de poser, pour la photo, au bord d'un échangeur d'autoroute, une photo, un titre d'album symboliques, *Je reprends la route demain*... J'avais décidé, il était grand temps, de reprendre la route.

7

Ti Tirano le Pietre :
Antoine roi d'Italie

Quelques jours à peine après ma première tournée italienne, Gianpiero Simontacchi avait soudain débarqué, surexcité, de Milan, brandissant dans les couloirs de Vogue un « disque souple » sur lequel figurait la chanson qu'il voulait me voir chanter au festival de San Remo. San Remo, pour moi comme pour tous les Français, c'était une manifestation totalement démodée, qui avait eu son heure de gloire à l'époque où des chanteurs italiens, bellâtres à voix de *bel canto,* avaient connu un succès mondial, comme Domenico Modugno avec *Volare* ; quelques chanteuses italiennes, comme Gigliola Cinquetti avec *Non ho l'età,* avaient figuré honorablement aux hit-parades de Salut les Copains ; et il y avait aussi le grand Adriano Celentano, une sorte de Presley italien dont plusieurs chansons avaient connu un grand succès en France, traduites, comme la très jolie *Maison où j'ai grandi,* adaptée par Françoise Hardy du *Ragazzo della Via Gluck.* Mais Gianpiero insistait pour que je m'y présente, malgré mon aversion, déjà, pour toute forme de compétition : « San Remo, disait-il, c'est le rendez-vous incontournable de tous ceux qui aiment les chansons en Italie ; ce sont deux énormes émissions de télévision regardées par la quasi-totalité de la population italienne. *La competizione, chi se ne frega ?* On s'en fout ! D'ailleurs, tu es un artiste étranger, et quand un champion étranger, un boxeur par exemple, vient dans un pays affronter le champion local, s'il veut se faire aimer des gens du pays, il ne faut surtout pas qu'il le batte, ce champion local ! »

Dans un genre bien différent de celui de Christian, exubérant et sûr de tout, Gianpiero était également fort convaincant. Il avait aussi fait miroiter à mes yeux l'occasion de passer une petite semaine de détente dans un grand hôtel de la Riviera italienne, et j'avais fini par dire oui, bien que la chanson qu'il m'amenait ce jour-là ne m'ait pas vraiment séduit. Et puis quinze jours plus tard, il était arrivé à Paris, plus excité encore, criant : « J'ai LE tube ! » Deux jeunes auteurs-compositeurs-interprètes italiens, Ricky Gianco et Gian Pieretti, avaient joint leurs forces pour composer une chanson joyeuse, *Le Pietre*, (prononcer « lé piétré », en insistant sur « pié »), assez fortement inspirée d'un succès de Dylan ; je l'avais enregistrée sans trop y croire, mais, après tout, Gianpiero fondait tellement d'espoirs sur elle !

Un jour de janvier, j'avais par hasard croisé Christian à la sortie du studio Vogue, et il m'avait dit : « Tonio, j'ai appris que tu allais chanter à San Remo... C'est une connerie, tu as déjà commencé à t'imposer en Italie avec la tournée que je t'y ai fait faire, tu ne devrais pas aller à ce festival. » Je ne l'avais pas écouté... quelle bonne idée !

Juste avant de partir pour l'Italie, je fais une rencontre amusante : depuis des mois, dans une bande dessinée de *Spirou* créée par Roba, le père de *Boule et Bill*, une équipe de garnements, la Ribambelle, en visite aux îles Galopingos, est aux prises avec une tribu de sauvages dont tous les membres sont... des Antoine, avec cheveux longs, tatouages à fleurs et le même grain de beauté que moi ; leur cri de guerre, naturellement, est « Oh Yeah ! ». Là, malgré la parodie évidente, les éditions Vogue n'ont pas intenté de procès, il n'y avait pas d'argent à gagner ! Moi, je trouve cette histoire géniale, et je demande à rencontrer le dessinateur ; l'interview figure dans le numéro 1500 du magazine que je lis fidèlement depuis plus de quinze ans, avec en couverture une caricature de Roba, assez ressemblante, faite par votre serviteur. Et dans la marge de l'article, Gaston, l'irremplaçable Gaston, émet un commentaire personnel à mon sujet : « Un gars aussi mal habillé, avec un aussi gros nez, et qu'on ne connaît que par son prénom, il n'aura jamais de succès ! »

Puisque j'ai mentionné le grain de beauté que j'ai à la lèvre supérieure, et qui figurait, forcément décuplé de volume, sur toutes les caricatures de moi, il ne m'a jamais complexé le moins du monde ; mais, par hasard, il disparaîtra cette année, sous la moustache que je laisse pousser (elle a enfin consenti à le faire) à l'exemple sans doute des Beatles qui l'un après l'autre ont laissé pousser barbes et moustaches, qui seront très populaires à cette époque où naît le mouvement hippie. Quelques mois plus tard, un sondage du journal *Elle* (les gens ont du temps à perdre à faire des sondages aussi cons !) cite une vingtaine de personnalités masculines et demande aux lectrices si elles les aiment mieux avec ou sans moustache... Les deux seuls qui seront préférés avec moustache seront Robert Redford et moi !

Pour parler encore d'aspect physique et de commentaires malveillants : je ne sais pas à quelle occasion, ce mois-ci, un fourreur célèbre des Grands Boulevards m'a fait cadeau d'un manteau peu voyant, qui me tient chaud en ces jours de janvier ; un jour, je le porte dans Paris avec un chapeau du genre de celui que mettait souvent Brian Jones, le plus excentrique des Rolling Stones. L'ensemble n'a rien de flatteur, pas de quoi me faire élire « Homme le mieux habillé de l'année », mais rien de grave non plus. La semaine suivante, un journaliste de la presse à scandale publiait un article incendiaire, intitulé « Lamentable Antoine » où, stigmatisant ma tenue, il dégorgeait toute l'aversion qu'il avait sans doute conçue pour moi depuis la naissance des *Élucubrations*... Aujourd'hui, la chose est devenue courante, les magazines people n'hésitent pas à agresser, critiquer, moquer grossièrement les célébrités, à croire que les journalistes et rédacteurs en chef de ces revues sont atrocement jaloux... Dans ce métier, une des choses les plus surprenantes est la façon dont des coups déplaisants vous sont soudain assénés, venant des directions les plus inattendues.

La fin de janvier approche, et je quitte Paris pour ces quelques jours de presque vacances sur la côte méditerranéenne ; au passage, une halte à Cannes, où se déroule le premier MIDEM, le marché français de l'industrie du disque et de l'édition musicale ; tout le « métier » français, agents, impresarii, attachés de presse, directeurs artistiques, patrons de maisons de disques, journalistes spécialisés, s'y est donné rendez-vous. La maison Vogue donne une soirée spéciale pour célébrer l'année faste qu'elle vient de vivre, avec la révélation, dans l'ordre chronologique, de votre serviteur, de Jacques Dutronc et des Charlots : Françoise Hardy,

Dutronc et moi nous relayons pour présenter la soirée, où se produisent des valeurs traditionnelles de la maison, comme Aimable, le truculent et irascible accordéoniste, avec qui j'ai enterré la hache de guerre : sans être devenus copains comme cochons, nous nous regardons désormais l'un l'autre avec un certain respect, et c'est à Cannes que je lui demanderai d'apparaître en invité dans un Musicorama que j'ai prévu de faire à l'Olympia dans deux mois. Se produisent aussi d'autres artistes dans lesquels la maison place ses espoirs, comme Pierre Perret, qui s'accompagne seul à la guitare ; entrant en scène juste après la sortie de Pierre, Françoise Hardy nous fait bien rire en faisant une jolie gaffe : « Quelle chance il a, ce Pierre Perret, s'exclame-t-elle sous le nez des musiciens du grand orchestre qui accompagne la soirée, quelle chance il a de s'accompagner tout seul, et de ne pas avoir besoin de musiciens... » Gueule des musiciens rangés derrière elle sur leurs étagères ! Pour moi, la soirée se passe bien, mais même si, cette semaine-là, *Je l'appelle Canelle* est au sommet des hit-parades français, je sens bien que je ne suis plus pour le métier la révélation explosive, le petit pain tout chaud qui les fait saliver : Dutronc et les Charlots, Polnareff, les préoccupent plus vivement... Mais que m'importe, j'ai à quelques kilomètres de là un rendez-vous extraordinaire et inattendu.

La date même choisie pour ce premier MIDEM, quelques jours avant le festival, marque bien le dédain de l'édition française pour cette manifestation, qui définit pourtant les plus gros succès, qui construit les plus grandes carrières de l'année à venir en Italie ; durant mon séjour au MIDEM, la presse niçoise mentionne à peine San Remo : seul un journaliste, jouant sur le titre de ma chanson, la déclare bien « piètre ».

À San Remo, c'était la révolution ; la paisible station balnéaire était pour une semaine bondée malgré la date hivernale, et l'état-major de la SAAR avait choisi de s'installer dans un grand hôtel d'une autre station, à quelques kilomètres ; là, à chaque repas, se répétait un rituel, Gianpiero, très superstitieux, pénétrait avant toute autre personne dans la salle à manger, faisait dégager en vitesse par les serveurs tous les bouquets d'œillets, qu'il estimait porter malheur. Le repas aussi était plein de rituels : les *grissini*, la *pasta*, la pâte : en Italie on ne te demande pas si tu veux des légumes, des pâtes ou de la purée, on te demande « Comment vous la voulez, la pâte ? » ; et quand tu les as mangées, ces pâtes, pardon cette pâte, alors seulement on te demande si tu veux de la *carne* ou du *pesce*, de la viande ou du poisson. Pittoresque. Et puis il y avait la mer, immense, juste au pied des fenêtres de la salle à manger de l'hôtel. Je rêvais un peu, parfois, me demandant si je retournerais un jour voir ce qu'il y avait derrière cet horizon, mais, là non plus, je ne me doutais de rien...

J'ai chanté sur la scène du solennel Casino de San Remo, vêtu d'une veste de velours dessinée par mes amis les Stranska, le couple britannique avec qui j'avais prévu de créer une collection de mode, et coiffé de ma casquette de marin. Ma silhouette était surprenante, dans cet univers où les chanteurs italiens avaient l'habitude de se produire en smoking, et chantaient immobiles, une main sur le cœur, l'autre un peu écartée du corps, la paume ouverte vers le public. Ma chanson, c'était Dylan revisité par un orchestre napolitain : quelques mois plus tôt, *Rainy Day Women* avait défrayé la chronique, parce que le refrain « *Everybody must get stoned* » avait joué sur le double sens de « *stoned* » : « Tout le monde un jour ou l'autre se fait lapider » mais aussi « Tout le monde doit se défoncer. » Les auteurs de *Pietre* avaient repris seulement le premier sens, mais « *Ti tirano le pietre* », « On te jette des pierres » devait trouver une résonance inattendue et de longue durée dans le cœur des Italiens. « Quoi que tu fasses, que tu sois beau, laid, riche, pauvre, on te jette des pierres ; que tu travailles ou que tu ne fasses rien, on te jette des pierres, et ce sera comme ça tant que tu vivras. » La chanson, quand je l'ai, quelques mois plus tard, traduite, n'a pas vraiment intéressé le public français... Mais ce jour-là, à San Remo, elle est entrée dans le cœur, dans l'inconscient collectif des Italiens d'une manière indélébile : près de quarante ans plus tard, si je suis connu des Français de tous âges pour « Oh Yeah ! » et « Ma mère m'a dit Antoine fais-toi couper les cheveux », en Italie, trois générations de suite se sont reconnues dans les déboires du personnage qui chante *Le Pietre*, en particulier au cours des écrasantes « années de plomb », ensanglantées par les Brigades rouges, et des crises qui ont pesé de longues années sur le peuple italien... Aujourd'hui encore, lorsque j'arrive à la douane italienne, il se trouve toujours un douanier pour me dire « *Allora, le tirano ancora le pietre* ? », « Alors, on vous jette toujours des pierres ? » ; et si, à Rome, Venise ou Milan, j'entre dans un restaurant où joue un orchestre, chose restée fréquente en Italie, eh bien, il ne leur faut pas deux minutes pour se mettre à jouer *Le Pietre*.

J'ai chanté avec une décontraction totale ; il avait fallu chanter en italien, et, ne sachant pas très bien mon texte, j'avais noté quelques mots au stylo-bille dans le creux de ma main. À la fin de la chanson, j'avais montré ces notes, bien en évidence, à la caméra, m'assurant ainsi la complicité du public ; le succès avait été vif, et mon entrée en finale, le surlendemain, assurée. De retour à l'hôtel, je me trouve soudain plongé en plein drame. Chaque chanson, à San Remo, était interprétée successivement par deux artistes, souvent un Italien et un étranger ; une des équipes est formée de Luigi Tenco, jeune chanteur italien prometteur, qui loge dans le même hôtel que moi, et de Dalida. Et leur chanson n'a pas plu au public, ils ne sont pas admis à la finale. Dalida en a vu d'autres, mais Luigi Tenco, jeune et fragile, est allé se coucher désespéré : réussir San Remo, c'est, en Italie, réussir son année ; ne pas aller en finale, c'est se voir refuser pour un an, pour toujours peut-être, tout succès... Au matin, on retrouve dans la chambre le corps inanimé de Tenco, qui, tous ses espoirs anéantis, s'est suicidé... Cette horrible nuit a sans doute marqué Dalida, qui quelques mois plus tard tentera d'en faire autant...

Mais le spectacle continue, et la finale, pour moi, est un triomphe ; conformément aux souhaits de Gianpiero, je ne figure pas aux premières places, mais le succès est tel que, dès la semaine suivante, ma chanson devient une des meilleures ventes italiennes ; et Gian Pieretti et Ricky Gianco, qui avaient, disait la presse, un peu critiqué la façon trop décontractée à leur gré dont j'avais traité leur chanson au sujet, somme toute, sérieux, oublieront vite leurs griefs devant l'énormité du succès.

Gianpiero m'a ramené en voiture à Milan, et, comme j'allais bien souvent avoir l'occasion de le faire dans les années qui suivraient, dédaignant les aéroports embrumés de Linate ou Malpensa, parce qu'il était souvent difficile d'en décoller tôt le matin, j'ai préféré prendre à minuit un wagon-lit dans le train qui traversait le Piémont, escaladait les Alpes, faisait une courte escale à Lausanne, puis me ramenait, au matin, à la gare de Lyon, ravi d'avoir été bercé toute la nuit par les mouvements du train... Ce n'était pas encore la mer, mais il y avait un peu de ça dans le roulis des wagons...

J'ai vite dû retourner en Italie ; dès la semaine suivante, la chanson ayant grimpé à la deuxième place des hit-parades, j'étais invité à participer au journal télévisé et à d'autres émissions, je passai donc quelques jours à Milan, dans un hôtel du Corso Vittorio Emanuele. En quelques jours, le changement était étonnant : soudain, tous les Italiens me reconnaissaient dans la rue, se pressaient pour demander *la firma, l'autografo*. L'éditeur avait une tradition, qu'il entendait nous faire respecter : quand un artiste étranger connaissait le succès en Italie, à l'occasion d'une de ses venues dans le pays, il l'invitait, non pas à une réception ni à un dîner... mais au bordel ! Il y avait alors en Italie des petites « maisons » sympathiques, pavillons de banlieue anonymes où une *mamma* veillait sur deux ou trois pensionnaires ; une ou deux chambres à *letto matrimoniale* (lit deux places), un salon pour boire une *grappa* ou un *amaretto* en attendant ; j'ai été invité avec fermeté à goûter une des spécialités de la maison, et il aurait été fort mal vu de refuser... « Ça ne vous dérange pas, qu'il y ait déjà quelqu'un d'autre dans la chambre, un de vos collègues ? » m'a demandé la mamma. Ça ne me dérangeait pas outre mesure... C'est comme ça que je me suis retrouvé dans un lit d'un gentil bordel d'Italie, câliné par une sympathique Napolitaine... tandis qu'à mon côté une Romaine prodiguait ses faveurs à... Claude François, également en tournée de promotion en Italie, également invité par l'éditeur. Je devais être ce jour-là dans une forme physique exceptionnelle, parce que Claude – c'était la première fois que je le rencontrais « d'égal à égal » en tant que professionnel de la chanson – avait dû être impressionné par ma... conformation : des années plus tard, à chacune de nos rencontres, il me plaisantait encore sur ce sujet ! Souvent, dans les années qui suivirent, lorsque nous retournions à Milan, l'éditeur fêtait nos succès en convoquant dans notre appartement du Grand Hotel Duomo l'une ou l'autre des *professionniste* prêtes à accourir à l'appel du concierge de l'hôtel. Le meilleur client de ces dames, c'était le bon Georges, l'imprésario, avec son cigare, sa moustache et son gros ventre ; un jour, une belle Milanaise frappa à la porte... Elle eut à peine le temps de dire « *Buon...* » que, sans lui laisser le temps de finir « *...giorno* », Georges, le pantalon sur les chevilles, lui présentait vigoureusement ses hommages sur le canapé de la suite, tandis que nous nous moquions gentiment : « Mais enfin, Georges, un peu de tenue, prenez votre temps, personne ne va vous l'enlever, cette petite ! » Bien avant la naissance en France des fameuses pages d'annonces toutes sexualités du *Nouvel Obs*, les quotidiens italiens publiaient alors chaque jour des pages entières de petites annonces passées par des *espertissime massegiatrice*. La description physique, les spécialités de chacune des annonceuses tenaient en quelques mots, précédés généralement de vingt, quarante, soixante fois la lettre « A », pour assurer que la petite annonce serait classée en tête de la liste alphabétique ! Mais les *professionniste* les plus cool, à l'époque, étaient souvent attitrées aux casinos ou aux *night* où nous donnions notre show ; lorsqu'elles n'avaient pas de clients, elles étaient les premières à proposer aux musiciens, aux techniciens... ou à la vedette, de perfectionner leurs connaissances dans le domaine de la sensualité : c'est l'une d'elles, dans un petit village de Vénétie, qui me révéla un jour l'existence chez moi d'une région (ou plutôt de deux) dont l'extrême sensibilité avait jusque-là échappé même à Dominique... La poitrine des femmes, à cette époque, semblait enfin sur le point de s'affranchir de siècles d'interdit, on la voyait, même en Italie, de plus en plus souvent, libre, sur les plages ; on pensait être bientôt débarrassés de cette règle incroyablement sexiste qui veut qu'un homme puisse sans aucun tracas montrer sa poitrine, mais pas une femme... Pourtant on en voit, des hommes un peu enveloppés dont la poitrine est plus volumineuse que celle de nombreuses femmes ! Cette partie du corps, pratiquement identique chez la plupart des hommes et des femmes, pourquoi les femmes sont-elles tenues de la dissimuler honteusement ? Parce que chez la femme, elle sert à allaiter ? Non, c'est justement dans l'exercice de cette fonction-là que la femme a – un peu – le droit de les montrer ; parce que chez la femme, c'est une zone érogène ? Eh, pas que chez la femme !

Moi, à Paris, sur le plan sentimental, c'était plutôt resté calme. Dominique était parfois revenue me voir, mais cela s'était toujours très mal passé ; l'idée d'habiter des appartements séparés, de se voir quand nous en aurions envie, avec elle ça ne fonctionnait pas du tout. Nous avions fini par cesser de nous voir, et j'avais eu de mon côté quelques petites aventures comme celle avec les jumelles d'Étretat ou avec une jeune chanteuse qui était venue chanter avec nous au Sahara. Je l'avais emmenée un soir assister au spectacle d'un humoriste qui a laissé peu de traces dans l'histoire des comiques français, un gars nommé René Cousinier, dit René la Branlette, qui se produisait chaque nuit dans une minuscule boîte proche de la rue Lepic ; son spectacle, commençant par des dizaines de blagues sur tous les sujets classiques – histoires belges, histoires juives, arabes, écossaises, etc., évoluait insensiblement sur deux ou trois heures, et sa dernière partie devenait un extraordinaire cours d'éducation sexuelle qui, tout en faisant rire, vous en apprenait infiniment plus que tous les manuels... Malgré son extrême grivoiserie, le spectacle de René la Branlette aurait dû être filmé et diffusé à tous les adolescents des lycées... De nos jours, Bigard devrait reprendre le flambeau, lui seul serait capable, en même temps, de faire rire et d'enseigner sans le moindre complexe des tas de choses qu'on n'apprend ni dans les ridicules cours d'éducation sexuelle du lycée ni dans les conversations avec les copains !

La rue Lepic, il fallait vraiment que je la quitte ; j'y croisais trop souvent Christian, et l'ambiance était tendue : nous nous parlions par avocats interposés. Habiter ce quartier, c'était aussi passer chaque jour des heures coincé dans l'enfer des embouteillages de la place Clichy. Je me suis donc trouvé un beau duplex, dans un petit immeuble de Boulogne, tout au bord du Bois, près de huit mètres de hauteur sous plafond, d'immenses baies vitrées donnant des deux côtés sur la verdure des jardins et du Bois ; j'y ai déménagé mes maigres meubles. Mais une autre aventure immobilière m'attendait, qui enrichirait ma vie...

Le maire d'une petite commune d'Auvergne, homme très dynamique, rêvait de doter son village, un petit bourg de deux mille habitants, d'un plan d'eau et d'un village de loisirs. Il avait soudain conçu l'idée de demander au chanteur Antoine, dont tous savaient qu'il était aussi ingénieur, de faire les plans de cet ensemble ; il était parvenu à joindre mon père, qui terminait sa collaboration avec le rectorat de Grenoble, et qui m'a appelé, me décrivant l'offre du maire.

« Mais Papa, j'ai bien le diplôme de Centrale, mais je serais incapable de consacrer le temps nécessaire à réaliser un projet pareil.

— Ça devrait pouvoir s'arranger, m'a dit mon père ; on pourrait fonder un bureau d'études auquel tu ne donnerais que le temps que tu peux, en particulier aux relations publiques, et je ferais le reste, avec la collaboration de ton ami François. Je lui en ai parlé, il serait d'accord. »

Si la situation financière actuelle de François, grâce aux droits d'auteurs, était confortable, il ne voulait pas, pourtant, se consacrer uniquement au monde de la chanson et à ses revenus aléatoires ; il avait même pris depuis quelque temps un emploi d'ingénieur chez Havas. Il s'affirma ravi de fonder avec nous ce bureau d'études, qui vit le jour sous le nom de Société d'urbanisme, de construction, de réalisations et d'études, en abrégé SUCRE[1].

Et c'est ainsi que je me retrouvai un jour dans ce petit village du Puy-de-Dôme, invité par le maire qui me fit en quarante-huit heures découvrir le site du projet, mais aussi les charmes de sa région, les artisans qui fabriquaient encore des vielles, les distillateurs qui vous faisaient goûter des liqueurs puissantes conservées dans un *barlet*, goûtées dans un *tassou*. Il m'a fait faire une telle tournée des caves que je ne tenais plus sur mes pieds lorsqu'il m'a ramené à mon hôtel le premier soir. Le lendemain, évitant de tomber dans les pièges du sympathique hôtelier, qui en était déjà chaque matin à dix heures à sa dixième *mominette* (dose de pastis sans eau ou presque), j'ai continué à découvrir la région, longé le cours de la petite rivière sur laquelle un barrage créerait le plan d'eau projeté. Dans la conversation, j'avais confié au maire que

1. Eh, les Beatles avaient bien baptisé leur société de production *Pomme* !

j'entretenais un rêve depuis quelques années, depuis nos midis au café de l'Écureuil avec Joëlle, et plus encore à la suite des bouleversements survenus dans ma vie depuis un an, le rêve de trouver un coin de campagne isolé, avec une belle vue sur des montagnes lointaines embrumées, une petite maison sur le seuil de laquelle je pourrais, loin des tracas de la grande ville et de la folie de la presse et de la télévision, m'asseoir et regarder lentement, comme une rivière tranquille, passer un troupeau de moutons précédant leur berger.

« J'ai ce qu'il vous faut, s'est ecrié maître Detruy, je vous y emmène ! » Et nous avons pris la route des collines et des plateaux boisés qui dominent le village, la quittant bientôt pour des chemins tortueux, montant, redescendant, traversant bois et taillis, nous frayant un chemin au milieu des genêts envahissants, jusqu'à un petit hameau en ruine, deux ou trois maisons en grande partie écroulées, mais dominant une vue spectaculaire, la plaine immense de la Limagne, les montagnes du Forez au loin et, à droite, la fantastique chaîne des Puys.

Je ne dirai pas que j'ai eu le coup de foudre tout de suite. Je cherchais une petite maison, une petite propriété, et celle-ci occupait quarante-cinq hectares (essentiellement en taillis et bois sans valeur) et les bâtiments, beaucoup trop grands pour ce que je pourrais en faire, coûteraient des fortunes à remettre en état. Mais lorsque je suis reparti pour Paris ce soir-là, l'idée d'acheter ces landes perdues, de m'y créer un havre de paix, loin des emmerdeurs, tournait dans ma tête.

Quelques jours avant ce voyage, mon ami Jacques de Closets, qui décidément avait tous les talents, m'avait montré de superbes photos de charme qu'il venait de faire... de Dominique ! C'est, je crois, en revoyant ces photos que j'ai repensé aux bons moments passés avec elle, à l'habileté de ses caresses... et que j'ai eu envie de la revoir ; je lui avais proposé de l'emmener passer ces deux jours en Auvergne, et elle m'avait accompagné. Dans l'avion qui nous ramenait de Clermont-Ferrand, j'ai essayé de lui parler, de lui proposer à nouveau de nous voir souvent, en continuant à habiter séparément ; mais je ne sais pas ce qui s'est passé, elle a pleuré, je me suis embrouillé, et quand l'avion s'est posé, je lui avais dit que nous vivrions à nouveau ensemble.

Ça n'a bien sûr pas marché, comme je le craignais, et dans les jours et surtout les nuits qui ont suivi, les scènes se sont multipliées, le duplex de Boulogne était encore devenu un théâtre de disputes...

Quelle pouvait être la raison de tels déchirements ? Oh ! toute simple, toujours la même : je ne souhaitais pas passer chaque instant de ma vie avec Dominique, ni avec personne d'autre d'ailleurs ; l'amour, pour moi, pouvait signifier avoir beaucoup de choses en commun, mais pas forcément une exclusivité absolue, d'une part comme de l'autre d'ailleurs : croire que l'autre vous est pour toujours acquis ne me plaisait pas, j'avais envie d'une redécouverte, d'une reconquête de chaque instant. Et Dominique, malgré la grande liberté dont elle faisait preuve lorsque je l'avais rencontrée, n'imaginait plus, quelques mois plus tard – sans exiger de mariage tout de même – qu'une relation absolue, exclusive, une vie de couple comme je la redoutais fondamentalement.

Avant qu'elle ne revienne dans ma vie, j'avais naturellement vécu quelques aventures sans lendemain, tendres, sensuelles ou non. L'ami Hubert m'avait emmené un soir dans une boîte de nuit très à la mode du Quartier latin. Dans la petite bande qui l'accompagnait j'avais flashé sur une jeune femme vêtue d'une des robes les plus excitantes que j'aie vues de ma vie : deux rectangles de tissu noir d'environ trente centimètres sur quarante, lacés sur les côtés du corps et laissant pratiquement nus flancs et hanches, s'arrêtant, en haut quelques millimètres au-dessus des mamelons, en bas quelques millimètres en dessous de l'entrejambe... impossible bien sûr de porter le moindre sous-vêtement là-dessous ! Et voilà qu'une autre fille était entrée dans mon champ de vision, sa tenue plus impressionnante encore : une robe de Paco Rabanne composée de nombreuses petites plaques rectangulaires de métal brillant qui laissaient de larges espaces découverts. Nue dessous évidemment, elle dansait dans une sorte de cage en verre au centre de la boîte. Coïncidence, quelques jours plus tard, je l'avais retrouvée sur le tournage d'une émission de télévision, où elle avait été engagée comme danseuse, dans un studio proche de la place Clichy ; pendant une pause, je l'avais invitée à venir un instant chez moi rue Lepic, et nous nous étions caressés longtemps... avec un jeu de plumeaux multicolores, très doux, pour lesquels j'avais eu le coup de foudre chez le droguiste de la rue des Abbesses ! Dans les mois qui suivirent, je devais souvent la revoir, et notre liaison fut très sensuelle, très physique. Mais, somme toute, ma vie était si remplie d'activités diverses qu'il me restait peu d'énergie à consacrer à ces relations... Pourtant, ce qui m'aurait totalement déplu, c'est de me savoir interdits, au nom d'une morale, de conventions qui me semblaient obsolètes, ces partages de caresses aussi dépourvus de conséquences que, disons, le partage d'un bon repas ou d'un bon film.

Avant de renouer avec Dominique, j'avais décidé, pour fuir l'ambiance médiocre qui m'entourait dans le métier, qu'il fallait vraiment que je me retrouve un peu seul. Alors, je m'étais offert ce dont je rêvais depuis longtemps : trois semaines, presque un mois d'escapade ; en cela, je le savais, je m'aliénais le service de presse de la maison de disques, et je me fâchais avec quelques-uns des producteurs d'émissions de télé qui comptaient sur ma venue, mais je n'en pouvais plus de voir « presser, presser le citron » ; quelles qu'en soient les conséquences, il fallait que j'aille vers d'autres horizons. Né dans une île, ayant grandi dans une autre île, ce n'est pas une surprise si ma soif de liberté m'a conduit – même si ce n'était encore que pour une durée très limitée – dans une île : pourquoi avais-je choisi Porto Rico, dont je ne connaissais absolument rien ? Sans doute parce que cette île constituait le fantasme des protagonistes du film *West Side Story*, qui triomphait sur les Champs-Élysées depuis des années : des Portoricains exilés qui aimaient bien être *in America*, mais rêvaient de retourner à San Juan.

J'ai pris un avion à Orly [1], destination Porto Rico, avec un changement à New York. Dans ma valise, fuyant l'hiver, je n'emportais que quelques chemises et quelques pantalons de satin dessinés avec mes amis anglais. Nous avons été détournés sur l'aéroport de Montréal par une tempête ; je me suis dit que ce serait l'occasion de passer à nouveau deux jours chez la Québécoise qui avait été une si douce compagnie lors de ma tournée. Elle me reçoit

1. Roissy n'était alors qu'un petit village champêtre, déjà rendu célèbre dans le monde entier, cependant, puisque c'est à Roissy que se déroulait une grande partie de l'action de l'extraordinaire *Histoire d'O*.

gentiment, mais m'annonce que depuis ma visite, elle a trouvé l'amour, un compagnon avec qui elle est *steady*, stable... Avec ce compagnon, d'ailleurs, elle présentera bientôt une émission de télévision qui la rendra extrêmement populaire au Québec. Et je me retrouve dans les rues de Montréal, par moins trente, en chemisette... J'ai vite repris un taxi pour l'aéroport, et j'ai demandé quel était le premier avion partant pour n'importe quelle île des Caraïbes ; c'était un vol pour Antigua, une île dont je n'avais jamais entendu parler : une excellente raison d'y aller.

Et c'est ainsi que j'ai passé mon premier, merveilleux séjour solitaire dans une île des Antilles, ancienne colonie anglaise, endormie sous le soleil avec ses vastes champs de canne à sucre et ses plages dorées bordées de cocotiers. Je n'y avais trouvé qu'une petite pension tenue par deux dames noires dodues, et j'y ai coulé deux semaines paisibles, à ne rien faire, à écrire des bouts de chansons, à m'entraîner à la guitare, à travailler le solfège, à rédiger des notes. Parfois, je rendais visite à la petite capitale de Saint John's, où chaque jour à midi, un *steel band* jouait sous les flamboyants de la place : je me rappelle avoir été émerveillé des sonorités qui sortaient de ces bidons de pétrole que l'on avait martelés jusqu'à ce qu'ils deviennent d'authentiques instruments de musique, si élaborés qu'on jouait parfois, dans toutes les Caraïbes, jusqu'à Trinidad, des symphonies tout entières sur ces bidons !

Quand j'en ai ressenti le besoin, j'ai fini par prendre un autre avion pour aller enfin la voir, cette Porto Rico dont je rêvais, mais, trop américanisée, avec de grands hôtels modernes et des autoroutes, elle ne valait pas ma petite île d'Antigua, dont je ne savais pas encore que, bien des années plus tard, elle et son île sœur Barbuda seraient mes préférées parmi les Antilles, et que je séjournerais à plusieurs reprises de longs mois dans les lagons bleus cernés de corail que je n'avais, cette première fois, qu'entrevus.

Je suis rentré à Paris, profitant de mon escale à New York pour m'acheter la guitare dont je rêvais, une Martin D 10, avec manche folk, mais avec une caisse aussi petite qu'une guitare classique, peu encombrante, une guitare facile à mettre dans une housse de faible volume... pour reprendre la route ! Dans notre vie en pointillé, avec Dominique, je me rappelle une nuit de dispute particulièrement chaude, dans le duplex de Boulogne, où – je n'ai jamais été violent, mais là, allez comprendre les colères des amants – j'étais si énervé que j'ai exprimé ma rage en empoignant une de mes guitares, une petite guitare pas chère achetée un jour en remplacement – et en la faisant éclater en la frappant sur le sol... Dominique, qui se doutait bien que ma colère était bidon, comme celle d'un animal mâle faisant de l'esbroufe, était allée aussitôt chercher au premier étage du duplex ma merveilleuse Martin toute neuve, me mettant au défi de la faire voler, elle aussi, en éclats... évidemment, je ne l'avais pas fait, et notre scène avait pris fin.

Mais notre vie à deux était vraiment devenue impossible ; nous séparer totalement ? Aucun de nous deux ne le souhaitait. Une nuit, nos discussions avaient été particulièrement envenimées et stériles ; au matin, j'étais épuisé, j'avais même « séché » un examen partiel de la fac, mettant fin à mes velléités d'études de psychologie.

Alors que le jour se levait enfin sur le bois de Boulogne, l'idée m'est soudain venue : la propriété du Puy-de-Dôme, que j'étais pratiquement décidé à acheter, voilà la solution. Dominique, née à la campagne, avait ce qu'on appelle les doigts verts : tout ce qu'elle plantait poussait merveilleusement. Je lui ai proposé de s'installer dans la plus habitable des deux maisons, de vivre là-bas, de gérer la remise en état du bâtiment, de m'aider à créer ce havre de paix dont je rêvais, de m'y attendre lorsque je reviendrais des voyages si nombreux nés de mes activités professionnelles, ou de mon simple besoin de liberté. Nous avons au matin pris la route du Puy-de-Dôme dans ma petite Zagato décapotable, une reproduction d'une voiture de 1929 réalisée cette année par le même carrossier qui avait construit l'original : Gianpiero m'avait tenté en me vantant cette petite voiture, tellement plus sympathique, tellement moins mégalo que les voitures américaines chères à Georges, qui ne m'avaient donné que des tracas l'été précédent.

Nous avons pris la route sous le soleil, et nous avons retrouvé les bois, le plateau envahi de genêts en fleur... nous étions arrivés au paradis. Dominique s'est installée quelques semaines dans le petit hôtel, dont le patron est vite devenu notre « tonton », et trois mois plus tard, grâce à elle, la maison était devenue agréable, simplement mais joliment meublée, cernée d'hortensias en fleur, les prairies entourant les bâtiments à nouveau domestiquées : cet étrange équilibre tiendrait près de quatre ans, je repartirais au bout du monde, j'en reviendrais, je retrouverais Dominique dans cette maison perdue au milieu de nulle part ; j'y planterais des fraisiers, et je les quitterais juste au moment où ils allaient produire, pour aller faire une tournée en Italie ou un spectacle à Paris... mais quand je reviendrais, les fraises dont j'avais manqué l'éclosion seraient déjà récoltées, transformées par les mains magiques de Dominique en délicieux pots de confitures. Dominique resterait ainsi dans la ferme, ne montant à Paris qu'une journée de temps en temps, à l'occasion d'un spectacle à l'Olympia que nous souhaitions voir ensemble, et les paparazzi eurent peu l'occasion de nous photographier ensemble. Les rares fois où ils le firent, ils affirmèrent bien évidemment que c'était elle, la *Canelle* de la chanson [1].

D'autres îles m'attendaient, quelques semaines seulement après mon séjour aux Antilles : *Salut les Copains* publiait chaque mois un reportage intitulé « Bons baisers de... », dont le thème était simple : un photographe du journal emmenait, aux frais de SLC, Sheila au Japon, Johnny aux États-Unis ou Adamo en Argentine, et ils en rapportaient des photos magnifiques où l'artiste figurait dans les décors les plus caractéristiques du pays choisi. Dans notre France bien gaulliste, aucun des chanteurs yé-yé, politiquement corrects, n'aurait osé aller poser dans un pays communiste. Daniel Filipacchi m'avait proposé de le faire, et il avait été convenu de réaliser, clin d'œil à un des James Bond, un « Bons baisers de Russie ». Mais à la dernière minute, l'ambassade de Russie avait refusé de nous donner un visa... Nous avons donc remis à une autre année le reportage dans les pays de l'Est, et décidé de nous

1. ... qui restait aux premières places du hit-parade, malgré une sérieuse concurrence : Hugues Aufray venait de publier son plus gros succès, *Céline*, Pascal Danel chantait *Les Neiges du Kilimandjaro*, Dutronc *Les Playboys* puis *J'aime les filles*, et Bécaud *L'important c'est la rose*.

contenter pour cette fois-ci de la Grèce, une belle destination qui me faisait aussi rêver. Et nous avons passé une dizaine de jours à parcourir Athènes, le golfe de Patras, puis les îles, Mykonos, Santorin... Quand j'y songe, que fais-je d'autre, depuis quinze ans que je réalise des documentaires sur les îles, que prolonger ces instants magiques vécus pour la première fois pour SLC ? Parcourir un pays, en rechercher les plus beaux angles, les photographier le mieux possible, en me mettant de temps en temps en scène pour donner l'échelle de la photo, pour rendre le paysage, le personnage plus réels, plus tangibles par ma présence dans le cadre.

Le dernier jour, une pluie diluvienne nous a contraints à rester dans les chambres de notre hôtel d'Athènes, un palace juché sur une colline... J'ai pris ma guitare, et, tâtonnant, j'ai écrit une longue ballade, *Athènes sous la pluie*, qui ferait partie de mon prochain album : de retour à Paris après ce mois de liberté voyageuse, il fallait tout de même, à la demande de Vogue, que je reprenne les enregistrements. D'Antigua, j'avais ramené l'envie d'écrire une chanson sur un rythme caraïbe, ce fut *Lolita, Lolita...* Hélas, impossible de trouver à Paris des joueurs de steel band. J'utilisais pourtant plus de soixante musiciens, au total, pour m'accompagner dans cet album ; dans l'une des chansons, tout un orchestre, avec pupitres de cuivres et de cordes, m'accompagnait sur *L'Anniversaire de Beethoven*, où je reprenais des images des bandes dessinées de Charlie Brown que j'aimais depuis mes premiers voyages en Amérique. Dans *Mort de petite Marie l'Ensoleillée*, c'est une autre bande dessinée qui m'avait inspiré, un de ces *comics* américains, histoires d'horreur, fantastiques ; je chantais aussi les malheurs de la Petite Sirène d'Andersen dans une longue fresque, *Les Poissons d'argent*. Ce disque, très influencé par des dessins, j'allais moi-même dessiner sa jaquette : séduit par un livre sur un peintre de l'Art nouveau, Mucha, je m'étais inspiré des iris, des feuillages et des pulpeuses créatures qu'il peignait.

Dans une autre de mes chansons, j'essayais de retrouver la magie de l'instant, deux ans plus tôt, où, ma 4 CV ayant crevé, j'étais parti à pied la rechercher, traversant Paris sous le soleil de juin, et découvrant sur les quais du Vert-Galant les voyageurs, les beatniks... Tout un monde m'attend, que je ne soupçonnais même pas : une autre vie m'ouvre les bras, j'en oublie que *Mon auto m'attend.* La chanson était si réussie, avec son ambiance feutrée, ses guitares, les balais et quelques touches d'instruments à vent, que nous l'adorions tous, et que, dans les années qui ont suivi, chaque fois que, dans un quarante-cinq tours incomplet ou une compilation, il nous manquait un titre, il y avait toujours quelqu'un pour suggérer : « On n'a qu'à mettre *Mon auto m'attend.* »

Et puis il y avait la chanson qui donnait son titre à l'album : *Madame Laure Messenger, Claude, Jérémie et l'existence de Dieu.* J'y reprenais une petite histoire drôle (deux poissons rouges dans un bocal, dont la propriétaire change régulièrement l'eau ; l'un d'eux demande à l'autre : « Tu crois que Dieu existe ? » ; l'autre : « Bien sûr, qui crois-tu donc qui change l'eau ? »), et je terminais par le couplet suivant :

Moi j'ai cru à l'existence de Dieu jusqu'à l'âge de quinze ans
J'étais sûr que c'était lui qui faisait que les enfants
Au ventre des mères ne venaient
Que lorsqu'elles étaient mariées
Le raisonnement a eu un vice
Quand ma cousine a dû partir en Suisse

Le lien incroyablement étroit qui existe entre la religion, d'une part, et la sexualité, la sensualité, d'autre part, m'avait, je l'ai dit, toujours surpris. Enfant, j'avais accepté tout ce que nous enseignait la religion. Mais pourquoi mettait-elle un tel acharnement à interdire tout plaisir sexuel ?

Elle interdisait, c'est vrai, les plaisirs, quels qu'ils soient, se priver sur cette terre étant censé nous gagner d'autres plaisirs dans l'au-delà. Mais la gourmandise, la paresse, la plupart des douceurs de la vie n'étaient que des péchés véniels ; pourquoi, dès qu'il était question de plaisir du corps, le péché était-il mortel ? Pourquoi la religion, et son émanation, la société, condamnaient-elles aussi sévèrement toute caresse, toute tendresse, tout plaisir de l'épiderme ou de certaines parties du corps ? Pourquoi réservaient-elles aux mariés l'acte sexuel et tous les gestes qui en approchaient de près ou de loin ? Depuis les dix commandements, pourquoi un interdit si colossal était-il jeté sur une fonction aussi naturelle que d'autres, comme celle de manger ou de boire ?

L'explication la plus simple m'est venue un jour d'une conversation avec... un chauffeur de taxi québécois ! Dans son pays, me racontait-il, les familles étaient très nombreuses, quinze, vingt enfants étant une chose courante : menacée de se faire absorber, comme cela avait été le cas aux États-Unis tout proches par la marée protestante anglo-saxonne, la population francophone, en majorité catholique, avait dû sa survie à l'attitude de ses prêtres : « Le prêtre refusait de donner la communion à ma mère si elle n'avait pas eu un enfant dans l'année... » On a appelé cela la « revanche des berceaux », et elle se renouvelle partout où une minorité n'a que cette arme pour ne pas se laisser évincer...

Et si ce lien étroit entre religion et sexualité ne venait que de là ? Moïse et ses successeurs, et jusqu'aux créateurs de religions plus récentes, se sont, c'est certain, souvent donné pour mission de faire le bonheur de leurs fidèles, de les pacifier, de les aider à vivre ensemble, à accepter leurs malheurs [1]. Mais ils ont toujours eu également la préoccupation de faire grandir leur tribu, pour qu'elle résiste aux tribus voisines ou devienne plus forte qu'elles : d'où l'incitation à se reproduire, et l'interdit jeté sur tous les aspects de la sexualité qui ne visent pas directement à ce but, afin que les fidèles ne puissent obtenir autrement que dans la reproduction ces plaisirs, pourtant hautement vantés par la littérature, et par ce qu'on se raconte entre copains dès l'adolescence, toute l'image véhiculée sous cape : c'est, dit-on, le plus grand plaisir du monde, on n'est pas un homme/une femme si on ne baise pas, etc.

Ainsi, les fidèles ne pourraient faire autrement que croître et multiplier ! C'est, je crois, pour cela qu'au fil des millénaires les religions, en particulier les grandes religions monothéistes, ont pris en otage la sexualité, mis une lourde chape de plomb sur des actes pourtant tout naturels, dont seule une toute petite partie concerne directement la fécondation, moins encore depuis que la

1. Mais aussi, que de sang versé, car plus la foi de l'homme est grande moins il fait cas de la vie de celui qui ne la partage pas.

contraception s'est généralisée. Les Églises, toutes fois confondues, ont choisi d'interdire caresses, masturbation, homosexualité masculine ou féminine, pratiques dites « contre nature », buccales ou anales, exercice du plus vieux métier du monde ou recours à lui, toutes les formes de sexualité qui n'ont pas pour but exclusif le désir de l'Église ou de la nation : engendrer le plus grand nombre possible de rameurs pour faire avancer leur bateau...

Pourtant, à une époque où ce qui menace notre planète c'est la surpopulation, plus du tout le contraire, à une époque où la contraception est assez bien maîtrisée, on pourrait imaginer une société où les plaisirs du corps seraient à nouveau débarrassés de cette chape de plomb, redeviendraient des fonctions comme les autres, où rencontrer quelqu'un, le ou la toucher, caresser, lui faire plaisir, ne serait pas plus anormal, plus lourd de conséquences que de partager, je le répète, d'autres satisfactions, un bon repas ou un bon film.

Moi j'ai cru à l'existence de Dieu jusqu'à l'âge de quinze ans...

L'album, intitulé *Madame Laure Messenger...*, à peine enregistré, était sur le point de sortir, quand j'ai reçu un coup de téléphone de Gilbert Bécaud : « Antoine, j'aimerais te présenter Bertrand de Labbey, qui dirige ma maison d'édition, le Rideau rouge, et qui voudrait te faire une proposition. »

Nous avons déjeuné ensemble, et j'étais très fier d'avoir ainsi retenu l'attention d'un artiste que j'admirais beaucoup, l'auteur de tant de succès qui avaient bercé mon enfance, *Mes mains*, *Le jour où la pluie viendra*, *Dimanche à Orly*, et dont je ne manquais jamais un spectacle à l'Olympia. Bertrand de Labbey, jeune et dynamique, m'avait vu présenter *Athènes sous la pluie*, avant la sortie du disque, dans une émission de télévision ; il avait été emballé, malgré la durée de la chanson (près de six minutes, un format inhabituel dans les chansons françaises à l'époque). Cette chanson et les autres de l'album, très différentes des *Élucubrations* ou de *Je dis ce que je pense*, il estimait qu'elles avaient un potentiel, et me proposait de monter au créneau pour les faire connaître, de se battre en devenant mon éditeur, un vrai éditeur...

Oh ! il faut que je vous raconte le coup de l'édition musicale... je vais essayer d'être bref, mais l'histoire vaut qu'on l'explicite un peu. Au XIXe siècle, dans une petite ville d'Italie, les cafés et restaurants jouaient en toute occasion les musiques de Rossini, de Verdi, et d'autres compositeurs populaires... et les auteurs de certaines de ces chansons n'avaient même pas les moyens de se payer un repas ni même un café dans ces établissements où les gens venaient pourtant, entre autres, pour se réjouir au son de leurs musiques. On raconte qu'un homme entreprenant, un monsieur Ricordi, est allé trouver les compositeurs qui crevaient la faim, leur proposant de prendre la défense de leurs œuvres, d'exiger, de la part des utilisateurs des œuvres, pour tout usage, un paiement modique, mais justifié. En échange de son action, monsieur Ricordi garderait la moitié des sommes qu'il recueillerait. Toucher cinquante pour cent d'une bonne affaire c'est mieux que cent pour cent d'une mauvaise (comme disait le cocu content) et les musiciens acceptèrent. Ainsi naquit le métier d'éditeur ; les éditeurs et les auteurs se trouvèrent bientôt rassemblés dans une société (d'où devait plus tard naître la SACEM) sur laquelle, les auteurs étant moins doués pour faire valoir leurs intérêts que les hommes d'affaires, les éditeurs eurent vite un poids prépondérant.

Au début, les éditeurs avaient une fonction, une mission, et ils s'en acquittaient généralement bien : faire connaître les œuvres, les diffuser, obtenir qu'elles soient jouées dans le plus grand nombre de cabarets, bals et salles de spectacles, et veiller à la perception des droits. Jusqu'au milieu du XXe siècle, une bonne partie du travail de l'éditeur consciencieux consistait à faire éditer des partitions de l'œuvre (les fameux « petits formats ») et à veiller à leur diffusion ; et de nombreux éditeurs, jusqu'à nos jours, ont continué à fournir un travail effectif, et indispensable, de promotion des œuvres... Mais, parallèlement, des gros malins ont réalisé qu'on pouvait aussi se contenter de faire semblant de le fournir, ce travail, et ramasser sans fatigue cinquante pour cent des sommes rassemblées par la SACEM, sommes parfois considérables lorsque le succès d'une œuvre musicale est très grand.

Moi, j'avais été contraint d'abandonner cinquante pour cent de mes droits au profit d'une société appelée Vogue International, qui fournissait peut-être encore à cette époque un certain travail de diffusion, faisant par exemple enregistrer quelques-unes de mes chansons à des orchestres anonymes (on appelait ça des *cover*). Mais des éditeurs de ce type avaient surtout pour mission la récupération des fameux cinquante pour cent... Aussi, avant même la fin de chaque séance d'enregistrement, je voyais débarquer dans le studio un des directeurs de la maison d'édition, chaleureux et plein de louanges pour mes nouvelles chansons, et prompt à glisser sous mon stylo une liasse de « bons pour cession » et de « bons pour pouvoir » par lesquels je faisais docilement abandon, irréversiblement, à vie, sans rien obtenir en échange, de la moitié de mes droits.

Ce jour de mai 1967, le jeune Bertrand de Labbey me proposait de devenir mon éditeur, de faire pour mes chansons ce que Vogue International ne faisait pas, de lutter pour faire connaître mon nouveau visage... En quelques jours, il est arrivé à me convaincre... et, le directeur de Vogue International ayant, cette fois, exceptionnellement tardé à venir faire signer ses « cessions », j'ai signé avec le Rideau rouge un contrat d'édition. Le lendemain, j'ai pris le téléphone pour annoncer à Léon Cabat que j'avais été content du travail de sa société d'édition, mais que l'équipe de Gilbert Bécaud me proposait de faire un travail en profondeur, que je m'entendais bien avec ce jeune éditeur, et que mon nouvel album ne serait pas édité chez Vogue International...

Mamma mia ! qu'est-ce que j'avais dit là ! Le grand patron débonnaire, le cher Léon qui m'avait prêté gratuitement son avocat pour me libérer des contrats avec Christian Fechner, s'est soudain transformé en dictateur sanguinaire : « Écoute Coco, si tu fais ça, je te signale que ton album ne sortira pas, que je retire tous tes disques du commerce, et que, vu le contrat que tu as avec moi, tu ne pourras rien enregistrer nulle part avant trois ou quatre ans ! Quand on est chez Vogue, on édite chez Vogue International, un point c'est tout, à bon entendeur, salut ! » Et il m'a raccroché au nez.

Il y a eu, depuis, bien des cas où des vedettes, françaises comme les Négresses vertes ou internationales comme Georges Michael, sont entrées ainsi en guerre avec leur maison de disques : ça a toujours donné des années de galères, de procès, de traversée du désert. Une fois encore, je n'étais ni fait pour ça, ni prêt à le faire. L'ami Gianpiero était avec moi lorsque s'est déroulée cette conversation, et comme Jean-Marie Périer l'année précédente, il m'a conseillé de faire machine arrière : la situation, soudain, était trop tendue pour que je puisse m'en sortir sans mal. J'ai fini par appeler Bertrand de Labbey, par lui expliquer la situation, lui demander de déchirer les contrats que j'avais signés avec lui, ce qu'il a accepté, fair-play... Dans les mois qui ont suivi, Bertrand de Labbey a mis la fougue dont il faisait preuve, les idées grâce auxquelles il m'avait convaincu, au service d'un autre jeune chanteur débutant, dont il avait aussi ressenti le potentiel, un certain Paul-Alain Leclerc (que j'ai failli connaître sur les bancs de Sciences-Po, puisqu'il a échoué à l'examen d'entrée l'année dernière) et qui a démarré sa carrière avec l'aide intelligente du Rideau rouge, sous le nom de Julien Clerc. Plus tard, Bertrand de Labbey devait créer la plus grande agence artistique de France, représenter les plus grandes vedettes, les plus grands acteurs... et j'ai toujours eu conscience d'être passé, ce jour-là, à côté d'une occasion extraordinaire.

Dans les années qui ont suivi, beaucoup de jeunes auteurs-compositeurs-interprètes ont fini par cesser de se faire arnaquer de la sorte, créant en général leur propre société d'édition (comme ce fut le cas pour Francis Cabrel – les éditions Chandelle – ou pour Yves Duteil – les éditions de l'Écritoire), consacrant ces revenus à aider véritablement au développement de leur carrière.

L'album est sorti, et je ne résiste pas à l'envie de vous citer des extraits de la critique qu'il reçoit bientôt dans *Rock and Folk* :

« Antoine serait-il comme le bon vin ? Il ne cesse de s'améliorer avec les ans ; je suis d'ailleurs convaincu que le succès des Élucubrations, *aussi énorme qu'inattendu, est le plus mauvais canular qui lui ait été fait. Depuis, avec talent et courage, Antoine a tourné le dos au succès facile pour redevenir ce qu'il a toujours voulu être et ce qu'il aurait été sans cet accident de parcours énorme... »*

L'auteur de l'article émet ensuite des commentaires si louangeurs sur les différentes chansons du disque que je ne vous les répète pas, j'en aurais les chevilles qui enflent, et termine par :

« Auteur, compositeur de toutes ses chansons, arrangeur et directeur des séances, Antoine n'a pas cessé de nous étonner et de nous émerveiller. »

La critique dans le même journal du spectacle que je donne au début de mai à l'Olympia, dans le cadre d'un Musicorama unique, est moins brillante ; il faut dire que je me suis attaqué à un gros morceau. L'idée m'en était venue lors du spectacle du MIDEM : à l'époque, un spectacle normal comportait une première partie de « variétés », chanteurs débutants, humoristes, ballets, numéros visuels, et ce n'est qu'après l'entracte que la vedette de la soirée entrait en scène pour son « tour de chant ». J'avais eu envie de bouleverser tout ça, d'entrer sur scène tout simplement, la guitare à la main, à neuf heures cinq, et d'être le « maître de cérémonie » de l'ensemble de la soirée, d'accueillir et présenter des invités, d'égrener mes propres chansons tout au long du programme ; pour ce Musicorama, j'avais enrôlé Pierre Perret, Graeme Allwright, une jeune chanteuse talentueuse, Anne Vanderlove, un trio nommé J. J. et Beb, et deux vieux routiers de chez Vogue ravis de participer à cette expérience hardie, Claude Luter et Aimable, venu assurer le solo d'*Athènes sous la pluie*. Pour accompagner ce spectacle-fleuve, j'avais chargé Jean-Daniel Mercier de diriger un grand orchestre d'une cinquantaine de musiciens, avec rythmique, percussions, violons, cuivres, bois, etc. Manque de pot, planning à la con, nous n'avions pratiquement pas pu répéter, car l'imprésario avait accepté une série de galas à Beyrouth, une pénible affaire, mal organisée, au cours de laquelle j'avais dû finir par chanter le dernier soir sans être payé, et nous n'étions rentrés que la veille du Liban. C'est donc mal préparés que nous nous sommes attaqués à cette gageure, et, somme toute, on ne s'en était plutôt pas trop mal sortis. Mais ce demi-échec n'allait rien faire pour assurer le succès de cet album, de ces chansons si différentes, dont j'attendais beaucoup : une fois de plus, c'est la radio qui décida, et choisit la plus simple, la plus immédiate et guillerette des chansons, la souriante *Lolita, Lolita* pour en faire un petit « tube », éclipsant totalement les autres.

En Amérique, dans les rues de San Francisco, s'ouvrait le *Summer of Love,* l'été de l'amour. Le style « pop » très caractéristique de cette époque se répandait partout, par exemple sur les affiches psychédéliques des spectacles du Fillmore Auditorium. Pour moi, l'été serait très peu français : le souvenir de la tournée de l'été précédent, avec ses pluies de tomates et de projectiles divers, ne m'inspirait guère ; nous avions accepté tout de même un appel au secours de la direction d'Europe 1 : on venait d'apprendre que Dalida avait tenté de se suicider ; or elle avait signé pour l'été le Podium Europe 1, un gigantesque spectacle ambulant qui se produisait chaque soir de l'été dans une ville différente... et les organisateurs, à quelques jours du début de la tournée, se trouvaient sans vedette ; ils avaient fait appel *in extremis* à l'ensemble des vedettes de la chanson française, leur demandant de leur consacrer chacune les quelques jours de relâche que comportaient leurs calendriers d'été. J'avais signé pour deux ou trois jours, c'est d'ailleurs à cette occasion, à Saumur, qu'un spectateur resté à l'heure des *Élucubrations* m'a jeté le dernier projectile, une grenade lacrymogène : le spectacle, une fois encore, a dû être interrompu.

À part une poignée de galas en Corse, à La Rochelle ou ailleurs en France, mon été à moi serait totalement italien, et quel été ! Gianpiero avait imaginé de me faire participer à deux grandes émissions de télévision liées au Giro d'Italia, l'équivalent italien – en plus héroïque encore – du Tour de France cycliste. Nous devions suivre le peloton au travers des montagnes de Sicile ; nous avons pris un ferry pour Palerme, et là, allez savoir pourquoi, enfermé dans mon étroite cabine, je me suis soudain mis à fantasmer sur une photographie, une photo de Jean-Marie Périer, qui faisait partie d'une galerie de sept portraits, une rubrique régulière de SLC, et qu'il avait consacrée ce mois-ci à celle avec qui il avait vécu un grand amour, Françoise Hardy... Je ne saurais l'expliquer, mais je suis soudain tombé amoureux d'une photo ; non, pas de Françoise, mais de la photo... Quelques jours plus tard, faisant un bref retour à Paris, cette passion durait encore, puisque j'enregistrais une ballade très romantique écrite durant cette traversée, *Chanson devant la photo de mon idole.*

Nous sommes enfin arrivés à Palerme, où était tournée l'une des émissions ; le lendemain, il nous fallait traverser les montagnes escarpées qui occupent le centre de la Sicile, en direction de Catane, sur la côte est de l'île. Nous avions pris place dans un taxi conduit par un vieux Sicilien très calme, très lent, qui négociait chaque virage, chaque montée, avec des lenteurs d'escargot. Nous avions essayé en vain d'obtenir de lui qu'il accélère un peu, mais c'était manifestement au-delà de ses capacités... jusqu'au moment où, par la fenêtre d'une des nombreuses voitures qui nous doublaient, un type lui a adressé un vigoureux bras d'honneur... Faire ça à un Sicilien ! Dr Jekyll et Mr Hyde ! Notre lymphatique vieillard, piqué au vif, s'est soudain transformé en émule de Fangio, il s'est lancé à la poursuite de celui qui avait bafoué son honneur et celui de toute sa famille, et la suite du parcours a été une course-poursuite, un vrai rallye de Monte-Carlo ; accrochés tant bien que mal à nos sièges, nous voyions notre dernière heure venue, quand nous avons enfin atteint les pentes de l'Etna et la ville de Catane.

Cet été-là, nous avons parcouru l'Italie dans tous les sens, du sud au nord, de la mer Tyrrhénienne à l'Adriatique, de Venise à la Calabre. La jolie petite Zagato n'aurait pas été à la hauteur d'un tel parcours, et Gianpiero m'avait fait prêter par la maison Alfa Romeo un coupé Giulia. Comment faisions-nous, à l'époque, pour rester en vie ? En Italie comme en France, d'ailleurs, nous roulions en permanence à cent soixante-dix kilomètres à l'heure, redescendant à cent quarante dans les virages serrés. L'Italie semblait largement en avance en matière d'autoroutes sur la France. Pourtant, au départ de Parme, par exemple, on embouquait, ravis, une superbe entrée d'autoroute portant une pancarte « Reggio Calabria, 860 km », sans voir qu'il y avait écrit juste en dessous « *in esercizio fino a Reggio Emilia* » : l'autoroute n'était en service que sur les vingt-deux premiers kilomètres... le reste, c'étaient plus de huit cents kilomètres de routes étroites, de camions hurlants. Georges, l'imprésario (qui n'était pas indispensable dans cette tournée, mais parader en coulisse des spectacles faisait tellement partie de sa vie !), suivait la tournée avec sa Buick décapotable, où il transportait parfois, pour lui tenir compagnie, un ou deux musiciens. Le guitariste, Pierrot Fanen, était un cas à part ; claustrophobe, il souffrait aussi de terreurs paniques en voiture, piquait des crises de nerfs ; il faut dire que parfois, dormant plus qu'à moitié, Georges se retrouvait à contresens sur l'*autostrada*. Le long de ses tronçons d'autoroute, l'Italie était aussi en avance en matière d'aires de repos, avec ses restaurants, monopole de Motta, Pavesi ou Alemagna, où nous nous arrêtions pour manger des glaces italiennes. Au sud de Naples, plus d'aires de repos, mais, quand à la mi-août la température dépassait les quarante degrés, on s'arrêtait au bord des routes pour se régaler d'énormes tranches d'*anguria*, pastèque conservée sur des blocs de glace.

Il y avait aussi des bons moments, quand même, la découverte de délicieux petits vins de Sicile du côté de Salaparuta ; les journées de relâche à Salsomaggiore, station thermale paisible au cœur de la péninsule. J'avais déjà pris l'habitude de chercher dans un guide Michelin les hôtels indiqués d'un petit « oiseau à bascule », un symbole qui marque, non le luxe, mais l'agrément et le calme, et j'ai découvert cette année-là quelques coins de paradis, que j'ai souvent fréquentés au cours des années suivantes, à l'écart du *Raccordo anulare*, qui contourne Rome, sur le flanc de l'Arno, près de Florence, ou dans les plaines proches de la lagune de Venise. On y était toujours accueilli par un personnel stylé qui vous donnait du *Cavaliere*, et, dans mon cas, de l'*Ingeniere*.

Le spectacle se déroulait généralement dans le *night*, la boîte de nuit vedette de chaque station balnéaire, comme l'Altro Mondo de Rimini ou la Bussola de Viareggio. Les loges y étaient, ici aussi, pratiquement absentes, on se changeait souvent dans la cuisine du propriétaire ; mon tour de chant, aux deux tiers en italien, commençait par une dizaine de chansons calmes, que je chantais assis sur un tabouret haut, à la guitare acoustique, accompagné en douceur par les musiciens ; seule la deuxième partie devenait rock, endiablée et joyeuse, avec mon tube italien en apothéose, *Le Pietre*. Il y avait aussi la version italienne de *Canelle*, que Gianpiero m'avait fait enregistrer, et qui était devenue à son tour un succès.

Un jour, la tournée fait halte à Venise, où je chante, avec de nombreux artistes, dans le cadre exceptionnel de la place Saint-Marc. La soirée se termine par un feu d'artifice et par le spectacle des Pink Floyd. Mais participer à une aussi extraordinaire manifestation ne me faisait ni chaud ni froid, car, pour la première fois depuis que j'avais enregistré ma chanson pour Françoise Hardy, elle figurait au même programme que moi, et nous étions tous deux logés dans l'hôtel le plus romantique qui se puisse imaginer, l'Excelsior du Lido, qu'on atteignait en prenant sur le quai, non loin du palais des Doges, un de ces magnifiques Riva aux vernis étincelants. Après avoir chanté chacun notre chanson, nous avons pris le même Riva jusqu'à l'hôtel, et nous nous sommes donné rendez-vous pour dîner en tête à tête sur la terrasse du restaurant, déserté ce soir car tout le monde était resté place Saint-Marc assister à la prestation du Floyd.

De Françoise Hardy, j'avais évidemment adoré *Tous les garçons et les filles*, et plusieurs autres chansons ; j'avais admiré sa sagesse, contrastant avec la niaiserie que véhiculait l'image de la plupart des chanteuses de l'ère yé-yé. Encore étudiant, lors d'un des premiers Musicorama auxquels j'avais assisté, Françoise était assise au parterre au milieu d'autres artistes, et je lui avais demandé un autographe. J'aimais beaucoup les chansons qu'elle ramenait ces temps-ci d'Italie – Gianpiero avait également pris en main sa carrière –, comme *La maison où j'ai grandi*, ou comme son succès de cette année, *Voilà* : il m'avait séduit autant qu'il ravissait Jean-Marie Périer, qui restait toujours en adoration devant Françoise... et Jean-Marie avait fini par me communiquer cette admiration...

Nous nous sommes retrouvés à l'heure dite sur la terrasse désertée, sous la lune, qui dessinait sur la lagune une avenue d'argent conduisant à l'île de Venise, à la place Saint-Marc d'où parvenaient les lueurs des feux d'artifice et le son étouffé du concert. Nous avons dîné comme des dieux, en parlant de tout et de rien, des galas, de la route, des blessures inhérentes à la célébrité, et puis à un moment de la soirée, j'ai pris mon courage à deux mains, et j'ai dit à Françoise : « Tu sais que j'ai écrit une chanson pour toi ? »

Elle m'a souri gentiment, elle n'a pas pris ma main, elle m'a dit d'un ton léger, joyeux : « Oh ! ça doit être agréable de pouvoir dire à une personne qu'on a écrit une chanson pour elle... »

Et là s'est arrêtée notre romance ; elle connaissait d'ailleurs la photo à laquelle je faisais référence... et elle ne l'aimait pas du tout. Quant à mon disque, elle l'avait entendu, mais, en vraie professionnelle, elle m'a fait remarquer qu'il y avait eu chez Vogue un problème technique au moment de la gravure, la platine ne tournant pas parfaitement rond, produisant un infime pleurage, inadmissible dans une chanson douce et lente comme celle-ci.

J'ai eu l'occasion de retrouver Françoise à plusieurs reprises en Italie par la suite, amicalement, à l'occasion d'émissions de télévision qui nous programmaient volontiers ensemble. Je me rappelle en particulier une soirée au casino de Salsomaggiore ; au cours de l'émission, diffusée en direct, je chantais *Cannella*, tandis que Françoise était assise parmi le public, au bord de la piste de danse ; je ne sais ce qui m'a pris, sans l'avoir répété, devant les caméras, au moment du couplet orchestral de la chanson, je suis allé prendre Françoise par la main, l'invitant à se lever et à faire avec moi deux ou trois passes simples de bop... en direct, elle n'a pas osé refuser... *Mamma mia !* si Françoise s'y entendait en jolies chansons, elle n'était vraiment pas la personne à inviter à danser, elle ne savait absolument pas quoi faire de son si joli corps, long et mince, sur une piste de danse... je l'ai vite ramenée en souriant à sa place avec un mot d'excuse, et j'ai continué ma chanson tout seul...

La tournée d'été italienne se terminait ; au moins, en Italie, pas de projectiles ; j'ai encore traversé le pays trois ou quatre fois, et puis je suis redescendu jusqu'à Naples, où je consacrerais une semaine au tournage d'une série de cinq ou six grandes émissions de télévision qui ne passeraient à l'antenne qu'en février. À la différence de la France, où pratiquement tout ce qui se passe de médiatique ou d'artistique au niveau national se fait à Paris, l'Italie partage son activité culturelle entre plusieurs villes, Milan, Turin, Rome, Naples. Je suis resté une semaine à suivre docilement les instructions d'un metteur en scène sympathique, mais un peu brouillon, recevant chaque jour en invités les plus grands noms de la chanson italienne, ou des débutants.

Quelques jours avant ce tournage, aussi excité que l'année précédente, Gianpiero m'avait apporté LA chanson du prochain San Remo. Après tout, il avait eu tellement raison la première fois que j'aurais eu mauvaise grâce de ne pas lui faire confiance. La série d'émissions, intitulée Zucchero e Cannella (« sucre et cannelle »), ne devant être diffusée qu'après San Remo, Gianpiero avait eu l'idée de faire de cette chanson, *La Tramontana*, la *sigla*, la musique de son générique. « Perdre la tramontane » voulant dire devenir fou, le réalisateur avait choisi de me filmer en train de mettre une belle voiture en morceaux avec une grosse masse de terrassier... À la réflexion, ce n'était vraiment pas une bonne idée, dans un pays totalement amoureux de ses voitures, obsédé par l'automobile, Fiat, Alfa Romeo, Ferrari, Lamborghini, Maserati !

J'ai terminé mon séjour dans la région de Naples en passant deux ou trois jours sur la côte, à Positano ou à Amalfi, où Dominique était venue me rejoindre pour de courtes vacances, et puis je suis rentré en France, où m'attendait une autre aventure, plutôt amère celle-là...

Je me rappelle que c'est en prenant la route pour un gala en Normandie que je suis tombé sur la première page de *France Dimanche* ou d'*Ici Paris*, où je figurais, sur toute la hauteur de la page, habillé en militaire... L'article annonçait que je venais d'être enrôlé par un régiment du 3e génie ou quelque chose comme ça, à Sarrebourg, et que j'allais passer deux ou trois ans sous les drapeaux. La photo ? Ils en avaient simplement utilisé une de Johnny partant à l'armée, deux ans plus tôt, et y avaient collé ma tête, découpée sur une autre photo. J'avais renoncé en cours d'année à suivre les études que j'avais entreprises en grande partie pour avoir un sursis : l'emploi du temps de mes spectacles – leur tendance à m'emmener de plus en plus loin – était vraiment devenu incompatible avec les horaires des cours de Sciences-Po ; mon sursis n'avait pas été reconduit, et rentrant, je trouvai effectivement dans mon courrier une feuille de route m'enjoignant de me présenter à Sarrebourg la semaine suivante.

Mes simples mensurations (une année de galères ne m'avait pas fait grossir), justifiaient largement une réforme, et je comptais fermement en tirer parti... Mais entre-temps, j'étais devenu hypercélèbre, et contesté : quelques années plus tôt, la réforme de Jacques Charrier, le jeune mari de Brigitte Bardot, avait soulevé un beau tollé, la presse criant au favoritisme. Déjà chez moi, la sonnette retentissait toute la journée, des journalistes commençaient à me harceler, voulant saisir mes derniers moments d'homme libre...

Sur les conseils de maître Detruy, le maire de mon village, c'est de ma retraite du Puy-de-Dôme que j'ai décidé d'aborder l'affaire. J'ai quitté Boulogne en douce, de nuit, et me suis réfugié dans la maison perchée sur les collines, à trois kilomètres de la maison la plus proche ; j'ai utilisé la procédure la plus régulière, fait porter à la gendarmerie locale une lettre par laquelle je faisais savoir que je m'estimais inapte au service armé, et que je demandais (ce que j'aurais pu faire depuis longtemps, mais je n'en avais pas pris le temps ni la peine) à passer devant le « conseil de réforme ». Ma demande fut agréée, et date prise pour un mois plus tard, dans une caserne de Clermont-Ferrand.

Il ne restait plus qu'à attendre, mais il ne fallait pas qu'entretemps la situation s'envenime, que la presse monte l'affaire exagérément. Or les journalistes avaient réussi à retrouver ma trace, et avaient entrepris de me harceler jusqu'en Auvergne, faisant le siège de ma propriété. Je me souviens en particulier de la visite du toujours aussi détestable journaliste de *France Dimanche*, qui avait dédaigné les pancartes « propriété privée » (plus tard, j'écrirai « Interdit aux serpents et aux journalistes ») et venait me poursuivre jusqu'au seuil de ma maison. J'avais fini par prendre le téléphone et déclarer à son rédacteur en chef que si cet homme mettait une fois de plus le pied dans mon domaine privé, qu'il se méfie, car j'étais armé, et il n'est plus revenu.

Mais d'autres journalistes arrivaient chaque jour, se postaient à tous les carrefours de la région, guettaient mon passage, et je me sentais assiégé ; un jour, maître Detruy a fini par me planquer dans le coffre de sa voiture, et par m'emmener chez des amis à lui qui possédaient, au fond de leur jardin, une maisonnette bien cachée. J'y ai passé quinze jours seul, sans voir personne, me plongeant dans mes souvenirs pour les écrire... Toutes proportions gardées, j'avais un peu l'impression de me cacher des nazis, comme dans *Le Journal d'Anne Frank* !

Le jour du conseil de réforme, je m'y suis présenté, prévoyant de devoir passer trois jours de tests dans un hôpital militaire de

Lyon ; j'avais même à cet effet acheté un pyjama, moi qui n'en portais jamais ! Et le conseil de réforme m'a entendu, a examiné les radios et autres certificats, constaté que mes mensurations seules risquaient de ne pas faire honneur à l'armée française, et décidé sur-le-champ, et à l'unanimité, de me réformer ! Quand je suis sorti de la caserne, c'était comme si un manteau de plomb m'avait été enlevé. Bien sûr, les journalistes guettaient encore, et ce jour-là, Dominique étant venue me rechercher à la sortie, au lieu de prendre aussitôt le chemin de la ferme, nous sommes montés, dans le brouillard, jusqu'au sommet du puy de Dôme : même si, au sommet, la visibilité était nulle, j'avais soudain le sentiment de voir un horizon immense ouvert devant moi. Dans les années qui suivirent, le statut d'*objecteur de conscience* devait naître, et je devais avoir souvent l'occasion de compatir aux peines et brimades que subissaient ceux qui l'avaient choisi.

Je suis encore resté plus d'un mois en Auvergne, le temps que la presse se désintéresse de cette histoire. Comme il était prévisible, quelques journalistes ont mal pris la chose, Philippe Bouvard a critiqué la « réformite aiguë », mais l'affaire s'est vite tassée, et j'ai pu reprendre le cours de ma vie bien assez agitée comme ça.

De mon séjour à Naples, j'avais rapporté une étonnante garde-robe : tous les costumes que la RAI, la télévision italienne, avait fait fabriquer pour moi, pour l'émission, une gamme de tuniques et de vestes multicolores, des bottes en cuir montant jusqu'aux cuisses, de vraies bottes de mousquetaire. Nous avions aussi rapporté d'Italie de quoi donner à nos spectacles des teintes psychédéliques : des projecteurs jaunes, verts, rouges, d'autres qui dessinaient sur les murs l'image de curieux bains d'huiles multicolores, une « boule de bal » à mille facettes réfléchissantes. Raymond, mon fidèle régisseur-sonorisateur, avait eu l'idée de la faire tourner sur un axe horizontal, produisant l'effet d'une chute de neige qui illustrait ma chanson *Juste quelques flocons qui tombent*. Mais le projecteur le plus extraordinaire, je l'avais découvert dans une boîte de nuit italienne cet automne, un des premiers « stroboscopes » : on s'est habitué depuis, mais la première fois que, dansant un jerk sur une piste, on se trouvait pris un instant dans les lueurs de cet appareil, comparables aux flashes de la centaine de photographes qui crépitent autour d'une star à l'entrée du festival de Cannes, l'effet était inoubliable. Ce soir-là, on m'avait présenté une jolie jeune fille italienne blonde prénommée Daniela, nous avions dansé ensemble, elle avait passé une partie de la soirée à ma table, sans plus, et un paparazzo nous avait photographiés ensemble. Ce n'est pas pour rien que le mot *paparazzo* est italien : c'est en Italie qu'est né ce type de journalisme imbécile, inventant les plus absurdes rumeurs sur la foi de la moindre photo volée : quelques jours plus tard, les magazines italiens présentaient la « *fidanzata d'Antoine* ». Après tout, ce n'était pas bien grave, et ce n'était que la douzième fiancée que me prêtait la presse italienne depuis le début de l'année : il suffisait que j'aie été photographié avec n'importe quelle femme, inconnue près de laquelle je m'étais tenu par hasard quelques secondes dans une exposition ou un vernissage, actrice que j'étais allé féliciter ou dame des vestiaires d'un restaurant m'aidant à enfiler mon manteau, pour que les paparazzi italiens en fassent aussitôt ma fiancée. Pourtant ces « fiançailles »-là allaient avoir, l'année suivante, des conséquences désastreuses.

De retour à Paris, Raymond s'était amusé à installer tous les éclairages de la tournée dans mon appartement, autour d'un sapin de Noël de huit mètres de haut, et le résultat était saisissant ! Mon mois de décembre allait être parisien : Georges, l'imprésario, m'avait proposé de figurer tout le mois à l'affiche de la Tête de l'Art ; au début, j'avais tiqué, me demandant ce que j'irais faire dans ce cabaret chicos de l'avenue de l'Opéra, et puis, sur ses conseils, j'étais allé voir à quoi il ressemblait, et j'avais découvert un petit coin de paradis au cœur de la grande ville. Ce soir-là, la vedette du spectacle était Juliette Gréco, les semaines suivantes s'y succéderaient Fernand Raynaud, Hugues Aufray, Jacques Martin, Jacques Dutronc : les plus grands noms de la chanson française, toutes tendances confondues, et les plus grands humoristes se produisaient dans cette minuscule salle de cent couverts : le public y dînait pendant la première partie du spectacle ; la salle était si bien conçue que, même s'il advenait parfois qu'elle ne soit qu'en partie remplie, elle était toujours agréable et chaleureuse ; et tout le personnel, mené par un directeur accueillant, vous faisait vous sentir si bien que j'y ai chanté souvent au cours des années qui ont suivi, et que lorsque, certaines nuits, il m'est arrivé de me trouver seul et perdu dans Paris, je suis plus d'une fois allé retrouver l'ambiance presque familiale de l'équipe de la Tête de l'Art, découvrant par la même occasion le tour de chant d'artistes que je ne serais peut-être pas allé voir autrement ; c'était un peu ça aussi, la magie de ce petit cabaret.

Quelques journalistes avaient bien ironisé lorsque, après être passé dans le plus grand des music-halls, l'Olympia, je chantais maintenant dans le plus petit des cabarets. Curieusement, celui qui écrivit sur ce thème l'article le plus haineux, criant sa joie de voir comme j'étais tombé bas, ce fut l'écrivain Paul Guth. Quelle aversion pour moi avait donc conçue ce monsieur, dont un des livres gentillets, *Le Naïf aux quarante enfants*, figurait depuis mon enfance dans la bibliothèque familiale ? Je n'en ai aucune idée.

Chanter à la Tête de l'Art, en particulier les ballades blues ou folk était un vrai plaisir, et le public était bien différent de celui de l'été de la contestation et des tomates ! Une seule fois un spectateur avait fait un esclandre parce que j'avais repris un chant de Noël, *Douce nuit, sainte nuit* : tandis que mes musiciens le jouaient et chantaient en sourdine, comme si deux radios différentes empiétaient soudain sur une même fréquence, je lisais un bulletin d'information plein de nouvelles à peine plus catastrophiques que celles que l'on entend toute la journée dans les « flashes » des radios : le contraste entre le chant de Noël et les rumeurs de guerre équivalait pour moi à une dénonciation de toutes ces horreurs, à un vœu de paix... Le monsieur, un gaulliste décoré, avait tonitrué quand j'avais mentionné son idole...

Un soir, Dalí est revenu me voir à la Tête de l'Art. Mon tour de chant terminé, je suis allé le rejoindre à sa table, dans la petite salle si chaleureuse ; il était encore, ce soir-là, accompagné d'Amanda Lear, et tout au long de la soirée, il ne lâcha pas la canne au pommeau d'argent sculpté qu'il tenait, à la verticale, piquée sur le sol entre les cuisses d'Amanda, suggérant une puissante et tenace érection. Quelques photographes nous entouraient, Dalí faisait son grand numéro, et je le suivais un peu... Soudain, il s'arrête, regarde autour de nous, se penche vers moi, me dit : « Ce n'est plus la peine de faire du cinéma, les photographes ne sont plus là ! »

J'avais découvert le plaisir de revenir chaque soir de la semaine dans la même salle, sans répétition, sans efforts de promotion, passé la première semaine, tout bien en place ; je peux comprendre que des grands artistes qui n'en auraient pas besoin choisissent parfois de se produire plusieurs mois de suite dans un même théâtre : pour cette durée, le reste de leur journée devient infiniment plus doux que la vie hachée de voyages, aux emplois du temps décousus que l'artiste mène le reste du temps. Seuls pâtissaient de cette obligation quotidienne mes séjours dans ma ferme d'Auvergne ; aussi, dès le spectacle du 24 décembre achevé, le lendemain étant jour de relâche, nous avions dans la nuit, avec Raymond et François, pris la route de l'Auvergne, pour y retrouver Dominique et un tardif souper de Noël, découvrant pour la première fois, merveilleux cadeau, nos collines sous la neige ; il avait fallu laisser la voiture, immobilisée dans une congère, et parcourir le dernier kilomètre à pied dans les ultimes heures de la nuit...

Est-ce à cause des tenues insensées que je portais à la Tête de l'Art que Claude François, rencontré quelques jours plus tard, m'a fait la proposition suivante ? « Tu sais, depuis plusieurs années, j'ai un contrat avec un grand fabricant de vêtements de Lyon, la maison Bayard, pour la marque Podium ; ils m'offrent une trentaine de costumes par an ; j'ai l'intention de mettre fin à ce contrat ; si ça t'intéresse, je te le refile. » Et pourquoi pas ? Si les vêtements en confection de cet industriel lyonnais étaient plutôt du genre classique, je pourrais sans doute y faire glisser ma touche d'originalité ; et d'ailleurs, j'avais envie d'un smoking blanc : dans quelques semaines, je retournerais à San Remo pour y présenter *La Tramontana*. Depuis ma prestation de l'année dernière, l'Italie avait suivi l'exemple, et, le phénomène hippie aidant, de nombreux artistes se produiraient dans des tenues colorées et extravagantes ; quoi de plus amusant alors que de choisir un vêtement prenant le contre-pied de la tendance ? J'acceptai donc l'offre de Claude, qui me fit rencontrer les directeurs du confectionneur, et durant trois ou quatre ans, chaque année, je fis un petit voyage à Lyon pour y choisir des tissus et les coupes des vêtements qui me seraient livrés quelques jours plus tard, par vastes cartons : et voilà comment, sous l'influence de Claude François, mon allure vestimentaire a passablement changé... Ceux qui me voulaient encore avec les chemises à fleurs des *Élucubrations* furent surpris du classicisme de certaines tenues, mais c'était pour moi une nouvelle façon de m'amuser...

À San Remo, donc, je chantai en smoking blanc, complété il est vrai d'une extravagante chemise à jabot de dentelle chantilly provenant des costumes de la RAI, et l'effet fut décisif. Jamais San Remo n'avait brillé d'autant de feux que cette année-là, où de nombreux grands artistes internationaux, Louis Armstrong, Marianne Faithfull, Sonny and Cher, Dionne Warwick, Johnny Rivers, ou français, Sacha Distel, Nino Ferrer, les Compagnons de la chanson, les Surfs, Christophe, étaient présents. C'était impressionnant d'entendre ma chanson reprise orchestralement par le grand vibraphoniste Lionel Hampton ou de la retrouver plus tard enregistrée par Louis Prima, le célèbre créateur de *I'm Just a Gigolo/I Ain't Got Nobody*. J'avais répété, l'après-midi du premier spectacle, accompagné par mes musiciens en complément du grand orchestre de la RAI ; à la fin de ma répétition, pour échanger quelques mots avec le chef d'orchestre, j'avais sauté de la scène dans la fosse d'orchestre, d'une hauteur de plus de deux mètres... j'étais jeune et souple, alors ! Et mon saut avait surpris les personnes présentes. Un peu plus tard, Georges s'était approché de moi, avec sur le visage l'air de rien qu'il prenait quand il avait une suggestion à faire mais qu'il ne voulait pas qu'elle semble venir de lui : « Ton saut dans la fosse d'orchestre, ça serait marrant de le refaire ce soir, non ? » Je n'y avais pas pensé... Et le soir, quand je terminai dans un succès *strepitoso*, comme on dit là-bas, je m'élançai droit devant moi sous les applaudissements, et disparus soudain dans la fosse, où une autre caméra me retrouva, créant une totale surprise – pour le réalisateur aussi, d'ailleurs... Les Italiens devaient longtemps se rappeler cette prouesse totalement inédite à San Remo, et la prouesse dut aider au succès de la chanson, car dès la semaine suivante celle-ci se retrouvait numéro un des ventes italiennes, et le resterait deux mois : la maison de disques vendrait plus d'un million d'exemplaires de *La Tramontana*, sans compter les innombrables copies pirates du quarante-cinq tours en vente en hautes piles sur tous les marchés d'Italie !

Durant cette semaine à San Remo, la petite Daniela, celle dont les journaux avaient fait ma « fiancée » (enfin, une de mes fiancées) était venue me voir et nous avions passé une journée ensemble, à l'hôtel, sans être photographiés par les paparazzi. Daniela était une gentille petite jeune fille un peu paumée, qui avait été, paraît-il, vue avec un des Rolling Stones, auquel on l'avait aussitôt déclarée fiancée. Elle était une agréable compagnie, mais faire l'amour ne l'intéressait pas, nous n'avions strictement rien en commun, et il n'y eut jamais entre nous plus qu'une gentille complicité de quelques heures.

Tant que je parle de mes « fiancées »... Consultant, pour rafraîchir ma mémoire, la collection d'articles de presse rassemblés par plusieurs fans extrêmement fidèles, je retombe par hasard sur un article datant de cette époque, dans une revue italienne, une double page étonnamment documentée sur mon amie Catherine... Moi qui croyais être arrivé à cacher complètement cette liaison, qui resta des années sur le plan de la tendresse ! Catherine était, elle aussi, danseuse professionnelle au King Club, une boîte de nuit où nous nous retrouvions souvent, Michel Polnareff (il vivait une liaison avec une des trois danseuses de l'endroit, Georgia, une jeune Grecque qui lui inspira plusieurs de ses chansons), François (ami de la jolie Evy, qui devint plus tard une des vedettes du Crazy Horse Saloon) et moi, qui avais trouvé une confidente en la personne de Catherine. Notre histoire resterait une histoire de tendresse, car une aventure avec un chanteur populaire à l'esprit déstabilisé l'avait détournée pour un temps de l'amour physique ; mais j'avais atteint un tel degré d'intimité amicale avec elle, j'allais si souvent terminer mes nuits la tête sur son épaule, que c'est pour elle que j'ai écrit deux ou trois des chansons que je trouve les plus jolies de mon répertoire, dont *L'eau a monté (les marches du petit escalier)*. Ne comprenant toujours pas pourquoi deux personnes, qui m'apportaient chacune une chose aussi différente qu'elle et Dominique le faisaient, ne pourraient pas coexister, j'avais même timidement, dans une de mes chansons écrites cet hiver-là – une chanson très longue, commençant lentement, finissant en *soul*, à l'image du *Try a Little Tenderness* d'Otis

Redding –, glissé dans le *shunt* final la phrase, à peine audible : « Si tout était mieux, nous vivrions à trois, à trois. »

Le printemps revenu, *Salut les Copains* m'a de nouveau emmené réaliser un « Bons baisers de… » à Cuba, cette fois-ci, car l'URSS avait définitivement refusé de nous accorder des visas, et la rédaction de SLC persistait à penser que j'étais le seul artiste qui puisse aller poser dans un pays communiste. Nous avons passé une dizaine de jours en plein castrisme ; la radio d'État hurlait sans fin « *Todos à la caña !* », exhortant tous les Cubains, des ouvriers aux intellectuels, à se précipiter dans les champs pour aider à la récolte de la canne à sucre. Cuba essayait de relancer son tourisme, mais les grands hôtels, qui n'avaient pas été repeints depuis le temps des Américains, n'étaient plus que l'ombre d'eux-mêmes. J'avais été fasciné par cette île, que nous avions parcourue en tous sens, de La Havane à Santiago, des *mogotes* de l'ouest de l'île aux îlots tropicaux de Cayo Largo. Et le reportage s'ouvrait sur un portrait de moi, cigare aux lèvres, bien sûr, devant l'immense figure du Che qui dominait une grande place de La Havane.

Cet hiver-là, Vogue n'avait publié aucun nouveau disque de moi, sinon une compilation des plus jolies chansons de mes disques précédents, complétée d'une chanson racontant à demi-mot mes aventures parisiennes, les trois danseuses du King Club… et la direction nouvelle dans laquelle je me tournais, cherchant à donner un sens à notre vie à tous : la méditation. Le disquaire du club, assez avancé dans l'étude des religions orientales, m'avait entraîné un instant avec lui ; les Beatles revenaient de stages de méditation transcendantale auprès de leur gourou, le Maharishi Mahesh, les chansons de Leonard Cohen, comme *Suzanne*, avaient une vraie dimension mystique… J'avais entrepris de faire du yoga, et j'avais commencé à trouver dans la méditation un remède efficace aux sollicitations effrénées de la vie que je menais, un détachement face aux échecs et aux blessures, aussi nombreux, sinon plus, dans cet univers, que les joies et les succès. Je ne suis jamais allé aussi loin que je l'aurais souhaité dans cette direction, trop de tentations et d'activités passionnantes m'en ont détourné, mais c'est en souvenir de cette période de ma vie que je donnerais plus tard pour nom à mon premier voilier la syllabe sacrée par excellence de la méditation, *Om*, un mantra destiné à appeler la paix et la sérénité.

Et j'avais attaqué l'enregistrement, pour la première fois depuis un an et *Madame Laure Messenger...*, d'un vrai album, douze chansons cohérentes, enchaînées ; on aurait pu appeler cela un « album concept ». J'y suivais, de sa naissance (ou plutôt de sa réincarnation) à sa mort la vie d'un certain Jean-Sébastien Piton, qui voyait le jour (*Bonjour Salut*), grandissait, se posait des questions (*Le Dieu auquel je crois*, une chanson très blues, où j'essayais de prendre une voix de tête, et où Pierrot Fanen le guitariste virtuose se surpassait à la Clapton) ; mon héros tombait amoureux (*L'eau a monté les marches du petit escalier*, une de ces jolies balades folk, comme *J'ai oublié la nuit*, ou les *Flocons*, dont j'aurais tant aimé faire un vrai tube, sans jamais y parvenir), connaissait le succès (*La Tramontane* : j'avais adapté mon énorme succès italien), vieillissait et se posait encore plus de questions (*Tout nu devant ta glace*), et finissait par mourir (*Plus de cœurs à greffer*). À la fin du film, pardon, de l'album, une reprise de *Bonjour Salut* devenait *Adieu Salut*, et l'on pouvait y entendre au loin, derrière le bruit des coups de marteau qui clouaient le cercueil du héros, étouffée, ma voix chantant « Ma mère m'a dit Antoine ».

La couverture de l'album aussi avait été une aventure ; les amateurs de musique qui n'ont connu que les cassettes audio, puis les CD, et maintenant la musique en téléchargement, légal ou non, ne peuvent pas savoir ce que c'était qu'une pochette de trente centimètres vinyle ; consommateur de musique, fan des Beatles, de Dylan ou des Stones, combien d'heures j'ai passées à contempler, étudier, éplucher chaque détail, chaque photo, chaque dessin, chaque information figurant sur ces pochettes, auxquelles les artistes consacraient de grands efforts d'imagination : à la fin des années 1960 naissaient des pochettes extraordinaires, comme celle de *Sergeant Pepper's*, des Beatles, et bien d'autres ; celle de mon album était tout à fait à la hauteur, huit grandes pages dessinées par Bridaine, un dessinateur qui se ferait un nom plus tard dans des publications comme *L'Écho des Savanes* et *Fluide Glacial*. C'était une richissime bande dessinée où j'apparaissais devant mon nom en lettres de feu, entouré des milliers de personnages tous plus ou moins symboliques qui s'y pressaient, représentant les innombrables influences, les milliers de personnages qui interagissaient avec mon héros...

L'enregistrement terminé, il ne restait plus qu'à faire connaître l'album au public ; c'était la mission du service de presse... Malheureusement, la date de sortie du disque ne se révéla pas la meilleure possible pour lui assurer le succès : les premiers jours de mai 1968...

Personne ne semblait se douter de ce qui allait se passer ce mois-là ; pour ma part, j'avais pris la route de Rome où je devais tourner un long métrage... L'affaire n'était pas très claire, j'étais depuis des mois censé être l'acteur principal d'un vrai film mi-sérieux, mi-comique intitulé *John Quichotte* ; et tout d'un coup, devant le succès de *La Tramontana*, les producteurs avaient décidé de changer de sujet, le film allait devenir une de ces comédies italiennes, une sorte de série B comme on en tournait là-bas à l'occasion de chaque grand succès dans le domaine de la chanson. J'avais songé à renoncer à ce projet, mais l'occasion de tourner à Cinecittà, de passer trois semaines dans une ville que j'aimais bien... et un cachet non négligeable m'avaient convaincu de le faire, ce film. J'étais descendu à Rome au volant de ma Bentley ! Oh ! ne riez pas, ce n'était pas une voiture de milliardaire, j'avais juste eu le coup de foudre pour une voiture d'occasion des année 1940, une merveille, deux places, bicolore, un modèle suranné qui m'avait coûté plutôt moins cher que le modèle courant de Renault ou de Citroën, mais qui avait un charme fou, avec sa ligne unique, une voiture si originale que pour ouvrir et fermer les vitres, on n'utilisait pas une manivelle, mais un grand levier qui faisait monter ou descendre d'un coup la vitre, comme une guillotine. Quelle splendeur que cette voiture ! François allant passer quelques jours de vacances dans le sud de l'Italie avait accepté de descendre aussi ma petite Zagato, et me voilà installé comme une star hollywoodienne dans l'hôtel que j'aimais bien, le Cavalieri, au sommet d'une des collines de la ville sacrée...

J'avais étudié le scénario, essayé avec le costumier les vêtements qui commençaient à s'aligner dans l'armoire de mon appartement dans l'hôtel, quand on m'a annoncé que le tournage serait retardé de quatre jours. J'ai voulu en profiter pour retourner passer le week-end dans ma maison d'Auvergne, que j'avais tout de même quittée avec regret ; j'ai pris l'avion pour Paris, laissant mes deux voitures au garage de cet hôtel de luxe, mes bagages et vêtements dans l'appartement. Arrivé à Paris, les premiers événements de mai avaient commencé à paralyser le pays, j'ai eu du mal à trouver un moyen de transport pour gagner le Puy-de-Dôme... et je n'ai plus pu le quitter de tout un mois ! Plus d'essence, plus de trains, plus d'avions, plus de téléphone... Quelques jours plus tôt, la veille de mon départ pour Rome avec la Bentley, j'avais cherché à gagner le Quartier latin... Oh ! pas pour me joindre aux manifestants, juste pour aller voir mon amie Catherine dans sa boîte de Saint-Germain : j'avais dû renoncer pour cause d'émeutes et de barricades... Est-ce que je sentais le moins du monde que ma place aurait dû être sur ces barricades ? Absolument pas. Avec le recul, aujourd'hui, on présente souvent mon succès et celui des *Élucubrations* comme un des signes avant-coureurs de mai 1968 : j'exprimais dans mes chansons une révolte contre tout un système qui devait se cristalliser ce mois-là. Mais je n'avais jamais souhaité être le « porte-parole » de quoi que ce soit, et encore moins un meneur ! La révolution, ai-je toujours pensé, c'est à nous de la faire dans notre propre tête, dans notre propre vie ; s'embrigader, s'enrégimenter derrière des chefs, des idéologies, c'était immanquablement faire fausse route. Je regardais donc avec sympathie, mais avec scepticisme ces étudiants qui croyaient parvenir à tout bouleverser ; quand moi, j'avais déjà bouleversé ma vie. Quarante ans plus tard, la plupart d'entre eux sont devenus des chefs d'entreprise, des hommes politiques ou des patrons de presse... moi j'ai continué à vivre ma propre révolution, je fais partie de ceux qui avaient compris que *sous les pavés, il y avait bel et bien une plage* ; et que d'ailleurs, ils n'avaient pas besoin de se fatiguer à arracher des pavés, qu'en se déplaçant un peu, dans l'espace et dans sa propre tête, il était facile de trouver des milliers de plages qu'aucun homme, aucun pouvoir, n'avaient jamais écrasées de leurs pavés.

Des années plus tard, moqueur, Thierry Ardisson, dans une interview, me reprochait d'avoir passé le mois de mai 1968 au vert dans le Puy-de-Dôme, dans une propriété, ajoutait-il, de quarante-cinq hectares, faisant ronfler ce nombre, apparaître ce domaine comme le summum du luxe... alors que le prix de vente de ces landes incultes n'aurait pas suffi à acheter la chambre de bonne de son appartement du Faubourg-Saint-Honoré ! Non, cette période agitée, je ne voyais pas de meilleur endroit pour la laisser passer que la nature, la solitude, l'authenticité du cœur de la France profonde, la paix qui régnait sur ces campagnes, loin des grenades lacrymogènes et des barricades.

D'ailleurs, j'aurais bien aimé pouvoir en partir, d'Auvergne, pour rejoindre mon tournage... Mais la grève générale des avions, des trains, et l'impossibilité de trouver de l'essence m'en empêchèrent ; je n'ai pu téléphoner en Italie que trois semaines plus tard, le tournage était annulé, les affaires étaient dans les mains des avocats, et j'ai dû prendre le mien par le bras, trouver un des premiers avions qui finirent par pouvoir décoller, de l'aéroport militaire de Brétigny, pour aller négocier avec les producteurs, et libérer l'appartement du Cavalieri dont la location (et deux voitures au garage en plus) avait couru tout ce temps-là !

Voici que démarre mon second été italien... Celui-ci sera encore plus rock'n roll que le précédent. D'abord, ça commence mal ; imagine un peu : tu viens, deux années de suite, de donner à ta maison de disques locale, la SAAR, son plus gros tube de l'année, plus d'un million de disques pour *La Tramontana* ; tu penses peut-être que tu as le droit à un peu de respect ? Dans tes rêves ! Avant que Gianpiero ne m'amène *La Tramontana*, la maison de disques m'avait fait deux propositions, deux chansons qui n'avaient séduit personne lorsque j'en avais enregistré des maquettes. Et voilà que la SAAR, sans me demander mon avis, sans m'en avertir, vient de publier, pressons, pressons le citron, le « nouveau quarante-cinq tours d'Antoine »... composé des deux maquettes refusées ! Tout le problème, en fait, vient de ce que Gianpiero, pour incompatibilité d'humeur, vient de quitter la SAAR, et que je suis soudain livré aux pratiques douteuses de margoulins... Alors, je proteste, exige la publication d'un nouveau single, comportant l'adaptation de *Bonjour Salut*, qui marche gentiment en France actuellement.

Si mes chansons connaissaient moins de faveur en France, la presse française avait eu vent de mon succès italien, et *Salut les Copains* m'avait proposé de faire un grand reportage intitulé « Antoine roi d'Italie ». La rédaction m'envoya, pour me suivre pendant deux galas dans la région vénitienne, un de ses photographes vedettes, Alexis Stroukoff, ancien assistant de Jean-Marie Périer. En Grèce, à Cuba ou en Italie, ces moments passés avec les photographes de SLC étaient toujours des moments joyeux et heureux : on consacrait une bonne partie de la journée à faire des photos, et la soirée à faire la fête. On m'avait dit : « Méfie-toi de Stroukoff, fils de Russes blancs, il s'y connaît en matière de vodka ! » Je ne me suis pas assez méfié ! Nous étions descendus à la merveilleuse Villa la Massa, un de ces superbes « relais de campagne » que j'avais dégottés aux quatre coins de l'Italie. Celui-ci se dressait aux alentours de Florence, sur les bords de l'Arno, c'était une belle maison florentine, luxueusement décorée. Le soir, Stroukoff nous avait donné rendez-vous au bar... et nous avait fait goûter toutes sortes de boissons anodines, à base de liqueur de menthe ou d'autres liqueurs dont le sucre avait dissimulé la force traîtresse de la vodka qui composait essentiellement ces cocktails. Très vite j'ai perdu pied, et je ne me rappelle qu'à demi ce qui s'est passé ce soir-là ; je sais qu'à un moment de la nuit nous sommes allés nous baigner dans la grande piscine entourée de cyprès et de tilleuls... ensuite, je me suis dirigé vers l'escalier qui descendait à la boîte de nuit, en sous-sol, de l'hôtel, et dans l'état d'ébriété avancé où les boissons funestes de Stroukoff m'avaient mis, j'ai cru être encore au bord de la piscine... et j'ai décidé de plonger... Je me suis assommé sur le sol de la boîte, on m'a ramassé, la lèvre fendue et un œil au beurre noir ; ils s'y sont mis à quatre pour me porter jusqu'à ma chambre. Le lendemain, je crois que je ne m'étais jamais senti aussi mal... Pour arriver à faire quand même nos séances photo, il avait fallu que je pose de profil ou que je cache derrière mes lunettes mon œil noir, ou que je tienne ma main devant ma lèvre fendue. Ce serait pratiquement la dernière cuite de ma vie... à part un accident, un soir au Yate Club de Rio de Janeiro, au terme de ma première traversée en solitaire de l'Atlantique... mais cela est une autre histoire !

Juste avant de quitter la maison de disques, Gianpiero m'avait proposé de m'inscrire à une autre très importante manifestation musicale italienne, le Cantagiro. Je décide d'y participer, et d'y présenter *Buongiorno Ciao*... Quelle erreur ! Et pour quelle galère j'ai quitté avant la saison mes fraisiers du Puy-de-Dôme, pourtant prêts à donner leur plus belle récolte. Le Cantagiro (de *canta*, « chante » et *giro*, « tour ») consiste, à l'image du Giro d'Italia, à parcourir toute l'Italie en trois semaines, vingt très grands artistes italiens chantant chaque soir leur chanson dans une ville différente, un jury déterminant un vainqueur d'étape, un maillot jaune, etc. Le reste de la journée, l'affaire est un show de téléréalité avant l'heure : chaque artiste est installé à l'arrière d'une voiture décapotable conduite par un chauffeur à faible vitesse au long de centaines de kilomètres de routes bordées de deux haies ininterrompues d'admirateurs fanatiques, de fillettes qui s'évanouissent, de grands-mères qui sanglotent d'émotion en voyant passer leurs idoles, de grandes gueules qui te hurlent aux oreilles « *Andua, sveglia ti* ! » (« Antoine – prononciation italienne –, réveille-toi ! ») si jamais tu as commis l'erreur de t'assoupir un instant sur ta banquette... Tu atteins l'étape épuisé, il faut aller chanter ta chanson, te soumettre chaque soir au bon vouloir d'un jury... Évidemment, il n'y a chaque soir qu'un vainqueur, et je n'étais presque jamais celui-là : autant, à San Remo, je chantais ma chanson, et, qu'elle ait plu ou non au jury, le lendemain j'étais parti, et je vivais ma vie ; autant, là, le verdict du jury retombe jour après jour... ça finit tout de même par te déprimer. Une autre des vedettes de ce Cantagiro, Dalida, subissait les mêmes revers que moi ; nous nous retrouvions souvent le soir, nous épaulant l'un l'autre pour surmonter notre dépit, notre déprime, notre hâte d'en finir avec cette galère dans laquelle nous nous étions fourvoyés. Elle était aussi solitaire que moi, elle avait, à l'occasion du passage de notre effroyable caravane, rendu visite aux parents de son jeune ami chanteur suicidé, Luigi Tenco. Un soir, ce qui devait arriver arriva, à force de dîner en tête à tête, de passer une bonne partie de nos soirées ensemble, l'un de nous appuya sa tête sur l'épaule de l'autre, et bientôt j'accompagnai Dalida dans sa chambre. Intimement persuadé – vous devez commencer à me connaître – de ce que l'amour physique et la tendresse qui peuvent être si agréables quand ils vont de pair, peuvent être des plaisirs sans pesants lendemains, je me demandais tout de même, en pénétrant dans la chambre, dans quelle affaire compliquée j'étais en train de me fourrer. La vie de Dalida n'avait rien de simple, sa tentative de suicide, ses dépressions nerveuses, son intérêt pour le spiritisme... je m'inquiétais bougrement en me déshabillant, en me glissant dans le lit avec elle...

J'avais vingt-quatre ans, elle en avait trente-cinq, avait eu une vie très intense ; je n'avais jamais touché que la peau fraîche et lisse de jeunes filles de mon âge, c'était la première fois que je tenais dans mes bras un corps de femme marqué par les ans... À la seconde où j'ai senti le grain de sa peau, tous mes doutes m'ont submergé... Non, je ne pouvais pas me lancer dans une aventure aussi hasardeuse... J'ai fait à Dalida un sourire maladroit, je me suis relevé, je me suis rhabillé, et je suis rentré dormir seul dans ma lamentable chambre d'hôtel quelconque d'une ville italienne sans intérêt... Le lendemain, nous étions toujours amis, moi et Dalida, cette femme si belle dont rêvaient des millions d'admirateurs...

Le Cantagiro s'est terminé, n'a bientôt plus été qu'un mauvais souvenir. J'ai repris les routes italiennes pour une tournée de galas normaux, cette fois-ci, au volant d'une nouvelle Alfa Roméo : j'avais prévu de faire la tournée dans ma merveilleuse Bentley, mais, fragile anglaise, elle n'était pas adaptée aux autoroutes italiennes, par quarante degrés à l'ombre : elle a rendu l'âme sur le premier tronçon de la tournée, entre Rome et Naples... Et je l'ai abandonnée sur une aire d'autoroute ! Abandonnée, comme ça, oubliée, je ne me suis plus jamais intéressé à l'épave ! Quelle vie de fous on menait !

Il faut dire que j'ai vite eu la tête tout à fait ailleurs ; un jour – j'avais chanté la veille dans une commune des environs de Naples –, j'apprends par le journal qu'un organisateur de spectacles d'une ville du sud de l'Italie me fait un procès parce qu'il m'attendait dans sa ville la veille au soir... Nous, cette ville-là n'était absolument pas prévue à notre programme ; il y avait peut-être eu un projet de contrat qui ne s'était pas concrétisé, ou le type avait tout inventé ; en tout cas, bien placé dans sa ville aux connexions maffieuses, ami ou parent du juge de paix, il avait fait prononcer contre moi une condamnation immédiate à payer quinze millions de lires, quand le montant du cachet n'atteignait pas un vingtième de cette somme ! Dans les semaines qui suivirent, chaque jour, aux quatre coins de l'Italie, un huissier se présentait à la porte du *locale*, la salle de spectacle où nous jouions ce jour-là exigeait de saisir la recette... Nous avons dû prendre l'habitude de demander au patron de la boîte de nous payer dès l'après-midi, avant la visite de l'huissier...

Dans les villes écrasées de chaleur où nous passions chaque jour, mon tour de chant était un dur labeur ; après avoir chanté une série de chansons folk sur mon tabouret, je m'agitais de plus en plus, et le spectacle se terminait dans un déchaînement rock, jerk, où je dansais, sautais, bondissais aux quatre coins de la scène, et, dans la plus pure tradition des musiciens rock, rythm'n blues ou soul, tombais à genoux au moment le plus tendu, jouant de l'harmonica comme un fou, perdant le souffle. Épuisé, en sueur, je prenais à un certain moment une bouteille d'eau minérale et je me mettais à boire au goulot, l'eau dégoulinait sur mon menton, ma figure, mes vêtements déjà trempés, à tordre, de sueur, je finissais par m'asperger la tête et le corps du restant de la bouteille ; étant rentré en France passer quelques jours, j'avais constaté avec amusement aux arènes de Fréjus que Johnny pratiquait à peu près le même rituel sur scène, sauf qu'au lieu de reposer la bouteille vide, il la fracassait sur le plancher de la scène, ce qui faisait sursauter le public... c'était rock ! Toute cette frénésie, c'était du rock'n roll, un jeu de scène, rien de plus...

Je ne m'étais pas rendu compte que pour la presse italienne, c'était autre chose... À l'époque, les pouvoirs publics et les médias se déchaînaient à la poursuite de tout ce qui était drogue... Enfin, disons qu'ils cherchaient à mettre en prison quiconque consommait ou trafiquait du pourtant bénin haschich, tandis que les gros trafiquants maffieux de vraies drogues mortelles, morphine, héroïne, bénéficiaient, eux, de protections toutes-puissantes ; et pour certains, mon comportement sur scène était celui, ou du moins imitait celui, d'un chanteur drogué... Que l'on puisse me prendre pour un drogué, il y avait là quelque chose de paradoxal, qui me faisait plutôt rire... j'aurais dû me méfier.

Un matin, ayant encore parcouru de nuit des centaines de kilomètres, je m'installe dans un hôtel d'une autre station balnéaire, et je m'endors lourdement...Trois heures plus tard, on frappe à ma porte ; je vais ouvrir, encore endormi, et une femme me tend un pendentif, m'expliquant qu'on l'a trouvé dans la chemise que j'ai donnée à laver. Je prends l'objet, le pose sur la commode, me recouche... Mais quelque chose tourne en rond dans ma tête... ma chemise à laver ? Je n'ai pas donné de chemise à laver... soudain je bondis du lit, totalement réveillé. Qu'est-ce que c'est que ce pendentif ? Peut-être qu'il appartient à un des musiciens, qui aurait, lui, donné du linge à blanchir ? Je fonce jusqu'à la commode, examine l'objet : c'est un petit cylindre qui se dévisse, et dedans, putain, un petit carré de haschich ; je le balance aussitôt dans les toilettes... Quelques minutes plus tard, comme par hasard, des flics débarquaient à l'hôtel, intéressés par un certain pendentif...

Il n'y avait pourtant pas que des galères, dans ces tournées italiennes, de bons moments de sympathie, de camaraderie, nous attendaient ici et là. Notre tournée rencontrait parfois celle d'autres artistes italiens ou français, comme Nino Ferrer, qui connaissait un grand succès en Italie lui aussi, avec la chanson qu'il avait présentée à San Remo, *Il Ré d'Inghilterra*, et avec une chanson folle nommée *Agata*, ou comme Sylvie Vartan. Un des meilleurs endroits pour passer une telle soirée, c'était l'élégante Bussola de Viareggio, sur la côte ouest de l'Italie. Un soir, Adriano Celentano, la plus grande star d'Italie, était venu en voisin assister à mon spectacle ; nous avions sympathisé, passé une partie de la soirée ensemble, puis était venue l'heure de mon tour de chant ; vers la fin du show, comme on le faisait souvent, j'avais annoncé au public la présence dans la salle de cet hôte de marque et demandé au régisseur, qui tenait la poursuite, ce gros projecteur mobile dont on pouvait déplacer le faisceau, de le diriger vers la table d'Adriano Celentano. Le rond de lumière balaya la salle... et atteignit une table... entièrement vidée de ses occupants... Ça fait chic ! Quelques heures plus tard, en pleine nuit, je recevais un coup de téléphone d'Adriano, qui s'excusait d'avoir dû partir d'urgence, un de ses enfants restés à la maison étant soudain tombé malade.

Un soir, dans la boîte de nuit d'une petite station balnéaire, située tout au bout du talon de la « botte » italienne, je fais mon spectacle habituel, se terminant en apothéose, avec feux de Bengale, musiciens déchaînés, et bouteille d'eau minérale que je casse en la reposant, comme je m'étais mis à le faire de temps en temps, lorsque le public était placé assez loin de moi pour que je puisse le faire sans danger... À la fin du tour de chant, lorsque les fumées des feux de Bengale se dissipent, je constate qu'à mon insu des gens se sont déplacés et sont venus s'installer où ils n'auraient pas dû être, au pied de la scène... Le spectacle se termine, nous replions le matériel, et traversons une fois de plus l'Italie, pour aller nous coucher, épuisés, à des centaines de kilomètres de là, à Viareggio. Je me lève pour déjeuner, et apprends, encore une fois par le journal du jour, qu'une jeune fille s'est présentée à la boîte à deux heures du matin, déclarant avoir reçu un éclat de verre dans l'œil... Le journal aurait pu titrer « Regrettable incident, au cours de son tour de chant, un éclat de verre atteint accidentellement une spectatrice qui se trouvait où elle n'aurait pas dû être »... Non, l'article clame, et toute la presse reprendra l'information : « Le chanteur Antoine, drogué, s'en prend à une spectatrice, lui jette une bouteille à la figure et lui fracasse le crâne. »

L'affaire a duré des années, évidemment j'étais désolé pour cette jeune fille : j'aurais voulu payer tout ce qu'il était possible de faire (la boîte, bien sûr, avait rejeté toute responsabilité) ; mais les avocats avaient sorti leurs griffes de rapaces... Des années plus tard, après appels, plaidoiries, attendus, que sais-je encore, j'ai eu la chance qu'une de mes admiratrices les plus fidèles et dévouées, une adorable dame d'un âge avancé qui ne manquait aucun de mes spectacles, se révèle être l'épouse d'un haut fonctionnaire qui travaillait dans le même organisme que le père de la jeune fille... Cette dame est intervenue, a expliqué au père que je n'étais pas l'infâme drogué que la presse à scandale avait rendu responsable de la blessure de sa fille, qu'il ne s'agissait que d'un malheureux accident dont sa fille était en partie responsable, et la plainte a été effacée... Mais quel désastre pour mon image dans la presse italienne, après l'affaire du contrat imaginaire que j'étais censé ne pas avoir honoré ! Deux ans après avoir été agressé par la presse française, c'était, pour des raisons toutes différentes, la presse italienne qui m'attaquait ; j'ai retrouvé un article obscène d'agressivité, où le journaliste déversait soudain toute la haine (la jalousie ?) qu'il avait pu développer contre moi, expliquant que si je me droguais et m'en prenais au public c'était pour me faire remarquer parce que je n'avais plus de succès ... Plus de succès ? Alors que trois mois plus tôt à peine j'avais eu le plus grand tube de ma vie avec *La Tramontana*, un succès assez colossal pour me suffire, à tous égards, pour les cinq années à venir !

Et je n'en avais pas encore fini avec ces histoires de drogue en Italie...

À San Remo, quelques mois plus tôt, un homme était venu me voir, un élégant hidalgo sud-américain à moustache, qui s'était présenté : « Bonjour, je suis Augusto Marzagão, et je dirige le Festival de la Chanson de Rio de Janeiro. J'aimerais bien que vous veniez y chanter en septembre prochain, je suis sûr que vous pourriez y faire un succès comparable à celui de *La Tramontana*. » L'idée de faire un tel voyage m'avait tout de suite intéressé : un festival, cela consistait à passer une semaine dans un pays, à y chanter en tout et pour tout deux fois une chanson. Quelle meilleure façon de découvrir une ville qui me faisait rêver, parmi bien d'autres ? « Et je suis sûr que votre succès serait extraordinaire si vous composiez une chanson où figure le *Flamengo*, l'équipe de football la plus populaire de Rio – Mais, mon cher Augusto, je ne connais rien au football, le sport ne m'intéresse pas du tout ! – Aucune importance, au Brésil, le football, ce n'est pas un sport, c'est une épopée, un grand spectacle, une légende, croyez-moi, citez le Flamengo et cela suffira. »

L'idée avait fait son chemin, et, quelques jours plus tard, de retour dans mes montagnes d'Auvergne, je m'étais surpris à écrire quelques couplets joyeux et festifs, et un refrain comportant ces phrases impérissables :

Aïe, aïe, aïe, la vie est belle !
Tout va vraiment très très mal
Mais je m'en fiche moi dimanche
Je vais voir le match de football.

J'avais rappelé Augusto, lui avais confirmé que sa proposition m'intéressait ; une collaboratrice portugaise, qui connaissait bien le Brésil et l'argot des *cariocas* (les habitants de Rio) avait adapté de façon très amusante mes paroles en portugais du Brésil, et voilà comment, à la fin de ce tumultueux mois d'août, je m'embarquai avec soulagement sur un Boeing de la VARIG pour Rio de Janeiro.

Le festival fut extraordinaire, et le succès considérable ; le premier soir, j'avais chanté ma chanson de façon plutôt sobre, dans le Maracañazinho, le « petit » Maracaña, qui n'accueillait « que » trente-cinq mille spectateurs : le grand Maracaña lui-même pouvant en recevoir plus de cent mille. Le lendemain, j'avais été reçu en grande pompe par l'équipe du Flamengo dans le Maracaña lui-même, et, à la mi-temps, tandis que ma chanson retentissait dans les haut-parleurs de cet immense stade, le joueur vedette de l'équipe (une pointure du calibre de Pelé ou de Zico) m'avait remis son maillot noir et rouge, marqué au dos d'un grand « 10 ».

J'ai gardé un souvenir merveilleux de ce bref séjour au Brésil, où mon emploi du temps finalement très chargé ne m'avait pas laissé le loisir de voir grand-chose ; j'avais pourtant eu la chance de découvrir une nouvelle forme de la richissime musique brésilienne, le *tropicalismo*, un vent de fronde mené par de jeunes chanteurs débutants nommés Caetano Veloso, Gilberto Gil, Maria Bethania, Gal Costa, Os Mutantes, qui se produisaient dans un grand cabaret, la Sucata... J'avais pris l'habitude d'y aller tous les soirs, émerveillé par ces jeunes artistes qui allaient devenir quelques-uns des plus grands chanteurs brésiliens. L'esprit de révolte dont ils faisaient preuve n'était pas très bien vu dans la dictature qu'était alors le Brésil, et plusieurs d'entre eux firent des séjours en prison, et durent quitter le pays quelques mois plus tard. Gilberto Gil avait été fortement critiqué par le gouvernement et les médias, qui obéissaient au pouvoir en place, pour des propos qu'il avait tenus sur scène lors du festival... C'est drôle de réaliser que trente-cinq ans plus tard, c'est le même Gilberto Gil qui est devenu le brillant ministre de la Culture de son pays !

Le soir de la finale, j'avais bien préparé mon coup ; j'avais enfilé sous ma veste de smoking blanche le maillot numéro 10, et je l'avais bien dissimulé au col avec un foulard. Quand mon tour est venu, j'ai chanté les deux premiers couplets de ma chanson, et puis, au moment du solo instrumental, j'ai lentement enlevé ma veste blanche, laissant apparaître le maillot du joueur le plus aimé du Brésil... *Mamma mia !* je n'ai jamais, de ma vie, entendu un hurlement pareil : plus surpris par cette intrusion inattendue de leur passion dans cette manifestation musicale que par un *gol* bien placé, les trente-cinq mille personnes ont hurlé leur joie avec une intensité que je ne croyais pas possible. Le lendemain, tous les Brésiliens me connaissaient, et j'étais invité à participer à d'autres émissions de télévision à Sao Paulo, et jusqu'en Argentine ou au Chili [1].

Pour moi, ce festival de Rio avait donc été un succès extraordinaire. Toujours amoureux des voyages, j'avais obtenu de l'organisation du festival la transformation de mon billet de retour à Paris en première classe en un billet en classe économique, mais qui me permettrait de faire une grande boucle par l'Amérique du Nord. Dominique avait quitté quelque temps la ferme d'Auvergne pour m'accompagner, et, après l'explosive Rio de Janeiro, nous nous réjouissions de passer quatre jours à New York, qui me fascinait depuis l'enfance. Nous nous sommes installés dans un grand hôtel de Manhattan, nous sommes allés voir des spectacles, sur Broadway ou *off* Broadway, nous avons acheté des albums, nous nous sommes baladés à Greenwich Village et dans *Little Italy*. Il avait été prévu que je consacrerais une journée aux correspondants new-yorkais des grandes revues italiennes, *Oggi*, *Gente*. Ce matin-là, le téléphone sonne dans notre chambre : les journalistes annulent l'un après l'autre les rendez-vous pris « parce que votre fiancée est en prison pour drogue ».

Ma fiancée ? Ce mot-là est absent de mon vocabulaire, et la seule personne à qui ce terme pourrait à la rigueur s'appliquer, c'est Dominique, allongée près de moi dans cette chambre d'hôtel new-yorkais. En fait, il s'agit de la petite Daniela. La police italienne a lancé une grande chasse aux *beat drogati* (les *beat*, ce sont

1. Bien des années plus tard, alors que depuis longtemps j'étais parti naviguer, un soir, dans un port, je regardais par hasard la télévision, quand je tombe sur un récent spectacle de Julio Iglesias à Rio de Janeiro... et à ma grande surprise, je le vois refaire exactement le même coup ! Comme quoi les bonnes idées peuvent servir plusieurs fois !

à la fois les musiciens, les vagabonds, les beatniks, toute personne qui vit de façon un peu moderne), s'est livrée à quelques arrestations, dont celle d'un gars que Daniela fréquentait, et qui s'est révélé être un « dangereux trafiquant ». Et Daniela – elle me le racontera dans une lettre qu'elle m'enverra plus tard de la terrible prison pour femmes de Rome – s'est fait piéger : bien sûr, comme une grande partie des jeunes de l'époque et d'aujourd'hui, elle fumait peut-être de temps en temps un joint ; un inspecteur de police a planqué un petit carré de haschich chez elle, l'a « découvert », et la machine policière et judiciaire s'est mise en route... Il fallait faire des exemples, elle en a été un... Et quel plus bel exemple auraient-ils pu trouver que ce chanteur français, fiancé de la criminelle, qui passait plusieurs fois par mois la frontière italienne pour venir chanter à la télévision... N'était-il pas lui aussi un trafiquant, amenant la drogue immonde qui pervertissait notre belle jeunesse ? Ledit chanteur n'était-il pas connu pour ne pas honorer ses contrats, et n'avait-il pas, sous l'emprise de la drogue, jeté une bouteille à la face d'une de ses admiratrices, lui fracassant le crâne ? Les magazines italiens sérieux, soudain, n'avaient plus du tout envie de faire le reportage gentillet qu'ils avaient prévu !

Et durant des mois, chacun de mes retours en Italie est devenu lourd de formalités. Dès que je me présentais à la douane, le préposé allait chercher son supérieur, les palabres commençaient ; en général, ça ne durait que quelques instants ; une nuit, cependant, alors que j'arrivais de Bruxelles, mon avion avait eu beaucoup de retard, et j'avais débarqué à deux heures du matin dans l'aéroport désert de Fiumicino... Cela a paru louche aux douaniers, qui m'ont emmené dans un petit bureau, m'ont fouillé entièrement, ont entrepris de vider la totalité de mes bagages, faisant sortir tout le contenu de mon tube de dentifrice pour essayer de trouver la drogue que je devais bien cacher quelque part, ouvrant mes boîtes de médicaments, coupant les comprimés en deux ; un anodin médicament pour le foie que j'utilisais couramment se présentait sous forme de dragée blanche enveloppant une substance brune. « Ah ah !, s'est écrié le douanier, qu'est-ce que c'est que ça ? » Je lui ai demandé s'il pensait que je m'étais acheté une fabrique de médicaments pour cacher du haschich dans des dragées... Il n'a pas aimé, il a fait mine d'aller dans la pièce voisine avec mon tube de dragées à la main... Jamais je crois, de ma vie, je n'ai eu de façon aussi grave mon destin entre les mains d'un homme ; il pouvait sans difficulté, hors de ma vue, glisser dans le tube un demi-gramme de haschich piqué sans doute à un pauvre couillon de routard, et, l'ayant « découvert », devenir le héros de toute l'Italie, le courageux fonctionnaire qui a fait arrêter l'horrible trafiquant Antoine qui, sous couvert de chanter des fariboles à San Remo, venait dévoyer la belle jeunesse italienne... J'ai eu un sursaut, j'ai interpellé deux carabiniers qui se trouvaient dans le bureau : « Messieurs, notez bien que si ce tube de médicaments quitte mon champ de vision ne serait-ce qu'un instant, je ne réponds absolument pas de ce qu'il peut y avoir dedans ! »... Le type s'est ravisé, l'a vidé devant moi, n'y a évidemment rien trouvé, m'a rendu mes affaires... il venait de passer à côté de la gloire et de l'avancement, et moi à côté de l'enfer...

À quoi peut ressembler le destin d'une petite jeune fille un peu paumée qui se retrouve à dix-neuf ans au milieu des vraies criminelles et des folles, dans une prison romaine pour femmes qui doit dater du Moyen Âge ou presque ? Plus tard, j'ai demandé à l'avocat qui s'occupait de mes « affaires » en Italie d'intervenir en faveur de la pauvre Daniela, mais il ne fallait surtout pas que j'apparaisse, je n'aurais pu que lui nuire, la police, les médias, ne cherchaient qu'à faire l'amalgame...

Lorsque j'étais devenu célèbre, j'avais réalisé à quel point des vedettes comme les Beatles, les Stones, Donovan étaient dans le collimateur des services de police qui cherchaient à faire des exemples voyants... Et je ne voulais pas de ça ; j'avais donc, volontairement, totalement banni de mon univers ces substances. Quelques « enfants des sixties », racontant ces années-là, ne trouvent rien de mieux que de s'étendre à loisir sur leurs défonces, haschich, LSD, cocaïne ; à croire que la seule chose qu'ils aient ressentie, et retenue de ces années où soufflait un immense vent de liberté, c'est le plaisir d'avoir perdu conscience avec ces trucs-là. Non, pour moi, la fabuleuse liberté de ces années-là, c'est la liberté de sortir du système, des conventions, de la prison des lois et des coutumes, des religions et des dictatures ; la liberté de repenser sa vie, de partir au loin, dans sa propre tête ou à l'autre bout de la planète si l'on en a envie, de vivre sa sexualité hors des carcans, de découvrir un monde que les générations précédentes avaient mis sous cloche... Si mai 68, sur le plan politique comme sur le plan social, avait accouché de peu de chose, il avait pourtant été un catalyseur de changements bien visibles : rentrant d'Italie quelques lois plus tard, je fus frappé de la liberté qui régnait soudain dans les coiffures, les vêtements, le comportement, les styles de vie. On a parfois appelé cette période des années 1960-1970, la « parenthèse enchantée »... Moi, cette parenthèse, véritablement enchantée, j'ai toujours refusé de la refermer.

8

Un autre Antoine

Durant mon séjour à Rio de Janeiro, j'avais sympathisé avec l'éditeur des chansons présentées au festival : à cette occasion, j'avais pu m'affranchir de l'obligation de donner ma chanson en édition chez Vogue. Et j'avais découvert un homme sympathique, plein d'idées, Max Amphoux, qui exerçait vraiment le travail d'éditeur. Un soir, alors que je venais de chanter *O Jogo de Futebol*, il m'a demandé : « Quand est-ce qu'elle sort en France, ta chanson ? » Je lui ai répondu que ce n'était pas prévu, que je l'avais écrite seulement pour le festival de Rio. « Tu as tort, tu devrais la chanter en français aussi, je te propose de faire un vrai travail de promotion sur cette chanson, je suis sûr qu'elle peut faire un beau succès, et pas seulement en France. »

C'est comme cela que je me suis trouvé à enregistrer cette chanson en français, puis en italien, en allemand, en espagnol, puis en *castellano*, l'espagnol d'Argentine... Le disque allait sortir en France, quand j'ai reçu un appel de Max : « Je sais que tu ne t'intéresses pas au foot en tant que sport, mais en tant que spectacle, et que la bonne humeur et la joie te motivent plus que la performance sportive ; il y a une équipe qui monte en ce moment, et avec eux le foot est marrant, c'est l'équipe d'Ajaccio, et ils voudraient t'inviter... » Et voilà comment je me suis retrouvé à Ajaccio, donnant un spectacle, reçu en grande pompe par le maire qui m'a remis la médaille de la Ville, et comment on a pu me voir, vêtu d'un short et d'un maillot blanc et rouge, posant avec l'équipe de la Ville, sur la pochette du quarante-cinq tours... Rien n'était prémédité, et chacun des degrés qui m'avaient conduit à cette aventure, que je n'aurais jamais imaginée quelques semaines avant, était un vrai plaisir, convivial et joyeux. Et Max se démenait, m'organisait une « réconciliation » avec l'accordéoniste Yvette

Horner, veillait au succès de la chanson dans les divers pays où elle sortait. Cette chanson fut le détonateur d'un retour en grâce auprès du public français, d'un *come-back*, comme ils disent, où j'apparaissais bien différent du personnage excessif des débuts ; la télévision soudain m'invitait à nouveau ; dans l'émission *Tilt*, pour la première fois, j'étais accueilli par un jeune présentateur, Michel Drucker : passionné de sport, il m'avait consacré un grand article dans la revue portant le même nom que l'émission... Au fil des trente années à venir, nous en ferions un bout de chemin ensemble ! Soudain, les demandes de galas en France se multipliaient, et un jour, même, Bruno Coquatrix me demanda de revenir à l'Olympia.

Ce retour en grâce devait aussi ramener vers moi quelques anciens fantômes : je n'avais plus eu beaucoup de contacts avec Christian Fechner depuis que nous avions eu à nous parler par avocats interposés, pour décider, plus ou moins, de qui devait quoi des dettes au fisc créées par la gestion effrayante de la période où il avait été mon mentor. Tout avait fini par s'apaiser ; un jour, je reçois une lettre recommandée d'un jeune homme de loi déterminé que Christian venait d'engager : « Monsieur, nous vous rappelons qu'en vertu de notre contrat du 26 novembre 1965, vous devez nous reverser cinquante pour cent de tous vos revenus dans tous les domaines ; veuillez donc nous communiquer vos comptes de ces trois dernières années et nous faire parvenir les sommes correspondantes... » Il m'a fallu avoir recours encore à un avocat pour faire comprendre au jeune homme d'affaires que le contrat en question, complètement léonin, était absolument sans valeur... Enfin, il avait essayé !

Si une petite partie de la presse regrettait la folie de mes débuts, la grande majorité saluait un Antoine nouveau : j'avais appris à me tenir sur scène, je travaillais assidûment chant et danse ; un jour d'hiver, passant sur l'avenue de l'Opéra, j'étais passé par hasard devant un cinéma qui jouait *Top Hat*, un classique avec Fred Astaire et Ginger Rogers. Je ne connaissais rien de Fred Astaire, sinon que mon père, dans sa jeunesse, quand il venait de rencontrer ma mère, dansait parfois sur des guéridons en imitant le merveilleux danseur américain, et avait gagné ainsi un concours de danse. J'avais eu le coup de foudre pour cet homme, pour ses danses et ses chansons, pour ces comédies surannées, et je m'étais mis aux claquettes : après quelques mois de leçons, à l'Olympia, je faisais un numéro acceptable sur le couplet orchestral de *Je l'appelle Canelle*. D'un troisième passage à San Remo, où j'étais resté plutôt discret, après les diverses mésaventures de l'été précédent, j'avais ramené un nouveau succès, *Qu'est-ce que tu as mis dans le café*, une jolie chanson qui flirtait avec les rythmes brésiliens. Mon tour de chant devenait plus calme, plus coloré, adieu les folies, les provocations, les projectiles, la paranoïa détestable de l'année 1966 !

De ce côté-là, tout avait changé, et la presse se montrait avec moi d'une grande bienveillance. Je m'étais lié d'amitié avec un ancien photographe de *France Dimanche* repenti, Hugues Vassal, qui serait bientôt l'un des fondateurs d'une des plus grandes agences de presse du monde, Gamma. Il m'avait proposé de se charger de ma presse avant l'Olympia. Il avait organisé des interviews, des séances de photos en grand nombre, et plusieurs rencontres sympathiques, comme celle avec la championne de ski Marielle Goitschel. Un matin, j'avais pris l'avion pour aller passer la journée avec elle dans sa station de sports d'hiver... et je m'étais posé en petit avion dans la mauvaise station ! Il avait fallu reprendre la route, un autre avion, le tout avec le gentil Colis, le chien colley (vous savez bien, *Lassie, chien fidèle*) que Dominique m'avait offert à Noël. L'article, dans *Jours de France*, était sympathique : ce magazine aux pages glacées, élégant, avait l'avantage de la franchise : ou bien il vous aimait et parlait de vous, ou il ne vous aimait pas et n'en parlait pas.

Quelques jours avant l'Olympia, Hugues, qui avait beaucoup collaboré avec Johnny Stark et ses poulains, comme Mireille Mathieu, m'annonce : « Je m'occupe des télégrammes. – Des télégrammes ? – Ben oui, comme Johnny Stark, comme les autres : pour les premières, ils s'envoient eux-mêmes des télégrammes prétendus venir des plus grandes stars du show-business mondial, ça fait bien d'avoir dans ta loge des télégrammes de félicitations de Donna Summer et de Frank Sinatra ! »

Moi, je trouvais ça plutôt rigolo, et c'est pour cela que j'avais dans ma loge, le soir de la première, des messages de stars américaines qui n'avaient sans doute jamais entendu parler de moi. Heureusement, il y en avait aussi un bon nombre d'authentiques, comme celui de Maurice Chevalier, qui m'avait encouragé dès l'année des *Élucubrations*, et qui ne ratait pas un de mes spectacles – il assistait d'ailleurs à presque tous les programmes de l'Olympia, venant en matinée et insistant pour toujours payer sa place. C'est lui qui avait préfacé le programme de mon spectacle, que les ouvreuses vendaient à l'entracte.

Préparant la première partie du spectacle, Bruno Coquatrix m'avait demandé conseil : « J'aimerais trouver une artiste, une femme qui complète bien le programme. » Je lui ai suggéré une artiste de chez Vogue, une chanteuse des années 1930 qui venait de faire un énorme succès, un inimaginable come-back avec *Rikita, jolie fleur de Java*... Et pourquoi pas ? Ce serait l'occasion de faire avec elle un duo inattendu. Bruno avait aussi découvert au Québec un groupe de jeunes chanteurs et musiciens qui bousculaient ce petit pays plutôt traditionaliste aux grands chanteurs comme Félix Leclerc : l'*Ostidcho* (« hostie de show », c'est-à-dire, à peu près, « bon dieu de spectacle ! ») défrayait la chronique à Montréal ; mais son chanteur vedette, Robert Charlebois, encore inconnu, ne s'adapta pas très bien à notre spectacle bon enfant. Il avait quelques problèmes avec sa partenaire Louise Forestier, on dut un jour l'emporter de la scène en pleine crise de nerfs. Des années plus tard, lorsque je suis devenu ami avec Robert, il se rappelait encore ces débuts difficiles à Paris.

Pour moi, la première fut superbe, et Johnny fut le premier à venir me féliciter dans ma loge. J'ai un souvenir ému et précis de ces trois semaines passées dans le music-hall mythique du boulevard des Capucines : lorsque la représentation avait pris fin, nous montions dîner dans l'appartement où Bruno Coquatrix vivait solitaire ; il nous faisait la cuisine, nous mijotant des cassoulets maison, des petits plats qu'il assaisonnait avec les fines herbes qu'il faisait pousser sur son balcon, en plein Paris. Ces délicieux dîners improvisés, à trois ou quatre personnes au plus, dans sa cuisine, restent dans mes souvenirs parmi les meilleurs moments de ce passage à l'Olympia. On y parlait librement de toutes choses. Un jour, Bruno nous avait confié avoir failli devenir véritablement un drogué : sa mère était morte, quelques années plus tôt, et ses derniers mois avaient été très douloureux ; elle les avait passés chez Bruno, et le médecin lui prescrivait régulièrement de la morphine en grosses quantités ; quand elle était morte, la quantité de drogue prévue pour la semaine venait d'arriver ; et le lendemain, pour apaiser son chagrin, Bruno y avait eu recours. En quelques jours, il s'était senti devenir dépendant, et avait eu beaucoup de chance de s'en sortir. Dans un registre plus léger, je me rappelle aussi un soir où nous avions lu un article peu agréable d'un critique, qui n'avait manifestement pas compris dans quel esprit j'avais voulu faire ce spectacle en compagnie d'une chanteuse très « rétro ». Nous commentions le fait qu'une mauvaise critique d'un quart de page fait plus de mal que dix pages de critiques louangeuses ne font de bien. « De toute façon, avais-je dit à Bruno pour changer de sujet, je m'en fiche, moi, dimanche, je plante mon rhododendron. » Il m'avait regardé l'air amusé et égrillard : « Ah ! c'est comme ça que vous appelez ça, vous ? »

Eh non, j'allais vraiment planter un rhododendron, acheté la veille chez un pépiniériste, dans l'immense jardin (environ vingt mètres carrés) de ma nouvelle maison : mon studio proche du bois de Boulogne était devenu trop petit, et le nouveau succès de mes chansons me le permettant, je m'étais mis en quête d'un « hôtel particulier ». Oh ! un terme bien pompeux pour le petit pavillon de banlieue que j'avais acheté, à Boulogne aussi, la première maison avec un arbre en sortant de Paris par la porte Molitor. J'y avais installé « mes bureaux » – en fait un tout petit bureau, au rez-de-chaussée, laqué de couleurs vives, où la fidèle Valérie, la sœur de Jacques et de François de Closets, assurait le suivi de mes contrats, assurances, etc., ainsi que le courrier des fans. J'avais entreposé dans le garage le matériel nécessaire pour les galas et tournées, une camionnette chargée d'amplis, de sono, d'instruments... Aucun rapport avec la douzaine de semi-remorques que doit trimballer aujourd'hui le moindre chanteur débutant. J'essayai de me lancer aussi dans la production musicale : mon garage servit quelque temps de salle de répétition à un petit groupe de rock qui se cherchait un nom, un répertoire et un chanteur ; malheureusement, mes tournées, mes voyages aux quatre coins de l'Europe, ne devaient pas me laisser le temps de mener à terme l'aide que je souhaitais apporter à ce groupe, qui comportait, entre autres, un certain Louis Bertignac, et qui allait donner naissance à Téléphone...

J'étais bien, dans ma petite maison, que je commençais petit à petit à aménager ; j'y vivais seul, Dominique habitant toujours la ferme d'Auvergne. Bien sûr, une compagne d'un soir venait parfois partager ma nuit, après une soirée au spectacle ou dans une boîte de nuit. Mais je sortais assez peu, je voyageais tellement : je prenais l'avion environ cent fois par an, et la vie sentimentale légère dont je rêvais, partager une soirée, une nuit, parfois un week-end amoureux, avec l'une ou l'autre des jeunes femmes de mon carnet d'adresses, n'était pas si facile que ça à atteindre ; je ne savais jamais à l'avance quand j'aurais un moment de libre, et lorsque je téléphonais à l'une ou l'autre, il était toujours trop tard, elle était occupée, ou elle s'était trouvé un compagnon régulier et exclusif ; et puis, souvent, lorsqu'une nouvelle amie acceptait une invitation à dîner, ça n'allait pas plus loin parce qu'elle me disait : « Je sais bien que les femmes vous tombent toutes dans les bras, je ne veux pas être un numéro de plus sur votre liste »... et je me retrouvais souvent seul comme un idiot !

J'avais sympathisé avec Nino Ferrer, un grand garçon sympathique, dont les chansons comiques, *Mirza*, *Le Téléfon*, *Oh hé hein bon*, etc., avaient un immense succès. À l'époque il n'existait pas de moyens de connaître la fréquence des passages radio d'une chanson, ni audimat ni Médiamétrie : le père de Nino, ingénieur et homme inventif, avait bricolé un magnétophone raccordé à un poste de radio, qui enregistrait durant quelques secondes Europe 1, puis quelques secondes Radio Luxembourg, enfin quelques secondes France Inter, puis s'arrêtait trois minutes. Il fallait ainsi moins d'une heure chaque soir, en réécoutant la bande en accéléré, pour déterminer exactement combien de fois les chansons de Nino étaient passées sur ces trois radios, pratiquement seules à l'époque. Nino, inventif dans un autre domaine, m'avait confié sa méthode infaillible pour séduire dès le premier soir une femme très belle ou peu accessible : il l'invitait à prendre un verre dans le bar le plus à la mode de Paris, puis à dîner chez Maxim's ; il l'emmenait ensuite chez Castel, puis chez Régine, les clubs les plus cotés à l'époque, il l'invitait enfin à boire un dernier verre dans une chambre au Ritz ou au Meurice, les hôtels les plus luxueux de Paris... Devant ce déferlement de luxe, ces fortunes dépensées pour elle, elle ne pouvait décemment plus refuser. Un jour que j'avais perçu des revenus SACEM particulièrement consistants, j'avais décidé d'appliquer la méthode à une merveilleuse jeune femme brune prénommée Anne, qui m'avait semblé inapprochable ; je lui avais fait le grand jeu... et ça avait marché ! Mais je n'avais évidemment aucun moyen de savoir si c'était le fruit de la méthode de Nino, si coûteuse qu'elle n'était pas souvent applicable : peut-être après tout la jolie femme aurait-elle cédé après un dîner dans un petit bistrot ou un verre au café du coin !

Nous étions en 1969, Jane et Serge chantaient 69, *année érotique*, quelques livres plus qu'érotiques avaient connu un succès extraordinaire, *Histoire d'O*, *Emmanuelle*, et chacun de nous cherchait à se libérer du carcan des interdits. Je me rappelle avoir vécu quelque temps en pointillé, vers cette époque, avec une jeune femme qui habitait à l'étranger, et venait de temps en temps à Paris, où elle logeait dans de grands hôtels. Nous parlions souvent d'associer une troisième personne à nos jeux intimes ; une femme, car, sans avoir vraiment d'expérience, elle était attirée par ce genre de relations. Elle m'avait emmené une ou deux fois dans un club féminin proche de Montparnasse, où des habituées l'avaient draguée, mais ce n'était pas allé plus loin qu'une ou deux danses langoureuses et quelques baisers... Un jour, elle m'annonça qu'une de nos amies communes, mariée à un antiquaire de la région parisienne, était d'accord pour partager une nuit de tendresse avec nous. Nous sommes allés au spectacle, je crois que c'était à l'Olympia, puis nous avons gagné tous trois la chambre luxueuse (j'allais écrire luxurieuse) que mon amie occupait dans un palace proche de la Seine. Nous avons ouvert une bouteille de champagne, et puis je suis allé prendre une douche rapide, laissant un instant mes deux amies en tête à tête... quand je suis revenu quelques minutes plus tard, elles avaient déjà commencé leurs ébats, et la nuit aurait été parfaite... si l'amie ne s'était révélée, dès les premiers instants, être une de ces heureuses femmes à qui le moindre plaisir arrache des cris irrépressibles... Elle criait si fort que les voisins se mirent à taper au mur ; rien n'y fit, elle criait de plus belle ; bientôt la réception téléphona, le concierge finit par venir frapper à la porte et nous intima l'ordre de mettre fin à ces bruyantes activités... J'avais l'air fin, le lendemain, en redescendant dans le hall de l'hôtel !

Oh, ne vous méprenez pas à mon sujet, j'aimais l'amour, mais je n'étais certainement pas une « bonne affaire », comme on dit ; comment pourrait-on l'être à deux ou trois heures du matin, après des journées, des soirées surchargées d'activités professionnelles, épuisé par les voyages, les répétitions, les courses à travers tout Paris ; à quoi est-on bon à des heures pareilles après avoir bu vins et alcools ? De nos jours, il existe de nombreuses boîtes dites « libertines » où les gens ne vont pas seulement pour draguer, comme c'était, avouons-le, à peu près toujours le cas dans les boîtes traditionnelles, mais aussi, plus honnêtement, pour y faire l'amour... Et même là, ils attendent une ou deux heures du matin ! Alors que ces choses-là sont tellement meilleures quand on est en forme, le jour ou en début de soirée : dans une soirée bien conçue, on devrait d'abord faire l'amour, et ensuite, tous tabous tombés, aller au spectacle, dîner, danser, tout ce qu'on a envie de faire. Je me rappelle ainsi une nuit, à Cannes, durant un Midem où, au terme d'une journée et d'une soirée épuisantes, j'avais retrouvé dans le hall de l'hôtel, vers deux heures du matin, une autre amie, devenue chanteuse célèbre. Elle m'avait invité dans sa chambre, où elle voulait absolument me faire une démonstration d'un art qu'on venait de lui enseigner, le « baiser du papillon », une caresse qui se pratique... avec les cils ; son « baiser du papillon » était fort bien fait, et doux et agréable, mais à une heure pareille, il avait achevé... de m'endormir ! Vingt ans plus tard, partageant l'affiche d'une émission de télévision avec cette chanteuse, je l'avais surprise à confier joyeusement à son entourage que je n'avais pas vraiment été à la hauteur !

Ce printemps 1969 fut vraiment une période faste, débordante d'aventures ; un réalisateur inventif avait imaginé de tourner une sorte de film musical avec Eddy Mitchell, Françoise Hardy, les Charlots et beaucoup d'autres, *L'homme qui venait du Cher*, et le tournage prolongé donna lieu à de belles fêtes et péripéties. Ma popularité croissait, et j'étais invité à participer à toutes sortes d'événements mondains ou charitables ; Coluche n'avait pas encore créé les Enfoirés, pas encore de Téléthon ni de Sol en Si, la grande manifestation charitable de l'année était le Gala de l'union des artistes, au profit des artistes dans la gêne. Des acteurs, des chanteurs y faisaient, sur la piste d'un cirque, un numéro appris spécialement pour cette soirée. L'organisateur était venu me voir : « J'aimerais que vous fassiez un numéro de funambule, sur un fil tendu au travers de la piste... – Mais je ne sais pas marcher sur un fil ! » Je me targuais d'être capable d'apprendre un peu tout assez rapidement, mais là, marcher sur un fil ! C'est alors qu'un vieux monsieur qui était resté jusque-là sans rien dire a pris la parole, avec un fort accent russe : « Moi voirrr tout de suite si vous pouvoirrr apprendre vite. » On m'avait aussitôt emmené au cirque d'Hiver, et là, sur un fil tendu à cinquante centimètres au-dessus du sol, après m'avoir muni de chaussons souples et d'une solide coquille de plastique attachée entre les jambes à titre de protection en cas de chute à cheval sur le câble, le vieux professeur russe avait guidé mes premiers pas ; il s'était déclaré satisfait... et durant deux mois, j'avais consacré plusieurs heures par semaine à me perfectionner. Le soir du gala, juste après un numéro de dressage de serpents par Mylène Demongeot, je pus non seulement traverser la piste du cirque en marchant sur un fil tendu à deux mètres de hauteur, en m'aidant d'un petit parapluie pour garder l'équilibre, mais même parvenir à chanter sur mon fil un couplet de ma chanson *Le Match de football* en m'accompagnant à la guitare.

Mon numéro de funambule avait été remarqué : Raymond Marcillac, directeur du service des sports à l'ORTF, et producteur de la grande émission dominicale de l'époque, *Télé Dimanche*, avait été séduit. Il m'a appelé : « Je vous ai vu l'autre soir traverser la piste du cirque d'Hiver, je vous propose d'être l'animateur vedette d'un Télé Dimanche qui se déroulera à Nogent à l'occasion de la fête du Petit Vin blanc, et de traverser un bras de la Marne sur un fil... » Et pourquoi pas ? Tout ce que je risquais, c'était de prendre un bain dans la Marne, un peu froide en ce mois de juin ; et l'affaire se passa à merveille : avec l'aide, cette fois-ci, d'un grand balancier qui suffisait à abaisser mon centre de gravité, je n'eus aucun mal à traverser dans les deux sens la rivière ; cette émission, en compagnie de la gentille Denise Fabre, au fou rire communicatif, allait être la première d'une belle série d'émissions dont on me demanderait d'être l'animateur : j'avais marché sur un fil et ajouté une nouvelle corde à mon arc[1].

C'était clair, je m'orientais vers un type de musique, un genre de spectacle qui m'éloignaient de plus en plus du rock et du folk de mes débuts... mais j'avais gardé un si mauvais souvenir des tournées « *Élucubrations* » que je ne chantais même plus cette chanson en public, d'ailleurs, le public ne me la demandait même pas. On me proposait de participer aussi à de nombreuses émissions de télévision où j'avais l'occasion de rendre hommage à mes illustres prédécesseurs : à l'occasion d'une soirée en l'honneur de Maurice Chevalier, j'avais chanté *Dites-moi ma mère*, et elle avait été si bien accueillie que je l'ai gardée très longtemps à mon répertoire.

Les seuls qui ne me voulaient absolument pas dans leurs émissions, les seuls qui ne m'aient jamais invité, je n'ai jamais vraiment su pourquoi, c'étaient les producteurs des émissions qui devinrent bientôt les plus populaires de la télévision française, Gilbert et Maritie Carpentier. Lorsqu'il m'arrivait de croiser Gilbert, nos relations étaient amicales, mais lorsque l'attaché de presse de la maison de disques leur proposait de m'inviter dans le cadre d'une de leurs soirées, c'était toujours non. Peut-être parce que les Carpentier étaient très copains avec Johnny au temps de la « guerre des idoles », qu'ils avaient pris l'affaire au premier degré, et m'avaient, dans leur esprit, classé dans la case « non »... Et dans le show-business – comme dans tous les business, du reste –, chacun est si pris, si sollicité, que lorsqu'il vous a mis dans une case « non », il faut énormément d'efforts pour en sortir... Jamais, tout au long des années, je n'ai été invité dans les émissions des Carpentier, les *Top à*, les *Numéro un*... sauf une fois...

1. Mais où va-t-il chercher tout ça ?

Allez, je m'offre un petit *flash-forward,* un bond en avant dans mon récit... Quatre ou cinq ans plus tard, alors que je passais quelques jours dans la maison d'une amie de Touraine, le téléphone sonne, on m'appelle de la cuisine : « C'est Catherine Clément, pour toi... » C'était la programmatrice des émissions des Carpentier : elle ne m'avait jamais appelé de ma vie... Que pouvait-elle bien me vouloir ? « Bonjour Antoine, on vous appelle parce qu'on a un problème, on est en train de préparer un Top à Brigitte Bardot, et elle ne veut pas le faire sans vous, elle veut faire un duo avec vous (Je venais de reprendre une opérette, *Dédé*) ; on a tout essayé, on lui a conseillé de le faire plutôt avec Thierry Le Luron, ou quelqu'un d'autre, non, rien n'y fait. » Au moins, la franchise régnait ! Et c'était vrai, Brigitte, qui venait de renoncer au cinéma, avait accepté de faire cette émission à la condition de pouvoir y montrer tous les aspects de son talent, comédienne, actrice dramatique, chanteuse ; elle voulait aussi aborder l'opérette, et chanter avec moi, *Pour bien réussir dans la chaussure*... une chanson extraite de *Dédé*. C'est ainsi que, pour la seule et unique fois de ma vie, je me suis trouvé invité dans l'appartement des Carpentier, dans le salon dont les fenêtres donnaient sur le Luxembourg, autour du grand piano où se faisaient les répétitions, la mise en place des duos, et cela, uniquement suite à l'exigence de Brigitte... L'ambiance, vous vous en doutez, n'était pas terrible ! D'ailleurs, ce qui devait arriver arriva, les Carpentier essayèrent avec tant d'insistance, dans tous les domaines, d'imposer leurs vues, leur clan, que Brigitte finit par tout envoyer balader, et que l'émission ne se fit pas !

Je ne sais pas comment les Carpentier étaient devenus producteurs de télévision, mais la très monopolistique ORTF donnait en général les rênes d'émissions importantes à des gens qui devaient sans doute avoir des relations, de l'entregent, mais qui n'étaient pas forcément les plus désignés pour produire, par exemple, des émissions de variétés modernes. Il était tout de même surprenant que l'on doive la seule émission destinée aux jeunes amateurs de rock et de chanteurs yé-yé à un joueur d'harmonica passablement démodé, Albert Raisner. De même, les grandes émissions de vingt heures trente se retrouvaient confiées à d'autres personnalités qui n'étaient pas, disons, sur la crête de la vague... Et curieusement, ces personnes adoraient m'inviter : Mick Micheyl, qui avait connu un certain succès dans les années 1950 avec une chanson devenue un grand classique, *Un gamin d'Paris*, avait été totalement ignorée par l'ère « Salut les Copains ». Elle avait récemment animé la revue du Casino de Paris, et elle se trouva à la tête d'une très grande émission intitulée *Entente cordiale*, où elle invitait de nombreux artistes à se déguiser, à chanter des chansons d'un répertoire suranné, ce que je ferais à plusieurs reprises avec plaisir. Un autre grand auteur de chansons, Fernand Bonifay, rendu célèbre, également dans les années 1950, pour avoir écrit les paroles de *Petite Fleur*, de Sidney Bechet [1], est surtout connu comme l'auteur du texte français de *Maman, la plus belle du monde...* et de *Souvenirs, souvenirs*, un des premiers tubes de Johnny. Lui aussi a pourtant été totalement laissé de côté par le yé-yé et le rock, et le voilà chargé d'une émission hebdomadaire tout au long de l'été, *Bonsoir la France*, dont il me demande d'écrire et de chanter le générique... Il m'invitera souvent : peut-être que, d'une certaine façon, les artistes de cette génération-là, qui avaient été détrônés par l'arrivée du yé-yé, avaient vu d'un bon œil mon apparition au temps des *Élucubrations*, comme un jeune chien fou dans le jeu de quilles bien rodé des chanteurs yé-yé ? Dans les années qui suivront, j'aurai souvent le plaisir de lui rendre visite dans sa belle maison proche de la Seyne-sur-Mer : il m'affirmera l'avoir pratiquement achetée avec les droits d'auteur de *Maman, la plus belle du monde.*

L'été 1969 venu, je prévoyais, de nouveau, de le consacrer à une tournée française, mais une tournée à mon rythme, des galas assez espacés dans le temps et regroupés géographiquement – le midi de la France – pour la vivre à mon gré : l'idée m'a pris de louer pour un mois une maison sur la côte varoise, et de rayonner dans toute la région pour les galas, au volant de la gigantesque Mercedes que j'avais récemment acquise. J'avais réchappé aux voitures américaines de l'été des *Élucubrations*, et je m'étais contenté longtemps d'une petite Austin de location, de la 4 L

1. Fernand m'a raconté un jour que la première fois que Sidney Bechet lui avait, sur sa clarinette ou son saxo soprano, joué la mélodie de *Petite Fleur*, c'était à travers la porte des cabinets sur lesquels Sidney était assis.

d'Auvergne que l'ami Bridaine avait peinte d'arabesques psychédéliques, et de la Zagato, mais elle était si petite que j'empruntai un jour à un garagiste, pour une courte tournée, une Mercedes munie d'un moteur de 6,3 litres extraordinairement puissant. Lorsque je lui ramenai l'engin, il m'attira dans son bureau et, tentateur, me convainquit de l'acheter, à l'aide d'un nouveau mode de crédit qui venait de naître : le leasing. Quinze jours plus tard, cette bombe quittait la route sur une plaque de verglas : perte totale. L'assurance remboursait, mais aucune voiture de ce modèle n'était disponible avant plusieurs mois : le garagiste me proposa de me vendre d'occasion, pour quelques dizaines de milliers de francs de plus, une voiture munie du même moteur, mais dans une carrosserie bien plus grande, une Mercedes 600, la même limousine que le pape ! Elle tomba en panne irréparable quelques jours plus tard, et ma tournée étant proche, le garagiste me persuada d'acheter, pour à peine le double du prix que j'avais payé au départ, une 600 neuve. « Avec une voiture comme ça, me jurait-il, vous n'aurez plus jamais de problème mécanique... » Tu parles, les voitures de luxe ont des pannes... de luxe. Et voilà comment, victime d'une escalade et d'un dealer presque aussi nocif que dans le monde des stupéfiants, j'ai roulé deux ans dans une voiture de chef d'État.

Passant quelques semaines plus tôt dans la région, j'avais découvert, et aussitôt loué, une superbe bâtisse florentine, propriété d'une comtesse di Bagnolo, au cœur de deux hectares de végétation méditerranéenne luxuriante et désordonnée, sur le rivage de Boulouris, près de Saint-Raphaël. Je descendis m'y installer avec le chien Colis, bientôt rejoint par Dominique, qui avait emmené du Puy-de-Dôme les deux chiens et les treize chats qui y vivaient avec elle...

Tiens, je n'ai pas parlé des animaux ? Enfants, nous avions presque toujours eu dans notre foyer un chat siamois, toujours baptisé Figaro, à cause du chat du dessin animé de Walt Disney, *Pinocchio*. Une seule fois, nous en avions eu deux, et mon père, dont la culture musicale dépassait la connaissance de Walt Disney, nous avait suggéré d'appeler le second Bartolo, du nom d'un autre personnage du *Barbier de Séville* (« Figaro-ci, Figaro-là »). Dans le tumulte des *Élucubrations*, ma tentative d'avoir un chat dans mon studio de Montmartre avait été un échec désastreux. Dans la paix de la campagne, Dominique elle aussi aimant les animaux, nous pouvions nous rattraper ; des chasseurs avaient abattu notre premier félin, un beau chat de gouttière tigré, mais nous avions ensuite eu successivement une magnifique chatte blanche aux yeux vairons, puis deux siamois, trois persans ; tous ces obsédés ne pensant qu'à se reproduire (le couple de siamois, en particulier, pratiquait couramment la position du missionnaire sur le dessus inconfortable du radiateur du salon), vous imaginez la ribambelle de petits qui en découlaient naturellement ; plus un saint-bernard, un colley, et un minuscule yorkshire... On aurait dit la maison de Brigitte Bardot ! En ce début d'été, Dominique avait chargé tout ce monde dans un break Peugeot, pris la route du Midi, et tous s'étaient joyeusement éparpillés dans le parc, au milieu des palmiers et des agaves.

Le séjour à Boulouris a été plutôt réussi ; une demi-douzaine d'amis étaient venus nous rejoindre, François, Georges, le rédacteur de SLC, et Gérard Bousquet, photographe au même magazine, et qui devait devenir un temps mon photographe attitré ; gentil et crédule, il était souvent la cible des plaisanteries de ses collègues, qui l'envoyaient volontiers demander dans un magasin d'accessoires photo le nouveau pied de la maison Jacon, juste pour raconter qu'ils l'avaient envoyé chercher le « pied Jacon ». Il ne manquait à cette villa qu'une piscine, alors nous avions déplié sur une des pelouses une piscine ronde amovible – cylindre de tôle de six mètres de diamètre et un mètre de profondeur. Nous nous partagions – littéralement, en le découpant en morceaux, l'exemplaire unique que nous possédions, car nous voulions tous le lire à la fois – du best-seller de cet été-là, *Papillon*, en buvant des hectolitres de sirop d'orgeat. De temps en temps, je prenais la route, faisais quelques dizaines ou quelques centaines de kilomètres pour aller chanter, et puis je rentrais de nuit à Boulouris.

La vie était douce dans la belle maison, il y avait toujours une dizaine de personnes à table, et la grande spécialité gastronomique du moment, c'était les pêches au vin et au poivre, avec des tonnes de poivre : ça n'a d'intérêt que si ça emporte véritablement la gueule ! Un de nos amis avait amené une jolie jeune femme brune à qui il avait depuis longtemps proposé ce séjour, mais il était entre-temps retombé amoureux d'une femme qu'il rêvait depuis des années d'épouser. Durant un dîner particulièrement enjoué, une coupure de courant avait soudain plongé la salle à manger dans l'obscurité totale ; je m'étais levé à tâtons, ma jolie voisine, la jeune femme brune, avait fait de même, et nous nous étions retrouvés soudain dans les bras l'un de l'autre, nous asseyant sur un étroit canapé le temps que la lumière revienne... La belle était fort tentante... Le soir même, je racontais la chose à Dominique, avec qui nous songions aussi parfois à partager un moment de tendresse avec une autre personne... La brune lui plaisant aussi, elle me proposa de lui en parler le lendemain... Mais quand elle le fit, l'autre poussa des cris horrifiés : tromper ma compagne avec moi, en cachette, elle voulait bien – peut-être convoitait-elle une place à prendre –, mais imaginer de le faire en toute connaissance de cause, et avec Dominique en plus, ça n'était pas du tout à son programme... et l'affaire s'arrêta là. L'été fut donc assez calme sur ce plan-là, à part une éventuelle rencontre à l'occasion d'un gala : je me souviens d'une jolie petite blonde peu farouche que j'avais ramenée à Cannes un soir, et à qui j'avais proposé d'aller quelque part faire l'amour... Elle m'avait répondu gentiment et sans la moindre gêne qu'elle n'aimait pas faire l'amour, mais qu'elle aimait se donner du plaisir pendant qu'on la regardait... et c'est ce qu'elle avait aussitôt entrepris de faire, à petits cris sous mes yeux attendris, dans le large siège en cuir, renversé en arrière, de la Mercedes 600.

Mais le moment essentiel de cet été, celui qui allait changer ma vie, lui faire prendre un tour nouveau, n'était pas loin... Au bout du jardin de la villa de Boulouris, au bord d'une petite crique rocheuse, un garage abritait un petit dériveur en piètre état. Moi, franchement, le bateau à voiles, ça ne m'intéressait vraiment pas, et j'avais à peine jeté un coup d'œil à cet assemblage poussiéreux de contreplaqué et de toile... Un après-midi, un jour sans gala, alors que nous avions achevé la lecture de *Papillon* et épuisé les joies du barbotage dans notre ersatz de piscine, Georges m'avait proposé d'essayer de faire un tour sur ce petit dériveur, qui faisait partie de l'inventaire de la maison. L'affaire ne me tentait aucunement ; il a insisté un peu : après tout, je n'avais rien d'autre à faire, et, quelques instants plus tard, nous tirions le *Kiva* de son garage, hissions tant bien que mal grand-voile et foc, et nous lancions dans des zigzags hésitants contre une légère brise, au large des rochers de Boulouris...

Deux heures plus tard, j'étais conquis. Le *Kiva*, pourtant, était dans un état pitoyable, nous passions notre temps à écoper l'eau qui pénétrait par les fentes du contreplaqué ; nous avons décidé d'aller louer au nouveau port de Saint-Raphaël un dériveur plus moderne, plus fiable, un Ponant, et d'apprendre à nous en servir...

À un de mes fils, féru de jeux vidéo, qui m'affirmait détester la lecture, j'essayais de dire : « Ne t'en fais pas, tu sais, les livres, on croit que ce sont des objets inanimés, inertes... Pas du tout, un livre, c'est un être vivant, il t'attend, immobile sur son coin d'étagère, il sait que tu vas finir par l'ouvrir... et qu'il va peut-être changer ta vie... » Sur l'étagère de la librairie de Fréjus, outre une méthode pour apprendre à naviguer en dix leçons, il y avait un récit, *La Grande Bordée*, qui racontait l'aventure d'une poignée d'amis, journalistes, photographes, cinéastes, qui avaient navigué autour du monde sur une goélette nommée *Europe*, et qui avaient tant bien que mal vécu de leurs arts respectifs au fil des escales. Le livre remplaça vite chez nous celui de Papillon, et l'idée se fit en même temps dans tous nos esprits : et si nous faisions la même chose ? Si nous achetions un voilier, partions autour du monde, photographiant, filmant, faisant de la musique ? Quel beau plan de vie c'était là ! J'avais vingt-cinq ans et pas mal d'obligations professionnelles en cours, nous nous sommes donné cinq ans pour apprendre à naviguer, nous construire un bateau, nous libérer de nos entraves respectives... L'été de mes trente ans, nous partirions voyager cinq ans autour du monde[1] !

1. Bon, cette anecdote, cet après-midi d'août 1969, ce coup de foudre soudain et décisif, vous imaginez bien que je les ai racontés un million de fois depuis que je suis parti en bateau, et, aussi loin que je puisse voir au fond de ma mémoire, c'est un souvenir précis et authentique... Alors, comment expliquer que plus d'un mois auparavant, dans un article daté de la fin de juin et signé de Denise Fabre, *France Soir* titrait en première page : « Antoine cherche un voilier pour faire le tour du monde » ? Denise Fabre avait-elle des dons de pré-

Georges et moi avons hissé dès le lendemain les voiles du Ponant, et, la journée étant parfaite, nous avons directement mis le cap sur une bouée qui se trouvait à quelques milles de là, à l'entrée de la baie de Saint-Tropez ; déjà j'avais fait un choix : un voilier, pour moi, ce n'était pas un moyen de faire du sport, de tourner en rond ou en triangle entre trois bouées pour essayer d'aller plus vite que les autres, mais un agréable moyen de transport, capable de m'emporter un jour, pourvu que j'y consacre le temps nécessaire, vers des endroits dont les seuls noms me faisaient rêver...

L'été se termine, je suis tout de même parvenu à faire un bon nombre de galas, dont le plus impressionnant restera sans doute le gala de la *Marseillaise*, équivalent méridional de la Fête de l'Humanité, où j'ai chanté devant cent mille personnes... maintenant, la chose est courante mais, personnellement, ça ne m'intéresse pas du tout d'aller applaudir qui que ce soit dans un spectacle à cent mille spectateurs... qu'est-ce qu'on voit, une fourmi et un écran de télé ? Le 20 juillet, alors que j'ai dû traverser la France entière pour un gala dans le Nord, je suis invité par un grand quotidien régional à commenter les images reçues en direct de la marche sur la Lune de Neil Armstrong et Edwin Aldrin Jr. ; interrogé, je me déclare fasciné, et assure que, dans moins de vingt ans, je serai à bord d'un des premiers vols touristiques, sinon jusqu'à la Lune, du moins en orbite. Même si aujourd'hui l'Espace nous apporte quotidiennement des conforts extraordinaires, dans le domaine des communications, de la navigation, de la météorologie, l'arrêt soudain, quasi total, des progrès de l'aventure spatiale et des vols d'exploration restera une des plus grandes déceptions de ma vie.

Et puis on a refermé la belle maison de Boulouris. Au moment de reprendre la route, Dominique vers l'Auvergne avec les chiens et les chats, moi vers Paris, on a soudain réalisé qu'on avait oublié la piscine... Ce truc-là ne se vide qu'en siphonnant avec un tuyau, et ça prendrait des heures ; nous avons tenté d'accélérer le mouvement en abaissant la feuille de plastique plaquée par la pression

---

monition ? Ou la mémoire, même celle des faits les plus décisifs, est-elle sujette à caution ?

de l'eau le long du cylindre de métal souple... *Mamma mia !* Soudain, vingt-sept tonnes d'eau ont jailli en l'air, balayant tout sur leur passage en une seconde, un vrai raz-de-marée qui emporta à la mer tout ce qui traînait dans le jardin...

Et j'ai repris ma vie de baladin. Je suis d'abord retourné chanter au festival de Rio de Janeiro, la version portugaise de *Qu'est-ce que tu as mis dans le café ?*, ma chanson de San Remo 1969 ; mais l'ambiance politique était tendue, les chanteurs du *tropicalismo* avaient de plus en plus de difficultés avec le pouvoir en place. Après le Brésil, l'Allemagne m'attendait : comme Gianpiero en Italie, un directeur de maison de disques locale, qui distribuait Vogue en Allemagne, avait décidé de faire de moi une vedette dans ce pays ; j'ai enregistré au moins une douzaine de chansons en allemand, appris assez de cette langue pour répondre à des interviews. *Bonjour Salut*, devenu *Hallo Bonjour Salut*, et *La Tramontana*, devenue *Die Blonden Mädchen*, ont connu un gentil succès, et j'ai dû participer à plus de dix très grandes émissions, tournées à Munich, à Hambourg, Hanovre, Cologne ou Baden-Baden. Ces émissions étaient d'énormes machines, très bien réglées – et bien payées, contrairement à la télévision française –, vues par des millions de spectateurs, où je chantais souvent en compagnie de France Gall ou de Mireille Mathieu. Cette année-là naissait en Allemagne le premier magasin imaginé par une dame très sérieuse, Beate Uhse, et destiné à améliorer la vie sexuelle de ses concitoyens : c'était, je crois, la première fois qu'on utilisait le terme de « sex-shop », et la première fois qu'on vendait de façon très officielle, dans un magasin tout à fait normal, sans aucune honte, des préservatifs, des vibromasseurs et autres godemichés, des crèmes lubrifiantes et des accessoires. Il fallait le bon sens bien carré des Allemands pour faire naître une chaîne de boutiques aussi nécessaire, improbable dans des pays latins comme la France ou l'Italie, où le macho moyen aurait eu vite fait de rire : « Un godemiché, une crème lubrifiante, pour quoi faire ? Avec moi, elles n'ont pas besoin de tout ça ! » Il est assez significatif de constater que trente-cinq ans plus tard, si le mot « sex-shop » s'est généralisé, en France comme ailleurs, il y représente des échoppes assez honteuses cachées derrière des rideaux de fer, plutôt destinées à vendre des publications SM repoussantes... alors qu'en Allemagne Beate Uhse a été récemment décorée de l'équivalent allemand de la Légion d'honneur pour les services qu'elle a rendus toute sa vie aux couples allemands[1] !

J'aimais bien ces voyages éclair en Allemagne, au Portugal, en Autriche ; mais je n'avais jamais le temps d'y voir autre chose que l'aéroport ou la gare, les studios de la télévision et l'hôtel où je logeais... Je me disais à chaque fois que plus tard, bientôt, lorsque je partirais naviguer, je prendrais enfin le temps de voir autre chose, de vivre...

À Paris, après le succès de l'Olympia, mon actualité était débordante. Je chantai un soir aux Folies-Bergère pour le lancement de la mode d'été 1970. Dans une nouvelle émission, *Musicolor*, animée par Sim dans le rôle génial et hystérique d'une diseuse de bonne aventure, Fernand Bonifay m'avait demandé de chanter un grand classique espagnol, *Valencia*, et, si elle avait de quoi désespérer à jamais ceux qui regrettaient le provocateur de *Je dis ce que je pense*, ma prestation en carabinier, dans une démonstration de « sauts de chat » que j'avais laborieusement appris à faire, m'amusait beaucoup, moi, et pourquoi ne me serais-je pas offert ce plaisir ?

À la grande première du Lido, j'étais accompagné par Kiki Caron, la championne de natation ; on reconnaissait aussi ce soir-là Dalí, Alain Delon et Mireille Darc, ainsi que Serge Gainsbourg accompagné de Jane Birkin aux pieds nus (est-ce à cette première-là qu'elle était arrivée avec une petite robe de voile très moulante, rendue extraordinairement transparente par les flashes des photographes ?). En décembre, c'est Raymond Marcillac qui avait encore fait appel à moi pour animer un Télé Dimanche, sur patins à glace, cette fois-ci ; novice en la matière, j'avais pourtant appris à me tenir honorablement aussi vite que j'avais appris à marcher sur un fil, et j'avais consacré une bonne partie de l'émission à soutenir mes collègues moins habiles dans cet art, comme

1. J'ai cependant noté avec plaisir l'apparition récente du phénomène « sex toys » : grâce à ce nom à la mode, même un grand magasin bien comme il faut comme le Printemps s'est mis à vendre sous la marque Yoba des godemichés sympathiques, imaginatifs et colorés ! Quand je pense que dans un État américain, en 2005, le gouvernement a interdit la vente de « tout objet destiné à apporter du plaisir aux organes génitaux », le Moyen Âge n'est pas loin !

Claude François ou Régine. Pour la fin de l'année, dans un *Dim Dam Dom* spécial, je participais à l'enlèvement du Père Noël – joué par Yvan Rebroff – en compagnie de Michèle Mercier et de Serge Gainsbourg.

Et j'avais en plus trouvé le temps d'enregistrer un nouvel album avec la participation, pour certaines des chansons, d'un groupe dont les disques publiés par Vogue étaient une révélation cette année-là, les Martin Circus. Un jeune dessinateur, Philippe Lorin, illustrateur d'ouvrages pour enfants, était venu me voir, me proposant de publier un livre de mes chansons illustrées, comme il venait de le faire pour Adamo. Je lui proposai plutôt de réaliser ensemble un album entièrement original, un conte que je venais d'écrire, illustré de ses joyeux dessins multicolores, *Le Président sur la lune*. L'ouvrage parut quelques semaines plus tard, et fut une honnête réussite. Je demandai également à Philippe Lorin d'illustrer mon nouveau disque trente centimètres ; il en sortit un nouveau disque « pour enfants », ressemblant aux albums de découpage de mon enfance.

Malheureusement, aucune des chansons de cet album ne trouva véritablement le succès ; pourtant j'aimais bien *Sauve-toi, Jo* avec les Martin Circus, et quelques ballades inspirées par mes fréquents séjours dans les montagnes d'Auvergne. Les éditions Vogue me proposaient régulièrement d'enregistrer des chansons que leurs jeunes compositeurs avaient écrites, je suivis plusieurs fois leurs conseils, mais aucune des chansons qu'ils m'apportaient ne séduisit les stations de radio. *Tous les enfants du monde* était jolie, quant à *Viens danser le rush*, elle fut juste l'occasion de quelques fêtes dans le club parisien de François Patrice, le Saint-Hilaire : depuis l'ère du twist, du madison, du jerk, les boîtes de nuit parisiennes lançaient régulièrement, avec des succès variables, de nouvelles danses aux noms exotiques, ramenées de tous les coins de la planète, tamouré, casatchok, letkiss – bien plus tard viendrait la lambada. Cette année-là, François Patrice avait essayé de lancer une danse inspirée du « *gold rush* », la ruée vers l'or du XIXe siècle en Californie et en Alaska ; il était sans doute un peu trop en avance sur son temps, car ce n'est que quelques années plus tard que se mettrait à fonctionner, en particulier en

Amérique, le *line dancing*, les danses en ligne qui y devinrent une vraie institution. Pour l'heure, notre *Rush Gold* ne connut guère de succès.

Au milieu de toutes ces activités, nous avons tout de même trouvé le temps de faire une petite croisière, histoire d'entretenir l'idée que nous avions émise de partir dans cinq ans faire un tour du monde. À trois ou quatre des futurs équipiers de ce voyage, nous nous sommes retrouvés un matin sur les quais de Saint-Raphaël, pour embarquer sur un voilier sponsorisé par le port de plaisance, *Raph* ; ce voilier d'aluminium devait être un des premiers voiliers français à être financé par un sponsor ; quelques années plus tard, il deviendrait *33 Export*, et s'illustrerait dans les premières grandes courses autour du monde. Sous le commandement d'une figure légendaire de Saint-Raphaël à l'époque, le truculent Régis Théolier, nous sommes juste partis faire une virée de trois jours ; la Méditerranée étant ce qu'elle est, nous n'avons pas pu aller jusqu'en Corse, nous avons dû nous contenter d'aller virer une bouée, à mi-chemin entre la côte et Calvi, et puis nous sommes rentrés, secoués mais ravis, et nous nous sommes séparés en jurant de reprendre cela plus longuement dès le mois de juin suivant.

Au début de 1970, je retourne à San Remo, pour la quatrième fois, avec une autre chanson, *Taxi, Taxi*. L'orchestrateur, Natale Massara, a écrit un superbe arrangement symphonique, avec une belle partie instrumentale... J'imagine de danser ces quelques mesures avec une jolie danseuse, et, toujours passionné par les films de Fred Astaire et Ginger Rogers, je choisis un habit très classique, avec queue-de-pie, et la jolie danseuse portera une robe blanche, longue et décolletée, et une perruque blonde, dignes de Marilyn Monroe. Naturellement, tout cela est en principe interdit par les règles du festival, mais, en général, habituée à mes prestations imaginatives, la direction du festival ferme les yeux. Cette année pourtant, quand la jolie danseuse s'avance vers moi et que nous dansons notre joli pas de deux, la révolte gronde en coulisse chez les autres chanteurs, qui brandissent le règlement : pas de danseuses, d'accessoires visuels, que des chansons dépouillées de tout artifice... faut-il aussi s'interdire de bouger les bras ? Le scandale est d'autant plus vif que le grand Adriano Celentano, de son côté, a déchaîné les foudres de la critique en faisant un petit show improvisé, à sa manière : le micro était trop haut quand il a commencé sa chanson, il arrête l'orchestre (en direct, devant des dizaines de millions de téléspectateurs), essaie de baisser le micro, feint de ne pas y arriver ; un technicien surgit sur scène, vient le régler à la bonne hauteur, repart vers les coulisses. Adriano le rappelle, le remercie, sort de sa poche un billet de banque et le lui donne en guise de pourboire. C'était le genre de blague que pratiquait souvent Adriano, une sorte de Frank Sinatra rock ; mais là, au festival de San Remo ! Résultat, interdiction absolue pour moi de faire venir ma « ballerina » sur scène lors de la finale ! Ce soir-là, je commence ma chanson, et, tout en chantant, je me prépare à meubler comme je peux, en faisant seul mon pas de deux, le passage instrumental... quand je vois un grand type mince enveloppé dans un manteau long et coiffé d'une casquette entrer sur scène, et, sous les yeux du public, rejeter manteau et coiffure... pour révéler robe longue étincelante et perruque blonde... C'était ma danseuse que Raymond, le régisseur dévoué de mes spectacles, avait réussi à faire entrer sur le plateau en la déguisant en machiniste... Le public adora la scène, et la valse lente que je fis ce soir-là avec la jolie Annick resta dans les annales du festival.

En France, la chanson fut la première depuis plus de deux ans à me ramener timidement dans les hit-parades. Une des émissions à laquelle les chanteurs de l'époque participaient avec le plus grand plaisir, c'était, sur les antennes de Radio Luxembourg, devenue RTL, *Non-Stop*, longtemps animée par Philippe Bouvard, reprise plus tard sous d'autres noms par Michel Drucker ou Fabrice. On s'amusait toujours bien dans le studio du 22, rue Bayard, on y venait en général quatre ou cinq jours de suite, chantant, blaguant. Philippe Bouvard y faisait les premières armes qui le conduiraient à créer l'extraordinaire émission *Les Grosses Têtes*, à la longévité sans pareille. Pour la sortie du quarante-cinq tours *Taxi*, nous avions eu l'idée d'inviter tous les chauffeurs de taxi parisiens qui le voudraient à venir chercher un disque gratuit rue Bayard... Quel embouteillage ! Annick, la jolie danseuse (elle venait de la troupe de Michel Renault qui l'avait choisie pour moi quand je lui avais dit que je cherchais une Ginger Rogers), dansait aussi sur scène dans mes spectacles, figurait sur la pochette... Évidemment, un hebdomadaire à scandale en avait immédiatement déduit qu'elle était ma maîtresse (là, ils étaient tout à fait à côté de la plaque, il n'y avait entre elle et moi que des « relations de travail ») et l'annonça un jour en première page... Cette fois-là, par respect pour la vie privée de ma collaboratrice plus que pour la mienne, j'essayai de leur faire un procès, mais ces périodiques ont des avocats attitrés en permanence, connaissent toutes les ficelles, et les amendes auxquelles ils se voient condamner ne sont rien à côté des bénéfices qu'ils retirent des ventes du magazine. Et quelle galère que ces interminables et vaines procédures, où, de la part du magazine, tous les coups bas sont permis ; cette fois-là, j'avais voulu faire valoir le droit au respect de ma vie privée... l'avocat du journal avait été chercher une photo datant de quatre ans plus tôt : pour mon premier reportage dans *Match*, j'avais posé dans mon grand lit aux draps à fleurs, révisant sagement un examen de Centrale... L'avocat clamait que puisque j'acceptais d'être photographié dans mon lit, ma « vie privée » n'avait aucune valeur...

La première moitié de l'année 1970 fut plutôt paisible, si l'on peut considérer comme paisible de prendre l'avion au moins dix fois par mois, de participer à toutes sortes d'émissions de télévision en Europe ou en France – encore des Entente cordiale : dans l'une de ces émissions, j'étais un Don Quichotte dégingandé perché sur un cheval immense, aux côtés d'un minuscule Sancho Pança, Mick Micheyl, affalée sur un âne nain –, des Télé Dimanche, des Musicolor – en mars, j'y chantais *Du moment qu'on s'aime* en duo avec Sheila.

Sans oublier les galas qui occupaient en général la fin de chaque semaine : Georges Leroux était un doux rêveur, persuadé que la prochaine découverte qu'il allait faire, nouveau chanteur, nouvelle salle, nouveau spectacle, allait lui rapporter la fortune. Celle-ci tardant à venir, il avait fini par s'associer avec un célèbre organisateur de spectacles du Midi, Lucien Salles, qui avait organisé ma première tournée sur la côte, l'été des *Élucubrations*, et avec qui je m'étais lié d'amitié ; il avait dans le métier la réputation d'être dur en affaires, mais il s'était toujours comporté de façon scrupuleuse avec moi. J'avais eu beaucoup de plaisir à retrouver Lucien à Paris ; il avait quitté de façon très honnête une vie familiale orageuse et sans issue pour refaire sa vie avec celle qu'il aimait depuis de nombreuses années et avec qui il finirait ses jours. Nous avions été très proches lors de l'Olympia, il m'accompagnait souvent en tournée, et devait plus tard, même au temps des voyages à la voile et des vidéos, et jusqu'à sa mort, rester un de mes meilleurs amis et collaborateurs. Très lié avec Bruno Coquatrix, il avait partagé nos dîners magiques dans l'appartement de Bruno, et s'était d'une façon générale mis en quatre pour que ma carrière en France reprenne la dimension qu'elle avait retrouvée cette année-là. La différence entre Georges et Lucien, c'est que Lucien croyait lui aussi que sa prochaine découverte lui apporterait la fortune... mais que pour lui, en général, c'était vrai !

Aussi les demandes de galas affluaient-elles : Sandra, la secrétaire de Lucien, appelait Raymond, le régisseur, qui chargeait dans la fourgonnette amplis et sono, et quand je débarquais, une heure avant le spectacle, dans la grande ville ou le petit hameau où j'étais programmé, tout était en place. Le batteur comptait à grands cris « Un deux, un deux trois quatre », l'intro de *Bonjour Salut* retentissait, les cris redoublaient. Je n'ai jamais eu le trac à proprement parler – juste des inquiétudes lorsque j'étais enroué –, et si je ne percevais pas, comme cela semblait être le cas pour bien des grands artistes et musiciens, les heures passées sur scène comme les seuls moments intéressants d'une vie par ailleurs routinière, eh bien, je m'amusais, j'étais à l'aise du début à la fin : je pense que ça se sentait et plaisait au public. Il fallait parfois, c'est vrai, chanter sous des chapiteaux ou dans des gymnases mal équipés, mais il suffisait de s'adapter, et l'affaire se passait bien... Malgré le succès, mes finances, d'une façon générale, n'étaient pas très brillantes, et le cachet des galas du week-end était le bienvenu dès le lundi matin quand, au bureau, devant le bac où la pile de factures à payer montait plus souvent qu'elle ne descendait, il fallait trouver quoi répondre au sympathique coup de téléphone du banquier : « Monsieur Muraccioli, votre compte présente un découvert de vingt-sept mille francs, et j'ai sous les yeux trois chèques émis par vous pour un montant total de dix-huit mille francs. Pouvez-vous me dire quelles sont vos intentions ? »... Je gagnais bien ma vie, mais sans être follement dépensier, ma célébrité faisait de moi la cible toute trouvée de marchands entreprenants, m'expliquant par exemple, on l'a vu, que je ne pouvais pas décemment me passer de telle ou telle voiture... pourtant, on ne peut pas dire que j'avais des goûts de luxe : j'avais commencé à aménager mon « hôtel particulier » de Boulogne, mais mes meubles venaient plutôt de Prisunic que de chez Knoll ; l'objet le plus voyant y était un billard électrique du modèle Liberty Belle que j'étais parvenu à acheter d'occasion, en souvenir de mes interminables parties à la sortie de Centrale. Un jardin d'hiver entièrement vitré débordait de végétation, et dans mon vaste jardin de trente-deux mètres carrés, le célèbre rhododendron fleurissait sous les glycines et l'unique marronnier...

En parlant de marronnier... Comme l'avait fait le directeur du festival de la chanson de Rio de Janeiro, un monsieur à l'air aussi sérieux que japonais était un jour venu me voir : il présidait le festival de Tokyo, et souhaitait que j'y participe. Il m'offrait lui aussi une idée toute faite : les Japonais rêvaient, non de football, mais de venir à Paris, et surtout, image la plus romantique qu'ils avaient de notre capitale, ils rêvaient de voir fleurir les marronniers ! Il me suggéra donc d'écrire une chanson sur ce thème, ce que je fis volontiers, et en japonais s'il vous plaît... Pour je ne sais quelle raison, je ne participai jamais à ce festival, mais voilà pourquoi la seule chose que je sache dire en japonais, à part *Domo arrigato* et *Sayonara*, c'est (exactitude non garantie) *Kimini no malonié no hanao sassa gemassu*, c'est-à-dire, « je t'enverrai des fleurs de marronnier ».

Dès que je le pouvais, je m'évadais vers le Puy-de-Dôme, où ma maison était devenue un douillet havre de paix. J'avais vite oublié les excès des débuts, l'idée de recevoir plein d'amis, les grandes tablées de copains où le vin coulait à flot et où on passait sa vie à refaire le monde : tout cela avait laissé la place à des moments de paix, de contemplation presque ; Dominique m'y attendait, et la beauté de la nature ; les animaux aussi, les chats, les chiens, nos vaches : les deux premières s'appelaient Jules et

Jim, les quatre suivantes France, Dimanche, Ici et Paris. La propriété en compta jusqu'à vingt, qui produisaient du saint-nectaire fermier, avec parcimonie, mais sans apport aux champs du moindre engrais chimique : j'ai toujours veillé à ce que la propriété reste exclusivement « biologique ». Un hebdomadaire bon enfant de l'époque, *Rustica*, avait pour rédacteur en chef un garçon charmant qui devait plus tard se faire un nom en animant des émissions de télévision sous le nom de Nicolas le Jardinier ; il m'avait demandé d'écrire une dizaine d'articles de deux pages pour son magazine, où je racontais les joies et les déboires de mon installation à la campagne. Pour prix de l'effort d'écriture de ces articles, j'avais reçu un plan d'aménagement gratuit par un grand jardinier-paysagiste... des trente-deux mètres carrés de mon jardin de Boulogne !

Après le *Rush* et *Tous les enfants du monde*, une jolie ballade, Alain Boublil me propose une petite valse, *Je reviens de Vienne*. En fait, il cherche à renouveler le succès colossal qu'il vient de remporter avec Jean-François Michaël, *Adieu jolie Candy*, qui a fait frémir tous les adolescents tombés amoureux d'une petite Anglaise lors d'un séjour en Grande-Bretagne. Mais cette histoire, sucrée elle aussi, d'amour fou pour une jolie Autrichienne, me ressemble si peu que la chanson n'est qu'un échec de plus. En mai, je termine d'enregistrer un album qui ne doit sortir qu'en septembre, quand, à la fin de la dernière séance, nous décidons, François et moi, d'aller boire un verre, comme nous le faisions parfois, dans le club à la mode. À peine y sommes-nous arrivés que nous rencontrons, dans l'entrée, deux jolies blondes, minces et habillées de couleurs vives, que nous invitons à notre table. Plus tard, la soirée s'avançant, je passe doucement mon bras autour de la taille de celle qui me plaît le plus, et je glisse ma main dans son dos, entre haut et jupe. La jolie blonde avait la peau désagréablement moite, la transpiration d'avoir dansé, sans doute. Alors je me tourne plutôt vers l'autre, qui aussitôt répond favorablement à mes avances... Sans cette peau moite, va savoir, je me serais évité bien des peines. Ma nouvelle amie s'appelle Vanessa, vient du Midi, et nous terminons gentiment la nuit ensemble, sans complications. Au matin, nous nous quittons sans même qu'elle m'ait donné un téléphone ou une adresse : l'aventure restera sans lendemain – c'est du moins ce que je pense –, d'ailleurs je quitte Paris dans quelques heures.

Avec les trois ou quatre partenaires de notre futur tour du monde, nous avions loué pour trois semaines, en ce mois de juin, un petit voilier de bois, un « Estuaire grande croisière ». Nous avons embarqué dans le port de Golfe-Juan ; deux ou trois compagnes nous ont rejoints, ça faisait six ou huit personnes sur ce petit bateau, mais la croisière s'est fort bien passée. Nous avons enfin atteint la Corse, jeté l'ancre à Calvi, à la Girolata, à Bonifacio et aux îles Lavezzi, et nous avons découvert une baie qui était, à l'époque, un vrai coin de paradis, la baie Liscia di Vacca, tout au nord de la Sardaigne. Des plages somptueuses, des eaux claires et tièdes où nous tendions maladroitement et sans grands résultats un filet de pêche, et, surgi d'on ne savait où, un berger sarde venu nous offrir spontanément de la *ricotta* fraîche, ce délicieux équivalent du *bruccio* corse. En ce temps-là, nous vivions généralement pratiquement nus sur le bateau ou sur les plages désertes, c'était un assez parfait avant-goût de ce qui nous attendait quand, dans quatre ans maintenant, nous partirions faire notre tour du monde. La croisière, d'ailleurs, avait été studieuse, puisque nous avions engagé un skipper chargé de nous apprendre à manœuvrer.

Nous avons ramené le bateau jusqu'aux côtes varoises, et, ravis de l'affaire, nous avons repris nos routes respectives. À Paris, les dernières séances de mixage de l'album m'attendaient... Soudain, j'ai eu envie de revoir Vanessa... et c'est devenu comme une idée fixe. Je me suis mis à fréquenter les boîtes où j'avais une chance de la retrouver, puisqu'elle ne m'avait laissé aucun moyen de la joindre. J'interrogeais tous mes amis : « Vous n'avez pas vu une fille nommée Vanessa ? » Mes recherches ont dû finir par parvenir à ses oreilles, car un soir, dans une boîte toujours, elle est enfin apparue, et n'a pas marqué la moindre surprise quand je lui ai proposé de m'accompagner passer quelques jours en Italie, où je chantais au casino de Salsomaggiore. Notre relation fut vite brûlante et sensuelle, je sentis que j'allais avoir du mal à me passer d'elle...

À la suite de l'Olympia de l'année précédente, et du succès de mes galas dans le Midi de l'été 1969, j'avais été engagé par Radio-Monte-Carlo pour être la vedette de sa tournée d'été. Les podiums des grandes stations de radio étaient d'énormes machines : durant six semaines, plusieurs semi-remorques se déplaçaient de ville en ville, installaient chaque matin sur la place d'une nouvelle ville ou station balnéaire une véritable scène avec sonorisation puissante, jeux de lumière et écrans de projection, et, après un après-midi consacré à divers jeux et animations, le grand spectacle du soir comportait une première partie et, pour cette édition de la tournée de RMC, mon tour de chant, que j'avais agrémenté, disposant de ces grands écrans, de quelques effets, tels que des projections d'extraits de films. La tournée démarrait dès mon retour d'Italie, Vanessa avait quelques obligations, elle me rejoindrait un peu plus tard dans le Midi.

Je pris la route de Monte-Carlo, pour participer aux émissions destinées à annoncer la tournée ; j'y fus reçu par un jeune animateur qui faisait ses premières armes radiophoniques, Jean-Pierre Foucault. Quant à la présentation de la tournée, elle serait assurée par un autre débutant, André Torrent, qui connaîtrait quelques années plus tard, lui aussi, un immense succès sur les ondes de RTL. Avant de prendre la route, il nous restait à tourner une série de messages publicitaires pour les écrans du podium. Un des sponsors de l'événement étant, je crois, une marque de cigarettes qui basait sa publicité sur le Far West, nous avons tourné toute une journée dans une carrière proche de Toulon, avec une diligence et des chevaux ; le chef opérateur, un autre débutant, s'appelait Claude Zidi, quant au réalisateur du film, c'était encore un inconnu, nommé Pierre Bachelet.

Pendant ces journées de préparatifs et de répétitions, une jeune femme d'âge « mûr » – elle avait près de trente-cinq ans, et j'en avais vingt-six ! – s'était présentée comme une amie de mon oncle cannois, avocat et écrivain, et m'avait suggéré de l'inviter à déjeuner un jour de relâche. Elle était pleine de charme, très élégante, mais son âge très... avancé me déroutait un peu. Le jour du déjeuner arrivé, je l'emmène dans ma Mercedes sur la route du joli village d'Eze. Nous avons à peine échangé quelques phrases qu'elle me demande : « Qu'est-ce que vous aimez chez une femme ? » Moi, juste pour voir, comme ça, je réponds : « Qu'elle soit hardie. » Une seconde plus tard, alors que je conduisais, la charmante dame élégante et pleine de classe me posait la main directement sur le sexe, constatait vite que je ne lui étais pas indifférent... Une chambre nous attendait au village d'Eze, mais notre affaire ne devait pas aller bien loin, car, cette semaine-là, j'étais... indisponible : durant les derniers jours passés sur notre petit voilier, nous avions manqué un peu d'eau douce, et ce passager défaut d'hygiène avait produit chez moi une inflammation mal placée. Depuis des millénaires, religions, sectes, tribus aborigènes et écoles médicales obligent maints jeunes garçons à subir une inutile mutilation, la circoncision, qu'il est si facile de remplacer par une hygiène élémentaire[1]. Quelques jours de manque d'eau avaient provoqué une irritation – qui n'avait pas cédé tout de suite quand nous avions retrouvé les douches du continent – que mes deux jours avec Vanessa en Italie n'avaient pas améliorée, et qui avait même empiré, durant le tournage pour RMC... Seule solution, une semaine de repos de ce côté-là... Et c'est tout bêtement pour cela que, malgré les assiduités dont elle me poursuivit encore deux ou trois jours, malgré les fleurs même qu'elle m'envoyait dans ma chambre d'hôtel, l'élégante trentenaire ne parvint pas à ses fins, et se demanda sans doute qu'est-ce qui ne tournait pas rond chez moi ! Trois jours plus tard, j'étais guéri, mais j'étais parti en tournée... et Vanessa m'avait rejoint.

« Même si une histoire d'amour doit te faire souffrir plus tard, me disait Lucien, qui avait de l'expérience dans le domaine, il y a une chose qu'on ne pourra jamais te voler, ce sont les instants de bonheur... » Cet été 1970, ces quelques semaines sur la route avec Vanessa, ce fut vraiment un instant de bonheur. Professionnellement, que demander de plus ? Chaque soir, je chantais devant un public enthousiaste, cinq à dix mille personnes : inutile de nous inquiéter, de nous demander si nous aurions du

1. Dans tous les domaines, les religions et les législateurs ont toujours estimé leurs sujets incapables de faire preuve individuellement de la sagesse que l'instruction pourrait pourtant développer chez eux et préféré forcer ou interdire ; la plus belle phrase à fleurir sur les murs de Mai 68 fut, à mon sens, la paradoxale : « Il est interdit d'interdire. »

monde : le spectacle était gratuit, l'ambiance chaleureuse ; je chantais, je dansais, je donnais la réplique à mon ombre ou à mon image projetées sur les écrans. Je ne chantais plus vraiment le même type de musique que j'avais choisie à mes débuts, mais, pour être moins moderne, celle-ci me convenait très bien. La foule connaissait les chansons, criait *Salut* quand je chantais *Bonjour,* reprenait en cœur *Taxi, Je l'appelle Canelle* ou *Le Match de football,* je m'offrais quelques moments de douceur avec *Juste quelques flocons qui tombent* ou *Je reprends la route demain,* et puis je reprenais quelques chansons anciennes et joyeuses comme *Dites-moi ma mère.*

Techniquement, une tournée comme celle-ci, c'était un vrai bonheur : la sono était excellente, la scène bien équipée, chaque soir identique, on avait véritablement l'impression de chanter dans un grand, un beau music-hall ambulant ; les artistes avaient dans des roulottes des loges confortables. Il suffisait de venir faire un tour l'après-midi vers seize ou dix-sept heures, pour une petite mise au point avec les musiciens, et surtout pour repérer le chemin qu'il faudrait prendre, le soir, en arrivant en voiture, pour se faufiler sans encombre parmi les milliers de personnes qui, dès dix-neuf heures, envahissaient le quartier où était dressé le podium. André Torrent présentait la première partie, qui comportait des jeux sponsorisés, un humoriste, une jeune chanteuse.

Et puis il y avait tout le reste de la journée pour être heureux : les gros semi-remorques de la tournée ne pouvaient parcourir que quelques dizaines de kilomètres de route entre deux villes, nous n'avions donc pas à traverser la France en tout sens comme dans les tournées habituelles. J'avais choisi de m'installer avec Vanessa dans quelques coins de paradis successifs éparpillés tout au long du littoral méditerranéen, et surtout au cœur de la Provence, comme le fabuleux Oustau de Baumanière, aux Baux-de-Provence, dans des palaces à l'ancienne à Juan-les-Pins ou Collioure, ou des petits établissements repérés souvent par le symbole « agrément et tranquillité » du Michelin. Nous y passions des journées heureuses, lisant, écoutant au bord de la piscine les nouvelles chansons de Dylan ou de George Harrison. Avez-vous connu les « cartouches huit pistes », un éphémère type de cassettes audio qui ressemblaient à un gros paquet de cigarettes, qu'on enfournait dans une fente et qui tournaient en boucle ? J'avais acheté un lecteur portable de ces cartouches, et comment oublier nos journées amoureuses, dans les chambres feutrées, au son de *Self Portrait* : *All the Tired Horses in the Sun, Copper Kettle*... Ah, *Copper Kettle !* Nous déjeunions au bord de la piscine, et puis nous prenions la route pour le gala ; après le spectacle, souvent, nous nous retrouvions au restaurant de l'ami Gu, un sacré personnage, à Salon-de-Provence. Parfois, nous y rencontrions un autre artiste en tournée, Johnny, Richard Anthony, et nos deux troupes se mêlaient pour une soirée déchaînée. Je me souviens qu'un soir Claude François, qui chantait non loin de moi, m'avait invité à le rejoindre à la fin de nos tours de chant. J'étais arrivé au plus mauvais moment, mais, heureusement, Lucien m'avait averti de me méfier : durant le quart d'heure qui suivait sa descente de scène, Claude François était un type absolument infréquentable, insultant tout ce qui se trouvait sur son chemin, ses assistants pour un peigne déplacé de cinq millimètres, ses musiciens pour une mesure pas tout à fait en place à la cinquième chanson, les Claudettes parce qu'elles n'avaient pas, une seconde, été parfaitement alignées. Chaque spectacle, pour Claude, était un vrai rituel : lui qui ne buvait pratiquement pas d'alcool le reste du temps, il lui fallait impérativement, pour atteindre le niveau de tension électrique qu'il manifestait dans son tour de chant survolté, boire à heures très précises, verre après verre, une bouteille entière de Chivas Regal. Son entrée sur scène devait avoir lieu à une heure très exacte, sinon il attaquait une deuxième bouteille, et son tonus allait diminuant. Sa redescente sur terre à la fin du spectacle était, je l'ai dit, très douloureuse, et, que l'on soit son meilleur ami ou une vedette internationale, il ne fallait pas se trouver sur son chemin à ce moment-là ; je restai prudemment à l'écart de sa loge, d'où montaient ses hurlements de rage... Vingt minutes plus tard, c'était passé, Claude était redevenu le garçon le plus aimable, le plus doux que l'on puisse imaginer. Ce jour-là, nous étions allés dîner ensemble chez Gu ; j'avais essayé de suivre, dans ma grosse Mercedes, la Lincoln Continental qu'il conduisait lui-même... peine perdue ! Si nous roulions, nous, à cent soixante à l'heure sur les routes étroites bordées de platanes, splendides mais meurtriers, des nuits de Provence, Claude, lui, collait le pied au plancher, roulait à deux cents à l'heure, personne n'aurait pu le suivre. Le joyeux dîner, regroupant les musiciens des deux tournées, s'étant un peu éternisé, je m'étais éclipsé avant les autres avec Vanessa pour regagner le petit hôtel, jolis pavillons entourant des bassins plantés de roseaux et de saules pleureurs, des Réganéous, près de Montpellier, où Claude et ses musiciens logeaient aussi ce soir-là : une heure plus tard, alors que nous nous endormions à peine, Claude et sa bande débarquaient à leur tour, tonitruants, balançant à l'eau une groupie qui les avait accompagnés, en poursuivant bruyamment d'autres, et tout ce monde, plus ou moins déshabillé, se pourchassait dans les jardins de l'hôtel ; j'étais sorti un instant, nu aussi, sur la pelouse devant notre chambre, en entendant Claude rire devant ma porte-fenêtre... Il s'était exclamé, en montrant mon bas-ventre . « Fais gaffe, tu as un gros truc là-devant », me faisant signe en rigolant de chasser d'un revers de main mon sexe, qu'il continuait à trouver surdimensionné !

Une autre fois, avec un des animateurs et sa compagne, nous étions allés prendre un bain de minuit près des dunes, à l'époque désertes, du Grau-du-Roi. Ces bains-là, traditionnellement, se pratiquent sans maillot de bain, mais nous avions tout de même été surpris quand, jouant et rigolant, nous avions soudain retrouvé l'une de nos compagnes faisant mine de faire de l'auto-stop sur le bord de la route nationale, entièrement nue... les conducteurs écrasaient soudain leur pédale de frein, ne croyant pas à ce qu'ils venaient de voir apparaître dans le faisceau de leurs phares. Mais, la plupart du temps, nos journées, nos soirées étaient tranquilles, amoureuses, nous n'avions besoin ni de la compagnie de la troupe de la tournée, ni de boîtes de nuit, nous étions ensemble, et tout était bien. Les journées et les nuits d'été s'écoulaient, comme hors du temps, ce qui nous attendait à la rentrée, on n'y pensait même pas.

De retour à Paris, j'ai trouvé une chanson sur le bureau de l'imprésario, où des éditeurs déposaient souvent des œuvres nouvelles qu'ils me proposaient d'enregistrer, ou des succès étrangers, américains, mais aussi espagnols, brésiliens, allemands, qu'ils souhaitaient voir adapter en français. C'était ainsi que procédaient les plus grands chanteurs de l'époque, et de très grands succès, en particulier ceux de l'excellent et très populaire Joe Dassin, étaient l'adaptation de chansons auparavant inconnues en France. Pierre Delanoë, après avoir écrit de nombreuses chansons pour Gilbert Bécaud, était devenu également un des plus assidus adaptateurs de succès étrangers, et l'imagination qu'il mettait dans ses textes, généralement sans aucun rapport avec le texte original, était sans limites. La chanson italienne *Luglio* (« Juillet, avec tout le bien que je te souhaite, tu verras, ne finira jamais ») était devenue, sous la plume de ce parolier magicien : « Tous les matins il achetait ses p'tits pains au chocolat. » Pour moi, il avait adapté une jolie chanson brésilienne, *Sa Marina* : du texte original qui disait « En descendant la rue de l'Échelle, seuls ceux qui l'ont vu peuvent le raconter », Pierre Delanoë avait fait « Je suis vraiment la troisième roue de ton vélo » ! Parfois, j'essayais d'adapter moi-même une des chansons qu'on me proposait ; un quarante-cinq tours d'un groupe espagnol ; *Help, somebody help*, était ainsi resté longtemps sur la platine de mon salon, et j'avais tenté en vain de trouver une phrase : « Au secours » n'avait pas le bon nombre de pieds, et sonnait mal ; j'avais songé un instant à « Belle, elle est si belle », et puis finalement, j'avais laissé tomber... Quelques jours plus tard, la chanson sortait sous le nom de *Elle, je ne veux qu'elle*, et devenait un des plus grands succès de Ringo, le fiancé de Sheila.

Raymond, qui était souvent de bon conseil, m'avait parlé d'une chanson très entraînante qu'il avait entendue dans une boîte ; il lui semblait bien que c'était celle d'un groupe allemand, une chanson qui m'avait été proposée juste avant l'été, mais sans que je donne suite. Une nuit, au King Club, où j'étais allé faire une bise à mon amie Catherine – nos chemins s'étaient hélas séparés –, j'entends une chanson joyeuse qui me rappelle quelque chose... Je téléphone en pleine nuit à Raymond. « La chanson dont tu me parlais, c'est bien celle qui fait "*Ratatatatatata...*" ? – Oui, je crois. » Le lendemain, à l'ouverture du bureau de l'imprésario, je réécoutai le disque, appelai l'éditeur. La chanson avait été proposée à d'autres chanteurs, mais personne n'avait encore réagi, elle serait au premier qui l'enregistrerait... Le jour même, à midi, je déjeunais avec les paroliers qui avaient déjà écrit la version française, Mya Simille et Michel Delancray, un duo d'auteurs-compositeurs qui avaient écrit ou adapté un nombre incalculable de succès de ces dernières années, et avec l'éditeur : c'est ce jour-là que j'entendis parler pour la dernière fois du « procès des Beatles contre Antoine ». Le soir même, j'entrais en studio pour enregistrer *Ra-Ta-Ta*, et le disque sortait deux ou trois jours plus tard. Très bien reçu, il commença une lente mais sûre ascension dans les hit-parades, pour se retrouver à la première place à la fin de l'année.

François m'appela un jour : « Tu te rappelles Alain Bensimon, un ancien de Centrale, reconverti dans la nuit parisienne, et qui gérait le Milord Mod's à l'époque où Hubert y réalisait son émission Dans le vent ? – Bien sûr. – Il veut nous proposer un nouveau spectacle, quelque chose d'extraordinaire... »

Il se dressait alors dans certains quartiers de Paris quelques cinémas légendaires, immenses, vestiges de la grande époque du cinéma français, le Gaumont Palace, le Rex, dont le succès allait diminuant. Alain Bensimon était arrivé à convaincre la société Gaumont, propriétaire du légendaire palace de la place Clichy, de donner une nouvelle chance à ce lieu prestigieux : il ne rêvait pas moins que de créer un Radio City à la française : comme au Radio City de New York, cette salle immense qui ne désemplissait pas – on n'y pénétrait qu'après des heures de file d'attente à l'américaine –, il se proposait d'offrir au public, avant la projection du grand film programmé, une heure de revue à grand spectacle, et même un repas servi à la place. Il avait demandé à François d'écrire une partie des thèmes musicaux de la revue, et souhaitait que je présente et anime l'ensemble du spectacle. Cent personnes sur scène, des danseuses, des cascadeurs qui dégringolaient des cintres, des chevaux, une diligence, un éléphant, même, le spectacle était d'une richesse inouïe : j'acceptai avec enthousiasme, et me mis à répéter fiévreusement les ballets, les cascades, les scènes de comédie et le duo que je chanterais avec la jolie femme qui mènerait la revue avec moi, Michèle Frascoli, qui s'était rendue célèbre au Casino de Paris.

Hélas, le ver était dans le fruit... Chez Gaumont, une partie des actionnaires auraient bien aimé se débarrasser de ce coûteux palace, le faire démolir et réaliser à sa place une juteuse opération immobilière. D'autres clamaient leur attachement à ce fleuron du patrimoine cinématographique. Apparemment, on avait confié la salle à ce jeune entrepreneur de spectacle pour faire semblant de lui donner une dernière chance ; quand la tentative aurait échoué, tous reconnaîtraient enfin que la salle n'était plus viable. Alain Bensimon disposait de la salle... mais d'aucun budget pour la publicité, qui aurait été vitale pour faire connaître un tel événement. Il avait donc choisi de tout miser sur une grande « première » officielle : la publicité gratuite qui en découlerait assurerait notre succès. Il avait invité le Tout-Paris dès notre premier spectacle public, puisqu'il n'avait ni le temps ni les moyens financiers de nous laisser le « roder », comme c'est le cas pour la plupart des spectacles.

La revue était une aventure si complexe, le spectacle était si riche, que nous nous débattions encore l'après-midi dans les répétitions : par où l'éléphant allait-il passer ? Où étaient les gigantesques chiches-kebabs de la « danse des garçons de restaurant » tirée de *Hello Dolly* ? À quel moment ferait-on entrer la diligence, et où ranger la toile que les cascadeurs déguisés en pompiers tendraient en dessous de moi lorsque je traverserais la scène sur un fil tendu, cette fois-ci, à trois ou quatre mètres de hauteur... En fait, nous achevions à peine la première « filée » (enchaînement de tous les numéros du spectacle) que le public, et les invités les plus prestigieux, pénétraient déjà dans la salle. La revue se déroula pourtant bien, les applaudissements furent enthousiastes malgré les ratés de ce qui n'était, à vrai dire, que notre première répétition générale, et l'attaché de presse vedette engagé pour la soirée par Alain Bensimon vint nous chercher, Michèle Frascoli et moi, pour nous conduire, en triomphateurs de la soirée, aux places d'honneur qui nous avaient été réservées au centre du balcon, en compagnie de nombreuses grandes vedettes de cinéma, venues applaudir la renaissance du Gaumont Palace. Deux chaises nous attendaient bien, nous nous sommes assis, reprenant lentement notre souffle après nous être donnés tout au long de la revue, gentiment félicités par tous ces grands noms, dans le déferlement des flashes des photographes. La lumière allait s'éteindre pour la deuxième partie de la soirée et la projection du grand film, quand arrivèrent à la table, revenus du foyer où ils étaient allés passer l'entracte, Michèle Morgan et Gérard Oury... On nous avait tout simplement donné leurs places, et il fallut ignominieusement nous lever, leur rendre évidemment leurs sièges... Je ne crois pas avoir de ma vie jamais engueulé plus fort une personne que je ne me suis défoulé ce soir-là contre l'attaché de presse responsable de cette soudaine humiliation !

Il fallait s'y attendre, cette opération de relation publique ne suffit pas à lancer une aussi ambitieuse entreprise. Un jour, Alain Bensimon nous annonça ravi qu'il avait mis tout le budget dont il disposait dans une campagne publicitaire nouvelle et révolutionnaire : toutes les voitures d'une grande compagnie de taxis parisiens venaient d'être équipées de panneaux dressés sur leur toit, et qui porteraient une très belle affiche vantant le spectacle du Gaumont Palace. Nous les vîmes effectivement circuler, très efficaces et voyantes, le premier jour, mais, dès le lendemain, nous constatâmes que les panneaux avaient été rabaissés à l'horizontale, invisibles.. Nous apprîmes que les chauffeurs de taxi, pour rentrer le soir leur véhicule au garage, bas de plafond, étaient forcés d'abaisser leur panneau, et que, le matin, ça leur cassait simplement les pieds de le remonter... et le procédé publicitaire révolutionnaire fit long feu. Par ailleurs, manque de chance, le film programmé, un grand succès en Amérique, fut un échec retentissant en France : il s'appelait *Tora ! tora ! tora !* et racontait l'attaque japonaise sur Pearl Harbor, un événement historique essentiel pour les Américains, mais d'un intérêt moindre pour les Français. Il nous aurait fallu le grand film familial de l'année, le Walt Disney, ou l'équivalent d'un Harry Potter... Délibérément ou non, nous n'eûmes que des films sympathiques mais pas du tout familiaux, y compris le joli *Madly* d'Alain Delon et Mireille Darc, où ceux-ci racontaient la belle histoire d'amour à trois qu'ils vécurent avec Maddly, la future compagne de Brel... Pas vraiment le genre de film familial qui nous manquait !

Pourtant, quelle merveille que ce spectacle, ces cascades, ces danses ! Je changeais treize fois de costume marchais sur un fil entre deux immeubles en flammes, emmenais au galop une troupe de six chevaux depuis le fond de la salle jusqu'à la scène. Le grand moment du spectacle était l'apparition de l'éléphant, qui attendait l'heure de son entrée en scène devant la porte latérale du Gaumont Palace, place Clichy. Il y faisait en général ce que font les éléphants bien nourris, et j'imaginais un promeneur rentrant chez lui avec une chaussure dégueulasse, et cherchant à convaincre sa femme que, passant devant le Gaumont et levant la tête pour regarder l'affiche, il avait par mégarde marché dans un gros caca d'éléphant !

Hélas, en toute logique, le spectacle se cassa la figure, l'organisateur, les dernières semaines, ne paya aucun des artistes, danseurs ou figurants, et nous jouâmes la dernière avec des larmes dans la voix. Au cours du procès qui suivit, et dura des années, la société Gaumont perdit d'abord, puis parvint en appel à faire établir que seule était responsable des dettes la petite société à responsabilité très limitée d'Alain Bensimon, nommée pourtant Gaumont Palace Music Hall, société évidemment en faillite et insolvable depuis... Et, bien plus grave, les partisans de la démolition du Gaumont Palace eurent gain de cause. Quelques années plus tard, cela n'aurait certainement pas été possible, le bâtiment aurait été classé, protégé, défendu, comme le furent le Grand Rex, ou l'Olympia, quand des promoteurs parlèrent de les détruire... Chaque fois que je passe place Clichy, je frémis en voyant le lamentable complexe commercial qui a été construit à la place du Gaumont Palace, et j'ai un peu honte d'avoir été, bien involontairement, l'un des acteurs de ce sacrilège.

Tandis que nous allions droit au désastre, durant les dernières semaines de nos représentations, je vivais moi-même ma galère personnelle... De retour à Paris, j'avais proposé à Vanessa de partager le rêve que j'avais depuis longtemps, de vivre chacun chez soi, de nous voir lorsque nous en aurions tous deux envie... Mais elle aussi, on lui avait appris que lorsqu'un prince charmant surgirait dans sa vie, il l'enlèverait, l'assumerait entièrement, et la vie en pointillé que je lui proposais ne lui plaisait pas du tout. À peine sorti de scène, je lui téléphonais, dans le merveilleux petit appartement que je lui avais loué dans un jardin entouré de beaux immeubles anciens du seizième arrondissement, et il fallait que je la supplie pour qu'elle accepte de me recevoir. Toute la nuit, disputes et bouderies alternaient, ce n'est qu'au matin qu'elle finissait par tomber dans mes bras en hurlant qu'elle m'aimait, à croire qu'elle avait besoin d'hostilités pour prendre son plaisir... Ce qui la mettait le plus en colère, c'était évidemment l'existence, dans ma ferme d'Auvergne, de Dominique, qui y vivait encore : même si nous n'avions plus beaucoup de choses en commun, elle y avait sa place, et je ne voyais pas comment ni pourquoi l'en éloigner. Les disputes à son sujet devenaient si fréquentes, si violentes, qu'une nuit, à bout d'arguments, excédé, j'avais embarqué Vanessa dans la Mercedes, et j'avais pris la route du Puy-de-Dôme, décidé à les mettre toutes deux face à face, à leur dire · « Écoutez, j'ai une place à donner à chacune de vous deux dans ma vie, je sais que personne n'y parvient jamais, mais moi, je veux y arriver, et je ne veux pas de mensonge, d'hypocrisie. Alors débrouillez-vous, trouvez un terrain d'entente. » Mais, et ce fut sans doute un acte manqué, je me trompai de chemin en essayant de gagner l'autoroute par une route inhabituelle, me retrouvai dans un cul-de-sac, au cœur d'une forêt ; je voulus faire demi-tour et m'embourbai dans un fossé. Au matin, je dus aller demander assistance à un agriculteur qui labourait son champ... Il eut l'air à peine surpris quand il dut tirer d'un fossé, à l'aide de son tracteur, un chanteur populaire et une jolie jeune femme blonde échoués en bordure de son champ. La voiture remise sur la route, j'avais changé d'avis, et nous sommes rentrés à Paris. Ma vie était devenue exténuante. Je me souviens qu'au terme d'une longue nuit de dispute, un matin où nous nous étions endormis très tard, je me réveillai dans son studio entouré de fleurs, et allumai la radio... Europe 1, France Inter, RTL, toutes ne diffusaient que de la musique classique... que s'était-il passé durant notre sommeil ? Une guerre mondiale ? Non, l'annonce de la mort du général de Gaulle.

Ma relation avec Vanessa était devenue aussi détestable que celle du pauvre Swann, dans le premier volume d'*À la recherche du temps perdu – Du côté de chez Swann –*, de Proust. Un soir où elle m'avait accueilli d'une façon particulièrement odieuse, quelque chose craqua, je me relevai, repartis dans la nuit, et, rentré dans mon petit pavillon de Boulogne, je tombai à genoux, remerciant je ne sais qui de m'avoir donné la force de me lever et de rompre... Dix minutes plus tard, elle me téléphonait, folle de rage, m'insultant pour l'avoir ainsi laissée tomber...

Malgré l'échec du spectacle du Gaumont, côté chansons, ça allait plutôt bien pour moi, puisque *Ra-Ta-Ta* était un succès... juste au moment où mon contrat chez Vogue arrivait à son terme, cinq années déjà depuis ma fatale signature... Fort du classement de ma chanson, j'aurais sans doute pu signer dans toute autre maison de disques... mais Léon Cabat, qui savait s'y prendre, déploya soudain envers moi toutes les armes de la séduction ; il me proposa un contrat à un taux enfin honnête, une avance sur royalties consistante, et j'eus le droit au grand numéro du « dimanche à Guytrancourt ». Cabat possédait dans cette bourgade d'Île-de-France une somptueuse maison, et quand il voulait séduire un artiste ou un de ses collaborateurs, il l'invitait à passer un dimanche en famille dans cette superbe villa, en compagnie de sa femme, de sa fille ; petits plats dans les grands, visite de sa propriété ; il était particulièrement fier de vous faire découvrir la salle de cinéma privée qu'il avait fait aménager, avec un énorme projecteur trente-cinq millimètres, un Cinemeccanica, le même que dans les salles de cinéma : il n'existait à l'époque ni vidéo, ni DVD, et personne ne pouvait regarder chez soi autre chose que ce que diffusait l'unique chaîne de télévision. Seuls quelques privilégiés pouvaient s'offrir un vrai *home cinema*, et la fortune de Léon Cabat lui avait permis d'amasser une richesse prodigieuse de copies de très grands films, se présentant sous forme de deux lourdes galettes : on ne pouvait en général se les procurer que de façon illégale, puisque chaque copie devait être détruite à la fin de sa période d'exploitation ; mais il s'était créé un réseau de petits malins qui réussissaient à sauver des copies du pilon, et les revendaient à quelques amateurs passionnés, comme un autre fou de cinéma, Eddy Mitchell. Moi-même, je devais quelque temps plus tard succomber au virus, et faire installer au dernier étage de mon pavillon de Boulogne une salle confortable munie d'une cabine insonorisée... mais ma collection ne se monta jamais à plus d'une douzaine de films, dont *L'Homme de Rio* et quelques James Bond. Léon Cabat, lui, avait un immense grenier entièrement rempli de ces galettes : il avait dû faire renforcer son plancher pour en supporter le poids énorme. Après avoir été ainsi un dimanche ou deux l'objet des soins et du charme de Léon, l'artiste finissait par signer, ce que je fis. On racontait que Léon Cabat appliquait le même traitement, pour une raison ou une autre, à certains de ses collaborateurs, mais qu'ils n'avaient pas intérêt, au terme d'une journée passée à se donner réciproquement du « Mon cher Léon », « Mon cher Jacques », à se croire réellement acquise l'amitié fraternelle du dictatorial P-DG : il arrivait couramment que, dès le lundi matin, il appelle son collaborateur ; celui-ci, encore sous le coup du dimanche tout en douceurs, répondait « Bonjour Léon, comment vas-tu ? », mais se faisait vertement interrompre par les hurlements d'un patron indisposé et le remettant à sa place : « Monsieur Barouh ! », du genre « Nous n'avons pas gardé les vaches ensemble »... Il s'y entendait, le père Léon, pour régner sur sa petite entreprise !

Je participais encore souvent à des émissions joyeuses et bon enfant comme les Entente cordiale de Mick Micheyl : dans l'une d'elles, on me voyait successivement chanter *Le Match de football* entouré d'une équipe de danseurs et de danseuses en short et maillot de satin, puis je chantais une vieille scie romantique, *Ramona*, dans un superbe déguisement, va savoir pourquoi... de Louis XIV ! Mulatier, un des dessinateurs des Grosses Têtes, une rubrique légendaire du journal *Pilote*, et Gotlib consacrèrent une page entière à l'événement, affirmant avec humour que mes apparitions avaient à peu près aussi profondément terrorisé l'audience que lorsque Orson Welles avait fait croire au public d'une station de radio américaine que les Martiens avaient envahi les États-Unis. Mick Micheyl était devenue maire ou adjoint au maire de son petit village campagnard, et y organisait chaque année un spectacle. Elle me demanda cette année-là d'en être la vedette. Cet après-midi, j'arrivai dans le village passablement abattu : mon père venait de m'annoncer au téléphone la mort de ma mère ; mais comme c'est souvent le cas, cette annonce était aussi un soulagement, car elle était depuis longtemps très malade, et la dernière fois que je l'avais vue, quelques jours plus tôt, dans un hôpital de la région parisienne, elle ne reconnaissait plus rien ni personne, et souffrait atrocement, inutilement... *The show must go on*, le spectacle doit continuer... Je fis mon tour de chant comme si de rien n'était. À la fin du spectacle, la gentille Mick vint me voir, m'annonçant que ma mère était morte, qu'elle le savait depuis le début de l'après-midi, mais qu'elle avait préféré ne pas me le dire, de peur que je ne m'effondre et sois incapable de faire mon tour de chant...

Ces émissions de télévision étaient, c'est vrai, d'un genre plutôt démodé, les plus brillantes étant sans doute les Télé Dimanche où j'animais un cocktail de chansons, d'interviews, mais aussi, hélas, de retransmissions sportives qui ne me passionnaient pas vraiment. La deuxième chaîne et la télévision en couleurs faisaient une timide apparition, mais pour l'instant, lorsqu'une émission était diffusée sur la première chaîne nationale, tous les foyers de France étaient devant leur téléviseur. Je m'amusais bien à participer aux émissions auxquelles on m'invitait, mais je rêvais que la télévision me confie de temps en temps, deux ou trois fois par an, même une seule, une grande émission de soirée, où je pourrais recevoir des artistes, des auteurs, des voyageurs, où nous pourrions nous amuser intelligemment... Je considérais avec un peu d'envie mon confrère Sacha Distel, qui animait régulièrement, avec un grand succès populaire, son *Sacha Show*, et rêvais que l'on me donne une semblable opportunité. Un jour, je reçus un appel téléphonique de Georges Folgoas, producteur de nombreuses émissions grand public de l'époque... dont les *Sacha Show*. Il voulait m'inviter à déjeuner, car il avait une proposition à me faire... J'acceptai avec enthousiasme, et me mis à fantasmer un peu ; j'avais déjà trouvé le nom de l'émission que je voulais faire, simple, décontractée, elle s'appellerait *Soirée Antoine*... Je retrouvai Georges Folgoas dans un restaurant à la mode de la place de l'Alma, où il arriva, comme toujours, au volant de son Isetta, une minuscule voiture à deux places en forme d'œuf, qui se garait perpendiculairement au trottoir, et d'où l'on descendait par une curieuse porte s'ouvrant sur la face avant du véhicule. Nous échangeâmes les banalités habituelles à ce genre de rendez-vous, et puis voilà qu'au lieu de la proposition que j'imaginais, il m'annonça : « Jacques Martin, qui anime chaque jour à midi l'émission *Midi Magazine* en compagnie de Danièle Gilbert, souhaite prendre des vacances. Je vous propose de le remplacer quelques semaines... »

Au temps pour mon beau rêve de Soirée Antoine... Si on m'avait demandé un jour, de but en blanc « Est-ce que tu as envie d'animer chaque jour cette émission très très populaire, avec la gentille Danièle Gilbert ? », j'aurais certainement dit non. Là, devant la proposition de Georges Folgoas... et faute de mieux, je me suis dit : « Pourquoi pas ? » D'une certaine façon, je ne l'ai pas regretté car le succès, cette fois-ci, fut au rendez-vous. Mais ma participation à cette émission, qui pénétrait dans tous les foyers de France à l'heure où le public le plus populaire, celui des ménagères, était vissé devant son écran, acheva de me cantonner dans le genre démodé duquel j'aurais voulu sortir avec mes propres émissions.

Pourtant, ce n'était pas gagné d'avance. Jacques Martin, à l'époque jeune et dynamique humoriste – il nous faisait plier de rire lors de son tour à la Tête de l'Art – avait donné à l'émission un ton si personnel que tous ceux qui s'étaient frottés à la tâche de le remplacer, même temporairement, avaient essuyé des échecs. Georges Folgoas ne me l'avait pas caché, ce qui m'avait incité à accepter la proposition. Je me souviens, par exemple, que durant l'une des périodes où j'animai cette émission (je le fis pendant près de trois mois dans l'année qui suivit), Folgoas testa divers animateurs possibles pour me succéder. L'un d'eux, un jeune garçon de vingt-quatre ans encore inconnu, attaqua sa « journée d'essai » sur un ton gouailleur, voire provocateur qui ne plut pas, mais alors pas du tout, aux téléspectateurs, et il fut immédiatement recalé... il s'appelait Coluche.

J'avais décidé de jouer le jeu, je m'entendis à merveille avec Danièle Gilbert, l'associai à mes chansons ; je proposai d'inviter chaque jour à Paris et de recevoir dans l'émission une téléspectatrice de province, et je pris l'habitude de décerner à une bonne action du jour le « Ra-Ta-Ta d'honneur » une sorte de « ban » en musique que j'improvisai sur le refrain de ma chanson : cette pratique aida la chanson, déjà très bien classée, à atteindre la première place du hit-parade. Des années plus tard, le directeur de la maison de disques RCA, chez qui je signai, m'affirma que ce qui l'avait bien disposé en ma faveur, c'était cette façon dont j'avais utilisé ma chanson à l'antenne de Midi Magazine... Une réflexion au passage : bien des années plus tard les « tubes » de ces années-là revivent par le biais des stations de radio qui pratiquent la « nostalgie »... mais j'ai toujours été stupéfait de l'extrême sélectivité qui règne dans cette « nostalgie », chaque chanteur étant remplacé par sa caricature, un ou deux titres seulement, toujours répétés, parmi tout son répertoire. Pour moi, si les *Élucubrations* et *Je l'appelle Canelle* ont survécu, j'ai toujours été étonné que cette chanson, *Ra-Ta-Ta*, qui fut un très gros succès, et que toutes les personnes approchant aujourd'hui la cinquantaine ont connue, ait totalement disparu de la mémoire radiophonique : s'il m'arrive, lors d'un spectacle, de la chanter, les spectateurs de cet âge la reconnaissent pourtant aussitôt, et la chantent immédiatement, bien qu'ils ne l'aient pas entendue depuis plus de trente ans.

Mon succès à Midi Magazine se concrétisa par un déferlement de courrier, on nous l'apportait par sacs entiers, qui s'empilaient dans le couloir du studio 101 de la Maison de la radio ; et par une invitation à revenir animer l'émission pour une seconde période de six semaines quelques mois plus tard. Nous nous entendions si bien, Danièle et moi, que la Tête de l'Art nous proposa d'y monter un spectacle ensemble, intitulé, naturellement, *Minuit Magazine*, en compagnie des Frères ennemis, deux humoristes adorables qui nous avaient concocté un sketch à quatre voix inénarrable et surréaliste. J'enregistrai même, et publiai sur mon album suivant une chanson sauvée de ma malheureuse expérience du Gaumont Palace, *Scusez-moi, m'selle Michèle* (Frascoli), devenue *Scusez-moi m'selle Danièle* (Gilbert), que je chantais en duo avec Danièle Gilbert. Et nous ferions même, toute l'année suivante, une grande tournée de galas au travers de la France entière, Danièle présentant la première partie du spectacle puis venant sur scène au milieu de mon tour de chant pour chanter avec moi notre œuvre impérissable.

Au spectacle de cette tournée figurait aussi une jeune chanteuse avec laquelle je participai cette année-là à une publicité télévisée...

pour la marque Viandox ! Elle avait été révélée par une des comédies musicales à succès de l'époque, *Hair* ou *Jesus Christ Superstar*. Bruno Coquatrix m'avait téléphoné un jour, m'avait dit : « Antoine, il faut que vous alliez voir une comédie musicale qui fait fureur *off Broadway* (c'est-à-dire hors des circuits commerciaux traditionnels), *Hair*. J'aimerais que vous écriviez une comédie dans ce genre pour la mettre en scène à l'Olympia. » J'avais suivi son conseil, j'étais allé voir *Hair* à New York, mais mes multiples occupations de ces années folles ne m'avaient pas laissé écrire plus qu'un bref synopsis d'une comédie musicale dont je cherchais en vain le titre. Entre-temps, une productrice française choisissait, malgré le caractère spécifiquement américain de cette comédie musicale, de faire adapter *Hair* en français, par Jacques Lanzmann, parolier de Jacques Dutronc. L'adaptation connut un grand succès, et mon projet n'eut pas de suite ; j'y prenais comme symbole de l'incompréhension qui croissait entre les générations du père et du fils un « fossé » creusé au centre de la scène, chaque génération vivant sa vie sur une moitié de scène, interagissant en permanence avec l'autre au travers du fossé... Mais le concept de « fossé » n'était pas très facile à rendre sur scène, et quant au mot lui-même, il n'avait rien de glorieux pour désigner ce vide entre les générations (ce *gap* dont un astucieux créateur de vêtements a depuis tiré une fortune colossale)... Ce n'est que quelques années plus tard, quand Pink Floyd publia *The Wall*, « le Mur », que je me dis : « Bon sang, que j'étais idiot, l'idée que je cherchais tout ce temps-là, beaucoup plus spectaculaire à montrer sur scène, plus parlante qu'un fossé, c'était un mur... » Mais il était déjà bien trop tard...

L'année 1971, donc, commence à la Tête de l'Art, puis – ce sera la dernière d'une suite de cinq fois – je repars pour San Remo. Mais le festival n'est plus ce qu'il était. Les syndicats d'artistes italiens veulent limiter la présence des artistes étrangers, si nombreux les années précédentes, pour faire plus de place aux chanteurs nationaux. La chanson que je présente cette année est superbe, elle ira en finale, mais ne connaîtra qu'un succès modéré. Pourtant je l'aimais beaucoup, avec ses ruptures de rythme, sa mélodie complexe, et surtout parce qu'elle exprimait la prière d'un homme qui s'ennuie dans la jungle de la grande ville, et qui rêve d'être emporté au bout du monde, non par un voilier, comme j'avais prévu de le faire, mais par un dirigeable. J'avais envisagé de me faire enlever dans les airs, sur la scène du casino, par un mécanisme quelconque symbolisant le dirigeable. L'organisation du festival s'y opposa, bien sûr, de même qu'elle avait refusé à Celentano – après ma prestation avec la jolie danseuse de l'année précédente, il ne voulait pas, cette année, être en reste – de se présenter sur scène accompagné de... trente chasseurs alpins ! Encore une fois, Raymond, mon débrouillard régisseur, profita d'une pause dans les répétitions, fit passer un cordage muni d'un mousqueton rapide dans une poulie fixée tout en haut, dans les cintres. J'avais fait confectionner un harnais discrètement caché sous mes vêtements, et muni d'un anneau juste derrière ma nuque... Vers la fin de la chanson, Raymond faisait rapidement descendre la corde, je l'accrochais en une seconde à l'anneau, et, au moment où le personnage de la chanson s'envolait enfin en dirigeable, Raymond et deux machinistes à qui il avait donné un pourboire tiraient comme des fous sur la corde, et me voilà un instant baladé à cinq ou six mètres de haut au-dessus de la scène et du grand orchestre, priant pour que la poulie soit solidement fixée au plafond !

Il allait être temps d'enregistrer un nouvel album ; cette fois-ci, j'avais eu envie de créer entièrement de nouvelles chansons, et de reprendre avec François notre collaboration interrompue par tant de chansons venues d'Italie, d'Allemagne ou d'ailleurs. J'avais découvert au cours d'une de mes tournées un extraordinaire relais de campagne, perdu dans les premiers contreforts des Pyrénées, non loin de Bayonne : le château de Larraldia. Une merveilleuse bâtisse noyée dans les arbres ; chacune des chambres, couvertes de boiseries, avait sa propre cheminée, où brûlaient des bûches de châtaignier ou de chêne odorant. Nous avions demandé à l'hôtelier de louer à Bayonne un piano, et nous nous sommes installés deux semaines dans ce lieu hors du monde pour y travailler dix heures par jour à écrire musiques et paroles, à répéter les parties de guitare que nous jouerions nous-mêmes. Alain Souchon et Laurent Voulzy, qui feront une brève apparition dans ces pages d'ici peu, ne procèdent pas autrement, et se mettent au vert quelques semaines quand ils veulent écrire. Renouant avec le passé, pour les orchestrations, nous avons choisi de nous adresser à nouveau à Jean-Daniel Mercier, qui avait été mon arrangeur dès l'album des *Élucubrations*, mais avec qui je n'avais plus travaillé depuis trois ans. Je retrouvais intactes son amitié, sa fantaisie. Seul changement depuis l'époque de l'Aiguille creuse d'Étretat, il s'était assagi, s'était marié avec une très jolie jeune femme, avait une petite fille, et habitait une délicieuse maison dans la verdure, à Sèvres, tout au bord du parc de Saint-Cloud. Je n'imaginais pas encore, découvrant pour la première fois cette maison, cette famille, l'importance qu'elles prendraient pour moi, et pour de très longues années.

L'enregistrement de l'album a été un vrai plaisir... malheureusement, aucune de ses chansons ne connaîtra vraiment de succès ; seul passera à la radio mon duo avec Danièle Gilbert. Pourtant, il y avait quelques jolies chansons, sur les douze de l'album... L'une d'elles était née d'une charmante rencontre : j'avais repris ma vie solitaire, et, malgré ma tristesse d'avoir rompu avec Vanessa, je m'en tirais assez bien... Il me suffisait de ne pas penser à elle, et d'empêcher ma voiture de tourner d'elle-même à gauche lorsque je passais devant l'entrée de sa rue. C'était une petite rue, et je m'étais mis en tête une sorte de dicton protecteur, « Rue Boulanger, danger ». Et le danger devait être réel, car c'est d'un balcon donnant sur cette rue que, quelques mois plus tard, devait se jeter le pauvre Mike Brant. Alors que l'hiver finissait, cependant, j'oubliai un instant Vanessa : un grand magazine de mode m'avait demandé de poser pour une longue série de photos avec un mannequin, Ingrid. Les photos avaient été prises aux quatre coins de la région parisienne, dans divers décors. Alors que, dans une étonnante résidence néo-gothique proche de la forêt de Verrières, nous patientions pendant les longs préparatifs de la prochaine prise de vue, nous sommes partis visiter les nombreuses pièces de la maison ; nous nous sommes pris la main devant un tableau, embrassés devant une statue ; à la fin de la séance, Ingrid est rentrée avec moi à Boulogne, et nous avons fait l'amour dans le salon, devant un feu odorant de bois de chêne et de pommier.

Nous devions nous revoir une ou deux fois, mais la belle, mariée depuis quelques mois à peine, détestait déjà son mari, et aurait voulu que je l'enlève à lui, l'emporte à mon tour sur mon blanc palefroi... Très peu pour moi ! Il n'est resté de cette courte mais jolie idylle qu'une de mes chansons préférées, *L'Amour au coin du feu*, une ballade folk dans laquelle on entend, en fond sonore, les craquements de ce feu de bois.

Nouvelle aventure linguistique : après avoir chanté en une bonne demi-douzaine de langues, voilà qu'on me propose de par ticiper au festival de Split, le « San Remo » de l'Europe de l'Est. L'aventure, évidemment, me tente immédiatement, je propose même de chanter en yougoslave. Quelle idée j'ai eue là ! La chanson s'appelait *Zasto San Sritan*, ce qui, comme chacun sait, veut dire « Pourquoi je suis heureux ». Dans un magnifique théâtre en plein air de cette belle région, qu'une épouvantable guerre civile devait terriblement meurtrir quelques années plus tard, je chantai en direct, accompagné par le grand orchestre du festival. Je dus m'interrompre à deux reprises, devant des millions de téléspectateurs – et moi je ne faisais pas exprès –, et recommencer deux fois la chanson : malgré les heures et les journées entières que j'avais consacrées à apprendre ce fichu texte en yougoslave, dont je ne comprenais évidemment pas un mot, je n'arrivais pas à m'en souvenir... Je finis, la troisième fois, par chanter en lisant un papier que j'avais tiré de ma poche. Et, voyez comme la mémoire est capricieuse, trente-cinq ans après cette date, le texte que je n'étais absolument pas parvenu à apprendre, je le sais toujours par cœur, je peux vous le citer mot pour mot (orthographe plus qu'approximative) :

Zasto san sritan, vas pista svit
Y zasto tam u Dzepic' stavio rumen cvit
Oli sam dobi, lutrijsky broj
Pa priliatelje častim boka leti svoj...
Svitu, svitu, nima tainé vec'...

À peine revenu à Paris, il fut temps de repartir pour notre seconde croisière-école en Méditerranée. Cette fois-ci, nous avions loué, toujours à Golfe-Juan, un « superbe » voilier, un yawl de dix-sept mètres cinquante en bois, l'*Aicetan II*. François et le skipper que nous avions engagé ont pris la mer, contourné l'Italie et gagné le golfe de Corinthe. Avec Georges et les autres, j'ai pris l'avion et rejoint le bord à Patras. Tant que nous naviguions vers l'est, tout s'est plutôt bien passé, même si la mésentente avait commencé à fleurir entre les différents acteurs de notre projet de grand départ : l'un ne serait pas libéré de ses occupations à la date prévue, l'autre se mariait, et sa femme n'envisageait pas un long départ. Georges avait amené avec lui un joli mannequin américain, qui ne voulait absolument participer à aucune des activités du bateau, manœuvres, navigation ou cuisine ; elle ne levait le petit doigt que pour préparer des cafés à l'usage exclusif de son chéri. Quant à Dominique, qui s'était cette année encore jointe à la croisière, nous étions de plus en plus étrangers l'un à l'autre. Heureusement, la beauté des sites que nous avons visités faisait oublier ces tracas : Hydra et ses petites ruelles tortueuses d'une blancheur éblouissante, fleuries de bougainvilliers éclatants. Mykonos et son pélican (à l'époque, c'était encore le premier, le vrai Petro), Santorin et l'émotion de jeter l'ancre au cœur d'un cratère volcanique. La fin de la croisière approchant, nous avons repris la route du retour, fait une dernière, très belle escale à Cythère, et puis nous avons remis le cap à l'ouest.

Mamma mia ! si tout à l'heure, en parlant de l'*Aicetan II*, j'ai mis le mot « superbe » entre guillemets, j'avais mes raisons : dès que se leva le vent contraire, ce vent coriace qui, du meltem au mistral, balaie souvent la Méditerranée, le bateau, fort âgé et mal entretenu, révéla ses faiblesses ; le foc se déchira à la première survente, et, quelques heures plus tard, c'est la bôme elle-même, immense et respectable pièce de bois vernis, qui sous nos yeux se fendit en deux dans le sens de la longueur. Il ne nous restait plus que le moteur pour rejoindre la sécurité du port... Mais faire du moteur, sur ce navire ancestral, était une sacrée aventure : il fonctionnait à l'aide d'un petit réservoir surélevé, « en charge », qu'il fallait remplir toutes les heures en utilisant une vieille pompe métallique dont la poignée avait été posée à l'endroit le plus inaccessible du bateau, et qui mettait cinquante minutes à le remplir.

Tout au long de la route du retour, l'un de nous, à tour de rôle, devait se tenir, plié en huit, coincé sous le fond du cockpit, entre des cloisons portant toutes sortes d'aspérités agressives, et pomper, pomper, comme un Shadok. Nous atteignîmes enfin le détroit de Messine, où j'espérais que le vent deviendrait plus favorable. À l'instant où nous nous glissions entre les légendaires tourbillons de Charybde et Scylla, c'est en fait un mur de vent contraire qui nous accueillit, une mer noire, dure comme de l'acier, des vagues qu'il allait falloir gravir lourdement, l'une après l'autre, en pompant sans cesse, dans l'atmosphère détestable qui avait fini par s'établir entre les partenaires d'un projet qui partait manifestement en quenouille... J'ai craqué, j'ai demandé au skipper de laisser porter, de mettre le cap sur la baie de Naples, et c'est là que j'ai débarqué, et que Dominique et moi avons repris l'avion ; dans mon fauteuil, par le hublot du Boeing, je me rappelle avoir vu, loin en dessous, ces vagues exténuantes, ces nuages porteurs de rafales et d'averses de pluie, et avoir juré que la navigation à voiles, pour moi, c'était bien fini, que je n'en ferais plus jamais !

Un nouvel été s'avançait, avec ses galas, ses centaines de kilomètres, et quelques retours à Paris. Un jour, j'ai croisé l'amie de Vanessa, avec qui je l'avais rencontrée le premier jour ; elle m'a dit que Vanessa aimerait bien me revoir, qu'elle avait changé... Et moi, je pensais encore souvent à elle. Je m'étais juré de ne plus la revoir... mais je l'avais invitée un jour à venir chez moi, et puis... quelques jours plus tard, je lui avais demandé de vivre avec moi... J'avais même décidé de demander enfin à Dominique de sortir totalement de ma vie ; je lui ai écrit une lettre aussi diplomate que possible, je l'ai postée, et j'ai attendu sa réaction téléphonique ; aucune réponse... Au bout de quelques jours, j'appelle le fermier voisin, qui m'explique que Dominique n'est plus là depuis quelques jours, que ma lettre pour elle est arrivée, mais qu'elle ne l'a pas encore eue... Le même jour, Dominique m'appelle, elle est montée à Paris, veut me dire quelque chose... Sans nous être concertés, nous avions décidé au même moment, chacun de notre côté, que notre vie en pointillé n'avait plus aucun sens, et nous nous sommes séparés bons amis, comme si c'était la chose la plus naturelle du monde. Dominique, qui, dans les dernières années, avait elle-même commencé à prendre ses distances, avait ouvert un petit magasin de mode à Clermont-Ferrand, où elle vivait ses propres aventures, s'est courageusement refait une vie ailleurs, une vie, je crois, plus heureuse que celle que j'aurais pu lui donner, et je n'ai gardé somme toute d'elle que de bons souvenirs.

Vanessa m'a donc accompagné de nouveau, cet été-là, et c'était presque aussi magique que l'été précédent ; nous sommes allés jusqu'en Sardaigne, en petit avion cette fois : j'avais décidé de consacrer une partie de mon temps à une activité qui me passionnait, le pilotage, et je préparais une licence de pilote privé. Elle m'a suivi aussi à Cambrai, où j'animai une grande kermesse populaire, baptisée la Fête de la Bêtise, du nom d'une sucrerie locale ; non loin de là, la ville de Maubeuge avait bien choisi comme nom pour sa grande fête annuelle le Clair de lune à Maubeuge, suite à l'énorme succès d'un chauffeur de taxi parisien qui, pris dans les embouteillages de la rue de Maubeuge, avait composé une chanson portant ce titre. Le responsable de l'animation de cette grande kermesse, un garçon charmant, avait été impressionné par le spectacle éphémère du Gaumont Palace, et m'avait demandé d'animer, au long des quinze jours que durait la fête, une grande revue quotidienne avant le tour de chant de la vedette de chaque soirée. De Cambrai, un jour de relâche, j'ai amené Vanessa, à bord d'un petit avion privé, jusqu'au Puy-de-Dôme, où je lui ai fait découvrir pour la première fois la ferme perdue au sommet des collines et des landes... Cette nuit-là, un orage colossal comme il en éclate parfois sur ces montagnes d'Auvergne a tonné toute la nuit, la foudre éclairant continuellement les interstices des volets... J'aurais dû voir là un signe prémonitoire, attestant que ma liaison avec Vanessa, née dans la tourmente et les orages, n'allait pas s'apaiser si simplement. Il faut dire que la petite avait du « caractère », et qu'elle faisait partie de ces femmes qui estiment qu'on leur doit tout, dès qu'elles vous ont donné leur joli corps de vingt ans, et qui se sentent obligées de vous compliquer sciemment la vie dans tous les domaines : témoin le voyage que nous avons fait cet automne-là, à Caracas, où je participais à un nouveau festival de chansons. Dès notre arrivée à l'hôtel, le très somptueux

Tacamano, une vraie cité dans la cité, elle émet le désir très louable d'aller bronzer au bord de la piscine. Tout le monde la prévient et la prévient encore, des pancartes géantes signalent partout que le soleil, ici, tout près de l'équateur et en altitude, a des ultraviolets particulièrement virulents, on recommande de ne pas dépasser une heure de soleil pour le premier jour. Mais elle sait tout mieux que tout le monde, et quatre heures plus tard, brûlée au second degré, elle doit être admise d'urgence au service spécialisé que l'hôtel a créé pour les victimes du soleil vénézuélien, où on traite les coups de soleil avec saunas et massages...

Le jour où l'organisateur de ce nouveau festival m'avait proposé d'y participer, il m'avait présenté un homme remarquable, un Français expatrié, installé désormais au Venezuela, et devenu récemment l'homme le plus célèbre de ce pays : Papillon, ancien bagnard de Guyane, évadé de l'île du Diable, qui venait de connaître un gigantesque succès mondial en racontant ses aventures et ses évasions, plus ou moins embellies. Le succès de son livre avait été tel que, la prescription intervenant, il avait enfin pu remettre les pieds en France. L'homme était sympathique, truculent, et il m'était venu l'idée de lui demander de participer à ma chanson ; il était ravi, et s'il ne se sentait pas de monter sur scène faire un duo, il se proposait de me donner la réplique depuis la salle : j'avais donc écrit, une fois encore, en espagnol, une chanson « sur mesure », qui parlait de la liberté : je ne pense pas qu'elle ait jamais été enregistrée ni publiée. Et, le soir du festival, j'ai chanté mes couplets sur scène, puis je suis descendu, comme j'ai toujours aimé le faire, poursuivre ma chanson dans le public. Tout à la fin de la chanson, je me suis approché de Papillon, que le monde entier, dorénavant, connaissait, et, en direct devant quelques dizaines de millions de téléspectateurs sud-américains, j'ai chanté ma dernière phrase « La seule chose qui compte, c'est la liberté », et j'ai tendu le micro à Papillon, qui a répliqué d'une voix ferme « *Y todo il resto esta solo mierda* », « Et tout le reste, ce n'est que de la merde ! »

Avant de rentrer en France, nous sommes allés passer quelques jours en Floride, pour un nouveau reportage dans *Salut les*

Copains : mon diplôme d'ingénieur avait donné l'idée à la rédaction de me faire visiter longuement les installations du cap Canaveral, d'où partaient à l'époque les plus grandes expéditions spatiales, comme celle qui avait conduit pour la première fois, deux ans plus tôt à peine, les premiers hommes sur la Lune. Pendant trois jours, j'ai eu le droit à un accueil de VIP, visitant tous les bâtiments, les immenses salles d'assemblage et le pas de tir, invité à m'installer dans un simulateur de vol, et convié même à appuyer sur le bouton (ou plutôt, à actionner la succession de leviers et de boutons) qui lançait une fusée météorologique. Les photos de ce voyage, sous l'éblouissant ciel bleu de la Floride, constituèrent un magnifique reportage. Nous avons aussi profité de ce séjour en Floride pour aller découvrir le fabuleux parc qui venait, quelques semaines plus tôt, d'ouvrir ses portes non loin de là, à Orlando : Disneyworld.

De retour en France, le train-train reprend : j'anime derechef pendant quelques semaines l'émission de midi de la première chaîne, en compagnie de Danièle Gilbert. Nous prolongeons à nouveau notre collaboration à la Tête de l'Art, encore en compagnie des adorables Frères ennemis. C'est sans doute une des dernières fois que je verrai ces deux humoristes ensemble : quelques années plus tard, l'un des deux disparaîtra un jour, soudain, sans laisser la moindre trace. On a raconté que, dépressif, il avait tout d'un coup tout laissé tomber (et mis son *alter ego* dans la panade) pour refaire sa vie au bout du monde ; on l'a signalé en Amérique du Sud, en Thaïlande... sans jamais le retrouver vraiment.

Le train-train aussi, côté chansons. Pourtant, je m'étais bien entouré ; une chanson avait été écrite par Jean Yanne : intitulée *Trop pollué pour être honnête*, elle était très marrante, et nous avions fait la photo de la pochette, où on me voit nager dans une eau bleu turquoise au milieu de détritus flottants... dans la piscine de la villa de Léon Cabat, que nous avions saupoudrée ce jour-là de bouts de cageots et de feuilles de salade. Une autre très jolie chanson poétique, *Chasse à courre*, m'avait été proposée par Éric Charden, qui connaissait de grands succès. Alain Boublil, l'éditeur, m'a aussi demandé de faire revivre un grand « standard » français, *Ce n'est qu'une chanson*, connu dans le monde entier sous le titre de *One of These Songs*.

En ce début d'année 1972, voilà que je joue les ambassadeurs... l'histoire vaut la peine que je fasse un petit retour en arrière : deux ans auparavant, j'avais proposé d'emmener Dominique – pour fuir une semaine la vie que je menais en France – passer quelques jours de vacances au soleil, à Agadir. Alors que nous étions déjà dans l'avion de Royal Air Maroc, Dominique s'aperçoit qu'elle n'a pas pris son passeport, juste sa carte d'identité. Au contrôle des papiers, le fonctionnaire marocain lui déclare qu'elle ne peut pas entrer au Maroc sans passeport. Pensant que cela va peut-être faciliter les choses – c'est parfois le cas, reconnaissons-le –, je me présente au fonctionnaire, avec un grand sourire... Il me reconnaît, se fige, va consulter son supérieur, qui revient avec lui : « Monsieur Antoine, vous êtes interdit de séjour au Maroc, vous devez reprendre immédiatement le même avion ! » Sans aucune autre explication, sans avoir eu le temps de joindre l'ambassadeur de France ni personne, nous nous retrouvons dans la Caravelle, où le personnel, qui n'y comprend rien, désolé pour nous, nous invite à partager le couscous délicieux qu'ils mangent à même un grand plat rond posé au sol dans le *galley*, derrière le rideau. Le commandant annonce soudain qu'il est obligé d'effectuer une courte escale technique à Tanger, me fait dire que si je veux en profiter pour essayer de joindre au téléphone l'ambassadeur, il me laissera descendre un instant. Ce que je fais, mais en vain, ne parvenant à contacter personne. Je remonte dans l'avion bredouille, sous le regard courroucé d'une ou deux personnes qui croient que c'est pour moi que l'avion a fait cette escale imprévue, qui les retarde.

De retour à Paris, je mène une enquête auprès de l'ambassadeur du Maroc, un monsieur très aimable, qui n'y comprend rien non plus. Il me promet de s'informer, me rappelle quelques jours plus tard, et toute la lumière se fait : en 1966, en pleine folie des *Élucubrations*, un gala au Maroc avait été prévu. Un journaliste, plutôt que de prendre la peine de venir m'interviewer, avait inventé de toutes pièces une entrevue dans laquelle il me prêtait des propos injurieux, paraît-il, pour les Marocains. Cet article imbécile avait mis en colère la cour du roi du Maroc, et le gala avait été annulé, sans que je sache jamais pourquoi... Mes galas et tournées de cette année-là se faisaient dans un tel désordre !

Ayant convaincu l'ambassadeur de ma bonne foi, je fus aussitôt, à titre de compensation, invité par la cour du roi Hassan II à venir séjourner au Maroc, pour y assister au fabuleux festival de Marrakech, où des spectacles impressionnants – tels la Fantasia, où des cavaliers tirent en galopant des salves de fusils chargés à blanc, ou des danses berbères, je crois, où les pieds des danseurs émettent, sur des tapis pourtant, de vrais sons de claquettes – alternaient avec des invitations à dîner de délicieuses *pastillas* et de gigantesques couscous dans les palais des membres de la famille du roi.

De retour en France, je retrouvai avec plaisir ma maison de Boulogne, enfin complètement aménagée ; rien de luxueux, à part la salle de cinéma avec sa cabine insonorisée et son espèce d'immense canapé-lit. Le reste de la maison était plutôt une sorte de joyeux bric-à-brac coloré. Je n'ai jamais été bien doué pour avoir des employés, encore moins des domestiques. Outre la gentille Valérie, qui depuis des années s'occupait du courrier et des factures, et Raymond qui assurait la fonction de régisseur des galas, j'avais bien eu une employée de maison espagnole, et, espérant pouvoir me dispenser de conduire des milliers de kilomètres, essayé, avec bien des déboires, plusieurs chauffeurs. Le premier était cambodgien, très souriant, mais ni lui ni moi ne comprenions un mot de ce que disait l'autre. Le second, africain à la peau très très foncée, avait conduit ma (trop) grosse Mercedes à l'époque où j'emmenais partout mon jeune chiot, le petit Colis... Comme chauffeur et chien passaient beaucoup de temps à m'attendre lorsque j'étais dans les studios de télévision par exemple, ils jouaient ensemble des heures d'affilée. C'est pour cela que, des années plus tard, dès qu'il apercevait un Africain, le colley, devenu un animal de taille impressionnante, fonçait sur lui, déclenchant parfois de grandes frayeurs, alors qu'il croyait simplement avoir reconnu son copain. Un autre chauffeur, français celui-là, l'avait remplacé ; quelques jours après le début de son service, je constatai une curieuse senteur fruitée chaque fois que je montais dans la voiture... Ce n'est qu'au bout de deux semaines que j'ai réalisé que c'était l'odeur des vins qu'il picolait en douce... Il n'est pas resté longtemps à mon service, mais il a quand même eu le temps, en allant seul faire une course, de mettre sur le dos, sur une route d'Auvergne, la petite Triumph décapotable que j'avais achetée à Dominique. Côté employés de maison, ce n'était pas plus brillant. Un ami m'avait un jour donné un tuyau : « J'ai des amis qui quittent Paris, ils avaient un couple, cuisinière et maître d'hôtel, qui travaillait pour eux, tu devrais les prendre, de vraies perles... » C'est vrai qu'ils étaient exemplaires, mais d'un autre monde, celui de la riche bourgeoisie du seizième arrondissement, et totalement déplacés dans ma petite maison bohème. D'ailleurs, manque de pot pour la cuisinière, dont la raison d'être était de faire de merveilleux petits plats – la Tour d'argent à domicile – Vanessa, à cette époque-là, avait découvert un régime pour maigrir qui consistait à manger, exclusivement, de l'ananas ; la cuisinière préparait donc en vain ses carrés d'agneau et autres merveilles, car la « maîtresse de maison » les dédaignait pour ses ananas !

Je passerai rapidement sur les disputes, de plus en plus fréquentes, qui éclataient entre Vanessa et moi, sur la vie bientôt devenue impossible. Un jour, pour tenter de ranimer notre amour en perte de vitesse, je l'avais emmenée une semaine aux Bahamas. Nous avions d'abord été fort déçus par l'hôtel que nous avions réservé à Nassau, déjà un vilain piège à touristes ; alors nous avions gagné une des îles les plus reculées, les plus préservées de l'archipel, où nous avions loué un bungalow d'une petite pension, dans un coin de rêve, au bord d'une plage merveilleuse ; mais il était dit que Vanessa n'était pas faite pour s'adapter à un lieu si magique, et surtout si naturel : le premier soir, nous avons dîné en amoureux au restaurant, puis nous sommes rentrés à pied jusqu'à notre bungalow, apaisés ; nous allions passer notre première nuit heureuse et nos premiers jours paisibles, en parfaite entente, depuis longtemps... À l'instant où nous approchions du bungalow, sur le mur, près de la porte, nous avons découvert une énorme araignée velue... Vanessa a fait une vraie crise de nerfs, nous avons passé une nuit atroce... et repris l'avion pour Paris dès le lendemain matin !

Ce fut un des derniers coups portés par le sort à notre aventure finissante. Oh ! la faute devait en incomber un peu à tous les deux, mais il se révéla un jour qu'il valait mieux nous séparer, ce qui ne se fit pas sans drames.

Un jour de cette année-là, je suis invité à animer un spectacle de bienfaisance en compagnie du très grand comédien américain Bob Hope. Par le plus grand des hasards, je rentre d'un voyage à l'instant précis où il atterrit à Orly ou à Roissy. Je me présente à lui, lui annonce que nous présenterons ensemble le spectacle du soir ; il m'accueille chaleureusement et, toujours à la recherche d'un gag, il me suggère en riant de le pousser sur son chariot à bagages à la sortie de la douane, et c'est ainsi que nous arrivons devant les journalistes qui l'attendent. L'après-midi, à la répétition, il me propose de jouer un sketch ensemble : il souhaite que je chante une chanson un peu romantique, et je choisis *Qu'est-ce que tu as mis dans le café ?* Il me demande, lors du spectacle, de la chanter sans me déplacer – il se tiendra collé derrière mon dos –, de passer mes bras derrière lui... et de le laisser faire... Le soir, pendant que je chante ma chanson, ce sont ses bras – qui, vus du public, semblent être les miens – qui font les grands mouvements d'un chanteur romantique, puis une de ses mains me gratte le nez, m'ébouriffe les cheveux, me gifle, fait claquer mon nœud papillon, fait mine de m'ouvrir la braguette, pendant que je continue à chanter, imperturbable... Bob Hope, le seul homme qui m'ait jamais ouvert la braguette !

La soirée est sympathique et Bob Hope me donne son adresse, m'offre de m'aider à rencontrer son agent et d'autres personnes d'influence si j'envisage d'essayer de me faire connaître aux USA. Et justement, un de mes projets pour cette année est d'aller passer quelques semaines aux États-Unis, à l'occasion d'une invitation que j'ai reçue pour chanter un soir à New York : j'en profiterai pour voir si, oui ou non, les quelques « touches » professionnelles que j'ai là-bas justifieraient que j'aille m'attaquer au « marché » américain. Lucien est d'accord pour m'accompagner dans une partie de ce voyage, quand la direction de la compagnie de navigation qui fait naviguer le *France* entre Le Havre et New York m'offre de m'embarquer gratuitement sur leur magnifique navire, en échange de deux galas à bord. J'en parle à mon ami Georges, toujours rédacteur en chef de SLC, qui me propose de me faire accompagner d'une très jolie fille, un mannequin – la jeune femme qu'il aime depuis toujours et qu'il espère enfin pouvoir épouser l'hiver prochain – et d'un photographe. La traversée est parfaitement glorieuse, Tina et moi logeons dans une des cabines de luxe du paquebot, nous dînons chaque soir dans une petite salle à manger particulière créée sous l'escalier d'honneur pour accueillir, lors d'une traversée récente, madame de Gaulle. Nous sacrifions chaque soir au rituel de ces navires d'autrefois, la descente en robe de soirée et en smoking (j'en ai un d'une couleur différente pour chaque soirée de la traversée !), sous les flashes du photographe, de cet escalier qui mène à la salle à manger, un escalier aussi en vue que celui du Casino de Paris. Vins fins, cuisine raffinée, invitations à la table du commandant, nous avons vraiment l'impression de vivre un film hollywoodien, comme les comédies de Fred Astaire.

Lucien m'attendait à New York, et nous nous sommes installés dans un endroit qui semblait, lui aussi, être un décor de film américain : le New York University Club, un club très privé, étonnant vestige du passé, réservé aux anciens élèves des plus grandes universités de la région ; dans les salons, tout en austères boiseries, et où le silence était de rigueur, on se serait cru dans un des « clubs » anglais comme celui d'où partait Phileas Fogg dans *Le Tour du monde en quatre-vingts jours*.

J'attaquai aussitôt les répétitions avec les musiciens qui m'accompagneraient au gala *April in Paris*, auquel j'avais été invité. C'était une très célèbre manifestation franco-américaine qui se déroulait dans un salon gigantesque du Waldorf Astoria. C'est au cours de ce gala que, quelques décennies plus tôt, Maurice Chevalier s'était rendu célèbre auprès de toute l'Amérique ; Charles Aznavour et Mireille Mathieu, ainsi que d'autres artistes français y avaient également chanté. J'eus beaucoup de mal avec les règlements draconiens des syndicats américains de musiciens, mais je parvins tout de même à répéter mon minitour de chant, où j'avais choisi de reprendre des extraits de la poignée de chansons françaises devenues des « standards » américains et mondiaux : *One of These Songs*, mais aussi *Let It Be Me* (version anglaise du *Je t'appartiens* de Gilbert Bécaud, reprise par de nombreux chanteurs américains, même par Bob Dylan), *Beyond the Sea* ou *La Mer*, de Trenet, chantée par tous, y compris Sinatra et quelques autres. Tout alla bien à la répétition, mais quand arriva la soirée, je découvris qu'on avait disposé sur toutes les tables – très longues, rangées parallèles à la scène, d'immenses bouquets de fleurs hauts de près d'un mètre, qui constituaient de vraies murailles et empêchaient le public de voir quoi que ce soit : j'eus l'impression de chanter devant un parterre de fleurs, et ma prestation passa totalement inaperçue ! Au temps pour mes rêves de succès au bal *April in Paris* !

Mais d'autres pistes s'ouvraient à moi, on m'avait proposé de faire une tournée des universités américaines, et je devais rencontrer des producteurs, et des agents artistiques, dont celui de Bob Hope. Avant de quitter New York, je pris le temps de passer un très agréable déjeuner en compagnie de Charles Aznavour, le seul artiste français à connaître un véritable succès aux États-Unis, en particulier auprès de la communauté arménienne, et qui chantait ce soir-là au Carnegie Hall. Je me rappelle avoir assisté au spectacle, et avoir été transpercé par l'émotion qui se dégageait de sa chanson *Je n'ai pas oublié...* Encore sur le coup de ma douloureuse rupture avec Vanessa, j'ai fondu en larmes, au milieu de milliers d'autres spectateurs dont chacun reconnaissait comme moi sa propre histoire dans une chanson aussi magique.

Du point de vue des sens, un vent de liberté soufflait sur l'Amérique, cette année-là, et plusieurs *massages parlours* de grand luxe venaient de se créer à New York. Le plus célèbre, le Caesar's Retreat proposait à ses clients un extraordinaire panel de beautés qui semblaient tombées tout droit des pages de *Playboy* ou de *Penthouse*, et un véritable menu imprimé, pareil à celui d'un grand restaurant, énumérant les diverses douceurs disponibles. Lucien et moi y fîmes une visite, et l'endroit avait réellement de quoi ravir César. Quelques années plus tard, la ville de New York exigeait la fermeture de ces endroits, qui étaient sans doute tombés sous la coupe de la mafia.

Nous avons aussi pris le temps d'aller voir la reprise sur Broadway d'une comédie musicale traditionnelle datant des années 1930, *No, no, Nanette*. J'avais été estomaqué par les étonnants ballets, par le tonitruant numéro de claquettes que toute la troupe effectuait dès l'ouverture, et par l'impact de chansons, démodées peut-être, mais éternelles, comme *Tea For Two* ou *I Want to Be Happy* (quand j'étais enfant, mon père en chantait souvent la version française *Pour être heureux, comme il faut être heureux*). Lucien et moi sommes sortis emballés du théâtre, confortés dans l'idée que nous avions de bientôt ressusciter en France l'équivalent français de ce genre de comédie musicale : une opérette jouée dans les années 1930 par Maurice Chevalier, *Dédé*. Et justement, se trouvait à New York ce soir-là madame Salabert, directrice de la vénérable maison qui éditait les œuvres de Christiné, Willemetz et Yvain, auteurs des plus grandes opérettes françaises. Elle nous invita à dîner au Pierre, et se déclara ravie de notre projet, et prête à nous aider à le réaliser.

Nous avons rendu une petite visite à Petula Clark et à son mari Claude Wolf, dans le gigantesque casino-hôtel de Floride où elle se produisait. Petula, quelques années plus tôt, avait fait un énorme et unique « hit » aux États-Unis, *Downtown*, qu'elle avait aussi adapté en français sous le titre de *Dans l'temps*. « En Amérique, m'expliquaient Lucien et Claude Wolf, lorsque tu as eu une chanson classée dans les premières des *charts*, tu peux en vivre de très longues années : le pays est si vaste, il y a tant de casinos, de salles de spectacle, dans toutes les régions ! » De quoi faire rêver les artistes français ou italiens, obligés de se battre chaque année pour essayer d'avoir un nouveau tube ! Puis nous sommes allés passer quelques jours à Las Vegas, où Line Renaud, même si elle ne menait plus, en personne, de revue dans un des casinos géants de l'endroit, restait une vraie star, très admirée et aimée des gens qui vivaient et travaillaient dans cette capitale du jeu et des grands spectacles. Elle nous invita dans sa belle villa, et n'eut aucun mal à nous obtenir d'un simple coup de téléphone une des tables les mieux placées pour un spectacle que nous voulions voir, et pour lequel il aurait fallu réserver des semaines à l'avance. N'ayant jamais éprouvé la moindre attirance pour les jeux d'argent – ni roulette, ni poker, ni aucun autre –, je n'ai guère été impressionné par Las Vegas, sauf évidemment par ses spectacles et par l'architecture démente de ses palaces.

Enfin nous avons achevé de traverser le continent et nous nous sommes installés à Los Angeles, dans un petit appartement d'Hollywood. Notre première visite fut pour un milliardaire américain que Lucien avait rencontré, un homme qui avait fait fortune en concevant des modèles pour une très grande marque de jouets américains. Il nous avait reçus dans la somptueuse maison qu'il habitait sur une des collines de Beverly Hills. Suivant le conseil de

Claude François, qui adorait cette voiture, nous avions loué pour la durée de notre séjour une Lincoln Continental blanche, une sorte d'immense paquebot sur roues que nous avions un peu de mal à conduire ; l'accueil du milliardaire fut chaleureux, il nous fit visiter sa maison, aux salons, aux terrasses vraiment hollywoodiennes ; dans un salon, on pouvait danser entouré de dizaines de ses propres reflets, la piste de danse étant entourée de vingt ou trente miroirs ; un système sophistiqué de télécommande (mis en œuvre en utilisant le cadran de l'un des cinquante téléphones répartis dans la propriété) permettait d'allumer à distance toutes les lumières, de régler chauffage ou climatisation, ou de diffuser dans n'importe laquelle des pièces de ce vrai manoir (ce que les Américains appellent *mansion*) l'un des albums d'une collection de cinquante trente-trois tours.

Nous avons rencontré des agents artistiques, des producteurs, un certain nombre de projets prenaient forme. Une agence voulait me faire jouer le rôle principal d'une publicité pour je ne sais plus quel produit alimentaire italien, comme Gérard Depardieu le fit plus tard pour les pâtes ou moi pour une coopérative d'opticiens ; un producteur me rendit visite, tout excité par l'idée qu'il venait d'avoir : me faire enregistrer une chanson sentimentale en duo avec une jeune chanteuse noire. Avec le recul, on se demande ce que cette proposition avait de bien révolutionnaire, et pourtant, dans cette Amérique des années 1970, qui sortait péniblement de siècles de ségrégation, la chose ne s'était encore jamais produite. Quelques années plus tôt à peine, Petula Clark avait déchaîné les passions racistes lorsqu'elle avait effleuré le bras d'Harry Belafonte au cours d'une grande émission de télévision : la direction de la chaîne avait essayé de faire couper cette scène de l'enregistrement, mais Petula s'y était formellement opposée. Jean-Marie Périer, qui est en fait le fils naturel d'Henri Salvador, donc légèrement métissé, m'avait raconté qu'il avait souvent eu des problèmes, en particulier dans les États du Sud, pour loger dans certains hôtels américains où des chanteurs noirs comme Chuck Berry avaient le droit de chanter, mais pas de loger.

Côté libération sexuelle, l'événement en Californie cette année-là, c'était l'extraordinaire succès du premier film pornographique comportant un minimum (!) de scénario et de jeu d'acteurs, *Deep Throat* (Gorge profonde), qui attirait des foules colossales, de tous âges, de toutes les tranches de la société ; les gens patientaient, en famille, dans de longues files d'attente pour aller voir ce film qui fut le précurseur d'une longue série.

Au terme de ces semaines passées à prendre des contacts avec le métier américain, une conclusion s'imposait : de belles possibilités s'offraient à moi dans cet univers intimidant, mais rien ne se ferait sans mal... Si j'essayais de faire des projets à long terme, je me disais qu'il me faudrait dix ans d'efforts, comparables à ceux que Charles Aznavour y déployait, pour obtenir ici la célébrité et le statut que j'avais déjà acquis en France et en Italie... et qui ne m'avaient pas apporté que des satisfactions. Lucien et moi avons bouclé nos bagages, y enfermant précieusement les ébauches de contrats pour un enregistrement, un tournage, une tournée des universités, nous promettant de faire à Paris un bilan de ces semaines américaines.

De retour à Paris, j'ai vécu quelque temps avec une belle jeune femme argentine, rencontrée en Californie, et venue s'installer en France, mais elle s'avéra, elle aussi, très possessive, jalouse et invivable ; l'affaire n'alla pas bien loin. Quelques semaines plus tard, je retrouvai par hasard une vieille amie, Nathalie, ancienne disquaire d'une grande boîte de nuit parisienne, qui m'annonça en riant qu'elle avait été amenée, par toutes sortes de détours curieux, à assurer l'intérim... de la plus grande pourvoyeuse d'« escortes » féminines de France, la célèbre Madame Claude. « À l'occasion, me dit mon amie, si tu veux une belle femme qui ne te fasse aucun tracas pour t'accompagner à une soirée, par exemple, appelle-moi. » Je vous ai déjà dit le respect que j'éprouve pour les femmes qui exercent ce type de métier, aussi honorable à mes yeux que bien d'autres, pourvu qu'elles l'aient choisi de plein gré... Et ma copine m'annonce aussi qu'elle vient d'engager une nouvelle recrue... qui n'est autre que mon ancienne compagne argentine ! Un mois plus tard, je reçois une invitation à participer à une grande soirée organisée à la tour Eiffel pour remercier les artistes qui avaient participé au festival de Caracas, en présence du groupe de jeunes femmes merveilleusement belles qui chantaient l'*Onda Nueva* au Venezuela. Vivant seul à l'époque, je me dis qu'il serait du meilleur effet que je me fasse accompagner par une des créatures de rêve que m'avait vantées ma copine. J'appelle celle-ci, et la chose est vite organisée, une belle jeune femme blonde, nordique, m'accompagnera à cette réception... Mais voilà que vingt-quatre heures avant la soirée, mon amie m'appelle, catastrophée : mon ancienne compagne, l'Argentine, a piqué une crise de nerfs en apprenant que j'avais fait appel à l'agence d'escortes pour laquelle elle travaille désormais et – elle pense sans doute avoir encore des droits sur moi ! – s'y oppose farouchement, menace de faire des confidences à la police (qui cherchait à cette époque des noises à Madame Claude) si l'« agence » me fournit une de ses escortes ! Pour éviter le scandale... eh bien je suis allé tout seul à ma soirée ! Et je me suis contenté quelque temps de brefs moments sans conséquences passés dans les bras de mes copines les « professionnelles » qui guettaient le client dans les parages du drugstore des Champs-Élysées ; il n'y avait à l'époque ni sida, ni travestis brésiliens, ni mafieux des pays de l'Est droguant des pauvres filles pour les exploiter. Un jour, nous passions en voiture avec Lucien rue de Tilsit, quand, arrêté à un feu rouge, je baissai la vitre, appelai une des charmantes, que je connaissais bien, et lui donnai un billet : « Ce sont les cent francs que je te dois de l'autre soir », lui dis-je ; Lucien, qui en avait pourtant vu d'autres, faillit s'étrangler : « Alors, toi, tu es vraiment trop fort, tu dois être le seul type au monde à qui les putes font crédit ! »

Dès notre retour des USA, il m'était apparu que Léon Cabat ne m'aiderait aucunement dans mes projets américains. Si le succès de *Ra-Ta-Ta*, deux ans plus tôt à peine, l'avait poussé à me proposer un contrat avantageux, l'échec des trois ou quatre disques publiés depuis l'avait démobilisé. Lorsque je lui fis part de mon projet de monter *Dédé*, il me rétorqua gracieusement : « Je t'avais bien dit que tu finirais par te foutre des plumes dans le cul ! » Toujours aussi élégamment, il m'envoyait quelques jours plus tard une lettre recommandée dans laquelle il mettait en doute l'intérêt du contrat qu'il avait pourtant tenu à me faire signer... J'ai préféré tout de suite appeler un avocat, lui demander de faire tout son possible pour me libérer de ce contrat, quitte à rembourser à Cabat une grosse partie de l'avance qu'il m'avait payée à la signature... Et j'ai eu la chance de pouvoir me sortir sans trop de mal de mes chaînes, inconsidérément contractées un jour de novembre 1965. Des années plus tard, la maison de disques de Léon Cabat était déclarée en faillite, revendue, je crois, pour un franc symbolique à un industriel, puis revendue encore et encore, pour finir par appartenir au catalogue de la multinationale BMG. Léon Cabat, lui, s'était retiré infiniment plus riche, je crois, que tous les artistes qu'il avait un jour publiés !

Aux États-Unis, la comédie musicale était une industrie florissante ; après *Hair* ou *Jesus Christ Superstar* et des reprises comme *No, no, Nanette*, viendraient bientôt *Cats*, *Chorus Line*, et bien d'autres. En France, il faudrait attendre jusqu'en 1979 pour qu'éclate l'extraordinaire succès de Michel Berger, *Starmania*, qui ouvrirait la voie à un grand renouveau de cet art. Son équivalent français traditionnel, l'opérette, était considéré comme totalement démodé, ringard ; l'ère flamboyante de Luis Mariano était oubliée, seules quelques tournées provinciales, quelques créations parisiennes toujours très rétro existaient encore. Et pourtant, à peu près tous les chanteurs rêvaient de participer à un spectacle où, au milieu d'une troupe, ils danseraient, chanteraient, joueraient la comédie. Michel Fugain, dans cet esprit, avait formé le Big Bazar ; mais personne en France n'aurait misé un sou sur une comédie musicale comme on pouvait en voir couramment aux USA. Et moi, comme bien d'autres, j'avais ce rêve-là. Lucien, sortant d'une mauvaise période, n'avait pas de fonds à investir, mais beaucoup de temps libre, une profonde connaissance du show-business, de nombreuses relations, et un exceptionnel dynamisme ; il me proposa de nous associer pour monter nous-mêmes le spectacle dont j'avais envie. Et voilà comment nous nous sommes attaqués à deux, avec un capital fort limité, à cette entreprise. Tout de suite, nous avons eu des encouragements : madame Salabert acceptait que nous redonnions un coup de jeune aux textes et aux arrangements musicaux de l'œuvre. *Dédé* avait été créée par Maurice Chevalier en 1921, il y chantait en particulier le grand classique que mon père nous avait appris à fredonner au moindre tracas : *Dans la vie faut pas s'en faire*, mais aussi d'autres chansons moins connues, aux mélodies très riches. Je me suis retrouvé en possession du gros cahier sur lequel l'auteur, Henri Christiné, écrivait à la plume, d'un jet continu d'encre violette, une profusion de musiques et de paroles qui donnèrent naissance à toute une série d'œuvres comme *Phi-Phi*... Il y a de quoi s'émerveiller de l'imagination foisonnante que l'on y découvre. *Je m'donne, Si j'avais su évidemment* étaient autant de chansons, certes démodées, mais si entraînantes que j'éprouvais un vrai bonheur à les chanter.

L'histoire de Dédé se déroulait... dans un magasin de chaussures (d'où le titre d'un des grands succès de l'œuvre, *Pour bien réussir dans la chaussure*). Pour compléter notre capital peu brillant, Lucien avait eu l'idée de s'adresser à la direction des chaussures André, qui accepta volontiers de nous sponsoriser. Sur le manuscrit original de l'œuvre, j'avais constaté que le personnage nommé Dédé s'appelait initialement Raoul... sans doute Christiné avait-il prévu de bénéficier du mécénat de cette marque de chaussures... pour la remplacer ensuite par la marque concurrente, les chaussures André. Au long de notre tournée – nous avions prévu de donner ce spectacle en province plutôt qu'à Paris –, j'irais fréquemment faire une séance de dédicace dans le magasin de chaussures André local, en échange de quoi la société nous donnait les moyens de nous offrir un superbe décor, signé Roger Hart, et des costumes éblouissants signés Donald Cardwell – deux noms célèbres dont l'énoncé clôturait chaque semaine la grande émission de la télévision *Au théâtre ce soir* – et la possibilité de bénéficier de la mise en scène de Jean Le Poulain, qui dépoussiéra avec une fantaisie débridée les textes de la pièce, de la présence de sa nièce Corinne Le Poulain dans le rôle féminin principal, ainsi que des ballets de Victor Upshaw, qui connaissait depuis des années un grand succès dans de nombreuses émissions de télévision.

Les répétitions se déroulèrent dans une atmosphère fébrile, passionnée ; toutes proportions gardées, nous avions un peu la sensation de vivre une de ces aventures que l'on retrouve dans les films américains consacrés aux coulisses de la comédie musicale, comme le célèbre *Tous en scène* : danses, claquettes, chansons, comédie, le ballet continuel des quatre vendeuses très décolletées – qui sont aussi, dans l'histoire, le soir, danseuses au Casino de Paris –, tout l'ensemble me ravissait. La première eut lieu dans un théâtre proche de Paris, et puis nous avons pris la route, pour une tournée qui fut un magnifique succès. Partout les salles étaient pleines, le public de province, qui avait toujours aimé les opérettes, ravi de voir celle-ci modernisée avec respect pour l'œuvre de Christiné, la critique bienveillante. Je me démenais comme un diable au cœur de ma troupe, sautais, dansais, bondissais. On n'avait pas encore inventé les minuscules micros que portent aujourd'hui fixés à la joue ou au front les acteurs des grandes comédies musicales. Quelques micros étaient disposés au sol, mais il fallait surtout pousser la voix. J'arrivais sans trop de mal à faire passer la mienne par-dessus les feux de la rampe, pour chanter comme pour jouer la comédie, mais j'en venais à craindre en permanence l'enrouement. Toute l'équipe était formidable, et lorsque la tournée provinciale s'acheva, nous avions non seulement remboursé les décors, les costumes et tous les frais généraux, mais, tous, gagné honorablement notre vie.

Nous aurions sans doute dû nous arrêter là, ou prévoir une autre tournée provinciale, d'ici à quelques mois... Quelle idée nous a pris de vouloir soudain jouer à Paris, où l'opérette était définitivement classée comme ringarde, où nous nous trouvions soudain en concurrence avec des dizaines de spectacles. Cette fois encore, nous n'avions pas les moyens de nous offrir la publicité nécessaire pour faire connaître le spectacle, faire venir le public au Théâtre des Nouveautés, où nous nous sommes installés : on ne pouvait pas compter, comme aujourd'hui, sur des « partenariats » avec des radios, des chaînes de télévision ou des institutions municipales ou régionales. La critique d'un grand quotidien fut désastreuse, rien dans notre création ne trouvait grâce aux yeux de cet homme qui faisait ou défaisait les succès ; et il devint de plus en plus difficile de faire face aux dépenses quotidiennes, loyer de la salle, taxes, salaire des acteurs, des musiciens, des danseuses, droits à payer à l'éditeur, au metteur en scène, au décorateur, etc. Chaque jour, je gagnais le théâtre avec inquiétude, la courbe de fréquentation donnerait-elle un signe de remontée ? Parfois, un espoir : un week-end, la salle, sans raison apparente, était pleine... et puis le lendemain, seule une poignée de spectateurs se présentaient. Toute la troupe, amoureuse du spectacle, avait accepté quelque temps de revoir son salaire à la baisse, dans l'espoir de le faire « tenir » jusqu'à ce qu'il obtienne la réussite qu'à notre avis il méritait... Mais un jour du début de l'été 1973, ce ne fut plus possible, nous ne pourrions pas faire patienter les banquiers jusqu'à la rentrée, il fallut mettre la clef sous la porte, chanter une dernière fois *Dans la vie faut pas s'en faire* sous la dernière pluie de ballons multicolores tombant du plafond du magasin de chaussures et du théâtre tout entier...

Parfois, il vous faut un coup de pied au derrière pour vous mettre enfin en mouvement. C'est certainement le rôle salutaire qu'a eu dans ma vie cet échec... Un rêve peut en cacher un autre, le projet que je sentais grandir en moi était tout différent : depuis ma désastreuse croisière en mer Égée, deux ans auparavant, l'intention de partir naviguer autour du monde avait disparu de mon horizon, immédiat ou lointain. Les copains qui devaient partir avec moi avaient d'ailleurs, au sens figuré, abandonné, chacun pour sa propre raison, le navire : Georges parce qu'il allait quitter *Salut les Copains*, dont l'étoile pâlissait – d'autres magazines, moins soignés, plus rentables, avaient fini par lui faire concurrence –, et allait entrer à la rédaction de *Paris Match*. François, lui, après avoir vécu quelques années la vie de bohème d'un compositeur de chansons, suivi un instant les traces d'un Gainsbourg, avait soudain changé totalement de vie, s'était marié, était retourné dans le sein de la bourgeoisie provinciale dont il était issu, et la venue prochaine d'un enfant l'obligeait, décida-t-il, à ressortir son diplôme d'ingénieur et à se faire engager dans une banque, où il effectua toute sa carrière. Notre bureau d'études, l'éphémère SUCRE, n'avait pas été un grand succès : le projet de complexe de loisirs en Auvergne avait été commandé et notre travail payé, mais une levée de boucliers locale avait empêché l'ensemble de se réaliser. Gilbert Bécaud nous avait demandé de lui dessiner un nouveau chalet à Crans, en Suisse, mais ne l'avait jamais fait construire. André Trigano, très grand industriel dans le domaine du camping et du caravaning, nous avait demandé de dessiner les bâtiments d'une chaîne de « supermarchés des loisirs » dont le premier devait se construire dans la banlieue ouest de Paris ; nous avions eu l'idée de donner au bâtiment la forme d'une énorme fleur, mais on avait fini par nous rétorquer que, pour être rentable, une grande surface devait coûter le moins cher possible, donc se loger dans un de ces vilains blocs rectangulaires sans la moindre recherche, semblable à tous ceux, grandes surfaces, magasins de meubles ou halles aux vêtements qui ont défiguré en quelques décennies, au nom du profit immédiat, les banlieues de toutes les villes de France et du monde. Quant à tous les autres projets effleurés, ils auraient sans doute pu devenir extrêmement rentables, mais je ne m'étais jamais résolu à courtiser ministres et institutions administratives, tout ce travail de relations publiques et de quête de faveurs auquel j'aurais dû me livrer pour obtenir des marchés juteux : un jour, je confiai à mon père que je ne voyais guère d'avenir à notre bureau d'études.

Six mois après la mort de ma mère, survenue quelques années plus tôt, j'avais trouvé mon père transformé. Ayant suffisamment pleuré celle qui avait partagé sa vie de si longues années, il semblait soudain renaître ; il parcourait la France en tout sens, allant retrouver des amies qu'il avait aux quatre coins du pays. Il était devenu un autre homme, toujours joyeux, optimiste, attentif quand il me rendait visite à mes joies et à mes peines ; il assistait à la première de tous mes spectacles, puis prenait un train pour aller retrouver une de ses copines ! Un jour, à l'époque où Dominique habitait encore à la ferme, il l'avait invitée à aller applaudir avec lui Tino Rossi, sur la scène du casino d'une station thermale proche. Amoureux de son île natale, mon père ne nous avait pourtant jamais donné l'impression de pratiquer un nationalisme corse très fervent... Quelle fut la surprise de Dominique quand, à l'instant où Tino entonna l'*Ajaccienne*, mon père se leva et se tint au garde-à-vous, sous le regard médusé des curistes !

Quand je lui avais parlé de notre projet de monter, d'abord en tournée, *Dédé*, il m'avait spontanément, connaissant les moyens limités que nous avions à mettre dans la production de ce spectacle, proposé d'accompagner la tournée pour en assurer l'administration ; il avait ainsi suivi notre périple à travers la France, ce qui, à soixante-huit ans, le fatigua peut-être plus qu'il ne l'aurait cru, car un jour, quelques mois plus tard, il dut aller se reposer dans une sorte de résidence-clinique des montagnes d'Auvergne, proche de ma ferme. Un après-midi où je lui avais rendu visite, lui racontant les déboires que nous rencontrions à Paris avec l'opérette, il m'avait paru fatigué : on devait le lendemain l'opérer pour un problème de circulation à la jambe, mais il se montrait serein, toujours aussi optimiste et souriant. Pourtant, le lendemain, le médecin qui dirigeait la clinique me téléphona : les examens médicaux qui avaient été pratiqués sur mon père avaient, à la surprise des praticiens, révélé la cause essentielle de sa fatigue : un cancer du poumon très avancé – il avait toute sa vie fumé un ou deux paquets de cigarettes par jour –, et mon père était mort quelques heures seulement après ce diagnostic ! Quelle tristesse ! Ses dernières années, au moins, avaient été riches en voyages, en rencontres, en camaraderies...

Pour ce qui était de ma carrière dans la chanson, elle m'apportait toujours des satisfactions, mais si peu, et tant de contraintes, et des activités si répétitives : j'aurais sans doute pu continuer à me contenter d'une carrière de chanteur populaire, avec des hauts et des bas, un tube de temps en temps, poursuivre les galas, les tournées, les voyages en Europe ou dans le monde, pour un festival, une émission de télévision. J'aurais pu tirer parti du succès que j'avais rencontré dans l'animation d'émissions de télévision comme Midi Magazine ou Télé Dimanche, devenir un animateur à part entière, suivre, pourquoi pas, le chemin que suivit dans les décennies à venir l'ami Michel Drucker... France Inter venait d'ailleurs de me demander d'animer cet été une émission quotidienne. Mais je sentais quelque part un grand vide en moi, je cherchais, à droite, à gauche, ce qui pourrait mieux remplir ma vie que cette quête cahotante du succès, ce quotidien qui perdait peu à peu pour moi toute saveur. Nous étions au début des années 1970, et beaucoup de rêveurs se tournaient vers d'autres horizons, certains prenaient la route, à destination de l'Inde – qui ne m'avait jamais fait rêver, même lorsque j'avais un instant pratiqué la méditation –, d'autres s'installaient dans les Cévennes, pour y vivre près de la nature ; mais s'ils emmenaient avec eux leurs propres démons, ils n'iraient pas très loin. D'autres, comme Donovan, que j'avais rencontré quelquefois au cours de ces années de chanson, avaient un rêve d'îles, et le réalisaient, en Écosse, en Grèce... Je me rappelle un jour avoir fantasmé un instant devant une affiche, à la vitrine d'une agence de voyages, montrant une île grecque, où j'avais l'impression qu'une vie plus simple, plus libre, plus satisfaisante m'attendait...

Les années 1970, c'était également l'ère d'une quête de liberté sexuelle désordonnée mais qui laissait voir, elle aussi, des univers de grande liberté. Le sida ne ferait son apparition que dix ans plus tard ; la contraception se généralisait, les médias, films, littérature, bandes dessinées faisaient leur révolution, et on pouvait penser que la sexualité perdrait entièrement sa connotation de péché. Le cinéma connaissait lui aussi, entre deux censures – celle qui sévissait dans la France gaullienne, et celle, économique, qui serait instaurée dans quelques années par le label « X » –, une créativité, une liberté sans bornes : quelques années plus tard, on n'aurait sans doute plus pu réaliser des films extraordinaires comme *Les Valseuses* ou *Calmos* de Bertrand Blier ou comme *Les Galettes de Pont-Aven* de Joël Séria, avec Jean-Pierre Marielle. Pendant quelques années, on fera assez librement l'amour entre amis et amies, on s'essaiera à des variations, autrement plus saines et agréables que l'expérimentation de drogues diverses. Faire l'amour, ce n'est plus seulement une chose que l'on pratique dans le noir et avec honte, avec une seule et même personne tout au long de sa vie ; il serait vain d'essayer de raconter véritablement les moments vécus, je semblerais vouloir faire étalage de mes conquêtes, et toute énumération, avec le recul, aurait une connotation d'obsession, totalement absente à l'époque ; avoir trois ou quatre partenaires sexuels différents au cours d'un mois n'avait rien d'exceptionnel, on pouvait « conclure » tout de suite, comme disaient les Bronzés, ou être amis longtemps, et un jour, un instant, partager plus que de l'amitié, aussi simplement qu'on partage d'autres plaisirs, comme la création artistique, l'exercice physique ou la gourmandise.

Pour ma part, j'avais repris ma vie solitaire, et m'en trouvais plutôt bien. Des rencontres simples et joyeuses m'apportaient parfois le plaisir des sens, qui est une si belle invention de la nature, de nouvelles aventures, d'un jour, d'une nuit ou plus longues ; je revoyais parfois les « femmes de ma vie », et ça se passait généralement bien. Un ami artiste avait un jour amené chez moi une poignée de gens sains, décontractés, joyeux, qui s'étaient retrouvés bientôt partager tous ensemble caresses et plaisirs profonds. Je retrouvais fréquemment une jolie jeune femme connue ce soir-là et qui aimait me raconter les nombreuses rencontres qu'elle avait faites... et cela ne me déplaisait pas. Un autre jour, un ami et collaborateur était venu dîner chez moi en compagnie de sa femme avec d'autres personnes qui s'étaient montrées ennuyeuses ; restés seuls tous trois, il s'était soudain révélé qu'ils aimaient partager de temps en temps avec d'autres personnes leurs plaisirs, et que la douce et discrète épouse que je connaissais peu était en réalité une femme libre de son corps, et qui avait entrepris de me le prouver. Une autre jeune femme, que Lucien m'avait présentée, avait découvert que sa jouissance produisait en elle, outre un plaisir extrême, un vrai déferlement : véritable fontaine, elle aimait faire admirer à son partenaire l'intensité de son plaisir...

Quel progrès en quelques années ! Depuis si longtemps, seules les « femmes de mauvaise vie » étaient censées avoir du plaisir. Les autres, si elles en éprouvaient, étaient qualifiées d'« hystériques ». Eh oui, *hystérique* et *utérus* viennent de la même racine latine ; pour l'Église, une femme hystérique était une femme sous l'emprise de son utérus ! Il n'y a encore pas si longtemps, Jean Ferrat chantait « Une femme honnête n'a pas de plaisir »... Des années plus tard, des obscurantismes désolants voudraient remettre les femmes dans des sacs, leur interdire la vie et les plaisirs... Mais dans ces années-là, certaines, certains, découvraient que le corps, et les plaisirs infiniment variés qu'il peut donner, sont de merveilleux présents de la nature ; qu'on est libre d'en jouer comme d'un bel instrument, ce pour quoi, j'en suis sûr, il a été conçu, que ce soit par la nature ou par Dieu, appelez ça comme vous voulez. Comment peut-on croire qu'un créateur, quel qu'il soit, ait pu concevoir une chose aussi belle que le corps humain seulement pour qu'on le cache, et les plaisirs que donnent tous les sens, uniquement pour nous tester, pour voir si nous saurions nous en priver ? Non, je crois que si le corps a été doté de toutes ces possibilités de plaisir de tous les sens, ouïe, odorat, goût, toucher, vue, c'est bien pour que l'on en fasse usage ! C'est ne pas faire vibrer, résonner ce merveilleux instrument de musique qu'est le corps qui serait à mes yeux un péché... Dans le respect des autres, bien sûr, et toujours avec modération – c'est la clef de la liberté –, aimez, dansez, jouez des mille disponibilités que suggère votre corps. Ne croyez pas ceux qui vous disent que les plaisirs qu'il recèle, qu'il autorise, doivent être bannis comme mauvais. Faites exulter votre corps, sinon, à quoi ça aurait servi que le bon Dieu il se décarcasse ?

9

Naviguer ?

J'ai même rendu visite, un soir, à Vanessa. L'âpreté de notre rupture encore récente était oubliée. Je vous ai déjà dit que les livres sont des êtres vivants, qui vous attendent aux endroits les plus imprévus, vous guettent patiemment, prêts à vous sauter dessus pour changer votre vie... C'est dans ce lieu inattendu que j'ai vu traîner sur une commode, à l'instant de mon départ, un livre dont la couverture représentait un voilier et son jeune propriétaire, un Américain qui avait fait le tour du monde à la voile... en solitaire. Un de ses amis avait offert à Vanessa ce livre et elle m'en fit volontiers cadeau.

Rentré chez moi, je lus d'une traite ce récit... et l'idée me frappa soudain comme un éclair : et si la raison de l'échec de notre croisière en Grèce, deux ans plus tôt, avait été non pas la navigation elle-même, mais le fait de vouloir la faire à plusieurs, en groupe ? Moi, dans la vie, j'étais plutôt solitaire, les activités toujours partagées avec une bande de copains, ce n'était pas mon truc... Et si j'essayais de naviguer en solitaire ? Après tout, ce projet de grand voyage, il me tentait toujours !

Nous étions à la fin de juillet, je ne commencerais à animer mon émission sur France Inter que quelques jours plus tard. J'ai téléphoné au loueur, à Golfe-Juan ; il lui restait bien un voilier, assez petit pour que je puisse faire mes premières armes. J'ai pris le train, je me suis embarqué, et j'ai largué les amarres pour ma première croisière en solo ; oh ! je ne suis pas allé très loin. La mer était belle, j'ai hissé les voiles, et j'ai atteint les îles de Lérins. Au moment de m'amarrer à une petite jetée, j'étais un peu inquiet de cette manœuvre que j'allais faire pour la première fois seul ; par chance, un pêcheur était assis sur la jetée, il allait me donner un coup de main... Il m'a vu approcher, s'est levé, a haussé les épaules, s'est tourné de l'autre côté, et m'a laissé me débrouiller tout seul... Je me suis amarré sans encombre, et le lendemain, je suis allé nettement plus loin, jusqu'à la baie de Saint-Tropez ; au soir du troisième jour, j'ai ramené sans problème le bateau à Golfe-Juan, et, tout chancelant de retrouver la terre ferme et la société de mes semblables après cette ébauche de liberté, je me suis payé une gigantesque bouillabaisse chez Tetou, qui faisait la meilleure bouillabaisse de Méditerranée.

Je suis remonté animer mon émission de radio, mais je n'étais plus le même. S'il faut citer un signe extérieur, éminemment symbolique, c'est durant ces trois jours-là que j'ai laissé pousser ma barbe... je ne l'ai presque plus jamais rasée, depuis plus de trente ans ! Je me suis replongé dans les volumes de la collection « Mer » que publiait à l'époque Jacques Arthaud, ou dans l'épais manuel du *Cours des Glénans*, et j'ai remis à l'ordre du jour mon projet de grand voyage... mais ce voyage, je le ferais seul...

Professionnellement, l'avenir était plutôt rose. L'émission sur France Inter, intitulée *Allume ta radio*, fut un tel succès que nous reçûmes, une fois encore, des dizaines de milliers de lettres et de cartes postales d'auditeurs. Je n'y faisais rien de plus que passer la musique que j'aimais, mais avec un dynamisme peu connu à l'époque sur cette sage radio d'État. Je travaillais parallèlement à de nouvelles chansons : libéré des entraves de Vogue, j'avais fait la connaissance du directeur des disques RCA, qui m'avait offert un contrat très favorable. Souhaitant amener les divers auteurs, compositeurs, interprètes qu'il avait engagés à se rencontrer, il organisait parfois des réunions amicales dans une salle de la maison de disques, près du rond-point des Champs-Élysées. Je fus invité à y présenter les ébauches des chansons que j'allais enregistrer, en compagnie de deux jeunes auteurs qui faisaient leurs premières armes : ils chantaient, je crois me rappeler, une histoire de sorcière ; j'avais eu l'occasion de croiser l'un d'eux quelques années plus tôt lors d'un spectacle pour Radio-Monte-Carlo. Il s'agissait de deux inconnus sympathiques et timides, Alain Souchon et Laurent Voulzy.

Septembre revenu, il ne me fut plus possible de faire patienter les banquiers... À la naissance des *Élucubrations*, Christian Fechner et Alain Boublil, pour récupérer une part de mes droits d'auteurs, avaient monté une petite société d'édition et l'avaient nommée, d'une façon fort révélatrice de leurs intentions, Éditions du Pactole (après tout, on raconte que la première société créée par Cousteau s'appelait Les Requins associés). Par les mystères des transactions qui suivirent ma séparation d'avec Christian, je m'étais retrouvé un jour propriétaire de cette société ; lorsque j'avais décidé de « produire » *Dédé*, puisque aucun autre producteur ne proposait de le faire, j'avais utilisé cette petite SARL. Mais bien sûr, avant de consentir le moindre découvert à cette société au capital minimum, la banque avait exigé un engagement solidaire de ma part... Les combines des producteurs ressortant indemnes de productions catastrophiques, ce n'était pas pour moi ! Et chaque centime du gros découvert creusé par l'échec du spectacle, j'allais devoir le payer de mes propres fonds... déjà bien affaiblis. La situation financière de Lucien n'était pas plus brillante, d'ailleurs. Un peu perdu dans les chiffres, j'ai fait appel à un expert en redressement d'affaires chancelantes, il a étudié ma situation, et m'a rendu joyeusement son verdict : mon cas n'était pas si grave que ça, il suffisait que je vende la maison de Boulogne, à laquelle j'avais consacré tant d'efforts depuis cinq ans, et je pourrais rembourser la plus grande partie de mes dettes à la banque et au fisc...

La mort dans l'âme, je confiai à une agence la mission de trouver un acheteur, et je multipliai les galas en province. J'avais noué depuis un an ou deux une fructueuse collaboration avec un jeune agent artistique du Sud-Ouest, Jack-Henry Soumère ; très dynamique, il deviendrait plus tard directeur de l'un des plus grands opéras de la région parisienne et du Théâtre Mogador. Il m'organisait de nombreux galas dans sa région, m'accueillait à l'aéroport ou à la gare de Bordeaux ou de Toulouse, me conduisait jusqu'au lieu du gala. Je chantais si souvent dans cette région que j'avais fini par répéter mon tour de chant avec d'excellents musiciens régionaux qui toute la soirée faisaient danser le public, et m'accompagnaient ensuite pendant une heure.

Les spectacles terminés, Jack-Henry me ramenait généralement prendre le train ou l'avion. C'est en rentrant une nuit d'un gala dans un coin perdu que nous nous sommes arrêtés, vers deux ou trois heures du matin, dans un des rares cafés ouverts la nuit, pour y avaler de quoi rester réveillés jusqu'à Bordeaux, d'où je reprendrais le train pour Paris. Tandis que je buvais un thé citron (je ne bois presque jamais de café), mon regard tomba sur un journal plié en quatre sur le comptoir du bistrot... Il n'y a pas que les livres qui vous guettent pour changer votre vie, les journaux aussi, parfois ! Celui-ci aurait été plié à une autre page, j'aurais repris mon train, comme prévu, et ma vie aurait peut-être été tout autre. Au lieu de cela, j'ai lu que le lendemain s'ouvrirait à La Rochelle la première exposition nautique à flot, le Grand Pavois, et qu'on y accueillerait entre autres les *Damien*, deux garçons qui venaient d'achever un tour du monde heureux sur un petit voilier de contreplaqué qu'ils avaient construit de leurs mains. J'avais lu le récit de leur voyage, paru chez Arthaud, et l'avais infiniment préféré à tous les récits de compétitions et régates... Je demandai soudain à Jack-Henry de me déposer à une autre gare sur la route, d'où je pourrais prendre le premier train du matin pour La Rochelle, et c'est ainsi qu'ayant, quelques heures plus tard, confié ma guitare à la consigne de la magnifique gare de La Rochelle, un vrai monument historique, je gagnai à pied le tout récent port des Minimes, et me présentai simplement aux deux garçons dont l'aventure m'avait fait rêver. Ayant quitté la France six ans plus tôt, ils se rappelaient effectivement l'escogriffe qui, lors de leur départ, défrayait la chronique avec ses élucubrations. Sur ce ponton, je rencontrai en quelques heures presque tous les gens qui devaient par la suite m'aider à réaliser mon rêve : l'architecte de mon futur bateau, le chaleureux constructeur suisse de mes futurs mâts, le fondateur des établissements Goïot, un des meilleurs fabricants d'accastillage de France, le voilier qui taillerait mes voiles... et même Jacques Arthaud, l'éditeur, venu accueillir ses poulains au terme de leur tour du monde.

Le soir venu, je repris finalement le train pour Paris : en cette journée providentielle m'avaient été mises entre les mains les clefs de mon voyage : quelques heures plus tôt, il ne s'agissait que d'un rêve impalpable, imprécis, flou, qui pouvait encore s'effondrer comme un château de cartes. Il s'était soudain transformé en réalités, en choix tangibles, en considérations pratiques, et j'avais trouvé les gens – ils devinrent presque tous des amis – qui devaient me guider dans mes apprentissages.

J'ai passé une petite annonce dans un journal nautique, cherchant un bateau d'occasion, d'une dizaine de mètres, en acier : la lecture des livres de Bernard Moitessier m'avait convaincu que, pour un programme comme celui que je prévoyais, il fallait un bateau solide. J'ai pris contact avec quelques chantiers. Le projet prenait forme, enfin ! Une nuit où, seul dans Paris, j'étais allé chercher un peu de sympathie auprès des amis de la Tête de l'Art, j'avais pu annoncer à Hugues Aufray, qui y chantait ce soir-là – créateur de *Santiano*, la navigation tenait une place dans sa vie et dans ses rêves – que ça y était, que j'allais partir. J'y rencontrai aussi Georges Renou, entré maintenant à *Match*, et radieux parce que la jeune femme qu'il rêvait depuis longtemps d'épouser avait enfin accepté : le mariage aurait lieu cet hiver, et Georges avait bien oublié notre projet de départ commun... Il me fit cependant remarquer que j'étais, en fin de compte, sur le point de respecter la date que nous avions prévue ensemble : l'été 1974, celui de mes trente ans.

Mais j'avais encore à vivre quelques aventures dans le show-business avant de mettre les voiles. L'organisateur de la Fête de la Bêtise de Cambrai, ravi du spectacle donné deux ans plus tôt, m'avait demandé d'animer une fois encore, toute la durée de cette très grande fête, une revue précédant chaque jour le tour de chant de la vedette du soir. Cette année, le chapiteau traditionnel avait été remplacé par un immense bâtiment, ultramoderne, une prouesse d'architecture, qui donnait à la manifestation un confort extraordinaire ; les artistes, en particulier, disposaient enfin de belles et grandes loges ; j'occupai la mienne, superbe, un vrai salon, une dizaine de jours, et je me régalai vraiment dans la compagnie des plus grandes vedettes, souvent devenues des amis, qui passaient chaque soir un moment avec moi dans cette sorte de foyer.

Le souffle de liberté sensuelle qui balayait notre société était toujours vif : on aurait du mal à l'imaginer, mais cette année-là, dans une fête extrêmement familiale et bon enfant comme celle-ci, il y avait au programme de la première partie un numéro de danse artistique exécuté par quatre belles jeunes filles intégralement nues. Et personne n'y trouvait à redire ; après le tableau final de la première partie de *Hair*, où, on l'a pratiquement oublié maintenant, tous les artistes de la comédie musicale chantaient une chanson entièrement nus, face au public ; après la couverture de l'album de John Lennon et Yoko Ono, *Two Virgins*, où ils apparaissent tous deux également nus, de face, avec le succès omniprésent de la littérature et des films érotiques, le corps semblait vraiment se libérer, se débarrasser des tonnes de tabous et d'interdictions dont les religions l'avaient chargé.

Quelle jolie liberté nous vivions ! Le public des grandes kermesses du Nord, joyeux et simple, consommait durant la soirée de grandes quantités de bière, encouragé par les musiciens d'un orchestre tyrolien en short de cuir et chapeau orné d'un blaireau ; parallèlement à la bière, beaucoup buvaient continuellement des petites bouteilles de schnaps, que vendaient dans la salle des jeunes femmes habillées en Alsaciennes ou en Bavaroises, je ne sais pas trop, et qui parcouraient la foule, offrant leurs bouteilles dans une boîte qu'elles portaient devant elles, pendues à leur cou. L'une de ces vendeuses, une accorte jeune fille qui n'avait guère plus de vingt ans, était la plus enflammée des « groupies » : elle nous avait confié avec sérieux que son rêve, c'était de faire l'amour chaque soir avec la vedette du spectacle... et elle y parvenait souvent ! Nous riions en songeant qu'elle devait être doublement heureuse quand la vedette de la soirée était un duo, comme Jean Poiret et Michel Serrault ou Roger Pierre et Jean-Marc Thibault, plus ravie encore s'il s'agissait des Compagnons de la chanson, et aux anges si c'étaient les chœurs de l'armée Rouge ! Un soir, Claude François chantait en vedette. Claude avait la réputation d'être un fameux coureur, et son extrême popularité lui rendait la chose assez facile. Sa fréquente quête d'une partenaire d'un instant lui avait même fait donner par ses amis un surnom : « le coq ». Cet après-midi-là, il arriva pour la mise en place de fort bonne humeur, et me demanda en riant ce qu'il y avait comme filles partantes dans le coin... Je lui parlai de l'aguichante marchande de schnaps en tenue folklorique, et l'idée le ravit. Le soir, pendant la première partie, il l'invita dans sa loge, la jolie fille ajouta le nom de Claude François à la liste de ses succès, et pour me remercier de lui avoir indiqué cette bonne piste, Claude dit à une de ses assistances « *Go get the blonde girl* » : une jeune fille blonde, une autre groupie qui suivait, elle, la tournée de Claude, avec un programme assez semblable à celui de la vendeuse de schnaps, se présenta aussitôt, et Claude lui demanda de « s'occuper » de moi... Là, seul dans ma loge, alors que je recevais les caresses bien précises de cette jeune fille que je ne connaissais pas depuis trois minutes, je me demandais tout de même un peu ce que je foutais là, moi qui, dans ma tête, naviguais déjà sur les océans : la jeune fille repartie, je me replongeai dans le manuel des Glénans, qui était devenu ma lecture quotidienne.

Je vécus d'ailleurs durant ce spectacle une autre – brève – aventure : parmi les quatre danseuses qui se produisaient entièrement nues dans des lumières psychédéliques, l'une, au crâne rasé, m'avait plu. Je rêvais de passer les mains sur ce petit crâne aux cheveux longs d'un millimètre à peine. Je finis par me lier d'amitié avec elle, l'emmenai un jour de relâche faire une balade romantique dans les plus beaux coins de cette région, et jusqu'au bord de la mer du Nord ; nous avons échangé quelques caresses, sans aller bien loin. Mais voilà qu'à peine rentrés au palais des spectacles de Cambrai la jolie danseuse partit chercher, dans la loge qu'elle occupait avec ses trois consœurs, ses affaires personnelles, et fit mine de venir s'installer dans ma loge : elle m'avait accordé quelques baisers et quelques rapides caresses, et, du coup, elle avait le droit de s'installer dans ma vie... définitivement ? Non, j'étais sur le point de partir, de vivre en solitaire... Je la priai gentiment de regagner sa propre loge.

J'avais décidé de consacrer une partie du mois suivant à une nouvelle croisière, au cours de laquelle je me frotterais, pour la première fois, à une navigation presque hivernale sur les eaux de l'Atlantique. J'avais loué par petites annonces un sloop d'aluminium de neuf mètres, un « Brise de mer ». Il n'existait pas à cette époque de grandes sociétés de location comme, aujourd'hui, Moorings ou Sunsail. J'avais loué directement à un particulier, envoyé un chèque, et reçu des indications précises : le nom et la couleur du bateau, la position du corps-mort auquel il était amarré, dans une boucle de la Vilaine, près du petit village de Tréhiguier. Je trouvai, comme convenu, le dinghy tiré sur une plage, et les avirons au bistrot du coin ; et je m'embarquai, seul et un peu effrayé, par un petit matin glacé d'octobre...

La première partie de la croisière se déroula sans problèmes majeurs ; la côte sud de la Bretagne étant ce jour-là baignée d'un épais brouillard, je cherchai à tâtons mon chemin, de bouée en bouée, jusqu'à l'île Dumet, minuscule îlot, réserve naturelle habitée de milliers d'oiseaux, où je jetai l'ancre pour la première fois ; puis je passai une nuit à l'ancre à l'abri de l'île d'Houat, une autre dans le magnifique port de Palais, à Belle-île-en-Mer... Quelques mois plus tôt, j'étais venu, aux commandes d'un petit avion monomoteur, passer deux jours sur cette île avec une très jolie femme, avec qui j'avais vécu une brève aventure, mais la belle était si superficielle que je m'étais dit : « Cette île est splendide, il faudra vraiment qu'un jour j'y revienne seul ! »

J'ai mis le cap au sud-est, en direction de La Rochelle. Le vent m'ayant laissé tomber au large de Saint-Nazaire, je me suis amarré quelques heures, en pleine mer, à une tonne réservée aux cargos, puis j'ai hissé de nouveau les voiles ; là, le temps s'est dégradé rapidement, et le bateau a bientôt été ballotté par les vagues. Je n'en menais pas large, verdissais à vue d'œil ; une odeur fort désagréable se mit à monter de quelque part à l'intérieur du bateau, et mon mal de mer s'aggravait... Après une rapide enquête, je constatai que l'odeur venait d'un vêtement neuf, une veste dite « polaire » que j'avais achetée à un fabricant spécialisé en vêtements arctiques... et dont l'extérieur était enduit d'un revêtement à l'odeur très puissante, détestable relent de plastique et de caoutchouc. Réticent à jeter par-dessus bord cet article neuf et coûteux, je finis par l'attacher par un gros nœud autour du mât, espérant qu'avec l'air marin, cette odeur allait finir par disparaître... Le vent s'était levé, contraire, de plus en plus violent, et j'avançais à peine. Je m'abritai une nuit à Port-Joinville, dans l'île d'Yeu, puis je repris ma route. Là, la mer se déchaîna vraiment, la radio annonça que le coup de vent avait atteint le niveau de la tempête, et je finis par me précipiter vers le port des Sables-d'Olonne, traversant au passage une zone de hauts-fonds qui levait une mer dantesque.

Quelle sensation étrange que d'arriver par la mer, seul et passablement secoué, dans cette station balnéaire où j'avais plusieurs fois chanté, où je me rappelais avoir, au temps des *Élucubrations*, vécu une petite crise : c'est là que j'avais appris que, malgré leurs promesses de ne pas le faire, malgré les concessions que je leur avais consenties, un journal à sensation avait fini par publier un article sur Joëlle et moi. Quelle différence entre la venue aux Sables-d'Olonne du chanteur populaire et l'escale du navigateur solitaire n'en menant pas large, hirsute, barbu, vêtu de bottes, d'un jean et d'un gros pull marin... Un journaliste local me reconnut pourtant, me rendit une gentille visite ; je lui expliquai que j'étais entré au port pour m'abriter du coup de vent qui faisait rage. Le lendemain, il publiait un petit article, exempt de sottises ; mais voilà qu'entre-temps, la tempête avait pris des proportions cataclysmiques, que des chalutiers étaient en perdition dans le golfe de Gascogne, et que le journal de France Inter, qui reprenait parfois des informations venues de la presse de province, ajouta à la fin du compte-rendu des dégâts de la tempête : « Quant au chanteur Antoine, en croisière solitaire sur l'Atlantique, il a dû s'abriter avec son bateau dans le port des Sables-d'Olonne. » Quelques jours plus tard, un journaliste de *France Dimanche*, sur la base de cette minuscule information, publiait en première page un article hallucinant d'où il ressortait que j'avais failli périr en mer, pour avoir quitté le port du Havre malgré l'avis des marins chevronnés et que, dans la tempête, j'avais fait ce que font les vrais marins : je m'étais attaché au pied du mât avec une grosse corde (!), que j'avais prié, et qu'au bout de vingt-quatre heures, j'avais, miracle, aperçu le phare des Sables-d'Olonne... Le Havre-les Sables-d'Olonne en vingt-quatre heures, ça fait dans les dix-sept nœuds de moyenne... Battus, Tabarly et Colas !

Remis de mes émotions, j'ai repris la route, je me suis glissé entre l'île de Ré et le continent, et j'ai atteint les pontons du port des Minimes, où je me suis amarré, aidé par des navigateurs qui devaient devenir des copains, dont Guy Plantier, qui créerait bientôt la Transat des Alizés, un rallye bon enfant qui emmènerait jusqu'aux Antilles les navigateurs hésitant à prendre le large seuls. Tandis que la tempête faisait battre follement les drisses et grincer les amarres et les pontons, j'ai rendu visite à Michel Joubert, l'architecte naval qui dessinait le futur bateau des Damien. Puis j'ai remis le cap sur le sud de la Bretagne. Le temps de ce mois d'octobre était vraiment détestable, car, à l'approche de Noirmoutier, un nouveau coup de vent est arrivé, me flanquant vraiment une trouille noire... Obligé de me battre sans fin, l'étrave se plantant violemment dans chaque vague, n'allant nulle part, je finis par craquer, par renoncer, me jurer que dès que j'aurais ramené le bateau à son mouillage, j'abandonnerais à jamais toute idée de navigation. Je cherchai un abri dans le port de Saint-Gilles, bien certain, cette fois-ci, de ne plus jamais naviguer... Quand je fus amarré, que la peur et le mal de mer m'eurent quitté, la réalisation soudaine de mon échec me frappa comme la foudre. Ainsi donc, je venais de renoncer à mon projet de grand voyage, celui qui devait occuper mes cinq années à venir, une vie entière, quoi... Et qu'est-ce que j'allais faire d'autre ? Retourner animer des émissions de télévision, de radio, des galas-galères, recommencer à courir mois après mois après l'illusoire « tube » ? Je décidai de donner une dernière chance au projet de partir. Au moment de quitter le port, je téléphonai à mon bureau à Paris, pour vérifier que les banquiers, auxquels j'avais promis que mon abyssal découvert serait comblé sous peu, restaient patients. Ma secrétaire m'annonça que l'agence immobilière avait trouvé un acheteur, à un bon prix, pour ma maison : toutes mes dettes payées, il me resterait de quoi m'acheter un petit bateau... Je pris cette nouvelle pour un signe du ciel, et le projet un instant abandonné reprit soudain des couleurs...

Mes deux ou trois dernières étapes se déroulèrent plus confortablement, et, quand je regagnai enfin l'estuaire de la Vilaine, le vent était redevenu favorable, doux et tiède, les eaux du golfe toutes calmes, et le courant me poussa en douceur, passant tranquillement les bateaux au mouillage sur le cours du fleuve, sous la lune, dans une quiétude absolue, jusqu'à mon point d'amarrage... Cette arrivée fut si paisible, si parfaite, que j'oubliai toutes mes frayeurs, et que je n'eus plus aucun doute, je mettrais bientôt les voiles...

Les Damien étaient devenus des amis, en particulier Gérard Janichon, et sa compagne Jacqui, sud-africaine. Comme ils devaient séjourner à Paris pour préparer la publication de leur troisième livre, je leur avais ouvert ma maison de Boulogne, où ils habitèrent jusqu'à ce qu'elle fût vendue. Souvent, nous parlions, le soir, de nos futurs bateaux ; je cherchais un petit sloop d'une dizaine de mètres, pas plus, mais ils me faisaient rêver avec leur projet de bateau à faible tirant d'eau, qu'une quille relevable permettrait d'échouer sur les plages, et qui pourrait remonter fleuves et rivières. En ce début de décembre, j'avais été invité par un magazine à passer quelques jours en Afrique, pour accueillir aux confins du Sahara, au Niger, une équipe de cinq jeunes femmes qui avaient traversé le désert en rallye. Je passai des journées inoubliables entre Agadès et Tombouctou, et, regardant les pirogues locales traverser le puissant fleuve Niger, je m'étais dit : « Qu'est-ce que j'aimerais que mon bateau soit capable de pénétrer dans l'estuaire des grands fleuves du monde, et de m'emmener jusqu'à des endroits comme ici ! » Rentré à Paris, j'étais convaincu qu'il me fallait un bateau à quille relevable, et comme il n'en existait pas d'autre à l'époque que celui qu'allaient se faire construire les Damien, je décidai de commander le même, malgré les dimensions et le poids nettement plus élevés que ce que j'avais prévu : quatorze mètres au lieu de dix, soit plus de vingt tonnes au lieu de six ou huit ! Nous nous trouvâmes alors cinq à la recherche d'un chantier qui pourrait construire ce bateau d'acier, d'une conception nouvelle, fruit des réflexions des Damien : Gérard Janichon et Jérôme Poncet, Fabien, le frère de Jérôme, le coureur automobile Johnny Servoz-Gavin, qui était devenu un ami, et moi-même. Des cinq projets, le mien avançait le plus vite : j'avais reçu un gros chèque pour la vente de ma maison, j'en avais consacré les sept huitièmes à payer la banque et mes impôts en retard, il me restait juste de quoi acquérir la coque, la mâture, le gréement, les voiles et le moteur auxiliaire du bateau de mes rêves... Et il fallait que les choses aillent vite, sinon mes fonds risquaient de fondre. Gérard me conseilla d'aller voir un certain Bombal, sur les bords de la Gironde, et de lui parler de ces cinq beaux bateaux à construire. Je rendis visite au chantier, montrai les plans dessinés par Michel Joubert conformément aux croquis de Jérôme, et le patron du chantier établit rapidement un devis ; quelques heures plus tard, je passais commande, et mon projet prenait forme.

De retour à Paris, il était temps de quitter mon joli petit hôtel particulier de Boulogne, cinq ans presque jour pour jour après l'avoir acheté, et après y avoir vécu plus d'une vie, les quelques joies et les nombreuses blessures de la gloire, les amours enflammées et les disputes interminables, après l'avoir entièrement aménagé, redécoré, après avoir planté mon rhododendron dans son coquet petit jardin... Aidé par Gérard et Jacqui, je déménageai vers ma maison d'Auvergne mes meubles Prisunic et les archives de cinq ans de carrière de vedette internationale de la chanson, pesants blocs de tiroirs pleins de photos de presse, lourdes liasses d'affiches, les cent cinquante costumes de mon contrat avec les vêtements Bayard, ainsi que les costumes et les décors de *Dédé*. La dernière chose que j'emportai fut mon tourne-disque, sur lequel je jouai en boucle, jusqu'à la dernière minute, la merveilleuse chanson d'Elton John *Goodbye Yellow Brick Road*, adieu à la rue de l'artifice et des faux-semblants, une chanson vraiment de circonstance. Gérard et Jacqui m'accompagnèrent jusqu'en Auvergne, où ils séjournèrent quelque temps, et où ils s'éprirent si fort du Massif central qu'ils s'installèrent eux aussi, quelques mois plus tard, en attendant de repartir en bateau, dans une petite maison perdue dans les montagnes d'Auvergne.

J'ai dit l'importance soudaine et décisive d'une phrase échappée d'un livre ou d'un journal... Il est d'autres coïncidences tout aussi inattendues et tout aussi bouleversantes. Lorsque je m'étais mis en quête d'un bateau, j'en avais parlé à la radio, et Jo Fricaud, le directeur des chantiers Meta, m'ayant entendu, m'avait téléphoné, me proposant de venir le voir, comme son père, Jean Fricaud, avait écrit à Bernard Moitessier, quelques années plus tôt, offrant de lui construire son *Joshua*. J'étais allé au rendez-vous, mais il ne m'avait présenté que la version réduite dudit *Joshua,* nommée *Oréade* ou *Ophélie*, un bateau trop lourd pour sa longueur, et qui ne m'avait pas séduit. Nous en étions restés là, et je m'étais, vous l'avez vu, adressé à un autre chantier. Deux mois plus tard, un soir de décembre, Jo Fricaud, un homme chaleureux et aux goûts simples, mais qui avait tout de même une passion, les voitures de sport, tomba en panne avec l'étonnante Lamborghini Countach jaune qu'il utilisait chaque jour pour aller de son domicile, à Lyon, jusqu'à son chantier de Tarare. Il laissa son bolide au garagiste, et, sous la neige qui tombait, se mit à faire de l'auto-stop pour rentrer chez lui. Le conducteur de la 2 CV qui l'embarqua se trouva être... Fabien Poncet, le frère de Jérôme, des Damien, qui passait régulièrement devant le chantier, et rêvait devant les coques d'acier qui y étaient exposées, attendant de partir vers des destinations lointaines et légendaires. Dans les courants d'air de la « deux-pattes », ils lièrent conversation, et, à un moment, Fabien raconta à Jo que j'avais jeté mon dévolu sur un chantier du Bordelais, qui allait construire le nouveau bateau conçu par les Damien. Soudain, Jo se dit qu'il aimerait vraiment bien le construire, lui, ce bateau : il demanda à Fabien de me transmettre un message, me proposant un rendez-vous quelques jours plus tard lors du Salon nautique de Paris.

Depuis que j'avais découvert, au cours de l'été 1969, la voile, je m'étais souvent rendu à cette manifestation, où des millions de personnes allaient rêver devant les merveilleux bateaux exposés, ou préparer leurs propres navigations. J'y avais rencontré quelques navigateurs, comme Jean-Yves Terlain, chaleureux et entêté, qui bondissait sur toute personne un peu célèbre susceptible de l'aider à trouver un sponsor pour le trois-mâts de trente-neuf mètres qu'il voulait faire construire : son projet avait fini par voir le jour, avec l'appui de Claude Lelouch, ce fut le magnifique *Vendredi 13*. À l'édition de janvier 1974 de ce salon, je comptais bien négocier l'achat de ce qui manquait encore à mon bateau, dont la construction devait commencer d'un jour à l'autre : voiles, panneaux de pont, cordages, etc. Rendez-vous fut donc pris avec Jo Fricaud, qui monta à Paris exprès. Il se montra si convaincant, si dynamique, me fit une offre si intéressante, que j'en parlai à

Fabien, qui était sur le point de commander son propre bateau chez Bombal : il me proposa aussitôt avec enthousiasme de reprendre mon contrat chez ce constructeur, et je fis affaire avec Jo Fricaud, qui me promettait de mettre toute son énergie à m'aider à concrétiser mon projet de grand départ : il devait le faire sans démériter au cours des mois à venir, et dans les années qui suivirent, et nous sommes restés les meilleurs amis du monde depuis plus de trente ans. À ce salon, qui fut décisif pour moi, je retrouvai aussi les personnes dont j'avais fait la connaissance au Grand Pavois – elles avaient promis de m'aider, elles aussi, et le firent –, et plusieurs navigateurs, certains auteurs de livres que j'avais aimés, et qui devinrent également de très bons amis, comme Gérard Borg, à l'humour fulgurant, ou comme France et Christian Guillain qui venaient de connaître un très grand succès en racontant leurs navigations dans leur livre *Le Bonheur sur la mer*.

À la suite du succès de mon émission quotidienne sur France Inter, l'été précédent, Europe 1 m'avait demandé d'animer une émission hebdomadaire, le dimanche matin, durant les trois premiers mois de cette année. Je leur avais proposé une formule qui m'avait été inspirée par une radio américaine : faire gagner aux auditeurs qui téléphonaient toutes sortes de cadeaux, du plus simple au plus somptueux, en les faisant répondre à des questions parfois intelligentes, parfois idiotes, genre couleur du cheval blanc d'Henri IV. L'idée leur avait plu, mais, alors que la date de la première émission approchait, rien ne se précisait, aucun cadeau ne se matérialisait : pourtant, des quantités d'annonceurs auraient été ravis d'offrir leurs produits, de l'appareil photo à la voiture, en échange de citations à l'antenne. Et, quelques jours à peine avant la première émission, on m'annonce qu'il n'y a finalement pas de cadeaux à donner, qu'il faut trouver autre chose. L'émission est donc devenue une espèce de magazine insipide, en compagnie d'une poignée de collaborateurs avec qui je n'avais rien en commun ; pour couronner l'échec, Jacques Antoine, complice de Pierre Bellemare et talentueux créateur d'émissions à succès, avait baptisé celle-ci *La Meilleure Émission de la semaine*... elle ne l'était pas ! Quelques mois ou un an plus tard, alors que j'étais déjà parti naviguer, Europe 1 concrétisait exactement le concept que je leur avais proposé, il me semble que ce furent les débuts en radio de Gérard Klein.

Comme je m'étais installé en Auvergne aussitôt après la vente de ma maison de Boulogne, il me fallait remonter à Paris chaque fin de semaine pour animer deux heures d'émission bancale qui ne me procuraient guère de satisfaction. J'en profitais pour aller chercher, chez tel ou tel fabricant, des accessoires pour l'aménagement de mon bateau. J'avais entre autres commandé une « bulle », demi-sphère de plexiglas de près d'un mètre de diamètre, destinée à être fixée sur le roof du bateau pour pouvoir barrer à l'abri par mauvais temps. J'eus beau chercher, je ne trouvai pas d'autre moyen de transporter cet objet intransportable... qu'en me le posant sur la tête : c'est donc avec des allures de monstrueux scaphandrier, regardant les rues de Paris à travers ma bulle, que je me pointai un dimanche matin à Europe 1, et partis ensuite prendre le train de Clermont-Ferrand !

Je rendais régulièrement visite au chantier, à Tarare, où la construction du bateau avançait à grands pas. La livraison de la coque était prévue pour le mois de juin ; en attendant, je ne pouvais pas faire grand-chose moi-même. Je décidai donc d'accepter l'invitation à passer une semaine dans son chalet de Méribel, que Brigitte Bardot m'avait lancée après l'épisode Gilbert et Maritie Carpentier. J'arrivai un jour au chalet, me réjouissant de passer ces quelques jours avec Brigitte et son compagnon de l'époque. Sans pour autant imaginer qu'ils vivaient là une vie tropézienne, émaillée de fêtes et de réjouissances, je ne m'attendais pas à découvrir, dès le premier soir, dans ce chalet pourtant légendaire – depuis dix ans ou plus, la presse avait signalé la présence de Brigitte –, une vie si recluse, si dépourvue de la moindre fête, où le grand moment de chaque soirée était une partie de crapette, ou la recherche du « tété de Nini », le coussinet déchiqueté et enduit de bave qui constituait le jouet inséparable de la petite chienne de Brigitte... J'en demande pardon à Brigitte, aujourd'hui, avec les années de recul je serais ravi de ces moments de paix, de douceur, je me mettrais volontiers à longueur de soirée à la recherche du « tété de Nini »... mais j'étais encore jeune, un peu couillon, j'étais venu dans cette station de sports d'hiver pour faire un peu la fête... Je me suis dit que ces mornes soirées seraient compensées par de brillantes descentes à ski, dont je rêvais déjà, avec Brigitte : venant à Méribel chaque année, elle était forcément bonne skieuse... Le troisième jour, elle avait pris rendez-vous avec un moniteur, et nous nous pointâmes sur un terrain tout plat, celui où les moniteurs donnaient leur première leçon aux bambins de trois ans qui n'ont jamais mis les pieds sur des skis... et il se révéla très vite que Brigitte n'avait, elle non plus, presque jamais fait de ski, qu'à la moindre dénivellation de vingt centimètres, elle tombait, en poussant de petits rires apeurés comme un enfant qui découvre pour la première fois que la neige, ça glisse, sur son joli derrière, qui m'avait tant plu quand elle l'agitait, sur le rythme de *Tengo una Muñeca*. C'est là que j'ai réalisé avec compassion que tout au long de ces années d'extraordinaire, de superlative célébrité, comme aucune autre vedette française n'en a jamais connue, la vie privée de Brigitte avait été si continuellement agressée par la presse, le public, qu'elle n'avait pas pu une seconde vivre une chose aussi simple qu'une balade ou une descente à ski... Tu le relates merveilleusement, Brigitte, dans les deux livres autobiographiques que tu as écrits, et j'espère que tu ne m'en voudras pas de raconter ici, avec tout le respect que je te porte, la mésaventure d'un grand couillon de trente ans que tu avais si gentiment accueilli dans ta précieuse et fragile intimité.

Vers midi, je m'esquivai un instant pour faire quelques descentes seul : je rejoindrais Brigitte et son compagnon au chalet un peu plus tard. Dans la file d'attente du premier téléski, je tombai sur l'ami Georges Renou et une bande de jeunes fous particulièrement dynamiques, qui m'invitèrent à me joindre à eux... je me retrouvai bientôt, enchaînant descente sur descente, en compagnie d'une grande brune marrante qui skiait exactement comme moi : mal mais vite... Le petit groupe s'arrêta pour déjeuner dans un restaurant à mi-piste, et, à la fin du repas, alors que nous nous levions pour reprendre nos skis, la face arrière de la jolie brune se trouva un instant chaleureusement pressée contre ma face avant, déclenchant... une envie de mieux la connaître. Nous skiâmes comme des fous encore une heure ou deux, et puis elle m'invita à la suivre dans le chalet qu'elle, Georges et quelques autres amis avaient loué, dans la vallée voisine, celle de Courchevel. Elle sortit de la douche vêtue d'un peignoir soyeux... et l'après-ski fut plus doux, plus étincelant encore que nos descentes de la journée...

Si Georges avait loué ce chalet c'est que, quelques jours plus tard, il allait se marier avec Tina, qu'il rêvait depuis si longtemps d'épouser... Elle avait enfin accepté ! Une grande fête était en préparation, et j'étais invité à rester aussi longtemps que je le souhaiterais dans le chalet... et dans les bras de la brune... Comment résister à une telle invitation ? Je rentrai au chalet de Brigitte, et inventai une médiocre excuse – j'avais reçu un coup de téléphone de Paris, il fallait que j'y retourne au plus tôt... Dès le lendemain matin, un taxi vint me chercher, et le départ fut pour moi l'occasion de vivre une minute inoubliable : moi qui partais, et Brigitte Bardot me criant du haut de son balcon « Antoine, reviens !... Reviens, Antoine ! »

Les trois jours qui suivirent furent effectivement très heureux, rien ne manquait, ski, tendresse, caresses, et fêtes... Moi qui n'ai jamais beaucoup aimé les bringues, les fêtes généralement alcoolisées que les gens branchés ou non font dans les bars et les boîtes de nuit, je me suis tout de même bien amusé, y compris dans la boîte de Courchevel où mes amis et moi avons été invités, deux ou trois jours plus tard, à faire partie d'un jury chargé d'élire je ne sais quelle Miss Courchevel... Au milieu des rires et des éclats de joie, a surgi Brigitte, sortant pour une fois de sa retraite pour répondre à la même invitation... Quand elle m'a trouvé là, alors que j'étais censé être rentré à Paris, elle m'a dit gentiment : « Tu es quand même gonflé ! »... Mais elle ne m'en a pas tenu rigueur, je l'apprendrai plus tard.

Je suis remonté à Paris pour mon émission hebdomadaire, et puis j'ai fait l'erreur de retourner à Courchevel pour le mariage de Georges. Quand un instant frôle la perfection, il ne faudrait jamais y revenir. Avec l'approche de la fête, tout était changé, la troupe de copains bon enfant s'était enflée d'un tas de personnalités du Tout-Paris, journalistes, agents artistiques, impresarii, hommes politiques, tous imbus de leur personne et prompts à poser des étiquettes, décidant qui était *in*, qui était *out*. La soirée du mariage arriva, je la détestai, comme j'ai toujours détesté tout mariage : j'ai, sauf cette fois-là, toujours refusé toute invitation à des noces. Pour couronner la chose, le « fiancé » régulier de mon amie brune était venu lui aussi pour la fête, donc, plus de tendresse après le ski... Georges, si heureux de pouvoir enfin épouser Tina, avait invité deux cents personnes, et leur avait demandé de s'habiller de blanc... Un vrai mariage à la Eddie Barclay ! Dans cette fête où je me sentais parfaitement déplacé, je me suis fort ennuyé, j'ai bu plus que de raison, et soudain, j'ai pété les plombs, qu'est-ce que je foutais là avec tous ces gens, au milieu de cet artifice, alors que mon bateau, clef de ma vie future, libérée de tous ces faux-semblants, m'attendait, sa coque presque terminée, dans un atelier, à moins de deux cents kilomètres de là ? J'ai quitté la fête, appelé un taxi, j'ai demandé au chauffeur de me conduire jusqu'à Lyon, il m'a déposé devant le petit hôtel, proche de la gare Perrache, d'où je prendrais à l'aube le premier train pour Tarare et le chantier...

Quand je me suis réveillé, dessoulé, dans cette triste chambre, j'ai réalisé soudain que j'avais fait une connerie de partir comme ça, que Georges était un ami depuis longtemps... J'ai fait venir un autre taxi (je ne vous parle pas du prix de ces courses !) et je suis remonté à Courchevel juste à temps pour l'épreuve de descente qui était prévue entre les invités... La fête battait encore son plein, à vrai dire personne ne s'était couché de la nuit, et beaucoup n'avaient pas cessé de boire. La course fut épique : je revois Benjamin, le photographe de SLC, qui ne savait absolument pas skier, mais qui voulait à tout prix participer à la course : il s'est agrippé des bras et des jambes à une luge, s'est fait pousser par les copains du haut du « mur » de la piste noire, et a dégringolé la piste entière, tantôt à l'endroit, tantôt couché sous la luge, rebondissant de bosse en bosse, faisant jaillir des nuages de neige poudreuse, atteignant la ligne d'arrivée presque en même temps que sa luge. Moi, j'ai fait ma descente les jambes un peu molles, et puis je suis allé me coucher tôt, dans le chalet.

Au petit jour, je me réveille, Georges était assis au pied de mon lit : « Je suis inquiet, me dit-il, Tina n'est pas rentrée... » Sacré Georges, il avait mis près de dix ans à convaincre Tina de l'épouser... et le lendemain du mariage, elle se casse... Nous sommes partis à sa recherche dans la station endormie, et nous l'avons trouvée avec un des amis de Georges, Michel, en train de boire leur dix-huitième bouteille de champagne dans le hall du chalet de la Loze : ils n'avaient pas cessé de faire la bringue... Et tout ce beau monde, n'ayant pas dormi depuis deux nuits, n'ayant pas dessaoulé, s'est mis en tête de démarrer une journée de ski... Là, je sais que vous n'allez pas me croire, mais je vous raconte quand même la scène que j'ai vue de mes yeux, car j'étais monté dans un des petits « œufs » d'une télécabine avec Tina, Michel et Georges : toujours aussi éméché, Michel, avec ses lourdes chaussures de ski aux pieds, est sorti de l'œuf par la fenêtre, est monté sur le toit de la cabine, s'est accroché au câble, et, criant « Ce truc-là ne va pas assez vite, j'y vais par mes propres moyens, rendez-vous là-haut ! », il a commencé, se propulsant, pendu par les mains à trente mètres au-dessus du sol, à devancer la cabine... quand soudain approchèrent un pylône et les roues qui guidaient le câble, forçant ce joyeux drille à revenir d'urgence à la cabine, à se jeter à plat ventre au-dessus d'elle pendant que les roues passaient à quelques centimètres de lui dans un vacarme effrayant.

Je pourrais vous écrire un livre entier sur les aventures de Georges, de Tina, de Michel, avec qui elle partit bientôt, projetant d'ouvrir un restaurant à Papeete. Et tout au long de ces années, Georges et Michel restèrent les meilleurs amis du monde, vivant ensemble toutes sortes d'aventures... Un jour pourtant, dix ans plus tard, alors qu'ils faisaient tous deux de l'escalade à mains nues sur une falaise vertigineuse d'Afrique, Michel se trouva un instant pendu au-dessus d'un à-pic de centaines de mètres, retenu par Georges, auquel il était encordé... Soudain, Georges sortit un couteau de sa poche, approcha la lame acérée du cordage tendu, et dit d'un ton sarcastique : « Michel, il y a dix ans que j'attends ce moment ! »... avant de partir d'un grand éclat de rire !

La fête terminée, je suis retourné en Auvergne, où je continuais à tracer des plans d'aménagement et de gréement pour mon bateau. Un soir, le téléphone sonna : « Salut Antoine, c'est Christian, Christian Fechner, comment vas-tu ? »

Bien des années après la fin tumultueuse de notre collaboration, Christian m'avait proposé de jouer un minuscule rôle dans un film des Charlots. Mes anciens Problèmes, sur la lancée du succès de la parodie enregistrée un jour de l'été 1966, étaient devenus, dans la chanson puis au cinéma, d'énormes vedettes internationales ; avec plus de trente ans de recul, il semble probable qu'à part une brève apparition en 1966, à titre plutôt documentaire, dans le film de Jacques Baratier, *Le Désordre à vingt ans*, les quelques secondes où je surgis à la fin des *Fous du stade* (une comédie qui fut vue par des millions et des millions de spectateurs, et où je joue le rôle d'un maillot jaune du Tour de France dont l'héroïne tombe soudain amoureuse) restent à peu près ma seule collaboration, à titre d'acteur, au septième art, si l'on exclut les spots publicitaires !

« Tonio, je viens d'acheter l'Alcazar de Paris. Je voudrais que ce soit toi qui mènes la nouvelle revue que je vais créer. » L'offre était alléchante, mais... « Christian, c'est sympa d'avoir pensé à moi, mais, comment te dire... je ne suis déjà plus là : mon bateau est mis à l'eau dans trois semaines, et je pars faire un tour du monde pendant cinq ans... Alors, ce n'est pas maintenant que je vais accepter de me produire à Paris chaque soir pendant des mois et des mois... »

Je crois que Christian Fechner a continué à employer l'excellent Jean-Marie Rivière, qui avait donné un ton si extraordinaire à ce spectacle... Moi, j'ai reposé le téléphone, et je me suis replongé dans les plans d'aménagement de mon bateau.

Avec le retour du printemps, je me suis retrouvé avec une abondante famille, une jolie épouse, deux ou trois charmants enfants... C'était une idée saugrenue, sans doute, mais j'avais voulu monter une série de belles photos d'une vie de famille tout à fait imaginaire – la séduisante épouse était un mannequin salarié, les enfants ceux d'amis ou voisins –, photos prises au bord d'un étang, sur les collines ou dans ma maison du Puy-de-Dôme, et qui constitueraient une belle pochette pour le premier album de mon contrat RCA : bien appuyé par cette nouvelle maison de disques, j'avais pu enregistrer les chansons qui me plaisaient, une musique située quelque part entre le pop, le folk, le rock et la variété, un domaine très vaste dans lequel je me sentais à l'aise. Les nouvelles chansons, que j'avais toutes écrites moi-même, paroles et musique, témoignaient déjà de la dualité qui me tiendrait longtemps – et me tient encore : le souhait d'une vie douce et tranquille à la campagne, d'un retour à la nature des montagnes d'Auvergne, *Pas d'eau, pas d'chauffage, pas d'téléphone, Groseilles*... et puis l'envie de nuits blanches en mer sur un voilier, de me baigner tout nu sous les cocotiers. J'avais eu la chance de faire la connaissance d'un groupe de musiciens talentueux : originaires du Sud-Ouest, ils avaient créé à Toulouse un petit studio, le studio Condorcet, qui devait bientôt attirer les plus grandes vedettes. Plusieurs d'entre eux deviendraient plus tard les accompagnateurs ou orchestrateurs de grandes vedettes comme Michel Sardou, et la semaine que je passai à Toulouse à enregistrer avec eux fut un vrai moment de plaisir. L'album, c'est vrai, n'eut qu'un succès modéré, mais il me semblait qu'avec un succès à échelle raisonnable, on pouvait vivre plus heureusement que dans les folies que j'avais connues quelques années plus tôt, et ma nouvelle maison de disques le comprenait. La pochette, donc, illustrée de cette belle vie de famille imaginaire – qui ne me faisait pas personnellement rêver, mais qui était une jolie illustration abstraite –, s'ornait en première page de la photographie d'un gros pot de confiture de groseilles : *Groseilles 74*, c'était ma production de l'année, mise en conserve avec la complicité de RCA, de mon fidèle orchestrateur Jean-Daniel Mercier et des brillants musiciens toulousains. Il en reste, dans mes souvenirs, essentiellement, la chanson *L'Oiseau de passage*, qui résume toujours assez bien mon art de vivre.

Je suis un oiseau de passage
qui se pose au creux de ta main
J'aimerais poser mes bagages
Sur ton cœur si tu le veux bien...
... Si nous ne sommes pas très sages
ça restera sans lendemain...

Arriva la date clef du quatre juin mille neuf cent soixante-quatorze, date de mon anniversaire, choisie depuis près de cinq ans pour mon départ ; la construction du bateau, hélas, avait pris un léger retard, malgré le dynamisme de Jo Fricaud et l'habile équipe d'ouvriers dont il s'était entouré : au jour J, il n'y avait encore dans l'atelier qu'une coque de quatorze mètres de long, tous travaux de soudure terminés, mais qui devait, le lendemain, passer au sablage (procédé consistant à enlever par projection de sable toute trace de rouille), avant que je puisse m'attaquer au travail de la peindre, gréer et aménager. Pas question pour moi de ne pas, au moins, m'installer physiquement dans mon bateau à la date prévue. L'après-midi de ce jour-là, je demandai au contremaître du chantier de souder les pattes nécessaires pour installer les premiers aménagements, je bricolai avec une feuille de contreplaqué ce qui deviendrait mon lit à l'avant de la goélette, et lorsque le travail du jour prit fin, avec l'accord de Jo Fricaud, je m'installai, seul, dans l'immense atelier désert et obscur, et me préparai à passer ma première nuit à bord... Signe du ciel, il y avait ce soir-là une éclipse partielle de lune ; je sortis un instant du hangar pour la voir, mais le ciel s'était couvert de nuages. Les montagnes étant toutes proches du chantier de Tarare, je n'eus qu'à monter quelques kilomètres sur la route voisine pour découvrir un bout de Lune entre les nuages, la voir se faire lentement dévorer par l'ombre de la Terre... Satisfait d'avoir honoré le rendez-vous pris depuis longtemps avec cette grande horloge universelle, je suis rentré me coucher dans la coque de ce qui serait, à partir d'aujourd'hui, mon nouveau domicile, le véhicule extraordinaire qui m'emporterait dans quelques semaines vers des lieux dont je n'imaginais même pas encore la richesse et la beauté. La construction d'un bateau, chez Meta, se faisait à l'intérieur de grandes roues d'acier qui permettaient de faire tourner la coque pour que les soudeurs puissent toujours travailler dans la position la plus efficace. Dans la pénombre du chantier, éclairé au travers des verrières par la Lune ressortie à la fois de l'ombre de la Terre et des nuages, lorsque je regardais vers l'avant du bateau, les deux grands cercles d'acier qui entouraient mon bateau semblaient être une vaste porte, irréelle, donnant sur une autre dimension, une porte miraculeuse dont j'avais hâte de franchir le pas...

Postface

Quatre mois plus tard, en octobre 1974, il y a plus de trente ans, je larguais les amarres et quittais le Vieux-Port de Marseille pour accomplir sur *Om* un voyage autour du monde qui dura six ans.

Puis, ayant découvert la douceur des navigations alizéennes, je suis revenu construire un voilier plus petit, plus maniable, *Voyage*, que j'ai emmené sur le chemin des écoliers, *via* le Brésil, les Caraïbes, le Québec et Cuba, jusqu'en Polynésie. En 1989, séduit par le confort des multicoques, je me suis fait construire un catamaran, *Banana Split*, à bord duquel je navigue depuis près de dix-huit ans. J'ai raconté dans plusieurs livres parus chez Arthaud une petite partie de ces navigations, les premières années sur *Om*, puis sur *Voyage*.

Mais vers 1986, une nouvelle passion est entrée dans ma vie, celle de l'image : dans mes livres, la photographie a pris le dessus, et bientôt j'ai découvert la vidéo, et me suis lancé dans la réalisation de films documentaires qui ont connu un tel succès que mes voyages se sont un peu compliqués, les périodes de navigation pure alternant avec des expéditions aux quatre coins du monde pour d'autres tournages si riches en péripéties que le récit de chacun d'eux justifierait presque un livre.

Tout à fait extraordinaires aussi ont été mes rapports avec le monde des médias... À mon départ, en 1974, les gens du métier me prédisaient que, dans un an, on m'aurait oublié... Et, miraculeusement, il s'est tissé, s'est renforcé avec le temps, un lien remarquable entre le public et moi : l'attention que portent à mes voyages, à mes livres et à mes films ceux qui ont peut-être au fond du cœur l'envie de vivre une aventure comme la mienne – ou ceux qui la vivent par mes yeux.

À tous ceux là, j'ai voulu, bien sûr, raconter également ces trente dernières années, leur faire ressentir cette surprenante symbiose entre mes navigations, qui me conduisent dans les coins les plus solitaires de la planète (*Banana Split*, à ce jour, a parcouru une distance supérieure à trois fois le tour de la Terre), mes retours en France, en particulier au long des années 1970 (si les sixties avaient été exubérantes et libérées, les seventies furent à cet égard pour moi explosives, joyeuses, sensuelles et fascinantes, laissant entrevoir un instant un monde différent, où tout serait possible). Et puis l'éclosion de cette passion personnelle, celle d'un amateur de belles images, passion dont j'ai réussi à faire une de mes professions, réalisant, à ce jour, une vingtaine de films documentaires et récits de voyages. J'ai aussi souhaité raconter par quels surprenants détours le succès, à nouveau, a couronné cette entreprise, ces films se voyant largement diffusés à la télévision, en cassettes, en DVD, en conférences, dans de nombreux pays et en plusieurs langues ; et même comment, ouvrant plus récemment une nouvelle page, je suis devenu aux lunettes ce qu'Adriana Karembeu fut au Wonderbra ! (Sauf que chez mon sponsor, la deuxième paire est offerte !)

J'ai donc poursuivi le récit de mes aventures, plus colorées encore que celles de mes trente premières années, quand nous avons réalisé avec l'éditeur que le livre atteindrait près de mille pages, et vous ferait très mal s'il vous tombait sur le pied. Nous avons donc choisi de réserver le récit de cette deuxième partie de mes souvenirs à un futur volume, que je continue d'écrire à l'instant où paraît ce livre-ci. Si le récit des voyages de ma jeunesse, de mon adolescence, de mes aventures sur la route, puis des années où je « faisais » chanteur à plein temps vous a plu, si vous m'avez suivi sur le chemin cahoteux qui m'a conduit jusqu'au bord de la mer, vous aimerez, je pense, vous embarquer avec moi sur mes trois bateaux successifs, pour le bout du monde ou pour le monde de l'image... plus enthousiaste et plus libre que jamais !

Donc,

à suivre...

Discographie Antoine de 1965 à 1974

France, Italie, Brésil, Allemagne
Merci à Jacques Briand et Claude Bellantonio

FRANCE

(À l'exclusion des simples extraits de 45 T 4 titres EP, des simples ou EP extraits d'albums, et des best of)

VOGUE DE 1965 À 1972

Novembre 1965 : Premier 45 T : La Guerre, Ne t'en fais pas, Autoroute européenne numéro 4, Un jour c'est longtemps pour nous deux.

Février 1966 : Album « Élucubrations » : Qu'est-ce qui ne tourne pas rond chez moi, Petite fille ne crois pas, La Loi de 1920, Bruits de roses, Ne t'en fais pas pour ceux-là ils rêvent, La Guerre, Les Élucubrations d'Antoine, Pourquoi ces canons, Une autre autoroute, Métamorphoses exceptionnelles, J'ai oublié la nuit, Autoroute européenne numéro 4.

Mai 1966 : Album « Antoine rencontre les Problèmes » : Contre-élucubrations problématiques (Antoine et les Problèmes), Des lendemains, Pop Jerk, Ce monde existe, Dodécaphonie, Je ne vois rien, Ballade à Luis Rego, prisonnier politique, On s'en fout, Pas adieu, S'il boude, Si c'est la nuit (les Problèmes), Je dis ce que je pense et je vis comme je veux (Antoine).

Juillet 1966 : 45 T « Éléphant » : Un éléphant me regarde, Qu'est-ce que ça peut faire de vivre sans maison ?, Qu'est-ce que je fous ici ?, Mais pas pour toi.

Octobre 1966 : 45 T « Votez pour moi » (le premier disque en couleurs d'Antoine) : Votez pour moi, Je reprends la route demain, Ma fête foraine, Nadine.

Février 1967 (après San Remo) : « Antoine chante en italien » : Le Pietre, Senti' Cocca Mia, La Felicità, Un'Altra Strada.

Février 1967 : Album « Je reprends la route demain » : Je reprends la route demain, Juste quelques flocons qui tombent, Arrêtez de me parler de faire l'amour, Retour à Andersen (Inimaginable), C'est un mal l'amour existe, Je l'appelle Canelle, Le Sexe de Dieu, Moi je veux faire la guerre, Mon prince et ma princesse, Amour passé, Chanson pour l'Auvergnat.

Mai 1967 : Album « Madame Laure Messenger, Claude, Jérémie et l'existence de Dieu » : Madame Laure Messenger, Claude, Jérémie et l'existence de Dieu, Mort de petite Marie l'Ensoleillée, Les Poissons d'argent, Pour être avec vous, Lolita Lolita, Chanson pour Éric, Athènes sous la pluie, Je partirai bientôt, Mon auto m'attend, L'Anniversaire de Beethoven.

Juin 1967 : 45 T « Titine » : Titine achète-moi un camion, Le Marchand de temps, Chanson devant la photo de mon idole, Lucie a un petit chat.

Hiver 1967-1968 : Album « Belles Chansons » (Compilation de ballades) : Juste quelques flocons qui tombent, Alors adieu ma bien-aimée, Les Poissons d'argent, Moi je veux faire la guerre, Qu'est-ce que je fous ici ?, Mon auto m'attend, J'ai oublié la nuit, L'eau a monté les marches du petit escalier, Athènes sous la pluie, Madame Laure Messenger, Claude, Jérémie et l'existence de Dieu, Amour passé.

Fin 1967 : 45 T « Madame Bécassine » : Madame Bécassine, Mon auto m'attend.

Hiver 1967-1968 : 45 T « Ramenez-moi chez moi » : Ramenez-moi chez moi, L'eau a monté les marches du petit escalier, Madame Bécassine.

Février 1968 (Après San Remo)

En italien : « 18e festival de San Remo » : La Tramontana, Io Voglio Andare in Guerra.

En français : La Tramontane, L'eau a monté les marches du petit escalier.

Mai 1968 : Album « La vie éclairée de Jean-Sébastien Piton » : Bonjour Salut, Le Poisson le soleil et la pluie, Le dieu auquel je crois, L'eau a monté les marches du petit escalier, Ramenez-moi chez moi, La Tramontane, Mon père se prenait pour Fred Astaire, La Route devant moi, Tout nu devant ta glace, Le Roi de Chine, Plus de cœurs à greffer.

Octobre 1968 (Après le festival de Rio)

En français : Le Match de football, Les Toits de mon village, Venez avec nous, Hiver.

En portugais : O Jogo de Futebol, Caem Alguns Flocos de Neve.

En anglais : Football Game, Where Did Everyone Go To (Juste quelques flocons qui tombent).

Mars 1969 (après San Remo « Café »)

En italien : Cosa Hai Messo nel Caffè ?, Venite con Noi.

En français : Qu'est-ce que tu as mis dans le café ?, Tout nu devant ta glace, J'ai le carnaval, Le Poisson le soleil et la pluie.

Avril 1969 : Album « Antoine à l'Olympia » : Bonjour Salut, Ma fête foraine, J'ai oublié la nuit, La Tramontane, Juste quelques flocons qui tombent, Music-hall, Qu'est-ce que tu as mis dans le café ?, Je t'offre un verre, Le Match de football, Le

Casatschok hawaïen, Les Pierres, Je l'appelle Canelle, Les Toits de mon village.

Été 1969 45 T : « Bonsoir la France » : Bonsoir la France, Je resterai ton amour, Dites-moi ma mère, Viens frapper.

Novembre 1969 : « Album disque pour grands et jeux pour tout-petits... » : Sauve-toi Jo, Marie Marie, Le jour où je rentrerai, Personne ne m'aime, C'est tout dans ma tête, Tous les enfants du monde, D'un côté de la montagne, Un grand amour, Abracadabra, Mes amis, La chanson qui fait « la la la ».

1969 45 T : « Le Rush » : Viens danser le rush, Tous les enfants du monde.

Février 1970 (Après San Remo Taxi)
En italien : « San Remo 70 » Taxi, Il Grande Amore.
En français : Taxi, Mes amis, Viens danser le rush, Tous les enfants du monde.

1970 En italien : La Canzonaccia, Scappa Jojo.

1970 45 T : « Je reviens de Vienne » : Je reviens de Vienne, L'Amour en ré.

Juillet 1970 45 T : « J'viens avec vous » J'viens avec vous, non, toi non !, Suzette Grognette.

Septembre 1970 Album « Ra-Ta-Ta » : Ra-Ta-Ta, La Troisième Roue de ton vélo, La Leçon de chant, Trois secondes, Ahmed, Quand on est du bâtiment, Taxi, Suzette-Grognette, L'amour en ré, J'aime le bon vin, Aime-moi, Je reviens de Vienne, Taxi (final).

1971 (Après San Remo Dirigeable)
En italien : « SAN REMO 71 » Il Dirigibile, Madame.
En français : « SAN REMO 71 » Le Dirigeable, Le Petit Restaurant.

Mai 1971 : Album : « Larraldia » : Un an en Amazonie, L'Amour au coin du feu, Je n'ai jamais pu défaire ma ceinture de sécurité, Le fantôme n'avait pas la deuxième chaîne, Un sandwich, un Coca, Bonne chance, Parti pour l'été, Feuilles d'automne, Octave, Quel beau dimanche, 'Scusez-moi m'sieur Antoine (avec D. Gilbert), Les Bateaux blancs.

1971 : Générique du feuilleton télé *Victor et Horace* : La Chanson de Victor et Horace, La Chanson de Victor et Horace (instrumental).

1971 : 45 T « Ce n'est qu'une chanson » : Ce n'est qu'une chanson, Si t'as levé le coude lève le pied.

1972 : 45 T « Avant de dire oui » : Avant de dire oui, L'Amour au coin du feu.

1972 45 T Jean Yanne/Éric Charden : Trop pollué pour être honnête, Chasse à courre.

Automne 1972 : 45 T « Pop Corn » : Pop Corn, Feuilles d'automne.

Fin 1972 : 45 T « Oh ! Julie » : Oh ! Julie, Annabelle.

1973 : Participation à la « Révolution française » : C'est du beau linge mon général (duo avec Élisabeth Vigna).

ENTRE VOGUE ET RCA : EPMP

Fin 1972-Début 1973

EPMP PAC 001 : « Antoine chante les airs célèbres de l'opérette *Dédé* » : Dans la vie faut pas s'en faire, Pour bien réussir dans la chaussure.

EPMP PAC 002 : Woopy Wip, Woopy Wip (instrumental).

RCA JUSQU'À 1974

Début 1973 Album « Antoine dans les chansons de l'opérette *Dédé* » : Ah ! la drôle de boutique, Et voilà comme, Dans la vie faut pas s'en faire, FINAL 1 : L'Entrée des vendeuses, Pour bien réussir dans la chaussure, Quelle est cette poule, La Femme du préfet de police, Je m'donne, je m'donne, Ah ! Madame je vous trouve exquise, Si j'avais su évidemment, Au nom de la fédération, FINAL 2 : Entrée du commissaire, Et voilà et voilà, Valse, Dénouement, Tous les chemins mènent à l'amour, FINAL 3 : Si j'avais su évidemment, Dans la vie faut pas s'en faire.

Été 1973 45 T : « Mon Dingeling » : Mon Dingeling, Vaut mieux faire envie que pitié.

Printemps 1974 : Album « Groseilles 74 » : Je t'invite à prendre le thé, Pas d'eau pas d'chauffage pas d'téléphone, Orage, Joëlle, Dominique et Vanessa, La Vie, Da dou ron ron, L'Oiseau de passage, Sur la bonne voie, Les Groseilles, Je ne te quitte pas pour une autre, Ça tourne, Non non je n'veux pas, Tiens.

ITALIE :

45 TOURS SIMPLES :

VOGUE J 35098x45 : Les Élucubrations d'Antoine, Pourquoi ces canons. 1966.

VOGUE J 35100x45 : L'Alienazione, Un'Altra Strada. 1966.

VOGUE J 35105x45 : Le Divagazioni d'Antoine, Senti' Cocca Mia. 1966.

VOGUE J 35107x45 : Un éléphant me regarde, Mais pas pour toi. 1966.

VOGUE J 35127x45 : « 17e Festival di Sanremo » : Le Pietre, La Felicità. 1967.

VOGUE J 35136x45 : Je l'appelle Canelle, Juste quelques flocons qui tombent. 1967.

VOGUE J 35140x45 : Cannella, Un Caso di Follia (Un éléphant me regarde). 1967.

VOGUE J 35149x45 : Lolita Lolita, Je partirai bientôt. 1967.

VOGUE J 35157x45 : Titina Titina, Cade Qualche Fiocco di Neve. 1967.

VOGUE J 35162x45 : « 18e Festival di Sanremo » : La Tramontana, Io Voglio Andare in Guerra. 1968.

VOGUE J 35168x45 : E il Coro de « I Sanremini » : L'Amico, la Ragazza e il Cane, Il Mago. 1968.

VOGUE J 35172x45 : « Cantagiro 1968 » : Buongiorno Ciao !, L'Acqua è Salita. 1968.

VOGUE J 53002x45 : Un Paese Matto, Fred Astaire. 1968.

VOGUE J 53004x45 : « Dal 19e Festival di Sanremo » : Cosa Hai Messo nel Caffè ?, Venite con Noi. 1969.

VOGUE VG 87.002 : La Sbornia Ovvero la Medicina del Dottor Antoine, Mi Piacerebbe...

VOGUE VG 87.007 : La Canzone che io Canto, Scappa Jo Jo. 1970

VOGUE VG 87.012 : Taxi, La Partita. 1970.

VOGUE VG 87.014 : La Canzonaccia, Il Grande Amore. 1970.

VOGUE VG 87.017 : Ra-ta-ta, Inverno. 1970.

VOGUE VG 87.020 : Il Dirigibile, Madame. 1971.

VOGUE VI 2004 : Peppino, Ciao e Bonne Chance. 1972.

VOGUE VI 2013 : Pop Corn, Il Fantasma. 1972.

BARCLAY BRCNP 40089 : Nocciolino, Il Maschio Oggetto. 1978.

33 TOURS :

VOGUE LPJ 5085 : Cannella, La Felicità, Le Divagazioni d'Antoine, Cade Qualche Fiocco di Neve, Un'Altra Strada, Un Caso di Follia, Tramontana, Titina Titina, Le Pietre, L'Alienazione, Senti' Cocca Mia, Io Voglio Andare in Guerra. 1968.

VOGUE SLBVG 83.009 : « I Grandi Successi di Antoine » : Taxi, La Canzone che io Canto, La Sbornia, La Partita, Mi Piacerebbe, Abracadabra, Le Pietre, La Tramontana, Cosa Hai Messo nel Caffe' ?, Cannella, Titina Titina, Un Paese Matto. 1970.

BRÉSIL :

45 TOURS SIMPLES :

MOCAMBO VOGUE 1.139 : Les Élucubrations d'Antoine, Qu'est-ce qui ne tourne pas rond chez moi. 1966

MOCAMBO VOGUE 1.193 : Un éléphant me regarde, Before the Good Thing. 1966

MOCAMBO VOGUE 1.256 : Le Pietre, Un'Altra Strada 1967

VOGUE VOCS 105.000 : O Jogo de Futebol, Canela. 1968

VOGUE 8052 : Si t'as levé le coude lève le pied, Ce n'est qu'une chanson. 1973.

RCA 101.7081 : Sous le soleil du bon Dieu, Laissez-nous danser. 1975.

33 TOURS :
MOCAMBO VOGUE 40.316 : « ANTOINE » (1er 33 tours)

VOGUE Rozenblit LP 40.355 : Je reprends la route demain, Juste quelques flocons qui tombent, Arrêtez de me parler de faire l'amour, Retour à Andersen, C'est un mal l'amour existe, Je l'appelle Canelle, Le Sexe de Dieu, Moi je veux faire la guerre, Mon prince et ma princesse, Amour passé, Chanson pour l'Auvergnat.

VOGUE VOLP 705.002 : « O Pilantra International » : O Jogo de Futebol, Bonjour Salut, Lolita Lolita, Venite con Noi, Tenho o Carnaval, Hiver, A Tramontana, Un éléphant me regarde, Canela, Cosa Hai Messo nel Caffè ?, Caem Alguns Flocos de Neve, Les Élucubrations d'Antoine. 1969.

ALLEMAGNE :

45 TOURS SIMPLES :

BELLAPHON VOGUE BL 11221 : Pop Corn, Mademoiselle Canelle.

VOGUE DV 11010 : « Antoine in San Remo 70 » Taxi, Il Grande Amore. 1970.

VOGUE DV 11025 : Taxi, Die Grosse Liebe. 1970.

VOGUE DV 14493 : Der Krieg, Autostrasse nach Paris. 1966.

VOGUE DV 14557 : « Die Sensation aus Frankreich Protestsänger NR. 1 » : Ich Antoine, Ich Sag' Was Mir Gefällt ! 1966.

VOGUE DV 14712 : « Deutsche Originalaufnahme 18. Festival San Remo » : Die Blonden Mädchen, Mademoiselle Canelle. 1968.

VOGUE DV 14749 : Bonjour Salut, Le Roi de Chine. 1968

VOGUE DV 14809 : Hallo Bonjour Salut, Der König aus China. 1968.

VOGUE DV 14842 : « 19. Festival San Remo » : Cosa Hai Messo nel Caffè ?, Venite con Noi. 1969.

VOGUE DV 14868 : Football Game, Where Did Everyone Go To ? 1969.

VOGUE DV 14889 : Ai, Ai, Ai, ist das ein Leben (Das Fussballspiel), Regen Fällt auf Unsere Stadt. 1969.

VOGUE DV 14977 : Marie Marie, Sauve-toi Jo. 1969.

VOGUE DV 14979 : Ein Haus für uns Beide, Maria, Maria. 1969.

BELLAPHON VOGUE BF 18152 OH ! JULIE, ANNABELLE. 1972.

33 TOURS :

MODE Série VOGUE CDMDINT 9768 : « INTERNATIONAL STARS » : Bonjour Salut, Lolita Lolita, Qu'est-ce qui ne tourne pas rond chez moi, Une autre autoroute, Nadine, Titine achète-moi un camion, Chanson pour Éric, Arrêtez de me parler de faire l'amour, Mais pas pour toi, Contre-élucubrations problématiques, Je l'appelle Canelle, La Tramontane. 1968

VOGUE TELDEC PROFILE 6.24275 : Bonjour Salut, Juste quelques flocons qui tombent, Taxi, Athènes sous la pluie, La Tramontane, Les Élucubrations d'Antoine, Je l'appelle Canelle, Qu'est-ce que tu as mis dans le café ?, Titine achète-moi un camion, Le Match de football, Mon auto m'attend, Ra-ta-ta. 1976.

Copyrights des œuvres citées

« Autoroute européenne n° 4 »
Paroles : Antoine
Musique : Antoine et François Renoult
© Warner Chappell Music France (Ex. Les Éditions Vogue International) & Marcel d'Anella.
Chapitre 4

« Les Élucubrations d'Antoine »
Paroles et musique : Antoine
Arrangements de François Renoult
© Warner Chappell Music France (Ex. Les Éditions Vogue International)
& Éditions Musicales Fantasia (Ex. Les Éditions et Productions Musicales du Pactole)
Chapitre 5

« Mais qu'est-ce que je fous ici »
Paroles : Antoine
Musique : François Renoult
© Warner Chappell Music France (Ex. Les Éditions Vogue International)
& Éditions Musicales Fantasia (Ex. Les Éditions et Productions Musicales du Pactole)
Chapitre 6

« Un éléphant me regarde »
Paroles : Antoine
Musique : François Renoult

© Warner Chappell Music France (Ex. Les Éditions Vogue International)

& Éditions Musicales Fantasia (Ex. Les Éditions et Productions Musicales du Pactole)

Chapitre 6

« Madame Laure Messenger, Claude, Jérémie et l'existence de Dieu »

Paroles : Antoine

Musique : François Renoult

© Warner Chappell Music France (Ex. Les Éditions Vogue International)

& Éditions Musicales Fantasia (Ex. Les Éditions et Productions Musicales du Pactole)

Chapitre 7

« Le match de football »

Paroles et musique : Antoine

© Warner Chappell Music France (Ex. Les Éditions Vogue International)

Chapitre 7

« L'oiseau de passage »

Paroles et musique : Antoine

© by ECO MUSIC

Chapitre 9

« J'ai oublié la nuit »

Paroles : Antoine

Musique : François Renoult

© Warner Chappell Music France (Ex. Les Éditions Vogue International)

& Éditions Musicales Fantasia (Ex. Les Éditions et Productions Musicales du Pactole)

Chapitre 5 et 6

Copyrights des photographies

Page 1 : photo enfance : © collection personnelle ; photo avec guitare : © Jean-Marie Périer/Photo12.

Page 2, 3, 4 : © collection personnelle.

Page 5 : en haut : © collection personnelle ; photo salle de classe École centrale : © *Paris Match*/Francelet ; devant École centrale : © Rue des archives/AGIP.

Page 6 : en haut © Richard Melloul/Corbis ; en bas © *Cinémonde*, janvier 1966 ; pochette disque : © Leemage/ Coll. Bianchetti.

Page 7 : concert salle Vallier : © *Télé actualité magazine*, n° 549, 30 avril 1966 ; avec Joëlle : © *Nous les garçons et les filles*, avril 1966 ; sur la scène de l'Olympia : © Pierre Fournier/Corbis.

Page 8 : © Jean-Marie Périer/Photo12.

Page 9 : avec Dominique : © Archives Filipacchi/SLC ; © couverture *Paris Jour*, mai 1966 ; avec Dalí : © Keystone.

Page 10 : deux photos en insert, extraites du Scopitone réalisé par Alain Brunet, mai 1966 © Mme Davis-Boyer ; photo Antoine et les Problèmes et Antoine dans la brume : © Jean-Marie Périer/Photo12.

Page 11 : ©RCS Éditeur/*Domenica del Corriere*.

Page 12 : avec Dalida : © Keystone ; pochette disque © Leemage/Coll. Bianchetti ; en Louis XIV : © Gamma/Tony Grilla ; photo en Grec : © Alexis Stroukoff/Archives Filipacchi/Scoop.

Page 13 : funambule : © Rue des archives/AGIP ; avec Corinne le poulain, opérette *Dédé* : © Keystone ; avec Mick Micheyl : © Keystone ; avec la troupe du Gaumont palace : © Gérard Bousquet/Scoop/HFP.

Page 14 : Avec Johnny Halliday et Michel Polnareff : © *Jours de France* (avril 1969 et janvier 1970) ; avec Danièle Gilbert : © Keystone.

Page 15 : Avec Maurice Chevalier et avec Bob Hope : © Rue des archives/AGIP ; devant la Mercedes et à la campagne : © Gérard Bousquet/Scoop/HFP.

Page 16 : photo bateau noir et blanc : © Gérard Bousquet/Scoop/HFP ; photo bateau couleur : © Bernard Leloup/Scoop/HFP ; découpe tôle : © Rue des archives/AGIP ; dernière de couverture © *Ici Paris*, octobre 1973.

Crédits recherches : Icono-web/F-Rieth.

Table

Cet ouvrage a été imprimé par la
SOCIÉTÉ NOUVELLE FIRMIN-DIDOT
Mesnil-sur-l'Estrée
pour le compte des Éditions Flammarion
en février 2007

Composition et mise en page

NORD COMPO
multimédia

Imprimé en France
Dépôt légal : mars 2007
N° d'édition : L.01EBNNFZ0180N001 - N° d'impression : 83588